微澜集
——黄霖序跋书评选

黄霖 著

凤凰出版传媒集团
凤凰出版社

图书在版编目（CIP）数据

微澜集：黄霖序跋书评选 / 黄霖著. -- 南京：凤凰出版社，2011.6
ISBN 978-7-80729-340-8

Ⅰ. ①微… Ⅱ. ①黄… Ⅲ. ①序跋－作品集－中国－当代②书评－中国－现代－选集 Ⅳ. ①I267②G236

中国版本图书馆CIP数据核字(2011)第102114号

书　　名	微澜集——黄霖序跋书评选
著　　者	黄霖
责任编辑	李相东
出版发行	凤凰出版传媒集团
	凤凰出版社（原江苏古籍出版社）
	南京市中央路165号　邮编210009
	发行部电话 025—83223462
集团网址	凤凰出版传媒网　http://www.ppm.cn
照　　排	江苏凤凰制版有限公司
印　　刷	江苏凤凰通达印刷有限公司
	南京市六合区冶山镇　邮编211523
开　　本	960×1304 毫米　1/32
印　　张	22.375
字　　数	710 千字
版　　次	2011年6月第1版　2011年6月第1次印刷
标准书号	ISBN 978-7-80729-340-8
定　　价	88.00 元

（本书凡印装错误可向承印厂调换，电话：025—57572508）

作者近照之一

作者近照之二

目 录

弁 言 …………………………………………………………… 1

师前友后

朱东润《中国文学批评史大纲》书评 …………………………… 3
刘大杰《中国文学发展史》书评 ………………………………… 6
章培恒等《中国文学史新著》书评 ……………………………… 9
王齐洲《中国文学史简明教程》书评 ………………………… 12
孙秋克《中国古代文论新体系教程》序 ……………………… 15
董乃斌等《中国文学史学史》书评 …………………………… 19
郭延礼《20世纪中国近代文学研究学术史》书评 …………… 26

朱东润《中国文学论集》书评 ………………………………… 28
吴建民《中国古代诗学原理》序 ……………………………… 30
梅新林《中国古代文学地理形态与演变》序 ………………… 32
傅璇琮《中国古代诗文名著提要》书评 ……………………… 36
吴志达《中国文言小说史》书评 ……………………………… 42
谭帆《中国小说评点研究》书评 ……………………………… 45
李桂奎《中国小说写人学》序 ………………………………… 48
罗书华《中国小说学主流》序 ………………………………… 53
万晴川《巫文化视野中的中国古代小说》序 ………………… 57
朱恒夫《宋明理学与古代小说》序 …………………………… 59
纪德君《在书场与案头之间——民间说唱与古代通俗小说
　　双向互动研究》序 …………………………………… 65

· 1 ·

大百科全书出版社版《中国古代小说百科全书》(修订本)书评 …… 73
上海辞书出版社编《古代小说鉴赏辞典》序 ………………… 78
饶龙隼《上古文学制度述考》书评 …………………………… 83
陈福康《井底奇书考》书评 …………………………………… 90
朱焱炜《明清苏州状元与文学》序 …………………………… 93
盛巽昌《三国演义》(补正本)序 ……………………………… 96
盛巽昌《三国演义》(补正本)续序 …………………………… 101
中川谕《〈三国志演义〉版本的研究》书评 …………………… 103
盛巽昌《水浒传补证本》序 …………………………………… 107
高日晖、洪雁《水浒传接受史》序 …………………………… 112
洪作鹏《水浒解密》序 ………………………………………… 115
杨绪容《〈百家公案〉研究》序 ………………………………… 120
郑艳玲《钟惺评点研究》序 …………………………………… 126
杨艳琪《祁彪佳与〈远山堂曲品剧品〉研究》序 ……………… 128
朱丽霞《明清之交文人游幕与文学生态》序 ………………… 130
雷群明《聊斋艺术通论》序 …………………………………… 136
周策纵《红楼梦案——弃园红学论文集》书评 ……………… 138
陈维昭《红学通史》序 ………………………………………… 141
周兴陆《吴敬梓〈诗说〉研究》序 ……………………………… 150
曾良《东周列国志研究》序 …………………………………… 152
吴波《阅微草堂笔记研究》序 ………………………………… 155
刘再华《近代经学与文学》序 ………………………………… 158
左鹏军《晚清民国传奇杂剧考索》序 ………………………… 163
黄念然《中国古代文论研究的现代转型》序 ………………… 166

瓶内梅外

黄霖等《金瓶梅鉴赏辞典》前言 ……………………………… 171
刘辉等《金瓶梅之谜》书评 …………………………………… 180
王汝梅《金瓶梅解读》序 ……………………………………… 182
吴敢《张竹坡与〈金瓶梅〉研究》序 …………………………… 185
杨鸿儒《细述金瓶梅》序 ……………………………………… 187

张进德《金瓶梅新论》序 …… 189
黄吉昌《〈金瓶梅〉新论》序 …… 192
许建平《金学考论》序 …… 194
杨子华《金瓶梅文化新解》序 …… 197
王平、程冠军主编《金瓶梅文化研究》序 …… 202
曹之翕《金瓶梅诗谚考释》序 …… 212
褚半农《〈金瓶梅〉中的上海方言研究》序 …… 215
黄霖主编《金瓶梅与临清》序 …… 219
黄霖主编《金瓶梅研究》第九辑卷头语 …… 228
黄霖主编《金瓶梅与清河》序 …… 231
黄霖等《日本研究〈金瓶梅〉论文集》序 …… 234
黄霖编《金瓶梅资料汇编》重印后记 …… 237
黄霖等《新刻绣像批评金瓶梅》点校说明 …… 249
齐鲁书社排印本《金瓶梅续书三种》前言 …… 253

古韵今味

上海古籍出版社排印本《文心雕龙》导读 …… 269
黄霖选评本《三国演义》前言 …… 281
上海远东出版社排印本《水浒传菁华》前言 …… 307
上海人民美术出版社版《西游记》前言 …… 314
黄霖主编《归有光与嘉定四先生研究》前言 …… 316
佚名《详情公案》书录 …… 320
中州古籍出版社排印本《杜骗新书》前言 …… 322
无遮道人《海陵佚史》书录 …… 336
齐鲁书社排印本《醒世恒言》序 …… 337
高等教育出版社排印英汉对照本《拍案惊奇》序 …… 340
黄霖主编《云间文学研究》序 …… 345
芙蓉主人《痴婆子》书录 …… 348
入玄子《浪史》书录 …… 350
云游道人《灯草和尚传》书录 …… 353
痴道人《株林野史》书录 …… 356

醉西湖心月主人《弁而钗》书录 ········· 359
醉西湖心月主人《宜春香质》书录 ········· 361
岳麓书社排印本《今古奇观》前言 ········· 364
金人瑞《天下才子必读书》序 ········· 370
齐鲁书社排印毛本《三国演义》前言 ········· 382
桃源醉花主人《别有香》书录 ········· 395
无名氏《一片情》书评 ········· 397
西山樵子《闺艳秦声》书评 ········· 407
佚名《巫梦缘》书录 ········· 425
佚名《醉春风》书录 ········· 427
佚名《山水情》书录 ········· 428
黄霖编《儒林外史选粹》前言 ········· 430
佚名《百花魁》书录 ········· 437
梁启超编《新小说》书评 ········· 439
梁启超《新中国未来记》前言 ········· 452
万古恨《自由结婚》书评 ········· 463
吴趼人《新石头记》前言 ········· 466
陆士谔《新中国》前言 ········· 483

自说己话

《文心雕龙汇评》前言 ········· 497
《中国历代小说批评史料汇编校释》弁言 ········· 532
《中国小说研究史》引言、后记 ········· 534
《小说话丛编》前言 ········· 538
《中国古代小说叙事三维论》弁言 ········· 630
《近代文学批评史》绪论 ········· 633
《中国古代文学理论体系》前言 ········· 645
《原人论》绪论 ········· 646
《20世纪中国古代文学研究史》总前言 ········· 664
《分体中国文学学史》总前言 ········· 687

弁 言

摩诘诗云："大漠孤烟直，长河落日圆。"

忆大漠茫茫，浑浑沌沌求索去，风骨曾追孤烟直；望长河滚滚，曲曲折折委佗来，境界亦梦落日圆。

日再圆，总西下；水虽浅，自东流；不喧腾，亦悠游。远望清流，一练波澜微微起；近观珠滴，多纹沦漪淡淡结。过眼未必剩虚影，雪泥不妨留鸿迹。微澜淘尽束一帙，书谭掣后成四辑：

"师前友后"。学有稍成靠师友。忆堂前，诲之谆谆，悠悠师恩，山高水长；面天下，受之兢兢，盈盈友情，地暖天旸。

"瓶内梅外"。天下奇书数《金瓶》。瓶内铸鼎，穷尽百奸；梅外燃犀，毕现千怪。当淫书读，必为禽兽；以戒书观，可成圣贤。《金瓶》本姓"金"。

"古韵今味"。古书千千万。皇皇圣典，高难攀；小小詹言，味犹在。读奇书，赞怪杰，挑天下书，走心中路。

"自说己话"。我著我自在，人微言轻，碎论未求千古事；己说己以辩，纸短意浅，琐言敢望寸心知。

数语聊缀，弁之集前。辛卯岁临，粗芹一献。惟望车将悬，且喜足尚健。

庚寅（2010）冬至日

师前友后

朱东润《中国文学批评史大纲》书评

上世纪二、三十年代，中国文学批评史还是一门新兴的学科。时任武汉大学文学院院长的闻一多先生，独具慧眼，请从英国回来正在教英文的东润师开设"中国文学批评史"这门新课，一时使教中国古文的同事们十分诧异。然而，有深厚国学根柢的老师不负闻先生的重托，仅花了一年时间，就开出了这门新课，于1931年完成了《中国文学批评史大纲》（以下简称《大纲》），使老师与一时治批评史的名家郭绍虞、罗根泽先生鼎立而三，独树一帜。

《大纲》之特色，不仅仅在当时三家中是一部唯一的"全史"，而且在体例、识见、文字等诸多方面自成一家。据老师在《自序》中说，《大纲》与别人"不同的地方"有三，实可概括成两点：一是以人立目，二是"远略近详"。

所谓以人立目，即是全书七十六节目录，基本上都是标的一个个人名，而不是以时代、宗派来论列，也不以文体来区分。他认为："伟大的批评家不一定属于任何的时代和宗派。他们受时代的支配，同时他们也超越时代。"像刘勰、严羽的文学批评，就不仅仅是属于南齐或南宋的。而一个宗派的清规戒律也不能限制一个伟大的批评家的创造性，同一个派别里的不同批评家往往各有面目。至于假如将一个文论家的诗论、文论、词论分别来论述的话，也必将搞得支离破碎。一个刘熙载，既论诗，又论文、论赋、论词曲、论经艺，假如"分隶于五六个不同的篇幅"，就难以看到一个完整的刘熙载了。总之，他要使我们看到的"是整个的批评家"，是一个独立、完整的思想体。归根到底，他是将文学批评最后落实到了每一个人。

"远略近详"的做法，是富有针砭性与前沿性的。中国的知识界弥漫着厚古薄今的气氛。即使在五四以后，多数的知识分子还是"信而好古"，大学里讲授文学史，往往是讲到唐宋为止。至于批评史，似乎只要知道刘勰与钟嵘就可以了。当时，郭、罗两位的批评史，就只是写到了唐与宋。而事实上，越近，与现实的关系就越密切,越应该注重研究,故老师特别对于"近代的批评家加以详密的叙述",大大地打开了人们的眼界,并从中选出了一些前人未曾注意的、足具代表性的批评家。像明清以后的高棅、冯班、叶燮、纪昀、赵翼等等,在当时的文学史、批评史研究中都不大提及的,"有些简直是著者第一次介绍和我们相见"(朱自清《诗文评的发展》)。这就使他的批评史研究与现实拉近了距离。

除了这两点之外,我领悟老师治中国文学批评史至少还有三点超越时人之处:

首先表现在重视小说、戏曲的批评。晚清"小说界革命"以后,尽管小说戏曲的地位大大提高,但诗文"正统"的观念并未能一下子消除。即使到五四以后,治中国文学批评史者,大都还着眼于诗文,郭、罗两家就不谈小说、戏曲。实际上,建筑在虚构基础上的小说、戏曲理论,与以真情实感为基点的诗文理论有很大的区别,不注意更具近现代性的小说、戏曲理论无疑是一大缺失。而老师走上文学道路之初就与小说结了缘。他早在民国初年英国留学期间,就翻译了托尔斯泰等多种小说由商务印书馆出版,因而被人列为近代有数的翻译家之一(见杨世骥《文苑谈往》)。1917年还发表过探讨莎士比亚的专论《莎氏乐府谈》。后来,还专门研究过《水浒传》与元杂剧。因此,他能注意小说戏曲批评的研究就并不奇怪。在《大纲》中,他论及了徐渭、臧懋循、沈德符、吕天成、王骥德、袁宏道、金人瑞、李渔等小说戏曲批评,这在当时可以说是石破天惊的。有的写得非常到位,如论金人瑞的戏曲小说批评为"一代之高峰",正确地指出其"长处在于认识主角之人格,了解全书之结构",但也不讳言其以"时文之法评点小说处"。至于对金圣叹侧重主体阐释的批评,也有比较平允的看法,他说:"读金本《水浒传》者,不妨当作圣叹自作,一切圣叹对于小说之见地,处处可窥,至其对于文学之价值,虽有独见,对于批评之使命,则欠忠实,此亦无可讳者。"这些论断之精当,即使到现在还不能不令人赞叹。

老师治批评史的特点还表现在注重传统的艺术论。中国古代的文学批评,实可分为两大派:一派是强调言志载道,另一派是重视艺术创造。尽管一些人喜欢将批评史围着"道统"转,但老师对于一部批评史的研究,实重在后一路。何以见得?请看他于1941年出版的《中国文学批评论集》,即可窥见其奥妙。此集所收,即是早年先于《大纲》在武大《文哲季刊》上发表的有关司空图、严羽、方回、何景明、钱谦益、王士禛、李渔、袁枚及曾国藩的"古文四象"的论文。这些人物都可以说是代表了一个时代、一个派别或一种理论的关键性人物。牵之一发,能动全身。而他们共同的特点即是主要在论艺术方面引人注目。应该说,这些论文正是老师最见工夫、最为得意的文章,也正是一部《大纲》的骨干。于此可见,老师研究批评史的倾向性。

最后,我认为老师治批评史的卓越之处,还在于强调了要有史的观念。治批评史者,实无批评史观念者屡见不鲜。而老师强调作史者,要有"他自己的立场",一部批评史,不可能"完全是史实的叙述","有时不免加以主观的判断",所以,"既然是史,便有史观的问题"。他非常欣赏纪昀于嘉庆丙辰、壬戌两科的会试策问,出的都是批评史的问题。壬戌三场会试,尽管四千人中除一卷外,其余均未置答,考得士子们晕头转向,但老师认为,这些题目充分地说明了纪昀具有批评史的观念,称赞"晓岚对于文学批评之贡献,最大者在其对于此科,独具史的概念"。在《大纲》中,我们可以不时看到夹叙夹议的片断,比如上文引及论金人瑞处即是。其他如论"盛唐"以后论诗大都可分二派:"为艺术而艺术,如殷璠、高仲武、司空图等";"为人生而艺术,如元结、白居易、元稹等"。论严羽说"吾国文学批评家,大抵身为作家,至于批判今古,不过视为余事。求之宋代,独严羽一人,自负识力,此则专以批评名家者"等,都可见老师在客观地叙述史实时,能恰当地介入主观的评判,点到肯綮。

笔走至此,不由得想起老师是一个非常关心现实、关心人生的人。晚年常常谆谆教导我们,凡事要不断求进步,向前看。我想,他的批评史研究的最核心的精神,也无非是:立足现实,以人为本,向前看。有了这一精神,才有各种创造,才能自名一家。其实,他的其他各体文学的研究,又何尝不是如此!

(《独树一帜的批评史研究》,《文汇报》2006年12月5日)

刘大杰《中国文学发展史》书评

刘大杰先生的《中国文学发展史》(1962年版),自成一家,颇具特色,从来就受到人们的注目。

刘先生的《发展史》初印于1941年,1957年、1962年、1975年又分别修订再版。这四版《发展史》,由粗到细,有成功也有失败。它记录着刘先生个人治学的足迹,也反映着我国古典文学研究事业的盛衰消长和印记着时代的风云变幻。毫无疑问,在这四版《发展史》中,1962年版是最成功的一部。如今刘先生虽已作古,但它必将作为一部有特色的中国文学史著作而流传于世。

《发展史》的主要特色,就是注重描绘文学发展的源流通变,因而最有"史"的意味。近现代的多数文学史著作,实则是作家作品论的汇编,即将大作家写成一章,小作家列为一节,然后以时代先后排列组合一下,就称之为史了。《发展史》则不然。它以时代为序,以文体为纲,着重揭示文学本身发展的历史过程;所有作家作品都放在这个历史发展的背景上来加以评介。假如每一作家作品是一个点的话,那么他(它)们只是一条线上的有机部分,而不是像其他著作那样,用一个个点来凑成一条所谓线。这里且以汉代为例,《发展史》安排了三章:"汉赋的发展及其流变"、"司马迁与汉代散文"、"汉代的诗歌",分别将汉代的辞赋、散文和诗歌的来龙去脉交代得一清二楚。比如有关汉赋的一章,作者先用一节"绪论"简介了赋的体裁和赋家的派别问题;接着一节分析了汉赋兴盛的原因;然后在第三节中,分汉初的赋家、汉赋的全盛期、汉赋的模拟期和汉赋的转变期四个阶段,评介了十二位作家的作品,分析了汉赋发展的全过程;最后一节又简略地介绍了汉以后的赋的演变。读了这一章,我们不但了解到从贾谊、枚乘到蔡邕、祢衡等汉赋代表作家的不同风格和作品特色,而且对每个作家的承前启后的关系和整个汉赋便有了一个比较完整的概念。至于碰到一些伟大作家和重要作品,《发展史》也不单列一章使之跳出"线"外,而只是在章目上标出其名,仍放在同时代的某类文体的发展中来加以论述,如"司马迁与汉代散文"及后面的"盛唐诗人与李白"、"红楼梦与清代小说"等章就是这样。与此不同,其他文学史于汉代部分往往分"汉初文学"、"西汉中叶的文学"、"司马迁的传记文学"、"西汉末叶到东汉的辞赋和散文"等章来加以论述。司马迁一章当然独立于外,其他每章则分列几个作家,其排列只论先后,不重文体。这样,假如要了解汉赋的话,就必须到前后几章中分别去找,读来断断续续,就有些七零八落之感。这在明代文学史的编写中更为典型。一般文学史将诗文作家和戏剧家、小说家更替介绍,轮流突出,这就势必对每一种文学样式演变的脉络照顾不到,使读者较难得到这一时代某类文学发展的完整印象。而《发展史》于明代则分诗文、戏剧、小说、散曲与民歌四条线,一气呵成,线条清晰,读后使人比较切实地感受到每类文学确实是在一步一步地发展变化,而《发展史》也确实可以称得上一部"史"了。

与刘先生重视勾勒文学流变的历史有关,《发展史》比较重视文学思想的探索和三、四流作家的评介。一般文学史著作重在单独论述作家作品,所以只是对刘勰、钟嵘等早期著名批评家及后代与大作家有关的新乐府运动、古文运动等作专节阐述,很少顾及文学思想的演变和文论的介绍。特别是对于明清小说戏曲作家的创作思想,更为一般文学史家所忽视。而《发展史》在鸟瞰一代文体的发展时,往往不可避免地要涉及文学思想的变化;在分析作家作品时,也多注意评论其文学观点。就以明代的戏曲家而言,《发展史》对高明、邵璨、李开先、徐渭、汤显祖的创作思想及沈璟的《南宫九谱》、吕天成的《曲品》、王骥德的《曲律》等都作了评介,而这些都为一般文学史所少讲或不讲的。同时,《发展史》为了论述一代文体的发展变化,既以较多的篇幅论述重点名家,又常顾及一些较小的作家。比如论清代的词,若以作家来叙述,一般都只介绍清初比较重要的陈维崧、朱彝尊、纳兰性德几家,其他都只能一笔带过了。而《发展史》于清词专立一章,从清初三派谈起,一直谈到常州词派和晚清词人,一共涉及了三十余家。其中一些词人虽然并不十分知名,但对于考索渊源、分别流派很有关系。作者用简单明了的语句加以点出,对于我们加深理解重要作家的作品,了解清词发展的线索,都是很有帮助的。除了清词之外,《发展史》论到的汉赋、宋明清小说、元明散曲、明清散文、清诗等部分的不少三、四流作家作品,都是其他文学史所忽略的。因此,《发展史》虽然也只有三册,但与差不多同样篇幅的一些中国文学史著作相比,它的作家作品的容量是比较多的。据我粗略看来，在当今所有中国文学史著作中，它可能是评介作家最多的一部吧！

篇幅不大，容量却多，这个奥妙何在呢？这主要是《发展史》在论述作家作品时，不按照一定的模式去套，而往往能根据每一作家作品在文学史上的主要成就或特色，将生平介绍与思想性、艺术性的分析融为一体，抓住要害，有取有舍，运文灵活，言简意赅。例如就王维诗歌的艺术性来说，《发展史》认为他在中国诗史上真正能代表其特色的，还得推他后期的作品。因此，对前期的诗作只是一点而过，以腾出篇幅来对后期的山水田园诗详加评论；而在评论其诗歌时能结合其思想演变，介绍其生平时又联系其文学作品。这在分析一些大作家和长篇小说时表现得特别突出。就一部著名的长篇小说来说，假如要评价它的艺术成就，几乎每一部都可以从人物形象、情节结构、细节描写、语言运用等方面一一阐述。这样分析的结果，全则全矣，然文字繁复，难得要领。《发展史》则在评介《三国演义》时自始至终扣住其"历史小说"的特点，分析《水浒》的艺术成就时突出其人物形象塑造，论述《西游记》的文学特色则紧扣其用积极浪漫主义的方法来批判现实，介绍《金瓶梅》时就指出它的价值在于描写真实而陷入自然主义，诸如此类，话虽不多，意则甚明，读来省时，但眉目清楚。

《发展史》的另一特点是文笔流畅，语言优美。有的片段于笔端略带感情，读来可作为一种艺术享受，于此也增强了评论的力量。此外，《发展史》较多地全文引录短小的名篇，便于读者的阅读和欣赏，这也常为人们所称道。

当然，《发展史》的基本结构毕竟是在解放前搭起来的，刘先生又是一个从旧社会来的知识分子。几十年来，尽管他努力跟着时代的脚步，注意学习马列主义、毛泽东思想，重视积累史料和吸取古典文学界的研究成果，想不断完善他这部一生的力作。但从1962年版《发展史》来看，不论是章节安排，还是具体作家作品的评价，都存在着这样那样的一些可以讨论的问题。特别是以运用马克思主义观点来解释中国文学史的要求来衡量的话，它同当前其他中国文学史著作一样，都只能算是一种初步尝试。其成败得失，将随着时代的推进，会得出公正的结论吧！

(《评刘大杰〈中国文学发展史〉》，《书林》1981年第6期)

章培恒等《中国文学史新著》书评

这部《中国文学史新著》,的确是一部成功之作,这主要表现在以下四个方面:

一、有明确的治史目的。这是真正能写好一部文学史的基础。

中国的现代意义上的文学史著作一开始就有两种:一种主要是应付教学,"著书都为稻粱谋",最早的窦敬凡、林传甲的文学史即是如此。另一类是自觉、清醒地追求更高的目的。黄人强调写中国文学史是为了宣传爱国思想:"有文学史,厌家鸡爱野鹜之风,或少息乎!"也为了宣扬自由民主,从文学史中可以看出:"此言语思想之自由,政治习俗固未尝明为制限,而也不能为之制限也。"

现在汗牛充栋的文学史著作大多是杂凑、应景之作。

章先生写这部文学史的目的是十分明确的,即是要突破"长期流行的文学史模式",成一家之言,以推动中国文学史研究的深入。

为此,充分地体现了一种精益求精、不断追求进步的精神:"如果老是停留在这一步,那就会很快地被历史的潮流抛到后面并被遗忘。""所以我们非赶快突破自己不可。"这也是复旦的一种可贵的传统。朱东润先生有一句口头禅,就是"要前进"。刘大杰先生的《发展史》、郭绍虞先生的《批评史》都是有一种不断修改、不断求进步的精神。尽管他们一时对"进步"的认识不一定正确,但在主观上还是要不断跟上时代,不断求进步的。

二、有独立的文学史观。这是真正能写好一部文学史的灵魂。

一般的文学史著作有三类:1. 没有什么明确的文学史观,是一部大拼盘、大杂烩,特别集体著作;2. 想用一种美学观点统起来,但实际上并未做到,如黄人,他宣称要用"真善美"的美学思想来写一部文学史,但全文很散,主要是材料的堆砌,行文中间丢掉了一根线;3. 主要借鉴了别人的文学史观,如刘大杰先生的《发展史》主要融合了泰纳、朗宋、佛里契等的观点。

这部文学史,是在马克思主义指导下,努力构建自己独立的文学史观。我理解它的核心精神是三条:人性的发展是文学发展的内在动力;与之相适应的艺术形式美的演变;古今演变之间的内在联系。

原版中已经提出了这样的文学史观,但没有能贯彻到全文的写作中去。这次的确清晰地表达了用这样的文学史观统率全文。比如在分析高启的人与诗时,就突出了他"对个性的尊重",并将他对个性的尊重与庄子、嵇康、李白、杨维桢等作了比较,使人清楚地了解了时代在发展,尊重个性在不同人身上的不同特色。再如在讲《文心雕龙》时,并没有讲它的整个体系如何构建,而是从"雕龙"出发,围绕着刘勰对"美"的认识为中心来加以阐发。再如在分析张岱小品文时,就指出了"这样的审美情趣,与五四后的知识分子已有相通之处"。谈到《儒林外史》中范进吃虾圆子时,谈到了鲁迅《肥皂》中的吃菜心。

这种文学史观是否正确?有没有偏颇?自可讨论,但这种在马克思主义指导下,努力构建一种独立的文学史观的精神是十分可贵的,足以推动当今中国文学史的研究与编写。

三、有创新的编史精神。这是衡量一部文学史学术水平的重要标识。

假如一部文学史用的是老观点、老材料、老方法的编纂,就谈不上有什么学术含量。学术的生命在于创新。这部书的文学史观首先是新的。在这指导下,分期也就是新的,很有创意。在这样的全新的大的框架下面,具体对每个时期的作家作品的取舍、详略及其分析、评价,都鲜明地显示了一种创新的特色。特别如关于《玉台新咏》、《娇红记》、《浮生六记》以及王彦弘等过去不被重视、甚至根本否定的作家作品都上了目,作了较为详细与肯定的评价。还有不少过去一般文学史中没有提到的二、三流的作家作品虽然没有上目,但都照顾到,也增加了全书的新鲜感与丰富性。当然,更多的是对一系列的作家作品作了许多富有新意的分析,这里无法一一列举,因为触处皆是。另外,也十分注意吸取最新的研究成果,如下册第318、319页就引用了2006年发表的材料。这种创新的内容一般都是由总的文学史观所决定的,但反过来也证实了用这样的文学史观来编写这样一部文学史是可行的。

四、有严谨的治学态度。这是真正能写好一部文学史的生命。

严谨的学风首先表现在运用材料的正确性上。全文请专人校阅,复核了全部引文。特别强调了"确知其为已经改变了作品原貌的引文,即使在读者中已有很大的影响,仍不采用",如广为流传的李白的"床前明月光,疑是地上霜。抬头望明月,低头思故乡"一诗,就用《四部丛刊》影明本《分类补注李太白诗》中的"床前看月光,疑是地上霜。举头望山月,低头思故乡"。再如说,《四库全书》一律不作为引文的依据。这一点也很重要,因为自从影印了《四库全书》后,一般人常常贪方便而用它。

  严谨同时也表现在论辩中。全书在分析时,常常进行论辩,论辩时都言必有据。例如在辩析钱谦益诗"莫教肠断李龟年"时,引用了吴伟业的相关材料,有力地辩析了钱谦益"怕自己与柳如是的婚事和那些艳体诗有损名誉"的心态。这样的情况也很多,不能一一列举。

[《有思想的知识体系》(部分),《文汇读书周报》2007年12月7日]

王齐洲《中国文学史简明教程》书评

自从1897年窦警凡著的二万余字的《历朝文学史》以来,国人所著的"中国文学史"著作,真是汗牛充栋。翻翻这些著作,在20世纪中的大势所趋是越写越细。假如不算一个朝代作一卷的"大文学史"之类的话,作为教材用的通史类中国文学史著作,从上世纪50年代至90年代,则大致稳定在二百万字上下,装订成三、四册,这比之第一本窦著《历朝文学史》来,篇幅已增加了一百余倍。不过,这样篇幅的教材当初也不觉得繁冗,因为"中国文学史"作为大学中文系的最基本的课程,一般都要教四学期,外加还有"中国历代文学作品选"课程的配合。而时至今日,一边有人拼命在叫喊要振兴所谓"国学"、继承优秀的文化传统,另一边则各校的中文系的专业课在被淡化,中国文学史这类主课的课时纷纷被删削到不能再删削的地步,正是大有"忽如一夜西风来","无边落木萧萧下"的态势,不要说大专或一般的高校,就如中国古代文学学科作为国家重点学科的我们复旦,也不能不随波逐流。于是乎,近一二年来,简本中国文学史著作应运而兴,大家纷纷走删繁就简的路,这真是一百年风水轮流转了。

这一二年来所出的简本中国文学史著作,恕我没有读过一本,所以无法作比较。王齐洲先生主编的这本《中国文学史简明教程》是我第一部拜读的。此书的写法是以文体为纲,有别于几部最流行的中国文学史著作以时为序,但分体的通史于近年来也时有所见,故窃以为分体而写并非是此书的特色。我读了后的第一感觉是觉得此书写得简而全。全书篇幅仅是过去流行的中国文学史著作的三分之一至四分之一,但能做到"麻雀虽小,五脏俱全":从横向文体来看,诗词、辞赋、文章、戏曲、小说,面面俱到;从一种文体来说,从发生一直写到近代,贯串始终,且能注意各类"变种",如写"文章"这一章时,特辟了一节被多数文学史著作所忽略的"明清八股文";从某一重要的作家作品而言,往往也顾及到方方面面,如写《三国演义》,就从故事来源、成书过程,写到版本、作者,再接着是主题阐释、艺术分析,到最后谈到作品的影响。就以此而言,说此书为"全"也并非虚夸。不但如此,为了补救分体写作的局限,作者又在《绪论》中综论了中国文学发展的阶段性、地域性,以及文学与文论、主流文体与非主流文体的关系,使读者加强了对中国文学发展的总体认识。不但如此,书后还借鉴了我国古代史著的传统,附有《中国历代文学家生平简介》与《中国文学发展大事年表》,庶几乎古代正史的"传"与"表"。这样的一部"简明教程",真可谓虽简约而全面,让人一编在手,得以综览全史。

  此书给我的第二个感觉是能平允中出新知。一般说来,教材不同于个人专著。个人专著注重原创性,强调有独到的见解。这种见解,有时候甚至失之偏颇,但也不失为一家之言。教材则是向莘莘学子灌输基本知识,当以一时间普遍认可的内容为佳。这就要求作者有时不得不放弃自己平素的观点而"屈就"学界的通论。王齐洲先生对一系列中国古代小说深有研究,时有独到的见解,但在他所写的第六章《小说的发展》中,多综合时贤的共识,使人感到平允、客观,没有什么奇谈怪论,但也时见他编撰时的智慧和新识。例如分析《水浒传》的主旨时,他区分了明人与今人的不同认识,先指出,"《水浒传》在明人眼里主要是歌颂'忠义'的",然后又分析了"今人对《水浒传》的认识与明人多有不同"。在谈到今人的观点时,他提了曾经最流行过的三种说法:一种是将《水浒》看成是"农民革命的教科书";另一种是将小说说成是宣传投降的"反面教材";再一种是认为《水浒》是"为市井细民写心"。对以上几种说法,他都作了客观的介绍,并说:"一部集合许多口传而形成的长篇小说,人们有不同的解读,是十分正常的。"这样的态度是十分实事求是的。在这里,我记得王齐洲先生过去曾主张《水浒传》是写了"统治阶级内部革新派与守旧派的矛盾斗争",而如今在他编写的教科书中,就没有把自己的说法写进去,这也反映了编史者应有的气度,并没有像有的人那样想方设法地把自己并不成熟的观点硬塞进去。这都反映了这部教科书做到了作为一部教科书应该做到的一点:平允。然而,平允不等于只是呆板的介绍,好的教科书还是应该有自己的见解。王齐洲先生在以上"从作品反映的现实社会生活来解读《水浒传》"之后,又别具只眼地强调"从作者所寄寓的社会理想去理解《水浒传》",从而分析了《水浒传》所描写的"八方共域,异姓一家"的乌托邦社会,指出这是"农业文明所浇灌的梦想之花,儒家'大同社会'理想也是这样的花朵",这也就是"这部小说为什么始终受到人们的喜爱的重要原因之一"。所以说,这部教材能写得平允中出新知。

不过,简约与全面、平允与新知,毕竟存在着矛盾,要真正处理好并不容易。这部教科书,或许是太重求全,有时难免就显得过于简略,个别地方只剩下干巴巴的几根筋肋了;且全书总的面貌是求平有余,出新不足。当然,这是旁观者的风凉话。实际上,请谁搞,谁都会难以措手的。

(《简约见全貌,平允出新知》,《中华读书报》2006年5月24日)

孙秋克《中国古代文论新体系教程》序

我与秋克教授相识多年但接触不多,见面又一般不在"文论"的圈子里,所以在印象中她是搞戏曲小说的,不知她在中国文论的领域内已经打磨了好多年,且早有一些可观的成果。这只能怪我的孤陋寡闻。如今,她将一本《中国古代文论新体系教程》用电邮发给我时,着实使我感到十分意外;而一看其内容,更使我诧异,她的许多想法竟与我那么接近,而我没有做到的,她却做到了,且做得这样的好。

说实话,我们复旦搞批评史的同仁,也早想搞一本"简本"的中国文学批评史的教材。早在七卷本《中国文学批评通史》出齐后,王运熙先生就提出要搞一个简本,并作了一些分工,但由于种种原因,后来只是完成了原来三卷本的改编本《中国文学批评史新编》二卷,没有搞成一种一卷本。后来,随着全国中文系将古代部分的教学内容普遍压缩之后,适应当前教学的教材编写就更为迫切。我因此曾经想搞一种一卷本的《中国文学批评史》,向教育部申报作为"十五"重点教材,也承蒙批准被列入规划,但由于我杂事缠身,只写了一章而停步不前了。当然,主要的原因还是由于我虽然经过反复思考,却还是找不到一条理想的路径,所以拖到现在还没有交卷。如今,秋克教授主编的这本《中国古代文论新体系教程》,就与我的一些基本想法多有相合之处,且她已闯出了实绩,的确是值得我钦羡和学习的。所以,她向我索序时,尽管我被其他一些急事绷紧着,但还是乐意写几句心里话,对这部教材谈一点粗浅的看法。

纵述与横论相结合,这是本书的第一个特色。编写史书,常规的是按照一定的顺序将事实论述下来,多数当然是依时为序,20世纪的中国文学批评史著作基本上都是这样写的。当然,好的历时性的著作,编者还是有一个共时的观念横在胸中,隐约可以看到一些"草蛇灰线",在纵向的史的梳理中得到显现。不过,假如能把一些基本的理论问题拎出来,专门加以阐释,那也是很有意义的。这不仅使读者更容易感受到中国古代文学理论的"体系"或"潜体系",而且也有利于论者探索古代的文论与现代的对接。上世纪40年代,傅庚生先生所写的《中国文学批评通论》,就是一部具有开创意义的共时性论著。尽管开始时难免有一些粗糙、稚嫩的地方,但其精神是十分可嘉的。后来,特别是"文革"以后,相继出版了不少类似的著作,包括现在知道的秋克教授也写过的《中国古代文学原理八论》(云南大学出版社1995年版)。我对这类著作的基本态度,总是肯定在先,是点头派,而不是摇头派。我自己在1986年写的《古小说论概观》,也是分"纵观篇"与"横观篇"两大部分的。我们复旦的同仁,在完成七卷本《中国文学批评通史》后,接着就编写了三卷本的《中国古代文学理论体系》,其主要目的,也就是希望立足在共时性的基础上,对中国古代文论的核心精神与基本体系作进一步的探索。正因为我一直在想着如何使新编的《中国文学批评史》能体现出纵横结合的模式,所以对秋克教授主编的这本教材能重视从纵、横两个角度来论述,自然就十分欣赏。当然,如何将这两个角度结合起来论述,也是有各种各样的路可走的。不过,秋克教授他们所走的这条路,即将纵述与横论分而列目,无疑是最平实的路。

  论述与文献相结合,这是本书的第二个特色。编写历史著作,本来有各种各样的编法,有的是几乎纯用材料的编排来体现编者的一定的史观的,但时下通行的著作往往是通过论述来叙明史事、表达观点的,原始的材料多数只是通过摘句引文嵌入正文的。这样的好处是行文简洁,篇幅节约,观点明确。但截头去尾之后,往往有断章取义之嫌,特别是对初学者来说,如何培养他们在读通原始文本的基础上,去独立、正确地领会其精义,无疑是有欠缺的。就中国文学史著作而言,我们过去比较欣赏刘大杰先生所编的《中国文学发展史》,其中一点,就是他较多地引用原文,特别是那些短小的名篇,每每予以全文引录,这样就便于读者的阅读和欣赏。在近年来的中国文学批评史教材中,也常有一些附录原始文献的做法。这将对史的论述有很好补充,也是适应目前教学实际情况而产生的一种将"文论选"与"批评史"置于一炉的好办法。秋克教授主编的这本教材的第三编"原典选读"就是这种将史论与文献相结合的有力措施。从他们所选的近四十篇文章来看,也极具代表性,大体能抓住要害。这也是值得称道的。

  论古与今用相结合,这是本书的第三个特色。学习和研究古代的文学与文论,其根本的目的还是要有用于世,并不只是将它们作为一种古董来玩耍。尽管中国古代的文论经过20世纪西方文论的严重消解,以致有人认为已经到了"失语"的时候,有人认为古代的文论根本不能与现代的相对接,但我总是觉得,文论在近现代的转型中,传统的遗传因子总是难以消弭。我们不是拒绝接受与西方文化的交流与融合,但我们有责任将民族的传统加以发扬光大,乃至重新激活。在这里,理论上的阐释固然必要,但更重要的是在于实践。不实践,再好的理论也会消亡,只有通过实践,理论的生命才能长青。现在不少年轻人,一听到西方一个什么新名词,自己还没有搞懂,就急忙搬进来硬套中国古代的文学,编辑们也觉得很时髦,往往一时炒得很热。与此同时,很少有人用传统的理论来分析当今的中外文学。近年来,我注意到台湾的黄维樑教授,已写过多篇用《文心雕龙》等传统文论来解释中外古今的文学现象的论文,很有意味。可惜的是,大家习惯于戴着西方的眼镜来看中国的文学,反而会觉得黄教授的分析有点不伦不类了,真是久闻了异味,就不知芝兰的芳香了。我们现在缺少的就是黄教授这样的文章。假如我们有十个、二十个黄教授这样的人,认认真真的做出一批文章来,我想,传统理论究竟能不能与现实对接,能不能活起来,也就不至于用干巴巴的话争来争去了。现在,秋克教授主编的这本教材,限于它的体例,当然不可能来做这样具体的工作,但编者有用于世的精神还是很明确的。他们之所以重视横向的理论梳理,目的也是为了接近当代。而最后添上了一编"实践系列训练",就是为了搭建了一个"教、学、研、练四位为一体"的范式,将理论学习与实践相结合,将"论古"导向"今用",以培养一批能用传统的文论来阐释文学现象的人才。在前面三个部分的理论和文献的铺垫下,这部分的文字虽然最少,但在理念上的创新性方面,却给人留下了深刻的印象。

  编一部中国文学批评史教材不容易,编一部简明而有创意的中国文学批评史教材更不容易。上世纪初,国家积贫积弱,黄人在编《中国文学史》教材时,感慨当时的文人"过华屋而叹凌夷,窥明镜而羞老大",在民族自尊心严重缺乏的情势下,社会上弥漫着"厌家鸡爱野鹜之风"。时间过了整整一个世纪,目前中国文论界的西风犹烈。当然,西风并不是妖魔,但当以平常心待之。我们在八面受风之际,作为中国文学批评史的教学者和研究者,就有历史的责任编好中国文学批评史,教好中国文学批评史,坚守中国文论的优秀传统,光大中国文论的核心精神。我坚信,随着我国经济的发展,国力的增强,民族自卑心理必然会逐步退出历史舞台,在大家的努力下,中国传统文论一定会在文学全球化的过程中显现出她的"一团精光"。

2007年9月9日

(《中国古代文论新体系教程》,浙江大学出版社 2007 年 11 月版)

董乃斌等《中国文学史学史》书评

中国是一个富有历史精神的国家。历史中蕴育着无尽的矿藏,现实的出路往往就是在反思历史中踏出来的。所以在传统学术中,史学从来是一门备受青睐的重要学科。传统的文学研究也具有厚重的历史感和深邃的反思精神。到了20世纪初,随着中西学术的交流和学校教育体制的确立,文学史成为高中、大学教育的一门重要课程,出现了一种特殊的学术著作模式——《中国文学史》。《中国文学史》著述,是与20世纪的中国文学学术史演进相始终的。它较为集中地反映着20世纪中国文学研究学术观念的承延和变革、学术方法的沿续和更新、学术领域的开掘和拓展。特别是在《中国文学史》著述还较为自由、少受拘束的时期,它总是及时地捕捉学术研究的新成果,敏锐地反映出文学研究的新动向。当然,为了适应20世纪社会思潮、学术思潮的变迁,为了适应现代教育目标、教育体制的演变,《中国文学史》著述本身也在不断的探索、演进和反思中。传统的中国文学史学思想,特别是百年《中国文学史》著述所取得的成果,留下的经验、教训,是21世纪中国文学史研究和编著的重要财富,需要认真总结。

正是在这样的逻辑起点上,早在上世纪80年代始,对于中国文学史学的探讨就逐步成了一个热门的话题。1980年,陈美林先生曾发表了《重视对文学史著作的研究工作》的专文,之后,《光明日报》等发起过几次有关文学史编写问题的讨论与报道,并陆续读到了陶东风先生的《文学史哲学》、王钟陵先生的《文学史新方法论》、钟优民先生的《文学史方法论》等探讨文学史理论和方法的专著。与理论探讨相呼应,1986年出版的陈玉堂先生的《中国文学史书目提要》及后来的一些相类著作为中国文学史学的研究在资料上铺平了道路。于是,一些专论中国文学史著作的论文陆续问世。1993年,黄霖的《近代文学批评史》第一次专列了《中国文学史学》一章。但是,一门学科的成立,还需要更为系统、全面、细致、切实的梳理,最近我们读到的洋洋洒洒120余万字的三卷本《中国文学史学史》,就是一部反应及时、规模宏大、思虑周密、资料详赡的中国文学史学著作。它的成功,标志着新世纪中国文学史学学科的正式确立。

《中国文学史学史》之所以能标志中国文学史学史这门学科的确立,主要表现在它对于文学史学这门学科横向组合的几个层面和该学科历史发展的纵向把握上,都有比较清晰的认识,且一纵一横,有机结合,达到了比较完美的境界。

从横向结构来看,编者紧紧地抓住了史观、史料、史纂这三条纲,一以贯之,统观全局。史料,是编写文学史的资料积累与拓展,是编史的依据。史观,则是一定的"整合史料、建构历史的思想方法和理论范式",起着主导的作用。史纂,是历史编纂的形式,包括体例、方法、文风等。全书三编,从古到今,就是紧紧地扣住了这三个环节来加以论述的。至于编者自己是用什么史观来编这部史,没有明说,实际上恐怕也很难说。因为事实上有许多史并没有明确标榜、且在事实上也并未用或很难用一种史观来编史的,更何况是一部出于众手的作品。不过,大致看来,讲究信实,注重演变,还是这部《中国文学史学史》的共同的基本史观吧。有一段时间以来,克罗齐的"一切历史都是当代史"断言,到西方"新历史主义"的某些观念,曾被学界大肆宣扬。应该说,这些思想观念对于破除几千年积淀的对于史书的迷信和崇拜,克服幼稚的客观主义,提醒历史研究的主观作用和现实意义,都有一定的进步性。但假如过分看轻了历史的真实性,认为"话语"可以"颠覆"历史,进而将历史事实看作是文学虚构,再将历史与神话、戏说相混同,这就不免荒唐了。本书从信实出发,让史料的编织来体现文学史著作编写的演变与发展,就使一部史立了起来。比如第一卷,对传统中国文学史学的把握,就从浩瀚的诗文评、目录书、文苑传、文学选本、笔记、评点、杂论等资料中钩稽出具有文学史意味的材料,阐明了中国古代文学史观在以"源流正变"为核心的前提下,由六朝至隋唐间"质文代变"向宋元明清时期"诗体正变"的转化,然后"一代有一代之胜"观念的萌发与成长及其与近代进化论观念的接榫,显得眉目清晰,又着实有据。以史观的演变为主导,文学史料学与史纂形式也不断从简单稚拙到丰富多样。三条线既各自独立,又相互联系,融为一体,就奠定了一部中国文学史学史的基本构架。

从纵向演变来看,本书的特点是从先秦两汉,到20世纪末,贯通古今,一线到底。当然,全书大致还是分成两大部分:第一卷是传统的中国文学史学,

第二、三卷是20世纪的中国文学史学。著者把传统文学史学分为萌生（先秦两汉）、演进（魏晋南北朝）、初步综合（隋唐五代）、转型（宋金元）、拓展（明代）、总结（清代）这样几个时期，从本来零碎分散的传统文学史学思想里，整合出一条明晰的线索来，是花了大力气的。这对于纠正长期以来认为中国古代没有文学史的错误观念是很有用处的。后在第二卷论述20世纪早期的文学史著作时，就相为呼应地分析了它们如何接受了传统文学史学的影响，它有力地证明了20世纪《中国文学史》的成长，是"与其根须一直伸向传统学术的土壤有关"的。一部文学史学史就如一条线，源流相续，承前继后。在编述20世纪中国文学史学史时，作者是分别从通史、断代史、文体类别史、区域文学史等不同的角度来描述它们各自的演变轨迹的。这里的一个显著特点，也就是打通古代文学、现代文学、当代文学长期分隔的局面，把三者冶于一炉，给予综合的观照。例如《断代文学史编》，既阐述古代文学、近代文学的断代史著述，也给予现代文学史、当代文学史以适当的位置；"作者文学史"部分既评介了谢无量、梁乙真、谭正璧等人的古代妇女文学史著作，也容纳了盛英主编的《二十世纪中国女性文学史》。这不仅表现出著者有意识要打破古代、现代文学研究分隔的学术模式的勇气，扩大了著述容量，而且使史的演变的轨迹更加清楚和完整。当然，著者在具体撰著时，特别是在"各类文学专史"部分，对现、当代的各种文学专史的重视还显得不够。如"批评史编"里，20世纪90年代的几部重要的现代文学批评史著作还没有纳入进去。这又从反面说明了真正打破古代文学与现代文学的疆界是多么不容易。而该著在这方面的努力尝试，还是值得称许的。

横向三观，纵向一线，本书以此而建构了一个中国文学史学的学科体系。但这一纵一横、一经一纬，如何能很好地贯串交织成一体呢？作者在《导言》中分析了史观、史料、史纂三者之间的关系后特别指出，"而这一切又都离不开特定社会环境与文化思潮的土壤和氛围"。"所以，把握文学史学史的内在的有机建构，便同时意味着关注其复杂的外在联系，这是我们面对任何一个这样的开放系统从事研究时所不可忽略的"。这一见解非常深刻，在实际编写过程中作者们也作了努力，但读罢全书，觉得许多地方尚不能解渴。就从20世纪来看，这对于中华民族来说，是个不平凡的一百年。中国社会经过痛苦的裂变，甚至以沉重的代价，走出传统，走向现代。20世纪的文学史学，不仅仅是一种学术研究，还担负着大学人文教育的重任，与社会的关系更为紧密，尤其应联系具体的时代思潮来加以审视,向读者描述学术变化的深层背景和原因。建国后,特别是"十七年"时期,社会思潮和学术主题在不断的变化,就拿《中国文学史》的编著来说,20世纪50年代前中期曾有一个"改写"旧版的浪潮,并为了酝酿新的《中国文学史》而展开关于《中国文学史》分期的大讨论,50年代末、60年代初又有一种新的编写文学史的学术潮流,而1964年以后开始兴起"批判史学",又对过去许多关于文学史的论断作更严厉的批判,从而滑向"文革"。但是在《中国文学史学史》里,著者对于建国后、特别是建国"十七年"的社会思潮和文学史研究,用了"左倾"、"庸俗社会学"等字眼轻轻地翻了过去,没有作更为深入的分析。上面提到的改写旧版、分期大讨论、批判史学等等文学史学问题,本该作充分论述,而实际上基本没有论述到。特别是"通史编"的审视,更应该注重联系社会思潮、文化背景来进行梳理。可惜我们在这里仅仅看到关于《中国文学史和大学教育》一章的简略论述,《中国文学史》编纂的更为深层的社会文化思潮背景,还显得非常模糊。正是因为没有穿透深层的社会文化背景,著者对于有些文学史现象尚未能给予透辟的分析。其中《五六十年代的中国文学史教程》一节,提到50年代末在"大跃进"形势下,北京大学和复旦大学中文系学生分别编写了《中国文学史》,1963年左右又出现了游国恩等的《中国文学史》和中国科学院文学研究所集体编写的《中国文学史》,著者用不到一千字的篇幅,从集体编纂的角度作粗略的说明,并没有抓住这几部《中国文学史》的实质及其所反映的学术思想。联系五六十年代的学术思潮来看,由于当时强调学习苏联的文艺理论,50年代前中期的《中国文学史》,多受苏联模式的影响,1958年,北京大学中文系学生集体编写的《中国文学史》,就用"现实主义与反现实主义的斗争"作为主线,复旦大学学生集体编写的《中国文学史》第一、二卷,也是如此。然而就在此时,学术界对"现实主义与反现实主义斗争"这一论题给予深刻的反省和批判,基本上是否定了这一论题,所以,北大本《中国文学史》在第二年修订时,就抽去了"现实主义与反现实主义斗争"这个主线,复旦本的第三卷也放弃了这个模式。因此可以说,这些"红色的"《中国文学史》,一方面高扬鲜明的政治进步性,另一方面也在当时所限的范围内思考着如何贴切中国文学史本身的。60年代初,思想形势曾有过短暂的缓和,于是出现了两部集体编纂的《中国文学史》。这两部《中国文学史》实际上是要进一步摆脱苏联模式的束缚,以马克思主义历史观、文艺观为指导,更为稳妥、平实地阐述中国文学史发生、发展、演化的过程,描述文学史事实,探索文学发展的规律。而且它们的确在考定文献、叙述事实和评判价值上显得务实平妥,有理有据。到 80 年代后,这两部《中国文学史》作为高校文科教材,还曾多次翻印,说明其还是有相当的学术生命力的。因此,不论从实际成绩、还是从代表性,以及承前启后的实际影响来看,它们当是 20 世纪应该予以第一等关注的重要著作,认真总结其经验教训,对于后来者当有重大的启示。但本书却用了不到一页的篇幅匆匆地交代了过去,与八九十年代一些三四流著作相比,难免使人觉得有些简单化了。

这里,我们想引出一个"史识"的问题。刘知几提出了史官当具"才"、"学"、"识"三端。其才,勉强可与"史纂"相联系;其学,可与"史料"相并论;其识,则与"史观"似有较大的距离。本书的"史观"是指"整合史料、建构历史的思想方法和理论范式",而"史识"主要是指一种对于历史现象及其规律的认识与评判能力。独到、精辟与正确,当是衡量其识力的主要标准。《中国文学史学史》一书,是具有相当的识力的。这从全书体系建构、材料安排、观点评价等诸多方面,都可见作者有自己独到的识见。但假如从更高的标准来看,还是有不少地方使人感到不能满足的。就以 20 世纪上半叶的通史来说吧,当时的大学、中学,甚至有些小学也有文学史课,而且各自为师,人有一套,文学观念多种多样,编写体例也各有千秋。据陈玉堂《中国文学史书目提要》所著录,20 世纪上半叶,国人编著的"通史类"《中国文学史》约 120 种。它们是我们窥探 20 世纪上半叶文学研究的一个窗口,通过这些著述,我们可以生动地了解这五十年文学研究的方方面面,有很多问题值得思考。比如:有哪些运用传统"大文学观"撰写的《文学史》?这些《文学史》对我们标举了一百年的"纯文学观"是否还有某些启示?通俗文学是如何进入文学史叙述的?文学史叙述是如何处理新、旧文学关系的?日本学者编著的《中国文学史》对国人有何影响,国人又如何走出"日本模式"?马克思主义文艺理论观点和方法是怎样进入文学史编写的?文学史编写与近代人性论思潮、民族战争时期的爱国主义思潮有什么关系?等等,这些饶有兴味的问题,应该是文学史学史全景中的一个个亮点。在《中国文学史学史》的"通史编"部分,著者对这些问题几乎没有涉及。"通史编"泛泛提到的文学史著作只有 20 部左右,主体部分只是在论述胡适的《白话文学史》,郑振铎的《插图本中国文学史》,冯沅君、陆侃如的《中国文学史简编》,刘大杰的《中国文学发展史》和林庚《中国文学史》,而绝大多数《中国文学史》著作被著者掩盖下去了。"通史编"留给 20 世纪上半叶的中国文学史学只有4万字的篇幅,与全书其他部分的充实丰满相对照,是不够相称的。而且,许多有特色、有分量的著作,都被湮没了,如胡怀琛、谭正璧、胡小石、谭丕模、赵景深等人的文学史著作,不仅内容充实、见解新颖,而且在当时曾多次重版,有的甚至高达十几版,影响深广,但是本书对它们并没有充分展开论述。其中有些著作,如朱星元的《中国文学史通论》论述的是文学史的目的、范围、写作方法、中国文学史的沿革和分类等,实际上是比较早的一部《中国文学史学》;如谭丕模的《中国文学史纲》、刘厚滋的《中国文学史钞》(上)等,用很大的篇幅来论述"中国文学史研究什么"、"为什么要研究中国文学史"、"怎样去研究中国文学史"、"中国文学史开展的阶段"等内容,加上一些专论《中国文学史》编著问题的论文,都是标准的"中国文学史学",似乎都应该纳入到《中国文学史学·通史编》中去的。就是对于郑振铎,著者仅仅论述了他的《插图本中国文学史》,这的确是郑振铎的一部高水平著作,特别是其中对通俗文学的论述,当时其他著作难以望其项背,但是郑振铎的《文学大纲》也是一部有特色的文学史著作,它实际上是一部世界文学史,而把中国文学以时间为序纳入到世界文学历史演变中去,这种思路和胆识,都是值得在学术史上大笔书写的。而相反,第三卷中不少部分,对于八九十年代的作品几乎是有书必录,未加裁汰,其评断也多有转述压缩他人之论的痕迹,较乏独到的识见,故这一卷文字最多,多者,乃水分也。

此书由于出于众人之手,内容又十分丰富,故个别地方未能照顾周全,也在所难免。此举一例,即是人们较为关心的最早的《中国文学史》问题。第一卷《导言》部分曰:"最早的撰著,据已知材料,为日本古城贞吉1897年出版的《支那文学史》,随后有笹川种郎1898年出版的《支那历朝文学史》、英国翟理斯1901年出版于伦敦的《中国文学史》和德国顾路柏1902年出版于莱比锡的同名著作。以国人自己的编撰而言,窦警凡《历朝文学史》脱稿于1897年,至1906年始出版;林传甲《中国文学史》编于1904年京师大学堂设置中国文学史课程时,当年印成讲义,1907年正式出版;黄人《中国文学史》约编于1904至1909年任教苏州东吴大学期间,亦作为教材由国学扶轮社陆续刊行,时间皆当十九世纪末至二十世纪初。"(第5页)然第二卷论通史时则说:"它在中国文学史的学术史上出现得最早,林传甲和黄人的《中国文学史》分别于1904年和1905年问世。"(第6页)后于第9页,则说"1903年笹川种郎的《支那文学史》出版"。到第三卷第184页又说:"最早的一部中国文学史是俄国学者瓦西里耶夫1880年所著的《中国文学史纲要》,此后英国学者翟理斯所著《中国文学史》1900年出版于伦敦,德国学者葛鲁贝所著《中国文学史》1902年出版于莱比锡。"显然,相互之间颇多抵牾。据我们看来,最早的《中国文学史》著作是1880年俄国瓦西里耶夫著的《中国文学史纲要》。日本最早的是1882年末松谦澄的《支那文学史略》,与古城贞吉的《支那文学史》于1897年同年出版的还有笹川种郎的《支那小说戏曲小史》,翌年他出版了《支那历朝文学史》,而不是出版在1903年。1903年出版的是它的中译本,改书名为《历朝文学史》。国人最早写《中国文学史》的是窦警凡,也于1897年脱稿,于1906年出版。林传甲与黄人于1904年作为教材同年开笔编写《中国文学史》,当于本年开始陆续印发讲义。林本于1910年起在《广益丛报》上连载,同年6月武林谋新室以单行本出版。黄人的国学扶轮社本29册《中国文学史》,当正式出版于辛亥以后。搞清最早的《中国文学史》著作的问题,本来也并非十分重要,但对于一部研究中国文学史学的专著来说,人们还是比较关心的。当然,这类小问题与整部皇皇大著相比,可谓是微不足道。《中国文学史学史》这部富有开创意义与学术含量的巨著,在新世纪中国文学研究史上的显著成绩是不容怀疑的。

黄　霖　周兴陆

(《中国文学史学学科确立的标志》,《文汇读书周报》2003年10月17日)

郭延礼《20世纪中国近代文学研究学术史》书评

上世纪90年代以来,关注文学研究史或学术史的人越来越多起来,有关著作与论文已如雨后春笋,但其高下精粗却大有不同。近读郭延礼先生的《20世纪中国近代文学研究学术史》,确实是值得一读。这是由于作者在近半个世纪来一直专心致志地在"中国近代文学"这块园地里耕耘,所以写起来得心应手,所引的材料特别详实而有代表性,历史的脉搏也把握得特别真切。它对20世纪中国近代文学的研究所作的全景式的总结,无疑为后来者研究近代文学架起了一座坚实的桥梁,也为过来人引发了不少值得思考的问题。

这部近代学术史的编写体例不同于一般的套路,不是将近代文学史上涉及到的一些作家作品的研究情况简单地加以论列,而是另辟了蹊径。全书分上下两篇,上篇为纵述"20世纪中国近代文学研究的学术历程",其历程分三个阶段(1919—1949,1950—1979,1980—2000),虽与另一部同类的著作《近代文学研究》(裴效维先生主编)大致相同,但作者写得更为细致,特别是在梳理研究历史的过程中,对一些重要的研究家与研究著作分别设立了专节加以详论,这就跳出了以研究对象列目的框框,给人以一种用不同的角度来观照的新的感觉。其下篇为"学术论争与研究的深入",并没有将近代文学史上一般提到的作家作品的研究情况一一加以罗列,而是选择了七个近代文学研究中颇有争议和有代表性的文学流派、作家作品、文学现象的研究情况加以述评。这就舍去了面,而抓住了点,就有可能腾出篇幅来作较为深入的分析与评价,乃至直接表述自己的学术见解。如第四章《从"桐城谬种"到总结桐城派的得失》的最后一节《严复、林纾并非桐城派作家》,就是以著者自己的观点来评述近代文学研究中的一种较为普遍的看法。这就加强了这部学术史著作的学术含量,使学术史真正成为学术史,而不是停留在一般"综述"的层面上。

写20世纪学术史的一个难题是对于1950—1979年间学术成果的评价。

目下大多数的有关论著,对这一阶段的学术成果不是粗暴地一笔抹煞,就是简单地轻轻带过。有的著作就将这一时期定为"近代文学研究的萎缩期",而郭著却称之为"近代文学研究的拓展期",显然大不相同。郭著从"近代文学"的文学史观念的确立与深化,以及阿英、季镇淮、钱仲联、任访秋、舒芜、陈则光、魏绍昌等人的研究及资料建设方面的成绩来令人信服地说明近代文学的研究在前进,特别是对于"50与60年代之交大学生集体编著的文学史对近代文学的评论"也作了实事求是的分析,这在当前的情况下是特别难能可贵的。现在有的人头脑简单到一听集体编写就嗤之以鼻,更不要说是"学生"编写,又是在那个时代。而郭著则认为当时由北大、复旦等校学生编写的有关近代文学史的著作的出版,"对进一步确立近代文学的文学史地位,扩大近代文学的影响无疑具有积极意义",并说"特别是1960年复旦大学中文系1956级集体编著的《中国近代文学史稿》的出版,作为中国第一部独立意义上的中国近代文学的断代史,其意义更加重大"。当然,郭著也指出,这类著作"受当时学术界极'左'思潮的影响",存在着诸多弊病,如用二元对立的思维模式来对一部文学史划线,以作家的政治态度定性,过分地看重作家的抽象说教,以致对有的作家作品否定过多,粗暴之处时见等等,"但总起来说,大学生集体编著的这几部文学史还是有成绩的",而且还"锻炼、培养了一批青年人"。这样的见解在一片简单地否定三十年的俗流中,是特见其识力的。写学术史,最可贵的就是要有这种实事求是的精神。有了这种精神就一定成"良史"。正因此,郭先生的这部《20世纪中国近代文学研究学术史》一定会受到读者的欢迎,成为以后中国近代文学研究者的案头必备书。

(《文艺报》2006年1月3日)

朱东润《中国文学论集》书评

今年正逢朱东润先生九十高龄,又是他执教七十周年。五十多年前,朱东润先生应闻一多先生之请,从西方文学的大门里出来,迈进了研究中国古典文学的天地。从此,他主要就在这块土地上耕耘灌溉,用自己的辛勤劳动,创造了累累硕果。前不久由中华书局出版的《中国文学论集》,虽然远远不能包括朱先生的所有成果,但这部集子,总结了先生从1929年至1979年这整整五十年间的主要单篇论文,很有代表性地反映了先生在研究中国古典文学方面的才学和胆识。今天重读这些文章,不能不叹服那些经过慎思明辨后得出来的结论现在还那么新鲜,就是从中反映出来的治学精神和方法,也令人敬佩不已。

首先我感到,知人论世,沿波讨源,为先生所特别注重。这或许是先生之所以能卓然自立的一个关键。在中国古典文学领域内,先生最先攻坚的是文学批评史。《论集》所收这方面的文章也最多,占一半以上。二三十年代,中国文学批评史的研究方兴,一些前辈名家各自选择了不同的道路摸索前进。他们或重在术语的辨析,或注意材料的爬梳,而朱先生比之别人更注意"人"。他自己说,看到的"常常是整个的批评家"。他把研究对象当作一个生活在特定时代里的有统一思想和感情的人来研究,而不是独立、抽象地论"神"说"气"。打开《论集》,第一篇《司空图诗论综述》就是极好的例证。朱先生首先上溯唐人诗论,以观其源,接着就详论其"身世所遇",分析了他的儒家思想与二教思想、诗人情感的矛盾,指出了这就是司空图"另造一诗人之幻境"的基础。在这里,先生就特别强调"必明乎此,而后读其《诗品》,方不至引入歧途"。因而,他对司空图诗论的分析能击中肯綮,高人一着。下接各篇也都能遵循这条道路,在解放后的一些论文中,这一特色有增无减。朱先生的这一治学特色,当然与他作为我国现代传记文学的一个卓有成效的开拓者有关。传记文学固然是写人绘世,而文学研究也离不开知人论世,其精神是息息相通的。事实上,那种脱离了作家及其时代的所谓"内在的研究",往往与历史唯物主义有着隔膜。在目前的古典文学研究中,那种忽视甚至鄙视"外在"研究的倾向不是没有。因此,读了《论集》后,更觉先生这一精神之可贵。

  功底扎实,胆识过人,是《论集》给我的第二个印象。这或许就是先生之所以能超乎寻常的根本。一部《论集》,尽管不包括先生多方面的专门研究,但只此一编,也从《公羊》、《左传》论到近代诗人;从正统诗文论到戏剧小说,有深入的论评,也有细致的考证;既立足于中国传统,又引进了西方观点。其才之富,其学之博,确非缺乏功底者所能。然而,我觉得先生之所以能在扎实的基础上开出成功之花,还在于有过人的胆识,有创新的精神。就大的方面来讲,至少在传记文学与中国文学批评史方面,朱先生就自成了一家。就这本《论集》而言,也随处可见先生识见之高。比如卷一中九篇的选题,就独具慧眼。司空图、严羽、王士禛在我国文论史上串成了一条重要线索,而方苞、钱谦益、李渔、袁枚、曾国藩等都可以说是代表了一个时代、一个派别或一种理论的关键性人物。牵之一发,能动全身。至于书中发表的创见,更是触处皆是,令人有一新耳目之感。本来,科学研究的生命就在于创新,而创新就全凭学力和识力。写到这里,使人深感到当年朱自清先生评介朱东润先生的学力和识力时所表示的钦佩之意就决不是偶然的了。

(《卓然一家　光彩照人》,《文汇报》1985 年 12 月 10 日)

吴建民《中国古代诗学原理》序

当代意义上的中国古代文论研究在将近走完一个世纪的历程之时,有两个问题尖锐地放在我们的面前:

一个是,中国古代文论究竟有没有体系?

另一个是,研究中国古代文论要不要服务于当世?

有的学者认为,中国古代文论零碎散乱,不成体系,研究中国古代文论体系是"可怜无补费精神";而中国古代的研究只是一种钻进象牙塔里的精神上的享受,越钻进象牙塔里越好,无关乎时,无用于世。

也有的学者认为,中国古代文论自有它的体系或者是"潜体系"。古人虽然没有完整地表述,我们今天有责任将它梳理出来。从上世纪40年代出版的傅庚生的《中国文学批评通论》,到祁志祥的《中国古代文学原理》、陈良运的《中国诗学体系》等,再到世纪末出版的,我与建民一起参加编写的《中国古代文学理论体系》丛书,都是这方面所作的不断努力。研究与建构中国古代文论体系的目的之一,就是为建设当代的文学理论提供借鉴。有的人探索中国古代文论的"现代转换",有的人研究如何"激活"中国古代的文论,都是在追求中国古代文论的研究能服务于当世。

我与建民都是持后一种观点的人。建民的这部书就是梳理中国古代诗学体系,阐发中国古代诗学精神的专著,希望能有益于世。

建民为人,朴实敦厚。1995年来复旦攻读博士学位,心不旁骛,好学沉思,尤致力于古代诗论资料的爬梳与理论体系的建构,其博士论文《中国古代文学理论的生命学阐释》曾得到专家的高度评价。回校多年,仍孜孜不倦,上下探索,完成了这部《中国古代诗学原理》。其书十四章,从诗人—创作—作品—读者这一诗歌活动的基本过程出发,力图全面地建构中国古代诗论的框架,并对每一个论题作了既尽力符合历史的本来面貌,而又渗透着当今时代精神的论述。建民的文字如人,以丰富质实的内容与条理明畅的表述见长,其间不乏精到之见,读者阅后自能会心。他所建构的这一框架是否合理,自可讨论,因为这本来就是一个可以从不同的角度来探索的见仁见智的问题。不过,他所提出的建构中国古代文论体系的三个原则,也就是他所努力的方向是值得我们注意的,这就是"全面性、原貌性与现代性"。肯定有的学者对此,特别是对"现代性"的提法会持保留的态度,但我是举双手赞成的。我们应该用现代最先进的思想理论来指导古代诗学理论的研究。但是在当今文化全球化的时势中,似乎还应该强调"民族性"这一点。全球化不是西化,不要简单地将西方与先进之间画上等号,用西方的一套来诠释,实际上是消解中国古代文论的基本精神。全球化应该是世界各民族、各地区先进、科学、美好的文化相互交流,相互融合,共同繁荣,共同提高。因此,当今最先进的理论应该是现代性与民族性相结合的。而其"原貌性"也不应该停留在忠于原始文献的层面上,而是应当在每个章节的安排、每个理论层面的设立,乃至建构整个体系的思维逻辑与理论话语上,都必须符合中国传统文论的精神与气度,具有鲜明的民族特点。我总希望,在新的一个世纪中,再不要一味在西化古文论,亦即消解古文论的道路上走下去了,而当在复兴、光大中国传统文论精神方面多做一些工作,为中国当代文论的民族化,同时也为文学理论的全球化作出贡献。"路漫漫其修远",我相信建民在这方面会继续不断地努力下去的。

(《中国古代诗学原理》,人民文学出版社 2001 年 12 月版)

梅新林《中国古代文学地理形态与演变》序

我与梅新林先生本无交往,以前只是陆陆续续地注意过他的一些论文和著作,另外在上海的一次学术会议上,简单地交谈过几句。2004年,想不到我有幸地成了他的博士论文的答辩委员。当我拿到沉甸甸的两大本正反面都复印的《中国古代文学地理形态与演变》的论文时,着实吃了一惊。吃惊的不只是拿在手里感到分量重,而且是一看就觉得选题好;再一读,由衷地感到这篇论文确实非同凡响,于是就写下了如下的评阅意见:

> 这是一篇气势恢弘、论据扎实、力图建构一门新学科学术体系的优秀博士论文。

的确,我最欣赏的就是这篇论文立意高,明确追求创建一门新的学科,或者说,想开拓一片新的学术天地,并努力构建其学术体系。学术上的开门立户,绝非易事,这必须要有十分的才学、十二分的胆识,要真正具有学术上的自由独立的精神。可惜像我等一般人,做学问最糟糕的是,既无才学可支撑,又无胆识敢闯荡,常常匍匐于他人之下,不是"矮人看戏何曾见,都是随人说短长"(赵翼《论诗五绝》),就是"粪里嚼渣,顺口接屁,倚势欺良,如今苏州投靠家人一般"(袁宏道《与张幼于》)。记得上世纪60年代初,我在大学读书时,王运熙老师讲到《史通》的《六家》时说,古代的历史著作从记言之《尚书》,到记事之《春秋》,到编年之《左传》,到国别之《国语》,到通古纪传之《史记》,到断代纪传之《汉书》,乃至后来的纲鉴体、纪事本末体等等,"诸史之作,不恒厥体",不断创新,自立门户。这一番话对我的触动很大。一时间,我也妄想在学科的交叉上动脑筋,来点创新,想将文学批评史的研究路数与文学史的编写结合起来,搞"中国文学史学"。现在看来,这真是有点不知天高地厚。搞了一阵子,不久就"文革"起,使我的美梦彻底破灭。当然,归根到底是我的才力毕竟有限,不足以开出一条新路。不过,想走新路的念头却由此而从未在我心头泯灭,还是不断地想另辟蹊径走自己的路。正因此,这部明确表示要开创新学科的书稿,引起了我的共鸣。退一万步说,即使他如今所建构的学术体系还不很成熟,但他的这种积极、自觉地开创新学科的意识也是我由衷钦佩的,因为我们的学界还是太缺乏这种创新的精神。更何况,他如今创立的"中国文学地理学"还是有板有眼、像模像样的呢!

当然,学科的创新不等于胡来,决不是随心所欲地标新立异。这必须要收集充分的材料作基础,要自立原创的理论来支撑,要作好通盘的梳理成体系。在这三者之中,恐怕是能提出自己原创的理论最为重要也最难。尽管没有详尽地搜集材料就不能煮无米之炊,未能系统地构建框架就不能造无梁之屋,但没有理论就没有灵魂、没有生气,所有的材料与建构都会显得零乱或平庸。相反,有了独立的理论,就能纲举目张,血脉贯穿,所有的材料与建构就能构成一个统一的整体,生气盎然。可是,中国学者的传统思维,是重感悟而轻思辨,在表述上常常好用形象比喻,或点到为止,将精到的理论隐藏深处,对系统的描述不感兴趣。随着近代西学的东渐,有的人一方面诟病传统的文学批评没有理论,不成体系,另一方面则往往仰视理论体系的构建而认为高不可攀,缩步不前。实际上,中国古代的文学批评,往往也是有理论,有体系的,只是没有明确地表述而已。当然,我们假如能借鉴西方的理论思维与表述方法,就能取长补短。因此,我们现在不但要加强理论意识、体系意识,而且要加强这种理论意识、体系意识的表现。梅先生的这部书稿在这方面就显得非常突出。他建构的"中国文学地理学",就是由"场景还原"与"版图还原"的"二原"说来加以支撑的。在这基础上,又提炼了"本土地理"、"流域轴线"、"城市轴心"、"文人流向"、"区系轮新"等一系列工具性概念与范畴予以密切配合,构建了一个多元、立体而又动态的网络,使人强烈地感受到了书稿的理论性与体系性。这也就是我由衷钦佩的第二点。

假如说,学科创新性与理论体系性只是在"虚"的层面上看的话,那么关键还是要考察这创立的"中国文学地理学"在"实"处究竟有没有必要建立与能不能成立。文学与地理学,本是两门学科。但在我国古代,早有一些人就用地理的眼光来考量文学家与文学作品,较早的如《诗经》的编纂,就是以地理的区分为纲目的,《左传》卷九"襄公二十九年"中所载吴公子札论乐,何尝不是论诗。

另一部文学经典《楚辞》也有鲜明的地域文化色彩。这就使后世的《诗》、《骚》研究专著,独多用地理的角度去加以注解考释。在古代的文学批评中,或以地域论诗人个体风格的如曹丕说"徐幹时有齐气",或以地域论诗歌流派的如标"江西派"、"江湖派"、"公安派"、"竟陵派"等等,或以地域论南北之异同的如《隋书·文学传序》论"南北词人得失之大较"云云,或以地域来编纂一方之总集与编写一地之诗话的如《河汾诸老诗集》、《广陵诗事》等等,可以说时有著述,代不乏人,但这些有关文学与地理相关的论述,不少是随手点到,多数又缺乏论证,总体上都没有进入一种自觉的阶段。至20世纪,刘师培的《南北文学不同论》从不同的角度分析了不同时代中国文学南北的不同,而汪辟疆的《近代诗派与地域》更可视之为一部近代的地域诗歌史。它们标志着中国文学地理学开始进入了一个自觉的阶段。但是,在整个学术大环境的影响下,尽管在20世纪的前八十年,在文化地理与人文地理的研究方面也取得了一定的成绩,而在文学地理或地域文学的研究方面可以说总是裹步不前。至80年代以后,随着中国文学研究模式的解放,不再单一的以阶级斗争为纲去生搬硬套,而同时兴起的文化热、特别是文化地理研究著作的接连出版,都有力地促进了人们从文学、地理学交叉的角度上去寻求中国文学研究的突围。回顾过去,中国古代文学的研究,尽管也重"知人论世",也讲"时代背景",但在"论世"与讲"背景"时,往往多从时间上着眼,而忽视了空间的观照。对于作家、作品与当地的山川、气候、物产等自然条件,以及更重要的与特定区域的历史沿革、风俗民情、教育水准、民族交往、人口迁徙、方言特点等人文环境之间关系的研究,往往注意不够。而实际上,人是生活在一定的时间与空间之中的,文学也始终打着一定的时空的烙印。以时间为顺序来考察文学发展的历史固然是一个重要的视角,以地域为分界来研究文学演变的特点何尝不是一条可行的坦途。于是乎,一时间有关文学地理或地域文学研究的论文与专著纷纷出现,不少博士论文的选题也与此有关,像现代文学研究方面也出版了诸如《20世纪中国文学与区域文化丛书》这样规模较大的丛书。而就古代文学研究方面出版的专著来看,像陈建华的《十四至十七世纪中国江浙地区社会意识与文学》(1992)、曾大兴的《中国历代文学家之地理分布》(1995)、李浩的《唐代三大地域文学士族研究》(2002)、徐永明的《元代至明初婺州作家群研究》(2005)、戴伟华的《地域文化与唐代诗歌》(2006)、韩结根的《明代徽州文学研究》(2006)等都有较深入的探讨。其中如曾大兴的研究相当宏观和富有条理,与明确建构"中国文学地理学"实差一步之遥,而李浩在 2003 年发表的《古代文学研究的困境与学术突围》中,也明确鼓动用"文学地理学"来突围出中国古代文学研究的困境。如此等等,都说明了创立"中国文学地理学"乃是大势所趋,众望所归。梅先生能抓住时机,乘势而上,水到渠成地对以往的研究作了总结与提高,有条不紊地为以后的研究夯实了一个平台。毫无疑问,自此始,中国文学地理学的研究将进入了一个更加自觉、更高层次的新阶段。

走笔至此,想到从事中国文学地理学研究的前景无限光明,可是我自己虽心向往之,却已力不从心。对此问题,又素未钻研,无法体悟其中的精微奥妙。梅先生嘱我写序,只能借节日假期,略谈一些皮毛,佛头着粪而已。有志于研究中国文学地理学者,还是认真地啃啃梅先生的这部大作吧!

2006 年 10 月 6 日

(《中国古代文学地理形态与演变》,复旦大学出版社 2006 年 10 月版)

傅璇琮《中国古代诗文名著提要》书评

按照传统的分类,像"提要"一类书籍当然是属于"史部"的"目录类"。提起做"目录",往往被人所小觑。我开始时也是将它与图书馆里的普通工作人员编目录、做卡片简单地等同起来。最初使我对"目录"肃然起敬的是在上世纪60年初刚听"中国文学史"这门课时,章培恒老师给我看了一本《国学基本书目》。这本书目是由蒋天枢老师与他清华研究院时代的同学高亨、姜亮夫先生等一起编的。它使我顿开眼界,粗略地知道了中国古代的书是怎样分类的,每一类中哪些书及哪些版本是最基本的。当时,我就迫不及待地将它带回去用毛笔抄了一本,还遵照章老师的意见,读了姚名达的《中国目录学史》等书。不过,我当时的认识主要还是停留在"目录学者,将群书部次甲乙,条别异同"的层次上,将它作为"即类求书,因书求学"的入门工具而已。后来,学批评史,搞文学的学术史,从《汉书·艺文志》到《四库总目提要》,使我一下子认识到目录书,特别是有提要的目录书,在本质上也是一种学术史。所以我在探讨中国古代的"文学史学"时,第一个就点到了《汉书·艺文志》;在研究中国古代"文学批评史学"时,特别强调纪昀是中国古代最有批评史眼光的一个学者。从而使我真正认识到了目录著作具有"推阐大义,疏通伦类,将以辨章学术,考镜源流"的意义。章学诚在《校雠通义》中将目录书的功用还提得更高,说:"艺文一志,实为学术之宗,明道之要。"他所说的"明道"恐怕是指儒家等一些形而上之道吧。这当然也是一些学者所追求的最终目标。不过,我还是现实一点,注重的是目录之作的实用性与学术性本身,所以,不妨将章学诚所说的"道"的本意别解一下,降低为形而下的具体的治学道路之"道"吧。一部好的目录之作,就是一要能给人指明如何入门及入门后继续研究的具体道路,二要能对某领域学问的认知与研究的成败得失、升降冷热、源流演变等有所梳理与总结。前者即可称之为"明道之要",后者则可谓"学术之宗"了。一部目录提要假如能做到这两点，就是一部上乘之作。而由傅璇琮先生主编的皇皇大著《中国古代诗文名著提要》(下简称《名著提要》)五卷，则可以当之。这里为了节约篇幅，只就"诗文评"一卷作为"典型"来略陈一些窥见。

"诗文评"在目录书中出现还是有个过程的。开始时，文学批评类的著作少，就被编在"总集"类中，后来又被归入"文史"类，将文学的批评与史学的批评混在一起。到宋代，在个别著作如郑樵《通志》、章如愚《山堂考索》中出现了"诗评"、"评文"之类的名目，但它们还是被包容在"文史"类中。到明代，如《国史经籍志》、《澹生堂藏书目》等才开始将诗评、文评从"文史"类中独立出来，与史论分家。"诗文评"作为古代文学批评的专门类目，到《四库全书》被运用得最为成熟，所著录的书籍最多，编写的质量也最高。但此书也只著录了149种（含存目85种），而如今《名著提要》所收达670种，为《四库全书》的4.5倍，将目前所知的一些较为知名与较有影响的诗文评都网罗其中了。特别是清代部分的诗文评，《四库总目提要》仅著录了9种（另有存目17种）。乾隆以后的大量作品未能入目，而目前存世的作品又特别多。近年来，吴宏一、张寅彭、蒋寅、蔡镇楚等先生已在这方面做了不少工作，有不少发现。《名著提要》在吸取他们的研究成果的基础上，有极大的拓展，共收录了371种，超过了全书总量的一半，十分可观。在这里，尤其让人注目的是著录了不少孤本秘笈，如朱绍本的《定风轩活句参》、康乃心的《河山诗话》、徐锡我的《我侬说诗》、佚名的《诗轨》、杨希闵的《诗榷》、石林风的《历代诗话》等，这些都是一般学人所不知或未曾过目的。当然，《名著提要》所介绍的罕见之本不仅于清代，如明代，我随手翻见的也有不少，如庄元臣《论学须知》、《行文须知》，刘元珍《从先文诀》，王述古《诗筌》，赵吁俊《艺海沥液》，孙慎行《诗杂论》，陶望龄《文源宗海》等都是。再早的，如批评史上的重要著作《沧浪诗话》，以前所知现存最早的版本是明刊本，近年来在台北发现了元刊本，这在《名著提要》中也得到了及时的反映。以上可见，《名著提要》的编者在广泛收罗现存一千余种诗文评的基础上，进行了审慎的选目，使整部《名著提要》既呈现了一种阔大的气象，又能反映了中国古代"诗文评"的基本面貌。

假如说《名著提要》的选目是初定框架的话，那么真正的完成还在于对每一部著作做切实的提要。由于这部《名著提要》所涉及的范围太广，所以采取集体的编写是十分正确的。现在学界有些人，或出于偏见，或出于无知，对集体编写常常发出一些莫名其妙的怪论，实在是十分可笑的。这部《名著提要》

的可贵之处,也就是能集中了一批名家来作提要。这些名家,往往对某一种或某一类著作有过专门的研究,因此写来驾轻就熟,得心应手,表达得既简明,又准确,如王运熙先生撰《文心雕龙》提要,陈伯海先生撰《沧浪诗话》提要,张伯伟先生撰唐五代诗格类提要,张健先生撰元代诗法类提要,詹杭伦先生撰赋话类提要,周维德先生撰明诗话提要,张寅彭、蒋寅先生撰清诗话提要等等,他们都给初学者入门与研究者深入探讨指明了路径。比如《诗话总龟》的提要,出于周本淳先生之手。周先生早于1987年校点过此书,由人民文学出版社出版,所以他对此书各本的收藏情况与来龙去脉交待得十分清楚,说:"本书宋刻本已佚,国家图书馆藏有朝鲜翻刻宋刻本残卷。今传有明嘉靖二十四年(1545)月窗道人刊本……此本即《四库全书》所收之本,《四部丛刊》亦据此本影印。又据《天禄琳琅书目》著录,本书另有'明版'本'前集五十卷'、'后集五十卷',今已不传。另有明清抄本皆一百卷。缪荃孙曾以明抄本校补月窗本,书藏国家图书馆。"他所校点的本子,就是"以月窗本为底本,将所缺各卷及若干条文皆补辑各卷之后,并补出出处数百条"。这样就为我们了解《诗话总龟》的版本流变作了一个清楚的交待。更可贵的是,他又补充了近年来由一些学者在《永乐大典》等处新发现的佚文,并注明了出处。读了这样的一个提要,就不能不令人想起王鸣盛说的"目录明,方可读书;不明,终是乱读",真是千真万确。有了这样的目录提要,我们就可以放心地入门看书,"因书求学"了。

《名著提要》作为引人入门之书,不仅在梳理各书的版本流变方面下了工夫,而且在考辨有关书籍的成书时间、作者及内容等方面也作出了成绩。如庞垲的《诗义固说》、毛奇龄的《西河诗话》、沈钟的《梦余诗话》等等,原来的成书时间都不十分明确,如今编者都作了一一考定,切切实实地解决了问题。而《艳雪斋诗评》一书,《续文献通考》与《四库全书总目提要》皆称"不著撰人名氏",今编者据国家图书馆所藏作者稿本所钤私印,则指出实为"高奭"所作。对于一些诗文评中涉及的内容,编者有时也作了认真的校核,如李慈铭的《越缦堂诗话》,原由蒋瑞藻就《越缦堂日记》中的论诗之语摘辑而成,今经编者按李慈铭的日记逐日细勘,发现"尚有大量论诗、考据之语可予补入",这对研究李慈铭诗论及当时诗坛的情况都是很有价值的。再如张泰来的《江西诗社宗派图录》一书,本为吕本中《江西诗社宗派图》的资料汇考,然而由于作者乡居,闻见有限,疏于考证,故其所辑各家小传疏误甚多,今《名著提要》予以一一指出,也足见编者的功力。诸如此类,都说明了《名著提要》的编者学殖深厚,用力甚勤,为提高本书的文献价值作出了努力。

　　作为一部好的目录提要,不仅在于它有文献价值,能指导人们去按图索骥,而同时要起到学术史的作用。古往今来有关文学的学术史,本来就有各种各样的写法,有的是以人为中心(以研究者为研究对象并以人名列目),有的是以事为中心(围绕着有关文学现象、文学事件、文学运动的论述作为研究对象并以此列目),有的是以时为中心(将有关一个个时代的文学现象、文学思潮等论述作为研究对象并以时代列目),有的是以学为中心(以学术思想、学术流派、学术问题等列目并予以论述),但也有的是以书为中心(以论著为论述对象并以此列目)来写的。不要认为只有如《明儒学案》、《中国近三百年学术史》之类的才是真正的学术史,实际上像"提要"一类,就是一种以书为中心的学术史。就以这本《名著提要》的"诗文评卷"来说,就是一部有关中国古代诗文理论批评的学术史。编者用或多或少的笔墨,对于自汉唐至清末几乎每一部著作的学术特点、文献价值、理论观点及学术史意义等都作了点评,往往能切中肯綮,发人深思。比如裘君弘的《西江诗话》,因录有黎祖功诗"我颈不屈如老鹤,我发已剪如老鹤"等语,于乾隆年间遭查禁,故《四库全书总目提要》不收此书,流传不广。然此书旁搜博考,所辑江西诗人资料,比之明人所作《豫章诗话》几增两倍,比之《江西通志·人物传》也多近百位,故本《名著提要》评曰:"于江西诗学资料之保存,厥功甚伟。后之江西地方诗话,如曾廷枚《西江诗话》等,规模皆远不及。"对此书的文献价值作了充分的肯定。再如《名著提要》评宋长白《柳亭诗话》曰:

　　　　书中所论多考核名物、训诂字词、商榷注解、追溯典故词藻出处,兼钩稽本事、采录逸闻,颇类吴曾《能改斋漫录》、吴景旭《历代诗话》。其品论多限于字句间得失高下,较少通论诗人。然偶及风会、体制之流变,亦能追源溯流,明其古今异同之辨。如……皆属其例。书中采撷群籍,上下古今,涉猎颇广,然编排杂乱无章。作者生当清初朴学初兴之际,论诗多考证,固受时代风气影响;唯所述多有重复前人见解者,其考证较同时之学术笔记亦欠专精,故其书篇帙虽富而不为人所重。仅查为仁称其'考据精博,其征引近事可备掌故'(《莲坡诗话》卷上),而康熙后之论者眇见征引。

此短短数语,将《柳亭诗话》的特点风貌、优长得失及其形成的原由与学术史上的地位等都一一点到,实属不易。又如李怀民的《重订中晚唐诗主客图》一书,《名著提要》在高度肯定其见解之"精审可信"的同时,特别指出了它在学术史上的地位:"……就其旨趣而言,实为梳理中晚唐诗史之尝试。清初诗坛,厌明人学盛唐仅得浑沦宏阔之貌、高华典册之词,乃有王士禛倡神韵说,欲示世人以唐人真髓。然盛唐三昧实不易学,故至乾隆间,学诗者转趋中晚,此书可为职志。……由此可见作者著书宗旨及当时诗风之转变。"这就从一书的著书宗旨谈到了"诗风之转变"。而最能显现《名著提要》编者的学术史眼光的,是见于一些同类书的比较。比如《诗话总龟》、《苕溪渔隐丛话》、《诗人玉屑》三书一起观照,则大致显现了宋代诗学研究的演变历史。且看《诗人玉屑》提要的一段话,即可见其一斑:

《四库全书总目提要》称:"宋人喜为诗话,裒集成编者至多。传于今者,唯阮阅《诗话总龟》、蔡正孙《诗林广记》、胡仔《苕溪渔隐丛话》及庆之是编卷帙为富。然《总龟》芜杂,《广记》挂漏,均不及胡、魏两家之书。仔书作于高宗时,所录北宋人语为多;庆之书作于度宗时,所录南宋人语较备。二书相辅,宋人论诗之概亦略具矣。"所论甚当。又,《苕溪渔隐丛话》所收多为记事、考证,本书所收则专在诗学论评;《丛话》偏重于苏、黄及江西诗派,本书则兼收并蓄,博采诸家之说;《丛话》间有编者自撰之语,本书则述而不作,致力于体系建构。二书相较,亦可见北宋诗话向南宋诗话发展演变之迹。

我们再看《宋诗纪事》的提要,在与《唐诗纪事》的比较中,谈及了整个"诗纪事"体的发展:

本书价值,除大量辑存宋诗资料外,又在嗣承《唐诗纪事》体例,使之越五六百年而仍得以继续,此后才有辽、金、元、明、清历代诗纪事之著出现,以致成为一个颇为可观的系统。而操此体例,倘无博洽之学与持续之力断难作成,故历来作者寥寥。本书越明继宋,从而促成了此体的发展,其意义与司马光继欧阳修《诗话》作《续诗话》而促成诗话繁荣相近。

后《明诗纪事》的提要,又在与《列朝诗集小传》、《静志居诗话》的比较中,可见从明末到清末经过近三百年的涤荡，诗学倾向已经大变。钱谦益的《列朝诗集小传》，"其大旨以性灵排击前后七子，以学养排击竟陵钟、谭，遂成一家言"。朱彝尊与钱氏相去未远，其《静志居诗话》评七子与批钟、谭的"立场"与钱氏"基本一致"，只是在收录诗人的数量与编写体例上有所不同，大致是"一偏于史，一偏于诗"。而《明诗纪事》之编，诚如《名著提要》所指出："上距明朝覆亡已近三百年之遥，有明诗坛宗派之争，此时已无复遗响。故本书对于明诗的看法，较钱、朱二著已趋于平允。"《名著提要》接着具体指出了《明诗纪事》"一是肯定前后七子的正朔地位"，"二是同样肯定有别于七子的诗人"，三是"认为明诗'莫盛于明初'"，"四是于晚明诗家之搜辑亦颇着力"，从而证明"作者于明诗的各个时期均无所偏嗜、偏废"，说明了对于明代诗学的研究学术倾向已经大变。《名著提要》的这类见解对于我们今天研究中国古代的文学史及文学学术史无疑是有很大的帮助的。它名副其实地起到了一部学术史的作用。

俗话说，一滴水可以见大海。一本"诗文评"卷也大致可以看到整部《名著提要》的风貌。当然，由于整部《名著提要》规模宏大而文成众手，各条提要的水平或许略有上下，但毕竟多出自一些专家之手，又全书统一要求每一提要照顾到著者(或编纂者、校注者)简历、内容要旨，以及学术价值和版本情况等几个方面，故整体的水平是不容怀疑的。我相信这部《名著提要》必将会成为研习中国古代文学者案头的必备书、指路灯。

(《明道之要，学术之宗》，《北京大学学报》2010年第3期)

吴志达《中国文言小说史》书评

　　长期以来,治文学史者受到清代焦循所说的"一代还其一代之所胜"的影响,普遍流行着"唐诗、宋词、元曲、明清小说"的说法。似乎一部文学发展史就是一部文体变迁史,一个时代就只着眼于某一种文体的文学。于是乎讲小说,就只重明清的白话长篇,对于文言小说一般比较忽视;即使有人注意文言小说,也多留意于魏晋笔记和唐代传奇之上,很少有人对宋元以下的文言小说下过工夫,更无人对中国古代文言小说作一番全面系统的研究。"文革"以后,随着我国学术研究的整体繁荣,文言小说的研究也呈全面开花之势,从书目整理、作品编选、资料汇辑,到专题研究,写断代史,乃至通史,时见有分量的作品问世。就从通史性质的专著来看,笔者先后读到侯忠义的《中国文言小说史稿》、陈文新的《中国文言小说流派研究》、吴礼权的《中国笔记小说史》,都各有特色;还有如云南人民出版社的《中国历代小说辞典》、中国大百科全书出版社的《中国古代小说百科全书》等辞书,对历代文言小说也有丰富的著录、考证、分析和评价。于是,中国古代文言小说的整体面目大致可以使人感觉到了。最近,齐鲁书社推出的《中国文言小说史》一书(下简称"吴史"),是年逾花甲的吴志达先生积十年之功完成的力作。它的问世,标志着文言小说史的研究又上了一个新的台阶。

　　作为一部通史,作者的功力首先表现在对于中国古代文言小说的整体把握上。治史者假如只是将历史的作家作品的评介依次汇编成册,就属下乘。"吴史"则在俯视全史的基础上,对中国古代文言小说的基本特征作了认真的概括,分析了它与白话小说之间的共同之点、血缘关系以及"质的区别"。作者认为文言小说的特点,不仅仅表现在所用的语言是"文言",而更深层的是表现在文言小说是由作家个人直接创作,因而作者的主体意识能得到更充分的体现;作品的语言尚精炼、雅洁,故事较完整,结构更严密,书卷气较浓;从文体规范来看,与白话小说重在写实、逼真、细致不同,比较注重神态韵致、风貌格调、气质意境,因而它不是一种"再现艺术",而是属于一种"表现艺术"。在这基础上,作者又从纵向(时序)和横向(空间)的结合上分析了文言小说发展的历程,把这条历史的长河分成了五个阶段,对每一个阶段的特点和兴衰原因也都作了考察。这样,一部史就"撑"起来了:既有一种整体感,又有一种流动感。

一个好的文学史研究者还必须独具只眼,能把金子从泥沙中拣出来,把泥沙从金子中筛出去,而不是如矮人看戏,只是跟着别人叫好,一百部文学史写来写去就这几部作品。我很欣赏"吴史"能把一些不为时人所重的作品挖掘出来加以肯定。比如《娇红记》一书,在相当长的一段时间内是与《西厢记》并称的。它不论在思想内容上,还是在艺术表现上,对明清两代的文言小说和白话小说影响都极大。明代将它改编成杂剧、传奇的有四种,清代将它改编成京剧的就有十几种之多。但这部没有秽笔的小说,就是因为歌颂青年男女自由相爱、以身殉情而被清政府多次打入"禁书"之列。此书在30年代受到了郑振铎等先生的注意,但在以后的文学史著作中一直没有受到应有的重视。"吴史"则对此作了较高的评价和较为详细的分析,这是很有见地的。再如,两汉魏晋小说,人们已经搞得很熟,"吴史"却能另辟蹊径,从《三国志》注、《世说新语》注及《韩诗外传》等经解、注释中找出一些全新的小说材料来。经作者一指点,一分析,如《曹瞒传》等作品不都是有故事、有形象的准小说吗?诸如此类,都可以看出作者学有功底和独具胆识。

当然,此书并非十全十美,我觉得以下三点似可改进。一、平衡各编比重。全书816页,唐代部分即有371页,占45%。当然,从文言小说来看,唐代传奇确实比较重要,作者又对此下过很深的功夫,先前已写过《唐代传奇》等专著,但从构建一部通史来看,毕竟要照顾到全局。假如再加上占23%的魏晋部分,就已去掉了全书的68%,余下两汉以前和宋元明清仅占32%,无论如何太少了点。二、加强明清部分的挖掘和研究。上面是从外表数量上看,实则反映了对明清、特别是明代文言小说研究的不足。整个明代只用了5%的篇幅,除了"三灯"之外,其他都简单带过,甚至还没有提到。比如《花影集》,其中有几篇作品相当不错。此书虽罕见,但其中如最佳的《心坚金石传》,曾被明代多种通俗类书所收录,还有人将它改编成传奇《霞笺记》,清代又有人将传奇改编成十二回的小说,又名《情楼迷史》。比较常见,且在明代相当流行,也具明代传奇特色的如《花阵绮言》和《国色天香》、《燕居笔记》、《绣谷春容》、《万锦情林》等通俗类书中所收的一批为数不少的"话本体传奇",似也不可忽略。再如《百家公案》、《杜骗新书》等"公案"类小说,历来被拉扯到白话小说的范围内去,是否当返归到文言小说的队伍中来,也可考虑。明代的文言小说极为丰富,在志神怪、记轶事等方面似都有挖掘的余地。三、分类问题上尚可进一步斟酌。文言小说的分类是一个十分复杂的问题。唐代刘知几、明代胡应麟、清代纪昀等在不同的时代曾有不同的分法。这些分类,尽管各有其合理的成分,但都不能适应现代的要求。我觉得"吴史"在这个问题上不知是故意回避,还是没有作细致的考虑,以致使人感到眉目不甚清晰。

吴志达先生是我的前辈,其德其学为我所敬仰。以上谈的一些问题只是从"高标准"来加以要求,或者说已近乎苛求,因为如深化明代文言小说的研究和分类等问题,也并非吴先生一人一时所能解决。换句话说,吴先生的这部史著,就是反映了我们这个时代对于文言小说研究的水平。

一九九五年七月六日

(《读〈中国文言小说史〉》,《文汇读书周报》1995年7月15日)

谭帆《中国小说评点研究》书评

中国近现代对于小说评点的重视,是在十九、二十世纪之交。这时,随着西方小说观的输入与反清排满形势相结合,金圣叹被人们重新张扬。1897年,邱炜萲在《菽园赘谈》中回顾了小说评点的历史,高度评价了金圣叹《水浒》评点的成就和在小说理论批评史上"集大成"的地位。同年,日本笹川种郎在他的《中国小说戏曲小史》中也专列一节《金圣叹》说:"自古以来中国古代的小说戏曲批评家不乏其人,可是称得上具有卓见博识而成大家的,我看只有金圣叹一人当之。"他们的这类观点很快在社会上得到了响应,如狄葆贤、浴血生、定一等在《新小说》上连连肯定金圣叹小说评点的业绩。与此同时,还有一些论者如解弢等对毛宗岗、《儒林外史》的评点也纷纷予以肯定。但是,由于在二十世纪的前八十年中,接连不断的或有人从民族斗争的角度,或有人从阶级斗争的立场上否定金圣叹,或者认为"这种机械的文评正是八股选家的流毒"(胡适《水浒传考证》),因此,尽管海内外有一些学者陆续对金圣叹作了不同程度的比较客观的研究,但总体上不成气候,至于对其他小说评点的研究,除了脂砚斋的评点主要作为文学资料还较重视外,可以说是一片空白。直到上世纪八十年代前后,随着金圣叹被"翻案"与学界对于小说理论批评的重视,一系列小说评点家都受到了重视,在《中国文学批评史》及《中国小说批评史》一类著作中都有相当的篇幅加以论列,后来又出现了若干专论"评点"及"小说评点"的著作。正是在这样的背景下,谭帆的《中国小说评点研究》以其资料丰赡、观照全面、论述系统而可视为一个世纪以来中国小说评点研究的一次小结。

谭著之所以具有总结性的意味,首先表现在对明清通俗小说评点作品作了一次全面的梳理。以往的研究只是集中在一些大家、名家或新发现的评点作品。1985年,我在为复旦的三卷本《中国文学批评史》撰写小说部分的内容时,曾论述了李贽、叶昼、冯梦龙、金圣叹、毛纶父子、张竹坡、脂砚斋及《聊斋志异》、《儒林外史》等有关评点,以后的不少著作与论文所涉及的对象也大致不出其范围,不少人只是因袭前人的材料,几乎没有一人去对明清的小说评点著作作一次认真的检阅。当然,当时的客观条件也多有限制,不少作品分散在海内外各地。后来,随着天一出版社的《明清善本小说丛刊》、中华书局的《古本小说丛刊》、上海古籍出版社的《古本小说集成》及《中国通俗小说总目提要》、《中国小说大百科全书》等书的相继出版,也给研究者带来了方便。谭著就及时地运用了这些材料和时人新的发现,加以细心的阅读与梳理,在这基础上以编年的形式,对嘉靖元年(1522)至宣统三年(1911)近四百年间的220余种评点本进行了叙录,介绍与评价了各书的题署、版本、作者、评者和评点形态、评点内容、评点价值与影响等,第一次为学界整理了一份详备的小说评点总目。其中对不少书目的考论辨证又十分精慎。这一工作,无疑具有相当高的史料价值,为后来者提供了方便,同时也是他的小说评点研究之所以能显示出总结意味的基石。他这部著作之所以能比一般之作高出一筹,就由于他确实下了工夫,从全面地搜集、积累原始资料做起,而不是接过别人现成的材料敷衍一番而已。

  谭著之所以具有总结性的意味,还突出地表现在其论述纵横交叉,"综合融通",显示出了一种完整性。这部著作共分四章,即《小说评点之源流》、《小说评点之形态》、《小说评点之类型》、《小说评点之价值》。显然,第一章是纵向的历时性的观照,除小说评点的渊源之外,分"萌兴"、"繁盛"、"延续"、"转型"四个阶段论述了小说评点演变的轨迹,要言不烦。后三章是横向的总结,三个问题也抓得恰当,且在横向梳理时,也有纵向的考察。这样的格局突破了以往在中国小说评点研究方面重史轻论、重微观轻宏观的传统。而且,从总体来看,不但后三章是横向的通论,即使是第一章,实质上也属史论。全书就是从四个角度,论述了中国小说评点的一些基本问题。这种多角度的研究格局,就能给人以一种完整感、全局感,为以后的中国小说评点研究打开了新的思路。

  谭著能拓展小说评点研究新思路,显示其研究的完整性,不仅仅表现在章节安排、形式结构这一个方面,而更重要的是将小说评点放在大文化的背景下,从文本、评家、传播、接受等不同方面来考量小说评点的特点与价值,不再将小说评点只是看作一种"文学批评"。这一点,贯串于后三章的论述之中,可以说是本书的最大创获。从文本而言,小说评点本往往是"评"、"改"一体,评家对于小说的修订,"介入"了自身的思想、意趣,使新的文本体现了新的个性风貌。评点者的队伍则相当复杂,除了真正出于对小说的爱好而选择有价值的作品加以品赏与批评的文人之外,也有作者本人或受作者委托批评的文人,此外,书坊主及其周围的下层文人也是一支较为庞杂的队伍。这就使评点本形成了"文人型"、"书商型"和"综合型"的不同格局,从而就顺理成章地归结到小说评点本的价值不仅仅表现在文学理论批评方面,同时也有它的"文本价值"与"传播价值"。应该说,这些思想在以往的小说评点的研究中,也有学者提到过类似的问题,如围绕着金批《水浒》、毛批《三国》的正文修改就有不少文章讨论,如日本的名作家幸田露伴就认为金圣叹批《水浒》主要是出于商业动机等等,只是这些研究没有像谭著那样提得集中并在总体上加以把握。因此,一经谭著的概括并加以系统化,将使人们更加自觉地跳出"文学批评"框框,以全方位的视角去研究中国的小说的评点。

正因为谭著主要致力拓展研究中国小说评点的视角,使其研究的"面"更加完整,所以对每个问题、每位评家与每种评本如何作细微的论述尚有进一步深入的余地。以往局限于"文学批评"来看小说评点固然眼光偏狭,但小说评点的各种价值毕竟还有主次轻重之分。小说评点中还有一些问题也值得探讨。就其文学批评方面而言,何以有那么多的伪托冒名的评家?何以有诸多的抄袭重复?中国的小说评点有没有体系?有没有理论?金圣叹以后有没有发展?表现何在?通俗小说的评点与文言小说的评点有何异同?与戏曲、诗文,乃至八股的评点关系如何?如此等等,都有深入研究的必要。当然,谭著是在一篇博士论文的基础上增订而成的,要求过多过高也不切实际。这些都只能算是题外话而已。

(《中国小说评点研究》,台湾"中研院"《中国文学研究集刊》
第 22 期,2003 年 3 月)

李桂奎《中国小说写人学》序

  花了整整五年的工夫,桂奎的《中国小说写人学》即将出版了。他请我写篇序,我正好就这个问题有一些话要说,所以就欣然同意了。

  说起来,一个多世纪了,中国的文学理论与文学批评真有点可悲。或许是清末的几场战争把中国人的民族自尊性摧垮了,压抑了,后来,尽管不时有一些有识之士强调民族传统的承传与发扬,尽管随着近些年来国力的增强而有的人显得趾高气扬,甚至是忘乎所以,但根深蒂固的民族自卑心理实际上并没有根本消除,上世纪初黄人写《中国文学史》时曾经感慨过的"厌家鸡爱野鹜之风"并没有彻底改变。这在文学理论与文学批评中表现得十分明显。请问,一个多世纪来,当我们盘点文学理论仓库的货架时,究竟有多少谈得上是原创的产品呢?当然不能说完全没有,但文学理论界衮衮诸公的主流话语,实际上大都是从西方稗贩而来的。尽管有时通过与中国现实政治的嫁接而显得有点本土化色彩,但骨子里无疑是外国货。20世纪80年代以前论叙事文学时,大家宗奉的是西方的"典型论",什么"典型性格"、"典型环境"、"个性"、"共性"呀,将人物性格的刻画作为文学批评的最核心的标准,认为故事情节都是为刻画人物服务的,乃至论诗歌也要拼命从里面找典型。当时我就不明白,有的作品明明以情节取胜,故事讲得有愉悦性,有思想性,能感染人,为什么就不算是好的艺术创造呢?评价文学作品高低的标准究竟是跟着人的感受走、被大家所接受为标准呢,还是跟着某种理论走、能套得上某种框框为上乘呢?可是,上世纪80年代以后,西方叙事理论在我国风行起来。于是,人们论小说,铺天盖地的是讲"全知"、"限知"、"视角"呀什么的,似乎不套用些"叙事理论"的术语就不算是研究小说的艺术性似的,终于将论"叙事"压倒了论"典型"。正是在这样的情势下,我一直在想,研究中国古代的小说与小说理论时,是否能走自己的路,探索与总结一种立足在本土的而不是照搬或套用西方的、以论"人"为核心的而不是以论"事"为中心的理论呢？假如与"西方叙事学"相对应的话，是否可以叫"中国写人学"呢？当然，在目前经济全球化的形势下，东西方文化的交流也越来越广泛而深入，我们在探讨"中国的"写人学时，不能不吸取西方的各种理论；我们在讲"写人学"时，也不能与分析叙事截然分开；我们之所以提"中国写人学"，只是强调其基本立足点是在"中国"与"写人"两个方面而已。事实上，我们的祖先留下了丰富而独特的"写人"文本与对"写人"问题的独到的认识，甚至可以说，我们中国古代文学理论的基点就是"原人"，不但从人出发和最终服务于人，而且其理论的构建也是与人的内在精神与外在的面貌密切相关的。因此，不但有必要，而且有可能写好一部"中国写人学"。在一次授课时，我把我的这些粗浅的想法同我的几位博士生讲了，希望他们考虑能否将"中国写人学"作为一个博士论文的选题。在座的桂奎当即就表示自己对这一课题特别有兴趣。不久，他就将自己的思考通过电子邮件发给了我。我看后觉得，他在入学前就对中国小说素有研究，具有充分的积累，又思维活跃，目光敏锐，对探索新问题很有兴趣，对这个问题的思考也能上路，于是就鼓励他努力去完成这个课题。

　　经过近三年的努力，他作为博士论文提交的阶段性成果顺利完成，得到了有关专家的高度评价。此后，桂奎去了与复旦大学毗邻的上海财经大学人文学院任教，不断地将这篇当时被评为"优秀"的博士论文进行修改、丰富与完善。现在，他将中国古代小说写人研究这项宏大工程的第一期成果奉献在大家面前，我感到非常欣慰。我之所以感到欣慰，是因为觉得他做得比我预想中的好。

　　我之所以感到比我预想中的好，首先是因为他构建的"中国写人学"的确是他实证实悟到了不少新鲜的东西，原创性强。过去一谈写人，人们的思路比较单一，无非是从小学就开始受教的一套，总是从肖像描写、动作描写、语言描写、心理描写等几个角度去观照，所得出的结论也多是"人物描写生动形象"、"人物塑造带有典型性"、"艺术形象逼真动人"云云。应该说，当初总结的这些角度本有它的合理性与先进性。但长此以往，老是踏步于原地，颠来倒去，不再去作深入的研究，不敢去走创新的道路，就会慢慢地将曾经先进的东西也变得陈旧起来，给人以千篇一律的感觉，使得写人研究丧失了个性和活力。桂奎的这部论著就在许多方面突破了老框框，总结了一系列新的理论角度。比如，第一章他概括的"躯体喻物"，就是从中国古代小说创作的实际情况出发，基于中国传统的"赋比兴"中"比"的理论,充分考虑到了"英雄异貌"、"秀色可餐"等民族心理及面相学等传统文化精神,又吸取了"移情作用"、"身体修辞"等理论内涵,探讨了男性霸权话语下的男性躯体描写的"动物化"与女性躯体描写的"植物化"等创作现象,总结出了中国古代小说写人的一种特殊的方法,富有新意,又言之有据。第二章论"容貌敷色",不是一般化地谈容貌的描写,而是专注于色彩的运用作深入、具体的探讨。在探讨这个问题时,着力于从传统的"五色"文化、"品色衣"制度以及戏衣设计、戏剧脸谱勾画等方面,论述了容色描写的角色象征和指示功能,并进而重点论述了"黑"、"白"二色在男女容貌描写中的对行性,以及女性容色描写的"红"、"白"、"绿"等倾向,多发前人之所未发。第三章所论"姿态造型",承传、发展了传统的写人论中的"态"论,并结合现代"态势学"的某些观念,将人物之"态"作为一种"副语言"、"无声语言"、"特殊语言"来作专题阐发,对人之习常的"坐"、"立"两种常见姿态描写的密码及其角色扮演功能进行了礼法性、象征性的阐释,并结合"阴阳观念"、"刚柔理论"分析了男女身势描写的性别差异及其喻说特点。这些论述大都不是陈词滥调,而是戛戛乎独造。如此一路下来,每章每节都探讨了种种前人没有论及或很少涉足的问题,给人耳目一新之感。可以说,这部论著所发现并总结出的许多关于中国古代小说的写人现象、写人图景、写人规律,大都是实悟所得,实证所之,因而所构架的理论体系是新的、真的、原创性的。

  我之所以感到比我预想中的好,还在于这部论著注意了理论的中国化。桂奎十分注意涉猎现代的西方理论,这是他很突出的一个长处。在他最初给我看的论文中,不时镶嵌着一些译文的语句和时新的术语。这好像是目下年轻人的一种时尚,似乎不这样就不能显示自己的学问。这不能不使我想起了当年自己在做大学的毕业论文《论王士禛神韵说》时,将第一稿交给朱东润老师审阅后,满以为自己花了不少工夫,能得到老师的肯定,想不到老师第一句话就教训我"掉书袋"。这一当头棒喝,使我永生不忘,以后时时琢磨着一个"化"字。当然,食古而不化不行,食西而不化也同样不行。不论是食古,还是食西,都要化成当下的我的营养。所以,我对桂奎一再强调要注意建构理论的中国化,要立足本土,注重还原与激活传统的话语,将西方理论中的有益的成分像盐一样溶于中国的水之中。那种贴满了五颜六色西方标记的东西其实往往不是好货,只有做到了"无迹可求"才是上乘。好在桂奎对于传统文论也有较好的基础,尤其是对小说评点理论下过工夫。所以他后来还是比较注重"形神"等传统话语的还原,分别从躯体喻物、容貌敷色、姿态造型、神情投影、心态显象、脾性摹状等层面,对中国古代写人现象和写人经验进行了认真而系统的梳理。这些命题设计表面上看来还是有点"西餐"的样子,但骨子里是属于传统的"形神"相对论以及传统小说评点话语体系,是"中餐"。书稿中的一些命题,大都直接根源于中国古代画论、诗文论、戏曲论、小说论等有关"形神"问题的理论;特别吸取了宋代陈郁《藏一话腴》提出的"写形"、"传神"、"写心"三分观念,以及明末金圣叹批《水浒》时提出的"性情"、"气质"、"形状"、"声口"等四个要素学说。在具体论述男女描写的性别差异时,也常常从传统文化观念,乃至传统俗语生发命题,如论男女情感描写,扣紧了"儿女情长,英雄气短"、"痴情女子薄情郎"、"男儿有泪不轻弹"、"千金难买美人笑"等古语展开论述;论男女心态描写,抓取了"男狂女羞"、"夫惧妻妒"、"多疑男子性,最毒妇人心"等错位性的民族伦理心理来比较分析;论男女脾气描写,分别从"火气"与"水性"、"训教"与"撒泼"、"大脾气"与"小性子"等层面立意。关于"写心"问题,作者更关注的是中国古代小说"诚于内,形于外"等特点,并剥离出与西方文论观念判然有别的"传情"、"状性"等话语,而不再用"心理描写"之类的套话。即使在具体用语上,也注意中国化,例如不去搬弄"反讽"等西方文论的译语,而使用更准确到位的"曲笔"、"隐笔"、"阳秋之笔"等术语。这一切都给我们以亲切感。当然,假如我们仔细体味的话,可以感到这部著作还是广泛地吸取了文化批评、原型批评、新批评、女性主义批评及角色诗学等等理论方法,将它们的有益成分尽力融合到了中国化的理论体系的构建之中。这一工作,虽然还远没有达到"不著一字,尽得风流"的境界,但呈现的基色调还是中国化的。一个多世纪以来的中国的文学理论著作,多数是用西方的一套来消解中国的传统,很少是用中国的一套来消化西方的理论的。桂奎的这部论著今天能做到这个地步,我觉得已经很不容易了。它所显示的原创性,归根到底,也就是中国化的结果。假如放弃了中国化的思路,也就不会有原创性。这部著作就是用中国化的心血浇灌出来的富有原创意味的硕果。

　　行文至此,或许有人会责问我,"学无新旧,无中西",你为什么要如此强调理论的中国化呢?的确,人同此心,心同此理,人类对于包括文艺在内的万事万物的认识,特别是在本质的、抽象的层面上,往往有相同或相通的地方。但全球化到现在,人类毕竟还是按不同的国家,不同的民族,不同的阶层,分成各色人等,各自有着不同的生活,不同的传统,不同的心理。这就使得各种学问无论如何同时也必然分新旧,分中西的。学无中西与学有中西,实际上是做学问的两个方面。我是一个中国人,我有中国人的感情,我自然能更深地体会到中国的传统的确有永恒的东西存在,有消化异质文化的基础与能力。我希望的是能将异质文化中国化,而不是用一个多世纪以来的西方霸权话语来化掉中国的优秀的传统。可叹的是,长期以来民族自卑的心理使一些人总觉得别人家的月亮也比自己的圆,乃至良莠不分,美丑并收,有时竟会将人家的红肿之处也叹作桃花之艳,溃烂之点也舔为乳酪之美,招摇过市,害己又害人。至于那种抄几句话、几个名词来点缀点缀门面者,就只能算是小儿科了。看来,这样的局面还要有一段相当的时间,只有当我们的国力真正强盛,我们国家的优秀传统广为传播,有一个平等、和谐的文化全球化的环境时,才有这种可能。这一天,我相信总会到来。

我强调文学理论的中国化,是不是拒绝学习与接受西方的文论呢？绝对不是。恰恰相反,我强调中国化的前提就是要吸取西方的优秀的东西。不接受外来有益的、先进的东西,就不存在化不化的问题了。我觉得桂奎的可贵之处,也就是在学习、梳理、总结中国古代小说理论时十分注意学习与运用西方的一系列的理论与方法。那些客观的、实事求是地介绍、翻译与引进西方文论的先生们是令人尊敬的;那些试图运用一些西方的理论与方法来解释中国文学现象的努力也应该是肯定的。我强调的只是研究中国古代文论的要将立足点站在中国的这块土地上而已。我希望的只是要在运用外来文论时必须注意本土化、中国化,化得越彻底越好。像当年王国维,就是从《红楼梦评论》有点生搬硬套,逐步到《人间词话》走向化境的。我也希望桂奎能不断的努力,在脚踏实地地总结、承传、发扬中国传统优秀的文论精神,将西方的理论与方法中国化的道路上,彻底远离生搬硬套乃至掇拾一些半生不熟的译语以炫耀的时尚,能向着"不落言筌"、"无迹可求"的目标前进,以最后达到"不著一字,尽得风流"的化境。是为序。

2008年2月2日

(《中国小说写人学》,新华出版社2008年3月版)

罗书华《中国小说学主流》序

假如笼统地说,自有"小说"之后,当有小说之学。不过,中国的小说学与小说一样,都是经过了一个从曹懂到自觉,从稚嫩到成熟的漫长的演变过程。像桓谭批评汉代以前的小说都是"丛残小语","以作短书"一样,中国古代的小说学在初创时大都也属于"小家珍说"一流,像班固作《汉书·艺文志》、刘知几作《史通·杂述》、罗烨作《醉翁谈录》、胡应麟作《少室山房笔丛》等对小说稍作系统地观照的人不是太多,像金圣叹、毛纶与毛宗岗父子、张竹坡等将批评小说真正当作一种事业来作的人也觉得较少,乃至像冯镇峦、文龙等将小说批评当作一门学问来探讨其应有的态度与标准等等,就更显寥落。但不管怎么说,中国古代小说学还是在不断的进步,且具鲜明的民族特色而自成一统。历史翻到了20世纪,小说学的发展也进入了一个新的阶段。这不但表现在理论上不断有新的突破,对中国古代小说的阐释有许多新的发明,而且也表现在对中国古代小说学的研究不断的深入。

20世纪以来,对于中国古代小说学的研究大致是从两个方面展开的:一个是文献资料的整理,另一个是理论批评的总结。

从文献资料整理方面来看,如蒋瑞藻的《小说考证》(1910)、钱静方的《小说丛考》(1913)、鲁迅的《小说旧闻钞》(1926)、孔另境的《中国小说史料》(1936)、俞平伯的《脂砚斋红楼梦辑评》(1954)、阿英的《晚清文学丛钞·小说戏曲研究卷》(1960)、张友鹤的《聊斋志异会校会注会评本》(1962)、一粟的《红楼梦卷》(1963)等,都从不同的角度做了很好的工作。到80年代以后,更是出了不少资料集,如有关序跋的就有曾祖荫等编选的《中国历代小说序跋选注》(1982)、大连市图书馆编《明清小说序跋选》(1983)、丁锡根的《中国历代小说序跋集》(1996)等;重要小说的会评本也有陈熙中等会辑的《水浒传会评本》(1981)与《三国演义会评本》(1986),以及李汉秋的《儒林外史会校会评本》

(1984)、冯其庸的《八家评批红楼梦》(1991,2000年有重校本)、黄霖的《脂砚斋评批红楼梦》(1994)等；另外围绕着一些小说名著，出了不少研究资料的汇编及综合性的研究资料集，如侯忠义的《中国文言小说参考资料》(1985)、朱一玄的《明清小说资料选编》(1989)等，成绩十分可观。

再从理论批评的总结方面来看，应该说在"文革"以前的进展并不太快。在上半世纪，除对金圣叹、毛宗岗等少数批评家有所研究之外，多数未曾顾及。在一些文学批评史的专著中，也并没有放到应有的地位。在郭绍虞、朱东润、罗根泽三部《中国文学批评史》中，只有我的老师朱东润先生的《中国文学批评史大纲》中有一节讲到了金圣叹。直到1962年，由郭绍虞先生主编的《中国历代文论选》，还仅选16篇有关小说的理论文字。"文革"以后，情况才发生了根本性的变化，在1980年出版的、由郭绍虞先生重新组织编写的《中国历代文论选》中，小说理论文字就增加到79篇，有了较大的改观。越年，出版了敏泽的《中国文学理论批评史》，论列了较多的小说批评家。在批评史专著之外，也陆续出现了一些专题性研究成果，如郭豫适的《红楼梦研究小史》(1980)，作为第一部有关文学作品的研究史，为世所重。紧接着，孙逊的《〈红楼梦〉脂评初探》(1981)，对脂评作系统、深入的研究，也有较大影响。同年，张国光竭力为金圣叹"翻案"而出版了论文集《〈水浒〉与金圣叹研究》。这都使中国古代小说学的研究呈现出一种前所未有的新气象。

正是在这样的气氛中，我从1978年起回复旦，受命研究中国古代的小说理论批评，先后编写了《中国文学批评史》中、下册中的全部小说批评文字(1981、1985)，以及出版了《中国历代小说论著选》(1982、1985)与《古小说论概观》(1986)。这些编著，主观上是想开始真正着手全面、系统地梳理中国古代小说理论的资料并勾勒出一条理论发展的轨迹，但现在看来，毕竟十分粗略，自觉汗颜。在此之后，从理论上总结中国古代小说批评及小说学的论著犹如雨后春笋，源源不断地问世。如王先霈、周伟民合著的《明清小说理论批评史》(1988)，陈谦豫的《中国小说理论批评史》(1989)，方正耀的《中国小说批评史略》(1990)，刘良明的《中国小说理论批评史》(1991)，陈洪的《中国小说理论史》(1992)，宁宗一等《中国小说学通论》(1995)，宋子俊的《中国古代小说理论发展史》(1998)，林岗的《明清小说评点学之研究》(1999)，谭帆的《中国小说评点研究》(2001)等等，从不同方面将中国古代小说学的研究推向了深入，有力地说明了中国小说学的研究正在走向成熟。

说实话，在一个已经取得如此多研究成果的领域里，如果不是有新材料的发现、新理论的运用，要想做出新成绩来，实在不是容易的事情。书华的这部《中国小说学主流》的写作，当初并不是他自己的主动选择，而是由于一个特别的机缘使然。然而，他既然接受了这个任务，就绝对不能只是对已有成果的简单综合与复述，他必须要拿出自己独特的东西来。现在看来，这部作品虽然不能说在整体上有多大的突破，但在许多方面取得了可喜的成绩。比如，在研究对象上，本书将中国古代"小说学"的"小说"看成是"稗史小说"、"传奇小说"、"平话小说"和"章回小说"的合义。在小说学存在形态方面，本书认为小说文本、序跋凡例、目录题要、笔记杂著、评点批改以及小说专论是小说学体现的六种主要方式。在小说学的理论构成上，分成功能价值论、事体虚实论、叙述（事）艺术论、形象性格论、情节结构论与语言魅力论六个方面的内容。在分期上，本书将整个小说学史分为汉魏、唐宋、明、清、近代五个阶段，以汉魏为初兴阶段，唐宋为渐变阶段，明代为勃发阶段，清代为繁盛阶段，近代为转向阶段。这些观点都平实可信，有继承，有发展。而全书所隐含的"事体"观念，将小说学事体分成实有之事、或有之事、虚构之事、文生之事四个阶段，并以此作为小说学的主脉，更是令人耳目一新。当然，本书更令人称道的还是对于各篇小说论的解读，虽说研究的对象是已知的小说论著，可是，全书中大部分篇章仍然自有心得，时见新义。这方面，我想读者诸君只要一篇篇读下来，是不难体会到的。在已经相当成熟的中国小说学研究领域，能有寸尺之进，也应该说不容易了。

现在看来，书华之所以能够在这里做出新的成绩来，一个重要原因就在于他的读书方法和研究方法。据我所知，书华读书治学有一个重要的特点，这就是细读。不管是做文学研究，还是文学批评研究，他总是直接面对对象文本，一遍一遍地读，一遍一遍地批。一篇文章，读它三五遍在他来看实在寻常，读它七八遍、上十遍也不稀奇。在获得自己的心得后，这才参考他人的著述，删同留异，去错存真，形成自己的观点。这种读书研究方法虽然有些费力费时，有时未免要走一些弯路，但这样做也有一个不被别人牵着鼻子走的好处，一字一句都是采铜于山，淘金于沙，自己亲历亲得。与买钱于市相比，流的汗水自然要多，得到的金子可能更少。但与此相应，他所获得的金子的成色与快乐也不是买钱者可以比拟。个中滋味，不做这行的人也许怎么也体会不出来。这大概是书华十多年来心无旁骛、乐此不疲的原因所在吧。

值得一提的还有这部著作的体例。我国传统学术论著从注疏体发展而来,往往是材料与阐释结合在一起,材料在前,阐释在后,对象话语与自己的话语混为一谈。这样的述学方式自然有它的魅力。但不可避免的,虽然阐释者也可以"接着说",但至少在体例上容易给人以牛在前人在后的感觉,阐释者难以跨出原始材料的笼罩,新观点更容易被原论点所淹没。本书写作当初的设计,是为历代小说学论著作解。后来因为出版计划更改,书华按照时代与逻辑顺序,将全书纂成目录,分出章节,以论述解说文字作为全书的主体,将小说学原作删要附在论述解说之后,不经意间创造出了一种新的述学文体。哪些是原文,哪些是现在的论说,界限分明,泾渭清楚,既容易看清各篇的价值与地位,看清小说学的发展线索,又有利于研究者再次引用。当然,这样一种新的述学文体,价值如何,值不值得推广与效仿,有没有生命力,还有待时间的检验。

书华1998年来到复旦从事博士后学习与研究,2000年出站留校,眨眼之间已是七八年了。在这七八年的时间里,他几乎没有发表什么新的论文论著,在当前面对着一张张统计表时,我不免为他操心。我也知道,慢工出细活,这是常理。在一个以数字论英雄的浮躁的学术环境里,那种在荒江野屋中慢慢琢磨学术的境界,就不能不令人向往。但我又想起,龚自珍说过这样的话:"虽然大器晚年成,卓荦全凭弱冠争。"作为年轻人,还是要有一点争一争的气性,不要误以为慢了一定能出细活,老了写的都是真理。在认真、踏实、保证质量的前提下,还是要争一争朝夕。前人云:板凳要坐十年冷;又说:十年磨一剑;又说:十年格物,一朝物格。书华从博士毕业都已经十年了,冷板凳十年,也该站起来伸伸腰了;磨剑十年,也该亮亮剑了;格物十年,该是物格的时候了。是所望焉!

2007年2月于恒安居

(《中国小说学主流》,上海书店出版社2007年12月版)

万晴川《巫文化视野中的中国古代小说》序

　　这是晴川的第三部专著。他的第一部专著是在博士论文基础上扩展而成的《命相、占卜、谶应与中国古代小说》，第二部是《房中文化与中国古代小说》，如今第三部《巫文化视野中的中国古代小说》是博士后流动站工作的成果，接着从事的是《民间秘密宗教与中国古代小说》的研究。很清楚，他一路搞来，是偏重于"秘密文化"与中国古代小说关系的研究。为此，他曾经写信给我说："几年来，我所做的课题都非学界主流，自己常以'野狐禅'自嘲。"但我深以为他"野"得好。做学问最容易得名与取利的是趋炎附势与媚俗于时。所谓"主流"也者，大半是这类货色。但学问的真价值不在于重复，而在于创新；不在于逐大流，而在于有自我。假如能"独上高楼，望尽天涯路"，尽管自己走的是"独木桥"，就让人家去挤"阳关道"吧！

　　我之所以欣赏他的这类研究，或许与我自己对这方面的兴趣也有关系。五年前在东京，有朋友曾半带玩笑地介绍我说："他是搞最正经的学问，也搞最不正经的学问。"他所指的"正经"与"不正经"究竟指什么，我没有追问，但我确实向往能有一种"两耳不问校内事，一心只读奇异书"的境界。在我问学的道路上，就曾经为一个怪杰金圣叹和一部奇书《金瓶梅》神魂颠倒过。这一奇一怪，现在看来也没有什么不正经，但曾经也被列入"不正经"之列的。至于命相卜巫之类，自幼耳闻目睹，颇感好奇。早在我十三四岁读初中的时候，就与小朋友一起争论过面相这玩意儿究竟当唯物地去审察，还是以唯心的心态去看，并好不容易从一个同学的家中弄到一本相书来偷偷地琢磨了一阵子。直到1986年，在日本群马的一次小说讨论会上，听到东北大学小川阳一教授真的将命相卜巫之类同《金瓶梅》等小说联系起来的讲演时，使我茅塞大开。但回到国内，当时要在图书馆找一本《玉匣记》、《麻衣相法》之类的书还十分困难，好在不久在地摊上到处摆满了这类书籍，并零星地读到了如陈东有先生写的

《〈金瓶梅词话〉相面断语考辨》一类文章了。不过，一时间还鲜有人真正认真、全面地来研究这类问题，所以当2000年读到晴川的博士论文《中国古代小说与命相学研究》时，感到十分惊喜。他的这篇论文，详细、系统地论述了中国古代命相术的发展过程及命相学对古代小说创作思想、艺术构思的影响，并对两者关系之所以成立的思想基础与社会原因作了探讨，使我大开眼界。因此，当他申请来复旦博士后流动站工作时，我举双手赞成。

目下这本《巫文化视野中的中国古代小说》就是他在半教学、半研究的情况下完成的出站报告的基础上修改而成的。关于巫文化，海内外已有若干专著；巫文化与戏剧、诗歌、绘画、雕塑的关系，时人也有一些研究；就是对巫文化与中国古代小说的关系，学界还未充分重视。晴川他不畏艰难，披荆斩棘，从形成基本的理念，到搜集浩瀚的材料，一步一个脚印地开拓前进。从本书中可以看到，他对中国古代的巫、巫术和巫术文化的本质有深刻的认识，对于中国古代小说中的巫文化的材料收罗得十分丰富，在分析过程中又能较好地运用人类学、民俗学、主题学及原型分析的方法，从而在论述巫术思维对古代小说创作思维的影响、巫术小说的结构类型和解读古代小说中的巫术内容时，不能不使人感到有论有据，且论多原创，据极丰赡，精完神足，血肉饱满。这就不难理解他的这份出站报告一下子就被专家组评定为优秀之作了。这也坚定了我对他的这类"野狐禅"研究的总体看法：很有特色，很有开拓，很有价值，很有成绩。

当然，凡事起步难。他的这几部著作中，有的工夫深一些，成绩也显著；有的功夫少一点，显得略浮浅。如《房中文化与中国古代小说》一书就写得较简略，倒是所附的几篇论文还有不少真知灼见。此书《后记》所述晴川面对不公平的现实所走的痛苦的人生道路，读后使人欷歔不已。这条路，曾经使他失去了许多，但同时也使他具有了一种最为可贵的坚忍不拔的精神。到现在，虽然"青衫依旧"，虽然还要"为稻粱谋"，但我更希望他发扬那种压不垮、捶不烂、不屈不挠的精神，把他为之"不悔"的事业做深做透，更上一层楼，在中国古代小说及中国文化领域内他所开垦的这块处女地上，开出更鲜艳的花，结出更丰硕的果。是为序。

2003年3月3日

（《巫文化视野中的中国古代小说》，中国社会科学出版社2003年11月版）

朱恒夫《宋明理学与古代小说》序

我认识朱恒夫教授还是近几年的事,可是他的文章早就拜读,深知他在戏曲研究方面成绩斐然。后来连连读到他在小说研究方面的文章,也觉得出手不凡。向人一打听,知道他在南京,无缘相识,直到前几年他来上海工作后,我们才有机会不时见面,更知道他非常有才干,能搞学问能办事,不能不让人暗暗佩服。前不久,他突然来电说,他写了本《宋明理学与古代小说》在出版社排印,嘱我写篇序。我二话不说,一口答应。何以故?一则为信任我的朋友效力,当是分内事;二则是这题目,我也感兴趣:宋明理学与中国古代小说之间的关系,早该理理清楚,有个较为客观、公允的说法了!

大概是由于宋代的理学家说过"作文害道"、"玩物丧志"(《二程集·河南程氏遗书》卷一八)之类的话,所以人们很容易得出理学与文学对立的结论,更何况讲抽象的"道"与"理",的确容易与"形象思维"分道扬镳。所以到宋末元初,像戴表元、袁桷等就一再说:"后宋百五十年理学兴而文艺绝"(《戴先生墓志铭》),"理学兴而诗始废"(《乐侍郎诗集序》)。这是一类不满理学讲大道理而妨害文学创作的观点。与此相反的,又有一类却认为儒教因崇实不尚虚而阻碍了小说创作的,如作为第一本小说史作者的日本笹川种郎在《中国小说戏曲小史》(1897)中就说:

> 从上古到宋代中国小说的发展如此缓慢,与其文学的兴隆无法相比。儒教势力(的强大)是主要原因。儒教重视实践,奖励有益于世道人心的事。小说戏曲这样虚构的东西受到鄙视,北方人种的注重实际的思想风潮覆盖上下古今中国全域,使小说戏剧长期受到压制。

再到鲁迅写小说史时,他则进一步认为理学所讲的道理本身就有害于小说的发展了。他在分析宋代小说"更无独创之可言"时,提出了一个重要的论据,即是"宋时理学极盛一时,因之把小说也多理学化了,以为小说非含有教训,便不足道"(《中国小说的历史的变迁》)。沿着这一思路,在五四新文化运动的影响下,理学的"教训"逐渐与封建礼教等同了起来,由此而理学也被戴上了"反动"的帽子。以后的小说史研究又往往把"反动"的理学集中在"存天理,灭人欲"这一句话上。似乎反动的小说或小说的反动即在于宣扬"天理",因"天理"即是封建伦理;反之,进步的小说或小说的进步即在于张扬"人欲",因"人欲"即是人的本性。这样的观点几乎弥漫在整个20世纪小说史的研究著作中。当现在我们回顾以往的小说研究史时,不能不回答这样一些问题:宋明理学究竟与古代小说的关系怎样?两者是完全对立的,还是也有统一之处?"存天理,灭人欲"的含义究竟是什么?如何正确评价小说中所表现的"天理"与"人欲"?当然,这些问题,自从上世纪八十年代以来,已经受到了中国哲学史及文学史研究者们的关注。就讨论宋明理学与文学的关系来说,笔者所见1989年出版的马积高先生的《宋明理学与文学》之后,还陆续见过《宋明理学与章回小说》(1995)、《理学文化与文学思潮》(1997)、《宋明理学与中国文学》(1999)、《理学文艺史纲》(2001)、《心学与文学论稿》(2002)、《宋明理学与戏曲》(2003)等有关著作,各家的认识与以前都有变化,但把握的分寸还多有不同。朱恒夫先生作为《理学文艺史纲》的作者之一,将有关部分加以充实、完善与提高之后,推出了这部《宋明理学与古代小说》,为我们更好地认识理学与中国古代小说关系,打开了眼界。

翻开此书,开宗明义,作者用最明确的语言强调:他一反过去笼而统之地认为古代小说和理学是"尖锐对立"的观点,而认为尽管两者的关系十分复杂,有紧有疏,但真正反理学的小说是"为数极少,且影响甚微",多数的小说作者是"自觉地做起了理学的传声筒,把深奥的理学形象化、通俗化、平民化",而且"在表现手法、创作方法上亦受到理学的规范"。这就是他这本书的主旋律。据此,作者从宋元的话本与传奇写起,论述了无论是面向市民的话本,还是在士大夫、知识分子中传播的文言小说,其道德说教都是非常鲜明的,这正如说话人自己所表白的那样:"话须通俗方传远,语必关风始动人。"(《范鳅儿双镜重圆》)以后明清时代以"四大奇书"为代表的四类小说,作者用三章的篇幅加以分析,每一章的标题,即十分鲜明醒目地点出了它们与理学之间的密切关系:历史演义与英雄传奇是"小说家对'理'的社会诠解";幻想小说是"'心学'

与小说拥抱的结晶";世情小说是"理学内涵的扩张与小说的转型"。后来清代的一些"理学小说",则更是"无思辨性的程朱语录"。至于像《碾玉观音》、《闹樊楼多情周胜仙》那样的作品,也不是在完全地肯定"人欲"与彻底地否定理学,它们的主要矛头还是在针对一种"权势之理"。再看晚明冯梦龙、凌濛初一类作家,他们的确创作了一些肯定"人欲"的小说,对自然情欲的追求给予一定的宽容与赞赏,但他们实际上与当时思想界的领袖李贽一样,尽管提出了欲不可灭的口号,但并不反对"理",他们"所承认的欲是合'理'之欲,是无伤于封建大道、封建纲常之欲"。这正如李贽被捕后接受审讯时所回答的:"罪人著书甚多具在,于圣教有益无损。"一句话,宋明以来的古代小说,在个别作家作品那里曾经也对理学发出过这样或那样的不和谐的声音,但从总体上看,还都是在理学的牢笼之下演变发展的。作者这样来描写一部小说史,是否太绝对了一点呢?不。应该说基本上是符合实际的。这是因为当时的人们、特别是明代以后,不论是上层的还是底层的,都是把儒教与理学当作是金科玉律、天经地义,谁都接受它、信奉它,有谁能与它彻底决裂,与它尖锐对立呢?

长期以来,我们之所以常常以两元对立的观点来看待理学与小说的关系,认为"理学弘扬'天理',而小说歌颂'人情'",是"一方要战胜另一方的关系",实在是用现代的某种理念或想象来代替、曲解了以往的事实。在这里,还关系到对于"天理"与"人欲"的误解。"天理"是什么?就朱熹而言,他说:"道者,天理之当然,中而已矣。"(《四书章句集注·中庸章句》)又说:"理也者,形而上之道也,生物之本也。"(《晦庵集》卷五八《答黄道夫》)又说:"父子、兄弟、夫妇,皆是天理自然。"(《朱子语类》卷一三)又说:"仁义,天理之自然也。"(《朱文公文集》卷一一《辛丑廷和奏札二》)又说:"盖天理者,此心之本然,循之则其心公而且正。"(《孟子或问》卷一)概而言之,"天理"就是宇宙间事物发展的规律,是人心普遍认同的公正,当然,其中也包含着纲常伦理、仁义道德。至于人的"欲",朱熹实分之为两类。一类如"饥而欲食,渴而欲饮,则此欲亦岂能无"(《朱子语类》卷九四),此类欲,即天理,故他说:"饮食者,天理也。"(《朱子语类》卷一三)后来有人强调"人欲即天理"或"天理即人欲",实际上也是与朱熹的观点一脉相承的。至于另一类欲,则是私欲、邪欲、损害他人的欲,这就是他所谓的"人欲"。他说:"人欲者,此心之疾疢,循之则其心私而且邪。"(《孟子集注》卷一一《告子章句上》)又说:"钟鼓苑囿游观之乐,与夫好勇好货好色之心,皆天理之所有,而人情所不能无者,然天理人欲同行异情,循理而公于天下者,圣人之所以尽其性也；纵欲而私于一己者，众人之所以灭其天也。"(《孟子集注》卷三《梁惠王章句下》)这也就是说，他所说的"人欲"不是泛指人类的各种各样的欲望，而是特指那种过分地满足私欲而损害他人利益的邪欲。可惜的是，人们往往望文生义，把他所说的"灭人欲"的"人欲"看作是"饮食男女"等人的所有的欲望，于是理学就等于禁欲主义，朱熹也就成了一个面目可憎的扼杀人性的刽子手了。当然，不可否认，朱熹的"天理"也好，"人欲"也好，都渗透着封建意识，他的伦理纲常，主要就是封建的伦理纲常；他的"人欲"观，也带着深刻的封建士大夫的偏见，其"存天理，灭人欲"的口号，从根本上来说是为了维护封建统治的长治久安。但同时我们也应该看到，他的"天理"中也包含着不同阶级、不同阶层共同接受和应该遵循的社会秩序和人类公德。人既然有共同的人性，为什么没有符合不同民族、不同时代、不同阶级人欲的社会秩序和人类公德呢？而事实上，朱熹的"存天理、灭人欲"的口号就不仅仅是针对下层百姓的，同时也是针对统治阶层的，甚至是站在老百姓的立场上来要求最高统治者皇帝身体力行的。据《宋史》本传载，淳熙六年，他就上疏指出："天下之务，莫大于恤民，而恤民之本，在人君正心术以立纲纪。"至十五年，甚至公开指责皇帝即位27年，"无尺寸之效以仰酬圣志"，"天理有所未纯，人欲有所未尽"，以致"德业日隳，纲纪日坏，邪佞充塞，货贿公行，兵愁民怨，盗贼间作，灾异数见，饥馑荐臻，群小相挺"。他还苦口婆心地劝皇上说："愿陛下自今而往，一念之顷必谨而察之：此为天理耶，人欲耶？果天理也，则敬以充之，而不使其少有壅阏；果人欲也，则敬以克之，而不使其少有凝滞"。因此皇帝对他并无好感，许多权贵也对他不满，甚至有人上书要求处死他，这充分地说明了朱熹的"存天理，灭人欲"的思想一时间与统治集团也存在着尖锐的"对立"。因此，我们决不能再简单化地来看待"存天理，灭人欲"这句话，要看到它维护封建统治、阻扼人情自由发展的一面，同时也要看到它尊重百姓正当利益、维护社会正常秩序的一面。古代小说以此思想来指导创作，怎么能视而不见、一笔抹杀呢？也有什么必要故意回避或曲解呢？如今，我们再也不能将理学简单地理解为人性的枷锁与文学的桎梏了。朱恒夫教授能面对事实，理直气壮地论证宋明理学对中国古代小说创作的指导和规范，推翻了理学与小说等通俗文学对立的成见，应该说是有理论勇气的。而这种理论勇气是建筑在实事求是的基础之上的，所以应该是经得起检验的。

在大的新框架之下，作者对一些具体作品的分析也时有新见。我读后印象最深的是对《水浒传》与《金瓶梅》主题的分析,均出人意表。对于《水浒传》,他不完全否定传统的"描写农民起义"说、"表现忠义斗争"说、"为市民写心"说,但认为这些说法都没有从整体上把握住"全书的灵魂",因为小说作者并不是站在梁山泊起义英雄的立场上,歌颂他们的起义,赞扬他们的忠义品质,为他们及市民的理想抒怀,相反,小说作者"将梁山上的好汉看作贼与强盗,他便认为这伙人留于世上于国于民都没有什么好处",揭竿起义,也是"公然破坏社会秩序"。总之,"从整体上来看",小说作者是"从根本上否定梁山好汉的起义并否定他们的所作所为","认为这些充满'贼'性的人不但不能带来一个清平的世界,反而会把这世界搞得更加混乱与糟糕"。当然,小说作者"也不寄希望于皇帝自新",只感到前途茫茫,在黑暗的社会中找不到治世的良方,最后只好归结于"消极避世","以全其身,以宁其心",这不难理解小说作者将主动避世的王进作为引子,最后赞赏公孙胜、鲁智深、燕青等人的超然避世与李俊、童威、童猛等远走海外了。这样来阐释《水浒传》的主题,无疑是一种新的见解,这主要是根据理学强调社会秩序安定这一点来作为分析的武器的。至于《金瓶梅》,作者认为其主导思想可概括为"情欲=死亡"。这是小说作者试图用系列的情欲导致死亡的人物故事,以唤起人们对欲的危险性的认识,阻止缺乏道德约束的人欲的疯狂泛滥,起到了理学所起不到的作用。朱恒夫教授的这些独到的见解,无疑都是在深入探讨宋明理学对古代小说所起作用时得到的结论。对于这类结论,或许会有不同的看法,但不管怎样,它至少可以告诉人们,探讨古代的文学作品或某种文学现象,不妨可以换一种角度来看看。只有这样,才能真正做到百家争鸣,百花齐放,推动学术的进步。

假如说分析理学在思想上对小说所起的作用着重在拨乱反正的话,那么探讨在艺术上如何制控小说的表现则更是一种新的尝试。作者虽然在全书中所用的篇幅相对较少,未能历史地加以细述,仅于最后用一章的文字加以扫描,分"理念先行与主题的提前定位"、"'气质之性'与丰富的形象类型"、"动静相依与情节的曲折多姿"三个方面来加以勾勒,但确实也抓到了痒处,对理学影响小说艺术表现的正负两方面的作用,点评得也比较中肯。比如就中国古代小说中大量的人物形象类型化的现象,作者就提出"这要归咎于理学'气质之性'论说的影响"。有的人物性格即使也有矛盾的现象,如《金瓶梅》中的李瓶儿前期是毒辣、尖刻、放荡,后期则变得"有仁义好性子"来,也是由于浅薄地理解了朱熹"一分为二"论的结果。作者认为,朱熹的"一分为二"论是将事物之间的关系看成是"互相联系、互相依存、不可分割"的,"作家如果真的弄懂了朱熹的'一分为二'的辩证法思想,他就会写出真正的人,在其人的性格中,真与假、善与恶、美与丑将融为一体"。这也可以说是作者的独到之见。

对于宋明理学与古代小说的关系作全面的研究,还刚刚起步。我为作者有这样一个良好的开端而感到由衷的高兴。作者年富力强,功力深厚,我期盼着他在不久的将来,再抛出更加扎实、创获更多的大著来,让我再一次来细细的品味吧。

2005 年 11 月 26 日

(《宋明理学与古代小说》,上海古籍出版社 2005 年 12 月版)

纪德君《在书场与案头之间——民间说唱与古代通俗小说双向互动研究》序

应该说,关于说唱与通俗小说之间的关系,早在古代的杂著中已有零星谈及。像《唐会要》卷四所载韦绶"好谐戏,兼通人间小说",讲到了一人而兼两者,但这"小说"可能还不是指小说文本。明代以后,如《七修类稿》说"小说起宋仁宗。盖时太平盛久,国家闲暇,日欲进一奇怪之事以娱之。……国初瞿存斋过汴梁诗,有'陌头盲女无愁恨,能拨琵琶说赵家'"云云,以及陶辅《花影集》卷四《瞿吉瞿善歌》说"往者瞽者缘衣食,故多习稗官小说,演唱古今",《野获编》说郭勋"自撰开国通俗纪传名《英烈传》者……令内官之职平话者,日唱演于上前"等等,都是讲到说唱与通俗小说文本之间的关系了。不过,诸如此类,只是不自觉地点到而已。到十九世纪末二十世纪初,日本的笹川种郎、狩野直喜、盐谷温等撰写中国小说史时,就比较自觉地注意到了"说话"与小说文本的关系,且专门拈出了一个"诨词小说"的名目,指的是"当时流行的说话底书物"①。后鲁迅在《中国小说史略》中改称"诨词小说"为"话本",认为这是"说话人""说话"的"底本"。再由郑振铎、孙楷第、赵景深、胡士莹等等学者的多方探讨,说唱与通俗小说的关系问题逐渐进入人们的视野,也取得了不少可喜的研究实绩,但总体而论,个体的、单向的、表面的撰述居多,尚无一部系统的、双向的、深入的研究专著。有之,则当自德君的这部《民间说唱与古代通俗小说双向互动研究》始。德君这部著作,从唐五代的俗讲、转变讲起,系统地观照了各代民间说唱与通俗小说的双向互动关系,力图从中把握它们各自的

---

① 盐谷温著、孙俍工译《中国文学概论》第六章《小说》,上海开明书店,1937年6月五版,第406页。

一些重要的艺术特征的生成与演变的规律,材料详赡,新意迭出。毫无疑问,这部著作的出版将推进明清小说和民间说唱的研究,更加完善中国古代通俗小说史与民间说唱文学史的建构,同时,也将引起我们对当代一些文学艺术问题的思考。就我个人而言,拜读之后,有以下三点感触。

  第一是关于中国小说的民族风格问题。这是从小说文本的角度来看的。德君的这部著作很容易引发我们对于中国小说的民族气派与民族风格的重视与思考。中国小说是有鲜明的民族特点的。这种特点是什么?怎样形成的?对此,肯定有不同的看法。事实上,中国小说的民族特点也应该是由多种文化因素所决定的,但说话在这里所起的作用无论如何是举足轻重的。正是在说话等说唱艺术的影响下,中国古代的通俗小说大都有一种"说书体"的味道,塑造的人物往往具有浓厚的理想化色彩,着重通过动作的描写来刻画某种比较单纯而强烈的性格特征;故事情节有模式化、兼容性的倾向,追求传奇性,多采用缀段性和直线化的结构模式;语言明快、刚健,正文中不时用"正是"、"但见"、"怎见得"、"端的是"、"有诗为证"等话头引入诗词韵语来写景、绘人,或赞颂打斗等场面;小说的作者犹如"说话人"那样常常跳出来用"看官听说"等语插入大段议论,爱憎分明,不嫌其烦;再加上分章节、列回目,正文前有"入话",回前附有诗词,回末有"欲知后事如何,且听下回分解"等等程式;诸如此类,自有特色。假如用现代的观点来看,这种特色有粗有精,有劣有优,不可全盘接受,也不可一笔抹杀。比如,中国小说爱好刻画某种比较单纯而强烈的性格特征来说,人们常常将它视为"类型化",似乎比突出个性化的性格特征来低一等。其实大不然。《三国》、《水浒》中的许多人物被指为"类型化",但刘备、关羽、赵云、鲁智深、武松等形象"千古若活",一种单纯、强烈、和谐的美也能震撼人心。近二十多年来,强调人物性格的复杂、多变、立体化等等,追求所谓"个性",可是到现在,恕我孤陋寡闻,不知有几个形象能真正立起来,活在百姓的心中?再从某些形式来看,有的可能比较机械,但有的稍加改造后也有它的妙处,比如分章列回,回目对仗,尽管有的写得很漂亮,但千篇一律,毕竟比较呆板,现在改造后,记得我小时候读的颇有民族风貌的《铁道游击队》、《林海雪原》等小说中的一些现代的回目,也觉得很精彩,既能点出一回的中心,又有巨大的吸引力吊起你阅读的胃口,何陋之有?可是这类富有民族特点的表现特点与表现形式,在现代小说的发展过程中并没有被顺畅地继承下来。小说的民族传统的承传第一次遭遇阻扼是来自五四前后新文学家们对于"旧形式"的猛烈批判。假如在此之前的晚清的"小说界革命"只是革小说内容的命,在艺术形式上并未认真顾及,甚至还有意维护旧形式的话,那么五四前后新文学家们就向旧形式猛烈开火了。周作人的《日本近三十年小说之发达》就认为,晚清"小说界革命"后的《官场现形记》到民初的《广陵潮》、《留东外史》等,都是"旧小说",因为它们都是用的"旧思想、旧形式"。他特别强调:"思想果然重要,形式也甚重要。""用说书的章回体,对偶的题目,这就是一种极大的束缚。……旧小说的不自由的形式,一定装不下新思想。"①后来,沈雁冰在《自然主义与中国现代小说》中将小说分成"新"、"旧"两派时,所指"旧派"的主要特征也就是"源出于旧章回体小说",描写方法"完全逃不出《红楼梦》、《水浒》、《三国演义》等几部老小说的范围"。他们都将矛头指向与"说书体"有密切关系的传统的表现形式。而他们标举的新派的"前进之路"又是什么呢?即是"真心的先去模仿别人";"也便是提倡翻译及研究外国著作","随后自能从模仿中,蜕化出独创的文学来"②。所以有人说,当时新旧之别,"差不多以中西二字为代名词","所谓新的,是指新体或欧化式的小说;一班所谓旧的,是指吾国固有的小说"③。他们争论的实质之一,即是:继承传统还是首先西化?这场争论的结果是,新派占据了统治地位,中国小说的传统的继承受到了严重的挫折,虽然还不能说导致与传统的"断裂",但确实使以后小说界的主流话语是"洋"的而不是"中"的了。到四十年代以后,特别是在五六十年代,不断有人一再强调要有新鲜活泼的、为中国老百姓所喜闻乐见的中国作风与中国气派,但看来也难以挽狂澜于既倒。"文革"以后,西风烈,不亚于五四时期,一些人在全球化潮流中一切向西看;另一些人则反其道而行之,打出了"国学"的旗号。可是在"国学"的旗号下,一些人走的路却越走越窄,"国学"就成了"儒学",成了"尊孔读经",很少有人将"国学"也能看成有两种不同的"国学":一种是官府的、精英的国学,另一种是大众的、通俗的国学。《西厢记》、《琵琶记》为什么不是"经典"?《水浒传》、《红楼梦》为什么不能成为"国学"?实际上,中国传统文化的精粹是离不开通俗的、民间的文化的。我们不应该一味跟着清末民初打

---

① 1918年7月15日《新青年》第5卷第1号。

② 周作人《日本近三十年小说之发达》,1918年7月15日《新青年》第5卷第1号。

③ 陈景新《小说学》,上海明星社1924年11月版,第136页。

出"国学"旗号的人的屁股后面走,新时代的国学应该既是精英的,也是大众的。国学的大众化不仅是将精英国学通俗化,而更重要的是国学本身要包容与重视大众的国学。假如连讲国学的人都看不到中国古代富有民族风格的小说等也是国学的话,那么,我们今天要继承与发扬中国小说的民族精神还能有望吗?轻视中国小说艺术民族的、大众的传统的路已经走得够长了。我们应该相信:只有民族的,才是世界的;只有大众的,才是民族的。我们的小说应该有鲜明的民族特点,为最广大的人民大众所喜闻乐见。21世纪怎样使中国的小说更有一些中国的特点、民族的风味,看来还不是一件十分容易办到的事呢。

　　第二是关于小说创作的"世代累作"问题。这是从创作成书的角度来看的。德君的这部著作在谈民间说唱与小说的关系时,自然谈到了一些小说是文人在民间说唱的基础上加工而成的问题。这就使我想起了他曾经对"世代累积"的说法有过不同的意见,以致引起了一些争论。本来,人们对明代"四大奇书"为代表的通俗长篇小说,一般都看作是"个人创作"。即使到20世纪以后,如《忠义水浒传》,在明代或著录为"钱塘施耐庵的本、罗贯中编次",或署名为"施耐庵集撰,罗贯中纂修",署了两个人的名字;到后来像鲁迅、郑振铎等人也强调了小说的成书深受民间说唱等艺术的影响,胡适甚至说《三国志演义》是"五百年的演义家的共同作品",《水浒传》是"四百年的'梁山泊故事'的结晶",但一般还是将《三国》、《水浒》最后归结为个人创作,更没有"集体创作"的提法。1954年,潘开沛在《光明日报》8月29日的"文学遗产"栏中发表了《金瓶梅的产生和作者》一文,提出了一个"集体创作"说。他认为,这部小说不是哪一个大名士、大文学家创作出来的,而是"在同一时间或不同时期里由许多艺人集体创作出来的,是一部集体创作"。大约从此以后,这个"集体创作"说逐步影响到其他通俗长篇小说的作者与成书问题的看法,像1960年出版的、"文革"前唯一的一部《中国小说史稿》就很有代表性地说《三国演义》、《水浒传》、《西游记》的"产生过程""很相象":"基本故事先在民间长期流传,然后由一个或几个作家在人民集体创作的基础上加以再创造而成书。"但是,这个"集体创作"毕竟是有"在同一时间"与"不同时期"之别,而且在古代小说的实际创作中,"在同一时间"内的"集体创作"恐怕很少,多数是在"不同时期"内的几代人的"集体创作"。正是在这样的情况下,徐朔方先生于1981年提出了一个"世代累积"说,马上得到了学者的广泛认同。在一段时间内,我也是很赞赏这个"世代累积"说的。可是在前几年,一些学者陆续对"世代累积"说提出了疑问,包括德君也撰写了专文。之后,我又陆续看到与听到了徐先生的一些学生的辨析文章与有关言说。我很钦羡徐先生有这样一些很好的学生。应该说,对于《三国》、《水浒》一类小说的成书过程的认识,从"个人创作"说→"集体创作"说→"世代累积"说,是一个认识不断深化,逐步符合实际情况的过程,徐先生敏锐地提出了一个"世代累积"说,功不可没。但是,平心而论,这个提法还是有改善的余地。这个需要改善的地方,看来不仅仅是双方集中争论的是否轻视或削弱写定者的创造性贡献的问题。徐先生在行文中虽然也顾及到了写定者,但要强调"世代累积",就难免要偏重于"集体"一方,且假如以"世代累积型的集体创作"的提法来看,最后毕竟落脚在"集体创作"上而摒弃了"个人"。除此之外,我觉得"世代累积"中的"累积"两字用得是否妥当,也值得讨论。这两个字,分开来讲,是重叠、聚集的意思;合起来看,就是重复、连续、不断地聚集。但是,如《三国》、《水浒》之类成书前,在说唱及其他形式的同一主干题材的故事演变过程中,决不是某些零星题材的简单相加与机械拼凑,而始终是沿着某一主干题材而既有所累积,也有所删改,是一个能动的艺术加工与不断创造的过程。这正如德君在本书中所指出的那样,《三国志演义》就将先前《三国志平话》中一眼即可识其荒谬的地方,如司马仲相断案、刘关张太行山落草、刘备从黄鹤楼私遁、刘渊灭晋立汉,以及张飞独破黄巾的故事等等,统统予以删改或剔除,罗贯中是根据他的历史观、道德观与艺术观来重新加以写定的。《三国志演义》是这样,《三国志平话》也是这样。在某个基本故事、主干题材演变过程中,每一次成品都不是简单的累积,而是一种创造。所以整个世代演变的过程,不是累积,而是累作,是累创。"世代累积"说的可贵之处是将原来的"集体创作"说中的笼而统之的"集体"两字变成一个纵向的、历史的、流动的过程,但却丢掉了"集体创作"说中的"创作"的灵魂。当然,徐先生的"世代累积型集体创作"的提法,还是将"世代累积"与"集体创作"连在一起的。这样,粗看起来,中间明明还有"创作"两字,似乎并没有无视"创作"之意。但仔细推敲,将"世代累积"与"集体创作"两个矛盾的词组一连起来,实际上就是用简单、机械的"累积"否定了"创作"。因为所谓"累积"型的"创作",就是这个"创作"只是"累积"罢了,那还谈得上是真正意义上的"创作"吗?所以,我觉得,徐先生的"世代累积型的集体创作"的提法,在修补潘开沛的"集体创作"说时不慎留下了漏洞。今天,假如将"世代累积"改成"世代累作",或许更贴切一些,后面也用不着再拖一个"集体创作"的尾巴了。而且,"世代累作"的提法,还可能避免忽略、否定最后写定者功绩的嫌疑,而是肯定了演变过程中每一阶段性的实绩都是一种"创作",都是一种创造性的劳动成果。《三国》、《水浒》,就是一种"世代累作"型的作品,它们的最后完成,还当归功于个人。

"世代累积"说还有一个泛化的问题,将作品中容有前代题材、甚至前人思想的,都说成是"世代累积",那就没有边际了,可以将任何作品都可归入"世代累积"了。因为每个人的脑子里都积淀着祖宗的东西。当然,徐先生还没有这样无限扩大,但已经开启了泛化的口子。这特别表现在他对《金瓶梅》成书过程的看法上。对于《金瓶梅》中引用了许多前人的作品、前后情节有矛盾、显示了民间说唱语言文化特色等等,是否可以说就是"集体创作"、乃至是"世代累积型的集体创作"呢?我在一些文章中已经多次谈过,这里不想重复了。在这里,最关键的一个判别的标准即是,有一个基本故事与主干题材而经过世代不断加工的作品,才可以称得上是世代累作或所谓世代累积;本无一个基本故事与主干题材在一定时间内流传过的,而是由作者在一时间内根据自己的构思而"镶嵌"了一些前人作品中的故事或人物在内的作品,只能归之于个人的创作。《金瓶梅》就是不同于《三国》、《水浒》,是属于后者,是一时"镶嵌"而不是世代"累积"。它在成书前,没有经过一个重复、不断地积聚与加工的过程。近见有人又将《金瓶梅》的"镶嵌"说成是"隐性"累积,这无非也是玩弄一些名词,为泛化"世代累积"的说法又寻找一个借口而已。

第三是关于小说经典的大众传播问题。这是从成书后传播的角度上看的。德君的这部著作是双向的研究,既论述了民间说唱对通俗小说成书的影响,又反过来研究了小说推动了民间说唱的繁荣与发展。小说在民间说唱的搬演中,又扩大了影响,深入了人心。这一点对于我们今天如何放手改编文学名著成为大众文化产品,很有启发。一部文学名著的生命力来自广大读者的认识与欣赏。而读者的欣赏趣味,是随着时代的进步、思想的变迁,以及文化形式的多样化而不断有所变化。因此,适时地将文学名著改编为当下人民大众喜闻乐见的文化产品,将有助于不断地唤起大众对这部名著的记忆和热情,得到一批又一批、一代又一代的广大读者的认可、接受和欣赏,使一部作品的生命历久常新。在这里必须杜绝保守的态度,慎谈忠实于原著。实际上,每一次改编都是渗透着当代的精神,不可能复制原本。只要新改编的作品的主要倾向是有助于人类进步、有利于精神文明的,哪怕是有某种"曲解"、引申,或抓住一点写，或换个角度说的"二度创作"，去诠解当代生活，亲近时人感情，也应当欢迎而不是排斥。近年来，电影、电视、动漫等一些大众的传媒形式，具有极大的普及性，用它们所改编的小说名著，在传播古代小说中发挥了重大的作用，我们应当用积极的态度去对待，而不是用消极的角度去计较。比如，就小说《西游记》而言，在中国，前几年也有改编的电视连续剧，这基本上是根据原作来演绎的。当时也受了大众的普遍欢迎，但这不是说有此一家，就不能开分店了。别人再搞新的，就指斥为野狐禅了。事实上，人家也不买这个账。在上世纪90年代的香港，就拍摄了一部《大话西游》，借原《西游记》中的孙悟空、唐僧、牛魔王、白骨精等形象，凭空捏合了一些新人，非常搞笑地重编了一个跨越时空的爱情故事，也使一些年轻人为之倾倒。在日本，对拍摄《西游记》也有很大的热情。在上世纪80年代拍过《西游记》不久，前两年，日本富士电视又开始放映的连续剧《西游记》仍然在日本引起轰动。可是这部电视让我们中国人看来，多数会觉得怪怪的，怎的让唐代的人物穿上了现代日本人印象中的中国人该穿的旗袍，让唐僧的师父像日本和尚那样生儿育女，穿着日本的服饰，戴着高高的帽子。特别是，这部《西游记》让唐僧变成了一个穿着洁白的袈裟、带着哀怨的眼神的靓丽女性，且与爱徒孙悟空相爱着……有的中国的网民就忍不住说，假如原作者吴承恩看了"如此糟蹋他的作品，只怕也会吐血身亡了"。但我觉得，它毕竟面对的是日本的、现代的观众，只要它与原作的精神还有相通之处，其主题又是积极的，就要有一种理解与宽容的态度。据这部电视的"剧情介绍"说："这是中国明代的小说。孙悟空、沙悟净、猪八戒追随三藏法师为了追寻维护世界和平的经书出发前去天竺。途中，师徒四人击退了袭击他们的妖怪。这个描述作为人最重要的莫过于伙伴的故事，不管在哪个时代都一直让人着迷。"这不是清楚地说明了中国古代小说的影响吗？这里所说的一些基本的人类精神，也不是与原作有相通之处吗？无独有偶，韩国出了一部名为《幻想西游记》的动漫也很红火。在这里，孙悟空是被一个新冒出的乐神杰特弹钢琴弹得头痛，无法还手，被压在五指山下。另一个新造的公主美娜成为本剧的第一号灵魂，变得不听话的悟空就是怕美娜的禁咒之笛。在这里，唐僧尽管成了武艺高强的法师，但也被女性化得分不清是和尚还是尼姑，孙悟空的筋斗变成超级滑板，丢下了金箍棒改用了双截棍，猪八戒戴着墨镜，在石油村外做大王……一路想颠覆《西游记》的传统，用西洋化、现代化来调适现代青年的口味，但无论如何还是像原《西游记》中的孙悟空跳不出如来佛的手掌那样，这部《幻想西游记》的主要人物还是离不开唐僧师徒四人，孙悟空的性格还是与原作相近，猪八戒还是那样好色贪财……说到底，它还是从《西游记》而来。当人们在兴致勃勃地游玩《幻想西游记》迷宫之时，也就是原本《西游记》再显魅力之日。当然，这些大众文化产品，与正宗的文学作品是有相当的距离的。但我们也应该承认它们与原作还是有着千丝万缕的关系。随着时代的不断发展，我们也应该用开放的、现实的、大众的眼光来看待中国古代小说的传播与接受。当然，在将中国古代小说名著大众化的过程中，要防止低俗化，乃至是色情化、暴力化，这往往在大众传播潮流中会泛起的一些泡沫。

以上是我由德君的这部著作所引起的一些感想，看来有点借题发挥，其实这些或许正是这部著作的现实价值之所在。对于古代文学的研究，我从来不反对在象牙塔里闭门造车，但我更欣赏能对现实中正在思索的一些问题多少带来一点启示。正因为这部著作能引起我以上一些早在肚子里郁积了很久的话，所以就乐意写下了这篇序。至于说得是否妥当，那就敬请读者诸君不吝指教了。

2009年1月26日己丑春节

（《在书场与案头之间——民间说唱与古代通俗小说双向互动研究》，
文化艺术出版社2009年4月版）

大百科全书出版社版《中国古代小说百科全书》（修订本）书评

不久前由中国大百科全书出版社推出的《中国古代小说百科全书》，博大精要，全景式地反映了当前中国古代小说的研究水平，真可谓当前中国小说百科第一家。

书中《前言》指出："我们的着眼点，主要在于知识性、学术性。"衡量其水平之高低，我想主要也从这两点着眼。若以知识性而言，当以收罗全面为极诣；若以学术性而言，则以表述精当为准则。这部百科全书正因为努力做到了这两点，才显示了它独特的光彩。

先以知识全面性来看，这部书就不仅仅如多数小说辞书那样只收通俗小说，而且也收文言小说；不仅着眼于创作，而且也注意到论评；不仅仅只顾到小说的著与论，而且也兼顾到与小说有关的种种名词、术语、书目、史料等等，纵横交叉，合之则成一部名副其实的中国古代小说的"百科全书"，分之则可析之为一部中国通俗小说史、中国文言小说史、中国小说理论批评史、中国小说史料史、中国小说研究史……总之，一编在手，有关中国古代小说的一般知识可以说应有尽有。这当然是衡量其书全不全的第一着眼点。然而再深入下去考察，行家们自然会将它所著录的小说作品是否丰富全面作为衡量其分量轻重的重要标准。在这里就碰到一个问题，即中国古代的小说究竟有多少？怎么可称之为"全"？假如按图索骥，通俗小说有孙楷第先生的《中国通俗小说书目》（日本大冢秀高又有增订本）可供参考，文言小说也有一二种现成的书目可以对照。然而，书目毕竟是书目，若据书目编写辞书还有不少实际问题。这里除了文言小说碰到一个取舍标准（即那些古代称之为"小说"的作品能被现代的小说史家们承认为小说）之外，至少有两大难题。一，书目所著录的不少小说是海外孤本，或者是私家秘笈，甚至有的本身是据第二手材料写成，其书早在存佚之间。再则，有的即使是目前国内公家书库所藏，也在有利可图的原则支撑下，往往被视作可居之奇货，使人难以觏见。二，书目失收的小说时有发现，这也往往会被编者所忽略。本书的编者为了攻克这些难点，想方设法，一本书一本书地去落实解决，使得此编不断向"全"字逼近。今仅就约我所写的几条辞目来看，就能见其一斑：如《春梦琐言》、《花影集》等，就为小说书目所不载；《姑妄言》、《龙阳逸史》等，也为当前一般小说辞书所不详；《一片情》等据海外所藏全本而写得较为完整。这些较为冷僻的小说，有的因格调不高，屡屡遭禁，故流传不广，但有的实在颇可注目。例如今藏于日本早稻田大学的孤本《花影集》，是一部明代《剪灯新话》、《剪灯余话》后的重要文言小说集，其中较好的作品如《刘方三义传》，即被冯梦龙改写为《刘小官雌雄兄弟》，收入《醒世恒言》中，《心坚金石传》曾被《燕居笔记》、《绣谷春容》等广为转载，乃至清代被改编成十二回的小说《霞笺记》。再如清初小说《一片情》，国内仅存残缺不全之三回，且因秽笔较多，故向来被目为淫书，不为世重。实际上，今存东京大学东洋文化研究所的十四回本《一片情》，从不同侧面揭露了中国古代封建婚姻的弊端，具有一定的思想价值和认识价值。除此之外，随手可以摘出一些辞目为一般辞书和小说史家所难以编写者，如吴晓铃先生撰写的《两肉缘》、《词坛飞艳》，刘辉先生撰写的《玉闺红》、《轮回醒世》，李梦生先生撰写的《五鼠闹东京》、《艳婚配》……如此等等，有相当一批辞目据珍本秘笈写成，为一般小说辞书所缺略。而这些小说，有的正为中国小说史的研究提供了弥足珍贵的资料。例如《轮回醒世》中的《法僧投胎》一则，对研究明代小说中屡屡出现的红莲形象的衍变，颇有参考意义；《五鼠闹东京》对研究明代小说形式的发展变化也有一定价值。而《玉闺红》一书，则是直接受《金瓶梅》影响写成，对于研究《金瓶梅》的影响和流传也有用处。凡此种种，说明这部百科全书所收小说之全为当前一般小说辞书所望尘莫及，而这正是显示一部辞书知识面广、容量大、质量高的重要标志之一。

当然，作为一部"百科全书"，仅在"全"字上下工夫还是远远不够的，还必须在学术上显示其高水准、权威性。由于本书的撰稿人大多是有关方面的专家，并从第一手材料出发，以实事求是的态度下笔，故能保证较高的质量。它的学术质量，我觉得主要表现在两个方面：一，考订上很见功夫；二，评价上客观平允。

本书的考订工夫在许多方面可以反映出来。先来看关于版本著录。中国古代的一些小说名著的版本十分复杂,有的简直使人不知从何说起,比如《三国志演义》一书,从明及清不知印了多少次,特别在明代,各种版刻就使人眼花缭乱。孙楷第先生在《中国通俗小说书目》中说得比较简单而凌乱,大冢秀高先生的增订本则将"四大奇书"均付阙如,而今由陈翔华先生撰写的本书的《三国志演义》一条,将明刊及清初覆明本二十三种分六类加以梳理,眉目清楚。在这基础上,汲取了近年来的研究成果而指出:嘉靖元年二十四卷本出刊时间最早,而《三国志传》诸本虽然后出而较接近原作。话虽不多而抓住了要领,确非对《三国志演义》稍有涉猎者所能写出。再看关于小说取材的研究。我国古代不少小说(包括文言、通俗以及小说集)都是在前人的基础上摘编或改写而成,搞清其源头是一件重要而又十分复杂、细致的工作。今如敦煌石窟中所出之句道兴之《搜神记》,与一般所见干宝之《搜神记》并不相同,项楚先生将其三十五则故事的来源一一加以考订明白,实非易事。再如张君房的《丽情集》一书,是一部较有特色的唐宋小说选集,具有较高的资料价值。程毅中先生在撰写本条目时,对其所选篇目多作考证。如《烟中仙》一篇,在指出辑自南卓的《烟中怨》时,又说明《绿窗新话》引作南卓《解题叙》,沈亚之《湘中怨解》则称之为《烟中之志》。接着对《崔徽》、《长恨歌传》、《燕子楼》、《三乡题》、《黄陵庙诗》、《薛琼琼》、《爱爱》等条的辨析都十分清晰有力,非浮光掠影者能写出。在认真考订"源"的同时,本书也注意其"流",努力钩稽出一书的直接影响。如唐传奇小说《达奚盈盈传》,叙盈盈与千牛相恋故事,尽管原书早佚,然本书仍予列目,在阐述其基本内容的同时,指出它对褚人获《隋唐演义》、素庵主人《锦香亭》及王明清《投辖录》等的影响。本书所收的佚书也并非《达奚盈盈传》一例,而是有多种文言小说,在这里也很可见撰者的功力。例如《八朝穷怪录》一书,原书早佚,又不见有人辑佚和著录。然其书描写细腻,文词清丽,形象生动,情致浓郁,实为唐人传奇的前导,显示出志怪向传奇过渡的轨迹。撰稿人李剑国先生从《太平御览》、《太平广记》、《说郛》等书中将它一一辑出,使人能见此书之一斑。如此等等,例不胜举,足以说明此书的编写非一般东拼西凑的泛泛之作,而多专家见工夫之论。这应该说是保证此书学术质量的重要一环。

可见此书学术质量的另一方面是坚持评述的客观公允。这里主要是处理好两个问题:一个是如何对待当前学术界尚有不同意见或正在展开争论的问题;另一个是如何汲取学术界已有的研究成果问题。编者的原则是,既要充分地将上述两点反映出来,又不限制撰稿人自己个人的看法和创见,尽力采取客观的态度,作出实事求是的判断和评价。例如关于《水浒传》作者"施耐庵"一条,撰稿人刘世德先生所用文字不多,却把各说网罗殆尽,既作客观的介绍,又有自己的判断。至于对一些作品的思想内容、艺术特色的分析,大都也能坚持这样的原则。在坚持客观公允、实事求是的原则下,本书又不乏创见。例如辽代传奇小说《焚椒录》一书,向来不为文学史家所注重。《四库全书总目》从史家立场出发,曾指出其叙事与《辽史·后妃传》基本相同,近来也有人欣赏其中若干香艳的文词。然本篇撰稿人指出:"本篇对萧后性格的描写,也很真切。这个悲剧故事,哀婉动人,与莎士比亚的《奥赛罗》有异曲同工之处。"且认为,据《焚椒录》中所录诗作,萧后当"卓然为辽代诗人大家","《焚椒录》同时也是辽代文学的杰出作品"。此说确有创见。再如唐代传奇小说集《纂异记》一书,因久已散佚,也往往被文学史家所忽视。今撰稿人李宗为先生从《太平广记》辑出后,给予高度的评价,认为"《纂异记》是中国第一部以讽刺作品为主的小说集,在讽刺之深广及艺术技巧上都有较高成就。某些作品将传奇小说戏剧化的倾向,具有独特的艺术特色,都对后世小说戏剧产生了深远的影响"。作者所下的这一结论,极有胆识。他们的这些看法无疑对中国古代小说的研究具有直接的促进作用。

当然,编写这样一部百科全书,工程浩大,时间紧迫,也难免有点滴疏漏之处。今就通俗小说而言,有些小说失收难免使人感到遗憾。假如说《哈密野史》之类藏于海外私家固然较难求见,但《山水情》、《百花魁》之类属于海外公家藏书,当不难借阅。笔者就曾有幸翻阅过这两部小说,《百花魁》还写有详细笔记,并为国内有的书目辞典作者提供过基本材料。至于国内公家藏书而失载的就更不可理解,比如《笔梨园》(第二本《媚婵娟》)一书,就藏在主编们眼皮底下的北京图书馆,且在大冢秀高的书目及江苏的《中国通俗小说总目提要》中已予著录,而本编竟会漏网,不知何故。至于从技术上看,有两点似乎尚可改进:一、由于文出众手,各篇文字的多寡详略偶有失当,有的并不重要的子目,文字明显过长;二、中国古代小说中同书异名的现象十分严重。比如《反唐演义传》一书,瑞文堂刊本内封横镌曰《武则天改唐演义》,封二右栏题《评点薛刚三祭铁丘坟全集》,中间则题《异说反唐演传》,板心另题《反唐全传》。其他刊本又有《反唐女娲镜全传》、《新刻异说反唐演义传》、《南唐演义》、《大唐中兴演义传》、《薛家将反唐全传》等等不同名称。每一辞条的作者虽然在撰稿过程中注意了这一点,然而在百科全书体例的目录中难以反映出来,这就给读者查检带来了麻烦,即为数不少的小说不知查哪个书名才能查到。因此,笔者认为另搞一份"同书异名书目通检"之类的东西还是有必要的。不知诸位以为如何?

(《小说百科第一家》,《书城》1993年第3期)

上海辞书出版社编《古代小说鉴赏辞典》序

中国小说发展到明清时代,可谓文备众体,百花竞艳,出现了空前繁荣的局面,取得了与唐诗、宋词、元曲相提并论的地位。这时的小说家们,对小说艺术的特点和价值的认识有了很大提高,在积极运用文言写作之外,还用白话在案头整理、改编史传故事、民间传说与宋元话本,并进而从事个人创作。再加上印刷术的发达和广大市民的欢迎,一时间,小说作品犹如风起云涌,到了"农工商贩,抄写绘画,家蓄而人有之"(叶盛《水东日记》卷二十一)的地步。其中,产生了不少优秀的作品,尤以明代"四大奇书"《三国志演义》、《水浒传》、《西游记》、《金瓶梅词话》及清代三大小说《聊斋志异》、《儒林外史》与《红楼梦》为杰出代表,在中国小说史、乃至在整个中国文学史上具有辉煌的地位。

当然,假如纵观明清两代小说的演变,还是有起有伏,大致能分出不同的发展阶段的。

元明之际的社会动荡,形成了一股人心思治、崇拜英雄的思潮,涌现了一批精神上比较解放而富有时代使命感的文人。文学作品在崇尚朴实自然、酣畅雄健的阳刚之美时,常常浸透着作家深沉的忧患意识。当时,《三国志演义》、《水浒传》的编著与南戏的中兴和宋濂、刘基、高启等诗文作家的作品一起,使文学创作领域内也出现了一时繁华的景象。但这种文学发展的势头很快就遭到了阻扼和摧残。由于明初经济的复苏,人民生活的相对安定,消蚀了士人的忧患意识;而思想文化上的专制主义和特务统治,又平添了创作上的不安全感。精神上贫乏的知识分子在追求仕途和自我平衡的心态中,欣赏一种平稳和谐、雍容典雅的美。生机勃勃的小说创作受到了轻视和限制,很快地滑入了低谷。

到明代中叶,文学的发展出现了一大转机。随着城市商业经济的繁荣,市民阶层的壮大和统治集团的日趋腐朽,思想控制的松动,以及王阳明心学的流行,文学逐步走出了沉寂枯滞的局面。特别是在嘉靖(1522—1565)以后,很快地由复苏而大踏步地向前迈进。这时的小说创作随着接受对象的下层化、市民化而更加面向现实,又由于创作主体精神的高扬而突出了个性和人欲的表露,对于小说艺术的本质特征有了进一步的认识,语言也更加注意通俗化、口语化,这都显示了小说正在有力地向着近代化变革。在这场变革中,作为标志性的是:嘉靖年间《三国志演义》、《水浒传》的刊刻和风行,随之而来的是《西游记》的写定和第一部个人创作的长篇通俗小说《金瓶梅词话》的问世,很快地兴起了编著章回体通俗小说的热潮;同时,以"三言"、"两拍"为代表的白话短篇小说和文言小说也进一步兴盛起来,促进了小说创作的全面繁荣。

到明末天、崇年间(1621—1644),随着国事多艰,经世实学思潮的抬头,部分作家开始与张扬个性和表露人欲告别,向着理性回归,重新强调文学的社会功用。明清易代,民族矛盾的尖锐,极权政治的加剧,进一步引发了一批思想家与文学家对现实社会的思考,对专制制度的抨击。康乾以后,随着社会安定、经济繁荣,人的主体意识又开始复苏,与明代中叶萌生的人文思潮联结了起来。这时,不论是《醒世姻缘传》、《玉娇梨》等世情小说,还是《水浒后传》等英雄小说,或者是《西游补》等神魔小说,基本上都是个人创作而成。通俗小说进一步雅化,产生了《儒林外史》、《红楼梦》这样的伟大作品。文言小说也达到了最高峰,出现了像《聊斋志异》那样的杰作。嘉道期间,由于文化专制的加强,经济颓疲的加剧,文人在苦闷、彷徨之中多为"稻粱谋"而创作,小说作品量虽多而质不高,总体上又出现了衰微的景象。

时至晚清甲午以后的十余年间,国势巨变,面对着列强的步步侵逼,维新图强的呼声日高,在大量引进西方的思想文化与科学技术的热潮中,掀起了一场"小说界革命"。"其在小说,则揭发伏藏,显其弊恶,而于时政,严加纠弹,或更扩充,并及风俗"(鲁迅《中国小说史略》),完全突破了禁网,出现了以"四大谴责小说"为代表的一大批评击腐败吏治与堕落时风的作品。与此同时,出现了不少直接宣扬摒弃封建制度,呼唤社会变革,以及写新事物,讲新理想,用新语言的"新小说"和翻译小说。自1902年梁启超创办《新小说》起,新式的小说杂志也如雨后春笋,这都有力地推动了中国小说跨向了现代化的大门。

从文体而论,在明清两代繁花如锦的小说创作中,最引人注目的无疑是作为中国古代长篇小说中最主要且最有特色的章回小说的发展和定型。章回小说是在宋元讲史话本等文体的基础上发展而成的。它的特色是分章叙事,分回标目,每回故事相对独立,段落整齐,但又前后勾连,首尾相接,将全书构成统一的整体。现存的宋元平话已经分卷分目,王国维就认为这是"后世小说分章回之祖"(《唐三藏取经诗话跋》),但这时的目录文字,如《五代史平话》那样从4字到11字参差不等,未作修饬。至明代,今见最早的嘉靖壬午(1522)刻本《三国志演义》的每回标题都是单句七字,而《水浒传》就将每回的标题写成双句,大致对偶。到崇祯本《金瓶梅》时,回目已十分工整完美,故有人就说:"吾见小说中,其回目之最佳者,莫如《金瓶梅》。"(曼殊《小说丛话》)除分回立目之外,章回小说还保存了宋元话本中开头引开场诗,结尾用散场诗的体制。正文常以"话说"两字起首,往往在情节开展的紧要关头煞尾,用一句"欲知后事如何,且听下回分解"的套语,中间又多引诗词曲赋来作场景描写或人物评赞等。章回小说在外部体制上得以定型的同时,在内在的艺术表现方面也日趋成熟。从明代《三国志演义》、《水浒传》、《西游记》、《金瓶梅词话》"四大奇书",到清代的《儒林外史》、《红楼梦》,清晰地展示了长篇小说艺术发展的历程。这主要表现在:成书过程从世代集体编著过渡到个人独创;创作意识从借史演义,寓言寄托,到面对现实,关注人生;表现题材从着眼于兴废征战等国家大事,到注目于日常生活、家庭琐事;描写的人物从非凡的英雄怪杰,到凡人百姓;塑造的典型从突出特征性的性格到用多色、动感的笔触去刻画人物的个性;情节结构从线性的流动,到网状的交叉;小说的语言从半文半白的浅显文言,到白话化、个性化。如此等等,都足以说明明代的章回小说在我国的小说史上取得了巨大的成就。

与章回小说交相辉映的是,从明代中后期到清初的白话短篇小说在宋元"小说"话本的基础上也出现了一个鼎盛的局面,从"三言"、"两拍",到《石点头》、《鼓掌绝尘》、《西湖二集》、《醉醒石》、《型世言》、《豆棚闲话》、《鸳鸯针》、《十二楼》、《连城璧》,交相辉映。文言小说有的继承了唐宋传奇的精神,从明初的《剪灯新话》到清代的《聊斋志异》不断攀向高峰,有的发展了魏晋琐记小说的传统,产生了《阅微草堂笔记》、《子不语》等作品,也有的继《娇红记》之后在话本化的道路上有新的变化,乃致产生了《蟫史》、《燕山外史》等中长篇文言小说,还有一类散记体小说如《影梅庵影语》、《西清散记》、《浮生六记》等也脍炙人口。直到晚清"小说界革命"起,在西方小说文体的冲击下,不论是白话的章回体、话本体,还是文言的传奇体、琐记体等小说文体,都或早或迟地解体或变革,从内容到形式给人以一种面貌一新的感觉。新的时代风行的"新小说",

不同程度地带上了现代小说文体的新特征。

从题材来看,明代的"四大奇书"实际上奠定了明清小说创作的四种基本类型。

《三国志演义》是历史小说。其基本特征是"以国史演为通俗"(可观道人《新列国志序》),间采野史杂记和民间故事,"七分事实,三分虚构",着重描写朝廷大事、兴废征战。《三国志演义》的成功,有力地推动了明清历史小说的创作,至晚明,已从远古的虞夏,到汉晋唐宋,乃至当代史事,都有所述。较著名的有《列国志传》、《西汉通俗演义》、《东汉通俗演义》、《东西晋演义》、《唐书志传通俗演义》等。之后,如清代的《隋唐演义》、《东周列国志》,晚清的《两晋演义》、《洪秀全演义》等都较著名。然这类小说大多模仿《三国志演义》,故一般文学价值不高,诚如鲁迅所批评云:"虽其上者,亦复拘牵史实,袭用陈言,故既拙于措辞,又颇惮于叙事。"(《中国小说史略》)

《水浒传》是英雄小说。这类小说即以描写一名或数名英雄为主,虽亦略涉史事,然多采自民间故事和野史稗说,虚大于实,能突破历史事实的制约,跳出帝王将相、军国大事的圈子,将目光移向民间日常的生活,写普通的人,且较注意故事的描绘与性格的刻画,故其思想和艺术的成就一般高于同期的历史小说。如描写杨家将的《北宋志传》、《杨家府演义》,关于岳飞的《大宋中兴通俗演义》、《说岳全传》等都是比较好的作品。

《西游记》是神魔小说。这类小说的主要特征是尚"奇"贵"幻"。它们在三教同源的思想主导下,以神魔怪异为主要题材,参照现实生活中政治、伦理、宗教等方面的矛盾和斗争,比附性地编织了神魔二元形象系列,并将一些零散、片段的故事系统化、完整化。在这类小说中,有的作品完全以宣扬宗教迷信、封建道德为主要目的,故事荒唐,文字粗鄙,很快被历史所淘汰。但也有一些较好的作品大都植根于现实生活,寄托着作者对黑暗社会的不满和对美好理想的追求。如《封神演义》、《西游补》、《何典》、《斩鬼传》、《镜花缘》等,都在不同方面取得了一定的成绩。

《金瓶梅》是世情小说。其主要特点是取材于现实,"极摹人情世态之歧,备写悲欢离合之致"(笑花主人《今古奇观序》)。小说中的人是平平常常的人,事是普普通通的事。它使小说更面向现实,面向人生,在中国小说发展史上具有重要意义。《金瓶梅》之后的世情小说,或着重写情爱婚姻,或主要叙家庭纠纷,或广阔地描绘社会生活,或局限于讥刺儒林、官场、青楼……从《醒世姻缘传》、《玉娇梨》、《平山冷燕》等,到《儒林外史》、《红楼梦》、《歧路灯》,再到《海上花列传》、《官场现形记》、《二十年目睹之怪现状》、《孽海花》、《老残游记》等,汇成了一条色彩斑斓的文学长廊。

除了以"四大奇书"为代表的四种类型的小说之外,明清两代还有一种公案侠义小说较为流行。明代的公案小说主要描写诉讼、侦讯、判案方面的故事。较著名的有《包龙图判百家公案》、《海刚峰先生居官公案传》等。这类小说往往以包拯、海瑞等清官为主角,将各种公案小说的故事附会其身上。每则故事又不相连续,故严格说来,近乎短篇小说集。小说在具体描述案例时,虽然间杂鬼神迷信,旨在维护封建秩序,但客观上也暴露了社会的腐败、政治的黑暗,并在一定程度上反映了人民群众的愿望。这类作品大都语言粗糙,人物缺乏个性,仅以情节曲折取胜。而在《水浒传》等英雄传奇小说中包含着侠义小说的因素,到清代中叶以后,以《施公案》为代表,公案与侠义小说逐渐合流,产生了《三侠五义》等较有影响的作品。清末,侠义小说较为兴盛,发展成武侠小说;又将武侠与言情相结合,产生了《儿女英雄传》;再将武侠与剑仙相结合,使《七剑十三侠》一类作品风行一时。而公案小说最终在新潮流的冲击下,演变为侦探小说了。

清末在小说题材方面的大解放、大拓展,不仅仅表现在公案小说方面。随着新思想、新知识、新事物的不断涌现,小说的理念与题材同时也在"新"。一时间,政治小说、科学小说、哲理小说、实业小说、理想小说、国民小说、冒险小说、种族小说、爱国小说、伦理小说、开智小说等等,名目繁多,其所叙的内容一般均为前所未有,其表述的角度与方法也有诸多创新,这都是"新小说"之所以为"新"的一个重要的表现。

明清小说是文学世界中的瑰宝,是中国古典小说向现代小说过渡的桥梁。今选诸篇,犹陈一脔,愿读者诸君品尝后,感到兴趣,有所得益。

(《古代小说鉴赏辞典》,上海辞书出版社2004年5月版)

饶龙隼《上古文学制度述考》书评

自从文学社会学在中国流行以来,"文学制度"的问题逐渐被人们所关注,探讨中国现代或古代的具体文学制度,乃至文学制度理论的文章时有所见。但目前所有论及"文学制度"的文章,皆指文学外部的、社会的一些明确的规定、惯用的规范与潜在的规则等,范围涉及到创作、流通、消费、评价、教育以及再生产等各个环节。当我拿到饶龙隼先生的《上古文学制度述考》(以下简称《述考》)时,原以为其所论也是这类"文学制度";但当我打开一看时,才恍然大悟:饶先生所论"文学制度"与当前学界所论"文学制度"乃截然不同。他所说的"制度",不是指文学外部的,而是指文学内在的;不是社会所规定的,而是文学自身的。简言之,"文学制度"就是文学自身的形质规制,是一种内在的规定性。

一

文学自身的规定性,用"文学制度"来标举,这是饶先生的创新独白。然细而究之,其说也自有所本,可视之为发掘了一个传统的观念与固有的用语。他之所以能在目下五花八门的文学观念与批评原则的雾霾之中,独上高楼,拂尘吹沙,揭橥"文学制度"来重新认识中国的文学与文学思想,可能与他早年供职于蜀中,感染了廖平、蒙文通等治学精神有关。廖平治经,即在制度层面上区分今文经与古文经(见其所著《今古学考》),发前人之所未发。这就引发了他思考,从而校正以往的研究思路,调整处理材料的策略,并注重从文学自身的规定性来研究文学批评、文学思想与文学活动等,将眼光落实到中国固有的"文学制度"上。不止于此,饶先生又从《周易》等典籍中,进一步追寻"文学制度"的思想资源,确认用"制度"来表述文学的内在固有的形质规制,实具有充分的学理依据。《周易·节卦》彖辞曰:"……天地节而四时成,节以制度,不伤财,不害民。"其卦象文曰:"泽上有水,节。君子以制数度,议德行。"孔颖达《正义》曰:"《象》曰'节以制度',《杂卦》云'节,止也'。然则'节'者,制度之名,节止之义。"受此启发,饶先生认为,就中国文学的质性而言,"文学制度"即是节文,也就是文学自身的规定性。

"文学制度"说原自有本,而将"制度"说引进到文学领域中,无疑熔铸着一种创新精神。这种创新之说,不是心血来潮,信口雌黄,而是饶先生在长期研读、深入思考的基础上,从中国文学的通变实况中抽绎出来的,因而是具有充足理据的独特识见。本书虽然尚未对上古文学制度作整体性的描述,但从这些篇章中,足以使我们看到,作者对上古文学制度已有全面的把握,并对其内涵作了系统的揭发。他指出,文学制度"有观念形态和物质形制两个层次":一就"观念形态"而言,内含创制精神、用象形制、概念范畴等具体内容;二就物质形制而言,包括文用形态、篇章体式、传写形式等不同方面。接着,他就两个层次中的具体部分作出要言不烦的论析。例如,针对属观念形态的"概念范畴",他分析了上古文学的实际情况,指出当时的概念范畴可分成两类:一类是"前文学思想",另一类是"潜文学思想"。其"前"与"潜"的区别,出于前者是与上古文学发展性状相呼应的若干理论认知;而后者在当时与"文学"还有一定距离,后来由于种种因缘而陆续进入文学之中。比如,庄子所论"自然",不论是指自然本体,还是指人工技艺达到化境,或者是指自然界,其本义都与"文学"并无直接关系;但后来被文论家们借用与发挥,就逐渐与文学结下了不解之缘。刘勰《文心雕龙》开篇《原道》,就将文学之"道"与"自然"联系了起来,将文学的发生称之为"自然之道";后世论者将文学表现技艺臻于化境,也用"自然"来形容,所谓"天然去雕饰";至于将"自然"作为自然界来看待,则有大量山水诗文把各种自然物象作为文学描写的对象。诸如此类有关"自然"的文学思想,尽管在后世文学领域内被普遍使用,为大家所熟悉;但在上古时期,在《庄子》之中,只能说它是一种潜在而非明确的文学概念,所以叫做"潜文学思想"。而对于上古时期的"前文学思想",饶先生又加以细析,从体制层面、批评层面、文用层面等不同角度来加以观照。如诸子的"小说"观、庄子的"三言"说、各家的"神怪"论等等,就属于体制层面上的理论认知;如孔子的"无邪"说、孟子的"以意逆志"说、庄子的"得意忘言"说等等,就属于批评层面上的理论认知;还有如老子的"贵言"观、孔子的"慎言"观、孔门的"文言"说等等,就属于文用层面上的理论认知。这样,饶先生就从三个层次,层层剖析,大体完成了上古时期"文学制度"的建构,使人们对他提出的"文学制度"的内涵有一个比较明确的认识。在建构上古"文学制度"时,他十分注意中国文学的汉语标识及其语用特性,拒绝时下一些生搬硬套的时髦用语,且提出了不少既具民族特色,又能令人耳目一新的学术断制,如"晚周观念具象","两汉气感取象",比兴名义之演化,《书》篇最初编纂,"奏《武》五失皆是",《国语》、《战国策》和《楚辞》未出诸子著述范围等等。

因此,我们可以说,饶先生"文学制度"说所显示的理论勇气,既有坚实的学理依据,又有突出的创新精神。

二

上古"文学制度"说的提出,是与当前文学研究的现状密切相关的,或者说,就是为了针砭长期以来研究中的某种偏颇风气。

大致在20世纪以前,国人对于中国古代文学与文学思想的研究都是以传统的精神与范式来进行的。在20世纪前后,西方文论与美学思想的引进,很快在社会上形成了一股"厌家鸡而爱野鹜"(黄人《中国文学史》)的风气。从晚清梁启超发动的"文学界革命",到五四新文学运动,到照搬苏联的文艺理论,再到80年代后大量的引进西方的文学理论与研究方法,一个浪潮接着一个浪潮,"西风"越吹越烈。当然,"西风"烈,也不能完全否定它在推进中国文学思想的古今演变、中西融合过程中的积极作用。因为中西文论在相异之中毕竟也有一定的同一性,即所谓人同此心,心同此理。文学的一些根本性的问题,例如对于社会生活与文学之间的关系等,就有一些类似的看法;而在共象层面上,不同时代又存在认知差异,有人认为文学是表现哲理的,或者是历史的,或者是抒情的,反过来又遭到另一批人的否定。再说,中西某些文学概念的内涵也十分接近,例如"典型"这个概念,实际上在中国也较早使用于文论中,例如金圣叹在《水浒》第三十一回评武松送宋江时,借用了《诗·大雅·荡》"虽无老成人,尚有典刑[型]"之成句,将"典型"一词运用到对人物形象的评价上。后来,张竹坡在《金瓶梅》第八十六回评陈敬济时也说:"又一个要偷娶,西门典型尚在。"这里的"西门典型",恐怕主要还是指西门庆"偷娶"的"故法",而并不能和西方艺术理论中的"典型"简单地等同起来。但在中西文化交流冲突中,两者毕竟发生了某种联系,故1924年2月成仿吾借鉴日译而用"典型"一词来翻译英文中"type"这个概念[《〈呐喊〉的评论》1924年2月《创造》(季刊)第2卷第 2 期]，这在当时还是被大家认同接受的。

  但是我们更应该看到，中西文学思想毕竟生成于两个不同的话语系统，由不同的思维模式、文字特点、生活习惯等决定了两者必然有较大的差异。首先关于"文"的对象、范围与特征的认识就很不相同，有"大"与"小"，或"杂"与"纯"的分别。中国的文学思想强调原人、心化，而不是强调摹仿、反映。中国的文论，较早就强调文学的生命本质，而西方到很后才发现这个问题。中国的文论从来注重文学为维护人伦道德服务，西方的兴奋点则在于文学的游戏性之类。中国批评对象的重点在诗文，故特别重视意境论；西方文学批评从叙事文学出发，故论典型性十分充分。当然，中国论叙事文学也讲典型，但更讲"传神写照"，基点还在于形神论。就诗文批评而言，围绕着意境论讲究言志缘情，形成了物感、滋味、风骨、兴趣、神韵、性灵等一整套独特的话语系统。因此，假如带上了西方文论的有色眼镜来看中国古代的文学思想，我们就会觉得扞格不入；假如再咬定西方的一套是新的、现代的，中国传统的一套是旧的、落后的，并用西方的一套来考量中国的古代文学，那就必然会陷入"以西律中"的泥淖，就会自觉或不自觉地用西方的话语来一步一步地套用、歪曲、消解中国传统的文论。应该承认，整个 20 世纪的中国文学研究，在这条路上所走的人够多，所走的路够长了。蓦回首，虽然不能说已经走到了完全"失语"的境地，但的确应该引起我们的警惕与反省。下一步该怎么走？我们再不能妄自菲薄，鄙夷甚至抛弃祖宗留给我们丰厚的文学遗产，具体一点说，再不能像过去那样简单地用"风格"去硬套"风骨"了吧！我们该努力找回中国传统文学的灵魂，奋力发扬它的精神命脉。这恐怕就是 21 世纪交给我们中国文学与文论研究者的历史任务吧！

  怎么完成这个历史任务，饶龙隼先生为我们开辟了一条路，即学问"从源头做起"。他绪承墨子遗说："凡出言谈、由文学之为道也，则不可不先立义法。……故使言有三法，三法者何也？有本之者，有原之者，有用之者。"所谓"原之者"，即是"于其原之也，征以先王之书"（《墨子·非命中》）。正是接续这种"原"学的精神，饶先生致力于考论中国上古"文学制度"，清晰地表现了一种探本穷原的品格。他从"先王之书"中寻求中国文学传统的源头，然后再顺流而下，历观通变，斟酌异同，能明其然，也能明其所以然。

  例如"寓言"一词，本出于《庄子》，其基本义是指"有话自己不说，而假托他人来说"，以"取得十言九信的成效"，而其"性状是广大不拘"。早期的解《庄》

诸家,如郭象、陆德明、成玄英、林希逸等诠说虽稍有出入,但大致得真。汉唐诸儒多从文学角度诠解,如《史记·老子韩非列传》评庄子云:"著书十余万言,大抵率寓言也。"这可视为对庄周文辞风貌的文学批评,也无明显歧误。可是,自1902年林纾与严璩合译《伊索寓言》,用"寓言"一词来对译西文"fable"以来,近世文学研究者对"寓言"一词的诠解多有失误,而其症结就在于混淆了《庄子》"寓言"与诸子寓言(又称寓言故事)的界别,从而误解了《庄子》"寓言"称谓的含义,又夸大了寓言故事的文学意义,时用"形象化"、"性格"、"情节"和"教训"等词语来界说诸子寓言,不知不觉已经滑向了西方的寓言观了。

再看饶先生考述晚周言用制度所得出结论:"从慎言到揣摩,从行礼到诱利,晚周言用制度的变化是巨大的;但巨变之中也有不变者存焉,那就是始终注重言用的功利实用意义。……要知道,汉语生命力的顽强,且能够流传久远,其命根也正维系于此。"此论不仅对推究上古语言学、逻辑学等具有重要意义,而且也抓住了中国文学与文论流变的一条命根。通观而言,从"诗可以兴,可以观,可以群,可以怨",到"文以载道",到"文学界革命",乃至更晚近的种种论述,注重言用的功利性就一直贯串于本末。其他如"小说"、"兴象"、"言意"等中国文学与文学批评史上常用的一些概念,饶先生都能从源头上加以细微辨析,给人以一种能正本清源而又使源流分明的感觉。这样的审视角度和研究方法,无疑为辨明中国古代文学与文学思想的民族特点铺平了一条坚实的道路。因为时代几经变迁,中外不断交融,古人与今人的认识已有很大的差异,只有在探本穷源上下足工夫,然后再顺流而下,才有可能真正摆脱"以西律中"的羁绊,找回失却的话语,发扬传统的精华,最终让中华民族传统文论的优秀精神光耀于世界。

三

探本穷源的工作是十分重要的,但这种工作的艰巨性也是不言而喻的。没有深厚的功力,不下扎实的工夫,是难以达到目标的。饶先生潜心学问,博极群书,从这部并不太厚的《述考》中就可以看到。

他确实是遵循了"凡做一项研究都能通读基本文献,穷尽全部资料"的治学规矩(《中国文学源流述考·自序》),遍翻了"考古发现、原始宗教、神话传说、民族遗存、殷墟甲骨、殷周金文和群经诸子及其传释疏证"(《述考》第87页),并注意吸取近现代的研究成果,勾罗爬梳,辨析抉疑,故所得的结论多能令人信服。如他为了论证殷周之际有没有发生言意关系命题,就将甲骨文、青铜文、古陶文中有关"言"、"心"、"文"、"意"、"志"等字的义理作了详细的疏证。就"心"字而言,他分析了甲骨文中 34 形、青铜文中 84 形、古陶文中 64 形后,断为甲骨文中主要有"王心××"与"王有心××"两种辞式,都与"意念"有关。至青铜文,此类辞式虽未出现,但都与心理活动、心理状态等精神因素有关。从中可见,尽管古文字中的"心"的意志内涵发生甚早,但均未显示志意与言语活动相关之迹象。因此,他最后按断说:"在殷周时期,人们的言语活动与心志活动相对独立,而尚未明显地发生沟通。从这个层面上说,殷周之际还没有发生言意关系命题。或者说,在言意关系命题真正发生之前,人类的言语活动和心志活动经历了一个独自孕育、发展、成熟的进程。"(《述考》第 29—30 页)就这样,他综合利用了考古学和语言学的知识手段,完满地解决了上古文学研究中的一项疑难。诸如此类,都是用事实来说话。这样的一种治学态度,颇具乾嘉学派的朴学精神,在当前古代文学的研究中应该说是比较少见的了。

饶先生读书非常精细,善于在人不经意处发现问题。如《史记·乐书》、《礼记·乐记》、《孔子家语·辩乐》均载述孔子与宾牟贾论乐舞事,谈到时人演奏《武》的五种情状。历代学者关于这段文字的训释,以及对奏《武》五种情状的解说颇有歧误。现存最早的训释是东汉郑玄注,而孔颖达《正义》敷衍郑注,提出奏《武》"三答是二答非"之说。此外,唐代张守节提出"二答是三答非"说;宋代陆佃又标新说,以为宾牟贾五答皆是;明代汤三才、汤道衡父子更立异说,作出"四答非一答是"之解;清乾隆帝敕撰《钦定礼记义疏》亦持"四答非一答是"之说。饶先生探本寻源,很敏锐地注意到,这些解说都受后世征圣观念的影响,摆脱不了武王神圣、孔子圣明的思维定势之干扰,依违于圣人之德及圣人之言,因而牵强比附,曲为解说,违失本旨。这就反而将问答所谈论的时人奏《武》五失之主题搁置一边。他还极具鉴识地发现,清代刘台拱回避历来纠缠不清的孰是孰非问题,转而讨论奏《武》五事的乐舞体制内涵,是为反本归正之论;但又警醒地指出,刘氏说犹有一间之隔。最后,饶先生依据乐舞体制,列表对照诸家所论,而审辩地按断说:"孔子与宾牟贾之问答,旨在谈论时人奏《武》之失,其五项内容均指春秋晚期《武》的乐舞体制散乱之情状;因而,宾牟贾所答是据实而言,而没有对错之分别,其立论依据是乐舞体制自身的规范,而无关于孔子明圣、武王之德和武士之志等附会因素。"(《述考》第 235—336 页)

正是由于读书精细，又能探本求源，所以他多能超绝流俗，作出极富识度的学术断制。如在《两汉气感取象述论》中，饶先生打通文、史、哲，博采经史子集诸部资料，详尽地考述两汉气感取象问题。在此基础上他突发感叹，痛惜后人淡忘了两汉气感取象形制："不惟近世研治文学者鲜能及之，即便稍晚的魏晋及隋唐文人，也难能捕其风捉其影。"他还举例说，刘勰《文心雕龙》虽"广泛深入地评论了两汉文学，但对其用象形制却不置一辞"；而晚唐皎然在《诗式》卷一"用事"条，用当代文学观念解说《关雎》之比兴，乃援后释前之游谈，已不明周秦两汉文学用象之进阶。这说明，饶先生学术视野开阔，识度深透，颇有截断众流、直探本真的气概。

这是一种十分可贵的气概。这种气概来自他对学术追求的自觉性。在这本书《导言》的结尾处，他说："以上所述，是我引入文学制度观念，对上古文学研究的实验。这样的学术实验是有挑战意味的，不仅要面对上古文学自身规定性的壁垒，还要反思批判近世中国文学研究的利弊。因其壁垒，所以就要抱定攻坚必破的决心，切实考述上古文学制度的基本内涵；因其利弊，所以就要秉持精诚平允的态度，零点评估近世文学研究的相关成果。切实考述与零点评估，这就是我的学术旨趣。"（《述考》导言第 17 页）十余年来，他就在这条道路上艰难跋涉，勇力"实验"，其收获已有目共睹。当然，他"引入文学制度的观念，并非漠视艺术哲学和审美心理，而是让此类微危因素落实到制度层面，使之支撑在中国文学自身的规定性上"（《述考》导言第 1 页）。在当今思想文化多元化和中国文学全球化语境下，这将是一条前景广阔而美好的学术道路。我相信，假如他在论考的完整性、表述的明晰性、判断的准确性方面再下工夫，不断磨砺的话，一定能达到他的理想目标，开辟出上古文学制度研究的新天地。

（《评饶龙隼〈上古文学制度述考〉》，《文学评论》2010 年第 1 期）

陈福康《井底奇书考》书评

已经是晚上九点四十分了,福康兴冲冲地捧着刚拿到的《井底奇书考》来敲门,让我来分享他的喜悦。说实话,他写这本沉甸甸的书,从一开始定题目、找材料、发文章,到报课题、搞结项,再到转辗找出版社出版,我一直与他一起在感受着甜酸苦辣、喜怒哀乐。"闭门宁厌寂寥居,乱帙纵横獭祭鱼",花了十余年的辛苦,他终于有了今日的收获,怎不令人高兴呢!

这本书名《井底奇书考》,是因为作者研究的对象为南宋郑思肖的《心史》。《心史》手稿发现于明末苏州一枯井的铁盒之中,故有"井底奇书"之称。书稿出井后二年,即由名出版家张国维捐资刊刻,其刊本有跋语说,当时打开铁盒,即见内缄"大宋孤臣郑思肖百拜封"十字,书乃"宋失国时作,皆痛哭流涕之言",洋溢着爱国的热情,所以这本奇书理所当然会得到明末清初大批志士文人的共鸣。但当清朝执政不久,对"有诋触本朝之语"的作品高度警惕,此书以"中国为正统,夷狄非正统",尤"多诋詈元人语",显然属于"触碍偏谬"之列(《清代各省禁书汇考》),遂被禁毁。与这种政治相呼应,学术界也捕风捉影地传出了此书是明末某氏伪撰的谣言。接着,官方的《四库总目提要》就拼凑了几条理由,明判它为"伪书"。既然是"假"的,它的价值自然就大打折扣了。至少在知识界中,"伪书"论可能比政治上简单地列为"禁书"更有消蚀作用。所以我想,"学术"有时真的比政治更能起到政治的作用。当然,任何时候,知识界中有头脑的人总是有的,不信、反驳"伪书说"的还是大有人在。不过,盲从而随大流的人总是多数,心里不免留下了一道阴影:《心史》究竟是真的还是假的?直到我们现在的《中国大百科全书》、《辞海》之类的权威之作,也不得不拖了个尾巴:"或疑为后人假托。"正因为此,才有了福康的这部著作。他就想在"真"还是"假"之中探个究竟,找个正确的结论。

福康要找这个结论的可贵之处,就是不靠拍脑袋,而是完全凭工夫"考"出来。福康搞学问，本长于史料发掘，这个课题，他更不敢怠慢，凡有线索，必穷追到底。十多年来，他在各地图书馆之间奔波不息，"所费心力，所下工夫，无可计量"（胡道静《序》语），因而其收获大大地出乎人们的意料之外。如明清之际肯定《心史》的学者，我等只知顾炎武等寥寥数人，而如今他竟搜寻得一百余人，着实令人惊异。他对"伪书说"的辩驳，更是痛快淋漓，剔肤见骨，又句句以材料为根柢，言之凿凿，三百年来的一桩公案，就此可成定谳。郑思肖若地下有知，也会觉得不枉他当年书沉井底的一番苦心了。

不过，《心史》充其量只是宋末的一本书，比起大千世界种种"重大课题"来，福康研究的只是个小小的问题。对于这样一个小问题而下了十年的苦工夫，值得吗？当然值得。因为学问的高低，并不一定取决于题目的大小，而主要在于工夫的深浅。工夫下得深了，小小的问题也可以做出大学问。时下炒得很热的《柳如是别传》，不就是一个典型吗？如今福康也从《心史》说开去，其"考"其"论"，广泛地涉及了宋末、明季的种种问题，以后研究宋元史、明清史，以及文学史、民族史、遗民史、藏书史、文祸史、辨伪史，乃至绘画史的人，恐怕都得要翻一翻这本书吧。因此，我很欣赏他在《后记》结尾处写的这样的诗句："一腔孤愤翁常吐，十世奇冤吾已除。业就敢期传不朽，或同井底比当初。"做学问就要有这种"敢期传不朽"的精神。有了这种精神，就能不附势，不媚俗，能吃得起苦，闯得出路，写出这等能经得起时代考验的书。与这种精神相联系的还有一个甘坐冷板凳、刻苦找资料的问题，就是要"闭门宁厌寂寥居，乱帙纵横獭祭鱼"。这个意思大家都熟悉，但真正做起来实在不容易。半个多世纪来，学术界得狂名者常常是围着什么纲，什么论，什么新方法，什么新潮流转的人。在这里，我绝不是排斥学习新东西的意思，而是希望不论是学习新理论，还是发掘新资料，都得下真工夫，而不要浮光掠影地跟着浪头转，将现成的材料按所谓新观点的框架搭七巧板似的重新编排组合一下，再点缀一点漂亮而时髦的词藻，就可以得"才子"之名而沾沾自喜了。不过，现在难于坐冷板凳、下苦工夫实在也不能全怪学者主观上心猿意马，或天生就得了什么浮躁病，而常常是由于客观环境所逼。你要报项目吗？一个"重大课题"就叫你五年、三年，乃至一年完成；你要升职称吗？三五年内你拿不出像样的"砖头"，除非你有特殊的背景；你要慢慢的磨吗？单位的领导可等不得，他怎的向上下交代"成效"？一个个指标，一张张报表，就逼着你快马加鞭、大干快上。当然，有的事必须"只争朝夕"，但如做真学问，多数还是要慢慢磨的。假如你不怕升不了职称,不怕加不上津贴,真正保持"富贵与我如浮云"的心态,那你就去坐冷板凳吧!好在福康早就有了教授的头衔、又有了两套房子,有了一点耐"寂寥"的"基础",还不知他能否再坐十年、廿年冷板凳,继郑振铎研究、《心史》研究之后,不断地抛出一些让我等刮目相看的传世佳作来。

(《业就敢期传不朽——评〈井底奇书考〉》,《文汇读书周报》2001年9月15日)

朱焱炜《明清苏州状元与文学》序

状元,在我儿时的心目中,就是书读得最好的人的代名词,觉得非常了不起。不要说状元,就是说起秀才,也会肃然起敬。因我常看到父亲说起他的启蒙老师是秀才时,就流露出一种十分自豪而又崇敬的神情。是呀,在乡村小镇,考上个秀才,也是好不容易,状元自然是高不可攀了。而我第一次知道的状元的姓名,就是陆润庠。当时家里有一本他写的有关梅花的行书字帖。父亲就告诉我说:这个人是苏州的状元。小孩子不懂书法,看着那清丽圆润的墨迹,也觉得很美,还稀里糊涂地拿它来描了一时的葫芦。苏州的状元在我的童心中,留下的就是崇高与美。

可是,随着年龄的增长,正如李贽所说的,"有道理从闻见而入,而以为主于其内而童心失。其久也,道理闻见日以益多,则所知所觉日以益广"(《童心说》),慢慢地将状元与科举、与八股联系了起来;再进一步,将八股与缠足、鸦片又联系了起来,状元的光彩就慢慢地在我的心目中消褪。因此,当读到《孽海花》里的另一个苏州状元金沟(影射洪钧)时,根本不觉得他有什么风雅,有多大的学问,在赛金花的反衬下,只感到他是那么的窝囊,甚至有点下流。这或许是受了小说家言的影响,但在那个历史大背景中,恐怕在绝大多数人的心坎里,状元确实从塔尖上摔了下来。不过,凡事总有个分寸,把状元否定得过分了,就反而会引起人们的思索。到"文革"前夕,山雨欲来风满楼,过激的言论到处都是,有人说:"中国历史上凡是中状元的,都没有真才实学,反倒是有些连举人都没有考取的人有点真才实学。"这句话,真是有点石破天惊,逆反地勾起了我童年对于状元的美好的记忆,引起了内心的冲突。我反复地想,这个"凡是"对不对呢?载籍中留下的有名有姓的状元有六七百人,大量的固然被历史的洪流所淹没,但有"真才实学"的也不是一个也"没有"啊,比如隋代的房玄龄、唐代的贺知章、王维、柳公权,宋代的张孝祥、文天祥、吕蒙正、陈亮,明代的胡广、杨慎,清代的毕沅、翁同龢、张骞等,都是出类拔萃的人才啊!实际上,即使那些不出名的,乃至不作为的状元,也不一定就是没有"真才实学",因为有了"真才实学"还要有用武之地啊。假如手脚被一套专制的制度捆缚了起来,没有施展才学的机会,那该怪谁呢?是真的"没有真才实学"吗?再则,什么是"真才实学",也是要具体分析的。假如将这些状元与工人比做工、与农民比种田,还比什么搞"阶级斗争",那当然是牛头不对马嘴了。状元们固然不清楚"阶级斗争",但做大官、当宰相的不乏其人。他们搞当时的政治斗争应该说还是有一套的。像另一个苏州状元申时行,在明代万历年间官当到了宰相。史称他"务承帝旨,不能大有建立",看来也应当归入"没有真才实学"的一类了。但要知道,当时的政治斗争既复杂又尖锐,他在张居正、反张派、万历皇帝之间和稀泥,搞得"天下承平,上下恬熙",没有斗争的智慧与经验能行吗?所以,想来想去,觉得这个"凡是"是说得过分了,但在当时只是一个人独自想想而已。

"文革"结束后,星移斗转,状元与科举等又慢慢地得到一个较为客观的评价,乃至有点吃香起来了。家里、校里、县里,乃至省里,出了一个"高考状元"之类,大家还是感到很荣耀的,大小传媒还要鼓吹一番。专门研究状元,乃至写苏州状元的专著也陆续问世。不久前,我在家乡参加过一个有关科举的全国性的学术讨论会,会上有的人就对古代的科举制度说尽了好话,什么"公平取才"呀、"平等竞争"呀,科目设置与分地取人等等对现代有很大的借鉴意义呀,这都说得不能说不对,但把科举的弊端都置之脑后了。一下子又使我逆反地想起了范进、周进、严贡生、严监生、鲁小姐等等《儒林外史》中许多在科举八股中跌打滚爬的人物,想起了蒲松龄《聊斋》中《叶生》、《贾奉雉》、《司文郎》等怨气冲天的文章,想起了中国古代的科举制度确实将一大批"状元",乃至广大的知识分子都诱进了封建皇帝的"彀中",使他们头脑僵化,文字干瘪,只会背着"四书"、"五经"在起承转合中兜圈子,谈不上有什么真才实学了。中国的社会就此而一步一步地走向了积贫积弱。呜呼,状元呀,科举呀,我们究竟应该怎样去正确地认识呢?

如今,生于苏州、长于苏州的焱炜也对明清时代最为集中的苏州状元作一番研究。不过,她进行的不是一般意义上的状元研究,而是着重研究明清时期苏州地区的状元与文学的关系。这个选题是有新意的。状元,一时被认为书读得最好的人,八股当然写得不错,那么一般的文学作品写得如何呢?他们写的文学作品有没有什么共同的特色呢？假如有的话，是如何形成的呢？而苏州的状元的文章又有什么特殊的印记呢？为了回答这类问题，焱炜在系统地搜集、阅读、研究有关文献的基础上，认真考察了明清时期苏州地区的地域文化，梳理了状元家族文学承传的关系，又从文体的角度分析了科举文学的总体特征及其对状元文学创作产生的影响，这就为苏州状元的文学之所以能形成一种恬淡、典则、清丽的风貌找到了注脚。在宏观研究的基础上，作者又将明代的申时行与清代的彭启丰作为麻雀，进行微观的解剖，使得全文既有广度，又有深度。在分析一些个案时，持论也比较平允。比如论申时行之为官，虽然指出他秉承帝意，颇受訾议，但也能看到他脾性柔和，为政宽大，为调整皇帝与大臣之间的关系，也可谓是苦心孤诣。论申时行之为文，尽管可以说是如同其为相一样"无咎无誉"，但能平和温雅，也具一格。这些都说得实事求是，令人信服。

《孽海花》说："列位国民，没有看过登科记，不晓得状元的出色价值。这是地球各国，只有独一无二之中国方始有的，而且积三年出一个，要累代阴功积德，一生见色不乱，京中人情熟透，文章颂扬得体，方才合配。这叫做群仙领袖，天子门生，一种富贵聪明，那苏东坡、李太白还要退避三舍，何况英国的培根、法国的卢骚呢？"又说："我们苏州人，真正难得！本朝开科以来，总共九十七个状元，江苏倒是五十五个。那五十五个里头，我苏州城内，就占了去十五个。"状元，苏州的状元，这是多么奇特、多么引人注目的一种文化现象啊！而今要论苏州的状元的文学，既关系到地域文学的研究，也关系到一种特定人群所写的特定文体的研究，从材料的搜集，到对这些问题的认识，在理论上加以总结，乃至对每一个状元的文学作品作细致的分析，都还有大量的工作可做。焱炜所做的，只能说是开了个头。我相信以后还是有人会沿着这条路，有更多的发现，有更深的开掘，因为苏州的状元文学，毕竟对研究者们是有吸引力的。

2007年11月1日

(《明清苏州状元与文学》，中国言实出版社2008年1月版)

盛巽昌《三国演义》(补正本)序

盛巽昌先生是我的老朋友。二十多年前在上海图书馆里初次认识他时,他的诚恳、热情和博学就使我倾倒。以后凡得相遇,常常听他谈天说地,令人神往。记得前年一起去孙权的故里富阳,去年又一起去拍摄电视剧《三国演义》的外景基地无锡参加学术研讨会,一路上就听他的一口杭州官话说古道今,使人几无插嘴之机。有之,则往往是我的一些好奇的提问而已。他的一肚皮的掌故和新闻,实在令人赞叹不已。以我这个孤陋寡闻的人看来,在目下的上海滩上,他是数得上的一个掌故大家了。

说起掌故,有的人只是把它用来饭余茶后消闲而已。当然,一般的掌故,有故事性、传奇性、趣味性,确实可以给人以消暇、悦情。然而,它本身又是一门学问。它一旦与学术研究结合起来,就能显示出另有一番特别的光彩。而盛巽昌先生本身就是一位学术研究的能手。他自20世纪60年代初于中国人民大学毕业后,在治太平天国史、儿童文学、谱谍学等诸多领域内都有出色的成绩。如今,他将工于掌故与学术研究两者结合起来,致力于名著《三国演义》圈里,于是就产生了这部别出心裁的"补正"之作。

《三国演义》一书,古人曾将它列为"四大奇书"之首。此书之奇,首先就表现在它是一种历史与文学的结合。它的成功,使得在中国的文化史上形成了一种可与二十四史并驾齐驱的"历史演义"体小说;而就内容本身而言,则又形成了一种不可小觑的"三国文化"。对于"历史演义"怎么看?对于"三国文化"怎么看?这里都关系到一个如何对待虚与实的问题。本来,《三国演义》一书,据现存最早的蒋大器所作的序说,所记的乃是"以平阳侯相陈寿传,考诸国史,自汉灵帝中平元年,终于晋太康元年之事",既注意"事纪其实",又"留心损益",是一部"庶几乎史"而不是史的有虚有实的"历史演义"。后来清代的章学诚就说它是"七分事实,三分虚构"。面对着这样一部"虚实错杂"的作品,假如站在史学家重"实"的立场上,有的人就盲目地赞扬它忠于史实,"羽翼信史而不违"(张尚德《三国志通俗演义引》);有的人则指责它"与陈《志》不甚合","绝浅陋可嗤也"(胡应麟《少室山房笔丛》),甚至斥责它犯了"虚造事实"之忌而定为小说中之"下等"(解弢《小说话》)。反之,假如站在小说家重"虚"的立场上,则有的人又反过来埋怨《三国演义》"事太实则近腐",故"俚而无味"(谢肇淛《五杂组》)。这正是使它左右为难,两面受责。至于作为一种"《三国》文化",它以《三国演义》小说为本体,又经历代民众不断地流传、丰富、发展和变化,其政治理想、伦理道德、军事策略、外交手段、宗教思想……对中华民族的大众心理影响至深。在历史上不少人曾将它奉为经典,从中吸取行动的准则。如一些农民军以此为学习战略战术的"秘书";就是清朝入关之先,也是"以翻译《三国演义》为兵略"(王嵩儒《掌故零拾》)。然同时有的人却认为《三国演义》所言皆虚妄鄙下,故竭力贬斥"三国文化"的价值和百般阻挠其传播。雍正间,有人因保举人才时引孔明不识马谡事,就被皇帝"责四十,仍枷示"(姚元之《竹叶亭杂记》)。这种倾向,竟也传到古代的朝鲜王朝。据《朝鲜王朝实录》宣祖二年(1569)六月载,时《三国演义》刚传入时,君臣们就认为它所载之事"未见正史","甚多妄诞","杂驳无益,甚害义理"。后有名李植(1584—1647)者说,《三国演义》等演史之作,"流传既久,真假并行",致使陈寿《三国志》等"为演义所掩,人不复观",因此他竟要求"痛禁之,如秦代之禁书可也"(《泽堂别集》)。然而,历史却告诉人们的是,《三国演义》一书,以及由此而形成的"三国文化"犹如雪球一样,越滚越大,越来越深入人心。凡此种种,都说明了对于《三国演义》虚实真假问题需要有一个全面、正确的认知。而要获得全面、正确的认知就关系到两个问题:一个是要有科学的观点指导;另一个则是必须对《三国演义》一书的虚实问题作认认真真、确确切切、仔仔细细的梳理和分析。在这里,应该说后者是前者的基础。然而遗憾的是,从明到清几百年间,片面极端地埋怨《三国演义》太实太虚者有之,笼而统之地肯定《三国演义》有虚有实者有之,鸡零狗碎地指摘《三国演义》或虚或实者也有之,就是没有一个人对这部名著的虚实问题真正下一番工夫,作一次全面的调查!直到20世纪40年代后,一些学者比之以前稍具规模地谈及《三国演义》的虚实问题。先是有人从三国史事出发,兼及《三国演义》虚实而陆续出现了诸如《三国人物新论》(祝秀侠)、《三国史话》(吕思勉)、《三国群雄之用人及其成功失败》(曾繁康)等一批著作,接着就有人从《三国演义》着眼,对其中的人物、故事、地名等略作考证,杂以趣谈,出现了诸如《三国闲话》(郑逸梅)、《漫话三国》(史之余)、《〈三国演义〉纵横谈》(丘振声),以及沈伯俊等所编的《三国演义辞典》和校理小说过程中的一些说明。这些论著多多少少地对《三国演义》的虚笔和实事作了爬梳和小考。但总的说来,尚无一书专注于《三国演义》的虚实问题,并加以全面、系统地考究。有之,则当自此《三国演义》(补正本)始。

顾名思义,盛先生的这部著作,就是从"补"和"正"两个角度切入,对《三国演义》一书从头到尾,逐回逐段地用历史的眼光加以过滤,从而在文与史之间进行沟通,在虚与实之间作出辨析。

先察其"补",似可略分为两类。一类是演义所载而于史实无,今补其渊源来由,以说明这类文化现象的形成过程。如貂蝉、周仓等人,于《三国志》中就未见其名。另一类是演义未载而于实则有,今即据实相补,以备研究,以供谈助。如关于王粲《登楼赋》所在地、关羽如何被杀等等。又如三国不见于史的若干战争描写,盛著则能详其渊源,像关羽白河截流水淹曹兵、刘备背汉水激励三军破曹操大军,盛著认定是由《史记·淮阴侯传》所载韩信故事移植而来。有关三国的名胜古迹,多为明清时期因《三国演义》风行始出现的,这是农耕社会的一种文化现象,故于《三国演义》中未见而在地方上随处可见。比如姜维墓。姜维当年在成都被杀,全家株连。此后晋朝一般也不会为他筑墓建祠的,故此墓来历显然有疑。《三国演义辞典》曾著录剑门关一处有姜维墓,而今盛著又另补三处。再如书中胪列大江南北有十处周瑜墓、八处鲁肃墓,对于时人认知、研究传统习俗和文化心理,也是有所裨益的。

再看其"正",即是以史之实,证文之虚。此为辨析《三国演义》虚实问题的关键所在。小说家为了艺术形象的塑造和传播一定的思想观念,往往要对客观的材料进行必要的加工,于是就会出现于实所无之"虚"和与史相悖之"假"。这对于历史学家来说往往难以容忍,而从文学家来看则为势之必然。盛著即在前人研究的基础上,对于这类问题一一加以梳理。如关于三国时代的兵器主要是矛与戟,并非有"十八般兵器";三国的旗帜标记只是颜色和图腾,而无文字。再如《三国演义》中很少见有妇女形象,盛著据东汉婚姻习俗和王侯间的政治联姻,界定脍炙人口的"二乔",不是孙策、周瑜的正妻,而只能是妾媵;刘备也并非因甘夫人死才娶孙权妹子的,当时甘夫人仍在,且已生阿斗,只是身份妾媵而已。另如马超其人,在演义中为蜀国堂堂正正的五虎上将,盛著却品评马超反复无常,降蜀汉以后,亦无所作为,只是因为作者的尊刘贬曹,才拔高的。又如小说第一百二十回为突出孙皓之暴而叙陆抗被谪,盛著即于此力辩不确,在简叙陆抗之善始善终的同时,又引《世说》所载事实以说明陆氏为江东大族,根深叶茂,孙皓对他虽有所忌,也无可奈何。又如盛著将《晋书》载陈式乃病死,与《三国演义》抹去陈式取武都、阴平两地功劳,而最后又以犯律处斩相比较,以证罗贯中有意诋贬陈寿。在所证的史实中,有不少材料实来之不易,非博学多识者不能办到。也有一些史实,前人所记皆误,盛著就据搜检所得的最新材料予以一一纠正。如吕蒙此人,盛著查阅了多种方志,认为,他在元明间还多有祠庙。他的贬值和走向负面,也是始于《三国演义》的流传。又如吴国大将丁奉之墓,过去一般据光绪《华亭县志》而认为在华亭(今松江)新桥镇东市,郑逸梅《三国闲话》也称"在松江县庄镇西",盛著就据四十年前发掘的实证,以说明丁奉墓在"安徽省庐江县西门外龙子口"。当然,有些问题虽有疑点而一时难觅实证,盛著也就此提出了一系列的质疑,诸如周瑜的墓究竟在哪里,三请诸葛亮的真意何在,隆中对是否在隆中,沙摩诃之"摩诃"何来……诸如此类,既可窥见作者目光之敏锐,又可看清作者态度之慎重,真正能做到言必有据,有的放矢。

　　据上可见,盛巽昌先生在《三国演义》的文学与历史的交叉点上确实花了工夫,而且是从头至尾,踏踏实实地筛选了一遍。这番工作,对于研究《三国》这部历史演义的典范的虚实结合问题无疑是奠定了坚实的基础,对于理解"三国文化"的形成和发展、地位和价值也有重要的意义。另外值得一提的是,这部著作七百余则的补正,本身就包含着大量的历史知识和丰富的人物故事,文字又通俗活泼,读来饶有趣味,这样,就将学术问题大众化了。而"三国文化"本身就是一种大众文化,也只有将这种对于大众文化研究的学术性与通俗性、趣味性融为一体,才能更具学术的生命力,有力地推动"三国文化"的丰富和发展。

　　读罢全书,不能不觉得作者补正的七百余则短文可称洋洋大观。然掩卷而思,若以"集大成"三字来要求的话,尚觉得犹有未尽之处。据作者说,书中还有不少问题,如有关东吴家兵世袭制创立、蜀汉宗族嬗变等等,因需要深化认识,暂未一一写入,而某些为人熟知的历史常识,以及地名、官制、年龄等错误,因多已为人论及,也多未予写入;另外一些民间传说、谚语熟句之类也未进行补正。其实,以后修订之时,对于前人的研究成果还是应当尽量加以吸取,这样才能使这部著作更臻完善。另外,作者在以毛本《三国演义》为研究对象进行补正之时,也应适当注意不同《三国演义》版本的比较,特别是不能忽略明代"志传系统"的《三国演义》,因为其中有的人物和故事,对于毛本《三国演义》的成书也有关系,对于"三国文化"的形成也有影响,其中除了最突出的关索与花关索的问题之外,其他还有一些细小的问题也可提供和启发补正之用。总之,我期待着作者能以补正"集成"为目标,不断地予以修订增补,并将材料来源尽量注明出处,更加增益其科学性和完整性。这样的话,我想这部《三国演义》(补正本)一定能成为本世纪"三国文化"研究中的一部难得的传世之作。

黄　霖

1995年2月写于复旦大学中国语言文学研究所

[《三国演义》(补正本),上海画报出版社1995年6月版]

盛巽昌《三国演义》(补正本)续序

时间过得真快,转眼间又过了十年。十余年来,我与盛先生偶有问候,但毕竟渐近老境,过往日少。今年九月,敝家乡嘉定举办盛况空前的全国性的科举文化学术讨论会,有幸又聆听了盛先生的高论。会间,他与出版社的先生一起说,《三国演义》(补正本)又增加了300余则内容,不日将予重版,嘱我将序也"补正"一二。

回家后,我翻检旧序,觉得已无话可说。这主要是这十年来,我于《三国演义》,荒疏已久,很难置喙,似乎要说的,十年前都说了。假如硬要补说的话,那就不得不说一句对盛先生的这种锲而不舍、精益求精的精神的钦佩!十年前,我曾祈盛先生能再接再厉,朝着补正"集成"的目标前进。这句话说来容易做时难。十年来,盛先生却一步一个脚印地在走下去。粗看起来,他能补充的也只是区区300则,平均一个月也只是查得一二则而已。然非过来人真不知其中的甘苦。这每一则,可以说都是从茫茫大海中捞出来的,假如借用曹雪芹的一句话,虽不敢说"字字看来皆是血",但确可称"十年辛苦不寻常"!这比起时下凑几则常见的材料,编几个有趣的故事来,其难其易,真不可同日而语。然人心趋俗,好凑热闹,在一个商业化的、大众化的文化浪潮中,如盛先生如此这般的"补正",既无狂名可得,也无巨利能获,或许有点不合时宜,但学问本多"荒江野屋"之事,要有一种"勿寂与困之畏"的精神,与"朝市之显学"本是两条道上的车,其成败得失,只可与"智者"道也。

然而,学问之道无止境,"集成"补正之事也似无底洞。前不久,同事《三国志》研究专家吴金华先生告诉我说,《三国演义》往往误读正史而虚构故事的地方不少。例如,《三国演义》第七十五回《吕子明白衣渡江》中的"白衣"一词,就被小说家误解了。这一回小说正文中写到:"蒙拜谢,点三万兵,快船八十余只,选会水者扮作商人,皆穿白衣,在船上摇橹,却将精兵伏于艨艟中。"后面又写到:"发白衣人,驾快船往浔阳江去。"这里写得很清楚,"白衣",就是指白色的衣服。这就不能不使人产生了疑问:军人们扮作了商人,为什么都要穿"白衣"?"白衣"是某种保护色,还是某种习俗所致?其实,都不是。在《三国志·吕蒙传》中原文是这样的:"蒙至浔阳,尽伏其精兵䑠𦪋中,使白衣摇橹,作商贾人服,昼夜兼行。"这里的"白衣"实际上是一个动词性短语,指脱去公服而穿便装。《东汉观记·赵孝传》:"每告归,常白衣步担。"意思是说:赵孝每当告假探家时,常脱掉公服,换成便装,挑着行李步行而归。《三国志·吕蒙传》中那段话,也就是说吕蒙把所有的精兵隐伏在船舱里,使一部分士兵脱掉军装在船面上摇橹,并让这些士兵穿上商人的服装。所以,唐人杜佑《通典》把这段话改写成:"伏甲于舟,使更衣为商人,以理征棹。"这里的"白衣"就是"更衣"的意思。可惜,后来的一些学者往往把"白衣"误解为"白色衣服",不要说小说家和民间的传了。盛先生在前版《三国演义补正》中其实也注意到了这段文字,并根据民间的传说注出了"吕蒙白衣庵遗址"在湖北洪湖县东的吕蒙口镇。在这个庵里,连吕蒙的塑像也穿上了白衣了。显然,盛先生在这里作了"补",却还没有去"正"。而据吴金华先生说,这类的例子还不止一个。当然,吴先生是研究古汉语的名家,又专攻《三国志》,就不难发现诸如此类的问题。如今用这类例子来要求盛先生,或许是过于苛刻,但从"高标准、严要求"来说,在"补正"之路上还是有上下探索的余地。盛先生的业绩已有目共睹,使我倾倒,我相信他还会一步一个脚印地走下去,在大海中捞出更多的宝贝来镶嵌在他的《三国演义(补正本)》上,让这部补正本在《三国演义》研究史上永远闪闪发光。

黄 霖
2007年1月2日于复旦大学中国语言文学研究所

[《三国演义》(补正本),上海人民出版社2007年6月版]

中川谕《〈三国志演义〉版本的研究》书评

明代"四大奇书"的版本都比较复杂,一些重要的本子又分散在各地,所以大冢秀高在增补《中国通俗小说书目》时,恐怕也觉得有点棘手,就暂时将它们搁置在一旁。平心而论,近一个世纪以来,对这四部小说的版本的研究虽然也不乏其人,但能专心致志,形成系统,自成一家的并不多见。而《三国志演义》的运气似乎特别好,近一二年来,竟有两位国外的年轻学者各自抛出了一本颇有水平的研究《三国》版本的专著。继上海古籍出版社推出魏安的《三国演义版本考》之后,我又十分高兴地读到了日本新泻大学副教授中川谕写的《〈三国志演义〉版本的研究》(汲古书院1998年12月出版,以下简称《研究》)。

中川这本《研究》给我印象最深的是立志高、气魄大。他一开始就想网罗明代的所有重要的版本,并力图在前人的基础上,将它们整理出一个像样的系统,作出比较科学的分类,理出一个头绪来。众所周知,对于《三国志演义》的版本真正作出像样的研究的,是从1929年郑振铎的《三国志演义的演化》开始的。这一长篇论文的一些主要观点,诸如《三国》的最早刊本是嘉靖本,其他一些版本与它的不同只是"在面目上而已",直到毛纶、毛宗岗将它一变为"第一才子书",才大不一样,因而着重要探讨的就是这两个本子的差异等等,一直影响和左右着半个多世纪以来的《三国》版本的研究工作。尽管后来如小川环树、柳存仁、周邨等陆续提出了有一类插入了关索故事的《三国》可能早于嘉靖本的观点,但仍未能在根本上动摇郑氏的结论。中川从昭和五十八年(1983)入东北大学从小川阳一教授学《汉文》起,就对《三国志演义》产生了兴趣,从大学毕业论文,到硕士、博士学位论文,都紧紧地围绕着《三国》及其版本问题做文章,致力于探讨从嘉靖本到毛宗岗本这一阶段中各种版本的《三国》除了关索故事之外,还有没有其他内容上的差别,在用词造句上更有没有不同。于是他从日本到中国,到西方,网罗了三十二种毛本以前的《三国》,积十余年之力,

——加以细心的对校,梳理,终于弄出了这样的眉目来。笔者曾经也琢磨过几种《三国》的版本,与他相比,只能算是零敲散打而已。我从来没有想、也不敢想收罗比较全的本子,坐下屁股来细细地做这一工作,所以,他的这种做学问的气魄就首先使我十分佩服。

如今,他在前人的基础上,又自己扎扎实实地下了一番工夫。他不同于魏安主要从"串句脱文"入手来发现问题,而是主要根据各本不同的故事及其叙述方法、用词的差异、改则和穿插诗的不同等着眼,将毛本和李渔评本以前的三十二种本子作了仔细的比较后,分成二十四卷系统本和二十卷系统本两大类。二十四卷系统本中又分成两小类:一类是以嘉靖本为代表的没有关索等十一个穿插故事的本子;另一类是有十一个穿插故事的本子,计有周曰校本、夏振宇本、郑以祯本、夷白堂本、吴观明本、绿荫堂本、藜光楼本、钟伯敬本、英雄谱本、毛宗岗本、李渔本。在二十卷系统本中,又分繁本与简本两类。繁本的有叶逢春本、余象斗本、志传评林本、郑涛垣本、郑云林本、杨闽斋本、种德堂本、汤宾尹本;简本系统的有诚德堂本、刘龙田本、笈邮斋本、朱鼎臣本、天理图本、忠正堂本、黄正甫本、杨美生本、魏某本、北图本、刘荣吾本、聚贤山房本。他的这种分类,虽然也借鉴了前人的一些研究成果,但显然自成了一家之言。在这样分类的基础上,他又探讨了各本之间的承前启后和相互关系。在这里,笔者认为有这样几个结论特别引人注目。

第一,嘉靖本并不是二十四卷本系统(或称《三国志演义》系统)的最初本子。本书的第二章第一节,以周曰校本、夏振宇本为代表,探讨了嘉靖本与其他二十四卷本之间的关系,推翻了以前学者普遍认为嘉靖本与周、夏二本除了关索故事和周静轩诗以外,其他内容文字都一致的结论,指出了嘉靖本不仅没有关索的故事,而且还少另外十个故事;并且,嘉靖本在某些地方有脱漏。这证明了万历年间刊印的周、夏等本尽管比嘉靖本晚出,并据《资治通鉴》等书增加了一些内容,但这些二十四卷本的《三国》都并不是以嘉靖本为底本翻刻、加工的,而是与嘉靖本同时以某一版本作为底本的。换言之,即使从二十四卷本系统来看,现存最早的嘉靖本并非是最初的本子,在它以前应该还有一个祖本。

第二,叶逢春本可能最接近原本。所谓叶逢春本的书名全称是的《三国志通俗演义史传》,刊于嘉靖二十七年,比其他所有二十卷本刊行得早。戴望舒曾在《西班牙爱斯高里亚尔静院所藏中国小说、戏曲》中有所介绍。后金文京在《三国志演义的世界》中指出它作为二十卷本系统的小说而没有关索和花关索的内容,却已插入了大量的周静轩诗和加入了插图。最近,井上泰山对它作了专门的研究,发表了若干论文,并将它影印出版。井上已提出,此本的正文与注可能比嘉靖本更接近"旧本"。中川在井上的基础上,进一步将它与嘉靖本,以及余象斗本、朱鼎臣本、郑少恒本等多种本子进行了比较研究,认定它是根据某一接近原本的本子刊行的;在刊行时没有进行删略变动;后在它基础上加进花关索故事的,就成了二十卷本系统中的繁本(即"花关索系统")如余象斗本、郑少恒本、杨闽斋本等等。因而它就是二十卷本繁本系的祖本。另一种根据某一接近原本的本子刊行而将正文进行删略,并加入关索故事的,就成了二十卷本的简本,如刘龙田本、朱鼎臣本、杨美生本等等。这样,有关《三国》版本的最初的演变情况可列表如下:

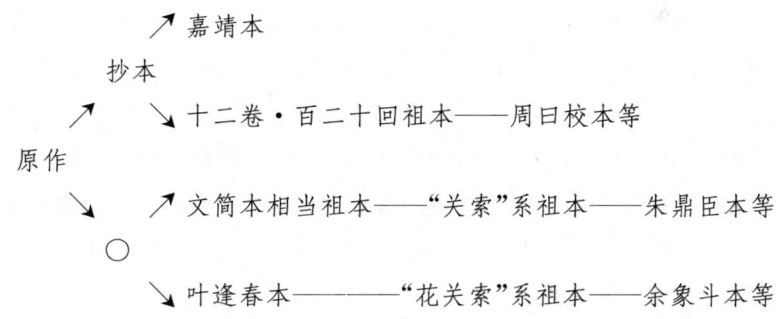

这里,他假设了在原作与叶逢春本之间有一种过渡性的本子。关于这一过渡性的本子,他现在还没有作充分的论证。当然,假如没有这一过渡性的本子的话,叶逢春本岂不是就是根据原作刊行的吗?但现在看来,多数是中间还有一种本子的存在。但即使这样的话,从叶逢春本的注及其内容来看,也可以说比之嘉靖本更接近原本。总之,叶逢春本应当引起我们的高度重视。

第三,关于李、毛评本的成立过程。在《三国》各本中,所谓李卓吾评本和毛宗岗评本流传广,影响大,为一般读者所重视。自郑振铎先生以来,不少小说史研究者都相信它们是从嘉靖本演化而来。而如今,中川通过仔细对校,发现所谓李卓吾评本(以现存明刊的吴观明本为代表,另有清刊的绿荫堂本、藜光楼本)与夏振宇本很相近,它们之间有密切的关系。而同时发现,夏振宇本正确的地方,李卓吾本有脱漏,但看不到相反李本正确而夏本有脱漏的情况,所以可证李卓吾本是夏振宇本以后的本子。至于夏振宇本,他认为并不是从嘉靖本而来,而是出自周曰校本之后。这是因为有的嘉靖本正确的地方,周曰校本有脱漏,夏振宇本即作了不同于嘉靖本的订正。可证夏本是周本以后的本子。这样就可以说,李卓吾本是经由周曰校本、夏振宇本而成立的。再说毛本,其《凡例》所说据以修订的"俗本",即是吴观明本的李本,在正文中的确可以看到它订正吴观明本错误的一些例子。再从内容来看,毛本也有周曰校本穿插的十一个故事的大致内容,但周曰校本有错误、夏振宇本加以订正的地方,它都继承了下来。这样可以证明毛宗岗本就是沿着周曰校本、夏振宇本、吴观明本这条线成立的,换句话说,嘉靖本不应是毛宗岗本的祖本。

　　以上三个问题,笔者认为都是大家普遍比较关心而重要的问题。此外,在二十四卷本系统中,他对如郑以祯本、夷白堂本、钟惺评本、英雄谱本、李渔评本等都作了详细的分析和比较,对于二十卷本中的一些代表性本子与它们各本间的关系也都作了认真的探讨。相对说来,对于这些问题感兴趣的人可能要少一些,故这里不作介绍了。总之,读了这本著作,觉得他对《三国》的版本梳理的比较清楚,自成一家之说。其实,搞这样的版本研究虽然也离不开机智,但主要靠工夫。十几年来,他认定了一个目标,孜孜矻矻,锲而不舍,终于"蓦然回首,那人却在灯火阑珊处",完成了这部必能见重于学界的著作。此时此际,我不由得想起了那年他来复旦进修时在图书馆刻苦读书的情景。那是一个寒冷的冬天,我校当时的善本室正在北面,又没有空调,故来阅读的人非常之少,而他一段时间天天在那里认真对校。管理人员对我说:"这个日本人真行!"我也确信他"真行"。有了这种精神,实际上还做什么事不行呢!

2000 年 11 月 11 日

(《三国版本研究的硕果——读中川谕的《〈三国志演义〉版本的研究》》,
《明清小说研究》2001 年第 2 期)

盛巽昌《水浒传补证本》序

十五年前,盛巽昌先生作《三国演义补正》,其学之广、其识之精,已让我赞叹不已。这几年来,他编写了不少很有文献价值的著作,如今又抛出了这本《水浒传补证》,不禁使我想起了《续齐谐记》中那个阳羡许彦所遇到的书生,一会儿"口中吐出一铜奁子,奁子中具诸饰馔,珍羞方丈",一会儿"吐一女子,年可十五六,衣服绮丽,容貌殊绝",一会儿再吐出一个"年可二十"的妇人,不知他肚中装了多少光怪离陆的东西。盛先生肚中装的当然不是女人之类,而是书,以及书中的故实、名物之类,我真不知道他源源不断地倒出来,能倒到何时!

盛先生用他掌握的故实来为通俗小说作补证注解,本为传统士大夫不屑一顾。开始如《三国志通俗演义》中的"小字注",只是编写者或出版者信手写来,作一些简略的说明而已。真正把通俗小说的注释工作当作一件正经的学问来做的,要数清代乾隆年间的进士程穆衡了。程氏博闻多识,著述甚富。所撰《吴梅村诗笺》、《诗余附笺》、《复社年表》等,很见工力,称誉学界。他因逆上而罢官后专门作了一部《水浒传注略》,并说:"斯其为学也大矣,于注经补史奚间焉!"直将注释通俗小说与"注经补史"等量齐观。这样的识见,在明清两代,可谓独一无二。他注《水浒》,"虽搜摘引证至数百家之多",但还是谦称为"注略",因为他深知这项工作之艰难,"以视全书,所云茫如望洋者,殆若蠡之测海,岂遂能穷其奥博哉!"所以他希望"有同余志者,各殚精力,裨所不逮"。可叹的是,直至清末,罕见有继其志、接其棒者。后来随着学术思想的变化,从来被认为不登大雅之堂的通俗小说才有人把它当作一件正经的学问来做,于是陆续出现了一些注本及辞典之类,对《水浒》中的故实、名物、词语等进行解释,到目下,已可谓至富至尽了。那么,盛先生还要注些什么?又如何下手呢?

看来,他主要还是走那条熟悉的路。我在《三国演义补正》的序言中说:

"盛先生的这部著作,就是从"补"和"正"两个角度切入,对《三国演义》一书从头到尾、逐回逐段地用历史的眼光加以过滤,从而在文与史之间进行沟通,在虚与实之间作出辨析。"如今,他将书名中的"正"字换成了"证"字,显得更包容与灵活,但其实似乎仍是一样,还是将《水浒》之文,放在宋元之史中加以考量,在辨其虚实脱略的基础之上,或补或证,为我们更好地理解《水浒》创作的奥妙铺平了一条坚实的道路。就以第一回九条"补证"来看吧,其中"赵匡胤的杆棒"、"陈抟所说依据"、"'天下太平'走红"、"仁宗是赤脚大仙下凡"、"太平惠民和剂局方"五条可谓是"补",其余四条"邵雍诗作引诗"、"包拯未做过龙图阁大学士"、"狄青未做过大元帅"、"莫名其妙的全国大瘟疫"则可谓是"正"。所谓"补",就是认为小说所写的内容与史实相符,再补充一些材料加以证明,如第一条"赵匡胤的杆棒",在小说中是这样写赵匡胤的:"一条杆棒等身齐,打四百座军州都姓赵。"于是就作了如下的"补证":"昆山李南禾太守《沙手谱叙》:自宋太祖皇帝,留棍法三十六路于少室山少林寺,遂为棒法开山,知棒法始赵太祖也。罗贯中杂剧《宋太祖龙虎风云会》也有借赵匡胤自称'论弓箭不曾差,使剑戟颇熟滑,提一条杆棒行天下'。"这里就"补"了两条材料来为赵匡胤用杆棒作"证"。至于属"正"的,就是认为小说写的不合史实,于是就引经据典来加以纠正,如"邵雍诗作引诗"条,引了邵雍原诗,以证小说所引文字"有删改",而"包拯未做过龙图阁大学士"、"狄青未做过大元帅"条的标题已标明小说称包拯与狄青做"大学士"与"大元帅"与史不合。如此等等,对于我们理解小说的虚虚实实是不无帮助的。

盛先生在为《水浒传》作"补证"时,不但是遍翻了古籍,而且及时地吸取了最新的研究材料。比如第三十三回注"花荣绰号小李广"时,先据《史记·李将军列传》简述李广其人,再以《宣和遗事》与周密《癸辛杂识续集》载龚圣予《宋江三十六人赞》所题小李广花荣赞语,肯定"花荣或史确有其人"。然后说:

《明清小说研究》(1994年第1期)姜燕生先生文提出,花荣原型是明洪武间宝应县三阿乡人花荣,"花荣,善骑射,胆略过人。洪武间有盗千数,剽掠乡邑,势猛不可挡。荣与郁信甫请于朝。募民丁协心掩捕,与贼抗,发弩中其袁九四胸,擒之,余党就平,以功迁安丰巡检"(嘉靖《宝应县志略》);道光《宝应县志》大致同,"花荣,三阿乡人,有胆略,善骑射。有袁九四者聚盗数百,剽掠乡邑。荣结射阳人郁信甫,募壮士掩扑,发弩中九四胸擒之，余党悉平。以功授安丰镇巡检，迁诸城税课局大使。信甫以功授安平镇巡检，又以功迁合肥主簿"。他以为三阿乡近淮安，当为施耐庵所知而采纳其姓名写入书中。由此侯会先生在同刊第4期撰文，以为此花荣乃是巧合，与《水浒》花荣并无瓜葛；因为《水浒》之花荣，早在宋元平话杂剧中已多次出现了。此说似有理处。但我以为能否可通解此宝应县花荣：（一）是否因受《宣和遗事》中花荣影响，而取同名的；（二）他有可能为《水浒》作者塑造的模式，所强化的花荣形象，如善骑射。

这里，且不讨论盛先生之推论是否合乎道理，但其注意吸取当今的研究成果的精神还是十分可嘉的。这也使他的注本具有了时代感与研究性的特点，有别于志在普及通俗的注本。

盛先生的"补证"本对于研究者带来的好处至少还可表现在以下几个方面：

第一，它对小说人物、故事，乃至细节的本事的挖掘，有助于人们回味作者的艺术匠心。这类例子很多，比如第八回注七"林冲发配参自《酷寒亭》"条指出，林冲发配故事不见于《宣和遗事》等，唯元初杨显之《郑孔目风雪酷寒亭》其部分情节似为借鉴处："《酷寒亭》共四折一楔。有郑孔目娶妓女萧娥，萧娥于郑外出时与高成通奸。郑孔目归家，惊起高成，杀死萧娥后投案自首，被判发配，解差却是高成，行至酷寒亭在将遭杀害时，为郑孔目曾救过的绿林好汉护桥龙宋彬所救，并捉住高成。郑即随宋彬上山寨。元花李郎《像生李子酷寒亭》杂剧，情节同。"再如第十三回写杨志与周谨比武前，梁中书恐军中自家比试，互有伤损，就传令他们两人将枪去了枪头，各用毡片包裹，地下蘸了石灰，再各换了皂衫上马，后以身中白点多者为输。此一细节，也被注者从史书中找出"斗将比赛用蘸白灰计"的根据，说："据《汇书记》，'成化末，刘千斤作乱，康都督募紫微山僧惠通剿之，僧直入贼营，谓千斤曰：'汝抗朝命，劳及老僧。今与汝约，各以毡里兵器，蘸灰试斗，身有白点多者为负；汝负则当面缚以降。贼许之。两人斗至暮，贼衣污满，乃诣军门降。'按杨志周谨比武事，不见于《宣和遗事》等，此处细节或系参照。"这类将小说与史事相对照，无疑有利于读者对作品的理解。

第二，有的注解关系到《水浒传》作者的研究。《水浒传》的作者究竟是谁？活动在何时？学界有不同的说法。"文革"后，王利器先生曾据《赵宝峰文集》等材料，认为小说中写到的陈文昭与罗贯中是同门，这对于研究《水浒》、《三国》的作者大有关系。对此，盛先生在第二十七回注二"清官陈文昭其人"条中略作了辨析。陈文昭是《水浒》描写到的唯一的清官。他先引证材料以明陈文昭在历史上确有其人:"陈麟,字文昭,永嘉人,少贫窭,为吏,年二十,始刻志读书,登至正甲午进士,为慈令。"(清雍正《慈溪县志》卷三《名宦》)光绪《慈溪县志》引郑梁《乌斯道传》:"至正辛卯,四方兵起,斯道方读书东皋,县令陈文昭就谋团练,斯道为之画策,境无盗贼。"据称陈文昭为官,"常下士无倦讲明,喜闻过以开言路,任忠直以为耳目,稽于众以采公论,用知识以为股肱,临以庄使人敬畏,奉上司宜忠而敬,御群下以礼止乱,处重事宜预修辞,各房事责有所归,明人伦兴古学校,彰善恶以弭邪恶,义刑罚毋作好恶,考贫富以均赋役,制吏卒宜察行止,治谙官以杜妄告,谨勾销以考稽迟"(《赵宝峰先生文集》)。接着就交代了王利器先生的观点:以为罗贯中与陈为同门,"又亲见慈民对于这员亲民之官,无比爱戴,于是把这真人真事,信手拈来,移植于《忠义水浒传》中"(《耐雪堂集》)。最后亮出了自己的观点:"但据清道光《蓟州志》卷六《知州》所列人员,也有明正德年间'陈文昭,山东濮州人,进士',难道另外一人?"这里虽然未下结论,但足以引起我们的思考。

第三,也有的补证材料可资《水浒》版本的研究。比如第十回写到林冲发配到沧州后被派管理草料场,原来看管的老军向他交割清楚后离去,这时"林冲就床上放了包裹被卧,就坐上生些焰火起来"。这里写的是"床"。盛先生就作注"草料场的床应是炕",曰:

> 此处作"床",疑非原说。明张自烈《正字通》:"北地暖床曰炕。"床是供人睡卧的用具,"乃生男子,载寝之床"(《诗·小雅·斯干》)。炕者,《诗·小雅·楚茨》,"或燔或炙"孔颖达疏:"或炕火贯炙之。"是说早在先秦,已使用床和炕。但沧州之地,应是炕,此尤为北方农村或荒僻地区所采用,古今同一。据明崇祯《英雄谱》(一百五十回本),称林冲安下行李,"在土炕边向了一回火",系修版者以为"炕"比"床"合理而篡改;此处当也有可能是早于"容与堂"甲本的本本,原作为"炕"的。

当然,这"床"与"炕"的一字之差,原因可能比较复杂,不能排斥《水浒传》的写定者有移植、拼凑前人著作的可能性,因而这一段文字有可能本为南人所写而未必正确地描写了沧州的实情,但不管怎样,这两个字在不同版本中有不同的用法,的确是可以作为版本研究的切入口之一。假如再以同类的问题推而广之，或许在版本研究方面有一定的收获。

第四，有的注则涉及了《水浒传》成书时间考证。《水浒传》成书于明代还是元代，乃至是宋代，也是个学界有争议的问题。盛先生的注中有一些关系到成书的时间问题。比如第十四回的回目叫做"赤发鬼醉卧灵官殿"，这一回的开头就说"话说当时雷横来到灵官殿上"，都写到了"灵官殿"。而盛先生的注则明确指出"明代始有灵官殿"。他说：

> 灵官，系道观正一派所奉的王灵官，为山门护镇主神。据倪岳《青溪漫稿》，宋徽宗时有道士林灵素授四川道士萨守坚（萨真人）法，"而王灵官则玉枢火府天将，又从守坚受符法者"。元杂剧已有萨真人故事。王灵官始为道教供奉为神。始于明永乐年间，因皇帝信道，于禁城西建天将庙和萨祖师庙，《明史·礼志》有封为玉枢火府天将、隆恩真君。为天庭二十六天将之首。宣德时改萨祖师庙为火德观，岁时致祭，纳入王朝法定祭祀。成化年间又改观为宫，此后道教就以王灵官出任护法神将，镇守道观山门，山门（或山门里第一殿），即称"灵官殿"，有联："三眼能观天下事，一鞭惊醒世间人。"

盛先生此言不误。我查明人沈德符《万历野获编》"萨王二真君之始"云："宣德间改庙为大德观，封萨真人为崇恩真君，王灵官为隆恩真君。成化年间，改观曰宫，又加'显灵'二字。"又，崇祯刻本《帝京景物略》卷四亦云："成化初，灵应愈著，敕所司拓其宇，曰大德显灵宫。"据此，《水浒传》目前所见之本的写定时间当在明代而不是元代吧！

以上是我匆匆阅读了出版社发来的电子文本后想到的几点，有的部分因文本中的"补证"与正文错杂颠倒而未曾细阅，因此所谈的只是皮相之见，未必中肯。不过，不管怎样，我相信盛先生在这方面所做的工作是十分有价值的。特别在"天下熙熙为利而来，天下攘攘为利而往"的潮流中，能坐在冷板凳上啃这样一块冷骨头的精神，不能不使人肃然起敬。当然，这或许在有的人看来有点傻或呆，那只能由他去吧！不过我想，潮涨总有潮退时，一旦水落石出，人们还是会觉得坚挺在浊流中的石头是美丽的吧！

（《水浒传补证本》，上海人民出版社2010年9月版）

高日晖、洪雁《水浒传接受史》序

　　一部《水浒》,有人赞它是"忠义"的教本,有人却斥它是"诲盗"的渊薮;一个宋江,有人说他是"忠义之烈",有人则说他是"假道学,真强盗";即使是在同一面马克思主义的旗帜下,有人说它是"农民起义的教科书",有人则说它是一部"宣扬投降主义的反面教材"。特别是在上世纪的80年代前后,讨论《水浒》的主题相当热烈,又有"人民起义"说、"市井细民写心"说、"忠奸斗争"说、"革命小说"说、"前七十一回和后二十九回有两个不同的主题"说,乃至有"反腐败"说等等,真是众说纷纭,各执一词。正因为这样对同一本书的"接受"因人而异,因时有别,于是乎在我国古代早就有"见仁见智"之论,又有"诗无达诂"之说,强调"以意逆志"、"披文入情"、"六经注我"、"各以情遇"者比比皆是,乃至如张竹坡说自己批点《金瓶梅》是:"我自做我之《金瓶梅》,我何暇与人批《金瓶》也哉!"(《竹坡闲话》)显然,我们的祖先对文学作品的"接受"也有自己的看法,只是一时没有形成系统的理论而已。

　　历史发展到上世纪八十年代,西方的接受理论蜂拥而入。人们在接受这种"接受理论"的时候,难免要走一段批发、改造和运用的道路。在这里,将外来的理论直接予以绍介、引进固然是重要的,但更重要的在于运用和实践。只有通过运用与实践,才能使一种新的、外来的理论得到检验,它的价值也能有效地显现出来,并真正能在我们的土地上生根开花。正是在这样的文化背景下,我们陆续读到了若干中国文学接受史的研究之作,有通论性的,也有对一部名著的接受历史作深入探索的。日晖的这部《水浒传接受史研究》就是后一类作品,虽不能说是得风气之先,但也可以说在先行之列。

　　《水浒》的接受史研究的首要意义,就在于使我们借助《水浒》这面镜子,照出不同时代的文学精神,各色人等的真实面貌。换句话说,当我们不再将注意力集中在《水浒》本身,把《水浒》作为研究的对象,而将目光投向那些阅读、研究、阐释、批评、改编、续作《水浒》的人的时候,发现《水浒》已经不是一幅供研究者观赏的图像,而是成为一面反映接受者面貌的镜子。借助这面镜子横向看,可以照出同时代的人,站在同一面镜子前所表现的各不相同乃至完全对立的面影。同样在晚明,有人说"《水浒》而忠义也,忠义而《水浒》也",也有人说它是"变诈百端,坏人心术";有人说它是一部"诲盗"之作,也有人说它是一部"弭盗"之书;有人将它看作是"英雄谱",也有人将它视之为"文法"书。从纵向看,从开始人们将它视作"忠义"的样板,到晚明被列进禁书之目;从清初的续书对《水浒》的英雄推崇备至,到俞万春写《荡寇志》将梁山好汉斩尽杀绝;从清末强调《水浒》"倡民主、民权之萌芽",到民初宣称《水浒》"鼓吹平民革命";从解放后认定《水浒》是"农民起义的教科书",到指斥《水浒》是一部宣扬"投降主义的反面教材"……就这样从中折射出了从明清到近现代中国的社会史、思想史、文化史、政治史、心理史、道德史以及文学观点的演变史。正是在这意义上说,研究《水浒》,就是研究《水浒》的时代与这一时代的人;研究《水浒》的接受,就是研究《水浒》以后的时代与各代不同的人。日晖这部著作的最后落脚点正是在这里,并不满足于一般地胪列一些"接受"的现象,所以就能给人以一种厚重感。

从接受史入手来研究一些作家作品,也就能别开生面,特别是对一些大家搞得很熟的作家作品的研究,本来似已"山穷水尽疑无路"了,而如今却能给人以一种"柳暗花明又一村"的感觉。比如《金瓶梅》的研究,可做的题目似乎已近做光了,如今日晖能抓住一个对《水浒传》接受的问题来加以探讨,就能发前人之所未发。究竟为什么《金瓶梅》要"从《水浒传》潘金莲演出一支"呢?日晖就分析了兰陵笑笑生在有意借助《水浒传》已有声名和影响的同时,实际上是接受了《水浒传》暴露现实和生动的形象的"刺激"而产生了创作的冲动。与此同时,《金瓶梅》又不自觉地接受了《水浒传》的"限制":西门庆和潘金莲这两个主要人物只能在《水浒传》已有形象的基础上进一步丰富和发展,而不能改变他们的基本特征;整个《金瓶梅》的叙事也不能完全摆脱《水浒传》的"阴影"。作者就这样在撰写一部小说的时候接受了另一部小说。这些见解,显然是富有创意的。再如对于金圣叹评《水浒》的研究,早已成果累累,很难有所突破,而如今日晖从接受的角度来分析金圣叹评《水浒》,从金圣叹的五大"期待视野"入手,详细地分析了《水浒传》对金圣叹期待视野的反驳及金圣叹的修正,就不但令人觉得耳目一新,而且避免了一些片面的观点。事实证明,运用"接受理论"来研究中国古代文学，确实能另辟一条蹊径，获得一些新知。

　　日晖用新的理论来开拓一条《水浒》研究的新路时，也努力去挖掘一些新的材料。这也是本书的一个成绩。比如在论述"新文化运动与《水浒传》的新批评"时，就不仅注意到了陈独秀、胡适、鲁迅、郑振铎及谢无量这些大名鼎鼎的人物，而且也关注了如潘力山、姚慈惠这类久已被人们遗忘了的研究者的成果。特别如对姚慈惠在1932年发表的《水浒传之社会学的分析》一文作了特别细致的分析，指出姚慈惠是以对中国社会的分析为阐释小说的基础，在《水浒》接受史上占据了特殊的地位，读后令人难忘。再如在论述新文化运动中从"改作"的角度上来看《水浒》的接受时，日晖注意到了唐在田的一部《水浒鼓词》，认为这部作于1917年的民间说唱在四个方面明显地接受了七十回本《水浒传》的影响，代表了当时大众接受者对《水浒传》的理解；而茅盾在1930年发表的《豹子头林冲》与《石碣》两文，则是用马克思主义的阶级矛盾和阶级性斗争的观点，重新来阐释经典中的故事。这些例子多不为人们所熟悉，日晖特意将它们拈出，放在接受史上加以论述，分析了它们具有不可替代的意义，足见他在资料的收辑方面也下了工夫，能有所发现。

　　《水浒传》作为一部名著，几百年来在海内外广为传播，接受的情况十分复杂，要谈的问题实在太多，日晖这部著作的妙处还在于能抓住要害，重点突出，把《水浒传》的接受史梳理得有条不紊，纲举目张，评析时又能要言不烦、击中肯綮。作为第一部《水浒传》的接受史，能写成这样，实属不易。他闯开了一条路。在这条路上留下最可贵、最闪光的地方，那就是一种化西为中的功夫和敢于创新的精神。是为序。

2005年10月29日

（《水浒传接受史》，齐鲁书社2006年7月版）

洪作鹏《水浒解密》序

这本《水浒解密》是作鹏兄女儿洪峻峻与他的合作成果。

作鹏兄是我复旦五年本科时的同学。当时一届有八十余人,按八人一寝室为基本单元,分别编入若干女同学,组成几个"学习小组"。五年中,寝室与小组的人员都不断有所变动,可是,变来变去,我与他始终没有变在同一个寝室或小组过。尽管我们的接触不能算密切,但他那种好学深思、新见叠出,喜争善辩的性格恐怕给全班同学都留下了深刻的印象。1964年毕业后,他到《文汇报》一干就是近四十年。在他将近退休前,我才知道他与峻峻写了不少研究《诗经》的文章,后来结集出版,书名为《诗经疑难新解》。这本书虽然不太厚,但它确实使我大吃一惊。想不到我这位老同学在编辑之余,还那样孜孜不倦、扎扎实实地对《诗经》作了那样广泛又深入的研究。而到去年,他又特地来看我,拿出了一大包《水浒解密》的书稿,这又一次使我感到莫大的惊异。想不到他在退休之后,还是那样执著地研究着他所喜爱的学问。想起来,在大学时代,他就对《水浒》,特别是对宋江的投降等问题有着自己的看法。一篇有关《水浒》的毕业论文,得到了指导教师赵景深先生的好评。毕业后,想不到他一直抓着一部《水浒》不放。这部研究《水浒》的专著,正是他四十年来的追求,圆了他四十年来的一个梦。

说起《水浒》的研究,或许是我的疏懒,没有十分关注近年来研究的进展,所以总觉得没有多少使我动心的成果,除了香港的马幼垣先生之外,不知道还有谁在认认真真地围着《水浒》下工夫,而不是专注在借《水浒》而追求《水浒》之外的什么东西。正因此,我读了作鹏兄父女的这部专著,不禁肃然起敬,并由衷地为有这样一个老同学而感到骄傲。我敬佩他们的是,真正抛却了"职称"、"工资"等名缰利锁之后,专心致志、锲而不舍地把研究《水浒》当作一种事业,融入到自己的生命之中。正因此,这部《水浒解密》就鲜明地呈现了它的学术性和厚重感。它的学术性就主要表现在以资料为基石的系列观点创新,它的厚重感就主要表现在抓住了重点而全面地探讨了《水浒》的一些基本问题。一部《水浒》,种种问题,多少年来的聚讼纷纭,或许能接着他们的钥匙,真的能解开一个个的密码。

作者要解密的是《水浒》的主旨、版本、作者三大问题,每一大部分都有重点,有新意。

关于《水浒》的主旨,他谈了三个问题:"揭露封建统治者罪行的状词"、"起义英雄的颂诗"与"妥协投降的挽歌"。乍看起来,这三个题目都不太时髦,但实际上每每有新意。特别是他着重谈的"投降挽歌"的问题。

本来,从《水浒》产生之时,人们多数是将这部小说看作是"忠义"的颂歌。它的书名就叫《忠义水浒传》,甚至就叫《忠义传》,明杨定见《忠义水浒全书小引》就说:"《水浒》而忠义也,忠义而《水浒》也。"在一批"大忠大义"的好汉之中,代表人物当然是宋江。李卓吾就因此而称宋江是"忠义之烈"。但也有人如田汝成、金圣叹等将梁山好汉看成是"盗贼",《水浒》就是一部"诲盗"的书。不过,不论说宋江辈是"忠义"还是"盗贼",都是站在封建统治者的立场上来看的:看到它维护封建统治的一面,就说它是"忠义";看到它破坏封建统治的一面,就说它是"盗贼"。假如反过来,站在人民的立场,或者说是站在造反者的立场上看,"忠义"即是"投降",即是"背叛";"盗贼"即是"造反",即是"革命"。上世纪七十年代以前,大都是将宋江辈看作是"盗贼",这就与造反派、革命者联系了起来,于是宋江就成了农民革命的英雄,《水浒》也就是一部"农民起义的教科书"。当毛泽东主席号召评《水浒》时,就换了一个角度,本质上就不把宋江看成是"盗贼",而是将他看成了"忠义之烈",于是就将这位忠于皇帝而接受招安的宋江定性为"投降派"。这实际上就与明代的一般看法对接了起来,因为"忠义之烈"与"投降派"是一个问题从两种相反的立场来看后得出的不同结论。一百回本的宋江的确是出于"忠义"而做了投降派,这是不争的事实。接着的问题就是,《水浒》的作者对宋江,或者说对忠义和投降究竟是什么态度?是歌颂还是批判?假如把它看成是"歌颂",那《水浒》就成为一部"反面教材"了。一场评《水浒》的运动,就是围着这个中心刮起了一场旋风。而现在,作鹏兄就将这个结论翻过来,认定小说并不是宣扬了投降,而是将投降写成了一曲挽歌。所谓挽歌,就是认定宋江的投降是一场悲剧,作者对这场悲剧是持同情又批判的态度,决不是歌颂。同时,通过对投降的批判,又鞭挞了一批昏君奸臣。这样,《水浒》就不是"反面教材",而是一部批判"忠义",否定投降的伟大悲剧。这或许就是作鹏兄父女论《水浒》的主旨吧。

  基于此,他的分析有许多独到之处。比如,在论述孝子忠臣宋江上梁山,受招安,被毒死的过程中,特别强调了两个关键:一个是浔阳江吟反诗,另一个玄女庙梦授天书。关于浔阳江吟反诗,他别出新解,认为"反诗"不反,实际上是宋江不愿意造反,不愿与晁盖等合流的"酒后吐真言",所谓"敢笑黄巢不丈夫",笑的是晁盖。至于玄女庙梦授天书,是借一场虚梦,写宋江的思想实际。宋江由此而获得灵感,怀着明确的政治目标、行动纲领、具体策略而上了梁山。也正因为他们认为《水浒》是投降的挽歌,所以特别看重《水浒》的后半部,强调后半部才是"正本大戏",是精品巨著的神奇龙尾。诸如此类的观点,都是使人耳目一新,富有启发性。

  关于《水浒》版本与成书问题,本是一笔糊涂账。由于原始资料的散佚,要将这一问题梳理得一清二楚,人人信服,实非易事。而今他将所有的《水浒》书分成四大系列:"本根系列"、"正本系列"、"反《水浒》系列"与"续书、仿作、改编系列",也可以说自成一个体系。其间的高见,我最欣赏的是将最早的"正本"《水浒传》列为吴从先读本和郎瑛在《七修类稿》中提到的《宋江演义》。《宋江演义》这一书名,向未受学人所关注,而他为了搞清这一问题,花了不少工夫查证,辨析了《百川书志》与高儒、《七修类稿》与郎瑛的一系列问题,十分细致。至于吴从先读本是一种古本,应该说是我首先提出的。上世纪七十年代末,我受命编撰《中国文学批评史》的小说部分时,着手系统地收集有关材料,就在《小窗自纪》中翻到了吴从先的《读水浒传》这篇文章,从而写了一篇《一种值得注目的水浒古本》在《复旦学报》1980年第4期刊出。刊出后即被一些报刊转摘,在社会上产生了影响。1982年,王利器先生在《文学评论》第4期上也撰文谈到了这篇文章,并谈及他在七十年代就发现了这篇文章。我完全相信王先生的话是真实的。我们各自在研究过程中发现了它,只是我早一些撰文并提出了吴读本《水浒》是一种值得注目的古本而已。至1982年,我又在《复旦学报》第5期上撰文,将这吴读本《水浒》与"施耐庵的本"联系了起来。当然,对于我对吴读本《水浒》的理解,也有一些不同意见,有人就认为吴读本《水浒》应当是出于万历年间的晚出的本子。我拜读了这类文章,觉得都拿不出一条自己的材料,全是自说自话、一厢情愿的推论,又加上我自己也没有能进一步花工夫去找出确凿而新鲜的材料,所以一直懒得去辩论。好在也有一些先生,在我的基础上,又用了不同的材料和不同的角度来加以论证,我想结论应该是比较清楚的了。如今,作鹏兄父女,就明确将吴从先读本列为初期的本子,我想当是他们根据自己的判断所下的结论,不是因为我这个老同学提出的缘故吧!

本书第三编论《水浒传》的作者时,最精彩的部分当是论"江苏施耐庵"真真假假,把种种伪象剥得体无完肤。我想,将一个小说家施耐庵认作兴化施氏的祖宗,恐怕是在近现代小说吃香以后,才有一批怀着各种目的的人开始陆续作伪,虚构一些故事,乃至编写所谓墓志、小史之类,糊弄世人,但因其矛盾百出,总是不为学者所重。"江苏施耐庵"的问题之所以被炒热,先是1952年有人写了调查报告,引起了《文艺报》、《人民日报》派专人去调查。调查的结论是截然相反:一方认为兴化在元代有个叫施彦端的人,即是施耐庵;另一方则认为"苏北连施耐庵的影子也没有"。持否定意见的是著名学者、作家聂绀弩。1962年,有人再据一些传说之类作辩解,也未能掀起大浪。直到1978年,北大中文系编写的《中国小说史》与1979年南开中文系编写的《中国小说史简编》,都对其"可信"性表示怀疑。而到1981年至1982年,当年给《文艺报》寄调查文章的先生当了江苏社科院文学研究所的领导,于是就借助"新发现"的一些实物,又将一批篡改、伪作的东西与"传说"杂糅在一起,邀请专家座谈,配合杂志发文,编辑论文出书,掀起了一场声势颇大的坐实兴化有个施耐庵的运动,似乎真的"解决了几百年没有解决的悬案"。接着,在有关方面的支持下,兴化就堂而皇之地造起了一座"施耐庵纪念馆"。然而,假的总是假的。再巧妙的作伪手法,也总不能一手遮天,更何况几代人的作伪和糊弄都并不怎么高明。对于这个问题,我实在也不想多说,因为这里的关键不在于缺什么可靠的材料,要什么高深的学问,缺的是一个学者的良知和诚实的学风。假如一定要说的话,我还是1981年在《复旦学报》上说过的一句老话,"兴化、大丰的'新发现'恰恰证明其地确无施耐庵",有的只是一个叫施彦端的人。这件事,使我很感慨,乡土的情结、传媒的炒作,竟是那样的有力,它往往会将严肃的学术问题搞成一锅粥,不要说普通的读者往往被弄得无所适从,就是专业的学者有时也会被搞得晕头转向。这样的情况又不仅仅表现在"江苏施耐庵"的问题上,而是我们近年来常常会碰到的一种现象。正因此,作鹏兄父女在这里将"江苏施耐庵"的问题所作的梳理和辨伪,非常有必要,条理也十分清楚,这可以帮助更多的人识破庐山真面目,避免这类故事被后人当作一种典型的学术笑话来谈论吧!

本书的精彩之处当不止于此,我只是就三编分别挑一二个问题略抒己见而已。当然,作鹏兄毕竟长期不在专业研究古代文学的岗位上,如要查阅图书资料等各方面的条件受到了一定的限制,因而在论述有些问题时影响了视野;对个别问题的分析还有待于进一步细化,使人真正能心悦诚服,如解释宋江"反诗"中的"他年若得报冤仇,血染浔阳江口"时,将"冤仇"归于方腊,将"血染"指向反抗者,就较为费解;有些地方的提法,似乎有过于绝对之嫌,如对于金圣叹评改《水浒》,一言以蔽之曰"有罪无功",恐怕也难以为多数学者所接受。笔者走笔至此,不能不想到一句古话,这就叫做文如其人。想当年我们读书的时候,作鹏兄平时论学论事,往往多有己见,是非分明,且有一种不容置辩的气势,但因此而有时会被人埋怨为片面。今读此书,犹见其人。屈指算来,作鹏兄如今已入望七之年了,想不到他的性气还不减当年,一部《水浒解密》,还是那样的富有论辩性,它使我似乎又回到了当年,看着作鹏兄与同学们刺刺不休地争论。然而,四十余年弹指间,我们八十多个同学少年,连我这个最小的也要跨入老境。回首过去,我班的同学多在其他领域内施展才华,独剩下我一个在古代文学的圈子里跌仆翻滚,有时不免感到孤独凄凉。上世纪九十年代初,研究语言的张惠英学姐写了一本《金瓶梅俚俗难词解》,特别注重细释了《金瓶梅词话》中的吴语方言,与我有关《金瓶梅》作者的考证相呼应,使我很感温暖。如今,作鹏兄的《水浒解密》,再一次使我感受到"我道不孤"。更可喜的是,作鹏兄还带着他的女儿一起上阵,让她得到磨炼,这不正是我们的希望所在吗?这不也是古代文学研究的希望所在吗?是为序。

2007年1月于苏州河畔恒安居

杨绪容《〈百家公案〉研究》序

还在六年前,绪容就博士论文题目征求我的意见,说想对"包公文学"作一研究。我一听,即说:"好!"深以为她选择这个题目是有眼力的。

包公,是长期流传于中华民族历史上的一个"清官"的典型,是少有的几个"箭垛式的人物"。胡适在1925年写的《〈三侠五义〉序》中曾说,中国历史上有一些"箭垛式的人物":"就同小说上说的诸葛亮借箭时用的草人一样,本来只是一扎干草,身上刺猬也似的插着许多箭,不但不伤皮肉,反可以立大功,得大名。"他举了三个例子:一个是黄帝,"上古有许多重要的发明,后人不知道是谁发明的,只好都归到黄帝身上,于是黄帝成了上古的大圣人";另一个是周公,"中古有许多制作,后人也不知道究竟是谁创始的,也就都归到周公的身上,于是周公成了中古的大圣人";再有一个就是包龙图,"古来有许多精巧的折狱故事,或载在史书,或流传民间,一般人不知道他们的来历,这些故事遂容易堆在一两个人的身上。在这些侦探式的清官之中,民间的传说不知怎样选出了宋朝的包拯来做一个箭垛,把许多折狱的奇案都射在他身上"。除了胡适所说的这三个人之外,再如诸葛亮是智慧的化身,关云长是忠义的代表等等,都成为整个民族某类人生经验的聚焦和一种心理期待的镜像。而且,像包公这样的人物,现代的"箭"还在通过小说、戏剧、电影、电视等等不断地向他射去,他身上的光环,不但没有消退,而且还带着一些新的时代色彩。因此,对这样一类"箭垛式的人物"作全面、认真的研究十分必要。在我的记忆中,陈翔华先生所作的《诸葛亮形象演变史》就是一部很好的著作。可惜的是,这一类著作还不是太多,更不成系列。绪容在多数百姓还赞美、期待着清官的今天,选择包公这一形象作一系统的研究,岂不是很有意义的吗!

过了一年后,绪容又征求我的意见说:"《百家公案》问题多、关系大,还是先下工夫把它搞得透一些吧!"我一听,也即说:"好!"深以为她选取的这个路径是智慧的。

《百家公案》在中国古代小说发展史上,是公案小说的奠基作;它在包公形象演变史上,是包公形成"箭垛"的关键作。尽管从胡适开始,孙楷第、赵景深、阿英等前辈与近来的一些名家如马幼垣、鲁德才、大冢秀高、阿部泰记等先生都对《百家公案》作过探索,有不少精彩的发明,但总体上说,特别是与"四大奇书"等名著相比,其研究工作还是相对薄弱的。当然,也不容讳言,它的文学性与"四大奇书"相比,确实是稍有逊色,所以不难理解有人将整个公案一类排斥在小说的大门之外。但实际上,公案小说当是明代历史演义、英雄传奇、神怪小说、世情小说之外另一重要门类的通俗小说,后来它又与侠义小说相结合,再演变为侦探小说,绵延不断;戏曲、说唱及各种民间文学又不断地从中汲取素材,敷衍张扬,因此,在文学的传播史或接受史上,公案小说也是不可小觑的。而要研究公案小说,《百家公案》无疑是最值得注目的一部作品。这不仅是因为它第一次将有关折狱审案的故事集中在包公身上,成为晚明众多公案小说转相抄袭的渊薮,而且也由于它所初创的公案小说的文体,对后来者大有影响。同时,《百家公案》将许多清官折狱的故事集中在包公身上,无意中将包公正式放在了一个"箭垛"的位置,后经《龙图公案》等不断地加工,这就使包公这个清官形象深深地扎根在广大的百姓之中。他的影响就不仅仅是文学的,而更重要的是社会的、文化的。因此,抓住了《百家公案》的研究,就不仅仅抓到了公案小说研究的关键,而且也抓到了包公文学研究的要害,是值得下一番工夫的。

再过一年多,绪容又投至孙逊先生的门下,在博士后流动站中继续探讨包公文学的演变和思考清官文化的意义,学业大进。当她最后拿着这部书稿来看我时说:"搞成这个样子,看看怎么样?"我看后,即说:"好!"深以为她对《百家公案》,对包公文学,对清官文化的研究是有建树的。

这些建树有实证性的,也有阐释性的;有文学方面的,也有文化方面的。它像构建一座宝塔一样,扎扎实实地立足在《百家公案》的基点之上,再上升到整个包公文学,又从包公文学去论及清官文学,再从清官文学去思考清官文化,一层一层的推进,确确实实地解决了一些问题,也提出了一些问题。读罢全稿,它使我想了许多。

所想问题之一,是又一次体会到实证是研究的基础。特别是研究一部著作,像版本、作者、成书时间这三个问题,应该是最基本的,入门时当首先要设法把握;像《百家公案》这类题材由累积、编集成的作品,也得摸清其故事的来源。有的人看不起这些基础性的工作,好放言高论,不着边际,即使说得天花乱坠,给人的感觉总是轻飘飘的。而做这些基础性的研究工作,是来不得半点取巧的,必须老老实实地坐冷板凳,下死工夫。《百家公案》一书,目前存世较早的主要明刊有两种,有两个作者的署名,有不同的出版时间,于是需要考证这两种不同的版本孰先孰后,什么关系,刊行在何时,原始的编者究竟是谁。这些问题有的是前人已做过工作,有的是前人还未虑及,绪容都一一加以细致的辨析,既不盲从,也不妄断,用事实来证明自己的结论。而她最花工夫的恐怕是在求索一百回《百家公案》中的九十六个故事的来源吧!对此,马幼垣、阿部泰记等先生都做过很好的工作,为她作了铺垫。她就在前人的基础上,考述了七十四回中的七十个故事,解决了问题的大半。为此,她常常在图书馆里从正史野乘、小说戏曲、讲唱文学,以及法家类书中大海捞针。每一条新的发现,都浸润着她的心血。当然,这种发现比不上发现一个铀矿或基因那么实用而重大,但其精神是一样的,对于《百家公案》的研究来说,其意义同样是重要的。

所想问题之二,是实证最好与阐释相结合。说实证重要,并不等于说阐释不重要。我们的古代文学研究工作要在现实中产生作用,就离不开阐释,甚至离不开当代立场的介入。但是,阐释分析性的工作,并非只是天马行空,或者搬用一种理论和方法来硬套。假如能将阐释与实证结合起来,恐怕就更有说服力。绪容在论证《百家公案》有鲜明的时代特点时,从政治、经济、哲学、法律等诸多方面来加以观照。其中如在论证明代法律与《百家公案》的关系时,列举了一系列的实例来说明其量刑标准正符合《大明律》而不同于《宋刑统》等前朝的规定,并进一步从整个法律观念、法律制度上证明《百家公案》是反映了明代的特点的。再如在论述《百家公案》对晚明公案小说的影响时,也不作空论,而是能具体地揭示出多少故事或题材被后来者所承袭。这些都能使人感到作者的实证工夫,同时也使人感到作者所作的阐释是令人信服的。

所想问题之三,是阐释当从文本实际出发。我们现在所做的古代文学研究,实际上大多是在做阐释分析性的工作。这一工作能与实证相结合固然很好,易见功力,但事实上是不可能、也无必要处处以实证为基础。然而,无论如何是不能脱离文本,脱离实际的。《百家公案》作为一部公案小说,究竟怎样将它在"文学"的标尺上定位?是完全否定它的文学价值,还是不适当地夸大它的文学性?这是一个颇费思量的问题。显然,绪容在这部著作中并没有忘记把它作为一部文学作品来看待,但没有过度地去张扬它的文学性,而只是根据它的特点,主要着重分析了它的文体特征。事实上,这部小说的社会价值大大地超过了它的文学价值,律法精神又渗透着全书始终,所以作者主要还是从大文化的角度出发,注意揭示它的社会意义,总结它的法律意识,采取了文学与文化兼顾的策略。这种研究态度也是值得肯定的。记得"文革"以后,不少人对于过去只是用反映论来研究文学感到厌倦乃至厌恶,于是一味强调用文学的眼光来研究文学,特别排斥用社会历史的眼光来观照。这实际上好像一个人拎着自己的头发要离开地球一样,实在是很可笑的。过了一阵子,看看国外时兴的似乎也不是那么一回事,也不仅仅张扬一种所谓文学的角度,而更多的倒是广泛地联系社会历史文化去研究文学,于是又吆喝着文史哲打通,要用大文化的眼光去研究。实际上,任何一种流行过的理论与方法,都有它的合理性,也都有它的局限性。我们研究一部文学作品或一种文学现象,重要的是从研究对象出发,而不是赶潮流,用时髦的框框去套。从研究对象出发,则社会的、历史的、哲学的、文学的、美学的、法学的、心理学的、人类学的……等等,各种眼光,尽可自由审视,各种标尺,尽可灵活运用,不必去争谁是正宗,谁是邪道。要争的当是,谁对研究的对象所下的工夫深,谁将研究的对象解释得合情理。《百家公案》既是"公案",又属小说,实介于法书与文学之间,绪容就着重就法学、文学与社会学的角度去研究它,阐释它,其遵循的原则,就是立足文本,研究文本,阐释文本,其眼光就自然地不拘于一隅而趋向于多元了。

所想问题之四,是宏观描述时注意微观的考量。绪容在这部著作中不乏宏观的笔墨,如在鸟瞰包公文学的演变时,从宋元明清,一直到近代,眼光不可谓不大。这种宏观研究很有必要。它往往能以历史的眼光、开阔的视野,高屋建瓴地去把握事物发展的来龙去脉,挖掘内在律动的深层奥秘。但这种研究容易患一种毛病:不是从事实出发,而是从概念出发;胸中先有一条"红线",然后罗列材料来加以填充。这样做出来的结论往往难免要与人大同小异。然而,绪容还是将她的宏观的眼光立足在对每一部作品作细微分析的基础之上。她在描述包公如何从首先是一个政治家的历史人物,变成了"第一清官"的文学形象;又如何在文学作品中由一个充满着平民趣味的"人"变成了一个黑脸的"折狱之神";再如何在儒家思想的统治下成了一个"忠臣领袖和侠客首领";最后在现代潮流的冲刷下差不多成了一个"法"的象征的历史演变的轨迹时,线条是十分清晰的,但在这种宏观的扫描过程中处处不离微观的考量。例如论包公被神化,虽然在宋代的传说中已见端倪,在《明成化说唱词话》等作品中也有所涉及,但都并不突出。到了《百家公案》,则不但多次明确地"称包拯以为神",而且在大量的故事中强化了他那种驱神弄鬼的超人本领和"夜断阴"的特殊能力。绪容在一一钩稽这些例证的同时,还将《百家公案》与先前的有关作品作了比较,很有说服力地交代了一个演变的过程,又使这个演变过程显得那样的有血有肉,合情合理。

所想问题之五,是古代文学研究的当代意义。研究古代文学,可以是出于自娱自适,或者是追求某种纯学术上的创获,但我欣赏的还是研究者当有一种经世致用、人文关怀的精神,能立足在现实,能有益于当世。包公之所以有研究价值,之所以能跨越宋元明清,长期在民间"与时俱进"着,就是因为他是个"清官"。"清官意识",在中国老百姓的头脑里根深蒂固。在封建社会中,尽管清官从根本上是为了维护那种制度的长治久安,所以不难理解有过"清官比贪官更坏"的极端论调,但它毕竟与贪官、庸官、昏官相对而存在,能给善良、弱势的百姓带来一些眼前的实惠,所以百姓还是欢迎的。当然,要真正让百姓当家作主,根本的还是要在制度上革命,建立健全的法制。实际上即使到现在,像我这样的百姓也还是希望当官的能"清",而害怕当官的既贪又庸且昏。这个"清",首先就表现在"廉"。但假如仅仅以"不是贪官"来作为标准,恐怕百姓还是不能满意的。清官还应该"清正",面对着上上下下的恶势力,要像包公那样刚正不阿,坚持原则。当然,不廉肯定不正,廉是正的基础,但廉毕竟不等于正。假如只是"自扫自家门前雪,不管他家瓦上霜",出于私利,怕三怕四,像《水浒传》《金瓶梅》中的"清官"陈文昭那样,尽管他平时"极清廉",办案亦极清正,连西门庆也不敢去打点,但在蔡太师的一纸文书下,立即将杀人犯西门庆放行。看来,清正比清廉更难。与此同时,为官清正,还要靠清明。现实中的清官当然不能像包公那样神,真正能明察秋毫,但不应是个庸官、昏官、糊涂官,稀里糊涂地老是受人骗吧!话还说回来,为官真正能做到清廉、清正、清明这"三清"者,是很不容易的。后两者的境界达不到,那就至少不要做个贪官吧!那号子拼命攫取百姓血汗的贪爷,尽管口里的高调唱得多么漂亮,实际上他只能是代表自私,代表腐败,代表反动。我想老百姓的眼睛是雪亮的,历史也会作出公正的结论。这也是我读了这部书稿后所得到的一种启示。这也正说明了绪容的这部书稿还是富有现实意义的。

绪容在书稿的最后说:"随着社会主义民主与法制的建立和发展,法律将不再是统治者意志的体现,而是人民意志的体现;干部将不再是高高在上的官吏,而是依法办案的法律工作者。那种以权代法、因人执法的人治观念,逐渐会自然消失。清官也就失去了存在的依据,而社会上普遍存在的清官意识,也将日益淡薄,直到消失。取代它的,将是现代的法律意识。"这一光明的理想,虽然是她的结尾,但实际上恐怕正是她最初研究包公文学,研究清官文化的动力。我们期待着这一天的早日到来。

黄 霖
2004 年 12 月 22 日

(《〈百家公案〉研究》,上海古籍出版社 2005 年 7 月版)

郑艳玲《钟惺评点研究》序

艳玲的博士论文出版了,我由衷地为她高兴,也不由地想起她当初来复旦选择这个课题时的情景。那是 2002 年,我开始酝酿着对中国传统的文学评点之学作较为全面的整理与研究,发现如晚明的一些评点大家至今尚未有人作过专门的探讨,于是就针对她对晚明文学有兴趣,建议她对署名"钟惺"的评点作一次全面的梳理与研究。她欣然接受了这一建议,投入了艰苦的工作。三年的时间,对她说来是不平常的。她以坚忍不拔的毅力、争分夺秒的精神,在获取了人生道路上的一个宝贝女儿的同时,又按时完成了博士论文的写作,最终有了现在这样的成果。

在中国文学研究史上,钟惺本是一个大起大落、颇有争议的文人。晚明时期,世风大开,钟惺延续了公安派的"性情"论,高扬"幽深孤峭"的文风,"钟伯敬体"一时被人认为是天外之音,争相仿效,钟惺也理所当然地成了晚明文坛的领袖。但是,时过境迁,由于钟惺的诗论及诗风在本质上不合当时正统文学的规范,被钱谦益、顾炎武、朱彝尊等人一阵贬斥之后,他的创作被认为有"鬼气"、"兵象",他的诗风、诗论又被人们与明代的灭亡联系了起来,于是在清代三百年中,钟惺的评价就一落千丈,跌到了低谷。到了上世纪三十年代,这种情况才逐渐有所改观,尤其是八十年代以来,随着文学研究大气候的变化,才使钟惺与竟陵派这样一个被冷落了多时的作家与流派以新的面貌出现在研究者的视野中,陆续出现了一些研究论文与专著,也开过专门的学术讨论会,成绩显著。但稍有遗憾的是,时贤的研究大都集中在对钟惺其人、《诗归》及竟陵派的总体诗论与文风方面,对其文学评点、特别是《诗归》之外的评点却关注不够,甚至还根本没有触及。正是在这样的情势下,艳玲认准了这个课题进行研究,这不仅仅在中国文学批评史、中国评点史研究方面,而且在钟惺及竟陵派的研究方面,都应该说是另辟了蹊径,走出了自己的一条路。

研究钟惺评点是困难的。因为署名"钟惺"的评点本是那么的多,据艳玲的初步统计,至少有 200 种以上;涉及面又那么广,关系到诗、文、曲、稗乃至经与史。晚明托名评点的风气又甚炽,钟惺与谭元春自评点《诗归》后声名大震,一时间托名钟惺评点的本子层出不穷。对于这些署名"钟惺"的评本,历来又缺乏研究和考察。所以在现存的这些"钟惺"评本中,究竟哪些是真的,哪些是假的,可以说还是一笔糊涂账。艳玲作了自己的努力,在纵观从明至清钟惺研究的基础上,花了很大工夫收集所有署名钟评的资料,编成了钟惺评著目录,然后对钟惺的评点活动及评点本的出版情况也作了较为全面的梳理。这是她的成绩之一。有了面上的观照,进而再作个案的探讨。她不仅对大家熟悉的《诗归》,而且对人们较少关注的《诗经》,乃至不为人注目的《东坡文选》、《三注钞》等评点等都作了相当细致的分析与评价。即使在论述《诗归》时,也能从钟惺和谭元春的评点中辨别出他们两人的细微差别,从而给我们展示了钟惺评点的价值。这是她的成绩之二。她的成绩之三是,对于那些很可能是伪托的作品,也有选择地进行了具体的分析与讨论,给人以启发。她的这些工作,多从第一手资料出发,作了综合、比较与分析,所提出的一些观点,也多真知灼见。就这样,她用自己的勤奋与智慧,在钟惺与竟陵派研究及中国传统文学评点的研究大道上,垫下了一块坚实而平坦的砖石。

当然,她对于钟惺评点的研究还是初步的,还有不少评本需要去作进一步的发掘、考察、辨别与研究,我相信她会再接再厉,沿着钟惺评点研究的大道,在整个中国古代文学研究领域内,走更多的路,作出更多的成绩。

2006 年 11 月 20 日

(《钟惺评点研究》,人民日报出版社 2006 年 12 月版)

杨艳琪《祁彪佳与〈远山堂曲品剧品〉研究》序

前几天去京参加今年的"博士论坛",离开复旦多年的杨艳琪得到消息后来看我,说是要将她的毕业论文整理出版,这使我也很高兴,不由得浮现出当初她来复旦攻读博士学位时的情景。她喜欢戏曲,同我商量论文题目时,我曾建议她注意一下祁彪佳及他的《远山堂曲品剧品》。这是因为我觉得,祁彪佳的《远山堂曲品剧品》固然作为"中国文学批评史"方向的博士生值得研究,而如何联系他的一生及他的家族来研究更值得花一些工夫,况且,现成的有关祁彪佳的许多材料如日记等等似乎还没有人去认真翻过呢。

说起祁彪佳,他无论在明末的政坛上还是文坛上,都令人瞩目。更值得注意的是,不仅祁彪佳本人非常突出,而且他的家族也很风光。在明末浙江山阴,祁家名士辈出。他的父亲祁尔光,是有名的藏书家,其澹生堂,闻名遐迩,全祖望说他"藏书甲于大江以南"。祁彪佳的兄弟,也都是一时才俊,善诗文,擅词曲。祁家的女眷,亦特多才情。祁彪佳的妻子商景兰,婚前即为当地闺秀领袖,祁商相配,"闺门唱随,乡党有金童玉女之目"。他们"有四媳二女,咸工诗,每暇日登临,则令媳女辈载笔床砚匣以随,角韵分题",一家吟咏相尚,以致"青衣家婢无不能诗,越中传为美谈"。祁彪佳的儿子,能承父志,领导了多次反清复明的活动。因此,对于祁彪佳,以及对于祁彪佳的家族研究,都是大有文章可做的。可惜的是,在祁彪佳殉明之后,尽管一时有不少颂扬的文字,但到近现代,对他作切实研究的还是为数寥寥。杨艳琪欣然选定了这个题目,在全面研究祁彪佳及其家族的基础上去研究他的《远山堂曲品剧品》,显然是很有意义的。

她做这个课题很踏实。为了使自己的研究建立在厚实的资料基础之上,收集和阅读了有关祁彪佳的大量材料,特别是他的日记、尺牍等等,都作了悉心的探究,从而编写了《祁彪佳年谱》。由于她所收集的资料比较全面,对于祁彪佳的生平、家庭背景、地域文化环境了然于胸,这就为多角度、多侧面地研究《远山堂曲品剧品》创造了条件。她不再局限于《远山堂曲品剧品》的文本就事论事,而是特别重视参证祁彪佳的生平活动、文化环境与《远山堂曲品剧品》创作之间的联系,在对他的生平、交游及曲论思想的深入探究中,展示了明末清流士大夫的政治际遇和特殊心态,较好地把握了祁彪佳戏曲理论的批评特色和理论建树。这样,就使她的研究形成了一个鲜明的特色,即把祁彪佳作为明代末年文化的一个代表、一个符号来观照,能以比较高的理论高度和更宽广的视野来审视和观照《远山堂曲品剧品》的文学价值和文化价值。所以,今天能把这篇博士论文重新整理出来出版,是很有价值的。

当然,从更高的要求来说,对于祁彪佳及其家族的研究还刚刚是起步,还有许多工作可以做,有可能的话,希望她在这条路上继续走下去;假如客观条件不允许的话,也希望她继续能以这种治学的精神,在其他古代文化和文学的研究中辛勤耕耘,取得更大的收获。

见面后她嘱我作序,作为当年的老师,当义不容辞,然这几天我杂事冗集,无暇细叙,仓卒之间,略书一二,权为序。

2007 年 8 月 1 日

(《祁彪佳与〈远山堂曲品剧品〉研究》,中国戏剧出版社 2007 年 11 月版)

朱丽霞《明清之交文人游幕与文学生态》序

　　文学本来如同生活一样,五彩缤纷,千姿百态。读者也可以从各个不同的角度去接受或批评,自然会产生"横看似岭侧成峰"的现象。一部《西游记》,"或云劝学,或云谈禅,或云讲道",或说它是"寓言",或说它是"游戏",如此等等,恐怕永远难以用一种说法来一统天下。但是文学界常常有的人喜欢登高一呼,希望大家跟着他的指挥棒转,用一种眼光去看,用一个框框去套;同时也有更多的人也习惯于听着"一犬吠声"而"百犬吠影"起来。于是上下呼应,刮起了一股一股的风。当刮起用文学的眼光读文学的风的时候,就只讲形式,讲情感,讲结构,讲语言,把所有的社会历史批评都贴上了"庸俗"的标签,乃至把整个"外学"都一脚踢开;当看见人家又打出了"文化批评"的大旗后,又拼命地从漫无边际的"文化"中找一个角落来管窥文学作品,于是乎文学所研究的相关"外学"也越来越多,越来越细。这种现象好不好呢? 应该说是既好又不好。说它也有好的一面,毕竟一阵风来,大家跟着把一类问题搞得更深更细了;说它不好,就容易引导做学问不是从实际出发,而是跟着风转,用框框去套,产生片面化。如今,放在我们面前的朱丽霞教授的新著《明清之际文人游幕与文学生态》,我认为它还是有眼光看准了中国文学史研究中的一个值得研究问题,从实际出发,把它搞深搞透,才有了它的真正的学术价值。

　　游幕,本是中国古代文人的一种特殊的生活方式。他们或迫于生计,或出于友情,或寻求发展,就离乡背井,在权贵势要的幕中从事文字或谋划等工作,或随幕主辗转他方,或与幕僚切磋诗文,对个人的创作与流派的形成都很有关系。古人早就主张研究文学要"知人论世",但我们过去在这方面的工作往往做得较粗,做"知人"的工作,即使如"年谱"之类的著作,也往往着眼于一些家国大事、文人交游、诗文系年等等,大的空的多,小的实的少,一些作家给我们的印象几乎是他们不食人间烟火,为游览而写山水诗,为慰藉而作送别诗,为相思而写爱情诗,对他们的生存状况往往不求甚解。作家进行创作时,其生活状态怎样？衣、食、住、行如何？家庭的经济来源何在？这些问题往往被忽略。而实际上,文人的物质生存条件、经济来源等问题在某种意义上决定着作家创作风格的形成与成就的高低,所以很有必要加强这方面的研究工作。而今对于文人游幕生活的专门研究,就是对于他们的经济来源、物质生活等生存方式进行一个方面的具体、细致的考察,也就是将"知人"工作细化。可是在过去,对于幕府的研究,只是治史者较为关注,像郑天挺、刘樊、缪全吉、朱东安等都在这方面取得了可观的成绩。至于从文学的角度来研究幕府,相对比较薄弱,只是在近年来才陆续出现了一些受人注目的成果,如戴伟华的《唐代幕府与文学》(现代出版社,1990)、《唐代使府与文学研究》(广西师范大学出版社,1998),开始对文人游幕与文学之间的关系作了专门研究,马茂军《西京幕府作家群的散文创作》(《辽宁教育行政学院学报》2006年第1期),对宋代幕府与文学之关系也作了探讨。但是,对于明清以降文人游幕与文学创作之间关系的研究,还未引起研究者们的足够重视,特别是对于明清之际作为知识精英的遗民的研究,向来多集中于他们的道德情操和文学成就,很少关注他们生存处境,去研究他们的游幕问题。而今丽霞教授就以明清之际游幕问题切入,去检视当时包括遗民在内的文人的生存境况和文学活动的真实面目,探讨他们的生态环境和文学发展变化之间的内在联系,重新审视和思索明清之际文学演变的历史,这本身就是一件很有意义的工作。

丽霞教授的这部著作,以大量的实证材料论证了遗民游幕与易代之际文坛生态之间的密切关系。该研究打破了以往认为游幕是为实现人生理想的旧说,论证了多数文人游幕最基本的动机是为了生存。尤其是清初,许多遗民面临生活绝境时便走向游幕之途。这是遗民研究中极为重要又被忽略的一个角度。她认为,当时的士大夫对自己的生命价值有三种思索和寻求:殉国难、作遗民、仕新朝。其中,殉国和终于隐者的行为证明了他们对故国的道德责任。事实上,许多隐士最初选择隐居,主要是他们的生活质量并未因易代而受到太大的影响,其家中资财,大都可以供其在相当长一段时期内的丰衣足食,并不存在生存危机。文酒诗会,豪饮狂歌,他们仍生活于晚明那种文化氛围中。但这种纵情长歌的闲适逍遥并不能持久。十数年、数十年的遗民生活之后,他们面临着艰难而空前的生存压力。尽管许多遗民曾得到出仕新贵的经济援助,但没有人因慕其高尚的道义而永恒地提供资助。著名隐士陈伯玑于顺治十四年(1657)流落白门,旅况非前,"卖书卖墨过残年"(方文《道上遇陈伯玑有感而作》,《嵞山集》卷三),徐州遗民万寿祺晚年也匍匐于寺院,与僧人争余屑。显然,行有余裕、不必为柴米发愁的宽松的生活环境是一般人坚持自己的道德理想所不可或缺的物质前提。当"隐"和"逸"不能维持之时该何去何从?遗民节操属于一种集体的、道德的概念,而生存则是现实的个体生命能展开种种活动的基本前提。以遗民而终的归庄目睹众遗民纷纷下山之举而伤心地感叹:"十年以来,始之阳慕节义而不与试者,多不能守其初。"(归庄《族祖元祉及陈硕人双寿序》,《归庄集》卷三)至康熙前期,出而应试"滔滔者天下皆是"(顾炎武《常熟陈君墓志铭》,《顾亭林诗文集》"亭林余集")。在这样的状况下,既不出仕新朝,又要解决生存的危机,游幕就不失为一条可走的道路。曾经被视为关中诗人之领袖的王弘撰,于康熙五年(1666) 45岁时,就应叶承桃之邀,入书院教授生徒。康熙六年(1667),应陕西巡抚贾汉复之邀,入幕主修《陕西通志》。当贾罢任回京,仍邀王弘撰入室教授子弟。康熙十年(1671),50岁的王弘撰应通州太守之邀,入幕佐政。康熙二十七年(1688),67岁时,又应福建泉州守张云翼之邀入幕,选诗刻书。康熙二十九年(1690),王弘撰以古稀之年应大司马东山王氏之邀,入幕为其子弟授《易》。王弘撰以游幕的生存方式完成了自己的遗民之志。此外,如杜于皇、孙枝蔚、孙默、计东、赵友沂等不少明清之际的文人,都一个个走向了幕府,在"游幕"中成就了他们的文学声名。

　　谋取衣食,多为文人入幕的直接的、主导的动机。在此之上,可以间接实现齐家治国的理想,可以满足作为读书人的更高层次的精神需求。游幕可以使他们有机会结识同时代的名流,开阔眼界,并建立起自己的文学网络,扩大自己的文学影响;还可以使他们获得一定的条件,如较多的闲余时间,丰富的图书资料,幕僚间频繁的学术交流等等,可以从事学术文化活动;又可以使他们间接地获得参与当世事务的机会,如协助处理政事,参赞戎幕等等,在一定程度上实现自己的经世之志。徐乾学在《李分虎诗集序》中曾谈到嘉兴"李斯年、武曾、分虎三兄弟,俱好远游"。其中李武曾游幕终其身,在一封《家书》中就明确表示了游幕之乐不但有物质生活的保证,而且在精神上也得到了满足:"吾既有贤主人,而日供我以粱肉,衣我以缯帛,我乃自究夫兴革损益经世之务,知刑名钱谷之政,寄平日好善恶恶、利物济民之心,闻朝廷四方之政。及其巡历,则又资舟车,具乾糇,而我乃悉览名山大川、城郭都市、土俗民情,不费一物,所得已多。则岂惟不厌,且甚喜;岂惟不苦,且甚乐。"正因为游幕对解决个人生计与成就个人声名、事业功名等有多重作用,至康熙初,许多文人就毅然放弃隐居而加入游幕的行列。姚椿《晚学斋文集》卷四《史赤霞遗集序》云:"古之人才聚于幕府者为多,而于诗人为尤盛。盖其见闻繁富,阅历广博,凡欣愉忧愤之情,身世家国之故,其于人已晋接,皆征性情,抒才藻。自风雅以来,行旅篇什,唐宋以降,幕府征辟之士班班著见,载籍者大抵其客游之作居多也。"游幕作为维护遗民人格又能生存下去的一条理想的途径,就促使了大量的文人走进幕府,大量的幕府文学应运而生。丽霞教授就以十分敏锐的学术眼光,发现了明清易代之后,遗民入幕是促使清初文学变化的一个重要契机,是十七世纪中后期文学变迁的预言,为清代文学的全面繁荣和各种文体的复兴铺设了一条继续前行的康庄大道。于是她就抓住了游幕这一特殊的生活模式,用文学的眼光去作深入的研究。事实证明,游幕不仅是清初遗民的一条求生之路,而且也是清代文人文化生活的一种普遍现象。游幕文人,在事实上构成了清代文学创作队伍的主流。幕府的文学交游和文学活动直接制约和推动了清代文学的发展与变化。像李渔、毛奇龄、顾祖禹、万斯同、查慎行、洪升等名家,都离不开幕府的特殊社会关系和幕府修金养育了自己的文学生命。许多有影响的文学流派在幕府中形成,许多浩繁的文化工程借助于幕府得以实现。清代文学史在很大程度上是入幕文人的文化生活史。因此,研究明末清初文人的游幕与文学的关系问题,对研究整个清代的文学都具有示范性的意义。

"自古诗人多出幕僚"(叶绍本《兼山堂诗序》)。清代大量唱和诗、山水诗和送别诗多产生于幕府和游幕之途。文人赴幕,东西南北、水陆兼程,往往需要数月甚至半载。他们沿途游山玩水、走访古迹,得江山之助,创作大量山水诗,如查慎行入仕前,游幕于黔、粤、闽、赣、鲁等地,创作了数千首山水诗,引领一代诗风。从数量上说,清代每一位游幕文人的作品集中,几乎无一例外地山水诗占有主导的位置。这或许是清代山水诗特别繁荣的一个重要原因。

有关清代词学的复兴,丽霞教授也提出了新见。如所谓浙西词派,自从严迪昌先生的《清词史》问世以来,已为学界所认同。但词学界的研究专注于江浙文化的发达、时代对新词学观的呼唤、朱彝尊博鸿之举的荣耀等几方面探讨浙西词派的形成,很少注意到求生的动机是导致浙西词派形成的根本因由。丽霞教授此书,就特别考察了浙西词派六子的游幕生活。朱彝尊最早填词是因在曹溶幕府,受幕主曹溶填词兴趣的影响,与幕主相互唱和。后在金陵龚嘉育幕府，助龚选词刻词，而李良年、沈皋日等也分别被邀请入龚幕。他们就有一个便于相互切磋的环境，又由于幕主的词学热情，加强了这些幕府文人的相互交流，共同唱和，选刻《词综》，表达了他们相似的词学主张。这种幕府组合，终于导致这一词学流派的形成，并影响了清代百余年的词坛。

游幕文人代撰笔札和奏疏，也促使了清代骈文蔚为大观。陈维崧游幕，代幕主撰写信札和代撰文章，写下了大量的俪体骈文，使他成为清代第一个骈文大家，并由此引发了清代的骈文复兴。清初如吴绮、章藻、毛奇龄、李绳远等，在幕府有暇，多将人生感慨寄托于戏曲、小说。传奇、杂剧与小说到清代，都趋向文人化、案头化，也多与作者的幕府生活相关。清代大量同性恋、婚外恋作品得以流传，在相当程度上也与游幕生活有点联系。

游幕文人往往得到幕主资助，从事金石考古和学术研究，幕府生活将他们送上学术之路。如朱彝尊，在山东巡抚幕，搜求碑刻古鼎，研究金石文字，成为清代较早从事考据之学的知名学者。词学家万树，游幕两广，暇则制曲为新声，所填乐府二十余种，并成《词律》一书。顾祖禹应徐乾学之邀后出而入幕，参纂《大清一统志》，并借助徐氏的束修和资料完成《读史方域纪要》。万斯同以布衣入住徐氏兄弟的碧山堂宾馆，也是为了藉此以实现修史之愿，虽"隐操总裁之柄"，却不居纂修之名，完成了他凭个人财力无法完成的史著。

丽霞教授的《明清之际文人游幕与文学生态》，着重研究了文人的经济生活、生存条件与文学创作的关系，为我们打开了一扇明清文学研究的新窗口，使得我们更具体、细致的"知人"，更全面、清晰地了解到文学创作的运行机制和生态环境。这在研究方法上也为我们提供了一种有益的启示和一个可具操作性的范例。她虽然是从考察文人的游幕生活入手，但能立足于"文学"本位，又注重文献的实证，提出的不少结论与材料，常常给人以耳目一新之感。所以，她的这部著作，尽管主要论述了三个个案，但对清初遗民文学，乃至对整个清代文学的研究，都是具有启发意义的。

丽霞教授就在复旦毗邻的财经大学工作，但我们并不太熟，只是在她两次晋升职称时，都有幸阅读过她的论著，知道她致力于明清文学的研究，曾出版过《清代辛稼轩接受史》（齐鲁书社，2005年）、《清代松江府望族与文学研究》（上海古籍出版社，2006年），还有即将出版的《家族、文化与文学——以明代上海顾、陆家族为例》，给我的印象较深。如今，这部新著又将很快出版，值得庆贺。只是我对游幕问题并无专门研究,仓卒之间,勉强从命,胡说八道之处,但请丽霞教授与读者指正。

黄　霖

2008 年 4 月 20 日

(《明清之交文人游幕与文学生态》,上海古籍出版社,2008 年 10 月版)

雷群明《聊斋艺术通论》序

现代对于中国古典小说的研究大致经过了三个阶段:第一阶段是从轻视小说的老传统中跳出来的,正式将古典小说作为一种研究对象加以认真探讨,其时主要侧重在小说作者、版本等问题的考证上;第二阶段则注重在评价作品的思想意义;近年来,越来越多的人认为必须进行全方位的研究,特别有必要着重分析和总结我国古典小说的艺术经验,以作为当今创作的借鉴。

群明可谓得风气之先,早在1981年即推出了《聊斋艺术谈》。顾名思义,《聊斋艺术谈》是一部探讨《聊斋》艺术技巧的书。这样的专著,在《聊斋》研究史上还是第一部。当时我一口气读完了它,心里实在很佩服。我佩服群明对《聊斋》的艺术问题竟谈得如此细致、中肯。比如,就《聊斋》塑造人物而言,作者从个性、感情、表里、心理、矛盾、情节、细节、巧合、环境、语言等十个方面作了详细的分析。此外,他还探讨了短小精悍的《聊斋》富于幻想、善于讽刺、敢于暴露等艺术独创性,在论述过程中,探微窥奥,发表了不少独到的见解。就《以情动人》一章而言,他从《聊斋》的创作经验中得出了这样几点认识:写情要"写得真,不能假";"写得正,不能邪";"写得深,不能浅";"写得新,不要旧";最后,"作品要以情动人,作者自己必须先有情,先动情"。这类见解,对于当前文学青年学习写作,确实不无一定的启发帮助作用。

我佩服群明还在于他在谈《聊斋》艺术时,本身写得那样富有艺术意味。这部书构思新颖,文笔生动,短小活泼,深入浅出,往往写得有理、有情、有趣,读来引人入胜,兴味无穷。不少篇章读后让人觉得得到了一次艺术享受。难怪它与读者一见面,即被争购一空。

一晃七年过去了。七年中谈《聊斋》艺术的书陆续出了好几部。而群明如今又亮出了《聊斋艺术通论》,实际上是《聊斋艺术谈》的增订本,它的篇幅较前增加了一倍,仅谈结构的,就另辟了十章。这些增加的篇幅既吸取了最新的研究成果，又与原有的文字浑然一体，从而使全书更丰富，更完美。这又不能不再一次令人佩服。

实际上，我佩服群明不自今日始。二十余年前，我与他一起在复旦当研究生。当时，尽管我们的导师不是一个——他从赵景深先生治小说戏曲，我跟朱东润先生学中国文学批评史，但他的才气、胆识和干劲，每每使人倾倒。毕业后，几度春秋，几度风雨，各人在走各人的路，真是阴差阳错，我这个原来不学小说的人，却不正不经地搞起小说来了，而群明则被公务拖住了手脚，无法尽情地在小说戏曲领域里驰骋纵横。但是，一颗对于自己专业执著的心，始终在群明的胸膛内跳动着。白天，他心甘情愿地"为他人作嫁衣裳"；晚上，则坚忍不拔地摸他的老本行。《聊斋艺术谈》及多种著作、论文，就是这样在灯下搏出来的。因此，每当收到他的赠书之后，常常肃然起敬，感慨不已：群明还是过去的群明，他没有忘情于本行，没有失却书生的本色。因此，我作为一个老同学、新同行，乐意为他的书写序，在为他取得成绩而高兴的同时，深深地祝愿他不断地取得更大的成绩，从中也可让我分享到一份喜悦和荣光。

一九八九年六月四日

（《聊斋艺术通论》，三联书店1990年2月版）

周策纵《红楼梦案——弃园红学论文集》书评

虽然,周策纵先生在年轻时曾想"不作红楼梦里人",但七十余年间却一直在《红楼梦》的真真假假里爬梳,乃至于"白头海外",犹说《红楼》天下重。就一部《红楼梦案》,被人推为"海外红学一大家"。

说来也真令人啼笑皆非,目下有的地方学界考等的"时尚",常以论文数量计。于是乎诱人东拼西抄,连篇累牍,看似著作等身,论文进入了一个"大跃进"时代,但实际上炮制的都是堆堆废纸。周先生《红楼梦案》一书并不太厚,却因下真工夫,有真识见,于是乎自然能为世所重。周先生的识见,可借用他文章中的一个标题"既识其小,免失其大"来改掉两个字,就是"既识其小,又窥其大"。小至《红楼梦》中一句一词、一人一物,大至《红楼梦》的意境、本旨,乃至红学、曹学史的回顾与前瞻,以及"还应叫那全世界的苍生惊晓,一道儿来品赏其中妙",其眼光纵贯几百年,横通全世界,不可谓不大。而其妙,尤在能小中见大,大中有小,小大由之,挥洒自如,这就不能不令人佩服。

当然,我并不是说周先生于红学处处皆精,事事都通。人生有涯知有涯。一本《红楼梦案》真正提出和试图解决的问题,实际上也屈指可数。只是这些问题,有的是难度高,有的是较重要,经周先生旁征博引,娓娓道来,让人觉得有理有据,至少也能自成一说。在这里,实证显然是周先生的根柢所在。他在《自序》里说:这本集子"主要还在于考证、文论、和版本校勘几个领域"。"考证"和"版本校勘",无疑是一种实证性的工作。这也最能显示周先生的实绩。在集子中,标题上明确标明为考证类的是两篇:《论关于凤姐的"一从二令三人木"——〈红楼梦〉考之一》、《〈红楼梦〉"汪恰洋烟"考——〈红楼梦〉考之二》。今就"汪恰洋烟"而论,自20世纪40年代方豪注意考证《红楼梦》中的舶来品,以证《红楼梦》的作者问题以来,已有一些学者陆续对那些西洋名物作过研究,但就是"汪恰洋烟"一物无人知晓。周先生即从印第安人使用烟草起,到流入欧洲,再从法国到中国的传播过程,以及翻译时的音变和烟草的药用等等,力证"汪恰洋烟""一定是 Virginia 或 Virgin 的译音",说来叫人不得不服。比起这一种洋烟的考证来,更能显示周先生特识的是有关曹雪芹家世政治关系的梳理。他在《玉玺·婚姻·〈红楼梦〉》等文中,从几件碑拓考起,分析了曹雪芹远祖曹振彦、曹玺到曹雪芹这一百年间,与阿济格、多尔衮兄弟、佟养性、佟养真一家及康熙、雍正之间的政治关系,说明曹家"失败之故,除其他社会、经济、人事等因素之外,实由于从来宫廷关系之深",其间还有曹玺的命名以及曹天佑即曹雪芹等假设,多富创意,若干推测虽有待于发现新材料来坐实,但确为学人开拓了一条新的思路。其版本校勘方面最见先生眼力的是《论一部被忽视了的〈红楼梦〉旧抄本》。此文校的是《痴人说梦》所记的一种抄本。《痴人说梦》原书虽然比较罕见,但其有关部分《镌石订疑》却早由一粟《红楼梦卷》引出,为当今每一个红学家所习见,却从每一个红学家的眼皮底下滑过去了。如今,周先生将此"痴旧本"与各脂本比较了异同,并指出其"独有的文字",从而认为《痴人说梦》的作者范锴是"最先为《红楼梦》做校勘记","可能是第一个真正的'红学家'"。周先生以实证为根柢,事实上不仅表现在这些考证与校勘性文字上,也突出地表现在"文论"方面的文章上。他的文论,不是像王国维那样搬弄一种西方的理念来套中国的《红楼梦》,而是主要通过实证来求索其本来的意义。如《〈红楼梦〉"本旨"试说》、《〈红楼梦〉里的一个思想问题及其背景》两文,可谓是集子中"文论"的代表作。前文论作者依据本身的亲见亲闻,写出人生体验富贵与痴情的悲剧历程,呈现了作者把世界与人生视为梦幻的"本旨",这都是"在脂批本和初期抄本的正文或批注里"找出根据的,连文章不提"主题"而用"本旨"两字,也是从甲戌本《凡例》而来。后文在论述小说中的主要政治和伦理思想时,提出了天命与大义、分与情两对矛盾,也主要是用文本及相关的一些材料来证实的。所以,笔者认为,《红楼梦案》一书的根柢与最有创意的地方往往在于实证,至于像《谈诗和〈红楼梦〉的世界》这类访谈笔记,尽管谈小说的"整体意境"等问题很有意义,但由于受体制的影响而未能展开,又无实证,因而难免就显得单薄了。

  《红楼梦案》一书的精彩之处,还在于能让人透过这些文章,可见周先生治学精神之可贵、可敬。比如,他的独创精神就十分令人神往。就《红楼梦》中有关王熙凤的"一从二令三人木"一句来说,胡适曾认为"无人猜得出"它的原意,但自清代周春起,还是不断有人在猜,到目前为止,其说法已不下三十种。种种猜法,大多在脂砚斋批过的"拆字法"里兜圈子。周先生则跳出这三个字的圈子,另从六十八和六十九两回的故事中找证据,终于找到了新的解答,并以此来证明后四十回与前八十回的连续性。再如,他提出做学问要能"不惜以当下之我,难当下之我","同固欣然,异亦可喜",亦即要有一种"尊重异己"、自我否定的理智和勇气。对此,周先生谦虚地说自己"未能做到"。的确,在他的这本集子里,是比较难以找到明显的自我否定的例子,但还是能看到尊重异己的精神,比如关于甲戌本《凡例》的一些问题,红学界聚讼纷纭,他的几篇文章的口径也并非完全一致,值得令人注意的是《〈红楼梦〉〈凡例〉补佚与释疑》一文后面所附的"作者按"说:"属稿既就,得读冯其庸先生长文,其所见与此有同有异。冯先生大作至为博洽,拙文存之亦聊以备一说而已,亦无暇修正也。"这虽还不能说是"难当下之我",却真能做到"同固欣然,异亦可喜"。又如,他一再提倡"多方研究《红楼梦》"的主张,不但对红学界,而且对整个学界也颇具针砭意义。他的这本集子,本身就是用多种角度、多种方法去研究《红楼梦》的结晶。最后,我觉得,周先生因为是红学家,又不仅是红学家。他研究《红楼梦》不只是出于"考证癖"、"历史癖",而是为了"能使一书天下重",具有阔大的胸怀。于是乎,他不辞辛劳,奔走海外,主办了两次举世瞩目的《红楼梦》国际学术会议,使"《红楼梦》一书之光焰如日中天"。仅凭此一点,周先生在红学史上也就不能不令人瞩目了。

(《红楼梦案——弃园红学论文集》,台湾"中研院"文哲研究所
《中国文哲研究集刊》第 24 期,2004 年 3 月)

陈维昭《红学通史》序

"红学",可说是 20 世纪文学研究中最"红"级的一门学问了。研究人才之广,发表论著之多,所造声势之大,自《诗经》、《楚辞》而下,至《三国》、《水浒》之类,恐怕都无法望其项背。可我却一向对《红楼梦》提不起兴趣,一直没有想探个头进去看个究竟,只是在"红学"的门外踯躅、观望和看看热闹而已。如今,维昭将一部百万余字的《红学通史》放在我面前,嘱我写序,真叫我一时不知从何说起!

犹豫再三,还是从我最初得知他写成这部书时的印象说起吧!去年,他对我说,完成了这样一部书,正在联系出版。当时,我没有见到书稿,不免心存疑惑:因自 1966 年潘重规先生说《红学五十年》起,特别是 1980 年相继出版郭豫适先生的《红楼研究小史》、《红楼研究小史续稿》与韩进廉先生的《红学史稿》以来,后又有刘梦溪先生的《红学》、欧阳健先生的《红学百年风云录》、白盾先生的《红楼梦研究史论》、维昭他自己的《红学与二十世纪学术思想》,以及伊藤漱平先生的《日本研究红楼梦小史》之类的论著。这些有关红学史方面的书稿,虽然还不能说已林林总总,却也可以称得上是为数不少,真不知维昭他当下还想写些什么,还能写些什么。

如今,一打开他的目录,疑云顿释,深以为他确实有东西写,而且有必要写。

这倒不是说,前贤所著不行,而是每个时代都有每个时代的著作。像郭豫适先生二十余年前的两部著作,我都反复拜读过,十分佩服。它们无疑是有开风气的作用,解决了不少问题,为后来的红学史研究铺下了坚实的基础,在红学研究史乃至整个文学学史上永远有它们应有的地位。但像郭先生的著作,最早孕育于上世纪 60 年代,即使后加修改,到 80 年代才出版,不论其对象的确定、材料的选择,还是观点的运用,难免要受到那个时代的影响,有一些该写的没有能被写进去,有一些该写得充分的却并没有被写得充分。至于像潘重规先生的《红学五十年》、《红学六十年》一类著作,也在他的学术观点指导下,将"红学"圈定在某一范围内,显然有许多方面没有纳入他的视野。其他后来的一些著作,也都是有选择,有"重点",包括在我后来主持编写的《中国小说研究史》中,许建平先生用了相当多的篇幅来写"红楼梦研究史",但其覆盖的面还是嫌窄,许多问题还没有照顾到。这些,或许就是促使维昭他要另写一部红学史的第一个由头吧。至于第二个由头,恐怕就在于考虑怎样与时俱进,以一种更新、更好的理论与方法来阐释一部红学史了。

于是,他撰写这部红学史,一是强调了"通",二是强调了他的"解释学立场"。

关于"通",维昭自己在《绪论》中说:"从'纵'的方面看,它以自'红学'诞生至今的整个发展历程作为考察对象;从'横'的方面看,它要把每一时期的中国大陆及海外(台港地区及其他国家)的《红楼梦》研究现象纳入视野。"接着,维昭又说:"通观者,不仅在于对研究现象的整体考察,更在于对红学发展的内在律动以宏观把握。……所谓内在律动,对于《红楼梦》的意义诠释领域来说,是对各种意义生成的内在依据的把握;对于《红楼梦》的事实还原领域来说,则是对研究命题的捕捉与持续性关注。"这就是说,他的"通",包括纵与横,内与外,中与洋,都要力求通。换一句更朴实一点的话来说,就是要全面的把握。这是一个很高的目标。要达到这一目标,既要有阔大的胸襟,也要有充实的积累。胸襟阔大,就不能以我为主,多立疆界。一部红学史,就应当把有关红学的方方面面都纳入编史者的视野。假如将有关《红楼梦》的文献研究视之为繁琐无用之学而摒之于门外,固然不妥;但反过来惟将文献研究认作是正宗的学问,也明显不通。本来,学问之道,各不相同。有的走考订、训诂之路,也有的行批评、欣赏之道;有的是为了探索思想的真谛、艺术的奥秘、社会的功用,有的是为了求实字句的原义、故事的来源、作者的面目、版本的真伪;很难说哪一种是真学问,哪一种是假学问。只有将所谓"内学"与"外学"、"硬学"与"软学"(我将实证类的姑称为"硬学",评释类的称之为"软学")都当作"学",才能建构起一部完整的学术通史。维昭在这方面就采取了一种兼收并蓄、熔为一炉的策略,这是一种编史者应有的气度,这也才使他有可能走上编写一部通史的通途。上了这条路,必须下工夫。工夫才是使他最后能走通这条路的根本保证。早在上世纪80年代初,维昭就学于中山大学,读硕士期间(1984—1987)就开始接触《红楼梦》。1990年，真正下工夫研究，第一篇论文《〈红楼梦〉的叙事结构》发表在《红楼梦学刊》1991年第2辑。1991年至1995年期间，正是红学界各种新说迭现的时期，这进一步引发了他的研究的兴趣。但同时他觉得争论的各方假如能摆脱就事论事的习惯，放开视野，去认真探究各位研究者的知识结构和所处的文化时空，就可能会更好地发现问题的实质。这就使他更致力于将20世纪的各种红学现象放在整个学术史的背景上，着重去分析其"之所以然"，而不满足于对各种红学观点的是是非非的点评上。沿着这一思路，他写出了《红学与二十世纪学术思想》一书。假如说，于1996年撰就、2000年出版的这部专著是牛刀小试的话，那么在这基础上，他仍孜孜不倦地在"通"的道路上前进，力求网罗所有的材料，继续不断地思考问题。1999年他来复旦攻读博士学位，这给他进一步搜集红学史的材料提供了更好的条件。他所撰写的六十万字的博士论文《二十世纪中国戏曲研究史》虽然并未直接与《红楼梦》挂钩，但也磨炼了他编写学术史的眼光与方法。2002年毕业后，他心不旁骛，专志红学，一鼓作气，完成了这部大著。因此，前后算来，维昭在红学史上所花的工夫，也有十余年。曹雪芹当年说他写《红楼梦》是"字字看来皆是血，十年辛苦不寻常"，如今维昭的这部通史虽还不能说是"字字看来皆是血"，却也可以说是"字字通处见功夫，十年辛苦不寻常"。工夫，就是"通"的不二法门。他的"通"就是建立在功夫之上。所以综观这部《红学通史》，尽管在纵与横、外与内、中与洋等各个方面不能说已网罗无遗，但应该说，该说的问题都说到了。一个"通"字，当之无愧。

维昭这部通史的另一鲜明特点，就是"明确地提出解释学立场"，强调"任何叙述都已经是一种评判"，认为"只有依靠这种解释学立场（而不是客观化假定）才能够真正把握《红楼梦》研究史的内在律动"。这种强调编史的当代阐释性，应该说是近些年来在中国也开始比较流行的一种史学编纂观点。"一切历史都是当代史"，从一个角度来看当然是真理。这对于一味强调编史的客观性无疑是一种补充与进步。但一切历史毕竟是历史，一切叙述与阐释都还是要从历史的事实出发，否则就不成为历史著作而就成为文学创作了。所以，编史究竟是强调解释为先，还是主张以客观为重，学术界实际上还存在着不同的看法。就在最近出版的一些学术史著作中，首先强调"客观性"的也不在少数。前几天，在一次学术会上，我就听到某位朋友说，他们准备编一部只摆客观材料，不作直接评判的文学史，让读者或学生自己去加以思考。当然，那些材料如何摆，摆些什么，实际上也都倾注着编者的观点，但它毕竟与"解释学立场"是两条道上跑的车。这两种编史的路径，孰优孰劣，我想是无法笼统地加以评判的。应该说，它们是各有所长，也各有所短，关键是看你如何实际运用。维昭在这部史中，以解释为重，就能对一系列的红学现象，特别是在观点与方法的变化、发展方面尤能作出十分细致而恰当的辨析与评价。就20世纪的红学史中，如何评价胡适、李希凡与蓝翎、余英时的红学观点，可能是最为关键的。维昭在解释胡适的"新红学"时，抓住了"实证"与"实录"两个方面，努力追溯其学术渊源，自有所见。他认为胡适从传统的考证基础上，又注入了现代的"科学方法"、"实验方法"，使红学乃至整个小说的考证上了一个新的台阶，对20世纪中国小说的研究产生了很大的影响。同时，他所提倡的"自传说"，使20世纪"贾曹互证"的思路也一直绵延不断，而"自传说"的根柢实际上还是与传统注经与史学的实录观念大有关系。这就比较清楚的辨析了胡适"新红学"具有合理的一面的同时，又有其反科学的一面，不能笼而统之的赞同或反对。"新红学"之后盛行一时的李希凡他们的红学观，自"文革"之后往往被一些人称之为"斗争红学"而一笔否定。维昭在指出李希凡他们的文章符合了当时的政治需要之外，主要将其定位在"现实主义阐释"方面，认为"《关于〈红楼梦简论〉及其他》这篇文章尽管存在着'上纲上线'的措辞，但是，它的讨论是严肃的。它的真正意图是对延安时期以来革命的现实主义理论进行一番实践。这与1949年以后中国大陆文艺批评的价值体系的转换历程是步调一致的"。在论析他们的"红学史批判"时，也认为他们对脂砚斋、王国维，一直到胡适、俞平伯、周汝昌等人的批判尽管在总体上"主要采用了政治意识形态立场"，有失公允，但还是有分析地指出李、蓝在否定前人的同时又对批判对象各有一定的肯定，并指出这正是李希凡他们从文艺反映论出发而"对传统文艺观之狭隘与肤浅之不满"，自有其可取之处，并说："这种文艺观强调了文艺在历史批判上的重要作用，这对于处于民族救亡时期或政治斗争激烈时期的中华民族来说，是一种最具合理性的文艺观。"但当民族救亡和政治斗争的语境淡化之后，人们就会发现反映论文艺观迷失了创作主体的审美建构作用，人们就会呼唤表现论文艺观。正在此时，余英时的"新典范"论在"文革"之后乘虚而入，影响了一时的红学天地。维昭对余英时的理论予以了特别的关注，分析了它产生的文化背景，细致地辨析了它的积极意义、理论缺陷与负面作用，极具针砭意义。

当然，站在"解释学立场"上，如上对于红学史上的一些观点与方法方面的问题,往往容易一展身手,而对于那些实证性研究方面的问题,就相对较难措手。然而,维昭在后一方面,也并没有显得无所作为,仅以一般的"综述"来敷衍了事,而是努力地介入主体的领悟、解释与评判。比如"曹雪芹祖籍"之争,一以"丰润说",一以"辽阳说",双方一次又一次的交锋,常常牵动整个红学界和新闻传媒界,令人眼花缭乱。维昭在仔细梳理、辨析他们的主要观点和学术价值的同时,尤注意将一些争论的"泡沫蒸发干净",去考究他们争论的症结与盲点。他尖锐地指出,两说发生争议的实际上不是曹雪芹的祖籍,而是曹锡远(或曹振彦)的祖籍。曹雪芹的祖籍问题,胡适于1921年即已解决(他认为曹雪芹祖籍辽阳),这一观点一直为学界所普遍认同。30年代,李玄伯根据新发现的曹家资料,开始探讨曹寅的祖籍。至50年代,出现了曹寅祖籍之争。从此之后,发生异议的不是在曹雪芹的祖籍上,而是在曹锡远的祖籍上。因此,他特意用了诸如"曹锡远祖籍研究及其盲点"、"曹锡远祖籍辽阳说"、"曹锡远祖籍问题大论战"之类的题目来加以表述。至于两说的"盲点",他则作了如下的结论:

  持"辽阳说"者可以证明曹雪芹祖籍在辽阳,但不能证明辽阳曹的祖籍不是丰润,因为在曹锡远与曹智之间存在着一个持"辽阳说"者所不能说清楚的盲点;持"丰润说"者可以证明曹端广的后人入辽,但它不能证明这位入辽的后人是如何与曹锡远挂上钩的,这是"丰润说"的盲点。也就是说,"辽阳说"与"丰润说"存在着相同的盲点。在辽东这一点上,"辽阳说"表现为"来无影","丰润说"则表现为"去无踪"。

再如有关《红楼梦》的版本问题,也是错综复杂,红学家们的考辨层出不穷,维昭在梳理、绍介之时,虽难以一一指陈得失,但他对这些研究还是有自己的看法。其第三编第六章专论1949—1978年的"版本研究"时,于第四节中专门安排了一小节"版本源流研究与张爱玲的意义",从"识小辨微"之处,也可见其独立的眼光。张爱玲本不是一个正宗的版本学家,也没有对《红楼梦》版本的演变有一个整体的认识,但维昭恰恰在这个小说家的杂乱无章的谈论中窥见了重要的版本意义,认为"张爱玲终于感悟到《红楼梦》版本流变的复杂性,并提出了相应的研究方法"。这主要是指张爱玲在《红楼梦魇》中提出《红楼梦》的版本研究不能以"本"为单位,而应该以回、段、句为单位,各版本的时间先后在不同的回、段、句上，其顺序是不一样的。张爱玲的这一认识，在很长一段时间内并未引起普遍的注意，尽管到了八九十年代，中国大陆的一些研究者已经注意到这一意见，但往往采取回避的态度。面对着这样的情况，维昭则坚信"她的提示与研究为下一时期的《红楼梦》版本研究开启了一个新视点"，作出了自己独立的解释，给予很高的评价。

总之维昭的这部史，不是采取旁观式的描述，而是以积极介入的态度，对一部红学史在力求详细描述的基础上，努力在一个更大的文化背景上去透视各种批评旨趣与研究方法，作出一个编史者独立的解释与评判，目光敏锐，态度鲜明，读来令人佩服。当然，肯定也有人对有的解释不但不佩服，而且可能会竭力反对，这也是十分正常的。学问之道，总是在辨难中不断发展。它只要能引发人们的兴趣和深思，这就是成绩。这或许也就是"解释学立场"所带来的魅力吧！

由此"解释学立场"而引起了我的进一步思考。我想，强调解释，无非是强调著史者的主体性和著史的时下性；或可以合而论之，则是时下的主体性。但这种主体性的发挥，还是有不同的发挥套路的。比如，有一个立足点的问题。这就是在主体阐发的时候，究竟是立足在当下的某种观念之上，还是立足在红学史的事实之上？我们曾经读到过不少明确用某一种理念去解释一部文学史的著作，比如，用"现实主义与反现实主义"，用"阶级论"，用"儒法斗争"，用"人性论"等等，这些著作的成败得失，大家都已比较清楚。就从红学研究来说，王国维用的是叔本华理论，胡适用的是潜史学实录理论，李希凡用的是反映论，余英时用的是表现论，大家像走马灯一样将《红楼梦》这部小说打扮成各种各样的小姑娘。尽管后之视前，总以为今能胜昔，但每一种理论在当初对《红楼梦》作阐释的时候，也总有它存在的理由和市场。即使是索隐派，他们实际上也是根据某一理念在阐释《红楼梦》，不同的只是他们用了一些材料来"阐释"他们的一种观点罢了。他们与王国维、李希凡，乃至余英时实质上是一样的，都是在对《红楼梦》作一种阐释，只是索隐派用的是不同的观点与手段而已。另一种立场，则不是从主体的某一理念出发，而是立足在文本之上，从事实出发，是什么问题，阐释什么问题。比如，对胡适，不是先从什么唯心主义、实用主义、政治反动，或者是反映论、表现论等等理念去套，而是从胡适具体的考证和阐释出发，从文化时空中去辨析他这一套东西产生的缘由，以及他的科学性与反科学性的不同成分和在红学史上产生的影响等等，这种阐释，似乎既不失编史者的主体性,又较能契合解释对象的客观性,维昭所走的路,似乎是后一种,即是没有用一种先验的理念或模式去阐释研究的对象,而是从研究对象的实际出发去解释它的来龙去脉、本质特点与成败得失等等,这就使他的这部通史在保持自己主体性的基础上具有独特的个性。从另一个角度说,也只有从研究对象的实际出发去解释,才能真正形成自己学术著作的鲜明个性。

强调主体性、阐释性,这里还有个史德的问题。从实际出发去阐释,就要坚持传统秉笔直书的精神,是什么问题,就写什么问题;有什么认识,就写什么认识,不因为遇亲者而谀之,遇疏者而略之,遇强者而屈之,遇弱者而欺之。这一点,说时容易做时难。眼下读到的不少有关学术史的论著,往往是遇亲则谀,遇疏则略,见位高者一味吹捧,视无名者不屑一顾,写出来的是一笔糊涂账。维昭在当前的红学界,还只能说是晚辈后生,一部通史中,涉及的名家前辈不知多少,有的人还是老虎屁股不好碰的,他都能坚持直道,该褒的褒,该贬的贬,该详的详,该略的略,该怎么解释就怎么解释。而对于红学界的一些初出茅庐之辈,则能一视同仁,书中的不少论点即采自研究生的毕业论文之中。这说得抽象一点,也就是说阐释的主体性还是要服从于客观性;而要尊重客观,第一的是要有直道。有了直道,第二还是要讲恕道。所谓恕道,用通俗的话来说,就是要设身处地;用理论一点的话来说,就是要讲历史主义。时代是在不断发展,认识也在不断深化,前人的认识难免粗浅,也往往不合后人的口味,但在粗浅之中往往蕴含着伟大,不同的口味中也自有不同的奥妙,不可轻率地以今律古,苛求前人,或者是在不同文化环境中的人,想当然地苛求他不懂的另一文化环境中的人。在这里,我注意到维昭对钟敬文先生考察索隐红学意义的评价颇高,认为民族主义和民主主义是近代中国的进步思想,是当时推动社会前进的思想主流。从这一语境出发,钟先生认为蔡元培之写作《石头记索隐》,其"内在的、有决定意义的原因,是受当时中国社会反满清统治和帝国主义侵略的思想潮流的驱使,是做为民族资产阶级意识代表的著者,要用自己的新观点去解释过去的文化成果,并使之为资产阶级的政治活动服务"。相比之下,胡适把《红楼梦》视为曹雪芹的"自叙传",实际上是使文学评论思想倒退。至于侠人等人对《红楼梦》的民主主义的评论发表之后,到新文化革命的新时期,这一类评红者往往把视线集中在家庭和婚姻问题上(《近代进步思想与红学》,《北京师范大学学报》1963年第3期)。维昭认为,钟先生"从时代的文化旨趣、批评旨趣的角度出发,于是对红学史的评价就能一针见血、高屋建瓴,深刻地揭示了红学批评的本质。与那些'旧红学'、'新红学'的简单化做法相比,钟氏的视点才是真正揭示了文学批评的本质。只可惜这种平实的学术史探讨在这一时期里昙花一现"。当然,对于索隐派以及钟先生的这一观点自可讨论,但这里能对不少人认为过时的索隐派、旧红学不作简单的否定,而是能放在历史的背景上给予应有的评价就令人敬重。这就是讲恕道,能历史地分析前人的功过得失。编史讲史德,既要讲直道,又要讲恕道,似乎有点矛盾。其实这两者的本质特点就是一个,尊重客观,尊重实际。所以归根到底,讲阐释,强调主体性,与讲究客观性是并不矛盾的。与直道和恕道相关的,我还想从另一个角度来讲史德的问题,这就是如何对待红学史上意识形态和不同的政治观点介入的问题。这个问题在古代似乎并不突出,而在20世纪,特别是近半个世纪以来,在讲学术史时,恐怕是一个难以回避而又十分棘手的问题。我想编史者也应该用直道与恕道来对待,也就是既要坚持原则,又要实事求是。过去把学术与政治捆绑得很紧的历史教训应该认真吸取。我们现在回过头来编学术史,似乎不能以其人之道还其人之身,不要还是高举"政治第一"的标准来对待一切学术问题。能否把学术问题与政治问题区别对待,多作一些具体分析?而且,即使是对政治问题,也要作具体分析。不是所有为政治服务的学术都是错误的。学术毕竟还是要放在整个人类进步的历史坐标上加以衡量的。这样的话,像李希凡、蓝翎他们在整个红学史上的功过还是可以仔细斟酌的。后来有的高举反对"斗争红学"、"政治红学"旗号的人,实际上本身就是从某种特定的意识形态出发的,政治意识强得很。对于红学史上的这类现象,我们必须有清醒的、独立的头脑。不管风云变幻,编史者必须讲史德,凭良知,从事实出发去描述,去阐释,去评判。

　　古人论编史重才、学、识。假如说维昭所求的"通",主要关乎学;所重的"解释",主要关乎识;至于维昭之才,我想也不必多说,一部《红学通史》放在面前,读者自可观之。我多说了几句"德"的话,也是从章学诚所说的"文德"而来。不过,从当前编学术史而言,似乎讲"史德"还是最为要紧,假如一味跟风、跟势、跟上,或者抱着几个小兄弟,操纵着几家传媒,一心考虑如何包装、炒作,还有什么学术良心可言,还有什么学术良史可读? 当然,作为一部学术史,最后还是要以识、学、才来衡量其优劣高下。刘知几说:"史有三长:才学识。世罕兼之。"今我又加了一个德,怎敢说维昭这部《红学通史》在德、识、学、才四个方面都能兼长! 不过,有一点我是敢说的:他正是在朝着这个方向努力的。

门外谈"红",杂无章法,最后竟谈到了编学术史的德、识、学、才,这或许是由于我近几年来常看到、常想到的一些问题而引发的吧!啰嗦几句,权作维昭《红学通史》的序,只是希望笃志好学、淡泊名利的维昭,能不断地朝着这个方向去努力。当然,这也是我所追求的方向。

黄　霖
2004 年 8 月 16 日于苏州河畔恒安居

(《红学通史》,上海人民出版社 2005 年 9 月版)

周兴陆《吴敬梓〈诗说〉研究》序

或许我与兴陆真的有缘,早在他报考硕士研究生的时候,曾经写信给我们的研究室询问,当时正好由我给他写了回信,这是我们的第一次接触。后来他报考博士研究生的时候,给我寄了一篇硕士论文,题目是《杜诗研究史》。当时我正在考虑我们的批评史研究向学术史、研究史方向拓展,他的文章当然引起了我的兴趣。那时,我正患重病在医院,头痛欲裂,看几行字,就必须停一刻,就这样断断续续地在枕边读完了全文,深感到他有进一步搞研究史的素养。值得庆幸的是,他的考试很成功,就被录取而来到了我的身边。

他来复旦的时候,正好我负责的国家社科重点项目《二十世纪中国文学研究史》刚批下来不久,我就放手让他搞《总论卷》,让他到大海中去学游泳。因为我相信他会努力地浮出水面而不会沉下去的。

几年来,以他的勤奋,不但出色地完成了六十万字的《总论卷》,而且还搞出了不少副产品。他从复旦到上图,到北图等,尽力遍翻二十世纪文学研究的成果,搜求有用的资料,不断地有所发现。比较重要的如,他发现了当今"龙学"家们并未注意的章太炎研究《文心雕龙》的材料,找到了中国文学史学家们虽知而未见的第一部中国人写的《中国文学史》——窦警凡的《历朝文学史》。吴敬梓《文木山房诗说》的发现,也就是其中的一例。

1999年,他发现《诗说》的时候,我正在东京大学。当我从电子邮件中读到他发来的《诗说》和写的有关文章时,无比惊喜。我一方面希望他加强《诗说》与《儒林外史》联系的研究与注意《诗经》学的背景,特别注意与吴敬梓同时的朋友程廷祚的《诗》学比较等;另一方面立即与《复旦学报》联系。在《复旦学报》的大力支持下,以最快的速度发表了《诗说》和他的《吴敬梓〈诗说〉劫后复存》一文。于是,在学界引发了一场小小的研究《诗说》的热潮。

这样,兴陆在写他的二十世纪文学研究史的同时,不得不抽出一定的时间来进一步研究《诗说》，解说《诗说》，以及由此而对吴敬梓作更为广泛的研究，写出了一组文章。现在，他将这些文章稍加整合，勒为一书，自成系统，亦颇可观。今阅其书，解说《诗说》各则是否精当，通过《诗说》而论述吴敬梓的思想、《儒林外史》的创作，以及吴敬梓的"诗经学"是否合理，我不想也不便在这里多言，以避为学生吹捧之嫌。但我想，他的这些文字，多为原创之论，且推动了当前吴敬梓与《儒林外史》的研究，这当为不争之事实。特别是《诗说》的发现，正如李汉秋先生所说的，"这无异为吴敬梓三百年诞辰献上一份厚礼"，"是何等快慰的事啊"！

　　我尝言，做学问，写文章，总要有一点新的材料，或者是新的观点、新的方法、新的理论，假如只是把现成的东西拆下来重新组合，写一百篇也等于零。这里的观点、方法与理论，是属于形而上的。在个别的观点上有创新独白，如我等中材以下的尚有可能，至于在全局性的方法与理论上自成一套，恐怕就比较难了。然而，这类虚的东西，往往受到时势与接受的影响。一会儿红得发紫，一会儿则弃若敝屣；有的人奉若神明，有的人则视为粪土。至于材料，是形而下的，尽管它也可以被不同的人用来派不同的用场，但毕竟是货真价实的。可是自二十世纪以来，前一个阶段的学问围着主义转，后一个阶段的趋好跟着方法跑，热热闹闹地走了一个世纪，究竟留下了些什么？或许有人会说：成绩大大的。但或许也有人会说："多乎哉，不多也！"不管怎样，今天回过头来看看，应该说成绩是有的，但问题也不少。问题之一，就是怎样处理好守旧与趋时。守旧固然会落后，但趋时未必一定是先进。风云际会，往往是一犬吠影，众犬吠声，忙了一阵，自以为跟上了时代，其实并没有脚踏在实地。有的人一时尽管可以因此而得狂名，但冷静下来看看，总觉得实实在在的东西少了点，虚浮空泛的东西多了些。时过境迁，一时所谓"先进"的东西，很快就成为过眼烟云。总之，做学问不能赶浪头，重要的是能立定脚跟，肯下功夫。兴陆之所以能取得小小的成绩，也就是他能专心致志、刻苦勤奋的结果。我希望他能保持这种精神。当然，这种精神也是我当所追求的。特别是现在，当杂七杂八的事搞得我心不能静下来。力不能集中使的时候，更需要追求这一种精神。是为序。

2003年元月恒安居

（《吴敬梓〈诗说〉研究》，上海古籍出版社2003年7月版）

曾良《东周列国志研究》序

早在三四年前，曾良先生告诉我说，他正在从事《东周列国志》的研究。听后我不免暗暗感到有点吃惊，因为这部小说尽管一直相当流行，在历史演义类小说中，它作为"羽翼信史"型的典范作品，与"虚实结合"型的代表之作《三国志演义》相比，其声名可以说是仅在一书之下，而在众书之上，但研究文字却从来寥寥无几，从目前国内的统计材料来看，发表的研究论文仅有八篇，而其中六篇则出自曾良之手。这种状况，与《东周列国志》在中国小说史上的地位是很不相称的。究其原因，大概是由于这部书的素材基本出自《左》、《国》、《史》、《鉴》等古史的缘故，研究者若没有一定的古代文字和历史、文化等学养就很难措手。这就不难理解当前一般的通俗小说研究者是不会对它感兴趣的。因此，曾良先生说要下决心啃这部书时，我不能不感到惊讶。但与此同时，我也不能不佩服他选择这个研究课题的识力和勇气：中国古代小说中的这样一部名著，早该有人对它下一番工夫了！于是，我竭力怂恿他走这一条路。

不久，他有机会作为"访问学者"到复旦来专门从事这一课题的研究。当他同我商量进一步该怎么走时，我毫不犹豫地劝他从最基础的工作做起。这里的基础工作至少有两个方面：一个是将这部小说的史料来源全面、认真地作一番梳理；另一个则是在这基础上，通过有关史料与列国平话、《列国志传》、《新列国志》，到《东周列国志》的比较印证，摸清小说的演变轨迹及版本情况。应该说，这两个问题，前人都曾触及，但大都是建筑在蜻蜓点水式的工作基础上，得出的是印象性的结论。这样的局面不打破，《东周列国志》的研究也将不会有太大的进展。曾良先生的想法与我完全一致，于是他就全身心地投入了有关《东周列国志》的基础性的研究工作之中。他在复旦的一年里，日以继夜地在《左传》、《国语》等二十余种正史野乘中爬梳，逐回逐回地与《东周列国志》相比较，终于辑录出了近二十万字的小说本事的史料来源。这是多么可贵的劳动，得到的是多么可贵的材料啊。以后的《东周列国志》研究者，谁能回避它？谁不愿意利用它呢？做学术研究，首先要做的就是这类扎扎实实、功德无量的事；至于那些游根空论，放言高谈，虽然往往能轰动一时，但多数常常成为过眼烟云。因此，当他考虑本书的出版时，我劝他万万不能趋时媚俗而把这部分搁置起来。在某种意义上可以说，丢弃了这部分艰苦劳动所得的成果，就等于丢弃了他的整个《东周列国志》的研究。

　　正因为曾良先生对于《东周列国志》这样一部历史小说的史料来源做了扎扎实实的梳理工作，因而他在研究列国系列小说的演变及探究小说的思想、艺术、文化观念、人物形象等等时就显得游刃有余而结论可信。例如关于小说的史实与虚构的问题，从余象斗说《列国志传》"诚诸史之司南，吊古之鸟骏骙"（《题列国序》），到陈继儒说小说写得"事核而详"，"亦世宙间之大账簿"（《叙列国传》），再到蔡元放说《东周列国志》是"有一句，说一句"，一些列国小说的主要批评家和改编者都强调这部小说的"实录"性，于是使不少人就认为它只是将史书的有关材料"一一取而充塞其篇幅"（《小说枝谈》引《缺名笔记》），"绝无向壁虚造之言"（况周颐《餐樱庑随笔》）。其实，情况并非如此。曾良先生在弄清《东周列国志》"皆有所本"的基础上，先是缕述了小说所本的史传稗乘本身所具的虚构因素，接着就总结、辨析了本事以外的四种虚构情况，说来都引证充分，有根有据，很有说服力。显然，只有扎根在坚实的基础性的工作之上，才能得到公允而准确的结论。

　　曾良先生长期从事《东周列国志》的研究，又踏踏实实地做了不少工作，因而不但其立论有据，持论可信，而且其研究视角也能变换多样，常常能发前人之所未发。比如，一般人把《东周列国志》仅仅是当作一部历史小说来阅读和研究的，而曾良觉得，这部小说艺术地再现了春秋战国五百余年风风火火的政治、军事、外交等斗争，以及列国内部君臣、父子、嫡庶、妻妾等方面的复杂关系，包含着丰富的文化意蕴。因而他不仅从文学方面，而且从文化学的角度研究了小说的忠义道德、神秘文化、婚姻问题、妇女观、武士形象、文士形象等问题。这就抓住了这部小说的一个重要特点。在论述中，他发表了许多独到的见解。例如，他指出小说中涉及的同姓不婚是出于政治上的考虑，所谓"烝"、"因"，以及舅娶甥等现象，都是原始婚姻状态的残余表现，冯梦龙将这些当时看来合法的行为一律斥之为"淫乱"，是受了汉以后伦理观念影响的结果。再如他从小说既渲染了"美女祸水论"，又褒扬了众多贤智妇女的矛盾观念入手，探索了小说作者及评点者的妇女观，同时追本溯源，联系先秦至明清这段历史长河中妇女观的形成缘由与发展变化，层层剖析，细致入微。这类论析，显然对人们深入把握《东周列国志》的思想文化价值是很有帮助的。另外如在将这部小说与《三国志演义》的比较研究中，不仅探索了《三国》对《东周》创作的影响，而且也研究了列国素材对《三国》成书的影响，这也是很有创意的。

总之，曾良先生的这部大作，作为第一部真正意义上的研究《东周列国志》的专著，工夫扎实，视角多样，见解独到，其成果明显地具有基础性、可信性、创造性的特点。它或许在当前的书市上并不走红，但我相信它必将会得到中国小说史研究者，特别是历史演义史研究者们的青睐。

当然，如前所述，研究列国小说本身是有一定难度的，特别是在历史、文化方面牵涉到诸多复杂的问题，有的恐怕连有关专门家也一时难以说清。曾良先生尽管作了不少努力，但有时难免有说得不太恰当或说得不太清楚的地方。另外，此书作为一部力图全面、系统地研究列国小说的专著来看，还留有广阔的研究天地，像对《东周列国志》最后完成起了重要作用的蔡元放来说，他曾经是乾隆时期一个相当活跃的小说家和小说评点家，但我们目前对他还知之太少。我曾希望曾良先生在蔡元放的研究上有所突破，但结果因种种原因也未能如愿。再如，《东周列国志》作为一部"羽翼信史"型的小说，是否可以与同类型的小说也作一番比较，以更好地揭示其典范性意义？诸如此类，还有许多工作要做，不知曾良先生在此书出版之后，还有没有兴趣对列国小说作进一步的探究。更不知曾良先生的这部著作问世后，能否会引来更多的研究列国小说的同道。

一九九八年六月十二日

（《东周列国志研究》，巴蜀书社1998年版）

吴波《阅微草堂笔记研究》序

这本《阅微草堂笔记研究》是吴波打磨了五年多才完成的。

《阅微草堂笔记》是清代的一部名小说。它之所以有名,倒不仅仅是由于作者纪昀名气大、地位高,也不是由于小说的部头多、分量重,而是由于它确实有特色,有思想。但可惜的是,对它真正作认真的研究,恐怕还是近二十多年来的事,以前只是有一些简单的肯定或否定。在清代,舆论大致从纪昀的自我评价而来。纪昀说,"大旨期不乖于风教"(《姑妄听之自序》),"或有益于劝惩"(《滦阳消夏录自序》)。又经其门人论定:此书"大旨要归于醇正,欲使人知所劝惩"(盛时彦《阅微草堂笔记序》)。自此之后,众口一词,像曾国藩那样既对其虚构"鬼魅无稽之言"颇有微词,又能看出其中"仇视习常守理之讲学家,讥谤笑侮,不遗余力"(蒋瑞藻《小说考证》引《姜露庵杂记》)者恐怕极为少见。到20世纪以后,历史翻了个筋斗,原来的"醇正"两字差不多等于"封建"的代名词,于是大都将它视为《聊斋》的对立面来加以否定,像纪果庵那样肯定它"清净简练,不失为记事之轨范"(《纪果庵谈纪文达公》)者也为寥寥无几。看法较为公允的要数鲁迅。他在《中国小说史略》与《中国小说的历史的变迁》中一面说它"过偏于论议",一面又赞它"隽思妙语,时足鲜颐","雍容淡雅,天趣盎然";一面承认它"大旨期不乖于风教",一面也称扬它"攻击社会上不通的礼法,荒谬的习俗"。但这三言两语,毕竟只是点到为止。因此,从《阅微草堂笔记》问世到上世纪 80 年代,从开始的简单的称颂,到后来的大致否定,人们并没有真正将它放在研究的视野下予以认真的探讨,当一般的文学史著作不得不谈到它时,多数也是掇拾陈言,轻轻带过。只是在大陆之外,有个别的学者对它作了较为详细的论述。"文革"之后,峰回路转,才有较多的学者将目光投向这部小说,发表了数十篇论文,总的趋势是,在思想上予以较为客观、公允的评价;在艺术上也不再与《聊斋》对立起来,总的局面是大有改观的。但仔细一看,才发现二十年来还是缺乏专人专书对于这部名小说作全面、系统、细致的分析。今吴波抛出的这部著作,或许就是敲开大陆专人专书研究《阅微草堂笔记》门槛的第一"砖"吧!

当然,我说吴波抛出的是第一"砖",只是希望能引出更多的"玉"来。而就这块"砖"来看,也恐非全是泥捏土烧而成。它经过了吴波几年工夫的精心琢磨,自有它的闪闪发光之处。

闪光点之一,它把《阅微草堂笔记》所反映的思想的复杂性谈透了。以往对这部小说的否定或肯定,大都集中在"劝善惩恶"与"神道设教"等方面。而吴波从"彰显圣人'神道设教'的创作动机与矛盾的天命论、鬼神观"、"攻讦'道学'与对程朱理学的修正"、"客观辩证的认识论与审时度势、圆融顺变的处世哲学"、"世俗人间与狐界鬼蜮:批判现实及对理想社会秩序的建构"、"同情与无情:亲民思想与恪守礼教的二律悖反"等五个方面,纵横交错,把一部《阅微草堂笔记》的主要内容与复杂矛盾梳理了一通,让人看到了纪昀思想的方方面面。比如,在分析作者对百姓的态度时,既批判了他恪守封建礼教,违背人性,去褒扬那种愚忠、愚孝、贞节、烈女的一面,又颂扬了他爱民、亲民和特别对女性的命运关注的一面。在这里,吴波特别指出纪昀能看到封建社会中"最为民害者",乃是这样四种人:"一曰吏,一曰役,一曰官之亲属,一曰官之仆隶。"这充分地说明了他对封建吏治弊端具有深刻的洞察力。因为这四种人,尽管"无官之责",却"有官之权",且无顾忌,只图牟利,故危害极大。纪昀对妇女的悲惨命运也充满着同情,特别对那些缺乏人身自由与人格尊严的奴隶、妓女,也能注意挖掘她们身上的亮点。这些都能引导读者对《阅微草堂笔记》有一个全面的了解。

闪光点之二,它把《阅微草堂笔记》的研究引向了深入。二十多年来,尽管对这部小说的研究正在不断展开,但多数文章还是集中在用二分法来分析小说思想内容的两面性,从而作出不同程度的肯定或否定。至于为什么产生这种貌似矛盾的言论,作者又为什么要写作这样一部小说,人们虽有论及,但大都是浮光掠影,只是笼统认为"文达即于此寓劝戒之方,含箴规之意,托之于小说而书易行,出之以诙谐而其言易入",将小说当作"觉梦之清钟,迷津之宝筏"(张维屏《国朝诗人征略》)。如今,吴波用了较多的笔墨,分析了时代、家世及重要的生活经历对纪昀创作这部小说的影响,并创造性地探索了纪昀创作这部小说时的心态,认为作者固然怀有劝惩之意,但同时出于对乾隆末期社会隐患的担忧,寓有"拳拳救世之深心";也考虑到自己身居高位,处于错综复杂的矛盾漩涡之中,常常心怀焦虑,如履薄冰,很难集中精力,从事学术研究,只能借搜奇记异、追录旧闻来消磨时光;又加上他"性耽孤寂",步入晚景之后,更是宾客殊稀,昼长多暇,倍生怀旧之情。这样,他就在忧慨与劝惩、惶恐与自守、孤独与怀旧之中,逐日写下了这部《阅微草堂笔记》。吴波的这种分析,真是发前人之所未发,无疑对推进《阅微草堂笔记》的研究是有意义的。

闪光点之三,它注意发掘研究《阅微草堂笔记》的新材料。这集中地表现在纪昀高祖纪坤《花王阁剩稿》的发现与研究上。《花王阁剩稿》虽然仅有诗歌一百余首,反映的生活面也并不广泛,但它对纪昀的思想与创作都具有明显的影响,甚至有的直接成为《阅微草堂笔记》创作素材的来源。吴波所举的一些例证,都是确实可信,所作的分析,也均合情合理。这也不能不说是吴波研究《阅微草堂笔记》的一大创获。

《阅微草堂笔记》是一部大书,前人的研究又相对薄弱,吴波在繁忙的工作之余,能把《阅微草堂笔记》的研究提升到这个境界,实在也不容易。因为这毕竟不同于什么《铁嘴铜牙纪晓岚》、《风流才子纪晓岚》那样可以随便"戏说"的,而是必须老老实实翻资料,有一句说一句的。当然,从整体情况来看,对于《阅微草堂笔记》的研究还刚刚起步,研究的视域还可以拓展,问题的分析还可以细化,不知吴波还有没有兴趣进一步深入下去,从一个高度攀向另一个新的高度?

黄　霖
2004年11月22日

(《阅微草堂笔记研究》,上海古籍出版社2005年8月版)

刘再华《近代经学与文学》序

　　这本《近代经学与文学》,旨在寻绎近代经学与文学的"联结"。显然,这个选题是富有挑战性的,因为它一是新,二是重要,三是有难度。

　　本来,"经学"一词,从《汉书·兒宽传》开始用起,一直到清末,中国社会中的每个文人学子最熟悉不过了。在经学中,今文经学、古文经学、汉学、宋学,各派的纷争,也从来没有停息过。他们看问题往往带着经学的眼光,不要说把《诗》三百首当作"经"来解读,就是一般的文学创作,也往往放上"原道"、"宗经"、"征圣"的砝码来加以衡量。所以说,"经学"一词本来是用得熟之又熟、陈之又陈、甚至是烂之又烂,有何新鲜之有? 可是,到了二十世纪,真是遇到了亘古未有之奇变。随着辛亥革命的胜利,南京临时政府即颁布法令,要求各地小学废止读经。到五四时期,一阵狂飙,又给经学以致命的打击。当时即使像钱玄同这样一个本是古文经学大师章太炎的得意弟子,而又接受今文经学大家崔适影响的学者,却也激烈地主张"现在治经学的任务不是要延长经学的寿命,而是正要促成经学的死亡,使得我们以后没有经学",宣称"我们要结三千年来经学的账,结清了就此关店"。后来,经学又遭遇了中国的马克思主义。1940年毛泽东曾明确号召"用马克思主义清算经学"。因此,有人认为,五四之后,尽管尊孔读经的思潮时起时伏,也有一些、特别是大陆之外的人在研究经学,但已没有真正意义上的经学了,已经进入了一个"后经学"的时代。至于像我们这些大陆50—70年代中文系出身的人,恐怕不少人都不知经学为何物,因为当时没有一所高校的中文系开经学方面的课。我们复旦,尽管有周予同先生那样研究经学的名家,但他也只是给历史系开过《中国经学史》之类的课。说实在,在所谓现代的学科分类中,经学这一中国的国粹,还不知道放在文、史、哲哪一门学科中比较好。它曾经统帅过中国文、史、哲等所有人文社会科学,但一时所有的人文社会科学似乎都容不了它。我在60年代初当学生时,有幸在老师的个别指导下,才知道去读一点经学史方面的著作,那也只是读过周予同先生的《经今古文学》、皮锡瑞的《经学历史》之类,只懂得一些皮毛。历史进入到二十世纪八九十年代,惊回首,人们发现传统的国学并不都是糟粕。不论是总结历史,还是建设未来,似乎都不容忽视包括经学在内的传统国学。于是有些人重新开始重视经学的研究,并陆续出版了若干经学或有关经学与文学的著作。当然,这种经学研究,与康有为、章太炎之前的经学研究是完全不同的路数。这已经不是在儒家思想指导下去研究经学了,而是以马克思主义和现代的观点与方法去审视了。这就使一门旧学问变成了一门全新的学问了。而在人们开始重新注意研究经学与文学之间的联系时,一时还没有人将目光专注于近代,作一全面、认真的梳理。再华正是在这样的情势下,抓住了这个题目,所以我说他是一种新鲜的尝试,是一种富有开拓性的努力。

这种努力,又是重要的。众所周知,经学从汉代起,一直到清末,一直是中国学术的主体与灵魂。刘勰《宗经篇》说:"经也者,恒久之至道,不刊之鸿教也。"几乎所有的文人学子,无不以读圣贤之书,阐经典之旨,为毕生的第一要务。几千年中国封建社会中的文化价值体系,大至经世治国的大纲大法,细至日常生活的人伦道德,无不以经学为核心思想。经学对各人文社会科学无疑都产生过重大的、决定性的影响。当然,文学也不例外。中国古代文论话语的生成,基本上就是"依经立义"。而道光以后的近代社会,又是一个经学昌盛、名家辈出的时代。今文经学,由龚自珍、魏源、凌曙、戴望、陈立、包慎言、邵懿辰等继庄存与、孔广森、刘逢禄之后,大张其军;同光以后,王闿运、廖平、康有为、皮锡瑞、崔适、梁启超等相继于后,或发政论,或作考证,声势大震,一时间几至"家家公羊,人人董何"的局面。而古文经学,自俞樾、孙诒让、陈澧、黄以周、王先谦以后,章太炎、刘师培成一时之巨子,章氏门人吴承仕、黄侃等也名闻于世,与今文经学可谓旗鼓相当。在这些经学家中,不少人同时也是文学名家。他们的文学思想与文学创作难免与经学有着千丝万缕的关系。过去,我们在研究近代文学与近代文学批评时,往往对这方面注意不够,因而对不少问题的论述就不够正确和深入。比如我过去写的《近代文学批评史》,虽然有时候也顾及到经学对某些论者的影响,但在总体上还是没有认真地考虑过经学这一根线,因而现在看来,对有些问题的论述就难免不尽如人意。事实证明,假如对于近代文学与文论的研究抛开了经学这条线,虽不能说全都如瞎子摸象,也免不了时或隔靴搔痒。所以,研究经学及其与文学的联系,无疑是近代文学研究中的一个重要的课题。

研究这一课题既新鲜,又重要,但并不是一件轻而易举的事情。经学本来是一门艰深的学问。近代的经学还来不及好好地整理与研究,就被打入了冷宫,与大陆的学界阻隔了半个多世纪,现在开始着手去探索,有许多基础性的工作也得从头做起。最近,虽然对于近代学术史的关注也大有人在,但一切还得放到自己理性的审判台上过堂,其艰难性是可想而知的。而近代的文学与文论,情况也相当的复杂,时论又有颇多的分歧。因此,研究近代经学与文学的联结,是一个十分棘手的课题。再华在考虑了自己的能力之后,知难而上,可见他还是有胆有识的。

现在,经过了三四年的辛勤努力,终于完成了这一部书稿。读了之后,我深深地松了一口气,觉得它还是一部像样的著作。这不仅仅表现在它有坚实的文献基础,并对不少个案的论述时寓新见,而且还在于它做到了以下五点:第一,它毕竟第一次梳理了近代经学各派的文论及其演变的轨迹;第二,它顾及了近代诗、词、文,乃至小说戏曲各体文论与经学的联结;第三,它既注意从经学来考察对文学的制约,又从文学来反观其经学的内涵,使经学与文学真正地联结了起来;第四,它不但研究了经学作为核心思想对文学产生规范和制约的作用,而且也注意了晚清文学发展过程中始终存在着的某些反经学的文学思潮;第五,它指出了近代经学这一本土文化力量在与西学抗衡竞争的过程中,固然暴露出较多的文化守成主义的倾向,并最终被消解,但也表现出了与时俱进的努力,为文学转型提供了它自身所蕴藏的富有现代性的思想资源,发挥过积极的作用。对于这最后一点的结论,特别难得。自从五四以来,人们习惯于将经学之类看作为封建主义的僵尸,将提倡经学、理学,乃至儒学的人统统归之于落后与反动,殊不知经学也具有合理的内核和不断地因时适变。在这里,对于桐城派的认识就很有代表性。我在《近代文学批评史》中,曾注意梳理从"姚门四杰"到曾国藩,再到吴汝纶及严复、林纾辈的趋新渐变,但所论毕竟简略,只是点到而已。今再华在本书中作了大为深入而十分明确的阐述,他说,"后期桐城派可以定位为一个主张维新的旧文学流派","桐城派后期作家的思想整体上能够紧跟时代的步伐,与时俱进,不断趋新……其思想已经极大地逸出了程朱理学的范围提倡西学,翻译西书,经学立场日趋辩证和开放,直接参与了晚清思想解放的历史进程,对于新文化建设做出了不可磨灭的贡献","桐城派后期作家坚决守护旧文化与古文传统,其目的并不是要阻止西学的输入,而是为了保证中国文化的民族特质不因西学的传入而完全丧失,这种立场的存在有其合理性与必然性","桐城派后期作家所捍卫的旧文化及其文论话语,本身包含着许多合理的、值得新文化借鉴和继承的东西"。凡此等等,足以打开人们的思路,去重新认识近代的经学与文学。事实上,对于近代的经学与西学,不能用一种僵化的观点来看待,认为西学就是推动社会前进的动力,而经学就是时代进步的绊脚石。殊不知,今文经学家康有为、梁启超等就是借公羊三世说来宣扬其社会进化论,为维新政治服务;而章太炎、刘师培等也是从古文经学出发,"用国粹激动种性",推动民族民主革命。一时间,经学也是推动社会发展的有力武器。而且,应该看到,经学与西学,虽有矛盾冲突的一面,同时也有相互交融统一的一面。经学确实在西学的冲击下逐步消解,而西学在事实上也是在被经学不断消化。不论是康有为、梁启超,还是章太炎、刘师培,他们的经学中已经熔铸了西学的成分,而他们的维新、革命的理论也深深地打上了经学的印记。经学在被逐步西化,西学也在被逐步经化。当初看来似乎壁垒分明,现在看来一切都在现实中变化。我们只有把近代经学与西学、经学与文学放在活生生的社会中加以实事求是地考察,才能远离简单化。再华在这方面所作的努力,我是最欣赏的。

另外,再华这本书,是限定在"近代"这个时段内的。而"近代"这个概念又是众说纷纭。所谓"近代"的涵义究竟是什么?上限起于何时?下限又断于何处?甚至要不要用近代这一名目?看来一时也不见得能定于一说。这是由于近代特征的形成与消失都不是一朝一夕突然而至或戛然而止的。它毕竟是一个过程。不论一刀砍在何处,与前后总是有着千丝万缕的联系。只是各人所用的标尺不一,或者所论的对象不同,难免分期也有所差异。反过来,假如过分强调前后的联系,只注意打通,不注意阶段性,同样会产生问题。这特别表现在对于下限时间的论断及要不要"近代"这一概念的问题上,往往可以看到一些偏颇的言论。今再华在这本书中限定的"近代文学",乃是"特指1821—1911年的中国文学"。这与一般将1840—1919年划分为近代的说法大致重合,但又有所不同。我想,假如从文学与经学思想变迁的实际情况出发,这个分期自有它的合理性在。用一句通俗的话来说,还是"上路"的。他的这种看法,反过来对时下有些分期的说法,或许也是很有参考价值的。

说起近代文学,近年来研究的状况也并不太令人满意。就是泛泛之作也并不太多,见功力的专著则更是少见。再华的这本书,应该说还是有特色、有分量的。他正年富力强，又有坚实的基础，相信他能在近代文学研究的这一园地中更加辛勤地耕耘，得到更大的收获。

2004 年 4 月 8 日恒安居

（《近代经学与文学》，东方出版社 2004 年 11 月版）

左鹏军《晚清民国传奇杂剧考索》序

上世纪八九十年代,华南师大曾经是研究中国近代文学的重镇,一时间人才济济。鹏军自北方来,即对近代文学、特别是岭南的近代文学感兴趣,写了不少有关黄遵宪、梁启超等的论文,初露头角。后从中山大学吴国钦先生攻读博士学位,即专注于近代戏曲的研究,学业大进,连续出版了《文化转型中的中国近代戏剧》、《近代传奇杂剧研究》、《近代传奇杂剧史论》等专著。2000年来复旦大学博士后流动站工作,进一步对晚清民国时期的传奇杂剧下工夫,尤关注作家、作品、剧目的钩稽与考索。如今这本《晚清民国传奇杂剧考索》,就集中了他在晚清民国时期的传奇杂剧文献研究方面所花的心血,发掘了大量剧目,考辨了不少史实,为以后的研究者铺设了一条更为明达、坚实的道路。

传奇杂剧在晚清民国时期,犹如西下的夕阳,尽管也伴有一抹美丽的晚霞,但很快就被夜幕所掩盖。它的亮色,突出地表现在有惊人的数量与新变的内容。据鹏军估计,这时期产生的传奇杂剧当有550种以上,其中保留到现在的,也不少于420种!在这些作品中,有及时地反映太平天国、庚子事变、维新变法、民主革命等政治时事的,也有针对当时官场腐败、鸦片毒害、婚姻自由、妇女解放、民族振兴等社会现实问题的,还有一些作品将目光拓展到国外,开始写一些新的人物、新的事物、新的思想,其中不少剧本是借外国独立斗争的故事来振奋民族自强精神的。就在鹏军新发现的一些作品中,像杨与龄的《岳家军传奇》,张丹斧的《双鸾隐传奇》,乌台的《秾陵血传奇》,贡少芹的《哀川民传奇》,常任侠的《田横岛杂剧》,邝摩汉的《新华宫传奇》,远届、张静江的《军阀梦传奇》,叶楚伧的《箫引楼杂曲》,王钟麒的《穷民泪传奇》等等,或能尖锐地揭露社会问题,或是竭力地宣扬革命精神,写得激昂慷慨,读后能使人拔剑而起。毫无疑问,在整个西学东渐、文学革命的大潮流中,晚清民国时期传奇杂剧的内容是富有时代特色的,它们与诗歌、散文、小说等一起,奏响了一曲追求进步、向往改革、抵御外侮、振作民气的交响乐。

至于在表现形式方面,它们一方面出于现实的需要,逐渐注重宣传的作用,另一方面受到了皮黄、新剧等其他戏剧形式乃至其他文体"革命"的冲击与影响,逐步形成了一种动辄直接议论,追求语言通俗,增加宾白科介的特点,而这同时即削弱了故事情节,忽略了曲词雕饰,淡化了戏剧冲突,连传奇、杂剧的固有体式也在这种变化中慢慢地消解了。它尽管一时间用新式的服装、写实的布景,乃至旋转的舞台来装点自己,但终于在与诗词、散文、小说、戏剧一起"革命"的浪潮中,自己革掉了自己的命。这说来也值得让人深思,在这场声势浩大、意义深刻的文学革命浪潮中,众多的文体是在走向进步,获得新生,而传奇杂剧尽管也热闹了一阵,但最终却在随大溜中,消融了个性,失去了自我,远离了观众,也抛弃了读者,被皮黄、新剧及其他戏剧形式裹挟而去了。

按理说,中国文学史及戏曲史上的这种现象是值得研究,大有文章可做的,可事实是近现代的研究者中很少有人去关注它们。除了对近代文学特别关心的阿英编有《晚清戏曲小说目》与《晚清文学丛钞·传奇杂剧卷》外,还有一本《中国近代传奇杂剧经眼录》,是专门研究近代传奇杂剧的梁淑安与姚柯夫一起编的。此外,不论是目录书,还是研究专著,乃至文学史著作,恐怕就很难再找到一本专门性的著作了,就是单篇论文,也是凤毛麟角、屈指可数的。晚清民国时期的传奇杂剧的研究着实受到了冷落,真是令人太息不已。

晚清民国的传奇杂剧之所以受到了研究者的冷落,原因是多方面的。或许是由于人们还没有发现这里有多少震撼人心的力作,或许是觉得它们在艺术上还显得不够精美圆熟,或许是由于认为它们在这时候毕竟走向了末路。人心所好,喜新厌旧。研究者也多喜好关注一时繁盛、"新生"的现象,而对"没落"、式微的东西避而远之,在理论上即有所谓"一代有一代之文学"也。较早一点的焦循曾提出用"一代有一代之所胜"的观点编一本集子,"汉则专取其赋,魏晋六朝至隋则专录其五言诗,唐则专录其律诗,宋专录其词,元专录其曲"(《易余籥录》卷十五)。焦循的这本集子似乎没有编成,但这种观点明显地对后世的文学史研究与文学史编写带来了极大的影响。王国维就根据这一理论,在《宋元戏曲史》中认为"楚之骚,汉之赋,六代之骈语,唐之诗,宋之词,元之曲,皆所谓一代之文学",至于明代中叶以后的戏剧则均不足观。后来整个二十世纪的文学史著作与文学史研究,可以说都或多或少地受到了这种观点的影响。诚然,这种观点自有其合理性。它基于一种发展的观点,重视新生,强调特色,突出重点。但一部文学史的实际毕竟是气象万千,无限丰富的。即就"文体"而言,有新有旧,有盛有衰,新因承着旧,衰孕育着盛,它们之间往往是交互关联、若即若离的。更何况,某一种文体、某一种现象何以会衰落,无论如何也总有一些值得令人深思的地方。因此,对于新盛的东西固然应该花大力气去研究,但对于没落的东西也应该去认真加以总结。这样,我们才可能有一部完整的戏曲史与文学史,从中可以得出一些有益的启示。更何况,即使如晚清民国的传奇杂剧这类黄昏时期的作品,或许也有一点伟大在等待着我们去发现呢!

今鹏军就选取了晚清民国传奇杂剧研究这一课题,七八年来,孜孜不倦,其所得的成绩也着实令人惊异。就这部《考索》而言,真是浸透着他的心血。特别是在复旦期间,他早出晚归,几乎都在图书馆里搜索、翻检、抄录与思考,将尘封已久的有关杂志与书籍翻了个遍。今翻检《考索》,尤其使我感到亲切的是,他从我校赵景深先生、周予同先生的旧藏中发掘了一些十分稀见的珍贵材料,如《太守桑传奇》《防城血传奇》《太平爨三杂剧》等作品即是。另外,他从《申报》上发现有一名号二我、石泉、涤骨者也写了《黑海潮传奇》《好头颅传奇》等富有时代气息的作品,其人真名曰陈其渊,乃我同乡嘉定人。我素以为对同乡前贤颇多关注,但对这位曾在诗词、散文、小说、戏曲,乃至文学理论方面全面开花,并在《申报》上开辟过专栏的作家却闻所未闻,可见我是多么孤陋寡闻。而今在《考索》里获知了我乡前贤中值得去研究的还有个陈其渊,不能不对鹏军的工夫至为叹服。这也使我更相信:学问自是从工夫中来。

当然,这本《考索》只是为晚清民国传奇杂剧的研究夯实了基础,更全面、深入的研究还有待于将来。好在鹏军在这方面已有较长时间的考虑与积累,相信在不久的将来,他一定会在这基础上构建起一座富丽堂皇的大厦来。

2004 年 10 月 22 日

(《晚清民国传奇杂剧考索》,人民文学出版社 2005 年 9 月版)

黄念然《中国古代文论研究的现代转型》序

大约在二十多年前,人们在拓展中国文学批评史的研究时,开始正式关注中国的"近代"文论史了;大约在十多年前,人们面临着20世纪即将过去而热衷于总结一个世纪的各种学术史时,回顾和总结"20世纪"文论研究的著作也开始着手编著和陆续问世。这些近现代的文论史和文论研究史,尽管五花八门,各显神通,但其主要精神无非是在说明这时期的中国文论在激变,或者用"现代性"一点的话来说,是在向"现代转型"。不过,写史毕竟要照顾到史的体例等等,"现代转型"这个主题多数还是要在整个"史"的长链中通过作家作品的分析等体现出来的,也有些论著尽管以"转型"为题目,但实际上还是不脱写史的惯性,"转型"仍然作为一种"潜台词"来让读者自己去体会。而今念然这本著作就不但以"现代转型"为标题,而且的确以"现代转型"为论题,从逻辑的层面上来展开。这样,我们可以看到,从编写近现代的文论史,到写近现代的文论研究史,再到集中研究近现代文论的"现代转型"问题,二十多年来的三级跳式的研究脉络是一清二楚的。这一历史的脉络就表明了我们的学术研究正是在不断地深入。

念然在这近现代文论研究的"三级跳"中之所以能从"史"跳到"论",跳到直接研究"现代转型"的这个层面上,是有其坚实的基础的。他曾经花了三四年的工夫,写了洋洋洒洒50余万字的《20世纪中国文学研究史·文论卷》,对中国文论研究从古代向现代转型的问题作过全面的调查,有一种整体的把握。因此,他从第二个台阶跳到第三个台阶,进而从学术层面上去总结中国文论的现代转型,可谓是胸有成竹,得心应手的。假如说他以前的研究是将"现代转型"的精神隐含在整个研究史的论述之中的话,那么,现在的这部论著就将"现代转型"的主题正面凸现出来了。当然,他的这部论著着重讨论的只是从学术的层面上来看文论研究的方法(第三章),以及文学史观(第四章)与话语生产的结构性(第五章)的现代转型。围绕着这一中心,先作绪论,解释了"学术"与"现代性"这两个关键词;再用两章作为铺垫,论述了中国近现代文论研究转型的文化背景及这种研究与中国文学观念的转型的关系;最后的结论,则抽绎出了若干值得反思的问题。全书的构架完整,足见念然对这一论题作了缜密的思考,并非率尔操觚而成的。

据我看来,本书的基本成绩是对中国文论研究在19世纪末至20世纪上半叶的学术转型作了富有创意的概括和归纳。比如就研究方法而言,他从"理论阐释型研究"与"历史考辨型研究"两个角度来概括了现代型范式的形成,以区别于20世纪以前的中国古代文论的研究所用的诸如史志、目录、纂辑、汇编、考证、校注、批点、提要等传统的方法;而就"理论阐释型研究范式"而言,他总结了六个转型的特点:"理论体系的建构或爬梳"、"批评史的建构及其演化规律的探寻"、"关系图式法的引入"、"作为解释框架的范畴对举法的运用"、"直面'他者'的现代阐发"、"从'照着讲'到'接着讲'";从"历史考辨型研究范式"而言,他在前人的基础上补充了三个特点:"文本校释与理论分析的融合"、"以诗证史"、"现代定量分析与统计法的引入"。这些概括是否合理,是否全面,自可见仁见智。但这无疑是作者独到的总结,为前所未有。他所归纳和提示的这些"现代转型"的基本内容与特征,无疑是富有启发性的。它必将会引发人们去进一步思考与实践中国古代文论研究的现代化。

念然为人,沉思好学,治中国古代文论而好研读西方哲人之书,故所作文字,横贯中西,纵论古今,极具思辨,又多新词,特别是在辨析概念处,旁征博引,抽丝剥茧,步步进逼,所提的问题则尖锐醒目,环环相扣,发人深省,使驽钝如我者,常稍不留神,即坠五里雾中,故读其书,必须焚香一炷,聚精会神,细读详辨,才能顿悟其文字有独见,有创意,有深度,令人回味无穷。本书"结语"所论"既济"与"未济"两题,就极具代表性。实际上,这结语,是在收束全文时的点睛之笔。他点出了整个现代转型的过程,就是一个"学术现代性接引与现代性拒斥之矛盾"的过程,因而有完成的一面,又有未完成的一面。实际上,"现代"本身是一个流程,永远也没有一个尽头,因而永远也不可能有"完成",乃至当我们追求现代性而"祛魅"的同时,又有"后现代"者在强调"返魅"了。因而永远有我们值得思考和追求的地方。念然在这里概括的几点"未济",实际上就是当代中国文论研究者所面临的一些历史性的重大问题,诸如:我们的文论研究究竟如何将逻辑研究与历史研究统一起来?在探讨与建构体系之时,如何避免历史知识形态与理论知识形态的断裂？研究者的思维模式、论述模式与学术感觉模式如何的现代化？中国文论的研究如何体现真正的学术自主性？从知识社会学的向度来如何考虑中国文论研究的存在？中国批评史的研究如何与当代文化变迁有所呼应？如何去重审自己安身立命的历史境遇？如此等等，念然在论"未济"时提出了一连串经他深思熟虑过的"真问题"，这些问题关系着21世纪中国古代文论研究的命运。我读了这本书后的最大收获，就是留给我这些问题在脑子里盘旋，逼着我去思考，去努力在研究的实践中回答这些问题。但愿我们在一起，为中国古代文论的研究不断地沿着科学的现代化的道路迈进而出一点力，从而让传统的中国文论在历经艰难的"通变"之后，适应于时代，服务于当今，焕发出青春的风貌来。

2005年10月3日

(《中国古代文论研究的现代转型》，中国社会科学出版社2006年3月版)

瓶內梅外

黄霖等《金瓶梅鉴赏辞典》前言

《金瓶梅》是明代的一部通俗长篇小说。根据现在所知的记载,最早是由当时著名文人袁宏道在万历二十四(1596)年写的书信中提到了它。目前所见最早的刊本名《新刻金瓶梅词话》,卷首有署于"万历丁巳"年(1617)的序。所以一般将这个本子简称为"词话本"或"万历本"。到崇祯年间,有人将词话本进行了修改、评点,并加了两百幅插图后予以刊印,名《新刻绣像批评金瓶梅》,一般就将它简称为"崇祯本"、"评改本"或"绣像本"等。至清代康熙三十四年(1695),张竹坡据崇祯本进行详细评点后刊行了《彭城张竹坡批评金瓶梅第一奇书》,一般简称为"第一奇书本"或"张评本"。至1916年,存宝斋铅印出版《绘图真本金瓶梅》,是将张评本中所有淫秽文字删除后,作了一些修改与增补(后上海卿云图书公司删削了《真本金瓶梅》的插图、诗词、评语后用《古本金瓶梅》名目重新出版),称之为"洁本"。这样,在《金瓶梅》版本流变史上,就形成了"词话本"、"崇祯本"、"张评本"与"真本"四种不同的类型。本辞典赏析所据的文本,是最早刊行的《金瓶梅词话》。

关于《金瓶梅》的作者,《金瓶梅词话》卷首欣欣子序称"兰陵笑笑生作"。兰陵笑笑生是谁?历来众说纷纭,迄今尚无定论。

当明代《金瓶梅》刚流行时,有人就称它是"稗官之上乘"(谢肇淛《金瓶梅跋》)。著名的通俗文学家冯梦龙还将它与《三国》、《水浒》、《西游》并称为"四大奇书"。到清代,张竹坡又将它特称为"第一奇书"。这里的"奇"字,既有"奇特"的意思,也有"美好"的含义;所谓"奇书",就是奇美的佳作。但同时,也有一批文人咬定它是一部"坏人心术"的"诲淫"之作。直到现代,总是有人将它看作是"古今第一淫书",将它列在禁毁或半禁毁的书目上。不过,还是有越来越多的人相信鲁迅、郑振铎等人的意见是有道理的。鲁迅曾经用"同时说部,无以上之"(《中国小说史略》)八个字来高度评价它。郑振铎则赞扬它是"中国小说发展的极峰"(《插图本中国文学史》)。现在它已有近二十种文字的译本,得到全世界文学爱好者和研究者的重视。如美国大百科全书就说:"《金瓶梅》是中国第一部伟大的现实主义小说。"面对着如此分歧的看法,我们究竟应该怎样看待它、阅读它、欣赏它呢?

一部反腐败的经典

这部小说写了一个集奸商、贪官、恶霸于一身西门庆如何暴发,如何升官,如何贪赃枉法,如何称霸一方,又如何暴亡的历史,集中地反映了封建统治集团的腐败。

西门庆原是清河县一个破落户财主,开着家生药铺。他就是靠勾结衙门来拼命敛财,财越积越多;又凭借钱财来贿赂官场,官越攀越高。于是乎,他肆无忌惮地淫人妻女,贪赃枉法,杀人害命,无恶不作,反而能步步高升,称霸一方。被西门庆一手害死的人命就有四条:武大、花子虚、宋惠莲以及她的父亲,可是他却安然无恙,逍遥法外。他一方面收受苗青等贿赂,另一方面又不断地去贿赂蔡京等更大的官僚。他不法经商,偷税逃税,买通官吏,权钱交易搞官倒。他凭着"奸巧"暴富,就过着穷奢极欲、糜烂透顶的生活。在食的方面,常常是"说不尽肴列珍羞,汤陈桃浪,酒泛金波",有时一顿饭就要花"千两金银"。在色的方面,更是欲壑难填。他家拥妻妾六个,日夜淫欲无度,还要奸污使女,霸占仆妇,嫖玩妓女,乃至私通上等人家的太太。这正如小说中的潘金莲说的,是"属皮匠的,缝(谐逢音)着的就上"。

小说又通过西门庆一家写及了清河县好几户人家,并通过"晋京祝寿"、"结交状元"、"受赃枉法"、"工完升级"、"引奏朝仪"等情节,涉及了以蔡京为代表的权奸、皇帝主宰着一切的朝廷和整个"天下国家",从而撕破了笼罩在现实世界上的种种真善美的纱幕,把上上下下、内内外外的人间丑恶,相当集中、全面、深刻地暴露于光天化日之下。让人们看到昏庸的皇帝、贪婪的权奸、堕落的儒林、无耻的帮闲、龌龊的僧尼、淫邪的妻妾、欺诈的奴仆,乃至几个称作"极是清廉的官",也是看"当道时臣"的眼色,执法不公。到处是政治的黑暗,官场的腐败,经济的混乱,人心的险恶,道德的沦丧,整个世界是漆黑漆黑、腐烂透顶了。

特别可贵的是,小说能将反腐败的聚光镜集中到最高统治者皇帝身上。它告诉人们,整个社会之所以"风俗颓败,赃官污吏,遍满天下","奸臣当道,逸佞盈朝",归根到底是由于"那时徽宗天下失政"。西门庆之所以能挤进官场,步步高升,关键就是背后有徽宗皇帝在。第30回写到蔡京给了他一张"昨日朝廷钦赐了我几张空名告身札付",凭空提拔他当了一个"山东提刑所理刑副千户"的官。作者特别点出:这张"空名告身札付"就是"钦赐"的。后来曾御史奏了一本,所告西门庆的种种赃迹,全部属实。结果圣旨下来,曾御史受到了处罚,而西门庆得到了嘉奖,说他是"才干有为,英伟素著。家称殷实而在任不贪,国事克勤而台工有绩。翌神运分毫不索,司法令而齐民咸仰",因此而升了官。所以,《金瓶梅》就这样清楚地告诉人们:这个世界的统治机器,正是皇帝通过朝中高杨童蔡"四个奸党"来层层控制、培植和组装起来的,因而这个社会腐败势力的总后台就是皇帝。显然,《金瓶梅》反腐败,不但反贪官,而且也反皇帝。这在封建社会中是十分难得的。

正因为这部小说深刻而广泛地描绘了一个封建社会的真实面貌,所以毛泽东主席曾高度评价了这部小说,说:"这本书写了明朝的真正的历史。"什么叫"真正的历史"?就不是表面的、肤浅的、甚至是虚假的历史,而是写出了明代这个封建社会的活生生的真相。读了这样的历史,就能真正认识封建社会,认识它的矛盾、斗争、腐败与黑暗。这正如郑振铎在1933年说的:"表现真实的中国社会的形形色色者,舍《金瓶梅》恐怕找不到更重要的一部小说了。""它是一部很伟大的小说,赤裸裸的毫无忌惮的表现中国社会的病态。"(《谈〈金瓶梅词话〉》)正是在这意义上,我们可以毫不夸张地说,这是中国古代一部反腐败的经典。我们阅读它,就可以窥见整个封建社会的腐败之根源、病态之所在;通过了解漫长的封建社会的病态,也可使我们更加清醒地认识它所遗留给现代社会的顽疾。郑振铎就这样说:"《金瓶梅》的社会是并不曾僵死的;《金瓶梅》的人物们是至今还活跃于人间的,《金瓶梅》的时代,是至今还顽强地在生存着。"时至今日,我们虽然远离了"《金瓶梅》的时代",也不是郑振铎那个上世纪三十年代,但《金瓶梅》时代的幽灵还在我们身边游荡着,《金瓶梅》时代的腐败气息继续在我们周围散发着。所以,阅读《金瓶梅》,首先就要借助西门庆等形象去炼就辨识这些幽灵的火眼金睛,去反对腐败,认识腐败,铲除腐败,为建设一个清正、和谐的新天地而努力。

观鉴人性弱点的明镜

清人张潮说:"《金瓶梅》是一部哀书。"(《幽梦影》)它的悲剧意义,不仅仅在于表现了一个封建专制社会的日暮途穷,也不仅仅在于写到了穷人们的悲惨生活,而且也在于客观地表明了晚明涌动着的人性思潮,当还没有找到新的思想武器去冲击传统禁欲主义的时候,人的觉醒往往以人欲放纵的丑陋形式出现,而人欲的放纵和人性的压抑一样,都在毁灭着人的自身价值。西门庆是如此,书中的一些女性主角金、瓶、梅等也是如此。

潘金莲的主体意识朦胧地有所萌发,但是不能不以一种扭曲、甚至是变态的形式出现。她为了与情人"长做夫妻"而最后去毒死了丈夫,触犯了任何社会都不能容忍的法律。后在西门庆家里,"颠寒作热,听篱察壁",时时挑起事端,搞得家反宅乱,最后又为了满足一己之欲,隐隐用致武大以死命的同样的手法——使西门庆"吃药"再"骑在身上",将又一个丈夫送上了西天。最后,作家让武松用一把锐利的尖刀,剖开了这个触犯了社会普遍认同的礼与法的年轻女子的胸膛,挖出了一颗强烈地追求个体价值的心,让读者感觉到:在晚明这样一个社会里,一个主体意识稍有觉醒的青年女子要选择自己所走的道路是何等的艰难!在人欲与天理、主体与客体的尖锐冲突中,既难以冲破社会的定势,又难以克服自我的弱点,等待着她们的往往是悲剧,是青春与美的毁灭。

李瓶儿生来"好风月"。然而,命运安排她的是,先嫁给了"夫人怀甚嫉妒"的梁中书做妾,"只在外边书房内住";后来嫁给了花子虚,花又"每是只在外边胡撞",两人也不"在一间房睡着"。这时尽管她与花老公公关系暧昧,但花公公毕竟是个没有性能的太监,其结果只能给瓶儿的性苦闷火上加油。这样,长期处于性饥渴和性苦恼中的李瓶儿一旦遇上了西门庆的"狂风骤雨",自然会感到心欢意畅。她满心希望西门庆这帖"药"能永远除却她的心病,谁知薄倖的西门庆一去后"朝思暮盼,音信全无"。在人生痛苦的旅途中刚得到的满足和希望一旦失落,其痛苦倍加万分!正是在其人性受到严重的摧残之下,她得了一种"鬼交之病"。据现代心理学家的分析,"鬼交之病"就是由于性压抑而造成的心理障碍引起的。病中无奈嫁给了蒋竹山,但蒋竹山性能低下,"腰里无力",远不能满足李瓶儿的性欲。重新陷入性苦闷之中的李瓶儿不得不企求再度投入西门庆的怀抱。但在西门庆家里面对着一个"霸拦汉子"的潘金莲,自己又得了"血崩症",远不能适应心理上的需要,于是这个原来一心贪图床笫间"暴风骤雨"的"淫妇",不得不一次又一次地撺掇汉子到潘金莲房里去。因此在某种意义上可以说,李瓶儿的一生,是性的苦闷的一生。她的病,她的死,莫不与人性被长期的压抑和摧残紧密相联。李瓶儿这个形象实际上也就是中国古代小说中最成功的"性压抑"的形象之一。与此同时,李瓶儿的个体意识即是社会的规范意识,她的主体性是完全消融在客体之中的。她不像潘金莲那样无法无天,追求个体的满足而不顾社会的规范,即使亲手毒死了丈夫,一转眼就被新的追逐和欢乐冲得无影无踪,在良心上没有留下任何阴影。李瓶儿却不然。她还是将不忠于那个不喜欢的、甚至只是形式上的丈夫作为深重的罪孽。气死花子虚,虽然使她得到了西门庆,但同时使她背上了沉重的负罪感。她的死,同时也是被社会道德所压垮的。

至于庞春梅,西门庆有意要"收用"她,二话不说就被"收用"了;后来,潘金莲又叫她"和你姐夫睡一睡",她也二话不说就卸下湘裙,被陈经济"受用"了。她追求的就是"人生在世,且风流了一日是一日",生理上得到满足,还没有摆脱自然规律的报复。所以,在社会道德的笼罩与自然规律的控制下,瓶儿与春梅的那种原始的肉欲冲动,只能被推上了人生的悲剧舞台。当她们很快地花消玉殒之时,恐怕还没有意识到自身个体价值之何在。

金、瓶、梅们的悲剧命运,就不能不让人思考:作为芸芸众生中的每一个个体,究竟该如何对待自然,对待社会与对待自我?特别是如何对待人性的弱点?个体主体意识的高扬,究竟如何与社会有序的进步相和谐?在人欲与天理、个人与社会、人类与自然的矛盾中,究竟如何摆正自己的位置?《金瓶梅》就如一面明镜,照出了人性的方方面面,让人去思考做人的道理。

小说艺术演变史上的里程碑

当然,《金瓶梅》是一部小说,在小说艺术发展史上也是具有里程碑的意义,在许多方面开辟了新的境界。比如,它摆脱了长篇小说只写历史故事或神话传说的传统,而开始"寄意于时俗",写当时的社会,写日常的社会,写下层的社会,写平平凡凡的人、琐琐屑屑的事,使小说更面向现实,面向人生;它的结构突破了由几个传记故事衔接起来的长篇格局,一变为交互回环式推进,常常是故事中套故事,很难截然拆开;它更熟练地使用"家常口头语"以及刻画典型的细节……如此等等,人们已经谈得较多,读者也不难理解。这里,我只就《金瓶梅》致力于暴露"假、丑、恶"的问题谈一谈自己的看法。因为这个问题比较容易引起读者的误解,而它恰恰是《金瓶梅》创造的一种新境界。

综观我国文学艺术史,绝大多数的作品都致力于描写和歌颂真、美、善,去创造一种"美"的文艺。在这类作品中即使存在着反面形象,那也仅仅是一种陪衬。《金瓶梅》则一反常态,它着重去描写现实世界中的假、丑、恶。在整部小说中,活动着形形色色的人间恶棍与男女小丑,充满着淫邪奸乱,色彩是昏暗得几乎没有光明,没有正义,没有美。有一位外国的汉学家就曾经说过,在缺乏"恶"的文学的中国,《金瓶梅》正是一部"恶"的文学的代表作。但这样一部作品,对于不习惯于接触"恶"的文学的读者来说,难免会感到别扭,担心是否会"坏人心术",起到了欲讽反劝的效果。其实,艺术描写的对象本没有美与丑的界限。作家有兴趣去歌颂真美善,也有权利去描绘假丑恶。而在笑笑生们活动的时代,本来就是一个昏天黑地的时代。西门庆、应伯爵之流活跃于市井,宋徽宗、蔡太师之辈充斥于朝堂。一个真正有良心的,向往真、美、善的作家,就有责任直率地把当时社会中的种种丑恶现象集中起来,加以表现,让读者的灵魂在这个典型化的世界面前受到震惊,去否定这个世界,去寻求另一个美好的天地。果戈理说得好:"如果你表现不出一代人的所有卑鄙龌龊的全部深度,那你就不能把社会以及整个一代人引向美。"《金瓶梅》正是一部力图暴露那个卑鄙龌龊的时代的书。它描写恶,正是在创造美,把一代人引向美。

恶的文学之所以能创造美,关键在于作家对他笔下丑恶现象持否定的、批判的态度。从总体上看,《金瓶梅》中的假丑恶正是一种被否定的假丑恶。这种否定,一是通过明确的语言对坏人坏事加以诅咒,甚至用外加的诗词曲语、"看官听说"之类的文字来直接发表议论。这是受说唱艺术影响而形成的一种传统的表现手法。其优点是态度比较明朗,感情比较强烈,但往往游离了作品的客观描写,有节外生枝、强加于人之嫌。《金瓶梅》中虽然也有如"富而多诈奸邪辈,欺压善良酒色徒"之类的咒骂,有"楼月善良终有寿,瓶梅淫佚早归泉"之类的说教,但更基本的是运用另一种手法,即作者不加任何主观色彩,"绝然以不动感情的客观描写"(郑振铎语),把褒贬爱憎深藏在形象本身的发展之中,让读者通过自己的审美活动,对客观形象加以评判,在感情上与作者产生交流,引起共鸣。后来深受《金瓶梅》影响的《儒林外史》的评点者就称赞这种艺术手法为:"直书其事,不加断语,其是非自见也。"这应该说是我国小说史上的一种可贵的尝试。可惜的是,我们有些读者和批评家习惯于公开说教,面命耳提,误以为《金瓶梅》作者是以冷漠的态度、厌世的哲学来对待人生,指责他态度暧昧、爱憎不明,以致美恶不分、以丑为美等等。这实在是令人啼笑皆非的。

与此相关的《金瓶梅》在写"恶"人时,也力图从生活实际出发,突破了"恶则无往不恶,美则无一不美"的框框。在《金瓶梅》前后一些古典小说中,人物形象的性格往往是单一色的、类型化的,好人好到底,坏人坏到底,不注意挖掘符合人物心理和性格逻辑发展的整体复杂性。有些作品写了某种复杂性,但往往能写好人的弱点,难写坏人的长处;能写气质上的复杂性,难写品质上的矛盾性。一些批评家又习惯于将人物的阶级性、社会性简单化、绝对化,容易欣赏那些黑白分明的"正面"或"反面"人物,而较难理那些色彩纷呈的性格。于是就对《金瓶梅》产生了这样一些疑问和责难:西门庆这个狠毒、悭吝的家伙,后来怎么对李瓶儿情意绵绵,甚至"赞叹"起他"仗义疏财,救人贫困"来? 其他如李瓶儿、庞春梅、宋惠莲等性格发展是否都无迹可求,前后矛盾? 其实,就西门庆与李瓶儿的关系而言,"好性儿、有仁义"的瓶儿确实感动了西门庆那颗残忍、狠毒而又贪财、好色的心。这是西门庆爱李瓶儿的基础。显然,这个基础是不纯正的。但我们不能否认西门庆曾经在这基础上对李瓶儿产生过一种不乏真诚的感情。因为西门庆毕竟只是个恶人,并不是恶魔。他是个恶的代表,但他还是个活生生的人。他作为一个人,必然合乎逻辑地产生他应当产生的感情。而这正是《金瓶梅》暴露艺术的精彩之处。它使人们相信:这些丑恶的人物是真实的,这个腐朽的社会也是真实的。

性描写问题的辨析

《金瓶梅》这部奇书是美的。但它却在一个谨防"男女授受不亲"的"礼仪之邦"里,竟直言不讳地大书特书其床笫之事! 这在过去的古籍中是非常少见的,因而非常刺激人的神经,难怪就被人戴上了"淫书"的帽子,打入了十八层地狱。因此,要正确地欣赏《金瓶梅》,就必须对它的性描写作一番辨析。

本来,性是人的本能。中国古代儒家的经典对此也比较关注,如《周易·系辞》说:"天地絪缊,万物化醇。男女构精,万物化生。"《礼记·礼运》曰:"饮食男女,人之大欲存焉。"在后来的道教、佛教中,有的甚至将男女交合作为一种修炼的方式。各种文艺形式都有这样那样的表现。到了晚明,由于经济的繁荣、社会的开放、皇帝与上层集团的生活糜烂,佞臣们进美人、献淫药成风。士大夫们追求一种浪漫放纵的生活,公开鼓吹"好货"、"好色"是人的本性,狎妓纳妾,结欢女伶歌儿,认为是风流倜傥,不以为耻,反以为荣。于是,上自朝廷,下至民间,公开谈论房中之事是不以为怪的。一时间青楼娼妓布满天下,有关的出版物如春画、艳情小说,乃至性具、春药在街上随处可见。如明末佚名的《如梦录》"街市纪第六"曾写到,在开封抚院诸署附近有七家"淫店",专售广东人事(人造阴茎)、房中技术。范濂《云间据目抄》卷二也写到:"松郡卖婆,日日为富室制造淫具、淫药,富宦之家争相延至,以为至宝。"在这样的社会风气中,作者写性趋向了一种平常的心态,写性正像与写吃饭、睡觉一样,不感到有什么羞耻而觉得难于启口了。不过,从总体上看,《金瓶梅》的作者毕竟不是彻底的"性解放"论者。他受了封建思想的熏陶,灵魂深处还是把"淫",即非礼而过度地追求男女之欲看作是罪恶。在小说中,作者不但安插了大量的否定性的议论,把性与性行为说得多么可怕,不但要伤身害命,而且要误国损家;而且在作品的总体设计上,就是把那些"贪淫"的主角都放在彻底否定的位置上,让他们都遭到报应,不得好死。淫棍西门庆,最后因乱服春药下边毒肿"遗精溺血"而亡;荡妇潘金莲因淫作孽,成了刀下之鬼;李瓶儿贪那"医奴的药",结果被"精冲了血管",死于"崩漏之疾";春梅也"淫欲无度",就搂着情人呜呼哀哉在床上。在当时文人的笔下,让这批追求"性自由"的角色遭到如此的下场,岂不是最严厉的诛伐?作者通过写"淫",最后要告诉人们的是:贪淫无好死,万恶淫为首!而更重要的是,小说中绝大多数的性描写是与作者暴露社会罪恶、鞭挞各等丑类的主旨相关,是整部作品中塑造人物、推进情节等艺术表现的有机组成部分。这就说明,即使对《金瓶梅》的写淫也不能简单地否定。另外,研究者对于一部文学作品的评价和是否适合青年阅读是有区别的。《金瓶梅》的"淫话"将产生什么样的社会效果,最后还关系到不同读者的不同接受。清代的《金瓶梅》评点家文龙曾说:"生性淫,不观此书亦淫;性不淫,观此书可以止淫。然则书不淫,人自淫也;人不淫,书又何当淫乎?"在这基础上,他对不同年龄、不同经历的人的不同接受,作了不同的分析,这种意见是应该引起我们重视的。对于"血气未定"的"黄童红女"来说,阅读后虽然未必如封建道学者所认为的那样,一定会"邪欲横生",乃至到达"灭身"、"灭家"的地步,但的确容易产生一些不良的副作用。因此,要正确地对待《金瓶梅》的"淫话",关键还在于读者先要有一种科学的阅读态度和健全的心理准备。

当然,我们也不庸讳言,《金瓶梅》作者的脑子里有一些庸俗的成分,为了迎合市场需求,不时地穿插了一些与艺术表现无多关系的"性"的调料,为写性而写性,明显地流露出一种庸俗的趣味,特别是有些穿插的韵文,往往是从别处抄来的,不但有程式化的倾向,而且有的很低俗,表现了一种恶趣。例如第4回的"一物从来六寸长"、"温紧香干口赛莲"两首咏男女性器的诗,就是完全硬加上去的。有时候为了故意使文字带"色",就丧失了艺术真实。例如第 2 回写西门庆初见潘金莲时,"回过脸来看,却不想是个美貌妖娆的妇人",就从"鬓儿"、"眉儿"、"眼儿"、"口儿"、"鼻儿"一直看下去,竟看到"软浓浓白面脐肚儿"、"肉奶奶胸儿,白生生腿儿",乃至"紧揪揪"的生殖器。人的眼睛又不是 X 光或红外线,怎么能一直看到里面呢?它用色来搞笑,却使艺术远离了真实。这些都暴露了作者的低级趣味。

  总之,我们应该清醒地认识到,《金瓶梅》写性,从文本来看,有创造性的地方,也有庸俗性的一面;从接受来看,不同的人可以有不同的接受,可以将它作为一部人生的教科书,也可以使它成为一帖堕落的腐蚀剂。看来,我们在阅读、欣赏它时,还是应当记取《金瓶梅》最初刊行时卷首东吴弄珠客《序》所告诫的一句话:"读《金瓶梅》而生怜悯心者,菩萨也;生畏惧心者,君子也;生欢喜心者,小人也;生效法心者,乃禽兽耳。"

(《金瓶梅鉴赏辞典》,上海辞书出版社 2008 年 8 月版)

刘辉等《金瓶梅之谜》书评

近年来,《金瓶梅》研究在改革开放、严肃认真的精神主导下,风起云涌,成绩斐然。影响所及,使这部原为专家研讨的"禁书",成为广大读者所关心的话题。在这样的情势下,读者迫切需要一部既能全面、科学地反映近年来研究成果,又能写得通俗易懂的作品问世。于是,书目文献出版社的《金瓶梅之谜》就应运而生。

《金瓶梅之谜》的最大特点是覆盖面大。全书共列谜题一百个,分了十一类,涉及了《金瓶梅》的方方面面。一般读者只要将此书浏览一通,即可对《金瓶梅》及《金瓶梅》的研究有一个全盘性的了解。比如,关于版本问题,普通读者感到陌生,本书则对抄本、词话本、崇祯本、张评本、文评本、"真本"、"古本"等都作了通俗、概要的介绍,使人对《金瓶梅》一书的流变了若指掌。本书的另一特色是广泛地吸取了学术界的研究成果,而又表达了一些独特的见解。有的篇章写得颇有新意,例如,有关节令、婚丧、宴会、饮食、服饰等民俗描写方面,写得十分细致,像"倒踏门"、"割衫襟"、"望门寡"之类的婚俗,说得头头是道。作者指出,这些描写不是单纯的民俗展览,而是注入了作者的主体意识,成为有血有肉的艺术因素,使作品充分显示了时代感和生活气息,增强了民族色彩和地方色彩。就我个人而言,注意到全书中不少观点与我相左,即以开头三大类十六题中,直接与间接点到笔者并示批评的,就有十余处之多。我将这些都视作对我的尊重和推动。学术问题本来也只有在自由、平等的批评和讨论中才能得到真正的发展。因此,我并不因观点与我出入而感到讨厌,而始终认为只要能提出自己见解而又能言之成理的即是好书,故十分乐意推荐这部《金瓶梅之谜》。

当然,由于本书的作者众多,各部分的水平、文笔、观点都并不一致。例如关于魏子云提出的《四贪词》及我提出的"陈四箴"问题,前后所论就大相径庭。

这情况，主编刘辉、杨扬就在卷首申明："我们之间的观点，并非全部一致。"然而令人费解的是，有时同一作者的观点前后也有变异，例如前有一题将我和其他先生认为《金瓶梅》的"最大特色"、"主要价值"或"创作构思的基点"是"暴露"扭曲成"《金瓶梅》只是暴露"而加以批评，而在另一题中自己却也说"其主旨还是在于暴露和抨击"。至于一些资料、典故，乃至词语的解释或运用上，也时有一些可以商讨之处。不过，这也无伤大雅。因为《金瓶梅》实在给我们留下了太多的谜。今天要真正解开这些谜底实非易事。而《金瓶梅之谜》毕竟在这方面作出了可贵的贡献。

(《〈金瓶梅之谜〉一百题》，《文汇读书周报》1989年10月14日)

王汝梅《金瓶梅解读》序

　　2006年7月暑假,我从酷热的沪上来到北国的春城,丝丝的凉意蓝蓝的天,不能不使人相信"长春"之名,真是名副其实。我自远方来,老友汝梅兄特地到客舍看我,更添几分春意,真是大有"不亦乐乎"之慨了。席间,汝梅兄拿出了一份《金瓶梅解读》的目录,嘱我写篇序言,我敢不从命?

　　我与汝梅兄相交,已有二十多年了。我们之间的意气相投,倒不仅仅在于《金瓶梅》,而且也在于对中国古代小说理论批评的爱好。甚至可以说,我们都是从探索中国古代小说理论这条路上,走近张竹坡,走进《金瓶梅》的。记得上世纪八十年代初,他进了上海举办的一个"中国文学批评史"的讲习班。当时学界,对于中国古代小说理论与《金瓶梅》的研究都是方兴未艾,特别是对于《金瓶梅》,还没有摆脱谈"金"色变的阴影。而汝梅兄就对中国古代小说理论有专攻,对张竹坡产生了浓厚的兴趣。我虽无缘参加这个讲习班,但因在复旦尝试开设了"中国古代小说理论"与"《金瓶梅》研究"的课,所以就自然而然地与他相识了。想不到后来我与汝梅兄,都在《金瓶梅》研究的这条崎岖不平的道路上,顶着冷风细雨,避着刀光剑影,不知不觉地一路走了下来。回首当年,恍若昨日,一眨眼,我们就都已两鬓斑白,与一个"老"字连上了。此时此际,也真该回顾一下:在这难得的《金瓶梅》研究的大好时期,我们究竟做了些什么?

　　现在,汝梅兄就交出了这份卷子。这本书,显然是他二十多年来研究《金瓶梅》的一次小结。所标十个题目,可以说是囊括了他所作研究的方方面面。这里有对于《金瓶梅》这部小说的社会价值的认定,也有艺术奥秘的探索与人物形象的分析;有对于各版文本的评介,也有作者问题的考索与疑难词语的解说;有前期艳情小说的影响研究,也有多种续书的细致评说与绘画《金瓶梅》的独到赏析,乃至对于各类《金瓶梅》文化现象的思考……二十多年来,一部金学史上翻过的几页,几乎都留下了他的踪迹。其涉及面之广,我只能自叹弗如。

比如关于《金瓶梅》的绘画,我从未从接受的视角上来加以关注过;对于缅铃之类的性具,我也从不想从文化的角度上去仔细探索。在汝梅兄所探讨的一些问题中,有许多是富有创意,见解独到的,如对于崇祯本、张竹坡评本的一些发现,提出的作者卢楠说,认定李渔不是崇祯本的评改者,对于一些词语的解说,以及关于《三续金瓶梅》等续书的研究……当然,对于有些问题,难免会有仁者见仁、智者见智的现象,但只要所做的工作能推动《金瓶梅》的研究,我想都是有益的,都会在金学史上留下应有的一笔。

至于我与汝梅兄的一些观点,同样难免有相同的与相异的。大致相同的,如关于崇祯本与张竹坡本的关系问题,我们都不同意梅节先生的所谓"兄弟关系"说,而认为它们是"父子关系";关于崇祯本的最初评改者,我们都不同意刘辉兄的"李渔说",分别从不同的路径上来加以证明,我特别欣赏他从唐诗中找出了首都图书馆藏本《金瓶梅》上所刻的一首回道人的诗的出处,有力地证明了此"回道人"是吕洞宾而不是李渔。当然,我们也有意见相左的时候,有时候难免要相互论难,但正是在这种纯学术的、善意的论难中,相互补充,得以共同提高。这在有关张竹坡评本的认识上就十分典型。早在1981年,汝梅兄就写了有关张竹坡小说批评的专论,但他对张竹坡评本间的重要差异并未作充分的注意。到1985年,我在阅读了不少张评本的基础上,强调有两种不同的系统:一种是卷首多《凡例》、《冷热金针》、《第一奇书非淫书论》三篇附论而无回评;另一种是有回评而少三篇附论。从而直言不讳地指出汝梅兄"将两种本子混在一起来评论张竹坡的文学思想,这是十分可惜的"。事隔一年,汝梅兄即在文章中接受了我的提醒,同时指出我认为多出的三篇附论"是书商伪造的观点不妥"。我当时年少气盛,不知天高地厚,自以为读了不少的张评本,所作的推论也似言之凿凿,谁料到我的识见毕竟有限,没有见到大连图书馆藏"本衙藏板"本等一些重要的本子,故所作的推论实际上是错误的。后来,随着汝梅兄对张评本的不断发现及论证,使我相信了张评本的原本也是有这三篇附论且同时有回评的,以后之所以有"两种系统",乃是出于不同的目的的书商翻刻所造成的。这件事对我的教训是深刻的,使我清醒地认识到做学问一定要保持一种虚静的心态,力求去穷尽一方之资料,而结论是决不可轻下的。同时,也使我又一次警戒自己,讨论学术一定要从学术出发,既要有实事求是的精神,又要有与人为善的态度。在《金瓶梅》研究的圈子里,我不但与汝梅兄有过不同的意见,而且与刘辉、梅节,乃至魏子云等先生都有过相异的观点,甚至反复地争论过，但都没有丝毫损害过我们之间的友情，没有减轻过我对他们的尊敬。这不能不说与这次教训多少有点关系。

综观汝梅兄的研究成果，无疑在前二十多年的金学史上具有代表性的意义。它在一定程度上代表了"文革"后最初阶段研究《金瓶梅》的水平，为以后的研究打开了眼界，铺设了道路。如今，《金瓶梅》研究越过了有史以来的第一个高潮，逐渐进入一个新的、较为平稳的时期，有一些新人已显现了一种新的姿态，有一些新的力作陆续问世。我相信，《金瓶梅》研究的冬天已经永远过去，以后的天地将一定是"长春"。一个百花竞艳、硕果累累的《金瓶梅》研究的大好局面一定会到来。即使到了那时，我们再重读汝梅兄的这些论著，也一定会咀嚼出它独特的滋味来。

2006年07月28日
长春·近代文学会后

（《金瓶梅解读》，时代文艺出版社2007年1月版）

吴敢《张竹坡与〈金瓶梅〉研究》序

吴敢兄将二十多年来研究张竹坡与《金瓶梅》的成果汇成一册,嘱我作序,我在钦敬佩服之余,不禁感慨万千。他的前两部《金瓶梅》论著,是分别由徐朔方先生与刘辉先生作的序。徐先生是我们的前辈,但就《金瓶梅》研究而言,我们都是在改革开放之后差不多同时起步的。转眼间,徐、刘两位先生已作古人。想当年一起走进"金学"园地的前辈与朋友,不少已驾鹤西去;没有走的,也大都垂垂老矣。我与吴敢兄相对较年轻,但也早已到了过六望七之年,究竟能再为"金学"做多少工作,谁也很难说了。记得两年前,比我俩稍长的王汝梅兄也曾将他的《金瓶梅》研究的主要成果编成一册《金瓶梅解读》,嘱我写序,我就说,这"显然是他二十多年来研究《金瓶梅》的一次小结"。如今,吴敢兄的这本书,无疑也是他二十多年来研究张竹坡与《金瓶梅》的一次小结。他们两位所做的这一工作,非常必要,十分及时。因为他们都是改革开放以来三十年中,在"金学"研究史上最有代表性的学者之一。他们的研究成果,在某种意义上说,正代表着"金学"的一个时代。《金瓶梅》研究的一个时代行将过去了,他们该将自己的成果打一个包,留给后人,留给历史。

今就吴敢兄的研究成果来说,他对张竹坡的研究,可以说不仅是近三十年来金学研究中的最重要的实绩之一,而且也是近百年来《金瓶梅》研究中最重要的收获之一。《金瓶梅》是一部复杂的书,围绕着它,绝大多数问题是众说纷纭,莫衷一是。但近百年来有两件实绩是无可争辩,且在金学研究中都是关系重大、举足轻重的:一个是《金瓶梅词话》的发现;另一个即是《张氏族谱》等有关张竹坡资料的发现与对张竹坡的研究。《金瓶梅词话》的发现,在《金瓶梅》研究史上具有划时代的意义,但这一发现只是商人们在收购旧书时无意得之。而吴敢兄发现《张氏族谱》等并进行了系统、细致、长期的研究,虽有天时、地利之便,但主要是他孜孜矻矻,下足了工夫所得。想当年,刘辉兄与我也都为解开张竹坡之谜作过一些努力,但我们都只是沾到了一点点的边而已。而吴敢兄的研究,终于彻底干净地解决了这个问题,使我们惊叹不已。时至今日,有关张竹坡与《金瓶梅》的研究,无疑还是吴敢兄的研究最全面,最权威。我想千载而下,它的价值还将永在。

说起吴敢兄对于金学的重要贡献,恐怕还不止于在本本,其功绩还在书外。谁也无法否认,三十年来的《金瓶梅》研究中,中国金瓶梅学会以及后来的中国金瓶梅研究会(筹),在组织上、学术上、宣传上对于推动金学事业的繁荣与发展,都起了十分重要的作用。而这学会的成立与发展,吴敢兄当为第一功臣。他是我们这个学会的实干家、大总管、顶梁柱。他办事干练有方,又能广泛地团结朋友,就在他的一手操劳下,我们召开了五次国际《金瓶梅》学术讨论会、七次全国《金瓶梅》学术讨论会,并出版了学刊《金瓶梅研究》8辑,使我们的金学会、我们的金学事业,在风风雨雨中始终保持着朝气蓬勃、蒸蒸日上的态势。而他对学会工作的投入,也促进了他学术上的成功。他的一部《20世纪〈金瓶梅〉研究史长编》,能写得如此细致而富有特色,很大程度上是由于他对学会,对金学事业有一本最清晰的账,所以能写出了许多别人无法写出的内容。这部著作,梳理了20世纪《金瓶梅》研究的方方面面,无疑为后来者跨进金学大门铺设了一座便桥,描绘了一幅详图,功德无量。

吴敢兄嘱我写序,我一拖再拖,本想有许多话要说。但近来杂事缠身,焦头烂额,实在无力将他的成绩一一细叙,只能说了几句一直埋在我心底的最要紧的话。纸虽短而情常在,我想吴敢兄一定不会错怪我敷衍了事吧?是为序。

2008年4月22日

(《张竹坡与〈金瓶梅〉研究》,文物出版社2009年2月版)

杨鸿儒《细述金瓶梅》序

杨鸿儒老先生是一位博学前辈，涉猎甚广，著述良多，今又以八十高龄的不老之笔，撰成《金瓶梅导读》一书，不耻问序于我这个后生小子，真使我有点诚惶诚恐，一时不知何处下笔。踌躇再三，只能据先生奉寄的《前言》、《目录》及第一章《〈金瓶梅〉是一部什么样的书》，略书一二，勉强复命。

《金瓶梅》一书，真是一部名副其实的"奇书"。一方面，作者直面人生，洞达世情，暴露社会的腐败，透析人性的善恶，其深其细其广，在中国古代文学史上罕有其匹。在艺术上的创造上，也使一部中国小说史走上了一个新的台阶。另一方面，作者在涉笔饮食男女之时，特多秽词，惊世骇俗，这就被人目之为"古今天下第一淫书"，长期列名于禁书的黑名单上。时至今日，尽管历经明、清、近代、现代诸多哲人的辨析呼号，但还是有不少"正人君子"带着黄色的眼镜将它另眼相看。或许他在私底下只是盯着黄处看，可是在台面上却就是盯着黄处批。种种的浅薄与僵化，使这样一部杰作，始终被云锁雾绕。因此，当前《金瓶梅》研究的一个重要任务，就是要让广大的群众去检验它，理解它，批判它，接受它。杨老先生有感于此，不辞辛苦，撰此《导读》，以深入浅出之笔，去"拨开迷雾，照射阳光"，引导广大青年去正确阅读这部名著，正确认识它的价值，这真是功德无量，借用明人《金瓶梅序》中的一词，这就叫做有菩萨心者也。

展开目录，全书十章，从版本、作者等"外学"，到文本中的人物、内容、思想、艺术，以及诗词韵曲、社会风俗、难解之谜，再到20世纪的传播、研究等学术动态，面面俱到，对《金瓶梅》这部百科全书式的作品，作了全景式的扫描。我相信，随着作者的细心引导，读者一定能对《金瓶梅》有一个全面的了解，在这里能学到知识，得到启迪，能更深入地认识中国的腐败社会是什么样的，以及为什么会腐败，腐败的社会又为什么迟迟不会僵死，芸芸众生，在这样的社会中,又怎样去把握自己的命运。同时,《金瓶梅》作为一部小说,它在写人、叙事、造景、用语,在空间建构、时间梳理、修辞技巧等等方面也出手不凡,我们随着作者的导读,自然会在这里更切实地体味到小说的艺术奥秘。当然,对于小说中涉及到的诸如性描写等有争议的问题,相信《导读》也会作出一个比较恰当的分析,拭去尘垢,剔除糟粕,让中国古代文学宝库中的这颗明珠闪出应有的光彩来。总之,我相信,宝刀不老的杨先生,一定会满足我们的愿望,为金学的普及,谱写出精彩的篇章。是权为序。

2006 年 12 月 12 日

(《细述金瓶梅》,东方出版社 2007 年 3 月版)

张进德《金瓶梅新论》序

由于《金瓶梅》的关系,我与进德断断续续的交往已有十几年,可是直到去年在山东五莲开会时才见了面。那时,人来人往很多,他也没有来得及同我说起这部书稿。谁知上个月,他突然来个电话说,最近整理好了这部《〈金瓶梅〉论稿》,希望我能写篇序。说实话,这着实使我有点为难。一,我与进德交往毕竟不深,对他的人了解不多;二,他的书稿还未拜读,不知内容究竟如何;三,也是最使我犹豫不决的是,时下的舆论对书评一类的文章颇多微词,认为在他人请求之下的被动之作,往往不脱"平庸"两字,甚至为低劣的著作喝彩造势,成为腐败学术风气的一个方面。对此,我也深有同感。如今,进德尽管不是我的门生或好友,更不是同窗或亲戚,我也无意于为他捧场,但写"序"这玩意儿,自古以来,不是受作者之请,就是受书肆之约,总是说好话的多,说坏话的少,我要是答应的话,恐怕也难以免俗,另辟蹊径,这是否也为不良的学术风气推波助澜呢?我考虑了一下,最后的决定还是一个字:写!

这是为什么呢?我觉得当前学术风气的堪忧,可怕的不在于几个人抄几段文字拼几本书,也不在于誉扬过头的书评满天飞。有的人逮住了一两个"文抄公",就觉得功莫大焉。而在我看来,这虽然还谈不上是把风车当妖魔,也实在用不着大惊小怪。通常所说的抄袭,多数只是个别人的问题,尽管有"天下文章一大抄"的说法,但几个"文抄公"从来掀不起大浪。特别是有的颇有才学的年轻人,我们应该承认他确是"一时糊涂",只要不是"屡教不改",不妨"给他出路"。那种不管三七廿一,必欲将人置于死地的做法,我始终怀疑这是否真正是为了学术。至于那些无异于"虚假广告"的书评,固然令人反感,但更令人恶心的是那些炒作"广告"的有价载体。"虚假广告"之所以能满天飞起来,还是要有这个空间的。不过,比较起来,危害最大的还是那种能激发这类腐败现象泛滥的机制。假如丢掉了"具体事物作具体分析"的原则,忘记了"一切从实际出发",而是用一套貌似"规范"而实则僵化、表面、琐屑的指挥棒去指挥,再将这形而上学与名利诱惑结合起来的话,我们的学术风气将永远也净化不起来。因此,我想要净化学术风气,还是先要抓大的、抓根本的问题,不要把人们的目光引导到一些枝节的、表面的地方去。我如今写篇序,说几句好话,作一些鼓励,这算得了什么? 这是我决定还是要写序的第一层想法。

第二层,凭我所知,进德在《金瓶梅》研究方面写过一些好的或较好的文章,十几年来又孜孜不倦地在下工夫,他如今整理出来的一部书稿虽不可能十全十美,但也不至于全是糟粕,总有一些闪光的地方。况且,《金瓶梅》研究目前正踟蹰不前,有待于进一步深入,我借此机会摇旗呐喊一下,这对于整个《金瓶梅》研究,总是比不说的好。于是我决定不但要写,而且必须要写。

不几天,就收到了他的书稿。不出所料,他写得还是有特色,有见解的。我觉得最值得肯定的是,他研究《金瓶梅》始终不忘与当时的社会、政治、文化、宗教、哲学、文学、风俗、经济等联系起来,而不是孤立地就文本研究文本。已经有一段时间以来,一些人强调文学研究要回到"文学自身",特别起劲反对与丑化社会—历史的批评与研究。当然,从文学内部的结构、语言、叙事等着眼去研究作品是有必要的,但不要反过来简单而庸俗地否定社会—历史的研究,否定与外部联系起来研究文学。文学是什么,各人有各人的理解,但文学作品中所写的人与人的感情不是抽象的,它永远离不开社会,离不开社会中的一切。过去强调文学与社会的关系,不是不对,而是这方面的研究没有做好;现在的问题不是抛弃它,而是应该加强这方面的研究。进德的这部书稿在论析《金瓶梅》中的"四贪"、"四戒",以及伦理观、婚恋观等等问题时,都非常注意当时社会的变动,新的社会力量的活跃,新的经济因素的萌生膨胀在人的观念形态中的动荡和回响,注意作品反过来给世间芸芸众生的诸多启迪,因而写得有声有色,有血有肉。试问,假如不联系文本之外的社会种种,或者根本排斥与社会密切关联的作品思想意蕴方面的研究,这还称得上是一种完整意义上的文学研究吗?

进德这部书稿的第二个特点是看问题不片面,能顾此而及彼。他论当时的社会思想,既注意官方对程朱理学的强化,又强调世俗社会对人情人欲的追求;他论作者,既指出其理性指向表现为对宗法传统价值观念的皈依,又肯定其艺术描写的感性指向则是对其理性思维定式的超越;他论作品,既指出其喋喋不休地进行宗法道德观念的高谈阔论,又说明红男绿女们追求没有理性节制的满足以及个体意识的张扬；他论人欲，既充分肯定它在摆脱理学桎梏及促进艺术表现力方面的意义，又不排斥用道德的标准来判断其畸形的特征。如此等等，看法都比较周全。这在目下也是不容易的。近一二十年来，在《金瓶梅》及晚明文学研究中，普遍存在着讲作品就只讲人性，讲人性就只讲人欲，讲人欲就只讲情欲，甚至片面扩大其积极的意义和忽视作家仍然受到封建道德意识的严重制约。如今进德能跳出这一框架，作比较全面的探索，也是应该另眼相看的。

这部书稿名曰"论"而不重"考"，从综论研究小史，到分析创作主旨、思想意蕴，再到品味美学风貌、艺术佳境，可谓相当完整、系统。但通观全书，总觉得求全有余，精深不足，有的篇章难免流于一般化，且各章间的安排也并不平衡，这些问题的存在也可以理解，因为他毕竟不是"大师"。实际上即使是"大师"，也未必不存在这些问题。

（《金瓶梅新论》，延边大学出版社 2001 年 9 月版）

黄吉昌《〈金瓶梅〉新论》序

在这几天"全国高校中国古代文学研究与教学第四届研讨会"上,我一下子就注意到了一位先生,尽管穿着一件旧西装,却给人的印象是个老农似的,浑身透露出一种质朴的、甚至是泥土的气息。第二天早餐时,他特意过来自我介绍说,他叫黄吉昌,是云南昭通师专的教师,2002年在昆明召开的第二届会时曾经与我见过面。这使我马上想起了当年在昆明时,由于行色匆匆,我只讲了几句开幕词就离会了。临走时,就是他赶上来给了我两篇稿子,说是研究《金瓶梅》作者是王世贞的。回家后,我曾翻阅过,也觉得写得相当充实,但一下子没有找到地址给他写信,事情一忙,渐渐地就把这件事忘了。四年后重新见他,真使我十分愧疚,慌忙向他致歉。

感谢吉昌先生能理解我,原谅我,还希望我为他即将出版的《金瓶梅新论》作序,且要四五天内完成。这就使我犯难起来了,因为我这几天的事都排满了,实在没有时间。但是,我稍作迟疑后,还是答应了。我之所以答应,倒不仅仅在于我曾经欠了他的"债",也不仅仅由于他的朴实令我由衷的钦佩,而主要是被他的一种治学精神和他的实绩所感动。

吉昌先生地处边陲小城,资料匮乏,可能还无法网罗前人的研究成果,但他能从第一手的材料出发,孜孜矻矻,二十余年,用最"笨"的方法,做出了很新的成果。据正好当时在同桌用早餐的曾良先生说,二十年前,他们一起在辽宁"进修",亲眼目睹吉昌先生用了一个月的时间,日日夜夜,将《金瓶梅》抄了一遍。这就是他治《金瓶梅》的起步。以后,他就在这抄本的基础上,用这种苦抄苦读的精神,从《明实录》、《明史》等书中,一个一个地找材料,一点一点地做下来。这种精神,正像他的为人一样,显得那样的质朴,甚至是有点"土",但我觉得,这种老老实实做学问的精神是非常难得的,非常可贵的。

在这种治学精神的支撑下,他为金学事业确实作出了贡献。从这部书稿来看,尽管我来不及细读,但至少有一点工作是使我很佩服的。这就是他用材料来证明了:小说从第2回到第88回是集中写了嘉靖三十二年至三十六年的史实。

关于《金瓶梅》写了嘉靖年间的史实,从上世纪五十年代起,特别是八十年代以后,如陈诏、霍现俊等先生已做了不少工作,但似乎都没有将这些材料来与小说文本的组建联系起来加以考量,多数只是停留在考证小说写定的年代上。而实际上,小说有嘉靖年间的史实是不能证明小说成书于嘉靖年间的,这是因为嘉靖以后如万历年间的作家同样可以将前代的史实写进小说的。而在目前的《金瓶梅》研究中,要解决小说的"镶嵌"问题十分重要而迫切。当我们没有搞清《金瓶梅》中哪些部分是"镶嵌"前人的,哪些部分是出于作者之手的之前,随意用一些词语、名物、人名、故事来证明作者是什么地方人,成书于什么年代,都是"可怜无补费精神",因为所举的例证完全有可能是出于"镶嵌"来的前人作品,而不是《金瓶梅》作者的手笔。像戴不凡先生曾经指出的《金瓶梅》中的一些浙江语词,实际上大多是出于《金瓶梅》抄《水浒传》的部分,所以这些例子就不能证明作者是什么地方人了。而要解决《金瓶梅》的"镶嵌"问题,又碰到了一个难题,即前代的作品已大量佚失,无法一一查证。正是在这样的困境中,从不同的角度来分辨小说的不同组成无疑是一种有益的新尝试。最近我读到了杨国玉先生的一篇文章,他微观地考察了一些习惯用语,发现前91回(不含第53—57回)与后9回有诸多变化,从而推定这两部分出于不同人之手。这与吉昌先生从史实入手来分辨文本的组成,真是有异曲同工之妙。我相信,通过大家用不同的角度来加以辨析,逐步细化,一定会渐渐弄清或基本弄清《金瓶梅》"镶嵌"的情况,为进一步考定小说的方言、习俗、成书年代、作者问题等等铺出一条较为平实的道路。

《金瓶梅》研究之路从来是崎岖不平,甚至是充满着艰难险阻的,这就要求更多的老实人来做老实的学问,在这条不平坦的道路上铺石子,作探索,一步一步地向前。我愿与吉昌先生和诸多《金瓶梅》研究的同道们共勉。是为序。

2007年4月19日
于双流机场候机室

(《〈金瓶梅〉新论》,中国社会科学出版社2007年4月版)

许建平《金学考论》序

　　1999年春节从东京回家照顾病妻,想不到接二连三的事忙得我喘不过气来:一部规模不小的书急需统稿,不早不晚又突然寄来了另一部书的清样必须马上校阅。它们是国家社科与教育部的所谓"重点",不能懈怠。夹忙里又杀出一家辞书编辑部,制造了一些莫名其妙的麻烦,事关一大批"父老兄弟",同样不能暂置不论。正在这当儿,建平寄来了一包《金瓶梅新论》的部分书稿,并附信说,希望我能写篇序言。我当即回答他:"时间再紧,也一定写,写完了再去东京访学!"

　　建平与我,相交已有十年。1989年,他来复旦"进修"。当时,我正搞了一阵子《金瓶梅》,他对这部书的研究也有兴趣,于是就相互接触较多,谈得也投机。他回石家庄后,我不时读到他的文章和来信,渐渐地觉得他对于《金瓶梅》的研究越来越深入,眼光越来越敏锐,文章也写得越来越老到。特别是那篇被《新华文摘》几乎全文转载的《新时期〈金瓶梅〉研究述评》,可以窥见他在《金瓶梅》研究上所下的工夫。刘辉先生读了这篇文章后,就向我打听他的情况,并说:"吴敢也认为这篇文章写得不错。"前年,在太原召开第六届《金瓶梅》的学术讨论会,我因病未能与会,建平第一次参加《金瓶梅》的学术会,就给人们留下了深刻的印象。会后,香港的梅节先生就在给我打电话时连声推许他说:"这个年轻人不错,不错!"事实上,只要稍稍关心一下近几年来的《金瓶梅》及中国古代小说研究的人,或许是都会有这样的感觉的。

　　我觉得,建平之所以在研究《金瓶梅》的道路上一步一个脚印地前进,主要是由于他是把《金瓶梅》的研究真正当作一门学问来做的。时下,做学问,大不易。这倒不是由于像过去那样在客观上会碰到许多禁区,而是开放了,要使自己主观上的已"放"之心,远尘嚣,避势利,实在不是一件容易的事。而《金瓶梅》这部小说,本来就是像《红楼梦》中的"风月宝鉴",可以正反两方面来阅读。

它可以使人成圣贤，也可以使人为禽兽。几个世纪以来，一些人把它当作是"稗官之上乘"或惩世之佳作，但也总有一些人把它当作是赚钱的法宝。在近二十年来的《金瓶梅》热中，我们还不时地闻到一些媚俗趋利的异味，看到一些不应该看到的怪状。建平的可贵之处，就是走得正，坐得稳，不靠哗众取宠，不搞旁门左道，而是老老实实地在那里搞"金学"。因此，我觉得在这里借用孟夫子的一句话也是很合适的，这就是："学问之道无他，求其放心而已矣。"放心求回，心态摆正，把学问真正当作学问来做，总是会有成绩的。

建平自觉而认真地把"金学"当作一门学问来做，集中地表现在他搞这门学问并不局限于一隅，而是尽力顾及到方方面面；也不用一套路数，而是将传统的考据与新方法的引进并举。打开《金瓶梅新论》的目录看，从第二章到第十七章的主体部分，先是对一些基础性的问题作考证和辨析，后面则主要是理论上的分析和阐释；在分析中，有许多提法、角度和方法都很新鲜、独到，明显地吸取了当代最前沿的一些精神。因此，他的研究成果，可以视为现阶段《金瓶梅》研究的一次较为全面的小结，既显示了稳重的基础，又展现了前沿的风貌。在这里，我觉得他作为一个还算年轻的学者，能注意在小说的考证方面下工夫，是特别难能可贵的。本来，从严格意义上说，完全摆脱考证的古代文学研究是谈不上真正的研究的。但由于种种原因，目前不少年轻人往往不愿做，甚至不屑做一些考证性的、资料性的工作，而比较喜欢学习和引进西方新的观点与方法来阐释传统。这当然也是十分必要而有意义的工作。退一步说，就是只搬弄一些新名词来自说自话，只要说得好，也不失为一家之言，自有它的价值。但不可否认，我们还是常常看到一些由于不注意基础性的问题而弄得让人啼笑皆非。不过，反过来说，注意了考证性工作，也不等于事事都能考得明白，说得正确。事实上，一生能考得一二，也属不易；乃至能在资料中提出一二个新的问题，能引发人们去思考，推动研究的深入，也可谓是实绩。谁能说自己的考证能事事信实？那无异于白日说梦！但做了，总比不做好；开始做不好，只要认真做下去，慢慢来，总会做好的。这就叫做研究，叫做做学问。建平正是在这样做的，因此他自然会有应有的收获。

如今，他将几年来的辛勤耕耘所得，整理、结集成这一本《金瓶梅新论》。书名中有个"新"字，表明了作者心中的一个追求目标。事实也正是这样，他的这部论著不是已有成果的拼盘，而似破土而出的新苗，在材料上、方法上、观点上时时都能给人以新意。显然，这些新意，不是故意标新立异的结果，而是老老实实做学问的结晶。因此，我想对《金瓶梅》及中国古代小说感兴趣的人读了这本书，一定会咀嚼出一点味道的。

这几年来，在《金瓶梅》研究方面，我已经落伍了。去年，曾读到魏子云先生的大作《金瓶梅的作者是谁》(台湾商务印书馆)，像他这样的望八老人还是笔耕不辍，使我十分惶愧；现在又读到了建平这一部虎虎有生气的新著，则又觉得后生可畏。我前不及年长者，后又不如年轻人，真不知何时再能重返"金学"研究的园地，与同道们细细地再作一番耕耘。但不管怎样，后来者居上，这是历史发展的规律。我相信，像建平这样的年轻人必然会不断地推出一些"新论"来，在新的一个世纪中，把"金学"搞得越来越深入，越来越有声色。

黄　霖
一九九九年三月二日元宵节

(《金学考论》，河北教育出版社 1999 年 12 月版)

杨子华《金瓶梅文化新解》序

刚捧读杨子华先生的《水浒文化新解》不久,就收到了杨先生寄来的《金瓶梅文化新解》书稿,这不能不令人佩服:已逾古稀之年的他,学术上的追求竟还如此执著,还在不断地追求着"新解"!

先生将两部大作都取名为"新解",真可谓名副其实。古今研究《水浒传》、《金瓶梅》的论著不可谓不多,但恕我孤陋寡闻,的确还未见过一部专著立足在杭州地域文化的基点上去解读这两部名著的。当然,这不是说过去完全没有人注意过这类问题。实际上,就在我的同事中,也有人在做这一方面的工作,且已出了一些成绩,但还没有将其研究成果集中起来,公之于世。

就说我自己,在1999年日本的一次学术会议上,也曾经讲过《〈金瓶梅词话〉与杭州》这个题目。当时我说,一般读《金瓶梅词话》的人都认为小说写的是山东故事。这是因为小说一再强调西门庆、潘金莲等人物主要活动的环境是在"大宋国山东清河县"(第三十九回)、"山东东平府清河县"(第六十六回)。但实际上,这个清河县完全是虚构的。现实中的清河,在北宋时属河北东路,明属北直隶广平府,今属河北省,根本不在山东境内。它与山东东平府的阳谷县相去也较远,并非是小说所写的那样两县相邻。而且,小说中清河县的气派与实际上的清河县也有相当大的不同。由此得出,作者在创造这个清河县时,显然根据了自己的生活经历,以某城为主,再熔铸了其他各地的印象。那么,以什么地方为主呢?台湾魏子云先生在《金瓶梅探源》的《补述》中曾说:"我曾认为《金瓶梅》中的清河,实际上的地理环境,可能是燕京。"后来还有人根据这一观点写了专著。也有不少朋友认为《金瓶梅》与临清的关系甚大;有人还根据临清的地理环境绘制了《金瓶梅》中西门庆等人活动的地图。这些看法都不能说完全没有道理。但细加考察,我认为,《金瓶梅词话》主要依据的地理环境与其说是在北方,还不如说是在南方;与其说是燕京、临清,还不如说是杭州。

这是因为在《金瓶梅词话》中可以找到不少当时杭州的影子（参见《〈金瓶梅词话〉与杭州》，日本《中国古典小说研究》第5号，1999年12月）。当时我这样讲，眼光是比较狭窄的，只是举了有关杭州的岳庙、永福寺、狮子街、南瓦子、新河口、牛皮巷等例子来加以说明，以后也没有进一步去深解。现在读了杨先生的书稿，真是大开眼界。他从民俗、饮食、游戏、舞蹈、说唱、戏剧、妓女、方言等几个方面，多角度、全方位地考察了杭州与《金瓶梅》的关系，不能不使人相信：《金瓶梅》里确实有杭州！更令人佩服的是，杨先生在辨析《金瓶梅》与杭州的关系时，有的工作是做得十分细致的。比如说《金瓶梅》中的"宣卷"问题，前人也曾谈到过，像日本有名的收藏与研究宝卷的泽田瑞穗教授就比较早地写过文章，而宣讲宝卷这类事，也不仅仅流行在杭州一带，但杨先生将杭州的说经、宣卷及刊印、销售宝卷的历史与盛况细细说来，层层推进，就使你相信在《金瓶梅》中写到的宣卷情况是有杭州的特色的。再如，《金瓶梅》中常用"儿尾"方言的问题，虽然魏子云先生早就指出了这是"南方人听觉中的北方话，非北方人惯常口语中的北方话"，但他并未直接指向杭州话。而杨先生就在这基础上分析了杭州"儿尾"方言的渊源与特点，明确了《金瓶梅》中的"儿尾"方言即是杭州地区的半官话吴语方言的特色。这样就使《金瓶梅》与杭州真正扣紧了关系，使我们相信杨先生的"新解"确实是有道理、有特色、有深度的。

　　杨先生之所以能在《金瓶梅》研究上另辟新径，是与他长期在这方面的积累有关系的。先生生活在杭州这个地方，熟悉杭州，特别是对杭州的曲艺、民俗等问题素有研究，在这基础上用杭州文化的视角来"新解"《水浒传》的特色，自然就得心应手、左右逢源。然后再从《水浒传》研究的道路上顺流而下，解剖本"从《水浒传》演出一支"的《金瓶梅》，岂不更是驾轻就熟？所以，我们不难理解杨先生"新解"《金瓶梅》能取得这样的成绩。

　　我在欣赏杨先生的成绩之余，也自然地想到他的这一研究成果是会引起争议的。因为这一研究明显地关系到《金瓶梅》的作者问题。而有关《金瓶梅》的作者问题，是目前中国古代文学研究中最能引起人们兴趣，而又最为招人非议，歧说最多、争论最火的一个问题。在这里，我很感谢他支持我的屠隆说。正像杨先生研究《水浒传》将作者指向钱塘施耐庵一样，他研究《金瓶梅》就建立在作者是屠隆的基础之上的。这同我的思路是完全一致的。当初，我注意《金瓶梅》与杭州的关系时，也就是这样想的。那时我曾说，当我们就《金瓶梅词话》中比较能反映其环境特点的一些寺庙街坊与杭州的实际情况略作了一些排比之后,不能不使人感到两者之间有惊人的相似。特别是一些杭州所特有的地名寺庙在《金瓶梅词话》中得到了艺术的表现,就更能使人觉得其作者必定是相当熟悉杭州情况的。当然,杭州在历史上从来是一座名城,能将杭州作为艺术原型来加工的未必就一定是杭州人或南方人。但是,假如说《金瓶梅词话》的作者是山东人,他在描写发生在"山东"的故事时,不用熟悉而接近实际的诸如清河、峄县等县的地名,反而去运用杭州的地名,这岂不是咄咄怪事吗?我们再进一步将小说中所用的吴语方言和反映的南方习俗联系起来加以考察,那不是可以进一步考虑作者是一位南方人吗?在这里,生长在距杭州不远而曾为杭州永福寺题额的屠隆,不是大有可能是《金瓶梅词话》的作者吗?我的这一想法,应该说也是有一定的合理之处的。但时过境迁,到现在再静言思之,觉得这一推理是不够严密的。因为这里至少关系到如下三个问题:

第一个是《金瓶梅》的"镶嵌"问题。这个问题,杨先生实际上已经接触到了。杨先生在谈到《金瓶梅》的成书问题时曾说:"《金瓶梅》既不同《水浒传》那样完全是累积型的集体创作,也不同于《红楼梦》那样完全是个人独立创作;而是承袭了《水浒传》以及宋元话本小说的人物、故事和体制、语言的传统的个人创作。"《金瓶梅》的这种创作特点,现在我们常用"镶嵌"两字来形容,即在笑笑生个人创作的蓝图上,"镶嵌"了前人的不少现成的作品片断。这就产生了这样一个问题:我们现在作为例证的一些材料,究竟是《金瓶梅》作者个人的手笔呢,还是"镶嵌"的前人的作品?假如是后者的话,我们就很难将它们完全归于作者的名下,说成是真正的《金瓶梅》的地方色彩了。比如,最早提出《金瓶梅》作者可能是浙江人的戴不凡先生,他在《小说见闻录》中所举证的一些吴语的例子,实际上大都是《金瓶梅》抄袭《水浒传》的部分。这些例子就很难说是《金瓶梅》作者的语言,而只能说是《水浒传》作者的语言了。

第二个是小说环境的艺术创造问题。在每一部小说里,作家都根据自己的生活经验和创作的需要创造了一个艺术环境。在《金瓶梅》里,由于"镶嵌"的缘故,有时候会产生一种"环境借用"的情况,即作家创造的西门庆、陈经济等一伙主要活动的环境明标的是清河、临清等地方,却不是作家根据当时清河、临清等实际情况来加以描写的,而是借用了现成的其他小说中描写的其他城市情况,移花接木到《金瓶梅》中来。这里最典型的要数《金瓶梅词话》第九十八回所写的"陈经济临清开大店"。小说明明写的是陈经济在"临清马头"开了大酒楼,韩爱姐与父母韩道国、王六儿来到这里,碰上了陈经济,于是韩爱姐与陈经济两人相爱一场。但这段故事的基本情节显然是从《喻世明言·新桥市韩五卖春情》那里抄来的,乃至有的人物名字也一样,如"八老"。不同的只是将主人公的名字与故事发生的地点换了一下:将"临安"城外的"新桥"换成了"临清马头"。因此,在《金瓶梅》中陈经济活动的艺术环境是一个作家想象中的临清,但这个"临清"是"虚"的,其"实"却是"杭州"。在这里,我们必须承认,作者之所以将《新桥市韩五卖春情》中杭州移花接木成临清,还是根据他的整个艺术构思来进行的。其前提是,他觉得这样的环境描写是符合他意象中的"临清马头"的,与小说其他地方提到的"临清马头"都是接轨的。因此《金瓶梅词话》中的临清是小说家经过艺术创造后的一个具有相当典型意义的环境,这个环境既符合小说家对临清的认识,也大致反映了(或者是在某一方面反映了)当时社会中实际存在的临清。否则,作者在"镶嵌"《新桥市韩五卖春情》的故事时,完全可以将"新桥市"另换一个地名而不用"临清"了。所以,我们今天在考察《金瓶梅》文化中的地域因素时,还是要区别由"镶嵌"而造成的"虚"与"实"的不同情况。我们要努力考出它的"实",但也要对其"虚"的描写予以足够的重视。作家也不会无缘无故地去创造一个与小说的人物塑造、情节开展相匹配的艺术环境的。

  第三个是小说流露的地方色彩的唯一性问题。在关于《金瓶梅》作者讨论中,不时看到一些考证某词语、某名物为某地所有的文章。这固然也有参考价值,但往往不能说服人。因为没有解决一个"唯一性"的问题。你说这词语、这名物为该地所有,但都无法证实只有该地有而其他地方都没有。所以,当自己说得头头是道时,另一人马上会出来说不一定,其他地方也存在。比如,就杨先生提到的晏公庙、水月寺来说吧,一些学者认为《金瓶梅》中的这些寺庙是临清的。最近我去临清,临清的先生还告诉我晏公庙在什么地方。但是,杨先生认为,这些寺庙就是杭州的。比如水月寺,杨先生还举证说:"据《武林旧事》卷五载:杭州慈云岭有'水月寺'。杭州宋元话本《月明和尚度柳翠》(《喻世明言》第二十卷):'只有城南水月寺竹林峰住持玉通禅师'。故孟昭连先生在《漫话金瓶梅》中认为'《金瓶梅》中的水月寺是移用了临安(杭州)的水月寺,而非临清的水月庵。'"这番话说得有根有据,但毕竟不具备排他性,就不能完全说服人。实际上,像晏公庙、水月寺(庵)之类,当初在全国各地比比皆是。前几年,我在日本还见到过"水月庵"呢。总之,我们在研究小说文化的地方性时,在"唯一性"上再下点工夫,还是很有必要的。

以上三点，是我觉得当前研究古代小说文化的地方色彩时必须注意的问题。这三个问题又是相互关联的。我在这里提出这三个问题，不是否定一般地考索《金瓶梅》与其他小说的地方色彩的问题。这种考索还是很有意义的，这还是为进一步辨清是"镶嵌"的还是"创作"的，是"虚"的还是"实"的，是"唯一的"还是"共存的"奠定了基础，铺平了道路。像杨先生这样，下了工夫，把《金瓶梅》中有关杭州的情况原原本本、详详细细地钩稽出来，就不能不让大家去认真地深思：《金瓶梅》与杭州究竟有什么关系？《金瓶梅》的作者究竟是山东人还是浙江人？

　　笔走至此，不能不感谢杨先生对我的信任。杨先生与我虽然联系多年，但从未谋面。他嘱我作序，我就将我的想法直言书之。对先生的成绩，我由衷地佩服。我在摸索过程中的一点粗浅的想法，只是借此机会提出来与杨先生、与金学界的朋友们共勉，以求将我们的金学研究搞得更扎实，一步一个脚印地前进。

　　　　　　　　（《金瓶梅文化新解》，金城出版社2010年6月版）

王平、程冠军主编《金瓶梅文化研究》序

这是2007年在山东峄城举办的《金瓶梅》学术讨论会会前编印的论文集。

这次会议的规模不大,但提交的论文质量还是颇为可观,论及的范围也相当广泛。从"内学"来看,有的关注小说的语言,也有一些从不同的文化视角如风俗、伦理来探讨小说所表现的问题,也有的致力于名物与引诗的考证;从"外学"来看,有研究作者问题、评点问题、在文学史上的承前启后与历史地位问题,也有侧重在讨论小说与地方文化的关系问题等等。我匆匆翻阅了一下,觉得有些文章很有新意,有的文章较有深度。比如,王平先生的《明清小说婚俗描写的特征及功能》一文,分析了《金瓶梅》及《醒世姻缘传》、《红楼梦》三书的婚俗描写对刻画人物性格、表达创作主旨、构思故事情节所起的作用,并比较了三部小说在这方面的异同。从它们的异同中,的确可以引起人们的进一步思考:这些异同对于解决作者问题等是否有一定的帮助?再如杜贵晨先生的《从"西门"到"贾府"》一文,从少有人注意的"拆字"这一文化现象入手,将《金瓶梅》中的"西门庆"曾被改名为"贾庆",与《红楼梦》将一个贵族家庭命名为"贾府"联系起来,以证明《红楼梦》"深得《金瓶》壶奥",可谓别具只眼。董国炎先生的《吴月娘孟玉楼公案》一文,抓住张竹坡评点中表现得非常特殊的两个人物,分析了他之所以如此过分地痛批吴月娘而赞赏孟玉楼,或许是与他个人的生活经验有关,甚至是评者的自喻,由此而总结了张竹坡的评点特色,这也是一个未见人探讨过的角度。在论道德的几篇文章中,有的从"父亲"的缺失入手(楚爱华《张扬与沉沦:〈金瓶梅〉父亲缺失的二律背反》),有的是着重分析清官形象(黄强的《举世皆浊难独清》),也有的专论夫妇之间的关系(刘相雨《〈金瓶梅〉中的夫妇关系与儒家的家庭伦理》),都写得有个性,比起过去一般地论述笑笑生的道德观有所深入。再如张鸿魁先生的《金瓶梅词语研究的两点意见》一文,所谈的一些语言研究方面的问题鞭辟入里,很有见地;孙秋克女

士的《再说〈金瓶梅词话〉卷首〈行香子〉》一文,对于《金瓶梅》卷首这四首词的来龙去脉作了作了细致的考索,可备一说;杨国玉先生《从习惯用语的变化看〈金瓶梅〉的文本结构》一文,从语词来考证小说的结构,富有创意。其他一些先生的文章也多见工夫,多有所见,因我未及细读,恕不一一列举了。在这里,我想借此机会,稍稍多说几句关于作者研究的问题。

我之所以想就作者研究的问题多说几句,一则是由于在山东峄城开会,人们自然会较多地谈到贾三近、贾梦龙,从而与作者研究的问题联系起来;二则是由于目前学界对于《金瓶梅》作者研究的看法存在着严重的背反现象:一面是研究的热情久盛不衰,另一面是否定的论调越唱越高。这种"《金瓶梅》作者研究现象"该引起我们的重视,该认真地进行思考了。

本来,研究任何一部作品,都不能放弃作者的研究。先哲孟子就说过,要"知人论世"。我们只有对作者有所了解,对时代比较清楚,才能更好地理解作品。现在有些批评家,只强调立足现代、立足文本作阐释,而不去"知人",也不去"论世",显然与严格意义上的"研究"是隔着一层的。但我国古代的一些通俗小说家,却往往用化名来写作与出版,这就给后世研究作者问题带来了许多麻烦。到目前为止,中国古代的一些最重要的长篇小说,除了《儒林外史》的作者可以清楚之外,《三国志演义》、《水浒传》、《西游记》,甚至是《红楼梦》的作者究竟是谁,是何等人物?多多少少都存在着这样那样的问题,而其中《金瓶梅》的作者问题更是在云里雾里。可是,人们对解决《金瓶梅》作者问题的热情也最高,从它问世起,就有各种各样的说法。而到现代,特别是上世纪八十年代以后,人们对这个与"哥德巴赫猜想"相提并论的学术问题的探究一直保持着浓厚的兴趣。到目前为止,有关《金瓶梅》作者研究的文章已发表了一二百篇,专著也出版了好多种,提出的人选有五十余个。可以说,在中国文学史的研究中,没有一部作品的作者研究有这样热闹,受到这么多人的关注,的确已经形成了一种特殊的"《金瓶梅》作者研究现象"。当然,随之而来的必然也遭到了最多的非议,有人把这种研究比作在"一时无法得出结论的牛角尖里兜圈子"①,有人则更认为《金瓶梅》作者考证本身恰是一个甚可存疑的课题","现

---

① 吴小如《我对〈金瓶梅〉及其研究的几点看法》,徐朔方、刘辉编《金瓶梅论集》,人民文学出版社 1986 年旧版。

在得到的还只是比附与猜测"①,更有甚者干脆说研究《金瓶梅》作者问题是一种"非常可笑的"、"不科学的""笑学",是"伪科学"②。这些先生浇的是冷水,但值得我们警醒与思考。我们该怎样以实事求是的态度去看待二十几年来的《金瓶梅》作者研究热?怎样去估价《金瓶梅》作者研究中的问题与成绩?下一步的路该怎样走?实际上,这不仅仅关系到这一部书的一个作者研究的问题,它关系到古代文学研究选择什么样的课题,如何进行研究、特别是考证,寻求什么样的结论及什么样的结论才是真正的结论,以及如何正确地估价学术研究的成绩和问题等等。因此,还是有必要谈一谈我的看法。

平心而论,近二十多年来有关《金瓶梅》作者的研究的确存在着不少问题。各种各样的说法真是使人眼花缭乱,粗看起来,各人都说得头头是道,但到最后,谁都缺少"临门一脚",谁也拿不出一条过硬、确凿的证据来,主要还是立足在比附、推测的基础上。这种研究的高潮在上世纪80年代。当时,作为新时代的《金瓶梅》研究刚刚起步,大家对这部小说及其作者还存在着极大的好奇心,因此,开始时的李开先说、贾三近说、屠隆说等都有程度不同的轰动效应。可是,从王穉登说以后,老是用一些材料来比附,在方法上几无长进,在材料上也无确证,就再难以调动广大读者的兴趣,再也引不起什么轰动效应,相反,使人越来越感到厌烦。不要说别人,就是曾经卷入到《金瓶梅》作者问题漩涡中的我,面对着种种比较轻率甚至是离奇的推测,也深感问题多多。我对这种现象早就忧心忡忡。什么事情搞过了头,搞滥了,一定不会有好结果,更何况有些人搞《金瓶梅》作者研究本身就不是从学术出发,而是别有所图,一锅粥里掉了一点脏的东西,整锅粥不也成了问题嘛!所以,我早就想跳出这个"是非"之地,"洁身自好",恐怕有十几年没有对作者问题表示过一二明确的意见了。

但目下,面对着否定论者的调子越唱越高,我反过来觉得在批评《金瓶梅》作者研究中的不良倾向的同时,也要正确估计《金瓶梅》作者研究中的成绩,要保护《金瓶梅》作者研究中的健康的热情与可贵的精神,觉得有的先生在否定《金瓶梅》作者研究时,似乎缺少一点实事求是之心,而有一点哗众取宠之意。

为此,我们不妨先看一看否定论者的一些代表性观点。

否定者说,《金瓶梅》作者研究的第一个毛病是"考证缺乏可靠的前提"。

---

① 陈大康《论金瓶梅作者考证热》,《文汇读书周报》2005年6月20日。
② 刘世德《金瓶梅作者之谜》,2007年2月9日在现代文学馆的讲座上的讲演。

所谓"前提"就是指明代谈到作者问题的屠本畯、谢肇淛、袁中道、沈德符、欣欣子的五种说法。而这五种说法,论者认为都"不可靠"。为什么"不可靠"? 这是因为他们各说各的,互不统一,又都用了"闻"、"相传"等字眼,显得没有把握,特别是作为"研究的基石"的"欣欣子"的序,"很可能""掺入书坊主作伪因素"。这样,既然"考证前提的可靠性得不到证实,尽管论者旁征博引、头头是道,这却像一座大厦装饰得花团锦簇,地基却有一条深深的裂缝,整个大厦自然也就摇摇欲坠"。这就是给目前《金瓶梅》作者考证的第一幅"整体现状的写照"。

否定论者又认为有关《金瓶梅》作者的"考证方法不科学"。有人曾经概括了诸如"取交集法"、"诗文印证法"、"署名推断法"、"排斥法"、"综合逼近法"等等一些法,尽管认为这些方法"方法本身却没错",却无法解决"唯一性问题"。相比之下,他认为"另有一些方法压根儿就不该出现在学术论文中",比如"联想法"、"猜想法"、"破译法"、"索隐法"、"顺昌逆亡法"等等。

应该说,这样的概括,的确是在调查研究的基础上,点中了《金瓶梅》作者研究中的一些问题,比之笼而统之的否定为"伪科学"的"笑学"之类来,更便于我们检讨存在的问题。但这类说法有时也说得过分,特别上来先用了"考证缺乏可靠的前提"、"考证方法不科学"两顶帽子,可能太大了些,有时候自己也会否定自己,比如先说"考证方法不科学",后来又却说"方法本身却没错"等等,而且,一些责难的本身也是可以讨论的。

首先,看一看所谓"前提"的不可靠性。屠本畯、谢肇淛、袁中道、沈德符四家,虽然"各说各的",但也不能简单地得出"没有统一结论"的结论来。在我看来,他们还是有一些比较"统一"的结论的,比如从时代来说,三人说是嘉靖时,一人说是万历的"旧时",我看还是比较统一的;再从作者的身份与创作的动机来看,约可分两类。一类认为是门客写主人的风月淫荡之事(谢肇淛、袁中道),另一类是说一个有身份的人写的,写的内容与时事有关(屠本畯、沈德符)。至于他们多用"闻"、"相传"之类的字眼,这无非是说明了他们知识的来源,并没有对这些来源的可靠性含什么评判的意思,所以谈不上他们"对于自己所说都无把握"或是有把握的问题。因此我认为,这些说法,因毕竟与所离作者的时间较近,或得之当初传闻,或故意掩饰真相,是在真真假假、隐隐约约之中,或许还包含着某些合理的因素,我们虽然没有确凿的证据说它们"可靠",但同样我们也没有充分的证据说它们完全"不可靠",不可全信,也不可不信。

至于欣欣子序所称的《金瓶梅》作者是"兰陵笑笑生",是以朋友的身份说的,当然应该相信。但时下有些人怀疑这篇欣欣子的序是后人伪作的,这就把问题复杂化了。那么,他们怀疑的理由是否很充分、很可靠呢?其实很简单,就是这么一点:目前所见有这篇欣欣子序的《金瓶梅词话》是在万历四十五年序刊的,比较晚一点,而从万历二十四年起读到抄本的一些人,都没有说起过有欣欣子序,因而,这篇序的来路就可疑了。应该说,这个怀疑也是有理可寻的。但问题是,论者考虑问题是从否定这篇序的可靠性的思路单向进行的,假如反过来考虑一下这个怀疑是否"可靠"时,我们完全可以从另一个方向来问:难道读到抄本的那些人手中拥有的是全本吗?屠本畯说自己"恨不得睹其全",袁中道也只是"见此书之半",沈德符的书就是从袁中道那里抄来的,谢肇淛虽然抄得多一些,但也说"阙所未备,以俟他日",所以说,他们看的压根儿不是全本,根本就没有读到过这篇序是在情理之中。再退一步,即使读到过全本,为什么一定要他们满足我们今天的要求来交代一下这篇序呢?不交代难道就等于不存在吗?而目前我们看到的这本《金瓶梅词话》明明是不同于袁中道他们所见的残本,而是一个全本,而且完全有可能是一个根据原本的初刻本,因而,它所保存的这篇序就完全有可能是原来就存在的。再从这篇欣欣子序与东吴弄珠客序、廿公跋的排列来看,也可窥见其奥妙。这部书当是在冯梦龙辈怂恿下,在苏州刊刻的。欣欣子序后还有东吴弄珠客的序与廿公的跋。这个东吴弄珠客,从名字来看,很有可能就是龙子犹即冯梦龙,因为龙戏珠是大家熟悉的故事。他作序付印时,还是十分尊重原序,把欣欣子序放在最前面。两篇序也没有相互呼应、一吹一唱来作伪的样子。更重要的,刊印者完全没有必要要伪造一个欣欣子来加一篇序,专门提出个"笑笑生"来招徕生意,用现在司法的语言来说,古人哪有这种作案的动机!说它作伪无非是我们现在的想当然。可是,可笑的是,现在就是用这种很"不可靠"的想当然,来否定本来客观存在着的事实,反过来说本来是真实的东西"不可靠",这真是应了这样一句话:偏见比无知离真理更远。

其次,再论考证的方法。责难的焦点无非说:都无实据可凭,也无可靠结论;反过来说,一切属于猜测,都是种种"可能"。粗看起来,这些话都有道理,但稍加推敲,就觉得都是似是而非了。

论者说:"考据,考据,要考而有据;考而无据,考据等于儿戏,没有意思,跟小孩玩捉迷藏一样,那不是学术,所以我说是伪科学。"此话说得蛊惑人心,似乎所有的《金瓶梅》研究都没有根据材料出发似的。事实上,大多数研究者都是根据书内书外的一些材料出发来作分析的。这里关系到考证的两个实质性的问题需要辨清:一个是所据的材料是否一定要有"正面的、直接的、确凿可靠的证据";第二个是,是否一定要得出一个唯一的可靠的结论。本来,所谓"考证",就是根据一定的资料来考查、研究而已。目标当然是要找到一个确凿无疑的结论,但事实上每每并不能一下子、甚至千百年都难以找到一个满意的结果。从作者研究来说,从《诗经》、《楚辞》,到明代的"四大奇书"中的种种疑团,人们不断去探究,去争辨,但到目前为止,难道都有一个确凿的、可靠的结论了吗?孔子是否删诗,屈原是否存在,《三国》、《水浒》、《西游》的作者究竟是什么样的人,难道都能拿出"正面的、直接的、确凿可靠的证据"来说明吗?拿不出这样的材料的探讨难道都是"伪科学"吗?学术之所以要研究,正因为一时找不到"正面的、直接的、确凿可靠的证据",正因为存在着种种疑问,一时找不到可靠的结论,才去发掘材料,才去分析推究,假如能找到一个确凿的材料,大家还要去考证吗?反之,假如找不到直接的证据,那些间接的材料、线索难道就不是考证的根据了吗?总之,考证的目的是要考实,但考证不等于考实;考证要力求找到一箭中的的材料,但也不能排斥运用间接的材料来分析。只要从真实的材料出发,向着探究的目标前进,作出合乎常理的分析,都是一种健康的、科学的研究。

我们再来看看所谓"猜测"与都是"可能"的问题。本来,科学研究不排斥合理的推测。这不要说人文社会科学,就是自然科学的研究也需要推测,需要想象。这一点是常识,我想用不到举过多的例子来说明这个问题。那么,在探究《金瓶梅》作者的过程中,难道就绝对地不应该有合理的推测吗?欣欣子《金瓶梅词话序》在没有确凿的证据能证明它是后来的伪作的话,为什么不能从"兰陵笑笑生"出发来考证他是谁呢?既然说是"兰陵"人,为什么不能从山东峄城、江苏武进那里寻找合适的对象呢?既然小说中写到了那么多的金华酒等南方的酒,有那么多的南方的习俗与语言,为什么不能推测作者是南方人呢?诸如此类,多数的推测都不是空穴来风,都是从一定的材料出发的。当然,这种推测只是一种可能。我们拿不出证据说这种可能一定"是",但否定论者往往也拿不出一定"不是"的证据来。比如,我因屠隆用过"笑笑先生"的名字,而"生"就是"先生"的意思,他的作品又在《金瓶梅》第56回中出现,再结合他的籍贯、习尚、情欲观、文学基础、生活基础及《金瓶梅》产生时代时他的处境与心境等等，都比较合拍，所以推测屠隆就是小说的作者。否定论者说这个"笑笑先生"不一定就是"笑笑生"，即使是"笑笑生"也不一定是创作《金瓶梅》的笑笑生。用这类推理来否定我的推测，充其量也是一种"未必有联系"的推测，只是用一种"可能"来否定另一种"可能"而已，实际上是没有说服力的。假如反过来，用一种正面的、积极的角度来看问题的话，就应该承认能找到这种种可能也是成绩，因为这些可能中无论如何也包含着一定的真理。其实，我们探究的作者，从本质上讲，也只是一个符号而已。重要的不一定就是要确证张三、李四，重要的是了解在什么时代、什么地方、什么样的人创作了这样一部文学作品，从而进一步研究他为什么要创作这样一部作品，为什么能创作出这样一部作品，他又是怎样创作这部作品的，这对我们今天正确理解与欣赏这部作品，认识文学发展的历史才是有意义的。而我们的研究，正是在做这样一个使作者复原的工作，使这样一个符号丰富、生动、有血有肉起来的工作。从这个意义上说，我们即使没有能敲定作者是张三、李四，甚至走了不少弯路，但也是在为《金瓶梅》作者的基础研究铺平着道路。

我们再放开眼界看，《金瓶梅》作者研究的成绩不能仅仅局限在是否能确凿地找到张三、李四，而是通过作者问题的研究，推动了一系列问题研究的深入。早在上世纪80年代，我就说过这样的话："说起1983年的《屠隆考》，海内外论说纷纭。平心而论，要落实《金瓶梅》的作者是屠隆，目前尚有一些障碍。但我觉得这篇文章的意义不在于能不能立即确定《金瓶梅》的作者是否就是屠隆，而在于围绕着这一作者问题引发和推动了《金瓶梅》成书年代和作者用语、习俗的大讨论。"我想，这不仅对我提出的屠隆说是这样，对其他严肃的研究都是这样。而且，牵动的面可能还要大些，比如还关系到小说文本、作者心理素质等研究，促使了一些新材料的发现，乃至对其他作家作品和晚明社会、政治、经济、民俗等问题的研究，都会带来一些新的东西。

比如，关于此书成书或说写定的年代的讨论，就与作者问题的研究关系密切。从大的方面来说，主要有嘉靖说与万历说两种。本来，明代的屠本畯、谢肇淛、沈德符都说作者是嘉靖间的人，直到上世纪三十年代，吴晗、郑振铎他们力主万历说，特别是吴晗，列举了《金瓶梅》中"太仆寺马价银"、"皇木"等等史实，来证明是万历年间的作品，到五十年代，有人写文章反驳吴晗，力证吴晗所举的那些史实，在嘉靖年间就有了。后来，人们对这成书的年代并没有用力去考证。到八十年代初,像徐朔方先生认为作者是李开先,所以很强调嘉靖说,我提出作者是屠隆,就主张是万历说,且认定作者创作在万历二十年左右。这样,讨论作者问题就势必与成书的年代紧密相连。所以,我在讨论《金瓶梅》作者时,先划了几条线,第一条就是成书的年代,并提出了这样一个原则:"只要《金瓶梅词话》中存在着万历时期的痕迹,就可以断定它不是嘉靖年间的作品。因为万历时期的作家可以描写先前嘉靖年间的情况,而嘉靖时代的作家绝对不能反映出以后万历年间的面貌来。"我当时根据小说抄万历十七年序刊的天都外臣序本《水浒传》、小说中的干支问题,以及后来补充的有关小说中的人物凌云翼的受处分与去世的时间,一些戏曲作品与声腔的流传情况等等,"认为定《金瓶梅》写于万历二十年(1592)左右是可信的"。这样,我就将一批作者的候选人都排斥在外,说:"早已故世的李开先、薛应旗、冯惟敏、濒临死亡的王世贞、徐渭,尚属年幼的沈德符,还未出世的李渔,均无写作之可能。"后来,人们对小说下限的问题研究不断深入,如荒木猛、梅节等先生对于小说干支的研究就很有见地。当然,主张嘉靖说的先生们,在这几年中所作的努力也非常突出,如霍现俊先生为了力证作者是王世贞,花了大量的力气来查证小说中所描写到的有关嘉靖时代的一些史实,潘承玉为了证明作者是徐渭而写的《佛、道描写:有关〈金瓶梅〉成书时代的新启示》,论证了"《金瓶梅》一书所写的时代,是佛教由长期失势转而得势,道教由长期得势转失势的时代",都是摆事实来说明问题的。这些工作不仅仅对于作者的探究、时代的考定,对于加深理解这部小说文本的价值与社会文化背景,都是很有意义的。

由于在考察《金瓶梅》的成书年代时,牵涉到了《水浒传》和戏曲声腔,也就促进了有关《水浒传》版本问题的研究和戏曲声腔盛衰等问题的探讨。本来,比较多的学者认为《金瓶梅》抄的是万历十七年天都外臣序本《水浒传》,可是前几年刘世德先生对各种《水浒》版本作了进一步的对勘后写了一篇《〈金瓶梅〉与〈水浒传〉:文字的比勘》的文章,得出了一个"令《金瓶梅》研究界震惊的观点":"《金瓶梅》恰恰袭用了《水浒传》容乙本的文字,因此,它的创作年代可以进一步缩小为万历四十年至四十五年左右。"在稍知一些《金瓶梅》ABC的人看来,一定会觉得这个推测十分"可笑",因为早在万历二十四年,袁中郎就明确说到读《金瓶梅》了,会怀疑刘先生似乎真的在搞什么"笑学"了。但我觉得,刘先生的研究还是很有用处的,这至少可以告诫人们:《金瓶梅》抄引哪一种《水浒传》的问题十分复杂,还需作进一步深入的研究,而这方面的工作我们还做得不够。

　　再可以说，一些研究者在探究《金瓶梅》作者时，对于促进明代作家作品的研究也是有用的。比如对于王世贞这样一个重要的作家，过去一般都将他作为一个"后七子"的代表人物来研究，虽然在谈《鸣凤记》时也带到一笔，但注重的还是他的文学思想与诗文创作，对于他在其他俗文学方面的注意是不够的。而今将他作为一个小说《金瓶梅》的作者来考察，就十分自然地注意他对于民间谚语、习俗、情歌等方面的关注了。这对于全面、立体地了解王世贞也是有促进作用的。又比如关于我提出的"笑笑先生"的问题，尽管我根据《开卷一笑》(《山中一夕话》)的署名，将这"笑笑先生"与屠隆联系了起来，而主张作者是徐渭的邢慧玲女士等却在署名徐渭的《刻徐文长先生秘集十二卷》中找到大量的相互雷同的笑话。尽管目下对于这两部作品的真伪及孰先孰后的问题都需进一步研究，但这一发现至少为徐文长研究增添了一些新的内容。这不也是由《金瓶梅》作者研究所带来的一件有意义的事吗！

　　由《金瓶梅》作者研究而促进中国古代文学乃至语言、文化、民俗等众多方面研究的事例不胜枚举。我们假如用一种开放的思维来看待这方面的研究的话，就更会觉得天大地大，不会陷在就事论事的狭隘的小圈子里一叶障目，看到《金瓶梅》作者研究只是漆黑一团白。写到这里，我想起了严云受先生为《金瓶梅新证》一书所作的序中的一段话，深以为严先生看问题的思路是比较客观与辩证的：

　　　　在《金瓶梅》作者问题上，研究者们的意见分歧还非常大。今后，还可能出现新的见解。我个人觉得，由于缺乏材料，人们对这一问题的寻求很难找到比较确定的答案。这也许将是一个永远的遗憾。我这样说，并不是贬低作者问题研究的价值与必要性。为了研究小说作者问题，必然会使研究者在文本上下更多的心力。科学的《金瓶梅》作者问题探讨，纵然没有提供出为很多人接受的答案，却能在小说文本研究方面深入地揭示许多重要特质，推进对文学的观照与体验。如《金瓶梅》的创作时间、方言运用、生活素材来源以及审美特征等，都在作者问题研究中得到了不断深入的探求，人们对这些方面的认识也随之日益全面、丰富。所以《金瓶梅》作者问题尽管难以解答，但却魅力永在，历久长新，不断吸引着后来者为它付出心血。

严先生的话恐怕将会被金学研究史所证实。"青山遮不住,毕竟东流去",《金瓶梅》作者的研究还会继续下去。但我最后还是希望我们的研究者能自重,能慎言,在充分看到成绩的同时,时时拿别人的批评意见来自警。《金瓶梅》这部小说,本来就常常被人用另类的眼光来将它看成为一部另类的书,这就要求我们更加注意研究工作中的严肃性与科学性。只有这样,才能保证我们的金学事业健康发展,兴旺发达。

2007 年 4 月 4 日

(《金瓶梅文化研究》第 5 辑,群言出版社 2007 年 5 月版)

曹之翕《金瓶梅诗谚考释》序

我与本书的作者并未见过面,也记不起是怎么联系上的,只是记得他是一位业余的《金瓶梅》研究者,相互通讯约有一二十年时间了。最近,他来信说,搞了这样一本书,希望我写篇序。我想,他在谋生的工作之余,孜孜矻矻,对这样一部书下工夫,无论如何,这一种精神就值得钦佩的。因此,尽管我近来忙得不可开交,许多关系到我生计的事也来不及做,但还是毫不犹豫地答应了他。不久,就收到了他寄来的一叠校样和一封信。在信上,他谈了编写这部书的动机及工作的简况:

> 我曾读到许多研究《金瓶梅》语言的文章,有几位金学专家在列举了《金》书中的俚谚俗语后断论"这些语言在一般经传子史文集中找不到的","他(指《金》书作者笑笑生)是第一次将这些语言加工运用到小说中去的文人"等等。
>
> 我因为也翻翻古籍,发现情况不完全是这么回事,便从(万历本、崇祯本)《金瓶梅》中录出全部俚谚俗语,为它们在经传子史文集及早于、同于《金》成书年代的作品中找出书证作例。
>
> 与此同时,又读到一些评析《金》书诗词的专著,连专门研究《金》书诗词的专家也常常将作者(笑笑生)移借、巧用的许许多多古诗误认为是作者所撰写。觉得很有纠正的必要。故又将诗句也收录进来。为全书体例一致,截取了其中有独立意义的句子,一并称为诗谚。

今对照文本,他的工作也大致如其所言,如第一页收录的"软的欺,恶的怕"、"粪土上长出灵芝"等俚谚俗语,在其他有关《金瓶梅》的辞典或"方言俗语汇释"类书中都未收入,他却能举出了不少例证来说明古已有之。不过,这里的两例是两种不同的情况：后一例，可实证古已有之，因"粪土上长出灵芝"与关汉卿《陈母教子》中所言"粪堆上长灵芝草"的文字已大致相同；而前一例"软的欺，恶的怕"，实际上也没有能找到确切的书证，只是找到了古人说过的类似的意思而已。当然，在茫茫的书海中能找到这类意思，也属不易，但从严格意义上说，这也可以说是"在一般经传子史文集中找不到"，"是第一次将这些语言加工运用到小说中去"。此外，还有一种如第 38 页"船载的金银，填不满烟花寨"，编者找出的书证是后来的《儒林外史》。这类以后来的材料来例证《金瓶梅》用语的也有不少。这三类"考释"的情况虽然并不相同，但可见作者的工夫是一样的。

  关于诗例，作者在前人的基础上，把一些《金瓶梅》中的引诗也梳理了一番，解决了不少问题。例如，"金勒马嘶芳草地，玉楼人醉杏花天"一联，我早就想把它弄个清楚，可是一直弄不清楚。此一联，在元代小曲、明清时调中已为常见，可就是难找其源头。先是读王重民的《中国善本书提要》，见其《睡醒编九卷》一则中提及解缙有《上途中勒马索诗》曰："君王勒马索诗篇，李杜诗中借一联。金勒马嘶芳草地，玉楼人醉杏花天。"《睡醒编》是比较随便的一类书，不一定可靠。此诗实源自洪武年间的吴伯宗《荣进集》中的《大驾春巡诗应制》："君王马上索诗篇，杜甫诗中借一联。金勒马嘶芳草地，玉楼人醉杏花天。"照例说，这类应制诗，在皇帝面前是不能说假话的，可是在"李杜诗"中就是找不到这一联，令人好生奇怪。后来读到陈诏的《"金勒马嘶芳草地"语出何处？》一文，提及"《辞海》旧版本'玉楼'条内，直指'金勒马嘶芳草地，玉楼人醉杏花天'为'韦庄诗'，但翻遍《韦庄集》和《全唐诗》却又不见此句。"再后来《全唐诗》可用电脑检索，我也未能查到其源头，而只能查到"鸟散落花人自醉，马嘶芳草客先愁"、"马嘶芳草远，高楼帘半卷"、"马嘶广陌贪新草，人醉花堤怕夕阳"之类稍接近的句子。目前能查到的，这一联最早的出处，确如本书编者所说的，是《五灯会元》卷十九（《武林梵志》卷十有相同记载）所载南北宋之际中仁禅师说过这两句话。因此，我很佩服编者的能耐。不过，中仁禅师所说，也有可能是借用现成的诗句，那其真正的源头还是令人费思量的。

  当然，要对《金瓶梅》的诗谚全部作一考索实非易事。作者说："书证用例的追溯，98％以上出自本人私人藏书。由于个人私人藏极有限，考释工作又是利用工作之余来搞，没时间、没精力去图书馆查核更多的资料，因此尚有不少辞条未追溯到书证，这一遗憾只有留待日后去完成。目前所完成的辞条为一千四百多条，很不成熟，也不完善。"这也是大实话。要靠他有限的藏书及有限的时间去完成这一任务，无疑是困难重重的。我粗粗翻了一下，说得不完整，或者说得不一定正确的地方，乃至包括标点的错误确有一些。这里有排版的错误，也有可能是原稿的问题，希望编者进一步再细加校读与认真加工，使这本书考释得更准确，更完整。

2003年元旦于恒安居

（《金瓶梅诗谚考释》，甘肃教育出版社2003年4月版）

褚半农《〈金瓶梅〉中的上海方言研究》序

褚半农先生将这部《〈金瓶梅〉中的上海方言研究》的书稿寄给我的时候，同时夹了一本他在不久前出版的散文集《听雨怀忠堂》。想不到这位刚认识而还未谋面的朋友是个写散文的能手，以前还出版过一本散文集《过去不会过去》。因为我这几天极忙，本想拜读一下书稿后即"直奔主题"，应命作序，可是那本《听雨怀忠堂》竟还是"喧宾夺主"，先吸引了我。因为一翻开这本集子所映入我眼帘的都是些上海郊区的小镇、乡村、田野、花木，以及生活在这片土地上的普普通通的各色人等。这就一下子勾起了我的乡情，将我拉向了已往的童年。我在他所描绘的七宝、闵行一带的风情画里，着实地重温了一下邻近黄渡小镇上幼年生活的好梦。比如，他写朴榆树道："每到春末，枝头上会结出一串串深绿色的小圆果。一到这季节，顽童们就到自家竹园里砍根竹子锯下一节做枪管，再用竹筷做推杆，把朴榆果填进枪管做子弹，将推杆用力一推，随着'噼啪'一声，子弹就飞向远方的目标。"这是多么熟悉的情景啊！我小时候，就是个常常采朴榆果当子弹打的顽童，有时候采不到朴榆果，就用泡烂的纸粒来替代。噼啪噼啪，到处乱打。可是，在城市里长大的儿子、孙子们，是再也不能想象这些土玩意儿了。因此，我对半农先生的散文特别有兴趣，这不仅仅是他用真诚、朴实的感情，描绘了他所热爱而又熟悉的上海市郊的农村和小镇的风情，向人们展示了在别处难以读到的那些名目繁多的花木野草、正在消逝的瓜果特产、平凡纯朴的芸芸众生，以及于琐琐屑屑处隐蕴着人生哲理，在土里土气中充盈着人文精神，而更重要的是，他的一种深沉而炽烈的乡情直接引起了我的共鸣。

半农先生散文之所以有浓郁的上海市郊的特色，还有重要的一点是由于他熟练而自觉地使用了这一带的方言土语，文字中时露一些"乡气"，常常使用的"乡下头闲话"如有"断命"、"头级工"、"咸酸粥"、"鬼头风"、"书包翻身"、"拔挺喉咙"等等,触处皆是。就是在《后记》中,他也从"街路"写到"弹街路",再说"绞圈房子",用了"'格登'一下"这样的词语,如此等等,从中也可清楚地看到了他对家乡语言的热爱。或许也正是这种对家乡语言的特殊感情,他才会从《金瓶梅》中读出了许多家乡的方言,才会"有这样的好心相,这样的好神思",在做了大量的卡片的基础上完成了这本《〈金瓶梅〉中的上海方言研究》。

应该承认,他从《金瓶梅》中勾稽出来的四百多条"上海乡下头闲话词语",的确还活在当今的上海市郊西南一带的口语中;他的八篇文章,从词汇、语音、语法不同的角度来分析《金瓶梅》所具有的"上海乡下头闲话"的特点,也言之凿凿,令人信服。有的地方,真使人不能不佩服他的好眼力。比如"一家"这个词,似乎研究《金》学的语言学家们都没有注意到它,而他却看出《金瓶梅》中的多处"一家"乃不是"一家",而是"一个人"的意思。如第31回写西门庆加官生子,双喜临门,摆酒开宴时,琴童跟玉箫开玩笑,藏掉了一把酒壶,晚上收拾家伙时闹得侍宴的丫环们一片慌乱,玉箫怪小玉,小玉骂玉箫,两个人闹到月娘那里,被月娘痛骂了一顿,说:

我省恐今日席上再无闲杂人,怎的不见了东西?等住回看这把壶从那里出来?等住回嚷得你主子来,没这壶,管情一家一顿!

这"一家一顿",确是"说等会西门庆回来,你们两个人每人都要被打一顿",也即是"一个一顿"的意思。为了增强说理时的真实性,他还常引用流行于当地的俗词、俗语、歇后语来说明与《金瓶梅》中词语的一致性。比如一个"落"字,在《金瓶梅》第87回有这样一段话:

(王婆)自己寻思:"他家大娘子只交代我发脱,又没和我则定价钱,我今胡乱与他一二十两银子满纂,绑着鬼也落他多一半养家。"

这个"落"字,就是"乘机揩油"的意思。为了说明这一点,半农先生就引用了当地的一句俗语:"铁匠不落钉,屋里要出怪妖精;裁缝不落布,屋里要出怪妖婆。"这个"落"字即与上引《金瓶梅》例句中所表述的完全是一个意思。总之,半农先生所引的这些乡言土语,正是我自幼所熟悉的。所以,半农先生所作的《金瓶梅》中的上海方言的研究,我几乎都可以作证:《金瓶梅》中的不少词语、读音,乃至语法,确实与现在上海市郊的方言是相同的。

说起《金瓶梅》中的吴语方言问题,实际上早在上世纪八十年代初,我在戴不凡、魏子云等先生的影响下也曾经注意过。在1982年的《〈忠义水浒传〉与〈金瓶梅词话〉》及1983年的《〈金瓶梅〉作者屠隆考》等文章中,曾经积极地利用过《金瓶梅》中的"吴语方言"来论证小说的作者,但我当时只是随手拈出几个例证,并没有像半农先生这样进行过全面的调查。后来,我在主编《金瓶梅大辞典》(1991)时,负责语词部分的老同事、浙江诸暨人谭兰芳女士,也很注意点明《金瓶梅》的这一用语特点。差不多同时,我的老同学张惠英在美国哈佛作研究时,也关注过《金瓶梅》中的吴语方言问题。她是语言学家,也是上海人,在她的《金瓶梅俚俗难词解》(1992)一书中就十分强调《金瓶梅》中的吴语方言。但问题是,这些语词及语音、语法特点在吴语地区、甚至在上海市郊存在着,是否同时也为其他地区所共有呢? 如何能进一步去辨证这些语词、语音、语法在吴语地区乃至上海市郊存在的唯一性呢? 显然,这里还有许多工作要做。与此同时,另有一批语言学家如朱德熙、白维国、李申、张鸿魁等,或作论文,或编辞书,纷纷强调《金瓶梅》用的是山东等其他地方的方言,甚至有人从小说中找出北京、广东、湖北、山西等地的语词。不可否认,他们的工作也是卓有成绩的。因此,到目前为止,恐怕只能说:《金瓶梅》中所用的方言是十分复杂。但不管怎样复杂,它确实存在着吴语方言,而且存在着不少现在还活在上海市郊的吴语方言。

那么,《金瓶梅》中的方言能否为作者问题的"'破案'提供线索"呢? 按理说,应该是能的。我也曾经在这条道路上走过。但我后来越来越觉得在目前的条件下要破这个案还是困难重重的。这是因为《金瓶梅》这部小说"镶嵌"了不少前人的作品,且往往是处理得十分巧妙,不露痕迹。比如,《金瓶梅》第98回结尾和下一回的故事,就是"镶嵌"了《古今小说》中《新桥市韩五卖春情》的内容,基本上只是换了一下人名与地名而已。假如我们没有搞清楚《金瓶梅》中哪一些是"镶嵌"了前人的作品,哪一些才是作者自己的创作语言,那就要出大问题,会把前人的用语当作作者的用语来加以"破案",这必然会产生张冠李戴的错误。像第一个提出《金瓶梅》中有吴语方言的戴不凡先生就没有注意到这个问题。他所据的有些例证就是《金瓶梅》抄录《水浒传》的部分,如第二回"武松便掇杌子打横"等的"掇杌子",第九回武松对郓哥道"待事务毕了"等的"事务",都是《水浒传》中原来就有的,这怎么能证明《金瓶梅》的作者用的是吴语方言呢？这只能说明《水浒传》中存在着吴语方言而已。因此，我们假如要根据小说中的词语来追寻小说的作者，首先要弄清《金瓶梅》的"镶嵌"情况。但要弄清"镶嵌"的情况，真是谈何容易！前人的作品已大量散佚，我们怎么能去按图索骥呢？我总认为，在《六十种小说》中肯定有不少作品被《金瓶梅》所"镶嵌"，但目下我们能见到的只剩十几种了。看来，我们要彻底搞清《金瓶梅》的"镶嵌"情况是十分困难，甚至是永远不可能的事了。在这样的情况下，只能退其次：我们应当特别注意《金瓶梅》"作者在抄录现成作品时所作的改动之处。这种改动，才是较真率地暴露了作者的用语特色"——这是我曾经提出过的区区之见。可惜的是，时间过去了二十年，能注意这一点的人并不太多。相反，还不时见到一些人在未能确定所摘的一些《金瓶梅》中的词语、事物究竟是否是作者所写时，就轻易地来证明作者的某某身份。这样的研究，在我看来，真是"可怜无补费精神"。

如今，见半农先生对《金瓶梅》如此钟情，对语言的研究又如此热爱，是否能在以往研究的基础上，进一步注意分辨作者用语与"镶嵌"用语，为破解《金瓶梅》的悬案作出一些令人期待已久的结论来呢？当然，我也清楚，这个要求对于一个业余研究者来说，无疑是十分苛刻的。但我总觉得，做学问的成败主要在于有一种执著追求、刻苦钻研的精神。在我认识的业余研究的朋友中，不乏有真功夫的人在，他们的功力往往远在专业者之上；而相反，在专业的队伍中，也不乏有淘浆糊的人在。半农先生在家里，"日逐吃过夜饭，就拿伊当桩整体，像正在读书个学生子"那样勤奋；去图书馆，"不晓得几转，老早出去，老晏转来"，"有时去得忒早了，只好候在外头，坐在阶沿上等开门"。这，就是做学问最可宝贵的精神。有了这种精神，铁杵就是能磨成针。我相信半农先生一定能在以往的基础上更上一层楼，能看到更远更美的景色。是为序。

2004年11月1日

（《〈金瓶梅〉中的上海方言研究》，上海古籍出版社2005年4月版）

黄霖主编《金瓶梅与临清》序

这是第六届(临清)国际《金瓶梅》学术讨论会会前出版的论文集。

这本论文集编在五月初,当杜明德先生用电子邮件发给我时,我正被许多急事火烧眉毛,但是为这次会议、为这本论集写序,也是我义不容辞而不可怠慢的事。当我匆匆浏览了目录与全文后,第一感觉是:这本论集内容丰富而不乏有深度、有新见、有质量的文章。给我印象最深的是有关《金瓶梅》与临清的一组文章与不少有关名物、习俗的考论。如薛洪勋先生的《也谈〈金瓶梅〉与清州》,对文本与临清地理环境的辨析非常细致;黄强先生的《明武宗与金瓶梅及临清》也言之有据,启人心智;杜明德先生的《〈金瓶梅〉与临清》,则是将小说与临清的关系作了一次全面的梳理。在一些有关名物、习俗等微观考论中,像辨及簪子、妆花、帘子、外来乐器与巫卜等等,都有新的视角,写得亦扎实,且往往能小中见大。另外,几篇涉及《金瓶梅》性描写及相关问题的文章,也有一定深度,不是泛泛之作。几篇综述类文章则多有参考价值。还有一些探讨《金瓶梅》作者、评点者与解释方言词语的文章,也可谓百花齐放。总之,有了这样一批论文支撑,我想这次会议一定能开好,参加会议的同行一定有收获,对于推动"金学"事业向着纵深发展一定有帮助。

在这些文章中,特别勾起我感情波澜的是李寿菊女士的《魏子云先生与〈金瓶梅〉研究》一文。我一看这个题目,魏先生的音容笑貌就立现在我脑际。整整两年了,常常来参加我们大陆举办《金》学会议的魏先生已经离我们而去,再也不可能来了,但他将永远矗立在我的心中。这倒不仅仅是因为敬仰他的学问,或者是出于私交,而主要是他的品格震撼过我。我平生接触过的师友不可谓不多,可做人如魏先生者,真可谓是凤毛麟角。自魏先生过世后,我一直想静下心来,好好写一篇文章纪念他。但二十余年的交情,恰如一部二十四史,不知从何说起!接连不断的琐事又一直捆住了我的手脚,愧疚的心理也就此一直纠缠着我。如今李女士的一篇文章,激起了郁积在我心底的层层波澜。但此时此际,我还是无力了却我的心愿,写一篇长文来纪念他,只能将 2006 年 1 月 5 日发出的唁电翻出来,移录于此,以再一次寄托我对他的哀思与敬仰、感激之情:

> 惊悉魏先生不幸鹤驾,不胜悲痛!魏先生是我一生中难得的良师益友。他品格高尚,重义崇理,待人真诚,对后生小子,从不居高临下,对落难旧友,仍一如既往,是真君子。他治学勤奋,笔耕不辍,三十年治《金》,无人可比,涉足面广泛,硕果累累,是真学者。他好戏剧,能编,能唱,能赏,有才情,有胆识,是真艺人。我与先生相交二十年,得益多多,一言难尽。难忘第一次,还在八十年代初,先生辗转来信,打破坚冰,使我们两心相通。更难忘最后一次相见,就在大前年,先生肋骨折断,钢架在胸,还执意陪我观光一整天!其情其义,如海深;其学其德,如山高。我虽不能来为先生送行,但我相信先生一定知道我就在他身旁。愿先生一路走好!先生将永远活在我们《金》学朋友们的心中!

这几句话,实际上包含着我的千言万语。本来,这些只是说给他一家人知的话,如今说给天下人知,说给我们《金》学界的朋友们知,就是希望我们大家一起来学习魏先生做人的风骨和治学的精神。我想,李寿菊女士写这篇文章的主要目的也在于此吧!

读了这本论集中的文章后,还想要讲的一点是关于《金瓶梅》的"镶嵌"问题,而这正好与临清有点关系。薛洪勋与田中智行两位先生的文章,都从不同的方面说到了《金瓶梅》文字的矛盾之处,从而作了种种推想。《金瓶梅》之所以产生这样那样的矛盾,从而引起目前学界在种种问题上的不同看法乃至争论,其中有一个重要的原因,就是因为《金瓶梅》成书时是"镶嵌"了不少前人的作品。今以《金瓶梅词话》第 98 回"陈经济临清开大店"来说吧,小说明明写的是陈经济在"临清马头"开了大酒楼,韩爱姐与父母韩道国、王六儿来到这里,碰上了陈经济,于是韩爱姐与陈经济两人相爱一场。但这段故事的基本情节显然与《喻世明言》中的《新桥市韩五卖春情》相同,乃至有的人物名字也一样,如"八老"。不同的只是将故事发生的地点换了一下:一是"临清马头",另一个是"临安"城外的"新桥";主要人物也不一样:一是陈经济与韩爱姐,另一是吴山与金奴。为了说明问题,不妨将主要故事摘录如下:

《金瓶梅词话》第98回	《喻世明言·新桥市韩五卖春情》
"陈经济临清开大店"……这陈经济在临清马头上酒楼开张。	说这宋朝临安府,去城十里,地名湖墅;出城五里,地名新桥。那市上有个富户吴防御,妈妈潘氏,止生一子,名唤吴山……去新桥五里,地名灰桥市上,新造一所房屋,令子吴山,再拨主管帮扶,也好开一个铺。
河边泊着两只剥船。船上载着许多箱笼、桌凳、家活。四五个人尽搬入楼下空屋里来。船上有两个妇人:一个中年妇人,长挑身材,紫膛色;一个年小妇人,搽脂抹粉,生的白净标致,约有二十多岁。尽走入屋里来。经济问谢主管:"是甚么人?不问自由,擅自搬入我屋里来?"谢主管道:"此是两个东京来的妇人,投亲不着,一时间无寻房住,央此间邻居范老来说,暂住两三日便去。正欲报知官人,不想官人来问。"这经济正欲发罪,只见那年小妇人敛衽向前,望经济深深的道了个万福,告说:"官人息怒,非干主管之事。是奴家大胆,一时出于无奈,不及先来宅上禀报,望乞恕罪!容略住得三五日,拜纳房金,就便搬去。"	河边泊着两只剥船。船上许多箱笼、桌凳、家伙,四五个人尽搬入空屋里来。船上走起三个妇人:一个中年胖妇人、一个老婆子、一个小妇人。尽走入屋里来。只因这妇人入屋,有分教吴山:身如五鼓衔山月,命似三更油尽灯。吴山问主管道:"甚么人不问事由,擅自搬入我屋来?"主管道:"在城人家,为因里役,一时间无处寻屋,央此间邻居范老来说,暂住两三日便去。正欲报知,恰好官人自来。"吴山正欲发怒,见那小娘子敛衽向前深深的道个万福:"告官人息怒,非干主管之事,是奴家大胆,一时事急,出于无亲,不及先来宅上禀知,望乞恕罪。容住三四日,寻了屋就搬去。房金依例拜纳。"
说罢,就搬运船上家活箱笼。经济看得心痒,也使伴当小姜儿和陈三儿,也替他搬运了几件家活。	说罢,就去搬箱运笼。吴山看得心痒,也督他搬了几件家火。
王六儿道:"不劳姑夫费心用力!"彼此俱各欢喜。经济道:"你我原是一家,何消计较!"	那胖妇人与小妇人都道:"不劳官人用力。"吴山道:"在此间住,就是自家一般,何必见外?"彼此俱各欢喜。
经济心下正要瞧去,恰八老来请,便起身进去。只见韩爱姐见了,笑容可掬,接将出来,道了万福:"官人请里面坐。"经济到阁子内坐下。王六儿和韩道国都来陪坐。少顷茶罢,彼此叙些旧时往的话。经济不住把眼只睺那韩爱姐。爱姐延瞪瞪秋波一双眼……爱姐因问:"官人青春多少?"经济道:"虚度二十六岁。敢问姐姐青春几何?"爱姐笑道:"奴与官人一缘一会,也是二十六岁。旧日又是大老爷府上相会过面,如今又幸遇在一处。正是有缘千里来相会!"	吴山心下正要进去。恰好得八老来接,便起身入去。只见那小妇人笑容可掬,接将出来万福:"官人请里面坐。"吴山到中间轩子内坐下。那老婆子和胖妇人都来相见陪坐……坐了一回,吴山低着头,睺那小妇人。这小妇人一双俊俏眼觑着吴山道:"敢问官人青春多少?"吴山道:"虚度二十四岁。拜问娘子青春?"小妇人道:"与官人一缘一会,奴家也是二十四岁。城中搬下来,偶然遇官人,又是同岁,正是有缘千里能相会。"

《金瓶梅词话》第98回	《喻世明言·新桥市韩五卖春情》
那王六儿见他两个说得入港，看见关目，推个故事也下楼去了。止有他两人对坐。爱姐把些风月话儿把勾经济。经济自幼干惯的道儿，怎不省得，一径起身出去。这韩爱姐从东京来，一路儿和他娘也做些道路。在蔡府中答应，与翟管家做妾，诗词歌赋，诸子百家皆通，甚么事儿不久惯！见经济起身出去无人处，走向前挨在他身边坐下，作娇作痴说道："官人，你将头上金簪子借我看一看。"经济正欲拔时，被爱姐一手按住经济头髻，一手拔下簪子来。便起身说："我和你去楼上说句话儿。"一头说，一头走。经济不免跟上楼来。正是："饶你奸似鬼，也吃洗脚水！"经济跟他上楼，便道："姐姐，有甚话说？"爱姐道："奴与你是宿世姻缘，你休要作假；愿偕枕席之欢，共效于飞之乐！"经济道："只怕此间有人知觉，却使不得。"那韩爱姐做出许多妖娆来，搂经济在怀，将尖尖玉手扯下他裤子来。两个情兴如火，按纳不住。爱姐不免解衣，仰卧在床上，交姤在一处。……霎时云收雨散，偎倚共坐。	那老妇人和胖妇人看见关目，推个事故起身去了，止有二人对坐。小妇人到把些风流话儿挑引吴山。吴山初然只道好人家，容他住，不过研光而已。谁想见面，到来刮涎，才晓得是不停当的。欲持转身出去，那小妇人又走过来挨在身边坐定，作娇作痴，说道："官人，你将头上金簪子来借我看一看。"吴山除下帽子，正欲拔时，被小妇人一手按住吴山头髻，一手拔了金簪，就便起身道："官人，我和你去楼上说句话。"一头说，一头走，径走上楼去了。吴山随后跟上楼来讨簪子。正是：由你奸似鬼，也吃洗脚水。吴山走上楼来，叫道："娘子！还我簪子。家中有事，就要回去。"妇人道："我与你是宿世姻缘，你不要妆假，愿谐枕席之欢。"吴山道："行不得！倘被人知觉，却不好看，况此间耳目较近。"时要下楼，怎奈那妇人放出那万种妖娆，搂住吴山，倒在怀中，将尖尖玉手，扯下吴山裙裤。情兴如火，按捺不住，携手上床，成其云雨。霎时云收雨散，两个起来偎倚而坐。
韩爱姐便告经济说："自从三口儿东京来投亲不着，盘缠缺欠，你有银子，乞借应与我父亲五两，奴按利纳还，不可推阻。"经济应允，说："不打紧，姐姐开口，就兑五两来。"爱姐见他依允，还了他金簪子。两个又坐了半日，恐怕人谈论，吃了一杯茶，爱姐留吃午饭。经济道："我那边有事，不吃饭了。少间，就送盘缠来与你。"爱姐道："午后，奴略备一杯水酒，官人不要见却，好歹来坐坐。"经济在店中吃了午饭，又在街上闲散。	当时金奴道："一时慌促搬来，缺少盘费。告官人，有银子乞借应五两，不可推故。"吴山应允了。起身整了衣冠，金奴依先还了金簪。两个下楼，依旧坐在轩子内。吴山自思道："我在此耽阁了半晌，虑恐邻舍们谈论。"又吃了一杯茶。金奴留吃午饭，吴山道："我耽阁长久，不吃饭了。少间就送盘缠来与你。"金奴道："午后特备一杯菜酒，官人不要见却。"说罢，吴山自出铺中。
爱姐与王六儿商议，买了一副猪蹄，两只烧鸭，两尾鲜鱼，一盒酥饼，在楼上磨墨挥笔，拂开花笺，写封束帖。使八老送到城中与经济去。当下把礼物装在盒内，交八老挑着，叮咛嘱付："你到城中，见了陈官人，须索见他亲收，讨回帖来。"	当日金奴与母亲商议，教八老买两个猪肚磨净，把糯米、莲肉灌在里面，安排烂熟。次早，金奴在房中磨墨挥笔，拂开鸾笺写封简，道："贱妾赛金再拜，谨启情郎吴小官人：自别尊颜，思慕之心，未尝少忘，悬悬不忘于心。向蒙期约，妾倚门凝望，不见降临。昨遣八老探拜，不遇而回。妾移居在此，甚是荒凉。听闻贵恙，灸火疼痛，使奴坐卧不安。空怀思忆，不能代替。谨具猪肚二枚，少申问安之意，幸希笑纳。情照不宣。仲夏二十一日，贱妾赛金再拜。"写罢，折成简子，将纸封了。猪肚装在盒里，又用帕子包了。都交付八老，叮嘱道："你到他家，守见吴小官，须索与他亲收。"

续表

《金瓶梅词话》第98回	《喻世明言·新桥市韩五卖春情》
八老怀内揣着柬帖礼物，一路无词。来到城内守备府前，坐在沿街石台基上。只见伴当小姜儿出来，看见八老："你又来做甚么？"八老与声喏，拉在僻净处说："我特来见你官人，送礼来了，有话说。我只在此等你，你可通报官人知道。"小姜随即转身进去。不多时，只见经济摇将出来。那时约五月，天气暑热。经济穿着纱衣服，头戴瓦珑帽，金簪子，脚上凉鞋净袜。八老慌忙声喏，说道："官人贵体好些？韩爱姐使我稍一柬帖，送礼来了。"经济接了柬帖，说："五姐好么？"八老道："五姐见官人一向不去，心中也不快。在那里多上覆官人，几时下去走走？"经济拆开柬帖观看，上面写着甚言词："贱妾韩爱姐敛衽拜谨启情郎陈大官人台下：自别尊颜，思慕之心，未尝少息；悬悬不忘于心。向蒙期约，妾倚门凝望，不见降临蓬荜。昨遣八老探问起居，不遇而回。听闻贵恙欠安，令妾空怀怅望，坐卧闷恢。不能顿生尔翼，而傍君之足下也！君在家自有娇妻美爱，又岂肯动念于妾？犹吐去之核也！兹具腥味茶盒数事，少申问安诚意。幸希笑纳，情照不宣！外具锦绣鸳鸯香囊一个，青丝一缕，少表寸心！下书仲夏念日贱妾爱姐再拜。"经济看了柬帖，并香囊。香囊里面，安放青丝一缕。香囊是鸳鸯双口做的，扣着："寄与情郎陈君膝下"八字。依先折了，藏在袖中。府傍侧首，有个酒店。令小姜儿："领八老同店内吃钟酒，等我写回帖与你。"分付小姜儿："把礼物收进我房里去。你娘若问，只说下店主人谢家送的礼物。"小姜不敢怠慢，把四盒礼物收进去了。经济走到书院房内，悄悄写了回柬。又包了五两银子，到酒店内，问八老："吃了酒不曾？"八老道："多谢官人好酒！吃不得了，起身去罢。"经济将银子并回柬付与八老，说："到家多多拜上五姐，这五两白金与他盘缠。过三两日，我自去看他。"八老收了银柬下楼，经济送出店门，八老一直去了。……却说八老到河下，天已晚了。入门将银柬都付与爱姐收了。拆开银柬，灯下观看。上面写道："经济顿首，字覆爱卿韩五姐妆次：向蒙会问，又承厚款，亦且云情雨意，衽席钟爱，无时少怠！所云期望，正欲趋会。偶因贱躯不快，有失卿之盼望！又蒙遣人垂顾，兼惠可口佳肴，不胜感激！只在二三日间，容当面布。外具白金五两，绫帕一方，少申远芹之敬！伏乞心鉴，万万！"下书"经济再拜。"……看毕，爱姐把银子付与王六儿。母子千欢万喜等候经济，不在话下。	八老提了盒子，怀中揣着简帖，出门径往大街。走出武林门，直到新桥市上吴防御门首，坐在街檐石上。只见小厮寿童走出，看见叫道："阿公，你那里来，坐在这里？"八老扯寿童到人静去处说："我特来见你官人说话。我只在此等，你可与我报与官人知道。"寿童随即转身，去不多时，只见吴山跷将出来。八老慌忙作揖："官人，且喜贵体康安！"吴山道："好！阿公，你盒子里甚么东西？"八老道："五姐记挂官人灸火，没甚好物，只安排得两个猪肚，送来与官人吃。"吴山遂引那老子到个酒店楼上坐定，问道："你家搬在那里好么？"八老道："甚是消索。"怀中将柬帖子递与吴山。吴山接柬在手，拆开看毕，依先折了藏在袖中。揭开盒子拿一个肚子，教酒博士切做一盘，分付烫两壶酒来。吴山道："阿公，你自在这里吃，我家去写回字与你。"八老道："官人请稳便。"吴山来到家里卧房中，悄悄的写了回简；又秤五两白银，复到酒店楼上，又陪八老吃了几杯酒。八老道："多谢官人好酒，老汉吃不得了。"起身回去，吴山遂取银子并回柬说道："这五两银子，送与你家盘缠。多多拜覆五姐，过三两日，定来相望。"八老收了银、简，起身下楼，吴山送出酒店。却说八老走到家中，天晚入门，将银、简都付与金奴收了。将简拆开灯下看时，写道："山顿首，字覆爱卿韩五娘妆次：向前会间，多蒙厚款。又且云情雨意，枕席钟情，无时少忘。所期正欲趋会，生因贱躯灸火，有失卿之盼望。又蒙遣人垂顾，兼惠可口佳肴，不胜感感。二三日间，容当面会。白金五两，权表微情，伏乞收入。吴山再拜。"看简毕，金奴母子得了五两银子，千欢万喜，不在话下。

续 表

《金瓶梅词话》第98回	《喻世明言·新桥市韩五卖春情》
那经济一心只在韩爱姐身上,便道:"生受二位伙计挂心!"坐了一回,便起身。分付主管:"查下账目,等我来算。"就转身到后边。八老又早迎见,报与王六儿夫妇。韩爱姐正在楼上凭栏盼望,挥毫洒翰,作了几首诗词,以遣闷怀。忽报陈经济来了,连忙轻移莲步,款蹙湘裙,走下楼来。母子面上堆下笑来迎接,说道:"官人,贵人难见面,那阵风儿吹你到俺这里?"经济与母子作了揖,同进入阁儿内坐定。少顷,王六儿点茶上来。吃毕茶,爱姐道:"请官人到楼上奴房内坐。"经济上的楼来,两个如鱼得水,似漆投胶,无非说些深情蜜意的话儿。……不一时,王六儿安排酒肴上楼。拨过镜架,就摆在梳妆卓上。两个并坐,爱姐筛酒一杯,双手递与经济,深深道了万福,说:"官人一向不来,妾心无时不念!前八老来,又多谢盘缠,举家感之不尽!"经济接酒在手,还了喏,说:"贱疾不安,有失期约,姐姐休怪!"酒尽,也筛一杯,敬奉爱姐吃过。两人坐定,把酒来斟。王六儿、韩道国上来,也陪吃了几杯,各取方便下楼去了。教他二人自在吃几杯,叙些阔别话儿。良久,吃得酒浓时,情兴如火,免不得再把旧情一叙。交欢之际,无限恩情。穿衣起来,洗手更酌,又饮数杯,醉眼朦胧,余兴未尽。这小郎君一向在家中不快,又心在爱姐,一向未与浑家行事。今日一旦见了情人,未肯一次即休。正是:"生死冤家,五百年前撞在一处!"经济魂灵,都被他引乱。少顷,情窦复起,又干一度。自觉身体困倦,打熬不过。午饭也没吃,倒在床上,就睡着了。	

除了上述故事内容相同之外,《新桥市韩五卖春情》中的某些词语,还见于《金瓶梅词话》的其他章回中。如《新桥市韩五卖春情》开头交代这篇小说的主旨时说:

  说话的,你说那戒色欲则甚?自家今日说一个青年子弟,只因不把色欲警戒,去恋着一个妇人,险些儿坏了堂堂六尺之躯,丢了泼天的家计,惊动新桥市上,变成一本风流说话。

这几句话，与《金瓶梅词话》开头时说的一段话十分相像：

> 说话的，如今只爱说这情色二字做甚？……贪他的，断送了堂堂六尺之躯；爱他的，丢了泼天哄产业。惊了东平府，大闹了清河县。

此外，如"二八佳人体似酥，腰间仗剑斩愚夫。虽然不见人头落，暗里教君骨髓枯"这首诗，在词话本79回中也同样出现，在崇祯本中还出现了两次。显然，《新桥市韩五卖春情》与《金瓶梅》之间存在着一种因袭的关系。

那么，这两部作品孰先孰后，究竟是谁抄了谁呢？胡士莹《话本小说概论》在考述《宝文堂书目》著录的"宋元话本"《三梦僧记》时说："《古今小说》卷三《新桥市韩五卖春情》，叙吴山病中三次梦见水月寺和尚前来纠缠，与此名目正合，当为一事而异名。"篇中又多宋元时代的习语，所以"本篇（《新桥市韩王卖春情》）最迟当作于元代末年"。但徐士年曾指出文中提到的"武林门"，系杭州城北门，宋时称余杭门，至明始改称武林门。这样，此文成书时间的合理认识，当为在宋元时期形成基本故事情节的基础上，明代人为了适应当时的情况，在某些地方作了修改。假如承认这一认识的话，当是《新桥市韩五卖春情》在前，《金瓶梅词话》在后，是《金瓶梅词话》抄了《新桥市韩五卖春情》。为了进一步证实这样一个演变逻辑，我们不妨再将文本来简单对照一下。《新桥市韩五卖春情》的主题很明确，就是要警戒色欲。为了表现这个主题，金奴作为一个私娼，性格是统一的，就是一心想勾引男人，"卖春情"赚钱；吴山作为一个本来正经的商人，当金奴勾引他时，一开始是畏缩的；小说后来写他疲劳睡着后做梦，也合情理。《金瓶梅词话》将这故事嵌入后，虽然作了不少补救，如写两人初遇时双方相认的过程，点明了他们原来在西门庆家里见过面，不像吴山与金奴是素不相识的。但有时就难免出现一些矛盾，如韩爱姐作为一个私娼，在挑逗陈经济时显得那么轻薄，而后却变成一个贞妇。这正像李瓶儿原来那样尖刻，后来却变得那样温顺一样，性格明显矛盾（日本的川岛优子女士曾论证过李瓶儿性格的矛盾也可能是由于"镶嵌"所致）。再看陈经济，当韩爱姐主动提出要与他"共效于飞之乐"时，这个偷情的老手，"自幼干惯的道儿"，却竟会如正经的吴山说"行不得"一样，说"却使不得"，这就与他前后的性格不合。再看后来陈经济与爱姐"又干一度"后"在床上睡着了"。这一睡不像《新桥市韩五卖春情》中让男主人公做梦,接得比较顺,而是为了换一个话题,以致让刘二在楼下大打出手,闹了好一阵子,两边邻舍与过往客人围观了许多,才将陈经济吵醒,这显然也不太合理。试想古代的楼房没有隔音设备,楼下打骂哭闹,乱作一团,陈经济怎会睡得那么久?所有这些,都可看出《金瓶梅词话》在"镶嵌"时做得不够地道而露了马脚。这样,我们可以得出结论:是《金瓶梅词话》抄了《新桥市韩五卖春情》。由此而我们可以推出第二个结论:《金瓶梅词话》第98、99回中的"临清马头"实在是复制了杭州城外的"新桥市"。

这样,我是不是想否定《金瓶梅》与临清的关系呢?决不是。上面的工作只是从文献学的角度上来说明《金瓶梅词话》第98、99两回中有关临清马头故事的来源,而假如从小说学的角度上看,作者之所以将《新桥市韩五卖春情》的故事改造后"镶嵌"到《金瓶梅词话》中来,是根据他的整个艺术构思来进行的。其前提是,他觉得这样的环境描写是符合他意象中的"临清马头"的,因而它与小说前面几次提到的"临清马头"都是接轨的。因此《金瓶梅词话》中的临清是小说家经过艺术创造后的一个具有相当典型意义的环境,这个环境既符合小说家对临清的认识,也大致反映了当时社会中实际存在的临清。否则,作者在"镶嵌"《新桥市韩五卖春情》的故事时,完全可以将"新桥市"另换一个地名了。总之,临清这个明代运河上的一个重镇,在笑笑生心目中具有举足轻重的位置,他就将它创造成了《金瓶梅词话》中的一个重要的艺术环境。所以,今天我们研究《金瓶梅》,就很有必要研究小说与临清的关系,从中可见临清与运河文化怎样对作者产生了影响,以及作者是这样创造了临清这样一个艺术环境,来刻画人物,展开情节的。

感谢临清市人民政府、市政协,又一次给我们创造了这样一次机会,使国内外的《金》学者再一次相聚一堂,大家来讨论《金瓶梅》与临清、与运河文化的关系,讨论有关《金瓶梅》的各种各样的学术问题。在这时,不能不使我想起1990年10月20—24日在临清举行的"第四届全国金瓶梅学术讨论会",不能不怀念一贯热心于中国古代小说研究与《金》学事业的许继善先生与张荣楷先生,他们当时也在临清市政府的大力支持下,在聊城师范学院等单位的热心配合下,举办了一次有声有色、令人难忘的《金》学讨论会。当时我虽因故未能出席会议,但会后不时听到与会学者的交口赞誉。时间过了十八年,当今天大家再次踏上临清这块富有文化底蕴的宝地时,一定会有许多新的感受与许多新的收获。我相信,这次会议将办得更精彩,一定会在中国《金》学发展史上留下灿烂的一页。

2008 年 5 月 10 日

(《金瓶梅与临清》,齐鲁书社,2008 年 6 月版)

黄霖主编《金瓶梅研究》第九辑卷头语

去年,我们在山东峄城、古代的"兰陵"相聚,讨论金学;今年,我们在明代运河文化的重镇临清又一次召开《金瓶梅》的国际学术研讨会,大家在一起讨论《金瓶梅》与临清的关系,讨论《金瓶梅》研究中的各种新问题。我们之所以有这样一次机会,大家在一起切磋学问,要衷心感谢临清市委、市政府、市人大、市政协的领导与同志们为这次会议作出了周密的安排,付出了辛勤的劳动。我想,这一定是所有代表要说的第一句心里话。

改革开放三十年来,我们的《金瓶梅》研究空前繁荣。我一直认为,这是标志着我国古代文学研究,不,不仅仅是古代文学,而是整个文学研究,乃至是整个学术真正走向百花齐放、百家争鸣的代表性成果之一。这样的大好形势来之不易。这固然是党的正确的文化政策给我们铺设了一条平坦的大道,同时也是我们大家努力的结果。这三十年来,我们的研究硕果累累,大家有目共睹。就从这次会议来看,前期收到的46篇论文,有不少好文章,已经结集在《〈金瓶梅〉与临清》中。会上,又收到了一批较有质量的佳作,就续编在这本《金瓶梅研究》第九辑中。在这一辑中,如宁宗一先生高屋建瓴地概括了《金瓶梅》的价值,许建平先生探究了王世贞与临清的关系问题,傅承洲、李桂奎先生不约而同的从"财色"的新角度作深入地解剖,郑铁生先生论第五回在结构中的特殊意义,杨绪容先生论《金瓶梅》与心学的关系,巩聿信先生论《金瓶梅》的术数文化,石艳梅先生讨论了《金瓶梅》与《群音类选》的关系,熊敏先生论词话本中的茶具描写等等,都很有创意,别具只眼。其他如曾庆雨、杨彬、谭楚子等论叙事、版本、性别文化等都有令人刮目相看的开掘。在这里特别要感谢胡令毅先生的文章,专门与我讨论了《别头巾文》的问题,这种积极开展学术争鸣的精神是值得提倡的①。总之,这次会议的论文,又一次充分地说明了我们这支队伍是有战斗力的,是能把我们大家的金学不断地推向前进的。

我们这次会议在临清召开。临清与《金瓶梅》有着密切的关系。在《金瓶梅》中,根据杜明德先生的统计,从四十七回到一百回的五十三回中,就有25处直接写到临清,如临清州、临清码头、临清钞关、临清闸、临清晏公庙、临清市上等②,还写到了许多虽未点明临清而实与临清有密切关系的风物、方言等等,这决不是一种偶然的现象。这不能不使我们产生了许多遐想,为我们提供了一个广阔的研究空间。当然,这里有两种情况:一种是《金瓶梅》的作者直接将他所见所闻的现实中的临清描写到小说中去;另一种则是作者借用了先前其他作品中的现成材料,将本是描写其他同样十分繁华的城市如杭州等,改成了临清,再"镶嵌"到了《金瓶梅》中。但即使是"镶嵌"了其他地方的内容而将地名改成了"临清",也是根据作者的整个艺术构思来进行的。其前提是,作者觉得这样的环境描写是符合他意象中的"临清马头"的。因此,不管是以何种方式写的,《金瓶梅词话》中的临清,都是小说家经过艺术创造后的一个具有相当典型意义的环境。这个环境既符合小说家对临清的认识,也大致反映了当

---

① 关于胡先生的文章需要讨论的是:第一,《别头巾文》是一篇戏谑文字,不能与一般的表现作者真实思想感情的诗文等量齐观。它不是真实的自叙,而是摹拟的戏作,是作者模仿"头巾"所作的游戏文字。第二,《山中一夕话》刊印时间与屠隆的关系问题。胡先生一面欣赏某先生在"《山中一夕话》的版本时间问题"上对我的"一针见血的批评",另一面又将《山中一夕话》的成书时间大大地提前,这是十分矛盾的。那位先生的错误是将《山中一夕话》拉后到了清代(我在《金瓶梅作者屠隆考续》、《金瓶梅作者屠隆考答疑》中已辩清),而胡先生则不顾扉页明署"屠赤水先生参阅"(胡先生所据的版本是没有这一页的),而轻信商人序中一句虚言,硬将此书与屠隆剥离,将成书时间硬拉前到了不适合于屠隆而适合于徐渭的时代。第三,《山中一夕话》中的《别头巾文》明确署名作者是"一衲道人"即屠隆。要否认《别头巾文》不是屠隆所作,首先要回答这个署名问题。总之,《山中一夕话》明署"屠赤水先生参阅",《别头巾文》明署"一衲道人"所作,要剥夺这一书一文的屠隆的署名权,恐怕纯靠比附是不能解决问题的。

另要说明的是,胡先生开头说:"黄霖先生直至去年仍坚持此说(屠隆说)只差了'临门一脚'。"我的确多次说过目前"所有说法"、"各种各样的说法""都缺少临门一脚",但从未只为了"坚持"我个人的意见,说屠隆说"只差了临门一脚"。虽然,屠隆说包括在"各种各样的说法"内,但两种提法的文意是很有出入的。

② 《〈金瓶梅〉与临清》,黄霖、杜明德主编《〈金瓶梅〉与临清》,齐鲁书社,2008年6月版,第172页。

时社会中实际存在的临清。否则,作者在"镶嵌"前人作品时,完全可以另换一个不是临清的地名了。总之,临清这个明代运河上的一个重镇,在笑笑生心目中具有举足轻重的位置,他就将它创造成了《金瓶梅词话》中的一个重要的艺术环境。所以,今天我们研究《金瓶梅》,就很有必要研究小说与临清的关系,从中可见临清与运河文化怎样对作者产生了影响,以及作者是这样创造了临清这样一个艺术环境,来刻画人物、展开情节的。因此,在这个意义上我们可以说,没有临清,就没有一部《金瓶梅》。

《金瓶梅》问世四百多年后的今天,我们就在临清市,继 1990 年 10 月在临清举行"第四届全国《金瓶梅》学术讨论会"后,再一次在这个富有文化底蕴的宝地举办一次盛大的有关《金瓶梅》的国际学术讨论会。我们这一辑《金瓶梅研究》,也就是这次十分成功的会议的见证,同时也见证了临清市委、市政府、市人大、市政协对于文化建设的重视。我们衷心祝愿临清市越来越兴旺发达,物质文明与精神文明建设取得双丰收!

(《金瓶梅研究》第九辑,齐鲁书社 2009 年 3 月版)

黄霖主编《金瓶梅与清河》序

在清河县领导的大力支持下,2010年8月将举办"第七届国际《金瓶梅》学术讨论会"。这本论集,就是这次会议前收到的部分论文的选集。

记得上一次《金瓶梅》的国际学术讨论会是在山东临清市召开的。清河与临清都被《金瓶梅》作为重要的艺术环境来表现的。《金瓶梅》本是"从《水浒传》潘金莲演出一支"。在《水浒传》与《金瓶梅》中都写到了清河县。不过,在《水浒传》中,武松虽是清河县人,但他打虎后做了阳谷县的都头,潘金莲与西门庆的故事,主要就发生在阳谷县。但《金瓶梅》的作者将故事的发生地作了很大的变动,武松变成了阳谷县人氏,后做了清河县的都头,西门庆家的故事,主要就在清河县搬演,清河就成了《金瓶梅》故事展开的最主要的艺术环境。作者为什么作这样的变动,从解放前的姚灵犀起,就有各种各样的推测。在这本论文集中,也有多篇论文认真地探讨了《金瓶梅》与清河的关系,可供我们进一步思考这一问题。但不管怎样,从《金瓶梅》创作的艺术环境来看,清河无疑是西门庆、潘金莲等活动的最集中、最重要的一个城市。所以,清河县成立了一个《金瓶梅》研究会,以整个"清河文化"研究为依托,努力建成一个《金瓶梅》文化研究的基地,是得天独厚,具有充分的理由的。

写到这里,不禁令人想起最近媒体与网上十分关注的所谓"争西门庆故里"的问题。被"争西门庆故里"而炒得最热的是阳谷县了。据报载,那里造了个"《水浒传》、《金瓶梅》文化旅游区",因为里面有窗口站着潘金莲的武记烧饼店,王婆茶坊,西门庆经营的生药铺、当铺等,还有100张《金瓶梅》插图连环画、西门庆七个妻妾的精美画像,以及紫石街上西门庆、潘金莲的铜像等等,于是就将这个"文化旅游区"用"西门庆故里"来借代了。对于这个问题,几家媒体也采访过我。我觉得对这一现象不能简单化地看。西门庆作为一个艺术形象,当然不存在什么故里问题。他作为一个贪官、奸商、恶霸、淫棍,我们绝不能将他作为正面的形象来树立,引导观众去赞美、钦羡,甚至学习西门庆这样一个"恶"的典型及《金瓶梅》中种种有这样那样缺陷的人物。相反,我们必须将西门庆作为一个反面的教员、否定的对象,让观众引以为戒,并以他为中心去认识一个封建社会的黑暗与腐朽。因此,我们假如将《金瓶梅》当作一部写了中国封建社会的"真正的历史"来读,当作一部反腐败的经典来读,而不是将它作为一部"淫书"来读,那不是我们现在对《金瓶梅》的张扬过分了,而恰恰是宣传得太少了,乃至一般的读者根本不了解《金瓶梅》究竟写了些什么,不了解《金瓶梅》的真正价值。最近,我也没有去过阳谷县,没有亲身领略过那个《水浒传》、《金瓶梅》文化旅游区的宗旨与内容究竟是怎样的,是不是里面就只是造了个所谓"西门庆故里"。我想,假如在"武记烧饼"店中暴露了西门庆这个社会黑恶势力的代表如何夺妻害命,横行不法;在他经营的当铺中让人看到他如何当进卖出,高利盘剥;乃至打造一个像杭州秦桧那样让万人唾骂的西门庆的塑像,则何尝不可! 所以我认为,关键不在于能不能搞,而是在于如何搞。问题是,目前在唯利是图的思潮冲击下,有的人往往会借《金瓶梅》中的色来去骗钱,于是乎《金瓶梅》本是一部反腐败的经典,就成为腐化空气的渊薮了。而有的媒体又唯恐天下不乱,缺乏一种与人为善的态度,有时会把一个本是局部的问题夸大为全局的问题,把一个小问题上升到大问题,这也不能不引起我们的警惕。这类事,也是给我们《金瓶梅》的研究者敲起了警钟。在社会上始终残存着一些不肯放下黄色眼镜来看《金瓶梅》的人,他们或好借用《金瓶梅》来射利媚俗,或喜手持棍子而不时飞舞,我们处在这样的左右夹攻之中,就必须小心谨慎,坐正立稳,不要让人家有机可乘,有浪可兴,干扰我们堂堂正正研究的大方向。

　　由此我想到,做任何学问必须坚持要有风骨,讲格调,追求一种大家的风范。怎么能使我们所做的学问有风骨、有格调? 我看主要有两点:一是要追求有独立的识见,二是要抱定有益于当世的宗旨。学术的独立性,主要表现在不附势,不媚俗。当年李贽就批评过那种一犬吠声、百犬吠影的现象。有人登高一呼,还闹不清是怎么回事,就跟着乱叫,随波逐流,这是很没有出息的。所以做学问与搞创作一样,都要有"我"。同时,我一直强调做学问要有益于当世。我不反对躲在象牙塔里不问春夏与秋冬。《金瓶梅》的作者、成书、版本等问题要不要研究? 当然要,这归根到底也是对社会有益的。那种与社会无关的"纯学术"是不存在的,"纯学术"的旗号本身是竖立在某种社会现实的基点上的。

但我们同时一定要认清研究学问要对社会有益。研究《金瓶梅》能不能有益于当世呢？当然能。我想《金瓶梅》至少对于当今如何作文，如何当官，如何做人，如何铲除腐败，建设一个文明和谐的社会，还是有启示和警戒作用的。我们有责任努力去阐发它对于现实的积极意义，而不是去散发它的腐朽气息，这就能使我们的研究有风骨，有格调。

令人高兴的是，这次提交会议的论文，大都是不但有格调，而且有水平，内容丰富，涉及面广，提出了一些新的问题，涌现了一些研究的新人，能做到百家争鸣，百花齐放，再一次证明了我们的金学事业欣欣向荣，我们的队伍正在不断地前进。

最后，我们不能忘记，这次会议的举办与这本论文集的出版，全仗清河县领导的全力支持。在这里，请允许我代表中国《金瓶梅》研究会（筹）与参加会议的全体代表，向清河县的领导表示诚挚的谢意，并祝清河县繁荣昌盛，兴旺发达。

2010年6月6日

（《金瓶梅与清河》，吉林大学出版社2010年7月版）

黄霖等《日本研究〈金瓶梅〉论文集》序

《金瓶梅》是世界暴露文学史上的一部杰作。它在着重剖析西门庆及其一家的同时,把那冰冷而犀利的解剖刀多层次、多角度地触向了整个社会。上至朝廷,下及奴婢,雅如士林,俗若市井,无不使之群相毕露。那个时代政治之黑暗,经济之腐败,人心之险恶,道德之沦丧,一一使人洞若观火。特别可贵的是,作者通过全局巧妙的安排,始终把聚光镜对准了"酒色财气"等人性中易于沉沦的弱点,对准了封建社会的最高统治集团。它这样大胆泼辣、淋漓痛快地把上上下下、内内外外的人间丑恶兜底翻了出来,暴露于光天化日之下,不但能使当时的读者感到震惊,而且在相当长的历史时期内,仍不失为人们认识社会的一面镜子。这就难怪它能得到世界上越来越多的文学爱好者和研究者的注目,日、法、德、英、意、拉丁、瑞典、芬兰、俄、匈牙利、捷、南斯拉夫、朝、越、蒙等译本竞相出现,真正用理性来研究的文章也不断问世。法国大百科全书写道:《金瓶梅》"在中国通俗小说发展史上是一个伟大的创新"。美国学人海托华(James R Hightower)认为,它"可与西方最伟大的小说相媲美"。毫无疑问,《金瓶梅》这部名著是属于全世界的。

日本,是中土之外研究《金瓶梅》最早、最多的国家。据记载,早在江户时代的元禄、宝永年间(1688—1704),《金瓶梅》已传到日本。江户末期的著名通俗作家曲亭马琴(1767—1848),即将此书改编之作达二十余种(参见泽田瑞穗《增修〈金瓶梅〉研究资料要览》)。与此同时。他们也逐步注意对《金瓶梅》的研究。特别是在战后,这部"桌下的读物"被彻底解放出来,真正作为一部文学作品来研读和评价,显得相当活跃。他们对《金瓶梅》的研究,有思想哲理的探讨,有文学艺术的鉴赏,也有版本、作者、名物、词语等诸多问题的考索。当然,文学评论和研究本来就是一件十分复杂的工作,由于各人的思想、趣味、修养等不同,日本学者各人所作的贡献是不等的,一些意见也未必是定论,但不能不承认，他们所花的心血大多是有价值的。今天，我们打开大门，放眼世界，呼吸到这些在异国的土地上散发出来的研究气息时，不能不为他们所作的努力而发出赞叹，同时，也不能不为我们的祖先曾经创造出这样一件珍品而感到骄傲。很清楚，我们有责任介绍、研究、吸取他们研究的成果，以使我们的《金瓶梅》研究工作更上一层楼！

为此，我们决心在全面整理我国以往研究资料的基础上，将国外的研究成果、首先是日本研究的主要成果介绍进来。这次，先选译近三十年来侧重于考证性、资料性的一些文章。这些文章的作者，有老一辈的汉学名家，也有崭露头角的青年学者。我们不论资格，唯视其实，只要较有参考价值的，均予选录。排列次序，先以文章内容略分，再以时间先后为序。第一篇是小野忍先生的《〈金瓶梅〉解说》。小野忍与千田九一合译的《金瓶梅词话》是目前公认最佳的全译本。此文附于译本第一册卷末，在整理当时中日等国研究成果的基础上，就《金瓶梅》的初版、版本、素材、特点等问题，作了这一小结性的解题。接着是关于版本方面的文章。已故天理大学名誉教授鸟居久晴所作的《〈金瓶梅〉版本考》等一组文章，可谓迄今为止最为详尽的有关版本的著录，足资参考。原法政大学名誉教授长泽规矩也的《〈金瓶梅词话〉影印的经过》及上村幸次、饭田吉郎两先生关于毛利本、大安本的文章，侧重在介绍日本特藏的慈眼堂本、栖息堂本的发现经过及其特点、价值。泽田瑞穗先生的《随笔〈金瓶梅〉》则论及了《金瓶梅》与通俗文学，以及它的竹坡本、满文本、传奇本、日译本和对日本文学的影响等多方面的问题，自有见地。关于《金瓶梅》的成书年代，收了中青年学者日下翠（女）和荒木猛两位先生的文章。他们分别就"词话本"的成书年代和评改本（内阁文库藏）的出版时间作了探讨。随后是鸟居久晴先生的《〈金瓶梅词话编年稿〉备忘录》和《〈金瓶梅〉作者试探》。这些文章，第一次将《金瓶梅词话》进行编年，并在这基础上对作者等问题提出了自己的看法。可惜的是，鸟居久晴先生溘然弃世，编年只存其摘要而未见全稿问世，不能不令人深感遗憾。接着选译的是上野惠司、大内田三郎、寺村政男、阿部泰记诸位先生的文章。他们或从《水浒传》与《金瓶梅》的比较入手，或从评改本对词话本的变化着眼，或从《金瓶梅》本身的正文出发，对这部小说的语言、名物、特点等作了多方面的考证和分析，时有创见。接着的饭田吉郎先生的《〈金瓶梅〉研究小史》，则简要地介绍了中日两国于1963年以前的研究概况，条理清晰。最后，附以泽田瑞穗先生等花了多年心血编成的《增修〈金瓶梅〉研究资料要览》。这部目录提要,无疑为《金瓶梅》的研究提供了可贵的线索。

当然,假如读者翻阅了《增修〈金瓶梅〉研究资料要览》之后,一定会觉得我们所选的仅仅是一小部分。不错,由于主客观种种条件的限制,这里暂且先献上一脔。更为详尽的介绍,只能待之来日吧!

最后,借此机会向帮助我们工作过的诸多中日师友表示深切的谢意。他们或热情提供资料,或校阅部分译稿,其深情厚意,将永志我们心间。王利器先生总不忘关怀晚辈末学有毫厘之进,欣然命笔题签,令人深受鼓舞。此书全稿由我们两人分头翻译,通力合作,一鼓作气地搞了出来,其间疏误,在所难免,谨请广大读者和原稿作者们多多赐教。是为序。

黄 霖　王国安
1985年4月

补记:

本稿结集于1985年初。由于出版一度发生了周折,并散佚了如桑山龙平的《金瓶梅饮食考》等译稿,致使未能如期出版。其时,我俩又受学校派遣,先后东渡日本,眼看辛勤的劳动难以结成果实,正在感到焦急之时,一向关心《金瓶梅》研究事业的齐鲁书社伸出了热情的手,在当前出版十分困难的情况下,使译著得以问世,让我国读者能见到日本对《金瓶梅》基础研究方面的概貌。在此,谨向齐鲁书社诸位先生表示深切的谢意。责任编辑对译稿提出了不少宝贵的意见,在此一并表示感谢。

编译者
1989年5月校讫
记于复旦大学

(《日本研究〈金瓶梅〉论文集》,齐鲁书社1989年10月版)

黄霖编《金瓶梅资料汇编》重印后记

感谢中华书局重印此书。乘此机会,略说几句当时的情况及补充一些材料。

"文革"结束不久,我受命编写复旦三卷本《中国文学批评史》的小说部分,于是对历代有关小说理论批评的资料进行了系统的搜索。在这基础上,出了两个副产品:一个是《中国历代小说论著选》,另一个就是这本《金瓶梅资料汇编》。当时的一般人对于资料性的东西不甚重视,出版就有一定困难。《中国历代小说论著选》一书,幸亏有独具眼力的师兄陈俊山[①]鼎力相助,才得以出版。几年来,这本书已出了三版,得到了治中国小说批评史与小说史的读者的青睐,也可告慰于地下的英魂。《金瓶梅资料汇编》一书的出版就有点坎坷了。当时还谈《金》色变,交给一家熟悉的出版社,马上就被打了回来。于是我就在箱底下将它压了一两年,后来《金瓶梅》的研究渐渐热了起来。正在这时,中华书局有意继续编刊"古典文学研究资料汇编"丛书。一直关心我学业的王运熙先生知道这个信息后,就及时地推荐了此书。从交稿到出版,又经过了一两年时间。在这前后,类似的《金瓶梅》资料汇编犹如地下突然冒出的喷泉,一下子涌出了不少。这些汇编,各有所长。但我自己觉得自己的东西并不是将常见

[①] 陈俊山(1937—1995),河北景县人。1964年南开大学中文系毕业后,来复旦与我同从朱东润先生学习中国文学批评史,1967年分配至江西省文化局戏剧研究室工作,1979年转江西人民出版社,1988年当选为江西省人大常委会委员,1991年调至中共中央政策研究室任综合组副组长。1995年3月18日《新闻出版报》以整版的篇幅发表了刘刚、王守泉写的《为嫁笃意两清风——追念陈俊山》的长文。文章最后引了俊山写的《陶渊明》一书中的一段文字:"桃花落呀,落呀……渊明仿佛觉得,桃花结满了红桃,落下的桃花都落在他身上,轻轻地堆成一座美好的坟。"俊山,在我心目中永远是一座由鲜花堆成的美好的坟。

的材料临时拼凑而成的,更没有去轻取人家的现成材料,而是花了一点时间一条一条找来的。当然,现在看来,还存在着许多缺点,例如,由于受到种种束缚和个人水平的限制,没有编入较为丰富的"本事"内容,也没有将崇祯本的批语辑入,以及存在着一些错字、错点及脱漏的地方。假如能有机会重新修订的话,应该搞得更理想一些。但是,由于这次是扫描后重印,不便增加太多的内容及挖改一些错误的地方,因此只能借此"后记",略为补充一些后来研究者的新发现,但主要还是补充一些我自己在读书中所得到而认为比较重要的材料:

一、笑笑生《鱼游春水》:

风流原无底,醉逞欢情情更美。弱体难拘,一任东风摇曳。翠攒眉黛远山鬈,红褪鞋帮莲瓣卸,好似江心鱼游春水。(高罗佩影印武林养浩斋绣梓《花营锦阵》)

此文首先由吴晓铃先生在《大陆外的〈金瓶梅〉热》一文中提到。笔者见于高罗佩影印的春宫画册《花营锦阵》。此画册共有画二十四幅,每幅画有题词一首,署名各不相同。此首《鱼游春水》乃第二十二幅画背面的题词。这位笑笑生是否为《金瓶梅》的作者,魏子云、陈诏及黄霖等探讨过这个问题,目前尚无定论。

二、无名氏《玉娇梨缘起》:

《玉娇梨》与《金瓶梅》,相传并出弇州门客笔,而弇州集大成者也。《金瓶梅》最先成,故行于世。《玉娇梨》久而始就,遂因循沉阁,是以耳名者多,亲见者少。客有述其祖,曾从弇州游,实得其详,云:《玉娇梨》有二本,一曰续本,是继《金瓶梅》而作者,男为沈六员外,女为黎氏,其邪淫狂乱,刻画市井之秽,百倍《瓶梅》,盖有意丑诋故相,痛詈佞人,故一时肆笔,不觉已甚。弇州怪其过情,不忍付梓,然递相传写者有之。一曰秘本,是惩续本之过而作者,男为苏友白,女为红玉,为无娇,为梦梨,细摹文人才女好色真心钟情妙境,盖欲形村愚之无耻而反刺者也。弇州深爱其蕴藉风流,足空千古,急欲绣行,惜其成独后,弇州迟暮不及矣,故不但世未见其书,并秘本之名亦无识之者,独客祖爱而什袭至今。近缘兵火岌岌乎灰烬之余,客惧不敢再秘,因得购而寿木。续本何不并梓?曰:畏其淫甚,得

罪名教,且非弇州意,故不敢耳。今秘本告竣,因述其始末如此。(日本内阁文库藏本《新镌批评绣像玉娇梨小传》卷首)

这是与《金瓶梅》作者有关的一则材料,我在日本内阁文库所藏《新镌批评绣像玉娇梨小传》中看到。此《玉娇梨》正文前题"荑秋散人编次",而于卷首此《缘起》前后无署名。1988年,我在为齐鲁书社出版的《金瓶梅续书三种》写前言时曾首先拈出。这则材料出于明末清初,作者自称信息来源于其祖"曾从弇州游"者。若果如所言,则有一定的可信性。它说《金瓶梅》出于"弇州门客",则排除了作者如李开先等人物。屠隆作为王世贞"末五子"之一,或有其可能乎?当然,此文的说法,也完全可能是根据《野获编》、《山林经济籍》等编造出来的,因为《金瓶梅》与《玉娇梨》的语言风格相去甚远。

三、钱谦益《李笠翁传奇》:

笠翁传奇前后数十种,横见侧出,征材于《水浒》,按节于《雍熙》;《金瓶》无所斗其淫哇,而玉茗不能穷其缪巧;宋耶元耶?词耶曲耶?吾无得而论之矣。有读笠翁传奇,始而疑,既而眩,终而狂易却走。余为解之曰:子未读《山海经》乎:东海之外,大荒之中,有山名曰大言,有大人之市,名曰大人之堂。郭弘农曰:山形如堂形耳。大人时集其上作市肆也。《经》又曰:有一人踆其上,张其两耳。由今观之,大言之国,不知其所言何事,要必非蹄涔之游,翳荟之集也。有大人者,张耳以为市;又有一大人者,张两耳而听之。言者与听者,斯可谓两相当矣。今子听笠翁之传奇,在此国土中以为大言,惊而相告,不知笠翁之两耳,可以为市,而子以径寸之耳轮,倾侧而听之,虽欲不骇眩却走,乌可乎?笠翁闻而笑曰:渔也诚无辞于大言矣。踆于大人之堂,张耳而听之者,非夫子其谁?请书之以告世之为耳市者。辛丑夏日虞山钱谦益书于杭城之适轩。(中华书局1995年版《清人书目题跋丛刊》十《绛云楼题跋》)

钱谦益的这则文字见于《牧斋外集》卷二十五,收于《绛云楼题跋》。钱谦益作为一时的文坛领袖,虽将《金瓶梅》指为"淫哇",但却与《水浒传》、《雍熙乐府》、汤显祖传奇并列,似乎未将《金瓶梅》一笔抹倒,且对"淫哇"的本身似乎也未彻底否定。这是值得注意的。

四、侯峒曾《申明钦定教条》：

　　禁私刻。私刻之禁，屡奉申饬，一曰：今后提举官除程墨房稿及省直考卷选刻外，不许生童私刻窗课，变乱文体。按临日提调官将刻文送查，本生革责，书坊重究。一曰：提学官按临，生童毕集，多有射利棍徒，刊刻淫秽邪僻之书，如《金瓶梅》、《情闻别纪》等项，迷乱心志，败坏风俗，害人不小。今后但有卖者，提调官即时严拿书坊，究问何人成稿？何人发刻？申解提学官，将正身从重治罪，原板当堂烧毁。如系生员，革退枷示。近我皇上，因尔乡贡士陈宗虞奏请下部，部复：除房选外，概行禁戢。而明旨直曰：房刻有文体怪诞的，各学臣即行毁板。夫房刻法非学臣所得问，尚严重如此，况私刻乎！今后，尔士子不但妄刻窗稿，欺世自媒，概行禁绝，即如私选房稿、行卷等集，耳目既杂，手眼全乖，乃至抄撮汉文，即称迁、固，剽袭策略，便赞欧、苏，或满纸涂乙而故刻集中，以示标榜，或偶然评语而转加批驳，以致葛藤，谬种流传，甚于杨、墨。本道久已窃叹，一如严谕奉行，诸如编辑淫词艳曲小说稗官，蛊惑人心者，本非吾徒，距放敢后。（1933年铅印本《侯忠节公全集》卷十七《申明钦定教条》）

　　侯峒曾与钱谦益生于同一时代，但他不同于钱谦益叛明降清，而是"嘉定三屠"时的抗清英杰，是我自幼崇敬的乡贤。作为同乡后学，窃常自励：做人以侯（峒曾）、黄（淳耀）为典范，治学以钱（大昕）、王（鸣盛）为榜样。小时候，每当在侯氏自沉的叶池边来回徜徉的时候，总会升腾起一种莫名的崇高感情。尽管现在这一泓清水早被喧闹的商厦所取代，但抹不掉它留在我心中的一种人格的美。此文为崇祯十一年侯峒曾任江西右参议提督学政时所作，旨在申明钦定的"教条"，其局限性是显而易见的。不过，他禁止"刊刻淫秽邪僻之书"，主要是针对"射利棍徒"，为了维护社会风俗，也有其合理之处，且《金瓶梅》也确有"淫秽"之病，更不要说更多等而下之的作品了。在这里，我们既要看到侯峒曾的局限性，也要看到《金瓶梅》的局限性。

五、情死还魂社友《肉蒲团》第二回评：

　　未央生是一本戏文的正生，孤峰乃末脚也。他人执笔定将未央生说起，引孤峰作过客，此是小说家正派。此独自叙孤峰，极其详悉，使观者疑孤峰后来或有淫行，谁料却有不然。直从打坐参禅、忘记开门处才露出正意来，使人捉摸不定，此从来小说之变体，乃作者辟尽窠臼处。即使他人用此法，又必使题目错乱，头绪纷然，使观者不辨谁宾谁主。此独眉眼分明，使人看到入题处，便是了然。末后数语，又提清线索，不复难为观者，真老手也。《水浒》而外，未见其俦。有谓与《金瓶》伯仲者，无乃淮阴、绛灌乎！（写春园丛刊本《肉蒲团》）

《肉蒲团》是《金瓶梅》之后最著名的艳情小说，其正文有两处谈及艳情小说时虽然都没有带到《金瓶梅》，但不能就此简单地认为它与《金瓶梅》无关。《肉蒲团》的批评者"情死还魂社友"与作者的关系当非一般，这则批评说明了两书之间还是有承传关系的。

六、梧岗主人编次《空空幻》第六回《一幅画巧谐美事，三杯酒强度春风》：

……花春道："古来奇缘奇遇，亦自不少。贾氏经窥帘而再从佳偶，崔莺以待月而重缔良盟，才子佳人之事，岂仅矜矜乎礼法之间而被所拘束哉！愿小姐为之三思。"池娇闻言，竟默默不语，悟凡恐老婆子到来，因令花春且自出房。花春出来，信步行至慧源房内。慧源无事，桌上放着一本《金瓶梅》在那里观玩。花春假意问道："师父看的是甚么经卷？"慧源笑道："经卷看他则甚？贫尼看的是一部消闲趣书。"花春遂挨身坐下，同他展玩。……看到情浓之处，不觉淫心动荡，道："空摹其神，何如实仿其事？"慧源就起身闭上房门，拥入罗帏，风流一度。（本衙藏板本《空空幻》）

《金瓶梅》后的许多艳情小说谈及"淫书"时往往不及《金瓶梅》，但还是有的也把《金瓶梅》当作"淫书"的，《空空幻》即是一例。这部小说将"才子佳人之事"与"礼法"相对，将"消闲趣书"与"经书"相对，很有意思，但最后还是将《金瓶梅》当作是引火之物。

七、林钝翁批评《姑妄言》第八卷：

《金瓶梅》一书可称小说之祖，有等一窍不通之辈，谓是西门家一本大账簿。又指摘内中有年月不合，事有相左者为谬，诚为可笑，真所谓目中无珠者,何足与言看书也。……但作小说者,不过因人言事,随笔成文,岂定要学太史公作《史记》用年月表耶?大凡书遇此等不通人持看,亦书之一厄。诚所谓如之何者,吾莫如之何也已。(思无邪汇宝本《姑妄言》第八卷《贾文物借富丈人力竟得甲科,邬帮闲迎宦公子意走邀宝贵》卷首)

有人认为,《姑妄言》的评者与作者是同一人。假如是这样的话,可见又一部艳情小说对《金瓶梅》的无限推重,竟直称《金瓶梅》为"小说之祖"。他的这些观点同时是受到了张竹坡的影响,对小说的艺术特点是有所认识的。《姑妄言》小说的正文,也有接受《金瓶梅》影响的痕迹,例如第三卷《瞽女矢心择婿,虔婆巧说迎郎》所写"……谁知这祁辛是调妇女的班头,偷私情的领袖"一语,明显是从《金瓶梅》中"打老婆的班头、坑妇女的领袖"一句演化而来。

八、饼伦氏《闺艳秦声》评语:

  文字最要有体。勿论庄语,即亵狎语亦然。如此词,须处处看他女儿身分。其急于嫁也,以为此中定有殊味。嫂嫂言之,若不甚分明;及至亲尝受创,至于浃洽定情之后,虽恣意沉酣,而娇憨仍在。写情窦日开之女郎,都有身分。若是下手为之,早已是娼妓伎俩,其丑态岂复可言?金粪之别,于此立判。乐府有俚质一派,后世渐变而成此种体质。不知俚质最是难处:成语难得恰合,一也;驱遣不见痕,二也;就中入情得窍,趣味横溢,三也。篇中如"呸!笑着把他吐一口。"娇态如见;"这没几年你还没有够!"冷处传神。又有蕴藉极深之句,如"婆婆的模样倒不丑","蛇钻的窟窿蛇知道"是也;妖态横溢、如画如话之句,如"几乎错失就答应","摇着头儿搂一搂"等句,皆呕心吐血而后得之,不可以寻常口头语草草读下,浪掷作者之苦心也。夫读书而负人苦心,罪过不小。写到交欢之际,难得如此饱满,又难得如此雅驯,最是高处。

  《金瓶梅》一书,凡男女之私,类皆极力描写;独至月娘者,胡僧药、淫器包曾未沾身。非为冷落月娘,实要抬高月娘。彼众妇者,皆淫娼贱婢,而月娘则贞良淑女也。彼众妇者,皆鹑奔相就,而月娘则结发齐眉也。作者特用污泥莲花之法,写得月娘竟是一部书中第一人物。盖作者胸中横着"正经夫妻"四字,故下笔遂尔大雅绝伦。凡此皆文体也。奇文每多忽略看过,此篇未可以小词忽之。文无大小,看其结构如何。篇中起伏顿挫,呼应关锁,绝似《水浒》;摹写情事,杂用方言,如《金瓶梅》;其雕心刻骨,雅秀绝伦,则兼《西厢》、《牡丹亭》之长,而能自出机杼,不袭一字,食古而化,乃成斯文。(据1936年姚灵犀编校《未刻珍品丛传》本)

《闺艳秦声》似为清代中后期的俚曲,经姚灵犀的发现与张扬后,也为古代艳书中的名篇,可惜流传不广,遂被射利之徒看中,乘蒲松龄的墓碑刻有其一生的著述中有《琴瑟乐》一种,窥其题名与此书的内容颇合,于是就将《闺艳秦声》改易其名为《琴瑟乐》,于上世纪三、四十年代后陆续有抄本流传,长期蒙蔽了蒲松龄的研究者。其中在抗战期间由日人平井雅尾在山东命人抄录的淄川天山阁藏本《琴瑟乐》(今藏日本庆应大学),即将《闺艳秦声》卷首原有的饼伧氏评语改窜成"高念东跋"。此本《琴瑟乐》正文又羼入上世纪三十年代后传开的词话本《金瓶梅》的韵文多处,以谀其好。由于《闺艳秦声》的评语本身比较精彩,又《琴瑟乐》为蒲松龄研究者所关注,故录二段,以供参考。

九、陈锐《裒碧斋词话》:

屯田词在小说中如《金瓶梅》,清真词如《红楼梦》。(中华书局1986年版唐圭璋编《词话丛编》本《裒碧斋词话》)

陈锐为晚清词家,将小说与词作比较,也别具只眼。这对于研究不同文体作品的共通性颇有意义。

十、黄伯耀、黄世仲兄弟(附拾言)的若干文字:

《金瓶梅》一书,不知著于何人。出陕西谢颐以为是王凤洲先生之手笔也,又疑是凤洲门人之所著。顾凤洲以一代学究,观其编修史录,于忠孝廉节、奢俭贞淫,其眼光但知有非礼勿听,非礼勿言,彼其所谓礼者,必以淫为大戒,安知社会上人情世故何如,别有所谓小说者可以感觉人心者哉。有明以前,去宋代未远,浸吟理学,士习之拘墟,方谓非圣经贤传不足读,但知有道德问题,更不知有道德问题而兼夫知识问题之关系于社会,如小说者之为书中上乘也。或曰:凤洲者史臣中之小说家也。其《纲鉴》一书,半近小说,则其眼光似出乎邱琼山、胡致堂上者矣。然不能脱夫所谓经传之范围者,必不足以著《金瓶梅》,且不透观夫《金瓶梅》之洞悉人情,与详参世故者,未有不鄙为淫书者也。吾观史传,而知王凤洲之性情拘谨。以性情拘谨者,生于三百年前,而有著《金瓶梅》之事,其谁信之?或曰凤洲生当严世蕃时代,世蕃观书,不用手检,必用舌舐,王凤洲愤其奸邪,特著是书,先以毒质为水,染于书中,以进诸严世蕃,欲以死严世蕃也。顾此亦无所考证,特以情理论,则必非著于王凤洲之手,无可疑矣。然原书则大书特书为李笠翁所著,但笠翁生于清国康熙年间耳,吾则谓《金瓶梅》一书,当著于朱明以前。观其叙武松之误打李皂隶也,先走一西门庆,注云:留此以为《水浒》地步。似著《金瓶梅》之人,即著《水浒传》之人矣。《金瓶梅》之西门庆,以淫欲死者也,《水浒传》之西门庆,以淫召祸而死于武松之手者也。不以情欲死者,不足见《金瓶梅》之用意;不死于武松之手,不足以成《水浒》。同此一人,结局殊异,皆其涉笔成之者也,且天下才人行文作句,断不忍抄踏前人者。王婆之说十分光,则《金瓶梅》与《水浒传》实无少异,则以对于人情,而有最嘹亮之眼光,立于文界而有最深刻之笔法,如《金瓶梅》者,虽王婆论十分光一段笔法,神乎其神,然未必多此一段而全书始见其优;更未必少此一段而全书遂见其绌,则宁忍抄袭前人之笔法为哉?吾以故而疑著《金瓶梅》之人,殆即著《水浒传》之人也。

情者,感人最深者也。因果者,亦感人最深者也。因果之说,即报应所由出而祸福所由生者也。惟报应足以感人,故《金瓶梅》者感人之书也。然问艳情与淫情,有以异乎?吾知其无以异也。不过文者出之谓之艳,俗者出之谓之淫耳。然则古今果无淫书乎?是又不然。苟无关于人情世故之发挥,与世道人心之观感,徒写猥琐秽亵,以快一时之意,全书之结束,其淫孽已甚者,复或荣之以科第,美之以登仙,使人无所警觉,而反为之迷惑,是皆当以淫书目之,皆见摈于《金瓶梅》之外者也。《杏花天》之有封悦生,《桃花影》之有魏玉卿,与《金瓶梅》之西门庆何异?而著者于其报应殊矣。西门庆以害人命而得潘金莲,即因潘金莲以害其命,此天道之巧也。淫者为世界上无人无日不有之事,然或淫而纵夫情之所荡,与淫而顺夫情所应有则异矣。西门庆者,纵夫情之所荡者也。荡则越检逾闲,无所不至,因以成罪孽,即因以成果报。孔子云:三人行,必有我师焉。择其不善者而改之,则就阅书者之一方面说法,而知《金瓶梅》一书之不可无西门庆也。此殆如《石头记》之有风月镜而令人一观一汗流浃背,一读一毛发森竖者乎。

吾尝谓,就人情世故之所近,取其情理之所有,顺其一言一事之所必然，本深邃之意，用浅白之词，运以灵警之笔，淋漓透切，此小说之上乘者也。《金瓶梅》其近之矣。淫人妻者人亦淫其妻，西门庆之死，各妻妾之风流云散，殁其旧而各图其新，且无论矣。然当西门庆最盛之时，有武大不可无陈敬济与琴童也。身后之报，西门庆不能见之，而亦不及知之，眼前之报如琴童、陈敬济者，西门庆不能见之而未尝不及而知之，此因果之说也。故谓《金瓶梅》为淫书，是不知读《金瓶梅》者也。然谓《金瓶梅》非淫书，究内中秽亵之事，诚所不免，如是则谓《金瓶梅》以淫戒淫则可，但以为淫书而不以为戒淫书，则著者必不服，盖其因果之报，何其不爽耶！寻常著一书于此，而诫之曰：是不可犯淫。固已顾此老生常谈之语，习闻久矣，欲阅者之观感难也。小说家知其然矣，就其人其事，绘摹而写之，淫罪如西门庆，其后结果之何如，阅者未有不惕然、惊悚然惧者，此著者之深意。小说家有之，群书所无也。其寻常所谓淫书，凡书中人几乎无一不淫者，《金瓶梅》则非也。潘金莲出于张大户婢，而行动何异夫娼；韩爱姐出于娼，而独以守节著，谓非著者风世之意耶？吾更谓著者之于西门庆，实一罪恶深重，而又无成见之人也，见金莲则知有金莲，见瓶儿则知有瓶儿，见外宠则知有外宠，见娼妓则知有娼妓，使其得内助之人，则西门庆之罪孽，或不至如是其重者，此著者之所以罪月娘也。准此而论，则不特男汉宜读《金瓶梅》，即妇人亦不可不读《金瓶梅》，以使其知所戒故也。且尤有说焉，西门庆之妻妾不可谓不多矣，西门庆之外宠亦不可谓不众矣，然见一李桂姐，则外宠皆可以置之，即妻妾亦皆可忘之。桂姐，娼也，误人一至于此，阅《金瓶梅》者能勿知所戒乎！犹前之说，则置群书于此，而以戒淫为目的，善则善矣，而观感难也。如《金瓶梅》者，于其人其事，而摹绘入神，一观于其下场处，未有不冷水浇背者。如是而人可以警矣，此小说家之专美也，况其于人情世故之炎凉冷暖，一何洞若观火哉。至其穿插之灵妙，间架之精工，描写之周到，宁有不拍案叫绝者。著者殆如现身说法，以为阅者诫，则稍涉夫秽涉（亵）之笔，良不足怪。吾故谓《金瓶梅》乃戒淫书而非淫书也。然则论知识问题，则小说之功用已如此；即论道德问题，而小说之观感又如彼；则二十世纪之世界，小说其可小觑乎？吾于《金瓶梅》其敢武断之矣。[世次郎（黄世仲）《文言小说〈金瓶梅〉于人情上之观感》，1906年《粤东小说林》第七期]

夫浑球上无真见地者，概以耳职目，而以爱贬心，何怪乎其美彼恶，而恶彼美哉。姑勿论深奥的元素，不能指证其是非，只就小说文字上，明明白白，孰能裁判其妍媸者？如世之吠影派，人谓《水浒》妙绝，彼亦曰《水浒》妙绝；人谓《聊斋》妙绝，彼亦曰《聊斋》妙绝；及至人谓《金瓶梅》、《西厢》、《红楼梦》俱妙绝，彼亦曰《金瓶梅》、《西厢》、《红楼梦》俱妙绝。然时或人戏弄之曰：此五种书也有缺点，彼即曰此五种书也间有缺点。且人更戏弄之曰：《隋唐演义》、《粉妆楼》、《五虎平南》、《五虎平西》、《封神传》、《西游》等，固非佳品，惟亦有所观采；彼即曰：《隋唐演义》、《粉妆楼》、《五虎平南》、《五虎平西》、《封神传》、《西游》等亦有所观采。噫，瞎耶？慎耶？何无所知识如是之甚耶？故吾于文字之道，绝无受人抑扬意。盖能文非艰，而知文为艰。世既罕能文者，复安冀其知文乎哉！然吾今日不得不翘企小说的文字，何者为佳品，何者为劣品，而比较而表白之也。

文字之可以惊风雨而泣鬼神者，是必篇法、章法、句法、字法组织精华，锤炼丽洁，才可以克此，断无苟简而能臻当理。且四法一不慎，便为瑕掩瑜。若篇法、章法、句法，《红楼梦》为独造，奈字法不足观，此方言小说所使然；而《水浒》、《金瓶梅》亦同犯此病；《聊斋》、《西厢》字法、句法、章法雄古清灵，而篇法平平无奇，难免识者惜，是又传记小说的敝窦。故字法妥适，落此字而不能移易第二字；句法奇警，用此句而透辟第二句；章法灵变，插此章而偶称第二章。果如《聊斋》、《西厢》之尽美尽善，然后篇法玄奥，结构此篇卓越，无与第二篇。如《水浒》、《金瓶梅》、《红楼梦》的怪幻，真抵称圆璧矣。（拾言《论小说文字何者为佳品何者为劣品的比较》，1906年《粤东小说林第八期》）

艳情小说云者，非徒美人香草，柔肝断肠，导国民于脂粉世界中，作冥思癔想之讨生活已也。彼作者，固早挟一至情之主宰，借笔墨而形容之、流露之，以寄托其固结之爱情而已。盖天下有无名之英雄，决无无情之英雄。古往今来之伟大事业，孰非本其情之一字造去。然则小说家之注意一女子，极写其缠绵恻怛之意者，是诚默体社会之情，而主动其无形之灌输力也。《西厢记》之传奇也，其全篇结构，注在张生之于双文，然男才女貌一也。吾尽吾情，苦心孤诣以为之，天下事作如是观耳。降而《金瓶梅》

也,《桃花影》也,人骂为诲淫之书,然苟如其情以善用之,虽国家之大,民族之繁,无不可以情通达者,即无不可以情结合者。以今日小说界上大放光明,多有借男女之浓情,曲喻英雄之怀抱者,中国近事,东、西洋译者本,无以异也。又岂惟读苏菲亚、罗兰夫人遗传,始足生人爱国之心也哉。〔伯(即伯耀)《义侠小说与艳情小说具灌输社会感情之速力》,1907年《中外小说林》第一年第七期〕

顾或谓"五经"、"列传",如此其繁博也,百家诸子,如此其丛杂也,就其真趣言之,决示有出于情理之外者。若是乎情、理二字,似不能归功于小说;即小说之有是真趣者,亦不能专美于《水浒》、《西厢》。持此立论,可谓得驳论之阐发矣。然小说之擅胜于群书,向者言之详矣。而就小说之范围,昭示情理之妙谛,则言《水浒》也,言《西厢》也,已足包括一切小说矣。彼夫《金瓶梅》、《红楼梦》者,又吾国人所多认为淫书者也。读《金瓶梅》者,知花子虚之下场,而后见西门庆之结局,示淫报之会有穷期限也;读《红楼梦》者,悟柳湘莲之评论,而后知贾府内之糊涂,亦淫恶之终难掩迹也。使世之读小说者,持此意以悟会之、研究之,《水浒》也,《西厢》也,固准乎情,酌乎理;即降而《金瓶梅》也,《红楼梦》也,均《水浒》、《西厢》等耳,又安在其为淫也;善夫!金圣叹评《西厢》之言曰:"淫者见之谓之淫。"斯言也,亦以谓善用其情理之正者矣。夫人能善用其情理之正,虽古之大宗教、大哲学、大英雄、大豪杰,要无非以情理为准的耳。喻之以理,则愚者亦明;动之以情,则顽者亦挚。观感之道,诚莫有捷于是者。准此以观,则小说转移世界之主动力,足以俯视丛书而有余妍,庶乎支配于世界上而不朽哉!(伯耀《小说之支配于世界上纯以情理之真趣为观感》,1907年《中外小说林》第一年第十五期)

论者曰:有《水浒传》出,而元末之英雄四起;有《金瓶梅》出,而西北淫浇之风渐知畏忌。盖其感人者深耳。(棣〔黄世仲〕《改良剧本与改良小说关系于社会之重轻》1908年《中外小说林》第二年第二期)

吾国小说,至明元而大行,至清初而愈盛。昔之《齐谐记》、《山海经》,奇闻夥矣;《东周》、《三国》、《东、西汉》、《隋唐》、《宋》诸演义,历史备矣。

· 247 ·

后之《水浒传》、《西厢记》、《红楼梦》、《金瓶梅》、《阅微草堂》、《聊斋志异》，五光十色，美不胜收。何吾国人既知小说与社会之关系，宁不知披轶卷，搜遗篇，顾必乞灵译本，以为开风气之先者？此非徒以中国文字艰深，无补于普通社会，转而求诸外人浅易之文法也；亦非吾国旧小说界无一、二可增人群之知识，转而求诸外人之思想也。自西风东渐以来，一切政治习尚，自顾皆成锢陋，方不得不舍此短以从彼长，则固以译书为引渡新风之始也。[世（黄世仲）《小说风尚之进步以翻译说部为风气之先》，1908年《中外小说林》第二年第四期]

黄世仲弟兄是清末有名的革命家、小说家，他们对于《金瓶梅》的看法就带有新的时代色彩。特别是黄世仲所作的《文言小说〈金瓶梅〉于人情上之观感》一文，可以说是近现代第一篇有关《金瓶梅》的论文，对于小说的作者、艳情与淫情、表现特点、艺术感染力及人物形象的评价等问题作了较为全面的探讨，是值得注意的。

以上略补十则材料，供同好参考，不知以后有否机会能作较为理想的修订增补。

黄　霖
2002年11月3日恒安居

（《金瓶梅资料汇编》，中华书局2004年1月版）

黄霖等《新刻绣像批评金瓶梅》点校说明

《新刻绣像批评金瓶梅》廿卷,世称《金瓶梅》崇祯本,或称评像本、评改本、改定本、明代小说本、说散本、廿卷本、天启本、天崇本等,系据万历丁巳年序刊本《新刻金瓶梅词话》(世称词话本或万历本)及参照其他抄本修改、圈点、加评而成。它使《金瓶梅》在流变过程中趋向定型,并第一次对全书作出了评点。后来流传较广的"彭城张竹坡批评金瓶梅第一奇书"本,即在此基础上再稍作修改和详加评论而成。因此,崇祯本在中国小说发展史及批评史上关系重大,引人注目。

崇祯本的评改者是谁?1983年1月,我在《〈新刻绣像批评金瓶梅〉评点初探》中曾怀疑为冯梦龙。1985年,友人刘辉在首都图书馆所藏《新刻绣批评金瓶梅》卷首图像的末页上发现署名"回道人"的题诗后,认为"回道人"即李渔,李渔即崇祯本的改定者。

李渔确实有用过"回道人"的化名。然我认为,首都图书馆藏书乃据日本内阁文库藏书本(东京大学东洋文化研究所另藏一部与此相同)简化(去眉评书及大部分夹批并多简字)翻刻(两本板式大同小异)而成,而内阁本本身也非崇祯本的初刻本,故仅于首图本见有"回道人"的题诗来说明李渔是崇祯本的理由尚嫌不足。不过,必须肯定刘辉发现"回道人"的题诗很有意义。这为研究李渔及《金瓶梅》提供了一条新的材料。为此,我们将内阁本《新刻绣像批评金瓶梅》整理出版,以供李渔及《金瓶梅》研究者参考。

这里需要说明的是,内阁本仅是《新刻绣像批评金瓶梅》系统中的一种本子。据目前所知,世存《新刻绣像批评金瓶梅》系统的刻本(或其影印件)尚有十四部,其主要特征分别如下:

一、通州王(孝慈)氏藏本。今下落不明,唯见其图像一百叶幅附于古佚小说刊行会影印的词话本前。世界文库本也曾影印若干图像及正文第一回首页书影。此页正文十行，行二十二字；眉批为二字行；回前诗标明"诗曰"、"又诗曰"，两句一行。图像上刻工姓名比之各本最为完整、清晰。

二、上海图书馆藏甲本。全一百回，分二十卷。每卷五回，每回编码。三十二册。序框高20.8公分，宽13.6公分，正文框高20.8公分，宽13.8公分。每页十行，行二十二字。首页版式与王氏本大致相仿，然眉批改为四字行，回目题"西门庆热结十兄弟"，其"弟兄"两字不同于王氏本作"兄弟"。前两册全为图像，一百叶，两百幅。图像上刻工姓名时见缺失。

三、北京大学图书馆藏本。原为马廉藏书。一百回，二十卷，三十六册。中间略缺数页。亦为四字行眉批，版式、大小与上图甲本略同，然其插图一百叶分插于各回之前，评点文字，与上图甲本互有缺略异同。

四、日本天理大学图书馆藏书。全一百回，二十卷，十一册，附图一册，计十二册。据鸟居久晴《金瓶梅版本考》等著录，版式、大小等均与上图甲本、北大本略同。其附图有从回首移去另作一册的痕迹。

五、北京图书馆藏残本两册，似同北大本。

六、傅惜华藏本。无图。据韩南《〈金瓶梅〉的版本及其他》著录，"此版显为清朝初期之版本"，且与北大本相似。

七、上海市图书馆藏乙本。全一百回，二十卷，四十册。序文框高20.8公分，宽14公分。正文第一回回目题作"兄弟"，同王氏本而异于上图甲本、北大本等作"弟兄"，首页眉批亦为二字行，然第三叶起改为四字行，十一叶后基本上无眉批。正文亦每页十行，行二十二字，然文字与上图甲本、北大本、天理本、内阁本等多有出入，而与据王氏排印的世界文库本及后出的张评本多有相同之处。前两册为图像，刻工姓名亦不完整。

八、天津市图书馆藏本。与上图乙本大小版式形同而装订略异：此本图像分插于回前而不如上图乙本集中于卷首。又，略多眉批数则。

九、日本内阁文库藏本，题《新镌绣像批评原本金瓶梅》。全一百回，正文十册，首图一册，已佚。框高21公分，宽11.7公分。三字行眉批。第一回回前诗未标"诗曰"、"又诗曰"，三句一行而非两句一行。以后各回回前诗词之格式均异于上图甲本、上图乙本、北大本等。

十、日本东京大学东洋文化研究所藏本。与内阁本悉同。

十一、首都图书馆藏本。原藏北京孔德学校图书馆，故亦称"孔德本"。正文十九册，图一册，共二十册。框高20公分，宽11.5公分。版式略似内阁本而多简字。图像省为五十一叶、一〇一幅,一无刻工姓名,八十回后图像尤为拙劣。图像末有"回道人"题诗一首。全书无眉批,夹批也大多缺略,然少数夹批为他本所无。

十二、北京大学图书馆藏残本四册,与首图本相似。

十三、残存四十七回本。扉页题《新镌绣像批评原本金瓶梅》,格式同内阁本,而正文行款、版式近上图甲本。

十四、傅惜华藏本,题《绣刻古本八才子词语》,首有顺治二年序,与各本均异。

这十四部书大致可以分为七类:

第一类,以第一种王氏本为代表;

第二类,以上图甲本为代表,第二、三、四、五、六种书均可归为此类;

第三类,以第七种上图乙本为代表,与第八种天津本合为一类;

第四类,以第九种内阁本为代表,与第十种东大本原为同版;

第五类,以第十一种首图本为代表,与第十二种北大残本合为一类;

第六类,以第十三种残本为代表,系据第二、第四类翻刻的混合本;

第七类,以傅氏顺治二年序刻本代表。

这七类书中,第一类王氏本似为崇祯本系统的初刻本,惜今不明下落。世界文库本据此校勘三十三回,于此略可窥见一二。第二、三、四类间正文与评点文字均互有阙略异同,似分别翻刻原本而成。它们之间并无先后关系。第五类则明显出自第四类。第六、第七类均显系后出本。

鉴于以上情况,我们这次以内阁本为主要工作本子,校以上图甲本及北大本、上图乙本及天津本、首图本、世界文库本,并参考了古佚小说刊行会影印之词话本、本衙藏板与在兹堂张评本,以及台北增你智文化事业有限公司排印的词话本、北京人民文学出版社排印的词话本、济南齐鲁书院排印的张评本、香港星海文化出版社有限公司排印的词话本,在维护内阁本独特风貌(如回前诗词的特点,评点文学的多寡及特有词语等)和《金瓶梅》语词特色的前提下,做了以下工作:改正错字;增补正文的漏字、漏句;删改衍文;统一目录与正文前的回目;统一书中人名的错讹和前后不一;改正极不规范、容易引起歧义的俗字、别字;新式标点并分段。整理成了这样一部崇祯本的排印本。内阁本原佚二百幅图像,现据人民文学出版社影印本《金瓶梅词话》图像(实即王孝慈本图像)补齐。

这次校点工作的前五十回由张兵同志担任，后五十回由顾越同志担任。全书最后由我审定完稿。在全书校点整理过程中，由于水平和条件的限制，错误不当之处在所难免，敬请广大读者指正。

黄 霖
一九八八年十二月

（《新刻绣像批评金瓶梅》，浙江古籍出版社1991年8月版）

齐鲁书社排印本《金瓶梅续书三种》前言

《续金瓶梅》与《隔帘花影》、《金屋梦》是一组《金瓶梅》的续书,而后两种是前一种的删改本,故名为三书,实为一流。

清代小说批评家刘廷玑早就指出①,中国小说的创作有一种续书的传统。时至康熙年间,其续书之多,已经到了"不胜枚举"的地步。就"四大奇书"而言,《三国》有《续三国》、《后三国志》,《西游》也有《后西游记》、《续西游记》,《水浒》有两种《后水浒》,而"《金瓶梅》亦有续书"。刘廷玑所说的《金瓶梅》续书,就是指这部紫阳道人丁耀亢所撰的《续金瓶梅》。

其实,早在《续金瓶梅》之前,就有一部名叫《玉娇李》的《金瓶梅》续书问世②。据袁中郎说,此书亦出自原作者手,"与前书各设报应因果。武大后世化为淫夫,上烝下报;潘金莲亦作河间妇,终以极刑;西门庆则一呆憨男子,坐视妻妾外遇,以见轮回不爽"。后来,沈德符在工部郎中丘志充那里亲自翻阅了此书后指出,此书"暗寓"明朝史事,甚至"至嘉靖辛丑庶常诸公,则直书其名"。其"秽黩百端,背伦灭理,几不忍读","然笔锋恣横酣畅,似尤胜《金瓶梅》"。可惜于万历四十七年(1619)丘志充离京出守,不久被斩后,这部《玉娇李》就下落不明了。

有人认为,现在我们所见的《续金瓶梅》即是《玉娇李(梨)》:

> 《玉娇梨》与《金瓶梅》相传并出弇州门客笔,而弇州集大成者也。《金瓶梅》最先成,故行于世;《玉娇梨》久而始就,遂因循沉阁——是以耳名者多,亲见者少。客有述其祖,曾从弇州游,实得其详,云《玉娇梨》有二本:

---

① 《在园杂志》。
② 此段引文均见沈德符《野获编》。

一曰续本,是继《金瓶梅》而作者,男为沈六员外,女为黎氏,其邪淫狂乱,刻画市井之秽,百倍《瓶梅》,盖有意丑诋故相,痛詈仇人,故一时肆笔,不觉已甚。弇州怪其过情,不忍付梓,然递相传写者有之。一曰秘本,是惩续本之过而作者,男为苏友白,女为红玉,为无娇,为梦梨,细摹文人才女之好色真心,钟情妙境……

这段话,笔者客岁见于日本内阁文库所藏《玉娇梨》卷首之《缘起》。此说鲜为人知,显然是一种为了抬高后出的《玉娇梨》的声价而作的附会。因为这里所述的所谓"续本"《玉娇梨》实即《续金瓶梅》的内容,与袁中郎、沈德符所见的《玉娇李》大相径庭,难怪这段《缘起》也为以后刊印的《玉娇梨》所剔除。

那么,《续金瓶梅》果真与《玉娇李》一无关系吗? 也不见得。我认为,《续金瓶梅》的创作是直接受到了《玉娇李》的启发。这是因为藏有《玉娇李》的丘志充与丁家同是山东诸城名宦。丁耀亢与志充子丘石常又一生友善,意气相投,齐名当日。万历四十七年,丘石常十四岁,而丁耀亢已二十四岁了。他俩都喜欢小说传奇。对于这样一部奇书,即使当日未及寓目,也必当闻之于父老。今虽难以考定两书情节之异同,但就其因果报应和暗寓政事这两大基本精神而言,则一脉相承。可见丁耀亢后来以这样的笔法来续写《金瓶梅》,是受到了那部当时名声较大的《玉娇李》的影响的。

然而,《续金瓶梅》毕竟不是《玉娇李》。它是作家丁耀亢经历了明清易代、一生坎坷之后,于晚年创作出来的一部色彩斑斓而容量丰富的力作。

丁耀亢(1599—1671)①字西生,号野鹤。父惟宁、从兄自劝,皆成进士,仕宦有声。弟耀心、从子大谷,崇祯中乡举,独耀亢负逸才而久不第。以诸生走江南,从大画家、《金瓶梅》藏有者董其昌游。既归,郁郁不得志,取历代吉凶诸事,作《天史》十卷。明朝末年,国事腐败。种种弊政,对丁耀亢刺激良深。后他在传奇《蚺蛇胆》中,借黄门之口吻,抨击明代弊政、搢绅陋习,"过于贾生之流涕,有如长孺之直戆"②,将长期郁积,倾泻而出。清兵至,耀心、大谷出资纠

---

① 《(乾隆)诸城县志》云"年七十二",叶德均据此定为康熙九年庚戌卒。而丁耀亢实卒于康熙十年,故当为七十三岁。

② 郭棻《蚺蛇胆序》。

兵守城,城破殉难。侄豸佳"为大兵所伤跛一足"①。国仇家难,铭心刻骨。而战乱所至,满目疮痍。正如丁耀亢在《陆舫诗草·田家》一诗中所描写的:

> 乱后有田不得种,蚕后有丝不及用。官家令严催军需,杂差十倍官粮重。县官皂隶猛如虎,荒田不售鬻儿女。门前空有十行桑,老牛牵车运军粮,何时望得大麦黄。

为升米计,顺治初年他于役淮上,又泛海北游,有"无聊生理缺,奴仆请逢迎"之句。顺治九年(1652),由顺天籍拔贡,充镶白旗教习。其时名公卿多与结交,声名大噪。顺治十一年(1654)为容城教谕,十六年迁惠安知县。他不愿从政,越年即以母老告退②。丁耀亢为人倜傥不群,权奇好事。《今世说》说他"襟期旷朗,读书好奇事,高谭惊坐,目无古人"。曾记有这样一事,可见其为人一斑:

> 丁野鹤官椒邱广文,忽念京师旧游,策长耳驴,冒风雪,日驰三四百里,至华严寺陆舫中,召诸贵游山人琴师剑客,杂坐酣饮,笑谑怒骂,笔墨淋漓;兴尽,策驴而返。

他一生著述甚多。其诗词今存有《丁野鹤遗稿》,内含《逍遥游》、《椒邱集》、《陆舫诗草》、《江干草》、《归山草》、《听山亭草》。《(乾隆)诸城县志》称其"为诗踔厉风发,少作即饶风韵,晚年语更壮浪,开一邑风雅之始,县中诸诗人皆推为前辈"。然此集列入《清代禁毁书目》之中,尤以《逍遥游》一集,指为"中间违碍之语甚多"。其传奇今存《西湖扇》、《化人游》、《蚺蛇胆》、《赤松游》四种,"沈雄清丽,兼而有之",尤其《蚺蛇胆》一剧,"结构谨严,关目生动,词藻尤清丽遒健,远胜《鸣凤记》之拉杂散漫"③。然由于当时触犯时忌,使上官不敢进呈,今也有种种原因,丁耀亢之传奇未为曲家所重,殊为可叹!

---

① 《(乾隆)诸城县志·列传》。
② 《(乾隆)诸城县志》云:"迁惠安知县,以母老不赴。"后学者多从此说。惠安县志亦缺载。实丁曾赴任,丘石常《楚村诗集》有《送鹤公令惠安》、《至日送鹤公令惠安》诗二首,另于《祝丁太母八秩序》中有"野鹤先生宰惠安之明年"云云。丁自著《江干草》即为此时所作。
③ 郑骞《善本传奇十种提要》,见《燕京学报》第二十四期。

小说《续金瓶梅》，今可考定为丁耀亢在顺治十八年（1662）六十三岁时所作。这是因为此书卷首《太上感应篇阴阳无子解序》称："今见圣天子钦颁《感应篇》，自制御序，谕戒臣工。……亢不敏，卧病西湖……以不解解之。"西湖钓史《续金瓶梅集序》也说："遵今上圣明颁行《太上感应篇》，以《（续）金瓶梅》为之注脚。"可见此书创作离"天子钦颁《感应篇》"不远，而作者当在杭州之时。今查，清顺治十三年上谕刊行《感应篇》。时丁耀亢在直隶容城，后至福建惠安，至顺治十七年六十二岁时告退，其间不可能创作《续金瓶梅》。翻至小说第六十二回，作者根据《搜神后记》中丁令威的故事和自己切身遭际，虚构改编成一个三次转世的故事：东汉辽东鹤野县仙人丁令威，五百年后为临安西湖匠人丁野鹤，至明末又有同名同姓的一个丁野鹤，自称紫阳道人。这段故事不但较为露骨地寄寓了作者的民族情绪，而且为研究作者本身提供了信息。鲁迅先生首先在《中国小说史略》中据此解开了作者之谜，指出紫阳道人即是丁耀亢，此书当成于清初，为以后的研究奠定了基础。然而，就在这里，鲁迅先生忽略了这样一段话：

　　……临安西湖有一匠人，善于锻铁，自称丁野鹤，弃家修行，至六十三岁，向吴山顶上结一草庵，自称紫阳道人。……留诗曰："懒散六十三，妙用无人识。顺逆两相忘，虚空镇常寂。"

这显然是夫子自道，点明了此书即作于六十三岁之时。揆之丁耀亢的一生经历，也正相符合。此书即于当年开雕，世称有顺治原刊本者当为此本。然此书一出，祸即天降。康熙四年乙巳（1665）八月，六十七岁的丁耀亢即以此书下狱。其《归山草》有诗记其事。诗名较长，曰：《乙巳八月以续书被逮，待罪候旨，至季冬蒙赦得放还山，共计一百二十日。狱司檀子文馨，燕京名士也，耳予名，如故交，率诸吏典各醵酒，三日一集，或至夜半，酣歌达旦，不知身在笼中也。各索诗纪事，予眼昏作粗笔各分去，寄诗志感》。诗曰：

　　独坐怜寒夜，圜墙起鼓声。雪晴光不定，月暗影空明。橡史藏文士，穷交仗友生。莫轻谈往事，一醉颂升平。

后又有《焚书》一首：

> 帝命焚书未可存,堂前一炬代招魂。心花已化成焦土,口债全消净业根。奇字恐招山鬼哭,劫灰不灭圣王恩。人间腹笥多藏草,隔代安知悔立言。

这些在铁幕下面迸发出来的沉痛诗句,隐约地透露了这部书的得祸之由并不在于"诲淫",而在于"轻谈往事"和欲为人间"立言"而已!这和刘廷玑给《续金瓶梅》所加的罪名首先是"背谬妄语,颠倒失伦",也相一致。另外如龚鼎孳《定山堂诗集》中的《赠丁野鹤》其三也透露这部续书遭焚的基本原由:

> 江山如此恨人留,痛哭书焚向古丘。热血空怜霜草碧,遗民今见竹林游。垂阳袅袅能愁客,彼黍离离又报秋。避世不如忘世逸,逍遥神解失金牛。

后来,康熙帝之所以还是将丁耀亢释放,恐怕由于他刚下诏表过这样的态:"如有开载明季时事之书,亦着送来。虽有忌讳之语,亦不治罪。"①然而,这一百二十日的铁窗生活和不得不将一部"奇字"付之一炬,对于一个望七老人的打击是可想而知的。丁耀亢从此两眼昏然,丧明逃禅,自署木鸡道人。文人之厄,莫此为甚!而一部《续金瓶梅》,从此也就被打入地狱,难见天日!

现在,我们打开《续金瓶梅》,劈头就是一篇《太上感应篇》。丁耀亢想把整部小说就当作《感应篇》的"无字解",即不直接用一般的笺注诠解等方式来解释,而是别出心裁地用小说故事来加以"参解"。丁耀亢之所以这样做,不能说他没有拿着皇上推荐的《感应篇》来作大旗打掩护的用意,然而应当说,主要还是由于生逢"天下无道"之时的他对于《感应篇》的欣赏。《感应篇》一书的内容,多取自晋代葛洪的《抱朴子》,以因果报应为纲,劝人为善遏恶。正如丁耀亢在《太上感应篇阴阳无字解序》中所说:"天下有道,听治于人;天下无道,听治于神。"在封建社会里,特别是在那混乱的年代里,还有什么比用因果报应更有效力地去鼓动人们为善呢?因此,《感应篇》自《宋史·艺文志》始有著录以来,一直非常流行。特别是明末清初的许多小说,不但往往以因果报应、劝善惩恶作为其创作的主旨,而且常常直接描写和引用了《感应篇》以及《文昌君阴

---

① 《清实录》。

鹭文》、《太微仙君功过格》等"善书"。如《西湖二集》卷三《马神仙骑龙升天》就有马自然引用《感应篇》劝人的场面，《红楼梦》第七十三回也写到了迎春读此书①。丁耀亢生活在这样的时代中，难免也受到了影响。今从其卷首所列引用的书目来看，尽管有三教九流五十四种，但《感应篇》无疑是贯穿全书、引用最多的一种。他所引用的《感应篇》的语句大都在每回的开头，作为故事开展的依据。而在这些语句中，除了"三台北斗神君"一段宣扬迷信和报应纯属糟粕外，其余多为劝人在道德上自我完善。这固然对稳定封建统治有利，但对整个社会的安定，风俗的淳正，也有益处。换句话说，劝善惩恶，在一定程度上也反映了广大人民群众的意志和愿望。至于《感应篇》开头所说的"祸福无门，唯人自召。善恶之报，如影随形"四句纲领性的话，富有哲理，耐人寻味，并非以因果报应四字所能包括。因此，对于丁耀亢以《感应篇》来统率全书，我们一方面应该看到他宣扬因果报应、封建迷信的落后的一面，另一方面也要看到他生在那样一个乱世之中，对于"矜孤恤寡，尊老怀幼"，"济人之急，救人之危"等美德的赞扬，对于淫荡、负义、欺诈、狠毒等邪恶的谴责，自有其积极的一面。其小说最后一回云："诸恶莫作，众善奉行。……我今讲一部《续金瓶梅》也外不过此八个字，以凭世人听解，才了得《感应篇》、《劝善录》的教化。"可见，他这部小说"借因果说起"，而归根结蒂只是劝世人"诸恶莫作，众善奉行"而已。

本来，在等级社会里，诸如"诸恶莫作，众善奉行"这类口号，往往是统治阶级用来教训下等臣民的；不同寻常，《续金瓶梅》却是用它来首先针对统治集团的。应当说，在这部小说里，作者写人则上自帝王将相，下至娼妓奴仆，男女老少，各色人等，色色皆到；写事则军国大事，地方吏治，宗教迷信，世道人心，也全面顾及，描绘出了一幅相当广阔的乱世风俗画卷。然而，他明确点明其创作宗旨是："世上风俗贞淫，众生苦乐，俱要说归到朝廷士大夫上去，才见做书的一片苦心。"（第五十八回）如何"归到朝廷士大夫上去"？且看作者在第三十四回中的解释：

---

① 参见日本小川阳一《〈西湖二集〉与善书》(《东方宗教》第五十一号)、《三言二拍与善书》(《日本中国学会报》第三十二集)以及吉冈丰义《道教的研究》、酒井忠夫《中国善书的研究》等。

做《金瓶梅》只好在闺房中言语,提醒那淫邪的男女,如何说到缙绅君子上去?不知天下的风俗,有这贞女义夫,毕竟是朝廷的纪纲,用那端人正士。有了纪纲,才有了风俗;有了道义,才有了纪纲;有了风俗,才有了治乱。一层层说到根本上去,叫看书的人知道这淫风恶俗从士大夫一点阴邪妒忌中生来,造这个不阴不阳的劫运,自然把礼义廉耻四字一齐抹倒。没有廉耻,又说甚么金、瓶、梅三个妇女?即知西门庆不过一个光棍,几个娼妇有何关系风俗?看到蔡太师受贿,推升白日的做了提刑千户,又有那蔡状元、宋御史因财纳文,全无官体,自然要纪纲凌夷,国家丧灭,以至金人内犯,二帝北迁。善阅《金瓶梅》的,要看到天下士大夫都有了学西门大官人的心,天下妇人都要学这金、瓶、梅这样的,人心那得不坏,天下那得不亡?

这是就总体构思而言,而在具体描写中,如有关李师师的浮沉、大觉寺的建立等下层社会的描写,都十分典型又直接地点明了"乱自上作"这样一种观点。"小路截来大路抛,乌雅衔肉遇鹏雕。如今仕路多如此,总替旁人先上腰"(第八回)。螳螂捕蝉,黄雀在后,越是上层,越是可怕。因此作者对上层集团的种种罪恶的抨击特别严厉。诚如在第七回中所说的:"至于身居大位,势取民财,或是买免人命,杀人奉上,食了朝廷俸禄,不能为民,反行酷暴,比盗贼加一等,那有不犯王法,不遭天刑之理?"丁耀亢这样异乎寻常的矛盾向上的态度,难怪要被刘廷玑斥为"颠倒失伦"了,而现在看来,正是在这里闪烁着民主性的光华。

《续金瓶梅》在描绘这幅乱世画时,不仅仅一般地把罪孽归结于上就算了事。而是面对当今现实,胸怀亡国之痛,多方面地探究了明朝亡国的历史教训。现在看来,作者之所以要选择《金瓶梅》来作续书,根本不是由于《金瓶梅》是一部有名的"淫书"而可以招徕读者,而是由于《金瓶梅》的续书可以顺理成章地以宋金征战的历史背景,来影射现实的明清易代。在整部小说中,作者留下了许多痕迹来暗示宋犹明,金即清。如第六回、第十九回出现的"厂卫"、"锦衣卫"等,均是明代特置的官署名目,而第二十八回、第三十五回提及的"蓝旗营"、"旗下"等清代所有的八旗制度,并非是金人的军事建制。又如第五十三回写金人占据扬州后有《满江红》一词曰:"清平三百载,典章文物,扫地俱休。"这"清平三百载",以举其成数而言,正与统治二百七十六年的明王朝相合,而非指仅有一百七十六年的北宋王朝。金人屠戮扬州的描写,不能不使人联系到清初惨酷的"扬州十日"。诸如此类,特别是当时的读者谁都会清楚地了解到作者的真实用意。在行文中,作者又不时流露出自己作为一个遗民对于故国的哀思。朱眉叔先生曾经指出:第六十二回描写三世丁野鹤的一段文字中,作者"自称为明人","描写自己'朱顶雪衣',实即隐喻自己是朱明王朝的人,身著丧服凭吊被满清统治集团蹂躏的人民和国土"①。这是很有眼力的见解。实际上,这里也揭示了丁耀亢之所以以"野鹤"为号的奥秘:自己就犹如一只"朱顶雪衣"的野鹤!第十四回,他又竟敢径书"大明万历年间金陵朱之蕃状元"的故事来。朱之蕃乃实有其人,为万历二十三年状元。今日本天理图书馆所藏孤本小说《三教开迷演义》之叙言即署"金陵朱之蕃"撰。丁耀亢在清朝开国之初竟将故国称之为"大明",实在是胆大包天。再如第三十六回开头,作者引了两首诗词后比较集中地抒发了"兴亡之感":

  单表古人诗词,多因故国伤心,闲愁惹恨。叹韶华之易尽,则感春风;悲陵谷之多迁,则魂消秋月。粘就鸳鸯,写成江淹离恨谱;飘来蝴蝶,编成杜牧断肠诗。也只为托兴遣怀,方言醒世,真却是假,假却是真。自有天地古今,便有这个山川,这个岁月,这个人情世态,这个治乱悲欢,笑也笑不得,哭也哭不得。

陵谷变迁,山河易色,对于丁耀亢来说是十分悲痛的。悲痛之余,他对于亡国的原因进行了思索,对于昏君、佞臣、弊政、恶习进行了严厉的鞭挞。当然,这里不少笔墨是根据一般的封建纲纪来指责皇帝的荒淫无耻,不恤民隐,佞臣的献媚求宠,不忠不义,以致搞得民不聊生,边事废弛,一旦外敌侵犯,则"再无一个背城一战的"。但也有不少看法是值得令人深思的。例如第三十四回叙及南宋初年重立党人碑一事,说奸人们将"凡系讲恢复的指为党人,一切不用",而自己"不讲军机大事,也不管金人到江北,依旧这个一本,那个一本,某人该封荫子孙,某人该加赠某官,终日在朝内讲修恩怨,各位闭户起来,彼此拜贺……大家上下胡混"。从而历论东汉唐宋以来的朋党之祸,言辞激切,曰:

  古人说道:一个党字,贻祸国家,牢不可破!自东汉唐宋以来,皆受这

---

① 春风文艺出版社《明清小说论丛》第一辑。

门户二字之祸，比叛臣闹宫、敌国外患更是利害不同！即如一株好树，就是斧斤水火，还有遗漏苟免的，或是在深山穷谷，散材无用，可以偷生。如若在树里生出个蠹虫来，那虫藏在树心里，自梢吃到根，根吃到梢，把树的津液昼夜吃枯，其根不伐自倒，谓之"蠹虫食树，树枯而蠹死；奸臣蠹国，国灭而奸亡"。总因着个党字，指曲为直，指直为曲，大乱阴阳！

明朝亡国，岂不也与党争之祸大有干系！在位者不致力于征服自然，造福于民，而一心于你争我夺，自相攻伐，此上彼下，轮番不休，一个好端端的国家岂不要每下愈况！假如我们联系同时代的夏允彝《幸存录》中的《门户大略》、《门户杂志》等一起来阅读的话，不能不感叹丁耀亢的这个结论是有的放矢、大有道理的："这个党字，可不是累朝的祸根！"再如第四十六回论及"天下大乱，俱从人心虚诈而起"，也颇具只眼。丁耀亢指出，当时的社会培养人们自小就诈伪做假，搞得"件件是假，一切妆饰在外面，弄成个虚浮世界"，"到了那纪纲不振的时节，有一法即有弊"。如"富贵家子弟"可以"现成做官，不用费力"，"似此初进门已是做了诈伪，日后岂替朝廷做出真正功业来的"？这样，社会一片轻薄诈伪，最后必然导致天下大乱。如此等等，丁耀亢的这些议论都是从明朝亡国之后，痛定思痛得出来的血泪之辞。因此，从某种意义上可以说，一部《续金瓶梅》就是明朝亡国的历史经验的总结。

作者对于故国沉痛思念的同时，对于清初野蛮统治表现了强烈的仇恨。小说中一幕幕金人烧、杀、淫、掳的残暴场面令人惨不忍睹。汉族人民则挣扎在流离、屈辱、饥馑、瘟疫的苦海之中。小说开场，即是描写清河县"遭金兵屠掠，城郭人民死去大半，家破人亡，妻子流离……变成一片瓦砾战场"。以后，特别是写兵围汴京，蹂躏山东，血洗扬州，更是弄得"野村尽是蓬蒿，但闻鬼哭；空城全无鸡犬，不见烟生"。作者在描写到汉族的男女百姓被侮辱、被奴役时，其悲愤之情，往往能使人发指眦裂："那些北方鞑子……将我中国掳去的男女，买去做牲口使用，怕逃走了，俱用一根皮条穿透，拴在胸中琵琶骨上。白日替他喂狗打柴，到夜里锁在屋内。买的妇人，用一根皮条，铁钉穿透脚面，拖着一根木板，如人家养鸡怕飞一样。"凡此种种铺叙描述，副以不少诗词韵语，使血和泪、悲和愤贯串了全书。我们不需要多作引述，每一个读者都会时时感受到作者一颗反强暴、爱百姓的心在跳动。

从以上看来，《续金瓶梅》一书，乃是作者以因果报应、劝善惩恶的思想为主导，编织了一套《金瓶梅》之后的故事和人物，借此来描绘明清易代之际的一幅广阔的乱世画面，沉痛地总结了明亡的历史经验，愤怒地控诉了满清贵族的残暴统治，自始至终洋溢着爱国爱民的激情。这也正如作者自己在《凡例》中所点明的："前集止于西门一家妇女、酒色、饮食、言笑之事，有蔡京、杨提督上本一二段，至末年金兵方入，杀周守备而山东乱矣。此书直接大乱，为南北宋之始，附以朝廷君臣忠佞贞淫大略，如尺水兴波，寸山起雾，劝世苦心，正在题外。"因此，我们决不能仅仅把它当作是一部写男女之事的"言情小说"，或者是涉因果鬼神的"语怪小说"，而必须清醒地认识到这部小说是"可作社会小说读，可作宗教小说读，可作历史小说读，可作哲理小说读，可作滑稽小说读，可作政治小说读"①。

当然，这部小说也有不少糟粕，最突出的是宣扬报应迷信。这也直接地影响了作品的思想价值和艺术力量。小说中许多现象用因果来解释往往是越说越糊涂，甚至与其他观点产生了矛盾，如岳飞被杀而秦桧善终，乃至严正、吴银儿等得到的善报竟是当上了金朝的官员或者是汉奸的娘娘。好在这类问题对于今天的读者来说是比较容易识破的，认识大致也不会有多大分歧。这里想稍谈一下有关本书的所谓写淫的问题。

不知什么时候起，中国的文艺作品描写性欲就成为罪恶。往往稍有所及就斥为淫书，视为下流，甚至给作者立即带来灾祸。可是查一查老祖宗的经典，《周易》说："男女媾精，万物化生。"《礼·礼运》曰："饮食男女，人之大欲存焉。"其他如管子主张"顺民心"，"从四欲"；荀子认为，"欲不可去，性之具也"；《吕氏春秋》也说："天使人有欲，人弗得不求"。这些话或许离我们太远了，后来被诸如"不见可欲，使民不乱"（老子）的妙论，乃至"存天理，灭人欲"（朱熹）的高调所压倒。可是，马克思也说："人和人之间的直接的、自然的、必然的关系是男女之间的关系。"②细思这一关系，何日无之？何地无之？何人无之？人们假如把这种关系的描写一股脑儿地当作瘟疫一样看待，实在是一种被假道学扭曲了人性的变态，是人类不能科学地把握自己，乃至否定自己的一种愚昧落后的表现。性欲问题被文艺作品正确地表现，正像在自然科学、社会科学领域内得到科学地研究一样，都是人类进步文明的标志。恩格斯在评价无产

---

① 梦笔生《金屋梦凡例》。
② 《马克思恩格斯全集》第四十二卷第119页。

阶级诗人格奥尔格·维尔特时说：

> 维尔特所擅长的地方，他超过海涅（因为他更健康和真诚），并且在德国文学中仅仅被歌德超过的地方，就在于表现自然的、健康的肉感和肉欲……我不能不指出，德国社会主义者也应当有一天公开地扔掉德国市侩的这种偏见，小市民的虚伪的羞怯心，其实这种羞怯心不过是用来掩盖秘密的猥亵的言谈而已。例如一读弗莱里格拉特的诗，的确就会想到，人们是完全没有生殖器官的。但是，再也没有谁像这位在诗中道貌岸然的弗莱里格拉特那样喜欢偷听猥亵的小故事了。最后终有一天，至少德国工人们全习惯于从容地谈论他们自己白天或夜间所做的事情，谈论那些自然的、必需的和非常惬意的事情，就像罗曼诺民族那样，就像荷马和柏拉图、贺雷西和尤维纳斯那样，就像旧约全书和"新莱茵报"那样。①

可见，表现肉感和肉欲的作品，不能笼统地斥为诲淫。文艺作品正确地表现男女之欲，是与淫书有原则区别的。什么是淫书？淫书就是那种没有正当目的，违反科学道理，不讲人伦道德，毫无社会意义，不顾艺术表现，纯然以挑逗淫欲，描述性事为主，鲁迅所谓"著意所写，专在性交，又越常情，如有狂疾"②者也。明清时代这类作品不少，如《欢喜浪史》、《株林野史》、《妖狐艳史》等就是。与此不同，作家基本上具有正当的创作目的，表现又是合情合理，从而伸张了社会正义，有助于人类文明，对于这样的作品，我们就不能简单地把它打入"淫书"之列。《续金瓶梅》写淫的动机，一方面是为了与《金瓶梅》协调，以"恐法语之言，与前集不合"；另一方面是为了劝戒，"使人动心而生悔惧"③。核之正文，此言不误。本来，男女之间正常的性欲与不正当的淫欲应当是有区别的。《续金瓶梅》与《金瓶梅》一样，主要并不旨在表现正当的人类情欲，而是着力于批判邪恶的淫欲。假如说《金瓶梅》在批判淫欲时有时会不自觉地流露出某种欣赏的口吻、低级的情趣的话，那么《续金瓶梅》的描写尽管不能说全部妥当合理，但其总的态度无论如何是严肃的。特别是作者对于李师师、百花宫主一伙

---

① 《马克思恩格斯全集》第二十一卷第9页。
② 《中国小说史略》。
③ 《续金瓶梅凡例》。

的描写，是寄寓了深沉的亡国之痛和民族之恨的。至于那些性行为的描写是否会产生不良社会效果的问题，这实际上是牵涉到读者方面的接受问题。仁者见仁，智者见智，淫者见淫，如此而已。对于未婚之黄童妊女，或者未受科学的性教育和没有健全的性心理的人们来说，当然还是闭目修性，不看为妙。

《续金瓶梅》作为一部小说，在艺术表现上自有它的特色。它是一部人、事、情、理并头齐进的作品。小说中八十多个人物大致有三类：第一类是历史上的真实人物；第二类是《金瓶梅》中原有的人物，或为其转世；第三类是重新虚构的人物。其中不论哪一类，大凡写上层的、正面的较多败笔，因多从概念出发；写下层的、反面的，较多生动，因多有实际体验。这部小说的情节结构在中国古典小说中独树一帜。它既不是链条式的，一环一环地推进；也不是结网式的，相互联系成一个整体；又不是串珠式的，将无数短篇联成一书；而是板块式的，将全书分成几块轮番演示。作者或许在主观上想把吴月娘与孝哥母子离散至团聚作为主要情节，特意将全书的开头和结尾让给了他们，并且所占的比重也最大。但实际上它与其他两大块：李银瓶的故事、黎金桂与孔玉梅的故事不相连属，各自独立，中间又不时插入一件件军国大事，断断续续。故掩卷而思，觉得此书缺乏中心情节，结构松散错杂。然在阅读之时，体会略异。这是因为：一，由于作者在开头一再强调因果轮回之说，使读者心中先有一部《金瓶梅》打底，明确到以后的故事都是《金瓶梅》一书的继续，不自觉地把全书看成了一个整体；二，全书又以宋金战争的历史贯串始终，这样虽然把各个故事在叙述上分割了开来，但却同时又使读者在意念上将各个故事联系成一体。因此，此书实际上还是以因果轮回为经，以宋金征战为纬，把各块故事统一成了一个整体。这样的结构在中国古典小说中并不多见，是优是劣，自可讨论。至于这部小说的说理过多，从艺术表现的角度来看，确是一弊。刘廷玑批评它"道学不成道学，稗官不成稗官"，不能说没有道理。然而这些议论往往表现得情词激切，沉着痛快，中间又常常缀以诗词韵文，增添了不少抒情的色彩。《续金瓶梅凡例》说："前集名为词话，多用旧曲，今因题附以新词，参以正论，较之他作，颇多佳句，不至有直腐鄙俚之病。"此话说得并不过分。书中不少诗词出自丁耀亢之手，如若加以摘编，可成一集。其中像《江南妇女离乱歌》等皇皇长篇，实为不可多得之佳什。总之，一部《续金瓶梅》，写人、叙事、说理、抒情，皆有可观之处，其不足是往往未能捏成一团，融为一体，难免给人以一种松散拉杂之感。

当我们对于丁耀亢及其《续金瓶梅》有所了解之后,就能比较容易地把握《隔帘花影》和《金屋梦》。

《隔帘花影》不题撰人,但卷首有四桥居士所撰序文一篇。四桥居士当为本书的删改者,或为其友人。孙楷第先生的《中国通俗小说书目》曾指出:顺康间作家"天花才子编辑"的小说《快心编》,题"四桥居士评点"。可见,《隔帘花影》当刊于康熙年间,于《续金瓶梅》遭禁后不久。后至同治年间,平步青在《霞外捃屑》卷九中曾有这样一段记载:

> 紫阳道人《续奇书》,蔓引佛经《感应篇》,可一噱。梅村祭酒(吴伟业)别续之,署名《隔帘花影》。相传为隔一字读之成文,意在刺新朝而泄黍离之恨。其门下士恐有明眼人识破,为子孙祸,颠倒删改之,遂不可读,但成一小说耳。

此言可证平步青本人未见《续金瓶梅》及《隔帘花影》两书,全部得之传闻,故纰缪甚多。然也道中了几个要点:《隔帘花影》是从《续金瓶梅》而来,原书乃"意在刺新朝而泄黍离之恨",改编者为避祸计而删改之。这说明了此等传闻,尽管在辗转相传中逐步走样,但其来源不假,且已深入人心。今观六十四回的《续金瓶梅》被《隔帘花影》删去十六回篇幅,主要就是有关"刺新朝而泄黍离之恨"的内容。那些金人烧杀掳掠的场面被大大削减,一些激越沉痛的议论大都被删,至于如徽钦二帝被掳北去、张邦昌称帝丑行、宗泽单骑攻东京、韩梁大败金兀术、洪皓哭徽宗、秦桧通挞懒等重大事件,全部被剔去,乃至有些细小故事也作了改动,如孔梅玉原受金主帅挞懒之子哈木儿的骗而作妾受苦,今将哈木儿改为汉族将军金钰之子金坚,抹去了异族矛盾的色彩。诸如此类,《隔帘花影》的改编者为了避免文字之祸而所作的删改,无疑已改变了丁耀亢创作的初衷,大大地削弱了作品的思想性。

不过,《隔帘花影》的删改并非全是为了避祸,同时也考虑到艺术表现上的改善。阅读《续金瓶梅》最易使人头脑发胀的是:说教过多,故事太散。对此,《隔帘花影》作了删和并的两大手术。大段说教以及因果轮回的冗长描述,均被剪删,吴月娘母子、李银瓶、黎金桂与孔玉梅这三大块故事都分别作了适当的合并,例如吴月娘母子故事在《续金瓶梅》里断断续续被割成了十多段,而《隔帘花影》将它并成了三段,相对比较集中,减少了破碎错杂之感。

另外，为了避免让人一眼识破此书即是已遭禁毁的《续金瓶梅》的删改本，故在序言中有意谎称此书是"继正续两篇而作"，且将"西门易为南宫，月娘易为云娘，孝哥易为慧哥，其余一切人等，名目俱更"。但是，即使如此，此书仍然逃不出遭禁的命运。不久即与《金瓶梅》、《续金瓶梅》同被斥为"淫词小说"而列于《禁毁书目》之中，很少在社会上流传了。

时至清末民初，中国小说的创作和出版又兴起了一股热潮。民国四年（1915）二月，《莺花杂志》创刊号上即开始连载《金屋梦》（后即抽印成单行本），其卷首所载该刊编辑孙静庵所撰"识语"一则（单行本去"静庵"署名），有将此书"重价购之，稍稍润色"之语，可见此书实由他据《续金瓶梅》，并参照《隔帘花影》重新删改而成。《金屋梦》卷前之《识语》和《凡例》，基本上是袭用了通行的《续金瓶梅》各序及其《凡例》之语句，然其中有《凡例》二则（"从来小说往往托兴才子佳人"与"是编悲欢离合"），竟与《快心编》之《凡例》完全相同，岂不怪哉！难道孙静庵所据之本，确与署名"天花才子编辑，四桥居士评点"的《快心编》有着某种瓜葛吗？尚待进一步研究。

《金屋梦》成于清朝覆亡之后，对于《续金瓶梅》中触犯清政府的违禁之语不但毫无顾忌，而且正要加以宣扬，因此基本上恢复了原貌，有意号召人们把它当作历史小说、政治小说、社会小说、哲理小说来读。只是考虑到近代科学思想的抬头，故主要删去了有关迷信果报的内容和一些说教，总共只有四回的篇幅。这样，《金屋梦》就成了一部迎合近代资产阶级民族革命思潮的作品。《金屋梦》在恢复《续金瓶梅》原貌的同时，当然也复原了情节松散的故态。然而，令人感慨的是：《金屋梦》尽管尽力照旧，却最后还是不敢恢复《续金瓶梅》的书名。究其原因，这部尽管删削了不少"淫词秽语"的新编本，还是怕其书名与《金瓶梅》沾边而招来"淫书"之嫌吧！

一部《续金瓶梅》，先因触犯时忌而遭焚，又因目为淫书而被禁，不得不两易其书名，乔装而出版。笔者书至于此，不觉在灯前潸然泪下，一个有血性的作家，一部有思想的奇书，要得到人们普遍的理解是多么的难啊！历史发展到今天，但愿《续金瓶梅》及其《隔帘花影》、《金屋梦》能得到人们正确的理解和公正的评价。

1988年4月

（《金瓶梅续书三种》，齐鲁书社1988年8月版）

古韵今味

上海古籍出版社排印本《文心雕龙》导读

《文心雕龙》是一部什么性质的书？主旨是什么？有没有体系？有体系的话，是什么样的结构？众说纷纭。

从大的性质方面来讲，一些学者认为《文心雕龙》是一部写作学，或者是文章学性质的书①；另一些认为它是文学理论，乃至是文学史、文学批评，或者是美学理论方面的著作②。

这种分歧之所以产生，主要是与一个多世纪以来人们对于"文学"的认识的变迁有关。20世纪初，在西方文论与美学的影响下，随着"纯文学"的观念越来越深入人心，现代意义上的"文学理论"、"文学史"、"文学批评史"、"美学"等学科应运而生。假如站在这些新的学科的基点上来反视中国古代，当然找不出"纯粹"的符合西方话语的理论著作。《文心雕龙》将史传、诸子、论说，乃至祝盟、铭箴、诏策、檄移、封禅、章表、奏启等等都视为"文"来加以论列，这类著作所论的对象尽管不完全是"纯文学"，但多少也包含着一定的文学性，更何况刘勰所论毕竟也包含着诗、骚、赋等部分"纯文学"，所以，全书所论种种也多与西方框架中的"文学理论"、"文学史"、"文学批评"与"美学"等有相通或相同

---

① 参见王运熙《〈文心雕龙〉的宗旨、结构和基本思想》，《复旦学报》1981年第1期；潘新和《还〈文心雕龙〉"写作学"专著之真面目》，《福建师范大学学报》1997年第2期；王钦峰《刘勰的大文学理论》，《蒲峪学刊》1997年第3期；赵昌平《回归文章学》，《文学遗产》2003年第6期等。

② 参见梁绳祎《文学批评家刘彦和评传》，《小说月报》第17卷号外《中国文学研究》（下），1927年6月6日；敞厂《文心雕龙及其作者》，《庸报》1938年6月14、15日；牟世金《古代文学概论〈文心雕龙〉》，《语文教研》1983年第2期；李淼《略论〈文心雕龙〉的文学理论体系》，《文心雕龙学刊》第1辑，1983年7月；张少康《文心雕龙新探》，齐鲁书社1986年版，第1页等。

的地方。因此,将它作为一部"文学理论"或"美学理论"来读也未尝不可。在中国文学观念进行"现代化"实乃西方化的一段时间里,就是以"纯文学观"来阐释《文心雕龙》,将它"提纯"的。但是,现在回过头来用传统的、民族的文学观念来审视它的时候,就发觉《文心雕龙》所论的"文"并不是"纯文学",而是"杂文学"或者是"大文学",于是就自然地觉得,说《文心雕龙》是现代意义上的"文学"的、乃至是"美学"的理论著作是不甚妥当的了。在上世纪50年代,范文澜先生就指出"《文心雕龙》的根本宗旨,在于讲明作文的法则"①,可惜他没有展开。后经王运熙老师等阐发②,"应当说它是一部写作指导或文章作法"的认识深入人心。时至今日,认为《文心雕龙》是一部文论或美学著作的人,恐怕不会也不可能否定《文心雕龙》论的是"杂文学",从而完全否定它是一部"写作学"或"文章学"的看法,但这并不能使人们就此放弃专从文学理论、文学批评、文学史或美学的角度上来研究《文心雕龙》,因为这部书确实包容着丰富而精深的文学理论。反过来,认为这部著作的"宗旨是指导写作,是一部文章作法"的学者,如王运熙老师也认识到它"由于广泛评论了作家作品,系统研讨了不少文学理论问题,总结其经验以指导写作,因此具有很强的理论性,成为我国古代文学理论批评中的空前巨著"③。王老师曾花了很大的精力,用十万字的篇幅将《文心雕龙》写进了《魏晋南北朝文学批评史》,并给予了极高的评价。因此,尽管目前就《文心雕龙》的性质有倾向于"写作学"与倾向于"文学理论"的两种不同的认识,但由于刘勰所论的"文"本身包容着现代通常所认识的"纯文学",这也就决定了他在总结当时"杂文学"的写作法的同时,也包容了从现代意义上理解的"文学"理论。所以,从本质上说,两种提法并不是排斥的,而是相互通融的。假如从刘勰的原意和当时的实际情况来看,《文心雕龙》是一部写作学;但假如从当前旨在借鉴和研究中国古代的文学或美学理论的立足点出发,也不妨将它看作是中国古代一部最伟大的文学理论专著。

既然关于《文心雕龙》的性质的两种认识有相通之处,那么在明确了之所以产生这种分歧的原由及其关键之后,似乎没有必要再停留在此争论不休。

---

① 范文澜《中国通史简编》第二编,人民出版社1964年版,第416页。
② 王运熙《〈文心雕龙〉的宗旨、结构和基本思想》,《复旦学报》1981年第1期。
③ 王运熙《文心雕龙译注前言》,王运熙、周锋《文心雕龙译注》,上海古籍出版社1998年版,第7页。

重要的是，不论刘勰论的是"杂文学"还是论到了"纯文学"，总结的是"作法"还是"理论"，我们当首先努力抓住它的理论核心是什么。只有抓准了它的理论核心，才能纲举目张，顺藤摸瓜，正确地认识到它的整个体系和学术价值。

要抓准《文心雕龙》的理论核心，其实并不困难，它的书名就为我们提供了一把最好的钥匙。可惜的是，千百年来，对于《文心雕龙》其书名，囫囵吞枣，不求甚解者多；认真思考，心领神会者少。近二十多年来，一些学者关注了《文心雕龙》的书名，但往往给人以"失之毫厘，谬以千里"之叹；一些学者已经抓到了痒处，又不能进一步生发。而这个问题，恰恰是研究《文心雕龙》基础的基础，因此有必要对它的书名作一番诠释。

其实，关于《文心雕龙》的书名，刘勰自己在《序志》的开头就将"文心"与"雕龙"分别作了说明：

> 夫"文心"者，言为文之用心也。昔涓子《琴心》，王孙《巧心》，心哉美矣，故用之焉。古来文章，以雕缛成体，岂取驺奭之群言"雕龙"也？

"用心"一词，可能借鉴于陆机《文赋》开头第一句："余每观才士之所作，窃有以得其用心。"对于陆机的"用心"一词，李善注云："用心，言士用心于文。"这就将"用心"解释为"专心"、"着力"的意思。这是第一种理解。后认为《文心雕龙》是"讲如何用心写文章"，就由此而来。有人将"文心雕龙"四字理解为"写文章的用心在于要把文章写得像清雕细刻的龙文一样美"①，实际上也是由于这样来理解"用心"的。至清代，顾施祯在《昭明文选六臣汇注疏解》一书中注释《文赋》"用心"两字时曰："用心，作者之意。"这是第二种理解，即将"用心"解释为"用意"，恐怕与原意相距更远。后人将"文心"理解成"文学思想"、"文学的心"、"文学创作的原理"②、"文章的本质和精粹"③，恐怕都与此相近，不甚确切。其实，刘勰的"用心"就不同于李善、顾施祯等理解的"用心"："夫'文心'

---

① 周绍恒《〈文心雕龙〉书名与"文之枢纽"的关系初探》，《贵州文史丛刊》2006年第2期。

② 参见李庆甲《〈文心雕龙〉书名发微》，《文心识隅集》，上海古籍出版社1989年版，第101—103页。

③ 陈青淡《关于〈文心雕龙〉》，《国外社会科学》1997年第1期。

者,言为文之用心也。"这个"用心",实为动宾结构短语,就是"使用其心"的意思。因《孟子·告子》说过"心之官则思",因此今人常常推论古人心目中的心是一个思维器官。用心,就理解为是思维活动。其实,古人心目中的心,即同今人的脑,统管着人的包括感觉、知觉、记忆、思维、想象、情绪等一切心理活动。使用心,就是使整个心活动起来。作家写作的过程,就是各种心理活动的复杂过程。这样,"为文之用心"一句的意思,用现代的话来说,就是作家写作时的整个心理活动,假如将它仅仅限定在"创作构思"方面,就未免显得太狭了①。作家临文写作时的心理活动,当然包括原则的遵循、方法的运用、态度的端正、灵感的触动、构思的经营、想象的驰骋、意象的形成、风貌的呈现、修辞的选择、技巧的借鉴,乃至关系到与客观时势的盛衰、写作主体的修养、客观批评的标准等种种问题。可以说,作家为文时的"用心"将关系与规定了写作的一系列问题,这包括临文时的心理活动,以及这种心理活动与主客观各种条件的关系。因此,"用心"两字,统领了全局,就是全书的理论核心。这就难怪乎刘勰感叹道:"心哉美矣,故用之焉。"

关于"雕龙"两字,刘勰在《序志》中解释时说:"岂取驺奭之群言'雕龙'也?"由于这里用了"岂取"两字,从而也引起了一些不同的理解。李庆甲老师曾在《〈文心雕龙〉书名发微》一文中概括有"否定"说、"无关"说、"肯定"说三种②。其实,这一句"与《文心·杂文》'岂慕朱仲四寸之珰乎'句一样,都是用反诘语气表示肯定,句末'也'字作疑问助词用"③。假如结合刘勰将"雕龙"用于自己的书名、在《时序》篇中又以褒扬的态度来提到驺奭,以及全文就是用漂亮的骈文来写作的话,当为肯定"驺奭之群言'雕龙'"无疑。他就是借用战国时驺奭之文善辩饰,似若"雕镂龙文",人称"雕龙奭"④来形容自己的著作,也是"雕缛成体"。裴骃释"雕龙"为"雕镂龙文",无非是形容其雕刻之精与图文之美。刘勰所说"雕缛成体"之"缛",就是繁密、细致的意思。梁代江淹《别赋》

---

① 参见陈少松《〈文心雕龙〉发微》质疑》,《社会科学战线》1989年第4期等。
② 李庆甲《文心识隅集》,上海古籍出版社1989年版,第93—100页。
③ 王运熙《文心雕龙译注·前言》,王运熙、周锋《文心雕龙译注》,上海古籍出版社1998年版,第3页。
④ 《史记·孟子荀卿列传》:"驺奭者,齐诸驺子,亦颇采驺衍之术以纪文。……故齐人颂曰:'谈天衍,雕龙奭。'"裴骃《集解》引刘向《别录》说:"驺奭修衍之文,饰若雕镂龙文,故曰'雕龙'。"

有云:"赋有凌云之称,辩有雕龙之声。"又将雕龙与善辩联系在一起。所以,"雕龙"两字,含有精、美、密、辩等几层意思。刘勰即借以形容自己的著作是富有论辩的色彩,且写得十分精美、细密。

这样,将"文心"与"雕龙"合起来看,"文心"是中心词,"雕龙"是修饰语,用来形容如何论"为文之用心"的。个别学者将"雕龙"视为中心,于是将书名理解为"为文之用心"在于"要把文章写得美",显然与全书实际的理论倾向首先强调原道、征圣、宗经等是不合的①。近有学者又将它们视之为平列的结构,表明"他在撰述之时,是分别从构思与美文两方面着手而进行探讨的",所证的例子是萧统《文选序》中说的"事出于沉思,义归于翰藻"、卞兰《赞述太子赋并上赋表》中的"沉思泉涌,华藻云浮"、谢惠连《雪赋》中的"抽子秘思,骋子妍辞"等,认为"文心"与"雕龙"犹如"沉思"与"翰藻"、"沉思"与"华藻"、"秘思"与"妍辞"一样相对的②。其实,"文心"与"雕龙"是不能与这些例子比对的。这些例子确是符合当时"骈体文的写作特点",而"文心"与"雕龙"并不是"两两相对"的组合。况且,恕我孤陋寡闻,历来的文章题目,很难见两词骈对的。"文心"与"雕龙"是一主一副,合起来的意思,就是将"文心"像"雕龙"般地加以论述,或者说"雕龙"般地论述"文心"。这样,"文心雕龙"的意思就是:将写作的心理活动用精美的文辞予以细密地论述。据此书名,可知《文心雕龙》即是一部用美文来细致、系统地论述写作心理活动的著作。或者说,《文心雕龙》就是一部以写作心理学为核心的美文体文章学。一个书名,就清楚地表达了全书的性质与宗旨。

围绕着"用心"即写作心理活动这个理论核心,《文心雕龙》用五十篇文章,加以系统地论述,结构严密。其最后一篇《序志》,相当于现代的"自序",但循古代的通例,将它置于最后。其余四十九篇的安排,极具匠心,其概略即在《序志》中有所说明:

> 盖《文心》之作也,本乎道,师乎圣,体乎经,酌乎纬,变乎骚:文之枢纽,亦云极矣。若乃论文叙笔,则囿别区分,原始以表末,释名以章义,选

---

① 周绍恒《〈文心雕龙〉书名与"文之枢纽"的关系初探》,《贵州文史丛刊》2006年第2期。
② 周勋初《〈文心雕龙〉书名解》,《文学遗产》2008年第1期。

> 文以定篇,敷理以举统:上篇以上,纲领明矣。至于剖情析采,笼圈条贯,摛《神》、《性》,图《风》、《势》,苞《会》、《通》,阅《声》、《字》,崇替于《时序》,褒贬于《才略》,怊怅于《知音》,耿介于《程器》,长怀《序志》,以驭群篇:下篇以下,毛目显矣。位理定名,彰乎大衍之数,其为文用,四十九篇而已。

这里,他将前二十五篇称为"上篇",后二十四篇称为"下篇"。

"上篇"中的头五篇为"文之枢纽",也就是作文的根本关键,是开展心理活动必须遵循的基本原则。这五篇中又分了两组。《原道》、《征圣》、《宗经》为一组,《正纬》、《辩骚》为第二组,从正与奇两个不同的角度来加以说明。前三篇中以《原道》篇为纲。《原道》篇实分两大部分:第一部分论文章产生的"自然之道";第二部分论儒家圣典所文之道。这篇的第一段实为全书的纲中之纲,即开宗明义地点明了文章之产生,是由天、地、人"三才"之中独具"性灵"的人的心理活动的自然结果:秉有智慧的人类生活在天地之间,"为五行之秀,实天地之心,心生而言立,言立而文明,自然之道也"。这就是说,为文写作的过程就是沿着天地→心生→言立→文明的轨迹自然地进行。最后一句"夫以无识之物,郁然有彩;有心之器,其无文欤",更点明了书面的"文"乃是人"心"的产物,人类的心理活动是为文的根本关键。这也就是刘勰作《文心雕龙》全书的基点。这里所说的文章生成的"自然之道"恐与道家的"自然"并无多大的关系。《原道》的第二部分,就是接着上文,历举孔子等儒家圣人、经典是如何表现"天地之心"、"原道心以敷章"的。最后点明了道、圣、经三者之间的关系:"道沿圣以垂文,圣因文以明道。"引启了下面《征圣》、《宗经》两篇。所以,《原道》、《征圣》、《宗经》这三篇实际上讲的是一个问题,分了三个层次来加以阐明,其总纲就是"原道"两字。其"道"首先是一般意义上的"心生而言立,言立而文明"的写作的自然之道,其次才是儒家圣典根据这一原则所表现"天地之心"的道。儒家圣哲所作的"道之文"的最重要的标志就是"情信而辞巧","衔华而佩实"(《征圣》)。这也就是"用心"写作所追求的最高目标。在《宗经》篇中,他提出的宗经的"六义",实际上也就是这个目标的具体化:

> 故文能宗经,体有六义:一则情深而不诡,二则风清而不杂,三则事信而不诞,四则义贞而不回,五则体约而不芜,六则文丽而不淫。

这样,《原道》《征圣》《宗经》三篇实际上已经道明了"为文之用心"的基本原理与追求目标,但这主要是从正面来树立典范。接下来,他将《正纬》《辨骚》两篇也纳入"文之枢纽"之中,作为另一组文章。纬和骚,本来也是两种文体,但它们都"去圣之未远",一为"前代配经",一是"依经立义",曾经风行过一时,虽有荒诞不经、夸诞失实之弊,然纬书"事丰奇伟,辞富膏腴,无益经典,而有助文章",《离骚》能"奇文郁起","自铸伟辞","惊采绝艳,难与并能",且有"同于风雅"之义。所以,在刘勰看来,取儒经之"正",酌纬、骚之"奇",相互结合,就是文章写好的关键。《辨骚》篇的最后说:"凭轼以倚《雅》《颂》,悬辔以驭楚篇,酌奇而不失其贞(意同正),玩华而不坠其实。"这就进一步强调了他论文心的大旨:以原道、征圣、宗经为根本,走正道,求征实,再在正纬、辩骚的基础上,酌奇与取华,以达到奇正相谐、华实并茂的境界。这也就是他论述"为文之用心"的总的指向,是符合道的具体表现,是写作文章的总体目标与原则。

从第六篇《明诗》起,到第二十五篇《书记》,先后分成了两类:前一类是论有韵之文,从《明诗》论到《杂文》,共十篇;后一类是论无韵之笔,从《史传》到《书记》,也是十篇。这说明刘勰当时已经比较清楚地辨别了"文"与"笔"的不同。刘勰将这二十篇文章分别予以"原始以表末,释名以章义,选文以定篇,敷理以举统"(《序志》),将每一文体的起源与流变的脉络进行梳理,阐明这一文体名称的涵义,再选评一些代表性的作家作品,最后揭示写作该文体的基本规范与特征。因此,曹学佺将这些文章归结为"铨次文体"(曹学佺《文心雕龙序》),《四库总目提要》也说这些文章是"论文章体制"或"论体裁之别"(《四库全书简明目录》),现在的研究者也往往将它们看作是"文体论"或"分体文学史"。假如仅从这二十篇文章孤立来看的话,的确会只见刘勰在这里"辨体"、"遵体",完全可以将它们看作是"文体论"或"分体文学史"。这或许也是人们不易看清《文心雕龙》是一部主要论"为文之用心"、论写作心理的一道幕障。但是,假如将它们放在整部《文心雕龙》中,从刘勰的整体构思来看,这二十篇文章无非是想通过不同文体的溯源释名、流变梳理与代表作家作品的评价,以进一步论证了不同文体的作家写作时的心理活动与创作思维都应该遵循"文之枢纽"所定下的总的原则。它们实际上就是"枢纽"以下的分论而已。例如,《明诗》篇云,通过"铺观列代,而情变之数可鉴;撮举同异,而纲领之要可明矣"。这个经"铺观列代"后所明之"纲领之要"即是:"舒文载实,其在兹乎!"再如《诠赋》篇最后归结到"立赋之大体"为"物以情兴,故义必明雅;物以情观,故词必巧丽","丽词雅义,符采相胜","文虽新而有质,色虽糅而有本"。《颂赞》篇论颂体的特点是:"揄扬以发藻,汪洋以树义,虽纤曲巧致,与情而变,其大体所底,如斯而已。"至于论"笔"一类文体的,如论《章表》也强调"华实相胜",论《诸子》肯定"揽华而食实",论《书记》要求"志高而文伟",如此等等,可以说这二十篇"文体论"都是紧紧地围绕着"文之枢纽"所定下的遵循"心生"、"言立"、"文明"的轨迹,追求"情信辞巧"、"衔华佩实"的总体目标与原则的。它们就是"枢纽"之论的应用与细化。

假如说上篇中前五篇是纲,从"道"的层面上提出为文用心的理论原则,接着二十篇主要是通过分论不同文体的流变与特点来进一步肯定他的理论原则的话,那么下篇中二十四篇是打通了各种文体,从"术"的层面上来统论一些心理活动的规则与方法了。

后二十四篇中,首论《神思》。论"神思"并不是如有些论者所认为的就是论灵感,或论想象,或论构思,而是统论创作时的心理活动,从感物兴起,到想象立意,以及心境的虚静、文思的迟速、语言的选择、技巧的运用,再到最后的改定,主要侧重在搦笔临文时的秉心总术,是"文心"活动的最直接的表现,对下面各篇而言,是具有一定的统摄性,所以黄侃说它是"提挈纲维之言"①,是有道理的,理当放在下篇之首。

作家心理活动的取向、特点,取决于创作的主体,所以刘勰接着论《体性》,论作家的先天的才、气与后天的学、习。由于主体的个性特点不同,各人的"文心"也必然不同,创作出来的作品就风格各异。所谓"各师成心,其异如面","吐纳英华,莫非性情"。刘勰虽然强调先天的才性为主,但也重视后天的学习,要求作者在追求雅正的前提下,结合自己的个性特点练才,以求"功以学成"。这一篇可以看作是《神思》篇的补充。《神思》篇是论临文写作时的"用心",《体性》篇则补充了临文写作前作家所具备的条件,所以接在《神思》篇之后而在以下各篇之前。

然后,刘勰论述了"文心"取向、写作时开展心理活动的几个要点。这里也有不同层次,有的是在全局层面上需考虑的,有的是就具体的修辞层面上要注意的。

就全局性层面上要考虑的问题,在《风骨》、《通变》、《定势》、《情采》、《镕

---

① 黄侃《文心雕龙札记》,中华书局上海编辑所1962年9月版,第91页。

裁》五篇中加以论述。《风骨》篇是要求作家写作在"情与气偕,辞共体并"主导下追求明朗刚健的文风;《通变》篇指出了文章发展的规律是既通又变,所以作家必须"凭情以会通,负气以适变",以求把握大势,适时创新;《定势》篇则要求遵循"因情立体,即体成势"的原则,依据不同的体裁确定的规范来进行写作;《情采》篇是强调要摆正情志与文采之间的关系,认定"心术既形,英华乃赡","联辞结采,将欲明理";《镕裁》篇强调了"情周而不繁",要恰当地表达情理,就必须注意剪裁浮词,可视为上一篇的补充。

接着,就从修辞与表现手法的层面上较为具体地谈了一系列的问题,共九篇:《声律》、《章句》、《丽辞》、《比兴》、《夸饰》、《事类》、《练字》、《隐秀》、《指瑕》。当时的文坛流行骈文,讲究声律、辞藻、对偶、用典等形式美,刘勰本人也精于此行,《文心雕龙》就是用骈文写的。他认为,写好这类美文的关键也在于遵循"秉心养术"(《神思》)的原则,以"心"为主导,所谓"属意立文,心与笔谋"(《事类》)、"心既托声于言,言亦寄形于字"(《练字》)。这里另外谈到的比兴、夸饰、隐秀等问题,是比较传统的修辞手法,刘勰也是紧扣着心理活动的不同情况来加以论述的。如论《隐秀》,开头即说明了"隐秀"现象之所以产生,用由于"心术之动远矣,文情之变深矣,源奥而派生,根盛而颖峻,是以文之英蕤,有秀有隐"。至于《指瑕》一篇,与前八篇主要从正面论述不同,是从反面指摘问题的角度上谈的,但其着眼点还是在一些具体的修辞手法,主要指摘了与上相关的一些枝节性的问题,由于"虑动难圆,鲜无瑕病"。所以从某种意义上可以说,这是对前八篇文章的补充,在总体上可以归于一组。

接着三篇《养气》、《附会》、《总术》可谓对自《神思》至《指瑕》各篇所论问题的补充、协调与总结。《神思》篇讲了创作时的心理活动,《体性》篇讲了创作主体的个性特点,但创作主体在具体创作时如何能很好地进入神思的境地,进行艺术的构思,还关系到主体临文时的心理状态,所以《养气》篇论述了作家只有"清和其心,调畅其气",保持良好的心境,才能"用心"时思路通畅。《附会》篇则是在前面各篇侧重在就各个问题进行分论的基础上,强调要有一个统一的布局与结构,合理地将各种材料连缀聚合起来,形成一个整体。最后《总术》一篇,具有一点总结性的意味。前面讲了种种"为文之用心",虽强调了"用心"根本要原于道,但大量讲的是具体的"用心"之术。这各种各样的"术"并非不重要,"若弃术任心,如博塞之邀遇",很难保证写好文章。他强调了"术"的重要性之后,又认为这些术尽管繁多,但它们之间还是能协调,所谓"文体多术,共相弥纶",而且必须遵循一定的原则将它们处理好,统一成一个整体。他写这篇"总术",就是要求将各种各样的"术""总"起来,也就是会集起来,"譬三十之幅,共成一毂",围着一个中心转,达到"乘一总万,举要治繁"的目的。所以这篇《总术》也使他自己前面所论不成为一盘散珠,而有一根线串了起来。

应该说,关于"为文之用心"的本题的论述,从基本原则到具体方法,从通过各体文学的分析,到一般理论的总结,主要的问题大致都已谈到,但刘勰不满足于此,还要通过论述写作心理与时代的关系(《时序》)、写作心理与自然的关系(《物色》),以及作家论(《才略》、《程器》)、批评论(《知音》)来进一步拓展思考"为文之用心"的眼界,丰富论述的内容,提升理论的高度,达到了更加完美的境界。

根据以上分析,一部《文心雕龙》的主旨就是论"为文之用心",也就是论写作的心理活动。《原道》等五篇论"文之枢纽",揭示了实为"天地之心"的人心是文章产生的根本,"心生"而"言立"而"文明"。儒家圣人将"道之文"而写成了"言之文"的典范。这类经典的基本特征就是"情信辞巧"与"衔华佩实"。这是指导写作心理活动的总的原则。以下二十篇,通过不同文体的写作特点与历史的考察,进一步论证以上原则的正确性。下篇从《风骨》至《总术》篇,就是在上篇确立的原则下,将各种文体打通后,正面论述了一系列临文写作时的心理活动的特点、规则、方法与问题。后《时序》至《知音》五篇补充论述了一些并非是临文写作时的心理活动,但与临文写作时的心理活动具有密切关系的几个重要问题,使得全书的结构更加完整、系统。

刘勰在构建以上体系时,其基点就是认为儒家的圣人是"原道心以敷章"(《原道》)的典范,最后在《序志》篇中又说:"予生七龄,乃梦彩云若锦,则攀而采之。齿在逾立,则尝夜梦执丹漆之礼器,随仲尼而南行;旦而寤,用怡然而喜。大哉圣人之难见也,乃小子之垂梦欤。自生人以来。未有如夫子者也。……而去圣久远,文体解散,辞人爱奇,言贵浮诡,饰羽尚画,文绣鞶帨,离本弥甚,将遂讹滥。盖《周书》论辞,贵乎体要;尼父陈训,恶乎异端。辞训之异,宜体于要。于是搦笔和墨,乃始论文。"因此,尽管从他的经历来看,长期在佛寺里从事佛经的整理工作,最后也出家为僧,同时他也受到了当时流行的玄学的熏染,但从写作这部《文心雕龙》来看,他是明确而自觉地遵循儒家的经典思想来论文的。《文心雕龙》即是一部以儒家思想为主导写成的、研究与总结写作心理为主旨的理论巨著。

章学诚云"《文心》笼罩群言","体大而虑周"①。全书规模宏大,结构周密,确为古代写作论著的空前绝后之作。在理论上,至少有以下四点值得注意:

一、建立了一个完整的体系。全书论为文之用心,以原道为总纲,以自然为根本,沿征圣、宗经之"正途",酌以纬、骚之奇华,立"情信辞巧"、"衔华佩实"为鹄的,明确了创作的原则。在"术"的操作的层面上,与原道相呼应,以《神思》为总领,以"割情析采"为中心,论述了创作心理活动过程中的一些具体的方法、技巧与相关的问题。全书道术兼顾,纲举目张,环环相扣,条理清晰。有人说,此书"实无条理","错乱凌乱"②,甚至是一部故意拼凑篇数、典型的形式主义论著,恐怕是由于没有读懂全书,或别有他图。

二、承传了前人理论的精华。刘勰撰《文心雕龙》,是在全面地钻研了前人的写作理论,分辨了各种观点的利弊得失后"弥纶群言"而成的。如儒家强调的"诗言志"、"情动于中而形于言"及"情欲信,辞欲巧"、"言之无文,行而不远"等观点,就是一部《文心雕龙》的立论基础。对于"近代之论文",他也在"详观"的基础上,对桓谭以下的"魏文述典,陈思序书,应玚《文论》,陆机《文赋》,仲洽《流别》,弘范《翰林》"等,一一加以述评,不满足于它们"各照隅隙,鲜观衢路",不能寻根索源,以儒家的经典为根本。但与此同时,我们可以看到刘勰也常常能吸取它们论文的精要,融合到自己的理论体系之中。特别如挚虞论各体流别,陆机论构思想象,与刘勰论各体"文心",关系都相当密切。这正如刘勰所说:"有同乎旧谈者,非雷同也,势自不可异也。有异乎前论者,非苟异也,理自不可同也。"(《序志》)所以,一部《文心雕龙》,也是前人论文的总结。

三、总结了历代创作的经验。《文心雕龙》理论体系的建构,并不完全是从理论到理论,而同时也是考察了历代作家作品的创作实际的结果,或者说,他的理论也得到了创作实际的检验。刘永济的《文心雕龙征引文录》,共录引文达530篇。以此推断,可以说刘勰当年是阅读了几乎能读到的所有文本。正是在这基础上,他论每一个问题,都是从大量的事实出发,或者用大量的事实来作证。例如《比兴》篇,他为了说明"比之为义,取类不常:或喻于声,或方于貌,或拟于心,或譬于事",就取宋玉的《高唐赋》、枚乘的《菟园赋》、贾谊的《鵩鸟赋》、王

---

① 《文史通义》,粤雅堂丛书本卷五《诗话》第45页。
② 梁绳袆《文学批评家刘彦和评传》,《小说月报》第17卷号外《中国文学研究》(下),1927年6月6日。

褒的《洞箫赋》等等一一来加以说明,眉目清楚,很有说服力。正因为他对历代的作家作品作过深入的研究,所以品评起来往往是要言不繁,切中肯綮。如论"《骚经》、《九章》,朗丽以哀志;《九歌》、《九辩》,绮靡以伤情;《远游》、《天问》,瑰诡而惠巧;《招魂》、《大招》,耀艳而深华;《卜居》标放言之致,《渔父》寄独往之才",都点得恰到好处,将它们的"惊采绝艳"分辨得一清二楚。正在这意义上,刘知几曾这样来评价《文心雕龙》:"词人属文,其体非一,譬甘辛殊味,丹素异采;后来祖述,识昧圆通,家有底诃,人相掎摭,故刘勰《文心》生焉。"所以从某种意义上说,《文心雕龙》也是一部文学史著作,或者是作家作品论。

　　四、针砭了文风递变的流弊。衡量一部理论著作价值的一个重要指标,就是是否立足于世,面对现实。刘勰之所以撰写《文心雕龙》,固然是与儒家"立言不朽"的思想有关。他不想一生"形同草木之脆",而是想通过"树德建言","名逾金石之坚"(《序志》)。但是,他之所以选择"为文之用心"问题作一番雕龙般的细论,主要是面对着当时文坛变革中不得不注意的不良倾向而发的。这在上引《序志》篇中说得非常明确:他之所以搦笔论文,就是因为当时"去圣久远,文体解散","离本弥甚,将遂讹滥"。魏晋以降,文人尚美的意识抬头,文风渐变,特别是骈文的兴盛,声律的讲究,作家纷纷注重文辞的雕饰,以致过分地追求华艳而文弊于"雕藻淫艳"(《南齐书·文苑传论》)。对于这种情况,隋代的李谔曾作了这样的描述:"江左齐梁,其弊弥甚。……遂复遗理存异,寻虚逐微,竞一韵之奇,争一字之巧。连篇累牍,不出月露之形;积案盈箱,惟是风云之状。"(《隋书·李谔传》)面对着这样的现状,一些理论之作,又都不能据经典的原则,褒贬时风,显得"鲜观衢路","无益后生"。因此,刘勰在一种强烈的责任心的驱动下,挺身而起。在《通变》一篇中,他历数了自黄帝至刘宋的九代文质的变化,从"质之至"的黄帝时代的《弹歌》,到刘宋时代的"讹而新",整个趋势是"从质及讹,弥近弥淡",因此他要标举"斟酌乎文质之间"、"檃括乎雅俗之际"来补偏救弊。在这里必须指出,刘勰反对的是过于华靡,并不是简单地否定文辞的奇美。他的《正纬》、《辨骚》等就是强调文章要酌奇尚华的。《文心雕龙》本身也是用精美的骈文写成的。事实证明,他在变革的潮流中,有一颗清醒的头脑,既能顺应变,肯定新,又能不忘"通",坚持"正",反对滥。这也就是他的文论能成为经典的根本所在。

(《〈文心雕龙〉汇评》,上海古籍出版社2008年12月版)

黄霖选评本《三国演义》前言

《三国志演义》大致在元明间逐步定型成书之后,社会上即"争相誊录"①,后又盛传不衰。于是人们不能不发出这样的疑问:"外传多矣,人独爱《三国》者何?"②

就在探索《三国》何以能广为传播和深受读者欢迎的奥秘的过程中,一代又一代的小说家、批评家和读者对这部历史演义的价值、主题、人物形象、艺术特点,乃至版本、作者、成书过程等各抒己见,形成了一部色彩斑斓的《三国》研究史。这部研究史大致可分成三个阶段:

第一阶段从明代弘治甲寅(1494)庸愚子作目前所见最早的《三国》论文《三国志通俗演义序》起,至19世纪末。这阶段主要以儒家的社会观、伦理观为统帅,并从传统的史学观点出发,逐步自觉或不自觉地运用小说美学的观点来加以观照。其表现形式,主要是序跋和评点。

第二阶段是本世纪的前五十年。这以1897年严复、夏曾佑所撰的《本馆附印说部缘起》为先声到本世纪初,一批学者纷纷引进西方的政治社会思想和文艺观点来褒贬这部小说,使人耳目一新。但这些论述大都是随感而发,未成体统。至20年代,以胡适的一些考证文章和鲁迅的《中国小说史略》为代表,才真正注意用现代科学的方法,着手对《三国》及中国古代小说进行认真的考证和评论,标志着研究中国古代小说进入了一种自觉的境界。后来随着有关罗贯中等新资料和《三国》古本的不断发现,《三国演义》的研究开始深入,其中以著有《三国演义的演化》等多篇论文的郑振铎的成绩最为突出;而从法国留学回来的李辰冬的专著《三国水浒与西游》,对《三国》的故事来源、美感基础、

---

① 嘉靖本《三国志通俗演义》卷首庸愚子《三国志通俗演义序》。
② 种德堂刻本李贽《三国志叙》。

艺术造诣等方面作了分析，也引人注目；其他如钱玄同、马廉、孙楷第、郑逸梅等人的研究和著述，都各有贡献。总之，20世纪上半叶的《三国演义》研究，用一种新的观点和方法，突破了传统的小说批评模式，从作者、版本的考察，到故事渊源的搜求，再到人物形象、艺术特色的分析，都有了新的拓展。现在看来，尽管这些研究由于受到了主客观条件的限制，时见粗疏，但在总体上为以后的研究奠定了基础。

第三阶段则为本世纪的下半叶。解放以后，大陆学者以自觉地运用马克思主义立场、观点和方法来研究《三国演义》为主要标志。1953年以作家出版社整理出版《三国演义》为契机，《三国》的研究曾一度活跃。1959年以讨论曹操问题为中心，又曾兴起了一股热潮。但总观"文革"前的《三国》研究，多偏重在思想内容和人物形象的分析，少作者、版本等问题的扎实考证和艺术成就的细致论述；对于思想内容和人物形象的评析，也多集中在正统思想、人民性、爱国主义等问题上，且明显地受到了极"左"思想的干扰；而对于小说文学性的分析，也一度受到历史批评的冲击，忽略其美学价值的探究。"文革"以后，特别是近十年来，其发表论著之多，研究思路之活，讨论范围之广，考证问题之深、作者队伍之众，都为前所未有，正在逐步形成一种实事求是、百家争鸣的局面。

今就目前所存明清评点本《三国演义》而言，据笔者所知共有五类十二种。具体情况如下：第一类，余氏评本存三种：

一、《新刻按鉴全像批评三国志传》二十卷，题"东原贯中罗道本编次，书坊仰止余象乌批评"。今存第十一、第十二两卷，藏英国牛津大学图书馆；第十九、第二十两卷，藏英国伦敦博物院图书馆。

二、书名卷数同上。题名亦大致相同，唯将上书"书坊仰止余世滕批评"改成"书坊仰止余象乌批评"。今存第十一、第十二两卷，藏英国牛津大学图书馆；第十九、第二十两卷，藏英国伦敦博物院图书馆。

三、《新刊校正演义全像三国志传评林》二十卷，题"晋平阳陈寿史传，闽文台余象斗校梓"，书存一百六十四则，缺六卷，藏日本早稻田大学图书馆。台湾天一出版社有影印本。

据孙楷第《日本东京所见小说书目》、刘修业《古典小说戏曲丛考》、柳存仁《伦敦所见中国小说书目提要》等著录和论证，余世腾、余象乌、余象斗实为一人，仰止为其字。余氏为福建建宁府建阳县人，自宋至明，以书肆名家。今存余象斗所刊小说甚多，如《唐国志传》、《大宋中兴岳王传》、《南北两宋志传》、《东西两晋演义》、《列国志传》等。上述三种《三国志传》与所刊《京本增补校正全像忠义水浒传志传评林》版式相同,即每页分为三栏:下栏为正文,中栏为图像,上栏为评释文字。上栏篇幅甚狭,评释文字分"释义"、"考证"、"补遗"、注音及加"评"等各类。今以第一则《刘关张桃园结义》为例,其所谓"释义"者如云:"宦官,宫中掌事之官也。"其所谓"考证"者如云:"秦项,谓秦始皇、项羽之时也。"其所谓"评"者,如"评张、苏助汉"云:"此见张、苏乃有安民扶汉之心,遂送马赠金,非有激于忠义而能乎。"又如"评玄德初功"云:"斩寇之功,英雄自此而名兴矣。"诸如此类,余本的所谓"评林",仅就史实发表一些粗浅的见解,缺乏文学眼光,故一般小说批评史均置而不论,本会评本也未予选录。

第二类,所谓"李卓吾评本",今知有以下六种:

四、《李卓吾先生批评三国志》,一百二十回不分卷。存明建阳吴观明刊本。另有吴郡宝翰楼刊本、绿荫堂刊本、藜光楼楠槐堂刊本等,均从吴观明刊本出。此本小说正文从"演义"系统的周曰校刊本而来,有眉批和回末总评,是最流行的李卓吾评本。然此本总评每有"梁溪叶仲子谑曰"云云。"梁溪叶仲子",即叶昼。明代钱希言《戏瑕》曾云:

> 此来盛行温陵李贽书,则有梁溪人叶阳开名昼者,刻画摹仿,次第勒成,托于温陵之名以行。往者袁小选中郎,尝为余称:李氏《藏书》、《焚书》、《初潭集》、批点北《西湘》四部,即中郎所见者,亦止此而已。数年前,温陵事败,当路命毁其籍,吴中镂《藏书》板并废,近年始复大行。于是有李宏父批点《水浒传》、《三国志》、《西游记》、《红拂》、《明珠》、《玉合》数种传奇及《皇明英列传》,并出叶笔,何关于李?

据此,一般学者认为这部最流行的李贽评本乃叶昼伪托。叶昼其人,生前落魄潦倒,死后也长期不为世重,故其生平情况,目前所知不多。《顾端文公年谱》载有叶昼于万历二十二年(1594)曾就学于东林党领袖顾宪成。另于钱希言《戏瑕》、盛于斯《休庵影语》、周亮工《因树屋书影》等书中有若干零星记载。如《因树屋书影》载曰:

> 叶文通,名昼,无锡人。多读书,有才情。留心二氏学,故为诡异之

行,迹其生平,多似何心隐。或自称锦翁,或自称叶五叶,或称叶不夜;最后名梁无知,谓梁溪无人知之也。当温陵《焚》、《藏书》盛行时,坊间种种借温陵之名以行者,如《四书》第一评、第二评、《水浒传》、《琵琶》、《拜月》诸评,皆出文通手。文通自有《中庸颂》、《法海雪》、《悦容编》诸集;今所传者,独《悦容编》耳。文通甲子、乙丑间游吾梁,与雍丘侯王汝戡倡为海金社,合八郡知名之士,人镌一集以行。中州文社之盛,自海金社始。后误纳一丽质,为其夫殴死。文通气息仅属,犹鸣冤邑令前,惜乎无有白其事者。侯汝戡言其遗骸至今旅泊雍丘郭外。

近年来,随着小说戏曲批评史研究的深入,叶昼的小说戏曲评点越来越受到人们的重视,特别是其托名李卓吾评点的容与堂本《水浒传》,精见迭出,得到了高度的评价。至于他托名评点的《三国》虽然受到了史学观的束缚而较为逊色,然也有其特点,故我们还是加以选录。

五、《名公批点合刻三国水浒全传英雄谱》,二十卷百十回,明末雄飞馆刊。初刻原藏日本东京理科大学,二刻藏日本内阁文库及尊经阁。今日本和台湾均有影印本问世。此书正文分上下两栏,上栏为《水浒》,下栏为《三国》。正文卷首《水浒》部分题"钱塘施耐庵编辑",《三国》部分题"晋平阳陈寿史传,元东原罗贯中编次,明温陵李贽批点"。这部《三国》的李贽评点,仅有少量行间旁批,而无吴观明刊本的眉批和回末总评,且两本批语内容也全不相同。然而,此本的评点与钟惺评本却偶有相合,如钟本第一回《祭天地桃园结义,刘玄德斩寇立功》叙张角等"遣弟子唐州,驰书报封谞,唐州径赴省中告变"时批有"好弟子"三字,也见之于雄飞馆本;又如钟本第二十一回《青梅煮酒论英雄,关云长袭斩车胄》叙到"玄德见一路人民流散,随处招谕复业,来还徐州"时,批曰:"毕竟有仁民之念。"也同雄飞馆本。这里就有两种可能:一,钟评本与雄飞馆本同出一本;二,其中一本的批语参考了另一本。笔者认为,第一种情况是不大可能的。这是因为不但两本的批语大部分不同,而且两本的正文出自两种源头,即钟评本同吴观明刊本一样,均出自《三国》的"演义"系统,而雄飞馆本更接近于"志传"系统。若以上述"唐周告变"一段相校,则可知"演义"系统本与"志传"系统本有两点显著差别:一,"演义"系统本的"唐州""志传"系统本均作"唐周";二,"志传"系统本的文字略多。目前不少学者认为,今存后出的"志传"系统本所据的祖本当早于嘉靖本等"演义"系统本。更令人注目的是,最后出的雄飞馆本的文字却又最多。这些多出的文字显然又不是后加的。因此有理由说,雄飞馆本所据的祖本是相当早的,它和钟评本显然不是同出一本。只是我认为,它的评语确是参考、抄引了钟评本,而不是反过来钟评本抄引了雄飞馆本。其理由如次。一,雄飞馆本《水浒》也参考过钟评本《水浒》。这一点,孙楷第先生早在《日本东京所见小说书目》中就指出过:"此合刻本(按:即雄飞馆本)所载《水浒》目一百零六回,实为一百十回。……文中字句,凡容与堂李卓吾评本与钟伯敬评本曾加拟删符号者,此本皆径删其文字,似刻书时即以此等本为底本。"二,雄飞馆本晚出。据刘世德先生考证。钟评本《水浒》约刊于天启四年至五年(1624—1625)之间①。钟评本"三国"虽当刊于崇祯七年(1634)陈仁锡殁后(详后),但也不会与《水浒》相距太远。而雄飞馆本当刊于崇祯十五年(1642)至十七年明亡之间。这是据该本卷首熊飞《英雄谱弁言》中所言"东望而三经略之魄尚震,西望而两开府之魂未招"而知。"三经略"中最后一个孙承宗死于崇祯十一年;"两开府"当指傅宗龙、汪乔年(或杨文岳)。傅死于崇祯十四年,汪、杨均死于崇祯十五年。总之,雄飞馆本"三国"较钟评本晚出,有的评语即从钟本直接抄来。它的批评形式也仅有行间旁批一种,且较简略,精义无多,目前所见影印本的批评文字又多模糊不清,故本书也予从略。

六、《新镌校正京本大字音释圈点三国志演义》十二卷二百四十则,明郑以桢刊,原藏商务印书馆。此书封面题"李卓吾先生评释圈点三国志",卷第下也有"明卓吾李贽评注"的字样。

七、《李卓吾先生评三国志》二十卷二百四十则,天德堂刊。日本宝历甲戌《舶载书目》有著录。疑即从吴观明刊本出。

八、《李卓吾批三国志》二十卷二百四十则。烟水散人编次本。日本松泽老泉《汇刻书目外集》有著录。

以上六、七、八三种均在存亡之间,笔者未见有关李贽评语的具体著录,故无从论列。

九、《新刻音释旁训评林演义三国志史传》二十卷二百四十则,封面题"李卓吾先生批点原本三国志传","敬堂王泗源刊行"。其第十三卷、第十四卷书题下犹有"古临冲怀朱鼎臣辑"(第十四卷"古临"作"羊城")一行,可知实系补

---

① 见《文献》1989年第2期。

刻朱鼎臣旧版而成。此书藏伦敦博物院图书馆。据目睹者刘修业先生在《古典小说戏曲丛考》中说："此本内容与李卓吾没有一点关系。"

以上所列四、五、六、七、八、九共六种所谓李卓吾评本，看来均系伪托，且多无小说批评的艺术见地。相对而论，可能由叶昼评点的吴观明刊本尚较有特色，影响也大。目前学术介一般所称的李卓吾评本《三国》即指此本。

第三类为所谓钟惺评本，一种：

十、《钟伯敬先生批评三国志》二十卷。现存三部：日本千叶文库和东京大学东洋文化研究所两部版式相同，均佚序目、图像；日本天理大学图书馆另藏一部，情况不明。近年北京大学出版社和中国广播电视出版社分别据东洋文化研究所藏本予以影印和排印。此书于正文卷首题"景陵钟惺伯敬父批评、长洲陈仁锡明卿父较阅"。有眉批、总评。正文同吴观明刊本《李卓吾先生批评三国志》。眉批、总评大多数也选搬此本李评，有些地方稍作修改，个别地方予以改写或补写。其改写、自作之处往往因李评多激愤之语、怪诞之言、戏谑之词而故作针锋相对。今以第十四回《迁銮与曹操秉政，吕布月夜夺徐州》为例，共有钟评眉批二十五则，其中十四则完全照搬李评，占百分之五十六；另有七则与李评基本相同，占百分之二十八；仅有四则或异或补，占百分之十六。实际上，其雷同比例高于此的回数尚占多数，相异比例高的只占少数。其相异处如本回开头小说描写"帝入洛阳，见宫室烧尽，街市荒芜，满目皆是蒿草，宫院中只有颓墙坏壁而已"云云时，李评道："至此时，人亦无乐乎为君矣。"此语对至尊略有不敬之意，在正统者看来，未免有点乖张。钟评就改成较为平稳的文字："□□衰敝至此，令人肠断。"再如本回回末总评，李评赞张飞好酒而失徐州曰："张翼德戒酒之法，的是我辈衣钵，拘人有以徐州为言者，殊不知徐州得失俱小事耳，不能千古也。只有此事，风流至今尚在，即百徐州不与易也，千徐州不与易也，万徐州不与易也。呵呵！"其语颇疏狂，钟批对此批道："刘伶嗜酒，终是放旷；张翼德戒酒而饮酒，致有徐州之失。酒能误人如此，宜崇伯子之恶而疏仪狄也。卓老以翼德戒酒之法为我辈衣钵，胡说，胡说！且云'百徐州不易一风流'，噫嘻！喝军捉人吃酒，天下有如是风流哉！"钟评一面照搬李评，跟着李评的思路转；一面又要故作姿态，间插一些针锋相对、批评李评之词，这就会不自觉地陷入矛盾之中。如这里在大批"酒能误人"之时，就忘记了就在本回正文中眉批吕布攻进徐州，张飞"酒犹未醒，不能战"云云时，却赞道："饮酒如老张，才得真趣，不必以事之成败论也。"两段相距不远的批语明显自相抵悟。目前研究钟批的论文尚少,笔者尝见盛瑞裕先生撰有《〈三国〉钟批优于赞批说》一文①,作了有益的探索,但盛文认为钟批"明显优于"赞批,此说似可斟酌。如盛文开头一段中说:

> 关于钟本的读法,我们从第十八回总评中可窥其一二:"观郭嘉所论袁绍十败,曹操十胜,人能一一自检其身,去绍之败,集操之胜,则一生举动有胜无败矣。若止在袁、曹身上比较,是代鬼作生活也。读《三国志》者,当作如是观。"它表现出竟陵学派注重文学作品的现实价值和指导功能。同时,以锋利的语言,揭示了复古的危害,论证了古为今用的重要,从而显示其进步的文学思想。

其实,盛文所引的第十八回有关读法的这段纲领性评语也袭自赞评,只是在文字上稍作修改而已。请看赞评原文道:

> 观郭嘉之论袁绍十败、曹操十胜,吾人倘能一一自检其身,去绍之败,集操之胜,则一生举动有胜无败矣。若只在袁、曹身上比较,是名代鬼作生活也,于己身分上有何益哉?虽然,独读《三国志》当作如是观乎?智者自然旁通之也。

再如盛文第一部分在论证"钟批有很强的现实性、特别是对晚明贿赂公行的弊病多有指摘"时,即写道:

> 批评家怀着愤慨之情,在书中张让结媾何苗、督邮作威索贿、刘备"听侯日久,不得除授"等几段描写后,分别批下"小人善为夤缘"、"说尽古今骗局"和"从来事要人情,何怪今日"等语,而赞批仅在其中一处写有"真话"二字,另两处则不著一字。可见,钟批之敏锐与锋利,他善于捕捉诸如笼罩在人与人之间的丑恶金钱关系的描写,发掘其中包含的普遍意义,让人凭古察今,对它的谬种流传、延绵不绝,产生强烈的厌恶之情。这种对黑暗现实的征伐之笔,较之赞批尤胜一筹。

---

① 见《江汉大学学报》1989 年第 4 期。

这里有三句引文。第一句"小人善为贪缘",确为赞评所无。第二句"说尽古今骗局",乃是批正文:"吏曰:督邮作威,无非要贿赂耳。"此处有赞评曰:"真话说尽千古。"显然,钟评是从赞评变化而来。两句分量,难分轻重。第三句"从来事要人情,何怪今日",也是从赞评删改而来。赞评为:"天下事都要人情,从来如此,何怪今日!"因此盛文说"赞批仅在其中一处写有'真话'二字,另两处不著一字"云云,与事实并不相符。事实上,叶昼其人其评(不仅《三国》),嬉笑怒骂,恰多能指摘时弊。就以关系到上述评语的"张翼德怒鞭督邮"这一回来看,其回末总评道:

  只打督邮一节,翼德便不可及。然云长之言、玄德之事都是英雄本色,三人真堪兄弟也。今之上司妆威做势索取下司者,亦往往有之,安得翼德柳条着实打他二百也。呵呵!

这段颇为精采的评语。却被钟评改为:

  督邮不识刘县尉,妆威作势,打也该打,杀也该杀,翼德鞭他二百,为天下万世吐气。

两相对照,若以盛文的标准来看,钟评岂不是明显的倒退吗! 平心而论,从总体来看,钟评的文字内容,多数确与赞评本略同,仅凭这一点,就算不得高明。尽管它对赞评的偏颇之论时有纠正和间有零星的真知灼见,但总的给人的印象是多一般正统习见之词。在文字上,它将赞本那种富有感情色彩的才子语言修饰得较为简练明正,但同时往往丧失了生气,殊乏一种大家的气派。真正的钟惺,为明末竟陵派的一代名家,其诗歌评选本《诗归》盛行于世。他选评诗歌,以"自著一书"的标准来要求自己[①],主张"引古人之精神,以接后人之耳目","内自信于心,而上求信于古人,在我而已",强调"在我",突出个性,故能别出手眼,令人耳目一新。这一精神与所谓钟评《三国》大相径庭,不啻天壤,因此,《三国》此评不可能出自钟惺之手,也不可能是其门人或真正仰慕他的人的手笔,而只能是由那些与他无甚关系而借他重名来刊书射利的商贾和文人

[①] 《隐秀轩集·与蔡敬夫》。

们所炮制出来的。

关于钟评《三国》的刊刻时间,当关系到"陈仁锡"其人。初刻于天启四至五年(1624—1625)之间的钟评《水浒》仅题"钟伯敬先生批评",而今钟评《三国》则于题署处多一"陈仁锡明卿父较阅"。陈仁锡其人,是明末著名的学者、评选家。《明史》卷二八八有传:

> 陈仁锡,字明卿,长洲人。……天启二年以殿试第三人授翰林编修。时第一为文震孟,亦老成宿学。海内咸庆得人。明年丁内艰,庐墓次。服阕,起故官,寻直经筵,典诰敕。魏忠贤冒边功,矫旨锡上公爵,给世券。仁锡当视草,持不可,其党以威劫之,毅然曰:"世自有视草者,何必我!"忠贤闻之怒,不数日,里人孙文豸以诵《步天歌》见捕,坐妖言锻成狱,词连仁锡及震孟,罪将不测。有密救者,得削籍归。
>
> 崇祯改元,召复故官。旋进右中允,署国子司业事,再直经筵。以预修神、光二朝实录,进右谕德,乞假归。越三年,即家起南京国子祭酒,甫拜命,得疾卒。福王时,赠詹事,谥文壮。仁锡讲求经济,有志天下事。性好学,喜著书,一时馆阁中博洽者鲜其俦云。

其以"陈仁锡"之名评选参订等经史文集,据王重民《中国善本书提要》著录有二十余种,而《东京大学东洋文化研究所汉籍目录》著录有32种之多。陈生于万历九年(1581)[①],比钟惺小六岁;卒于崇祯七年(1634)[②],比钟惺晚九年。根据其生平行迹,于钟评《水浒》刊刻后的天启五年至崇祯元年间,他削籍居家,事关"妖言",当不可能评此闲书,再惹是非。之后,他地位迅速上升,当不可能同假冒之钟惺并列书端,故此"陈仁锡"也无非是书贾们在其身后以借其评选的声名来抬高身价的假托,决不可轻信。至于在他们去世好多年后(崇祯十五年后)雄飞馆刊本《三国》附图六十二幅中有两幅署名钟惺(第十八幅"当阳救主")、陈仁锡(第八幅"辕门射戟")的题咏,更加明显属于伪托,根本不能作为

---

① 此据《疑年录》、《历代人物年里碑传综表》等。王长友据《明史》本传云:"年十九,举万历二十五年乡试。"则当生于万历七年。

② 《历代人物年里碑传综表》等作崇祯九年。王重民《中国善本书提要·皇明世法录》据崇祯八年沈几序及陈齐生跋,辨正为七年卒。

钟、陈曾经合作评、校《三国》的旁证。总之，有关陈仁锡的考察，使我们知道钟评《三国》当刊于崇祯七年陈氏故后，而于崇祯十五年前早已行世。

在这里有必要提及王长友先生的《〈钟伯敬先生批评三国志〉探考》一文①。该文对钟本的底本、补叶、刊刻、批点等许多问题作了认真的探索，然其认为陈仁锡确有可能校阅《三国志演义》的观点尚可商榷。如其以《史品赤函》一书的《四库全书总目提要》为据，说明"编《史品赤函》的这个陈仁锡，于《三国志演义》及《续三国志》等书颇为熟悉"，以此"旁证"陈氏有可能参与钟本的校阅工作。为了说明问题，不妨将《史品赤函》的《四库全书总目提要》先引录如下：

> 是编所录，上起古初，下迄于晋书，或采其文，或节录一二事，茫无义例。尤时时参以伪撰。如云长遇害不屈一篇，不知其从何来。而刘聪辱怀愍一篇，称聪为汉昭烈元孙，云出《续三国志》，亦未见有是书也。

毫无疑问，据这两段"伪撰"故事，完全可以认为编《史品赤函》的"这个陈仁锡"是熟悉小说《三国志演义》和《续三国志》的。但问题是王文没有进一步论证"这个陈仁锡"究竟是真还是假。假如"这个陈仁锡"本身就是假的，那不但不能"旁证"校阅《三国志演义》的陈仁锡是真的，而倒反过来恰恰可以"旁证"校阅《三国志演义》的陈仁锡也是假的。事实上，《四库全书总目提要》对此陈仁锡明显地持怀疑和否定的态度的。所谓"茫无义例，尤时时参以伪撰"，就表明了看法，其言下之意即如同书卷二十三《重订古周礼》提要所云："其注释多剽窃朱申句解，体例尤为猥杂，殆庸劣坊贾托名，未必真出仁锡也。"我们不能想象一个"究心经史之学"的国家最高学府负责人竟会"茫无义例"，将大量的野史稗说混入正宗的"史品"之中。

那么，这个作伪者究竟是谁呢？我认为，伪托"陈仁锡较阅"，乃至伪托钟惺批评《三国》、《水浒》的人，很可能与活跃在崇祯年间的杭州书贾鲁重民有关。笔者之所以有这一看法，首先是受了日本长崎大学荒木猛教授《关于〈新

---

① 见巴蜀书社《〈三国演义〉与中国文化》。

刻绣像批评金瓶梅》(内阁文库藏本)的出版书肆》一文的启发①。荒木氏在该文中就内阁文库本《金瓶梅》封皮衬叶的研究,认为这些衬叶就是当时书坊印刷《八品函》和《十三经类语》多余下来的废纸。《史品赤函》即是《八品函》中的一部分。经考证,刊行这些书及内阁本《金瓶梅》的人即是杭州书贾鲁重民。同时,孙楷第先生在《日本东京所见小说书目》中著录《钟伯敬先生评忠义水浒传》时提及:"刻工形式,与长泽规矩也氏所藏之明本《金瓶梅》乃极相似。"所谓"长泽规矩也氏所藏之明本《金瓶梅》",今归东京大学东洋文化研究所。此本与内阁文库本《金瓶梅》为同版书。换言之,钟评《水浒》也即可能出自刻印《金瓶梅》的同一书坊。笔者曾在东洋文化研究所实地翻阅过原长泽规矩也所藏之钟评《三国》和《金瓶梅》,也有孙楷第先生同样的感觉。因此,我认为钟评《三国》有可能是崇祯年间杭州书贾鲁重民之流所伪托。

第四类为毛本《三国志演义》。

十一、《古本三国志四大奇书第一种》六十卷一百二十回。毛本初刻全本笔者未见。目前所知能完整地反映初刊原貌的是醉畊堂刊本。此本封面上栏刻"声山别集",下栏右上刻"古本三国志",左刻"四大奇书/第一种"大字两行。首有康熙十八年李渔序,次凡例,次总目,次绣像,次读法。总目端题"四大奇书第一种总目"、"声山别集"、"茂苑毛宗岗序始氏评/吴门杭永年资能氏评定"。各卷端题"四大奇书第一种卷之几"、"茂苑毛宗岗序始氏评,吴门杭永年资能氏评定"(卷六十"评定"作"评选"),版心处见有"醉畊堂"字样。此本很可能是初刊本的翻刊本或补配本。自此毛本刊印之后,战胜了以往各本《三国》,风行了四百年。与此同时,出现了各种各样的翻刻本。这些翻刻本与原本的主要差异是:将书名"四大奇书第一种",改作"第一才子书";将卷首李渔序删改后托名以金圣叹作;于"声山别集"题署处,另加"圣叹外书"字样。此类翻刻本多而杂,故这里无法一一著录,但其基本内容都是大致相同的。这些毛本《三国》,虽然在署名上出现"声山"(毛纶号)、"毛宗岗"、"杭永年"三人,而实则出于毛纶、毛宗岗父子之手。这是因为李渔序明说为"声山所评",毛纶自己在《第七才子书琵琶记总论》中也这样说:

---

① 原载日本《东方》1983 年 6 月号。译文见齐鲁书社《日本研究〈金瓶梅〉论文集》。

> 昔罗贯中先生作通俗《三国志》一百二十卷。其纪事之妙，不让史迁，却被村学究改坏，予甚惜之。前岁得读其原本，因为校正。复不揣愚陋，为之条分节解，而每卷之前，又各缀以总评数段。且许儿辈亦得参附末论，以赞其成。书既成，有白门快友见而称善，将取以付梓，不意忽遭背师之徒，欲窃冒此书为已有，遂致刻事中阁，殊为可恨。今特先以《琵琶》呈教，其《三国》一书，容当嗣出。

这里所说的"儿辈"，即指毛宗岗。因毛纶于此书中又说到：

> 予因病目，不能握管，每评一篇，辄命岗儿执笔代书。而岗儿亦时有所参论，又复有举予引端之旨而畅言之，举予未发之旨而增补之者。

又，尤侗的《第七才子书序》也指出，毛纶"授管于郎君序始氏，使加校订，参赞其成焉"。因此，协助毛纶评改《琵琶记》、《三国演义》的就是其子毛宗岗。至于那个"杭永年"，我很怀疑他就是毛纶所说的"背师之徒，欲窃冒此书为己有"者，后来书上加上他的名字，很可能是某种调和妥协的结果。

关于毛纶、毛宗岗父子的生平情况，现在所知不多。据浮云客子《第七才子书序》、褚人获《坚瓠集》及毛宗岗《雉园公戊辰朱卷并遗嘱手迹合装册题跋》等载，毛纶，字德音，号声山，江苏长洲（今苏州）人，约生于明万历三十八年（1610）①。当时颇有文名，但一生穷困不仕。顺治八年（1651）曾馆蒋灿家，后不久双目失明。顺治十八年金圣叹遇害之前，金、毛两家有交往②。康熙三年（1664），与子合作始批《三国演义》。越年，又批《琵琶记》。六十岁时，夫妇双双还在。其子宗岗，字序始，号子庵，生于明崇祯五年（1632）。有文才，与《隋唐演义》、《坚瓠集》作者褚人获同学。除协助父亲评改《三国志演义》、《琵琶记》外，尚有笔记《子庵杂录》及诗文若干。到康熙四十八年七十八岁时，还为

---

① 拙作《关于毛本〈三国演义〉的若干问题》曾推测毛纶约生于1615年，毛宗岗约生于1639年。后陈翔华《毛宗岗的生平与〈三国演义〉毛评本的金圣叹序问题》确切考出毛宗岗生于1632年。另据褚人获《坚瓠补集》中"汪啸尹祝寿诗"云，毛纶夫妇"六秩双寿"时是"荆布斋盐四十年"，可知他们二十岁左右结婚。若他们二十二岁得子，则当生于1610年。其他一些理由，请参见《关于毛本〈三国演义〉的若干问题》。

② 据《金圣叹尺牍·与毛序始》。

弟子蒋深所藏的《雉园公戊辰朱卷并遗嘱手迹合装册》题跋。综观其一生,亦有才而无运,郁郁不得志于时。然他们父子评点的《三国》,几经了曲折,终于得到了社会的承认,甚至有人称他们为"评小说之圣手也"①。

第五类为李渔批阅《三国志演义》一种:

十二、《李笠翁批阅三国志》二十四卷一百二十回,封面题《笠翁评阅绘像三国志第一才子书》。清两衡堂刊本,首都图书馆、日本东京大学文学部、前苏联东方学研究所列宁格勒分院、法国巴黎国家图书馆均藏有此书。浙江古籍出版社有排印本。此李渔评本的正文是以吴观明本《李卓吾先生批评三国志》为底本,再参照毛本修改而成。

其评语相反,却以照搬毛本为主,或将毛批稍作增删润饰而成;但也有少量搬自贽评,或将贽、毛两本批语调和凑合而成;也有个别不同于他本的新批。今以第二回为例,各举一例如下:

一、抄自毛本的,如回末处主簿陈琳曰"今将军仗皇威"云云一段眉批:

　　贽批:此人见识更为老成。
　　毛批:良言硕画,炳若日星。
　　渔批:良言硕画,炳若日星。

将毛批稍作改写的,如批"(张)均大惊,随入朝见帝曰"一段:

　　贽批:好话。
　　毛批:不提起刘玄德,却只骂十常侍,拔本塞源之论。
　　渔批:不提刘玄德,单骂十常侍,拔本塞源之论。

二、抄自贽评的,如批太后密谓曰"我与汝出身寒微"一段:

　　贽批:误天下事者妇人也。
　　毛批:妇人误事。
　　渔批:误天下事者妇人也。

---

① 蒋著超《古今小说评林》。

将赟批稍作改写的,如批"(孙)坚有人情,除别郡司马上任去了"一段:

> 赟批:天下事都要人情,从来如此,何怪今日!
> 毛批:饶他十分本事,终须靠着人情,为之一叹。
> 渔批:天下事都靠人情。

三、将赟、毛两本批语调和凑合而成的,如批县吏对刘备说"督邮作威,无非要贿赂"一段:

> 赟批:真话说尽千古。
> 毛批:此等机关,还是县吏精通。
> 渔批:一语道破,还是县吏精通。

四、独出机杼的新批,如批孙坚"聚集乡中少年及诸商旅,并淮泗精兵一千五百"一段:

> 赟批:世上自无埋没之豪杰。彼埋没者,定非豪杰耳。
> 毛批:孙坚为吴国孙权之父,故百忙中特为立一小传。
> 渔批:方入正文。

总观全局,其所谓笠翁批语,自作者少,承袭者多,承袭毛本者尤多。众所周知,李渔为明清之际难得的一个全能才子型的著名文人,怎会如此敷衍从事?今据醉畊堂本《四大奇书第一种》卷首李渔序云:

> 《水浒》之奇,圣叹尝批之矣,而《三国》之评,独未之及。予尝欲探索其奇以正诸世,乃酬应日烦,又多出游少暇,年来欲践其志,会病未果。适予婿沈因伯归自金陵,出声山所评书示予。观其笔墨之快,心思之灵,堪与圣叹《水浒》相颉颃,极钬心抉髓之谈,而更无靡漫沓拖之病,则又似过之,因称快者再。因伯索序。声山既已先我而评矣,而予又为之序,不亦赘乎。

此序落款处题"康熙岁次己未十有二月,李渔笠翁氏题于吴山之层园"。康熙己未,即康熙十八年。据《龙门李氏宗谱》载,李渔于康熙十九年正月十三日病逝。显然,李渔在老病将终之一月间是不能完成这一部大书的批阅工作的。那么,是否有可能后人在他生前零星批语的基础上整理成此本《李笠翁批阅三国志》呢?我觉得也不像。因为一,后人既然将此书名之曰"李笠翁批阅",当只录或突出李渔平时的批语,而今既未作任何说明,而多数又恰恰是市面上流行的毛氏、"卓吾"的评语,这只能是一种用假李渔的幌子来砸真李渔的牌子的卑劣行径,以达到招摇撞骗、销书赚钱的目的,谈不上是对李渔批评的整理。二,《李笠翁批阅三国志》卷首未署年月的李渔《三国志演义序》也露出了作伪的马脚。此序结尾处云:"余于声山所评传首,已僭为之序矣。……余兹阅评是传之文,华而不凿,直而不俚,溢而不匮,章而不繁,诚哉第一才子书也,因再梓以公诸好古者。是为序。"这里的口气是:他是在为毛本写序之后再"阅评"和"再梓"此书的,且均亲经其手,并未由他人代劳。三,毛本李渔序称《三国》为"四大奇书"中的"第一奇书"。"第一奇书之目,果在《三国》也"。而此《李笠翁批阅三国志》的李渔序却称之为"第一才子书"。将《三国》称之为"第一才子书",实始之于毛本翻刻本卷首的"金圣叹"伪序。这时离李渔去世实际上已有相当时日了。四,若果真后人将其遗稿首次整理出版,一般当由其婿、子继续经营的芥子园刊刻,而不由"两衡堂"出版。总之,所谓《李笠翁批阅三国志》的评语,也非出自李渔之手,而是由当时商贾在承袭赞、毛两本批语基础上稍加选择、点窜而成。

根据以上对于五类十二种《三国》评点本的认识,我们这次搞会评选录的对象主要是四种本子:一,吴观明刊《李卓吾先生批评三国志》(简称赞本,批语用一"赞"字标明);二,《钟伯敬先生批评三国志》(简称钟本,批语用一"钟"字标明);三,醉畊堂刊《四大奇书第一种》(简称毛本,批语用一"毛"字标明);四,《李笠翁批阅三国志》(简称渔本,批语用一"渔"字标明)。在这四种本子中,由于钟批主要从赞本而来,渔批多数由毛本而来,故实以赞、毛两本为主。就赞、毛两本批语而论,赞本偏重于历史、道德等批评,且较简略,毛本比较自觉地注意文学批评,且较细密,故又以毛本为主。这是批语选录的一般原则。

再以正文来看,《三国》一书实有三大系统,文字各不相同:一是以目前所见最早的嘉靖本《三国志通俗演义》为代表的"演义系统";二是以万历间各本以《三国志传》命名的"志传系统";三是毛氏父子修改后的"毛本系统"。而赞、钟、毛、渔四种评点本的正文实属不同系统或受不同系统影响。赞本、钟本是属嘉靖本、周曰校本而来的演义系统；毛本则在赞本基础上，又吸取志传系统所谓"古本"的若干内容后再作修改而自成一统；渔本又在赞本基础上参照毛本修改而成。由于正文内容有异，评点的内容也随之而有所不同，甚至大相径庭。鉴于我们选录评点以毛本为主，故正文也只能以毛本为准。赞、钟、渔各本评语，凡所评之正文与毛本相同或基本相同者予以选录，凡与毛本相异或被毛本刊落者则无法选录。如赞本多处大骂诸葛亮的评语，因毛本正文文字有异而无法落实，这一点是必须说明的。

下面，就以毛、赞两本为主，将他们评点中所反映出来的主要观点略作分析。

一、演义论。赞、钟、毛、渔等评点本虽然不是纯属一个系统，但换一个角度看，也可说都从演义本发展变化而来：

```
                              ↗钟本
嘉靖本→周曰校本→吴刻赞本→——毛本（参以志传本）
                              ↘渔本（参以毛本）
```

所谓"嘉靖本"，就是卷首有弘治甲寅（1494）庸愚子（蒋大器）《序》和嘉靖壬午（1522）修髯子（张尚德）《引》的《三国志通俗演义》。这本小说的书名就与以前的《三国志平话》、《三分事略》、《三国志传》等不同，第一次用上了"演义"这个概念。而这个概念又被历代小说家和广大群众所接受。时至今日，人们也常常把历史小说称之为"演义小说"。"演义"这个概念之所以在我国小说发展史上能经受了考验而被肯定下来，决不是偶然的。它正是恰当地揭示了我国历史小说重视"演义"的一个鲜明特点。

"演义"一词，古已有之，例如《后汉书·周党传》云："党等文不能演义，武不能死君。"这里的"演义"主要指阐发经义。引而伸之，"演义"也就是阐发义理的意思。《三国》之所以与"演义"联系起来，也就是在这一点上。对此，庸愚子的《三国志通俗演义序》就作了明确的解释。从小说艺术发展的角度看，论者注重历史小说创作要有明确的思想意义和产生积极的社会效果，应该说是一种进步。当然，在封建社会中，小说所演之"义"并不是抽象的。由于统治阶级的思想是统治思想，封建地主阶级的一套纲常义理和正统儒教，势必影响着每一个历史小说论者,因而他们往往在宣扬历史小说当中阐发忠孝节义和正统思想等陈腐理义,这也就阻碍了我国历史小说的进步。但同时也应该看到,在每一个历史小说家头脑中的具体的"义"往往是十分复杂的。它既有封建性的一面,又有人民性的一面。痛恨暴政、贪官,反对军阀混战,向往国家统一,抵御外族入侵,以及赞颂真诚的友谊和爱情等等,也往往是一些历史小说家心目中的义和理。因此,对于每一个评家的"演义论"要作具体分析。今以赞本与毛本而言,就有鲜明的不同特点。

赞评比之各本明显地少正襟危坐的大道说教,多针对时弊的愤激之语,嬉笑怒骂,犹以痛斥假道学为其显著特点,如第十七回回末总评。类似的语言在眉评中触处可见。这与一般认为也是叶昼批评的容与堂本《李卓吾先生批评忠义水浒传》、《李卓吾先生批评西游记》的评语的格调十分一致。

毛评的特点是强调蜀汉正统论。这种观点显然受到著有《通鉴纲目》的朱熹为代表的史学家的影响,在明清两代的小说评论中早就流行。今存嘉靖本卷首的张尚德的《三国志通俗演义引》中就强调"正统必当扶,窃位必当诛",至后万历间李详在《三国志传序》中说得更明确:"吴、魏僭窃,竟不能与蜀共居正统。"毛氏父子自幼接受儒家正统的教育,头脑里三纲五常、忠孝节义等正统的封建思想比较浓厚。毛氏用这套思想来认识三国间的纷争和皇权的更迭时,必然会接受朱熹等一套封建正统论,接受南宋以来尊刘贬曹的倾向,而把赞本中那些抵牾的描述、唐突的评语,删的删,改的改,以力求完全符合包括封建正统论在内的封建观念。其纲领性的《读三国志法》第一条即强调正统思想:"读《三国志》者,当知有正统、闰运、僭国之别。正统者何?蜀汉是也;僭国者何?吴魏是也;闰运者何?晋是也。"接着,明确批评了"陈寿之《志》未及辨此"和"司马光《通鉴》之误",而表示要依据朱熹的《通鉴纲目》来进行修改和评点。毛氏父子认为,《三国志演义》的作者之意"重在严诛乱臣贼子,以自附于《春秋》之义",因此,这部小说是"继麟经而无愧"。这可以说是他们评改《三国志演义》的思想纲领。据此,毛氏特别注意加强了"尊刘贬曹"的色彩。例如赞评本第一回写刘备出场时本于史传,说他"喜犬马"、"美衣服"等等,这从正统的封建道德观念来衡量,难免觉得有损其令名。因而毛本就改为:"那人不甚好读书,性宽和,寡言语,喜怒不形于色,素有大志。"而曹操出场时,原赞本有这样的笔墨:

> 为首闪出一个好英雄,身长七尺,细眼长髯,胆量过人,机谋出众,笑齐桓、晋文无匡扶之才,论赵高、王莽少纵横之策。用兵仿佛孙、吴,胸内熟谙韬略。官拜骑都尉。

接着还介绍操曾祖曹节"仁慈宽厚"、操父曹嵩"忠孝纯雅"等。而毛本对此大加删削,曹操的出场只剩下十九个字:"为首闪出一将,身长七尺,细眼长髯,官拜骑都尉。"对于其先人的介绍,也只留下操父为"中常侍曹腾之养子"一语。毛氏父子作这样修改的意图,在回评中说得很明白:

> 百忙中忽入刘、曹二小传。一则自幼便大,一则自幼便奸;一则中山靖王之后,一则中常侍之养孙:低昂已判矣。后人犹有以魏为正统,而书"蜀兵入寇"者,何哉?

诸如此类在正统思想指导下加强"尊刘贬曹"色彩的修改和评点,通篇皆见,一见即明,毋需赘述。

这种封建正统论,显然与演义本中多次表露而被毛本所删除的、带有民主倾向的"天下者非一人之天下,乃天下人之天下也,惟有德者居之"的观点背道而驰,我们不应予以肯定。本书在选录评语时也多所不取。但同时也应该看到,毛氏父子作为一个穷困的知识分子,长期生活在社会下层,经历了明清易代的变故,其思想是十分复杂的。传统的教育固然使他们的思想牢牢地捆缚在正统的儒家观念上,但社会的课堂赋予了他们有一颗比较正直的良心。在毛本中,我们时时可以看到:他们从政治、历史、道德的角度批评时不离三纲五常、忠信节义等教条,但也可以看到他们对于炎凉世态、时弊恶俗的种种抨击。而书中所表现出来的"尊刘贬曹"的倾向,本身也渗透着他们痛恨昏君佞臣、暴政贪官,向往君明臣良、仁政爱民,乃至反对外族侵扰的思想情绪,因此也不能予以全盘否定。

二、虚实论。我国古代对于小说与历史这两类作品的认识本来就常常纠缠不清。这是由于:一,我国古代小说确与"记事"之史有着血缘关系,有的作品一开始就与史传野乘很难区别,也有的小说就是从历史故事演变而来;二,我国民族素重历史,在社会上颇有影响的史学家常常从历史学的角度上看待和批评小说,而小说家为了抬高小说地位,又往往将小说归入史部之中。这种纠缠,在既写历史又为小说的《三国》一类作品那里,当然会反映得更加突出。因此,围绕着《三国》,有关虚与实的讨论一直是一个热门的话题。最初,蒋大器的《三国志通俗演义序》即指出:《三国》一书为罗贯中既"考诸国史",又"留心损益"而成的作品。它"事纪其实,亦庶近乎史"。这实际上指出了像《三国》一类历史小说具有依据史书而不照录史书,在历史真实的基础上进行必要艺术加工的特点,倾向于"虚"与"实"的统一。但后来,明代大致形成了两派意见:一派以林瀚、张尚德、余象斗等为代表,强调历史小说要尊重历史,羽翼信史;另一派以熊大木、袁于令等为代表,提倡历史小说要重视虚构、传奇贵幻。例如,张尚德就认为《三国》只是"史氏所志","以俗近语隐括成编",完全忠实于历史,可称"羽翼信史而不违"。明清两代不少批评家就认为《三国》"实处多于虚处"①。于是一些小说批评家从小说贵幻的角度出发,批评《三国》太实,认为"事太实则近腐",故《三国》"俚而无味"②,"不足者幻耳"③。连金圣叹也批评《三国》"分明如官府传话奴才,只是把小人声口,替得这句出来,其实何曾自敢添减一字"④。然而,一些带着"信史"的眼镜来审视这部小说的人,却又反过来指责《三国》之"虚",认为"与陈《志》不甚合","绝浅陋可嗤也"⑤。后章学诚在《丙辰札记》中也埋怨"错杂如《三国》之淆人"。而解弢竟在《小说话》中斥《三国》犯了"虚造事实"之忌而列入下等。正在这两种截然相反的评价中,一些《三国》的评点家对虚与实的问题也或多或少地表明了自己的看法。例赞本第四十五回总评说:

周郎借蒋干以害蔡瑁、张允,此等计策,如同小儿,即非老瞒,亦自窥破,谓老瞒入其计中乎,决无此事,但可入通俗演义中,以惊俗人耳。妙哉技也,真通俗演义也。

第 46 回总评又说:

---

① 刘廷玑《在园杂志》。
② 谢肇淛《五杂俎》。
③ 张誉《北宋三遂平妖传序》。
④ 金人瑞《读第五才子书法》。
⑤ 胡应麟《少室山房笔丛》。

孔明借箭亦谋士之奇用,倒非奇秘也,通俗演义中不得不如此铺张耳。为将者,勿遂以此为衣钵也,一笑一笑。

从中可见,评点者认识到作为小说的"通俗演义"与正史具有不同的特点。这个特点就在于可以"铺张"、虚构,而"三国"的有些章节就能很好地发挥了小说艺术的这一特点,达到了能惊俗人的奇妙境界。

在《三国》虚实问题讨论中,毛氏发表了较多的见解。在《读三国志法》中,他们赞赏《三国》"真而可考",说:"读《三国》胜读《水浒传》。《水浒传》文字之真,虽较胜《西游》之幻,然无中生有,任意起灭,其匠心不难。终不若《三国》叙一定之事,无容改易,而卒能匠心之为难也。"因此,人们往往很容易得出毛氏重实而轻虚的结论。然而,我们也必须看到毛氏父子的具体艺术实践与其在《读三国志法》等中表明的观点是有出入的。他们在实际的评论中不但没有排斥艺术的虚构和想象,而且有时还比原作有所加强。比如"云长秉烛达旦"一事,早为史家指出无据①,而毛本又特意据志传本等将此添加进去,并在夹批、回评中一再加以褒扬。此外如有关关云长的"单刀赴会"、"独行千里"、"义释华容"都或与史实有异,或是纯属子虚,而毛氏却将它们称作"妙文",并在《读三国志法》中认为此四事即为关云长之所以能刻画成"古今来名将中之第一人"的典型情节。于此可见,毛氏父子还是自觉或不自觉地将《三国演义》当作小说,并没有完全把历史小说同历史著作等同起来。

三、人物论。《三国》这部小说刻画了四百多个人物,其中如诸葛亮已成为智慧才略的化身,曹操是奸诈权术的代表,其他如关羽、刘备、张飞、周瑜、鲁肃等都写得形神俱足。平心而论,这些人物中有不少写得个性十分鲜明,但同时有一种类型化的倾向,因此,《三国》评论家们时时触及到个性化和类型化的问题。其中最有代表性的是雄飞馆本卷首所附熊飞所撰的《英雄谱弁言》。作者认为《三国》是一部英雄的"谱"。此"谱"字的意思,正如叶昼在称《水浒》描写得既"肖像"又"传神"的潘金莲可"当作淫妇谱"的"谱"字一样,是指标本、典范的意思②。但熊飞同时指出:"英雄有谱乎?曰无也。灵心影现,百道不穷。

---

① 如胡应麟《少室山房笔丛》卷四十一云:"关壮缪明烛一端,则大可笑。……案《三国志·羽传》裴松之注及《通鉴纲目》并无此文,演义何所据哉!"

② 容与堂本《水浒》第二十四回评。

不刻死煞之印板于当下,不剿现成之局面于他人。英雄而有谱也,是按图而索骥也。"这就同时强调《三国》的人物是各有十分复杂而具体的个性的,不能用一"死煞之印板"来观照。这一精神在赘本评点中也有反映。这特别表现在对曹操、诸葛亮两个人物的评价上。

　　赘本《三国》在评论曹操这个形象时,曾多次指出他是一个"大奸雄"的典型,又是一个"大豪杰"。评论者认为,"治世之能臣,乱世之奸雄"这句话,对于曹操来说是"不褒不贬,千古定论"。从这点出发,评者一再指出小说刻画了曹操作为"能臣"的一面,如"董卓议立陈留王"一则,写太后降手诏宣何进入宫时,众人议论纷纷,独曹操提出"先当召十常侍出,然后方可入"。批者于此评曰:"毕竟老瞒第一策。"至"袁绍孙坚夺玉玺"一则,写曹操荥阳败回,责袁绍"持疑而不进"一席话时,又批曰:"此所云治世之能臣。""曹操定陶破吕布"一则写许褚被擒时"操慌下帐,叱退军士,亲解其缚,急取衣服,命坐"等等时,又评曰:"孟德收拾人,真大豪杰也。"乃至郭嘉论曹操有十胜、袁绍有十败时,评者也认为:"十胜非谀语也,乃老瞒实录也,今人能用之也无事不济也。"评者不仅肯定了曹操"能"的一面,而且也指出了这个"奸雄"与"忠义"并不存在着不可逾越的鸿沟。例第六回"董卓火烧长乐宫,袁绍孙坚夺玉玺"一回总评曰:"孟德追赶董卓极是,不可以成败论也。设无曹洪救出,死于徐荣伏兵之手,亦不失为忠义之鬼。"总之,曹操这个典型的性格是复杂的,真实的。与曹操相反的刘备、诸葛亮这类明主、忠臣,在《三国》中也注意描绘了他们"奸诈"的一面。赘本在评点《三国》时,也一再指出刘备"大奸大诈"、"似奸雄"。例第十一回"刘玄德北海解围,吕温侯濮阳大战"一回总评曰:"刘玄德不受徐州是大奸雄手段,此所以终有蜀也。盖大贪必小廉。小廉之名成,大贪之实亦随得也。奸雄举事,每每如此,非寻常人所能知也。"然而评者同时认为:刘备"似奸雄耳,非真奸雄耳",他还有"豁达大度,仿佛高祖而仁厚过之"的品格和"匡扶帝主,拯救黎民"的"本心",因而他毕竟还是一个良臣和明主。至于诸葛亮这个千古忠臣的典范,评者也一再指出作品刻画他"贼"的一面,常诅咒他"真是大贼"、"老贼可恶",甚至于斩刘封后评曰:"诸葛亮真狗彘也,真奴才也,真千万世之罪人也!""不杀不剐无以泄我胸中之愤也!"这些都很好地说明了批评家从《三国》这部小说中注意到了历史小说在塑造忠奸这两类形象时的复杂性,并肯定了只有这种复杂性,才能使形象更为真实,使小说更像历史。

　　对于这种见解,后来的毛纶、毛宗岗父子也有所接受。《读三国志法》中,

毛氏谈了他们对曹操这个形象的认识:

> 历稽载籍,奸雄接踵,而智足以揽人才而欺天下者莫如曹操。听荀或勤王之说而自比周文,则有似乎忠;黜袁术僭号之非而愿为曹侯,则有似乎顺;不杀陈琳而爱其才,则有似乎宽;不追关公以全其志,则有似乎义。王敦不能用郭璞,而操之得士过之;桓温不能识王猛,而操之知人过之。李林甫虽能制禄山,不如操之击乌桓于塞外;韩侂胄虽能贬秦桧,不若操之讨董卓于生前。窃国家之柄而姑存其号,异于王莽之显然弑君;留改革之事以俟其儿,胜于刘裕之急欲篡晋。是古今来奸雄中第一奇人。

正因为毛氏对曹操有这样一个并不简单化的认识,故经他们修改的《三国演义》中的这个"古今来奸雄中第一奇人"形象仍然虎虎有生气,可谓《三国演义》中刻画得最成功的典型之一。与此同时,他们也接受了金圣叹的人物性格论,在第三十五回回评中说:"一人有一人的性格,各各不同,写来真是好看。"不少批评对《三国》人物的性格特点和刻画性格的艺术经验作了精辟的分析和总结。例如,他们指出了张飞的性格自与诸葛亮接触后有所发展变化。在第六十三回写到张翼德义释严颜时总评道:"(张飞)未遇孔明之前,则勇有余而智不足;既遇孔明之后,则勇有余而智亦有余。盖一入孔明熏陶而莽气化焉,骄气亦化焉。"但是,从总体来看,毛氏父子的人物形象论有两个特点:一,受史学观影响较深,多从社会政治、道德才能等方面来加以品评;二,突出甚至夸张人物品质的主要特征。这样,就自然地使他们的人物形象论倾向于类型化而不是性格化。在《读三国志法》中,毛氏父子总论《三国》"人才之众"时,清楚地表明了他们对人物形象的看法。他们认为《三国》中塑造得最出色的人物就是诸葛亮、关羽和曹操,"可称三绝"、"三奇"。这三人的"奇绝"处,即为:一是"名高万古"的"贤相",一是"绝伦超群"的"名将",另一是"智足以揽人才而欺天下"的"奸雄"。这都侧重于从类型上来加以考虑,而不是从性格上来加以分析。其他如谈到"运筹帷幄"的徐庶、"行军用兵"的周瑜、"料人料事"的郭嘉,乃至"道学"如马融、"文藻"如蔡邕、"应对"如秦宓、"舌辩"如李恢等,大致都是如此。在同一思想指导下,毛氏父子致力于修正赘本中那些使之性格复杂或者矛盾的文字。假如说毛本写"奸"之曹操尚能照顾到其"雄"的一面,使之成为名副其实的"奸雄"的话,那么对刘备、诸葛亮等,在"尊刘贬曹"的驱使下,就绝不敢去写其"伪",写其"诈",写其有损于高大形象的一面。例如就诸葛亮形象而言,小说写到刘表病重,曾托孤于刘备说:"吾死之后,贤弟可摄荆州。"赘本写到刘备讲仁义,"力辞不受",次日回新野。接着又写道:

> 孔明问其故,玄德乃言托孤之事。孔明曰:"主公不受,祸不远矣。"玄德曰:"景升待我甚厚,今若举此事,人言我忘其大恩,故不忍也。"

这样描写虽然突出了刘备,却贬低了孔明。在历史上,孔明对待刘表之丧和刘璋之迁本有非议,如苏轼就认为孔明因此而"失天下义士之望",再难以高举"仁义之师"的旗号①,故毛本于此作了删节,只简单地写了刘备的推辞。再如诸葛亮重用马谡,本身是用人问题上的一大失误。不过,毛本叙诸葛亮用马谡,是由于在平南之初马谡提出"攻心为上"的策略正合己意,这还在情理之中。而赘本却在马谡尚未发表"攻心"的高见之前,就写"孔明见谡高谈阔论,甚是爱之,愈加敬重",这就显得诸葛亮一开始就是喜欢马谡的夸夸其谈,太无识人之能了。因此,毛本的删改也有助于诸葛亮形象的高大。为了使诸葛亮形象更加理想,更加完美,连赘本中一些孔明的过谦之词、夸饰之言也被毛本删除殆尽。如诸葛亮初见刘备时说的"恨亮年幼才疏,不能治政"之语,游说孙权时说曹操手下的战将谋士"如亮之辈,车载斗量,不可胜数",都被勾销。至于诸葛亮对子龙说"美色,天下人爱之"之类的话,当然也因碍于诸葛亮在毛氏心目中的形象而在删改之列。总之,毛氏父子用正统的儒家思想,对作为智慧加忠臣化身的诸葛亮形象作了一次严密的修正,将一切有碍于高大完整形象的笔墨都作了加工。诸如此类,毛本使一些主要人物形象的性格比之赘本更加统一,更加单纯,因而也更加高大,更加类型化。当然,这类类型化的典型也是美的。历史已经证明,像诸葛亮、关羽、曹操这类成功的类型化的典型能给人以一种与个性化的典型所不同的单纯和谐的美,同样打动着不同时代、不同地域、不同阶层读者的心,因而同样是千古不朽的。

四、结构论。关于《三国》的情节结构问题,赘、钟两本的批评谈得较少,而毛本谈得独多,贡献也最大。本来,历史小说的结构比之其他小说更难经营,因为它受到了历史事实的限制。这正如毛氏父子在《读三国志法》中说的:

---

① 苏轼《诸葛亮论》。

《水浒》、《西游》等书"无中生有,任意起灭,其匠心不难。终不若《三国》叙一定之事,无容改易,而卒能匠心之为难也"。《三国》一书,人物众多,头绪纷繁,却写得结构严密,布局精巧,其情节结构的艺术经验自然引起批评家的注意。毛氏父子即在前人的基础上,明确地使用了"结构"这一概念,并重视对此作理论性的探讨。他们说:"《三国》一书,所以纪人事,非以纪鬼神。……不似《西游》、《水浒》等书,原非正史,可以任意结构也。"又说:"观天地古今自然之文,可以悟作文者结构之法矣。"①这都是强调小说的艺术结构不能凭空架设,而必须符合客观生活实际。在这基础上,他们重视结构的完整和统一。他们指出:《三国》一书,"头绪繁多,而如一线穿却","总成一篇",是一件完美的艺术整体。在《三国志读法》中,他们特别将《三国》与"不相联属"的《左》、《国》史书和"不能贯串"的《列国志》等小说加以比较,从而肯定了只有连贯统一、结构完整的历史小说才能赢得读者。他们还在批语中多次赞扬了《三国》结构之精。如第九十四回批道:"读《三国》者读至此卷,而知文之彼此相伏,前后相因,殆合十数卷而只如一篇,只如一句也。……文如常山蛇然,击首则尾应,击尾则首应,击中则首尾皆应,岂非结构之致妙者哉!"在注重结构完整统一的总体思想指导下,他们还较细地总结了《三国》这部历史小说在线索联结、布局穿插、剪裁取舍等诸方面的艺术成就。

一部历史小说要成为有机整体,就必须脉络清晰,联结巧妙。因此,毛氏父子是十分重视抽出线索,提纲挈领的。他们指出,《三国》一书,总起总结之中,又有"六起六结"。这"六起六结"的线索是十分清楚的:一,叙献帝,从董卓废立起,至曹丕篡夺结;二,叙西蜀,从成都称帝起,至绵竹出降结;三,叙刘、关、张三人,从桃园结义起,至白帝托孤结;四,叙诸葛亮,从三顾茅庐起,至六出祁山结;五,叙魏国,从黄初改元起,至司马受禅结;六,叙东吴,从孙坚匿玺起,至孙皓衔璧结。这六条线索是《三国》一书的六大部分,显然各自具有相对的独立性。然而,它们毕竟作为整体的一部分,又相互关联,相互穿插,密不可分,浑然一体。这正如毛氏所赞赏的:"凡此数段文字联络交互于其间,或此方起而彼已结,或此未结而彼又起,读之不见其断续之迹,而按之则自有章法之可知也。"这种"联络交互"的"章法",毛氏曾总结有"星移斗转,雨覆风翻之妙","横云断岭、横桥锁溪之妙","将雪见霰,将雨闻雷之妙","浪后波纹,雨后

---

① 第九十四回回评、第九十二回回评。

霖霖之妙","隔年下种,先时伏着之妙","添丝补锦,移针匀绣之妙",以及"首尾大照应,中间大关锁"等。这些章法主要就是论述了有关前呼后应、断结续相间、过渡衔接、起承关合等问题,比起金圣叹所概括的有关"文法"来,显然更为细密。

关于布局穿插问题,毛氏父子强调完整统一中有变化多姿的美。我国小说的传统就重在"传奇",群众喜闻乐见的是情节奇曲,摇曳跌宕,波澜起伏,引人入胜。毛氏在论《三国》时就一再肯定其"正笔"与"奇笔"交互运用,情节安排得"参差错落,变化无方","将欲通之,忽若阻之;将欲近之,忽若远之","种种变化,令人测摸不出",以产生强烈的特殊的艺术效果。从总体间架来看,如他们指出这部小说"叙三国不自三国始",而"始之以汉帝";"叙三国不自三国终",而"终之以晋国",这样"绕乎其前,出乎其后,多方以盘旋乎其左右",以至显得波澜曲折,"成绝世妙文"。从局部段落来看,如"正叙黄巾扰乱,忽有何后、董后两宫争论一段文字";"正叙赤壁鏖兵,忽有曹操欲取二乔一段文字";"正叙昭烈争荆州,忽有孙权亲妹洞房花烛一段文字"。诸如此类,"令人于干戈队里时见红裙,旌旗影中常睹粉黛",有一种"笙箫夹鼓,琴瑟间钟之妙"。这样的布局穿插,就使一部《三国》的整体结构不呆滞死板,而有一种变化曲折的美。

在详略取舍方面,毛氏父子也有所论及。他们认为,《三国》一书详写曹、孙、刘,"其余诸人纷纷滚滚,不过如白茅之藉琬琰而已"。在《三国志读法》中,有一节专论"以宾衬主之妙",指出小说中有些人物或故事是略写,处于"宾"的位置,而另有一些是详写,处于"主"的地位。例如:"刘备将遇诸葛亮而先遇司马徽、崔州平、石广元、孟公威等诸人。诸葛亮其主也,司马徽诸人其宾也。诸葛亮历事两朝,乃又有先来即去之徐庶,晚来先死之庞统,诸葛亮其主也,而徐庶、庞统又其宾也。"显然这里有宾有主,有详有略。详略得当,以宾衬主,正是使整个艺术结构既完整和谐,又错落有致的重要一法。与详略取舍有关的,毛氏还屡屡指出了《三国》虚实相间的章法。例如第五十一回"孔明一气周公瑾"总评指出:"当周瑜战曹仁之时,正孔明遣将取三城之时,妙在周瑜一边实写,孔明一边虚写。又妙在赵子龙一边,在周瑜眼中实写,云长、翼德两边,在周瑜耳边虚写。"在这种虚虚实实的描写中,他们特别欣赏"以虚代实"、"虚中见实"的章法。其中典型的如写诸葛亮出场时,虽"极写孔明,而篇中却无孔明。盖善写妙人者,不于有处写,正于无处写"。毛氏形容这种"于无处写"的美学效果道:"隐隐跃跃,如帘内美人,不露全身,只露半面,令人心神恍惚,猜测不定。至于诸葛亮三字,通篇更不一露,如隔墙闻佩声,并半面亦不得见,纯用虚笔,真绝世妙文。"这样的一些见解也是合乎艺术辩证法的。总之,毛氏父子论《三国》时所涉及到的有关结构艺术思想是比较全面和精辟的,在整个明清两代历史小说批评家中是非常耀眼的。

以上以贽、毛两本评点为中心,简述了明清两代《三国》评点中的一些主要观点,给读者阅读本书时作为参考。当然,本书由于正文只以毛本为准,体例上也有一定规定,编选者的水平又十分有限,故选录的评语不论在数量上,还是在代表性上,都受到了一定的限制。但编选者还是抱着能有助于读者阅读和欣赏《三国》这部名著的愿望,战战兢兢地尝试着完成了这一工作,不知最后能否为读者所理解和接受。诚望大家提出批评和指教。

1993 年 7 月 31 日

(《三国演义》选评本,上海文艺出版社 1996 年 4 月版)

上海远东出版社排印本《水浒传菁华》前言

《水浒传》写的是北宋末年宋江等一百零八位英雄的传奇故事。小时候，我非常爱读这本书，可是听父老说："少不读《水浒》，老不看《三国》。"他们担心小孩子读了《水浒》，感染了一股"草莽气"，动不动"该出手时就出手"，好打架、爱闹事，甚至将来闯大祸。可是孩子们还是偷偷地读，在一起大谈特谈武松、李逵、鲁智深……《水浒》英雄们的勇与力、智与真，主持正义，追求理想，以及朋友间的合力相助、患难与共，都使我们无限景仰，热血沸腾。《水浒》这部"天下之至文"，事实上也是一部熏陶和培养青少年英雄精神的极好教科书。

"真乃英雄好汉！"

《水浒》英雄给人的第一印象，就是具有超人的勇，惊人的力。鲁智深抱住了一棵绿杨树，"把腰只一趁"，就将树"带根拔起"。这真是"身体无千万斤力气，如何拔得起！"武松举三五百斤的石墩"面上不红，心头不跳，口里不喘"；赤手空拳，竟将一只吊睛白额大虫活活打死，众猎户见了，禁不住赞叹："真乃英雄好汉！"黑旋风抡起一双板斧，在千军万马中砍开一条血路，一往无前。石秀面对着团团围住的法场，从楼上大喝一声，跳将下去，抢出卢俊义便走。这些非凡的举动，不能不使人惊叹，他们是"天人"，是"神人"，是"烈丈夫"，是"真豪杰"！这样的英雄在现实生活中或许并不存在，但人们需要他们。人们在向自然要生存、要发展的拼搏中，在与社会种种恶势力的斗争中，需要与期待着这种压倒一切的力量，不可遏阻的气势，无往不胜的精神。人们在这些英雄身上体会到了一种阳刚、壮烈、伟大的美，感悟到了人作为世界主人的本质力量。它能使人精神振奋，斗志昂扬地迎接人生道路上的种种挑战。

"力则力取,智则智取"

古人说:"有勇无谋,乃匹夫耳!"《水浒》在歌颂英雄时,同时也注重歌颂智慧。鲁智深三拳打死镇关西,明明知道郑屠没有气了,却故意回头指着他一头骂:"你诈死!洒家和你慢慢理会!"一头大踏步地离开。石秀跳楼明明只有一个人,却大叫一声:"梁山泊好汉全伙在此!"搞得法场大乱。这真是有勇有谋。小说为了张扬英雄的智慧,还特地塑造了吴用、朱武等智慧型的"军师",描写了一系列"智取"、"智斗"的故事,强烈地表现了"唯智者胜"的思想。特别是"智多星"吴用,就是智慧与谋略的化身,"平身机巧心灵","略施小计鬼神惊"。他一出场,就定下了"力则力取,智则智取"的原则,胜利地组织了"智取生辰纲"的重大行动。所谓"力则力取,智则智取",就是敌方用"力",采取硬的一手,我方就用更强的力量来压制;敌方用"智",采取软的一手,我方即施更妙的计谋来取胜。或者说,该用力时用力,该用智时用智,必须准备两手。就在他运筹帷幄之下,出奇制胜地指挥了一次又一次的反官兵、反恶霸的斗争,取得了一次又一次的胜利。古代的评点家就一再称赞吴用"堪比诸葛孔明"、"酷似诸葛武侯"。事实上,《水浒》中的神机妙算,确可与《三国》相媲美,所以历代的农民起义军也常常把它作为一部"兵书",从中学习"埋伏攻袭"等作战的技巧。

"只要打天下硬汉不明道德的人"

《水浒》英雄们有勇有谋,却并不是胡搞乱来,其可贵之处就在于与正义性紧密相连。鲁智深的"禅杖打开危险路,戒刀杀尽不平人",武松说"从来只要打天下硬汉不明道德的人",就是表明了他们是专为百姓抱打不平、伸张正义的。而当时的世界,从手握朝纲的高俅、蔡京、童贯、杨戬,到称霸一方的江州知府蔡九、大名府留守梁世杰、青州知府慕容彦达、高唐知州高廉,直到横行乡里的西门庆、蒋门神、毛太公、祝朝奉,乃至陆谦、富安、董超、薛霸等爪牙走狗,一圈圈贪官污吏、恶霸豪绅相互勾结,狼狈为奸,把整个社会弄得暗无天日。鲁智深、武松、林冲、李逵等英雄就是在勇杀贪官,痛打权贵,严惩恶霸,处治地痞,以及一次次攻城略池,惩除一切恶习势力的斗争中,一步一步地被"逼上梁山",一次又一次地显示其英雄本色的。他们崇尚的是"仗义疏财",上梁山后的纲领就是"替天行道"。这个"天",虽然可以指代表上天意志的帝皇,但也可理解为一般的天理、天意,在老百姓看来,也即是人间普遍的正义与公理。"替天行道",其精神实质也就是主持社会的公道。《水浒》英雄精神之所以不朽,就是英雄们都有一颗主持正义的灵魂。

"八方共域,异姓一家"

梁山的好汉不仅富有正义感,而且有自己的理想。全传本《水浒》第七十一回就描绘了一幅理想的境界:

> 八方共域,异姓一家。天地显罡煞之精,人境合杰灵之美。千里面朝夕相见,一寸心死生可同。相貌语言,南北东西虽各别;心情肝胆,忠诚信义并无差。其人则有帝子神孙,富豪将吏,并三教九流,乃至猎户渔人,屠儿剑子,都一般儿哥弟称呼,不分贵贱;且又有同胞手足,捉对夫妻,与叔侄郎舅,以及跟随主仆,争斗冤仇,皆一样的酒筵欢乐,无问亲疏。或精灵,或粗卤,或村朴,或风流,何尝相碍,果然认性同居;或笔舌,或刀枪,或奔驰,或偷骗,各有偏长,真是随才器使。可恨的是假文墨,没奈何着一个圣手书生,聊存风雅;最恼的是大头巾,幸喜得先杀却白衣秀士,洗尽酸悭。地方四五百里,英雄一百八人。昔时常说江湖上闻名,似古楼钟声声传播;今日始知星辰中列姓,如念珠子个个连牵。在晁盖恐托胆称王,归天及早;惟宋江肯呼群保义,把寨为头。休言啸聚山林,早愿瞻依廊庙。

这里的世界多美好! 不论出身,"不分贵贱",政治上人人平等;"有财均分,有福同享","皆一样的酒筵欢乐",经济上充分民主;他们个性不同,"何尝相碍","认性同居",十分自由;他们"生死可同",团结一致;乃致"随才器使",人尽其才……这无怪乎金圣叹惊呼作者"无美不归绿林",而到近代的评论家就认为这部小说是"独立自强而倡民主、民权之萌芽也"。这种理想的社会在当时事实上是不能实现的,但它真实地反映了人们对黑暗社会的痛恨,对美好生活的追求;也说明了梁山的英雄是一批有理想、有追求的英雄。

"一一皆忠义"

《水浒》英雄还有一个特点,就如明代有名的思想家李贽所说的:"一一皆忠义。"《水浒》这部小说最早的书名就叫《忠义水浒传》,甚至就叫《忠义传》。宋江作为小说中的第一主角,就是忠义的化身。他当县衙小吏时,就能"仗义疏财,济困扶危",结交天下豪杰,但同时又不想"做了不忠不孝的人"。后被逼上了梁山,就推行"替天行道为主,全仗忠义为臣,辅国安民,去邪归正"的路线,带领众兄弟惩恶除暴,救困扶危;创造条件,接受招安;征破辽国,平定方腊;直到饮了朝廷药酒,死在旦夕,还表白:"我为人一世,只主张'忠义'二字,不肯半点欺心。"这种以宋江为代表的"忠义",也就是维系梁山队伍的精神纽带。这里的"忠",显然有"为君"而符合封建统治集团利益的一面,但也包含着"保境安民"、"杀尽贪官"等爱国精神和民本思想;而"义"字更反映了包括当时城市居民和江湖游民在内的广大百姓渴望相互间能"戮力相助"的意志与愿望。在小说中,有关英雄们的"义"也写得特别精彩。鲁智深为救史进冒险行刺贺太守,为保林冲安全一路护送到沧州;朱贵不惜牵连兄弟朱富而救李逵;三阮冒死连夜去劫营救张横;孙立、孙新、顾大嫂一家劫狱救二解;众好汉大闹法场救宋江、戴宗;乃至三打祝家庄、闹华州、智取大名府等重大战斗,都与营救梁山兄弟直接有关。小说从各个方面、各个角度展示了朋友间的"死生相托,患难相扶"这种十分珍贵的人类感情,具有感天动地的力量。"四海之内皆兄弟也",也应该成为我们今天人生的美好理想。

"一片天真烂漫"

《水浒》之所以吸引人,还由于小说中的一些英雄不拘礼法,不计名利,不做作,不掩饰,"任天而行,率性而动",保存了一颗"绝假纯真"的"童心",与那些被封建理学扭曲了人性的"假道学"、"大头巾"的虚伪做作、心胸狭窄形成了鲜明的对照。比如李逵初见宋江时,见宋江长得黑,就径问戴宗:"哥哥,这黑汉子是谁?"全不知客套,引得戴宗笑对宋江说:"押司,你看这厮怎么粗卤全不识体面。"李逵还不解道:"我问大哥,怎地是粗卤?"他连粗卤也不知是什么,完全是一个不知做假的"真人"。因此,晚明的批评家李卓吾、叶昼、金圣叹等纷纷称赞李逵、阮小七、鲁智深等英雄是"活佛"、"上上人物"、"一片天真烂漫","使人对之,龌龊销尽"。小说歌颂这种"真率"的精神虽与当时的市民意识和涌动的个性思潮息息相通,但真率不做假毕竟也是人类的一种难得的美德,故《水浒》中的这些英雄理所当然地能得到人们特别的敬重。

"一百八个人性格都写出来"

《水浒》这部小说之所以吸引人,不仅仅在于英雄的精神,同时还在于作者在表现英雄时文章写得"精严"。金圣叹甚至认为"天下之文章,无有出《水浒》右者"。他特别欣赏小说在塑造英雄性格方面的成就。他说:"独有《水浒传》,只是看不厌,无非为他把一百八个人性格都写出来。"此话未免有点夸张,但至少有几十个主要人物,确实写得活灵活现。尤为难能可贵的是,能将性格相近的一类人物写得各各不同。比如"鲁智深、李逵、武松、阮小七、石秀、呼延灼、刘唐等众人,都是急性的,渠形容刻画来,各有派头,各有光景,各有家数,各有身份,一毫不差,半些不混"。这主要是由于作者能注意多层次地刻画人物的性格。比如写李逵莽撞,有时候也写他真率,写他蛮横;写鲁智深粗豪,有时候又写他机智,写他精细。这样就在"同而不同"中显示了人物的个性特点。有时作者故意创造类型相同的人物,描写冲突相似的情节。如武松打虎后,又写李逵杀虎,二解争虎;潘金莲偷汉后,又写潘巧云偷汉等等,以同中求异,相互比照中突现个性。《水浒》写人物开始注意性格的发展和变化,最突出的是林冲。身为八十万禁军教头的他,开始时怕得罪上司,息事宁人;当发配沧州时,仍抱有幻想,希望能挣扎着回去"重见天日";恶势力步步进逼,他处处忍让;直到最后忍无可忍时,才使他的积愤喷发,手刃仇人,奔上梁山,完成了由软弱向刚烈的性格转变。其他如杨志、宋江等都可以看到性格的流动和变化。当然,从整体来看,《水浒》人物性格的流动多数是半截子的,并不能贯串到大聚义后。但这种性格描写的层次性和流动性,还是体现了中国古代长篇小说在塑造人物时,从注重特征化到走向个性化迈出的坚实的一步。

"一样人便还他一样说话"

《水浒》在小说发展史上的一个重要特点,就是开始熟练地运用白话来写景、叙事、传神。比如第十回"林教头风雪山神庙"中的"那雪正下得紧"一句,鲁迅就称赞它"比'大雪纷飞'多两个字,但那'神韵'却好得远了"(《花边文学·大雪纷飞》)。因为"紧"字不但写出了风雪之大,而且也隐含了人物的心理感受,烘托了氛围。小说中的句子,多数是短句,充分地利用了汉语单音节的特点,写得朗朗上口。特别是人物语言个性化方面,确能做到"一样人便还他一样说话"(金圣叹《读第五才子书法》),从对话中能看出不同人物的性格。例如第七回高衙内调戏林冲娘子,林冲说"原来是本官高太尉的衙内,不认得荆妇"等等,表现了这个有家小、受人管的林冲委曲求全、逆来顺受的性格。而鲁智深则道:"你却怕他本官太尉,洒家怕他甚鸟!俺若撞见那撮鸟时,且教他吃洒家三百禅杖了去!"充分地表现了这个赤条条无牵挂的花和尚的义肝侠胆,一无顾忌。《水浒传》就是用这种在民间口语基础上加以提炼、净化了的文学语言,塑造了一大批传奇英雄,标志着我国古代运用白话语体创作小说的成熟,在整个白话文学发展史上具有重要的意义。

"二千余纸,只是一篇文字"

金圣叹说:"《水浒传》七十回,只用一目俱下,便知其二千余纸,只是一篇文字。"其实,一百回的《水浒》也同样是结构严谨。在七十一回之前,以人为单元,往往集中几回写一个或一组主要人物,将其上梁山前的业绩基本写完,然后引出另一个或另一组主要人物,而上一组人物退居次要的地位。这样环环相扣,以聚义梁山为线索,将一个个、一批批英雄人物串联起来。七十一回之后,则以事为顺序,写两赢童贯,三败高俅,受招安,征辽国,平方腊,以报效朝廷为主干,将故事贯串始终。这样的艺术结构,前半部犹如长江的上游百川汇聚,形成主干;下半部则如长江的主流奔腾而下,直泻东海。它形成一个整体,但各部分又具有相对的独立性,特别是前半部的连环列传体的结构形式,固然留有组织改造原有民间故事的痕迹,但也有利于集中笔墨、淋漓酣畅地描写一些主要的豪杰。后半部的情节略显松散、拖沓,多有雷同、失真之处,没有能生动地揭示水浒英雄的悲剧精神,正如明代批评家叶昼所说:"文字至此,都是强弩之末了,妙处还在前半截。"金圣叹将七十一回以后的内容截去,也正是考虑到了这一点。

"这部著作始终是伟大的"

《水浒传》写的这些英雄故事是源于北宋末年宋江起义的历史事实,后来在民间广泛流传,说话艺人、戏剧作家等纷纷从中汲取素材而加以搬演,大概到元末明初,由杭州人施耐庵编纂成了一部长篇小说。在明代,书坊又不断地加以改编,形成了许多不同的版本。最早流传的是100回本《忠义水浒传》,写梁山大聚义后,平辽,平方腊;后有120回本,增加平田虎和王庆的故事。明末金圣叹将120本"腰斩"成70回本,砍去大聚义后的内容,而以卢俊义一梦作结,名《第五才子书施耐庵水浒传》。由于它保存了原书的精华部分,在文字上也作了修饰,且附有精彩的评语,于是就成了清代300年间最流行的本子。

《水浒传》的产生与流传对社会产生了极大的影响,一些进步文人纷纷借它来批判社会的黑暗与不平,抨击言行不一、人性扭曲的假道学,而一批批农民起义军则往往将它作为造反起义的教科书。从文学方面来看,它和《三国志演义》一起,奠定了我国古代长篇小说的民族形式和民族风格。小说作为一种新的文体,从此在文学领域内确立了应有的地位,开始逐步改变以诗文为正宗的文坛面貌。至于从《水浒》故事中汲取素材,创作绘画、戏曲、说唱和各种民间文艺的,更是不可胜数。而《水浒》对我国的英雄传奇、世情小说、侠义小说的形成和发展更是起了直接的影响。

《水浒传》创造了英雄传奇美,不但对我国的小说文化、国民精神起到了一定的影响,而且在世界范围内广泛流传并得到了高度的评价。目前已有英、法、德、日、俄、拉丁、意大利、匈牙利、捷克、波兰、朝鲜、越南、泰国等十多种文字的数十种译本。诺贝尔奖金的获得者、美国的著名女作家赛珍珠在1933年翻译此书的序言中曾经这样说:"《水浒传》这部著作始终是伟大的,并且满含着全人类的意义,尽管它问世以来已经过去了几个世纪。"《水浒传》确是世界文学宝库中的一颗明珠。

(《水浒传菁华》,上海远东出版社2001年12月版)

上海人民美术出版社版《西游记》前言

《西游记》一百回,原是明代吴承恩所作的一部古典名著。它从石猴出世、大闹天宫,写到孙悟空、猪八戒、沙和尚三人保护师父唐僧去西天取经,一路上降妖伏魔,排难除险,终于取回真经成"正果"。在唐代历史上,本来确有唐玄奘其人。他只身跋涉五万余里,经历二十四国,终于西达印度,带回梵文经论六百五十七部。这一壮举,很快地在宗教著作和民间文学中被染上了神异的色彩,改造成神话故事。《西游记》就汲取、融合了宋元以来在社会上广泛流传的有关唐玄奘、"孙行者"等故事传说,加工、创作成了这样一部长篇小说。

《西游记》这部小说的最大特点,就是以诡异的想象、极度的夸张,突破时空,突破生死,突破神、人、物的界限,创造了一个光怪陆离、神异奇幻的境界。在这里,环境是天上地下、龙宫冥府、仙地佛境、险山恶水;形象多身奇貌异、似人似怪,神通广大,变幻莫测;故事则兴妖除怪,祭宝斗法,上天入地,翻江倒海;作者就将这奇人、奇事、奇境构筑成了一个统一和谐的艺术整体,展现了一种奇幻美。与此同时,作者常间用戏笔,在小说中洋溢着一种诙谐的意趣,使作品产生喜剧性的效果时,往往也使奇幻的神话"人化"了。

《西游记》以戏笔写奇幻,产生了独特的美学效果,但并不能说它纯是一部游戏之作,只是供人好玩而已。明代批评家早就指出,"《西游记》极多寓言",于"游戏之中暗传密谛"。今统观全局,《西游记》所寓的深层哲理即在于:歌颂了人类不屈不挠的对于理想的追求;而其理想即是在不断地扫除外部邪恶的同时,不断地克服自身的弱点,去完成兽性→人性→神性的升华。当然,在这整体的寓意中,不排斥其局部的描写或包容、或夹带着对现实的折射和寄寓着某些具体的人生哲理。这就使这部小说的内涵既深且广,既富有哲理又面对现实,在《三国》、《水浒》、《红楼》等古典小说名著中独树一帜,别呈异彩。这也就不难理解,自它问世之后,始终受到中国人民的普遍喜爱,而且越来越得到全世界人民的赞赏。它不愧是世界文学宝库中的一颗明珠。

　　上海人民美术出版社一直重视这部名著的改编和出版工作。自五十年代起，经过不断地修改、扩充和完善，至今完成了二十本一套的连环画册。这二十册连环画，分则能独立成章，合则能联成一体，既形象又精要地反映了《西游记》的全貌和特点。其画也多出自一些名家高手，故画得细腻而传神，非常成功地塑造了唐僧、孙悟空、猪八戒、沙和尚等形象，再现了《西游记》的精神。因此，这一套《西游记》连环画册，既是忠于原著的形象图解，又是一种全新的艺术创造。它必将受到读者的普遍欢迎。

1992年7月28日

（《西游记》，上海人民美术出版社1993年3月版）

黄霖主编《归有光与嘉定四先生研究》前言

小时候,听父老说,早在上世纪 20 年代初,我家乡就有一所黄渡师范学校,在江南一带也小有名气,可恨后来被日军炸毁,不得不搬到了安亭的震川书院。安亭小镇当时属于我们黄渡乡,所以我很早就知道家乡曾经有过一个大文人叫归震川,也一直想去看看震川书院是个什么样儿。可是,斗转星移,一直到我年过花甲之后,才有机会去参观了震川书院的旧址,也才有机会真正去对归震川作一点稍为深入的了解。

这是因为 2004 年 4 月,我们上海古典文学学会的同仁在嘉定区宣传部、文化局和安亭镇政府的支持下,就在安亭镇,与嘉定区的一些乡邦文献的研究专家一起,召开了一次"归有光与嘉定四君子"的学术讨论会。安亭,现在早已由一个 F1 赛车场与一个大众汽车厂名闻遐尔。在这里,我们可以听到代表着现代文明的引擎的轰鸣,同时也可以在这震川旧书院的亭台小阁间回味着传统文化的意蕴。当我们在大众宾馆的会议室里讨论着明代的归有光与嘉定四君子的道德文章时,真觉得似乎超越了时间与空间的界限,走进了一个优秀传统与现代文明相交汇的奇妙世界。在这里,一边回想着震川当年在"明月半墙,桂影斑驳"的项脊轩中"偃仰啸歌,冥然兀坐"的神态,一边向往着更加光明灿烂的明天。

讨论会开得很好,大家都认真地准备了论文。论文涵盖的面相当广泛,不但讨论了以往大家较为熟悉的归有光,而且把眼光也投向了归有光后的对明末清初文风转移起了重要作用的嘉定四君子。不但研究了他们的诗文成就,而且接触了一些新的课题,提出了一些新的观点和材料,涉及了震川的生平、文学思想、与明清文学流派的关系,以及《震川文集》的版本等方方面面,其中有些论文的质量堪称上乘。在这基础上,嘉定的同志们再征集了一些论文,汇编成了这一卷《归有光研究论文集》,为进一步推动归有光及嘉定四君子的研究,为使更多的人了解归有光,了解嘉定的历史文化,了解中华民族的优秀传统做了一件有益的工作。

通过这次会议和读了这些文章,小时候稀里糊涂地在我心目中存在的归震川真正变得清晰而高大了起来,使我深深地为家乡、为中华民族曾经有过这样一位被黄宗羲时代誉为"明文第一"(《明文案序》)的杰出文学家而骄傲。

的确,归有光作为一个文学家,最突出的成就还是在他的"文"。明清两代,对于归文评价最中肯者,莫过于我乡先贤王鸣盛一言:"明自永、宣以下,尚台阁体;化、治以下,尚伪秦、汉;天下无真文章者百数十年。震川归氏起于吾郡,以妙远不测之旨,发其淡宕不收之音,扫台阁之肤庸,斥伪体之恶浊,而于唐宋七大家及浙东道学体又不相沿袭,盖文之超绝者也。"(《钝翁类稿序》)归文之所以"超绝",我理解主要是由于一些代表性的作品具有生活化、亲情化、平淡化、小说化的鲜明特点。我国古代的散文,从经史诸子而来,好说大道理。魏晋以降,写生活,抒真情,而又注意文字优美的散文开始活跃。但经唐宋古文运动的大将们一阵吆喝,"文以载道"说深入人心。尽管唐宋八大家自己的散文并不都是高头讲章,也有一些作品用舒缓的笔调,描写了日常生活中的事、景、人、情,但往往有意无意地以"道"字挂帅,以"精英"自居,好发一些议论,给人的总体印象还是那么正襟危坐,难以亲近。归有光的散文,则放下了架子,以一个凡人的身份与感情,用一种平和而亲切的笔调,写日常的生活,写人间的亲情,又借鉴了小说叙事、写人的技法,读来使人觉得有滋有味。可惜后来的桐城派,尽管扛着归有光的大旗,但一要讲"义理"(及"经济"),二要讲"雅洁",几乎把归有光的"一团精光"抛弃殆尽,倒过来还要说归有光的不是。所以,毫不夸张地说,论起中国古代的散文,不但在"明三百年"中"以震川为最"(董正位《归震川集序》),就是放在整个中国散文史上看,他也是"顶天立地",光芒四射的。

归有光之所以在散文创作上有突破性的成就,首先是由于他认真地研究并继承了优秀的传统,并注意在理论上加以总结。他说,"少好读司马子长书"(《陶庵记》),一部《史记》,翻来覆去,批阅了数十次之多,又对"左氏之传,荀卿之论,屈子之骚,庄周之篇",乃至唐宋韩、柳、欧、苏、曾,都十分推崇,加以选评,不但注意总结前人文章中的"叙事好处",而且也努力能"得其神"。现在流传下来的他的理论批评文字,除了一部有名的《史记》五色批点与《文章指南》之外,还有许多评点文字。从中可见,他不但重视总结各种文章的修辞方法,同时也注意到了"为文之妙,在叙事状情"(《文章指南》),在《史记》写到诸如楚霸王乌江别姬、楚灵王闻子已死、窦皇后重见其弟、李斯受刑前顾子言牵黄犬逐兔事等人间亲情而至悲至痛之处,都一一点出。这与他在理性上认识到"道始于情","言生于情,情生于明,明固缘诸物而已"(《泰伯至德》、《圣人之心公天下》)完全一致的。这就不难理解他的散文能写得章法严明,又深透着人间真情了。因此,方苞称赞他的散文能"情辞并得"(《书归震川文集后》),确为的论。

　　归有光之所以能使自己的散文具有鲜明的特色,还由于他能认清当时的历史潮流,立定脚跟,保持独立的精神。大凡一个时期总有一个时期的潮流。有力者乘势而起,呼风唤雨,拉帮结派;无识者顺口接屁,人云亦云,随波逐流。于是形成了一股潮流,滚滚向前,大有顺我者昌、逆我者亡的架势。当然,一个潮流之所以能形成,也总有它一时的合理的因素在,但当形成了一定的声势之后,往往是弊端丛生,破绽百出,到最后总是走向反面。在归有光主要活动的嘉靖年间,强调"复古"的后七子的气焰正盛。在他身边就有一个后七子的领袖人物王世贞。王世贞是有名望、有地位的历任封疆大臣的王忬之子,官至南京刑部尚书,而同郡的归有光作为一个"荒江虚市"的"老举子",就是不与王世贞走一条路,强调创作不是靠摹拟古人,而是靠"自知"、"自得",从而直指王世贞是"妄庸人"(《项思尧文集序》)。王世贞听说后回应道:"妄诚有之,庸则未敢闻命。"归有光不罢休,反驳道:"唯妄故庸,未有妄而不庸者也。"(钱谦益《列朝诗集小传》)归有光的这些愤激之辞,实在是出于他对世态时风的不满。他在《雍里先生文集序》中说:"嗟乎,天下之俗,其敝久矣!士大夫以婢娴雷同无所可否为识时达变。其间稍自激励,欲举其职事,世所共皆笑之,则先生之谓不知时务也固宜。"他就是一个"不知时务"而有独立精神的人。他正有了这种独立的精神,才能不随波逐流,不在"文必秦汉"的圈子里打转,而是走在写日常生活,抒真情实感的坚实大道上。

　　当然,归有光作为那个时代的人,难免也有讲"道",讲"文章以理为主"(《文章指南》)等等,有时候还显得有点迂执。但我觉得,他的可贵之处在于讲"道"时,不但警觉到"夫道胜,则文不期少而自少;道不胜,则文不期多而自多"(《雍里先生文集序》),将道与文分开,并有以文为本位的思想;而且他说的道与理,多数是百姓关心之道与日常生活之理。在当地方小官时,他公开宣称"止知奉朝廷法令,以抚养小民;不敢阿意上官,以求保荐"(《长兴县编审告示》),立足点在为"小民"。他写的一些论说文如《论三区水利赋役书》及《三途并用议》等文,都为关心国计民生之作,林纾称为"语语切实,不类文人之言",后海瑞"用其言,全活江省生灵数十万"(丁元正《修复震川先生墓记》)。一些抒情散文中所流露出来的对于人伦道德的思考,也有益于人性美的构建。至于被方苞认为只是"徇请者之意,袭常缀琐"的"乡曲应酬"之作,也多能写得不谀,不虚,叙实事,抒真情,且往往借题发挥,触及时弊,关心民瘼。清人鲍倚云在评其《送同年丁聘之序》时就指出:"悱悱恻恻,痛哭流涕之文,读书人关心民瘼如先生者盖罕。"因此,我觉得,他在他那个时代,尽管不能摆脱传统,也讲儒家之"道",但他的思想,基本上是站在包括普通士人在内的百姓的层面上;他的散文是写给百姓阅读,写了百姓心声,写得百姓爱读的一种百姓的文学。

由此而我想到,在中国近现代之交,有人认为当时中国文学剧变的最基本的一点是"夺之一人,公诸万姓"(周作人《论文章之意义暨其使命因及中国近时论文之失》),也就是从"官文学"向"民文学"的转变。实际上,中国文学从"官文学"向"民文学",从"杂文学"到"纯文学",从古代向近代的转变已经有了一个漫长的过程。当然,诗、文、曲、稗四大文体演变的速度是不平衡的,比较起来,恐怕是强调"载道"的"文"的转变的难度最大。而归有光,就是中国散文从"官"到"民",从"杂"到"纯",从古代向近代转型过程中的一个前驱,一个关键性的人物。假如我们将归有光放在这一杆历史的标尺上来加以考量的话,恐怕对他的评价再高也不以为过吧!

2006年4月28日写于
震川书院边吴淞江下游之苏州河畔

(《归有光与嘉定四先生研究》,上海古籍出版社2007年11月版)

佚名《详情公案》书录

明代白话短篇公案小说集。今存怀轩陈君敬刊本与存仁堂陈怀轩刊本，有六卷三十九则与二十九则之异。存仁堂陈怀轩刊本正文前题"新镌国朝名公神断李卓吾详情公案"，卷末题"李卓吾公案一卷终"，版心也题"李卓吾公案"。然于卷二起，正文前后及版心处均将"李卓吾"三字挖去。书中提及万历三十三年五月事，乃于李卓吾身后，可知"李卓吾"纯属伪托。而封面又题"眉公陈先生选"。正文上图下文，图旁左右各以四字概括本页内容。其书格局，大致同《详刑公案》、《律条公案》等。全书分节妇、双孝、孝子、强盗、谋害、人命、索骗、妒杀、谋占、婚姻等门，每门下各列案例数则，每则名下多录有原审官姓氏，如第一则案例名"申请挂表节妇"，下列办案人"周推官"。每篇后有"无怀子"评语。全书均为以维护封建秩序为宗旨的办案记录，有的客观上暴露了封建统治集团的罪恶和社会的阴暗面。如《断妒杀亲夫》一则，写乌程县赵监生女琼娘，招赘张仲为东床。张仲多行不义，父劝女改嫁，女以"烈女岂事二夫"而不从。仲选官广德，路买青楼女杨媚娘为二室，后又娶唐氏，然仲终日独恋杨氏，将赵、唐置于一旁，备加欺凌，在外政绩又劣，多方勒索。赵、唐不堪受辱，将仲杀死，终以"杀夫元凶，灭伦大恶"为罪处斩。这则悲剧暴露了多方面的社会问题。作者在记录审案过程时，尽管有时以"山鸡上堂"(《判恶仆谋主》)、"孤燕报信"(《判谋孀妇》)，乃至梦幻、神助来解决问题，但多数是以调查和智慧来判明真相，给人以启发。如《听妇人哀惧声》一则，记韩廉使听邻妇哭夫死"疾而不悼，若强而惧者"，乃查出其谋夫之罪状。林大尹《断二仆争鹅》也足见其精明。故事写富家龚昆，极吝，差仆长财至岳丈家送礼，嘱礼中一鹅将不会接受而带回。谁料李家厨子见其礼仪菲薄乃受其鹅。长财不得已，途中偷招禄放于田中一鹅。二仆争之县，林大尹据明日鹅之粪便，验证此为放于田中食草菜而非饲于城中食粟谷之鹅也。此则故事文笔也较生动。然多数章节为平铺直叙,半文不白,且多判词、状词,削弱了小说意味。如《断妒杀亲夫》一状词,长达一千四百余字,竟超过了正文。这也可以说是这类公案小说的通病。

(《中国历代小说辞典》宋元明卷,云南人民出版社1993年3月版)

中州古籍出版社排印本《杜骗新书》前言

研究晚明文学作品尤其是小说与世风的关系,是时下比较热门的一个课题。特别是围绕着《金瓶梅》和"三言"、"二拍"等世情小说的探讨,人们较多地把注意力集中在勾勒晚明世风的淫靡上,且把这种腐败的世风与市民经济的活跃以及人性的张扬等因素联系起来。其实,这个特定的"世纪末"的社会所呈现出来的颓风,不仅仅表现在以贪"色"为中心的淫风大炽,而且也相当强有力地表现在以贪"财"为核心的经济犯罪的泛滥。一旦社会以金钱为中心,贪财之风大盛,于是贪污、盗窃、抢劫、诈骗等等自然会毒化整个空气。在这里,与种种奸巧联系在一起的诈骗活动,往往天然地带有曲折动人的故事性,故容易成为小说创作的极好素材。于是在这个社会中出现了一部专以形形色色的诈骗为暴露的中心的短篇小说集《杜骗新书》。

《杜骗新书》长期不为史家所重①,原刊本于今已难以觅见,目前所见最早

---

① 据笔者所知,于1956年李田意在《日本所见中国短篇小说略记》中始有著录。1984年,大冢秀高把它列入《中国通俗小说书目改订稿》中。1987年,他又在《投向中国小说史的视点》中对它作了虽为简略但却认真的评价。之后,若干小说辞书中有所介绍。

的存仁堂陈怀轩印本均系后印本①。此书共四卷八十三则，无序。据笔者于日本东洋文库所见原"冈田真之"所藏的一种抄本，知其原刊为"书林汉冲张怀耿梓"，且卷首尚有署名"三岭山人熊振骥"的《叙江湖奇闻杜骗新书》一篇序文。此书著者张应俞，字夔衷，浙江人，生平不详。抄本叙言曾提及"莒潭张子，忧世哲人。悼虞夏之久逝，触晚近而兴思。身涉畏途，如历九折之阪"云云。其"莒潭"也不详何地，或为草书"苕溪"之误。叙言作于"万历丁巳年春正月之吉"，即万历四十五年，公元1616年。书中《诈称公子盗商银》一则故事发生在"万历三十二年季春"，《银寄店主被窃逃》一则提到"壬子科"即万历四十年。这是小说明叙的最后年代。据此可知，此书所叙大致是明代万历期间的所见所闻，约刊印于1616年。

其书卷首熊振骥叙即详细地谈到了本书的创作意图。他指出，"今之时，去古既远，俗之坏，作伪日滋"，到处是险恶的人心，奸诈的哄骗，于是作者"目

---

① 大冢秀高先生的《增补中国通俗小说书目》著录此书如下：
  13006 杜骗新书 4卷83则   张应俞
  存仁堂陈怀轩刊本 9×20 有图 万历间刊本 中
                   哈佛大学哈佛燕京学社汉和图书馆
  * 后修   大连图书馆·大谷
  * 后修   内阁文库
  * 后修   东京大学东洋文化研究所双红堂文库
据此，我曾查阅过内阁文库和双红堂文库两种藏本。此两本相同，均如大冢所载，为明存仁堂陈怀轩印本。后据韩南和苗壮两先生分别提供的哈佛和大连藏本的复印件，知此两种与前两种也相同，哈佛本也非原刊初印本。这四种相同的后印本的扉页左题"杜骗新书"四大字，右标全书"脱剥骗"、"丢包骗"等二十三门类之后（本书封面上标有二十三类，实则有二十四类，遗漏最后的"引嫖类"。又，封面所标类目，与目录、正文中所标类目在文字上偶有出入），题"存仁堂陈怀轩梓"。然于正文卷首题"鼎刻江湖历览杜骗新书卷之一"之下，以双行署"浙江夔衷张应俞著、书林汉冲张怀耿梓"处挖掉了"汉冲张怀耿"五字。又，此书刻印较精，与今存同题"存仁堂陈怀轩梓"而刊刻粗糙的《详情公案》相比，面貌大异，故可知此书原刊当由"汉冲张怀耿"刻印，陈怀轩确是此书的后印者。此外，笔者于东洋文库发现有原"冈田真之"所藏的一种抄本颇为重要。此本正文的内容与刊本完全相同，却完整地保存了正文前"书林汉冲张怀耿梓"的题署，且卷首多署有"三岭山人熊振骥"的《叙江湖奇闻杜骗新书》一文。这就使我们能了解到原刊本的大致情况。同时，该文库还藏有两种复印本：一部是从京都大学图书馆复印来的日本明和庚寅(1770)的选刻本，共选原书八十三则故事中的十七则；另一种即是从内阁文库复印来的陈怀轩后印本。于此可见，东洋文库所藏的《杜骗新书》品种较全。

击伪俗,拟破百忧之城,乃搜剔见闻,渔猎远近,民情世故之备书,发慝伏如指诸掌上,奸心盗行之毕述,钩深隐若了在目中",故"是集之作,非云小补。揭季世之伪芽,清其萌蘖;发奸人之胆魄,密为关防。使居家之长者,执此以启儿孙,不落巨奸之股掌;即壮游少年,守此以防奸宄,岂入老棍之牢笼。任他机变千般巧,不越囊一卷书。故名曰'江湖奇闻',志末世之弊窦也;曰'杜骗新书',示救世之良策也"。很清楚,作者写骗是为了暴露世风,揭穿骗术,教人防骗。这在当时是有极强的现实意义的。

晚明社会,贪风之炽,骗风之盛,是由长期的、多方面的因素造成的。其罪魁祸首乃是以帝王为首的统治集团。他们的贪得无厌,淫乐无度,是污染社会空气的最强的毒化剂。从仁宗始,建立皇庄,以供挥霍;权贵大臣,也纷纷效尤,遍置庄田。到弘治年间,"畿内皇庄有五,共地万二千八百余顷;勋戚、中官庄田三百三十有二,共地三万三千余顷"。"武宗即位,逾月即建皇庄七,其后增至三百余处;诸王外戚求请及夺民田者无算"(《明史·食货志》)。嘉靖初,夏言痛陈皇庄夺民之利曰:

> 皇庄即立,则有管理之太监,有奏带之旗校,有跟随之名目,每处动至三四十人。……擅作威福,肆行武断。……起盖房屋,架搭桥梁,擅立关隘,出给票帖,私刻关防。凡民间撑架舟车,收放牛马,采捕鱼虾蝱蚌菱蒲之属,靡不刮取。而邻近土地,由展转移筑封堆,包打界至,见亩征银。本土豪猾之民,投为庄头,拨置生事,帮助为恶,多方掯克,获利不赀。输之官闱者曾无十之一二,而私入囊橐者盖不啻十八九矣。是以小民脂膏,吮剥无余,由是人民逃窜而户口消耗,里分减并而粮差愈难。卒致辇毂之上,生理寡遂,闾阎之间,贫苦到首,道路嗟怨,邑里萧条。(《桂州文集》卷十三《奉敕勘报皇庄及功臣国戚田土疏》)

其时的皇帝在贪财的同时,又一个比一个纵淫,致使谏诤风纪之臣也争谈房术,群小进献春药成风。嘉靖时,道士陶仲文以献"红铅"得宠,竟被擢升为光禄大夫上柱国、少师少傅少保、礼部尚书、恭诚伯。都御史盛端明、布政史参议顾可学,身为士流,也因进献媚药而都官至礼部尚书。皇帝的纵情淫乐、奢靡挥霍,更使他们加倍地巧取豪夺,大括民财。至万历间,神宗之好淫贪财,比之乃祖都有过之无不及。他广收宫女,终日淫乐,名目繁多,犹嫌无味,更试男宠,"选重髫内臣之慧且丽者十余曹",与之"同卧起","内廷皆目之为十俊"(《万历野获编》)。至于神宗之贪财,也实惊人。宦官张鲸横肆无惮,按法当诛,而竟"以金宝献帝获免"(《明史·宦官传》)。神宗又遣内官采榷,极尽收括之能事。故现代史学家孟森曾评这位皇帝说,"怠于临政,勇于敛财","行政之事可无,敛财之事无奇不有","帝王之奇贪,从古无若帝者"(《明清史讲义》)。以帝为榜样,权贵群臣皆贪得无厌。据《明史》潞王、福王等传载,潞王"居京邸,王店王庄遍畿内",于万历十七年之藩时,"多请赡田食盐无不应……田多至四万顷"。福王之国时,"诏赐庄田四万顷……中州腴土不足,取山东湖广田益之","伴读承奉诸官假履亩为名,乘传出入,河南北齐楚间所至骚动"。上行下效,致使整个官僚机器成了一具庞大的贪污机构。崇祯元年,户科给事中韩一良揭露说:

> 然今之世,何处非用钱之地?何官非爱钱之人?向以钱进,安得不以钱赏?……以官言之,则县官行贿之首,而给事为纳贿之魁。……上司督取,不曰无碍官银,则曰未完纸赎。衡途过客,动有书仪,考满朝觐,不下三四千金。夫此金非从天降,非从地出,而欲守令之廉得乎?

这股自上刮起的贪风,无疑推动了整个社会都围着金钱转。一旦人都讲利而忘义,眼睛瞪着钱,而贪心又不足,欲壑正难填,于是就千方百计、不择手段地去弄钱,诈骗之风就自然而起。《杜骗新书》虽然没有把锋芒直接指向以"贪"字挂帅的统治集团,但它提出的问题,不能不使我们想到这种"末世之弊窦"与上层统治集团之间的关系。

晚明社会之所以骗风大盛,还与商人阶级的兴起,商品经济的活跃大有干系。明代自嘉靖以还,商业、手工业都有了很大发展,海内外贸易也十分发达,以亩计银的一条鞭法的实行,又加速了农业商品化的进程,于是从商成风,从王公大臣、缙绅大夫,"多以货殖为急"(黄省曾《吴风录》),以官为商,官商结合之外,一般百姓也"不置田亩,而居货招商"(顾炎武《天下郡国利病书》),"淮扬人户,多弃业逃徙,以兴贩为业"(《明世宗实录》卷一百六十九),"今去农而改业为工商者,三倍于前矣"(何良俊《四友斋丛说》卷十三)。在这股全民重商的潮流中,很快地出现了一批大手工业主和大商人。如张瀚《松窗梦语》载其祖辈以一张织机起家,很快增至二十余张,"后四祖继业,各富至数万金"。"平阳、泽、潞，豪富大贾甲天下，非数十万不称富"（沈思孝《晋录》），新安大贾竟有"藏镪有至百万者"（谢肇淛《五杂俎》卷四）。宋应星《天工开物》曾统计，万历间徽商资本总额达三千万两，每年获利九万两，比国库税收多一倍。对于日趋没落的封建社会来说，商人阶级的兴起，意味着历史变革的开始，曾被马克思称作为历史上的一个革命的因素（参见《资本论》第三卷）。特别是那些正派的、有识见的商人所起的积极作用，是不容低估的。但是，商业本身从本质上来看"就是一种合法的欺诈"（恩格斯《政治经济学批判大纲》）。马克思在《资本论》中也说过："商业利润就不仅表现为侵占和欺诈，而且大部分是从侵占和欺诈中产生的。"实际上，这种"合法的欺诈"和非法的诈骗仅仅是一步之差。因此，商业经济的活跃和欺诈之风的兴起本身具有某种千丝万缕的关系。不少商人就唯利是图，目光短浅，往往拼命地从"侵占和欺诈"中去积累财富。与此同时，他们又生活奢靡，"日以声色为娱"，沉醉于"散千金，征歌舞，为五陵豪"的挥霍享受之中（汪道昆《明故新安卫镇抚营季公配孺人汪氏合葬墓志铭》）。商人特别是富商的这种生活作风在猛烈地冲击传统的礼仪教化和等级制度的同时，又无疑地对奢靡浮薄世风的形成起了重大的作用。于是，"嘉靖以来，浮华渐盛，竞相夸诩，不为明冠明服，务为唐巾晋巾，金玉其相，锦绣其饰，扬扬闾里"（沈朝阳《皇明嘉隆两朝闻见记》卷六），"由嘉靖中叶以抵于今，流风愈趋愈下，惯刃骄吝，互尚荒佚，以欢宴放饮为豁达，以珍味艳色为盛礼。其流至于市井贩鬻厮隶走卒，亦多缨帽细鞋，纱裙细裤。酒庐茶肆，异调新声，泊泊浸淫，靡焉勿振。甚至娇声充溢于乡曲，别号下延于乞丐。……逐末游食，相率成风"（《博平县志》卷四）。这种浮靡的世风，刺激了市民百姓间的相互攀比，追求享受，贪欲膨胀，拜金主义泛滥，从而拼命地去敛财聚富。因此，假如说私下贪污、暗中偷盗和公开抢劫还略带原始色彩而和商业活动并不一定有直接联系的话，那么诈骗则往往是在商业经济活跃的状态下滋长，且常常就直接在市场活动的遮掩下进行。在《杜骗新书》这部小说中所写的种种诈骗故事，就绝大部分都与商贩有关。当然，晚明骗风之盛，除了与商业经济的发展具有直接的关系之外，与思想、政治方面的变化也有一定的联系。晚明以何心隐、李贽为代表的思想家肯定"好货"、"好色"、"多积金宝"、"多买田地"是人之所欲（李贽《焚书·答邓明府》）。这本来是针对封建理学压抑人的个性和本性的富有战斗性的命题，带有思想解放的色彩，但往往被人曲解，误导为人欲泛滥的理论基础。在政治上，晚明王朝的官场腐败，吏治混乱，封建统治集团维持正常社会秩序的能力削弱,这也有利于包括诈骗在内的各种犯罪活动的猖獗。这种种因素结合起来,就使诈骗问题成为当时一个非常突出的社会问题,在一些小说中时有反映,如《拍案惊奇》卷十六就写了几个诈骗的故事,并于开头议论道:"世间最可恶的是拐子。世人但说是强盗,便十分防备他;不知那拐子,便与他同行同止也识不出弄喧捣鬼,没形没影的做将出来,神仙也猜他不到,倒在怀里信他,直到事后晓得,已此追之不及了。这却不是出跳的贼精,隐然的强盗!"其对"拐子"的痛恨之情十分强烈。但是,在当时集中以诈骗为中心暴露腐败世风的,恐怕只有《杜骗新书》这一种小说了。

《杜骗新书》将当时的诈骗活动概括成二十四种,这主要是从诈骗的形式和手法来分类的,如"脱剥骗"、"丢包骗"、"换银骗"、"伪交骗"、"引赌骗"、"诗词骗"、"假银骗"、"婚娶骗"、"拐带骗"、"奸缘骗"、"炼丹骗"、"法术骗"等等,另外也有从人物、场合等其他角度来划分的,视角略有交叉。不过,不管其骗子的面目各不相同,骗术有千变万化,其总的特点即是:伪造假象,设置圈套,诱人上当,从中得利。如第一则《假马脱银》写江西人陈庆在南京贩卖一匹"银合好马"时的遭际道:

  忽有一棍,擎好伞,穿色衣,翩然而来,伫立瞻顾,不忍舍去,遂问曰:"此马价卖几许?"庆曰:"四十两。"棍曰:"我买。但要归家作契对银。"庆曰:"何往?"棍曰:"居洪武门。"棍遂骑银合马往,庆亦骑马随后。

  行至半途,棍见一缎铺,即下马放伞于酒坊边,嘱庆曰:"代看住,待我买缎几匹。少顷与你同归。"庆忖此人,想是富翁,马谅买得成矣。

  棍入缎铺,故意与之争价,待缎客以不识价责之,遂伴曰:"我把与一相知者看,即来还价何如?"缎客曰:"有此好物,凭伊与人看,但不可远去。"棍曰:"我有马与伙在,更何虑乎!"将缎拿过去,出门便逃去。……

这个骗子诈买马而非买马,乃借陈庆及马,骗取商铺之缎。正如作者在评论中所指出的那样,"先以色服章身,令人信其为真豪富;而伫立相马,令人信其为真作家";陈庆就此不知不觉地成了他行骗的工具。待骗子入缎铺,"诳言有马与伙,令人信其为真实言",铺主就步入圈套,眼睁睁地看着他拿缎而去,因"见马与伙尚在,心中安然"。可见,以假作真,是骗人的总特点;将假当真,为受骗的大关键。这是就诈骗的手法而言。假如从诈骗的内容来看,实不出钱和人两者而已。其中被骗之人,主要是妇女和儿童。骗儿童者最终目的也是多为钱,骗妇女则多为色。故归根到底,骗者所求和作者所戒者还是主要着眼在财和色两端,与同时代的长篇暴露小说的代表作《金瓶梅》的大旨相同。

《杜骗新书》从"骗"字入手,广泛地触及了被肮脏的社会、炫眼的金钱腐蚀了灵魂的各色人等。这里除了一些职业骗棍之外,不少因受不了利欲的诱惑,好端端的一个平民百姓会"贼念即生"。例如,《盗商伙财反丧财》一则写到歙县人刘兴,本是个"孤苦茕民","一向出外,肩挑买卖,十余载未归家",就靠着这老老实实、辛辛苦苦的经营,也积了七十余两的家当,日子还可以。可是一旦利欲熏心,就会"起不良念",把亲如兄弟的同乡的五百两银子骗走,令人寒心。我们还应当注意到作者在目录上特别以人物标目的有三类:"妇人骗"、"僧道骗"、"衙役骗"。一个社会,一旦到了弱如女子、静如教徒、清如官府中的芸芸众生,也都一股脑儿地卷入到骗钱的大潮中去时,这个世界的腐烂程度也就可想而知了。这正如《三妇骑走三匹马》一则写三个女子从租马者手中轻易地骗走三匹马后,作者评论道:"以妇人而有此高手,世道几何不鬼魅哉!"在《杜骗新书》中,假如说"妇人骗"往往掺以色相迷人的话,那么"僧道骗"则常常以一副慈善的面孔,干着十分阴险毒辣的勾当。《信僧哄惑几染祸》写及"名僧"叫无二者,"年近三十余,相貌俊雅,会讲经典,善谈因果",俨然是一个佛门高僧,因而能"风动多少良家子弟往寺参拜,常有被其劝化,削发出家者"。徽州人丁达卖椒木至此,就因见"无二举动闲雅,谈及因果之事"而被打动,"尽舍其财本入寺"为僧。不久,此僧又诱得一"容貌甚美"的寡妇且带着一个十七岁的"国色娇媚"的使女,入寺后,奸淫了使女,杀死了寡妇。《服孩儿丹诈辟谷》写一僧为了以"辟谷"骗人,使富家"争以金帛舍之",即用二十四颗"孩儿丹"做成佛珠,以便一天偷吃一颗以延命。什么叫"孩儿丹"?"此丹乃妇人胎内孩子。必须谋死孕妇,剖其婴孩,以作此丹"。因此,此僧为了设置这种骗局,不知害死了多少人命!这正是"寺门藏奸,僧徒即贼",所以作者一再劝人道:"世之信僧引诱者,可以此为鉴。"至于衙门内昏官贪吏,更是乌烟瘴气。作者认为,为官者"皆读书人",故"明者多而昏者少";至于衙役,则几乎"人人是奸徒,事事是骗薮"。《衙役骗》第一则《入闻官言而出骗》后,作者即很有感慨地说道:"按:衙役皆以骗养身供家,丰衣足食,其骗何可枚举!盖事事是骗,日日是骗,人人是骗。虽罄南山竹,何能悉之;虽包拯再生,何能察之!"《杜骗新书》所描绘的就是这样一个到处是骗的世界。一个社会有几个骗子,本来也在所难免,那只是个别人道德败坏的问题;但假如骗风大炽,到了"事事是骗,日日是骗,人人是骗"的地步,那就是整个社会腐烂,道德沦丧的征候了。在晚明那个以金钱为轴心的商业社会里,当人们不择手段地去追求财和色的时候,还讲什么道德,还顾什么法律?于是乎偷盗抢骗,很快地弥漫于整个世界。这正如《杜骗新书》的作者所感慨的:"末世滋伪,奸宄百出。……世道人心,一变至此极乎!"

《杜骗新书》在写"骗"时,不仅仅鞭挞了骗人者的罪恶,而且同时也把笔刺向了被骗者的灵魂,从而在更深的层次上暴露了那个社会。一般说来,站得正、立得稳,苍蝇不钻没缝的蛋。人们之所以受骗,往往本身有着某种弱点给人以可乘之机。其中,贪小利而失大财是人们受骗的最通常的模式。在那个社会中,贪图钱财既然已成了一种普遍的社会心理,那么,一部分人为了谋取横财而设置了骗局,另一部分人同样为了满足贪欲而撞入了圈套,尽管程度和性质有所不同,但"天下攘攘,皆为利往"则一。这在《杜骗新书》中屡有表现。如《路途丢包行脱换》写江西人江贤自七月至冬去福建赚得十余两银子回家,"中途偶见一包,贤捡入手,约有银二三两,不胜喜悦"。谁知这二三两银子正是骗子的钓饵,终于使他半年的辛苦化为乌有,大哭而归。紧接着《成锭假银换真银》一则,作者又写泉州客人孙滔尽管"为人诚实,有长者风",且处处"谨慎",结果在船上将自己"九一二成色"的银子与人换"一锭细丝十二两重"的银子时,只因贪图人家重估自己的银水为"九四五"这么一点点小利,就上了大当,到南京取出看时,竟是一锭锡块。于此作者指出,面对着"棍者变计百端",只有"各守本分,各用己财,勿贪小便宜,则不落圈套矣"。后作者又在《设假元宝骗乡农》中揭示了"贪心"乃是受骗的根源道:"按此乡农,心苦力勤,啬用薄奉以致富,幸矣。何乃为贪心所使,落贼牢笼,以致失财被辱!"当然,人的"贪心"不仅仅在贪利,贪色、贪名等等同样是人们容易上当受骗的原因。《杜骗新书》中大量的篇章就是表现了通过"挑其淫荡之心"而使人"堕其术中"的。至于为了进学、中举、当官而走后门、买关节而被骗的也是屡见不鲜。《诈封银以砖换去》写建宁府郝天广为"长子出考"而欲贿赂宗主时,被骗走了一皮箱银子。于此作者批道:"买进学,买帮补,甚至买举人,此事处处有之,岁岁有之。而建宁一府,迭遭骗害为甚,盖建郡民富财多,性浮轻信故也。虽累受骗而继起营买者未已。"接着于下一篇《空屋封银套人抢》在表现同一主题时,作者于开头即说:"骗局多端,惟仕进一途,竞奔者多,故遭骗者众。棍尚有言:惟虚名可骗实利,惟虚声可赚实物。盖仕进之人,求名之心胜,虽掷重利,不暇顾惜,遂入棍术中而不及察。"这正是一针见血之论。总之,骗与被骗在某种意义上是相辅相成的。它们是在同一个病态社会中长出来的两种不同形态的苦果。

时代发展到今天,《杜骗新书》所反映的社会基础已成历史,所述的一些诈骗伎俩也已落伍。它尽管在识骗、防骗等问题上对我们仍有一定的警戒作用,但主要的价值还是在帮助我们认识当时的社会,特别是它保存的丰富的商业经济的材料值得我们重视。在这里,我们可以看到万历期间一匹布、一头猪、一匹马等主要商品的价格,乃至知道当时娶妻、买妾、买举人等花多少钱,可以看到全国各地(特别是苏、浙、皖、闽、广等东南沿海一带)商业的分布、商品的贩运、行情的上下、利润的多少、银两的成色、金银的比价,以及经纪人的活动……比如,它写到福建大安人施守训"常造纸卖客",一次就"装千余篓价值八百余两往苏州卖",四川人张霸"一日买蜡百余担往福建建宁府丘店发卖",山东人陈栋"带银一千余两往(福建建阳)长埂买布",徽州人游天生"携本银五百余两往建宁府买铁",又一徽州人张沛有"财本数千两在瓜州买绵花三百余担",广东人魏邦材"在湖州买丝一百担转往本省去"……如此等等,其人、其地、其货、其量都值得我们留意。再如在晚明各种伪劣商品风行之际,发展到假银、假钱等伪劣货币的泛滥也是个十分突出的问题。明朝的法律曾规定:"凡私铸铜钱者绞"(《大明律》),"伪造假银及知情买使之人,俱问罪","凡伪造宝钞,不分首从及窝主若知情行使者,皆斩"(《问刑条例》)。但是,正如马克思所说的,"商业就好像是一个庞大的欺骗实验室",当骗风大盛之时,"掺假是常规,质量好倒是例外"(《帕麦斯顿——大不列颠统治阶级的生理现象》)。一些利令智昏之徒必然要铤而走险,连货币也要肆无忌惮地去伪造。对此,如通俗小说《金瓶梅》第一回,《醒世恒言》第十六卷,《二刻拍案惊奇》第十五卷,《型世言》第三回、第二十六回,《西湖二集》第二十卷,文言笔记如范濂的《云间据目抄》、董谷的《碧里杂存》、陈良谟的《见闻纪训》、郑暄的《昨非庵日纂》、田艺蘅的《留青日札》、于慎行的《谷山笔麈》等等都有或详或略的记载和描绘,但都不如《杜骗新书》所描述的那么集中和详细,特别是其《冒州接着漂白晶》一则后,作者据于"壬子秋在书坊检得一小本",仔细地辨说了银的真假,记录了数十种假银的名目、造法及其辨别的窍门,颇有参考价值。又再如关于牙行与行商的关系,在明代经济史上也是一个引人注目的问题。应该说,牙行的存在对商业贸易带来了方便,并加速了资本的周转。也有的经纪人成为客户稳定的良好的贸易伙伴,如《古今小说》第一卷《蒋兴哥重会珍珠衫》中的蒋兴哥"走熟广东做客买卖",通过延续三代的固定联系,牙行与行商犹如"亲戚一般"。但也有不少牙行经纪盯着个"利"字,就难免要做出各种诈骗坑人的勾当。《杜骗新书》专列一类"牙行骗"描绘了种种鬼蜮伎俩,其中主要的就如第一则《狡牙脱纸以女偿》后所说的:"凡牙侩之弊,客货入店,彼背作纲抵傥,又多窃取供家,每以后客货盖前客账,此穷牙常态也。"在描写这些问题时,我们应该注意到作者基本上是站在商人的立场上来观察世界和评判是非的,如《贫牙脱蜡还旧债》一则就明确表示"录之以示为商者",使其"可保无虞"。其按语又云:"出外为商,以漂渺之身,涉寡亲之境,全仗经纪以为耳目。若遇经纪公正,则货物有主;一投狡狯,而抑货亏价必矣。是择经纪乃经商一大关系也,可不慎哉!"其立场十分鲜明。

  本书以"骗"为中心暴露明末的世风时,着重描写的是经济领域,但也有个别之处接触了社会政治方面的问题。如《太监烹人服精髓》一则①,抨击了万历年间朝廷命太监榷税而四民皆受其害。其文甚至直接议论道:"征榷之利,朝廷得一,太监得十,税官得百,巡卒得千,是民费千百金,以奉朝廷之一金,益上者少而损下者无涯矣。"而更严重的是,太监们藉此胡作非为,乃至发展到"烹童男,脍肝脯肉,食其精髓"的地步,阅后令人毛骨悚然。再如《法水照形唆谋反》一则,虽然不如上文那样大胆泼辣,而自称"此传内多隐语,未可明言也"。今从其传中人物所言"今并后匹敌,金注支庶,祸之萌蘖,必始宫闱"云云看来,乃是针对神宗当时颇有废长立幼之意而发的。神宗不想立长子常洛为太子,而爱宠妃郑氏所生的三子常洵,是当时冲击朝野几十年的重大政治事件。为此事,从万历十四年起,臣下接二连三地上疏册立常洛为太子,以固"国本",而得到的回答往往是罢官和廷杖。一直折腾到万历二十九年,才勉强完成了册立东宫之礼。然而,这并没有从根本上改变常洛的命运。万历三十一年即出现了"妖书"事件,讽喻皇三子将取代东宫位。万历四十二年发生了"梃击"事件,有人竟手持木棍打进太子宫中。即使常洛登位之后,马上又发生了"红丸"一案,使他死于非命。接着又发生了"移宫"事件。明王朝就此大伤元气,真正动摇了"国本"。《杜骗新书》的作者鉴于神宗对此事十分敏感和恼怒,故不敢大胆直书,但还是用他的笔表达了对国事的关心。反过来,我们也可以

---

① 本则故事属"拐带骗",原本目录中缺略,似作者故意不录,以避人耳目。

从《杜骗新书》中看到万历朝的"国本之争"在下层百姓中的反响。

综上所述,《杜骗新书》是一部着重描写明朝"末世之弊窦"的小说。那么从内容性质上来分类的话,它是属于何种小说呢?大冢秀高先生的《增补中国通俗小说书目》把它归入"公案"类。小说以"公案"名,至少在宋元时代就有。罗烨《醉翁谈录》甲集卷二和庚集卷二就分别有"私情公案"和"花判公案",并附有例子和提要,写的都是诉讼和判案的故事。在形式上,这些小说看来大都列有诉状和判词。与此同时,一些汇集案例的"法家"类书,与明代公案小说的形成和发展也大有关系。作为大冢秀高《投向中国小说史的视点》一书有特色的内容之一,也就是较为详细地分析了"法家"与"小说家"的关系。它的分析,可以从图表"折狱之书与公案小说"中窥见其大概:

朝代	年 号	西 历	事 项
北宋		960—1127	疑狱集四卷(和凝898—955,和951—995)
	嘉祐六年	1061	包拯(包龙图)去世(998—)
南宋		1127—1279	
	绍兴三年	1133	折狱龟鉴八卷(郑克)
	嘉定四年	1211	棠阴比事一卷(桂万荣)
明		1368—1644	
	永泰十年	1412	周新去世(?—)
	景泰间	1450—1456	棠阴比事一卷附录一卷(吴讷补)
	嘉靖十四年	1535	疑狱集四卷补疑狱集六卷(张景)
	成化间	1465—1487	说唱词话刊行
	万历十五年	1587	海瑞去世(1514—)
	万历二十二年	—1594	百家公案十卷百回
	万历二十二年	1594—	详刑公案八卷(宁静子)
	万历二十五年	1597—	僧尼孽海不分卷附辑一卷
	万历二十六年?	1598?	皇明诸司廉明奇判公案传四卷(余象斗)
	万历二十九年	1601—	律条公案七卷首一卷
	万历三十三年	1605	郭青螺六省听讼录新民公案四卷

万历三十四年	1606	海刚峰先生居官公案传四卷（李春芳）
万历三十四年	1606—	皇明诸司公案（续廉明公案传）六卷（余象斗）
万历四十六年	1618	郭子章去世（1542—　）
万历间	1573—1620	鼎雕国朝宪台折狱苏冤神明公案存二卷
		杜骗新书四卷（张应俞）
昌启间	1620—1627	明镜公案七卷（葛天民，吴沛泉）
		龙图公案十卷百则（最早万历30年代以后产生）
启祯间	1621—1644	详情公案八卷首一卷？
崇祯十三年	1640	欢喜冤家二十四回
清	1644—1911	
康熙间	1662—1722	照世杯四卷（酌元亭主人）

明代的公案小说的确可以从先前的折狱书中找到直接的血缘关系。特别如大冢所遗漏的宋代的《名公书判清明集》之类将案件分门别类地加以编纂，以及着重记载清官的判词的体例，对后世公案小说的影响更为显而易见。不过从以上大冢表中列举和文章中分析的一批公案小说的情况来看，实际上相互间也不尽相同。比如，从《醉翁谈录》、《绿窗新话》中所引的一些故事，到《欢喜冤家》、《照世杯》等，基本上是属于白话通俗小说的系统，而其余的则文言气息较浓。从文言较重的公案小说而言，其中《杜骗新书》和《僧尼孽海》又与万历期间其他一些"正宗"标以"公案"之名的小说不同。"正宗"的公案小说大致有这样几个特点：一，不论是以一个清官为主角贯串全书而各故事以章回形式出现，还是以众多清官审案的结集形式出现，实际上书内各故事都独立成篇，故严格意义上说，都是短篇小说集；二，各单独故事大致有一定的模式：先叙案情，次记诉状及辩词等，最后为判词；三，内容都以断案为中心；四，来源多数是现成的案例；五，目的主要为了歌颂官吏的清明；六，文字大都半文不白，不讲究艺术性。《杜骗新书》、《僧尼孽海》的故事内容皆涉犯法之事，故很自然地被排斥于历史、人情、英雄诸类小说之外而被归入"公案"之中了。实际上，它们

与正宗的公案书还是有较大的区别,这主要表现在:一,形式上只叙故事,不录诉状、判词;二,内容只叙犯罪故事,不重官吏断案及犯罪者是否受到惩处;三,来源是社会新闻而不是现成案例;四,目的不在于歌颂官吏,而在于警戒世人。因此,这比起"正宗"的公案小说来,更远离那些折狱之书而更接近现代意义上的短篇小说了。

其实,在考察这部旨在暴露明末世风的《杜骗新书》的性质时,其书名本身就值得令人寻味了。其名曰"杜骗新书",即突出故事之"新";又名为"江湖记闻",则说明重在记"闻";合而观之,实是一部社会"新闻"的结集。本来,中国的文言短篇小说,自魏晋南北朝起,不论是志人琐记,还是志怪述异,多与"新闻"难分难解。有些作品与其说是小说,毋宁说是新闻。这一传统,对以后各类文言短篇,乃至白话长篇小说的创作都产生过影响。当然,作者在写这类"新闻"时,也往往进行一定的加工,有的"新闻"以后在客观上也失却了新闻的意义,人们自然会把它当作小说来阅读。《杜骗新书》所记基本上都是当时的社会新闻,因此有些故事不难在其他书籍中同时看到。比如,《陈全遗计嫖名妓》一则记"金陵陈全者,百万巨富也,其为人风流潇洒,尤善滑稽",曾设计哄骗了杭州名妓花不如。此陈全确有其人。如同为万历时期刊刻的李乐所著的《见闻杂记》卷一八一,也载陈全其人"父以牙人起家,积累颇富,喜游荡,入南京日与诸名妓狎,亦多巧智善谑"云云,此可证作者所记不是凭空虚造,而来自耳闻目见。然而,这些耳闻目见的故事经他加工之后,有的写得情节颇曲折,人物露性格,大有小说意味。例如,《道士船中换转金》一则,写贲监生尽管步步小心,但终于被老道士引入圈套,受骗上当,故事环环扣人。其监生的矜夸炫耀,道士的老谋深算,也能如见其人。又如《诈称公子盗商银》一则,写陈栋被骗过程中的心理活动相当细腻逼真。他本是个"老练惯客","关防严密"。当一骗子诈称某官公子而与他一路同行时,开始是怀疑他而"不之顾",后见骗子拜见铅山县县丞,县丞又回拜送礼给骗子时,不得不"信其为真公子"。这时,当骗子请他饮酒时,一边"欢饮之",一边"中心犹谨防他盗,不敢痛饮"。最后当他办酒回礼时,终于被骗子缠酒困住,主仆皆醉,千银被盗。再如《带镜船中引谋害》一则,写纨绔子弟熊镐的任性浮夸,家人满起的老成机灵,都栩栩如生。因此,假如用小说艺术的标准来衡量《杜骗新书》的话,也是有不少可圈可点的章节。

正因为《杜骗新书》既有小说性,又有新闻性,故还是能吸引相当一部分的读者，特别是受到商人和旅行者的欢迎。这一点，在日本明和庚寅的和刻本的封面广告中已被醒目地点出。对于经商旅行者而言，当然主要把它作为一本防骗的教科书来阅读的。然而对于小说家来说，也可从中汲取某些素材和表现手法。比较突出的如二十四卷的《欢喜冤家》中就有两卷从《杜骗新书》而来。其正集卷七《陈之美巧计骗多娇》，曾被评者赞作："当作一卷之首，可以警人，亦足以讽世，妙妙！"然这篇小说不仅故事梗概全同于《杜骗新书》中的《因蛙露出谋娶情》，且其文字也多雷同。后者比之前者，只是增加了一段陈彩引诱潘玉上钩的故事，以及铺叙了陈彩娶得潘妻后的恩爱云雨，换句话说，就是略添了一些情色的佐料而已。《欢喜冤家》续集第八回《杨玉京假恤寡怜孤》，也就是在《杜骗新书》的《公子租屋劫寡妇》的基础上，塞入了大量的《书画金汤善趣》、《败人意九十事》、《杀风景四十八事》等与故事无多关系的闲文和加了一段骗子诱奸寡妇的性事。在国外，《杜骗新书》对日本文学的影响显而易见。据大冢秀高说，马琴的《八犬传》等就从中吸取了某些材料。至于在艺术表现上，像《杜骗新书》这类小说对以后的《十二笑》、《照世杯》，乃至《儒林外史》等产生了影响。至于清末民初的那些被人称之为"谴责小说"、"黑幕小说"的作品，更与它一脉相承。像《二十年目睹之怪现状》的作者吴沃尧所作的《瞎骗奇闻》，其取名就与《杜骗新书》的一种翻印本同名。这显然不是偶然的。它们之间实有一线相联。这根线就是都是写社会，写世情；在写世情时，都不致力于歌颂，而着重在暴露。《杜骗新书》就是一部暴露型的世情小说。它虽然在暴露的深度上、广度上，以及在艺术表现的能力方面都与同时期出现的《金瓶梅》有着较大的距离，但它作为一部文言短篇，相对于白话长篇的《金瓶梅》自有其独特的意义。它作为我国暴露小说史上一部早期的短篇小说集，还是值得我们予以重视的。

(《杜骗新书》，中州古籍出版社1994年7月版)

无遮道人《海陵佚史》书录

明代小说。上下两卷。正文前题"出像批评海陵佚史",版心镌"海陵佚史"。上卷题"无遮道人编次、醉憨居士批评",下卷题"无遮道人编次,醉憨居士校刊"。编、评者姓名和生平不详。卷首醉憨居士叙云:"道人乃辑之为书,且绘之为图,毋亦明彰夷虏淫毒之惨,以为通奴者警耳。"可知此书当出于明万历四十四年(1616)努尔哈赤建国号"金"之后;又书中"常"、"校"、"检"字均不避讳,故知一般成于泰昌之前。现存明刊本,缺前图像和略残数页。1995年,台湾"思无邪汇宝"丛书校以《醒世恒言》第二十三卷《金海陵纵欲身亡》等排印出版。

此书除开头缺少《金海陵纵欲身亡》的一段议论外,其余内容两者基本相同,主要叙金废帝海陵称帝后,与昭妃阿里虎及其女重节、柔妃耶律弥勒、崇义节度使乌带之妻定哥及其侍婢贵哥、丽妃石哥、昭媛耶律察八、表兄张定安妻奈剌忽等及诸佞臣淫乐、残暴事。后海陵南侵,万民怨恨,群臣立曹国公乌禄为帝,遥降海陵为王。海陵帅师北返,至瓜州,被部下所杀。后世宗又降之为庶人。

探讨《海陵佚史》与《金海陵纵欲身亡》两书间的关系,对于研究《三言》资料来源和《三言》如何编成颇有意义。一般说来,《佚史》比《亡身》的文字稍为繁复,多一些细节、插科打诨的词语和说话人的口气等等,但也有个别脱误之处。于此可见,《亡身》并非直接从《佚史》删削而来,而是两者同出于另一母本的可能性较大。

另可注意者,本书一百五十余则眉批,皆用的是《西厢记》及《南西厢》等书中的现成词句,如第一条眉批的正文处写的是:海陵为侵宋"造战船于江上,则毁民庐舍以为材,煮死人膏以为油;殚民力如牛马,费财用如沙泥"。眉批作:"弥天罪有千百般。"这种现象在古代文学批评中实属罕见,至少可见评者受到了《西厢记》的深刻影响。

(《中国古代小说百科全书》,中国大百科出版社1993年4月版)

齐鲁书社排印本《醒世恒言》序

《醒世恒言》是明末著名通俗文学家冯梦龙编纂的"三言"中的最后一种。"三言"是《喻世明言》、《警世通言》、《醒世恒言》三部小说集的总称。《喻世明言》亦曾称《古今小说》,但"古今小说"实为"三言"的通称。"三言"的全称当分别是:《古今小说喻世明言》、《古今小说警世通言》、《古今小说醒世恒言》。

"三言"每集四十篇,共一百二十篇。分别刊于天启元年(1621)前后和天启四年(1624)、七年(1627)。在这些作品中,有的是辑录了宋元明以来的旧本,但一般都作了不同程度的修改;也有的是据文言笔记、传奇小说、戏曲、历史故事,乃至社会新闻再创作而成,故"三言"包容了旧本的汇辑和新著的创作,是我国白话短篇小说从世代文人整理加工说唱艺术而成,到转为文人进行独立的书面创作的开始。它规模恢宏,编印精良,"极摹人情世态之歧,备写悲欢离合之致"(笑花主人《今古奇观序》),是宋元明三代最重要的一部白话短篇小说的总集。它的出现,标志着我国古代白话短篇小说整理和创作高潮的到来。

与《喻世明言》、《警世通言》相比,《醒世恒言》刊行最晚,不论在创作还是修改方面,都显得更趋成熟,在反映生活和艺术表现方面都有一些值得注目的地方。比如,晚明的工商业空前繁荣,在《明言》、《通言》中尽管也有一些篇章写及城市市民,正面歌颂商人和商业活动,但没有一篇专门描写商人和手工业者的生产经营实况。《恒言》中的《施润泽滩阙遇友》就真实地反映当时工商业者经营致富的一些情况。如它描写的吴江县盛泽镇工商业繁荣的盛况,就素来被史家所重视。小说写道:"镇上居民稠广,土俗淳朴,俱以蚕桑为业。男女勤谨,络纬机杼之声,通宵彻夜。那市上两岸绸丝牙行约有千百余家,远近村坊织成绸匹,俱到此上市。四方商贾来收买的,蜂攒蚁集,挨挤不开,路途无伫足之隙;乃出产锦绣之乡,积聚绫罗之地。"这和康熙二十三年《吴江县志》所载,完全相同:"绫罗纱绸出盛泽镇,奔走衣被遍天下。富商大贾数千里辇万金而来,摩肩连袂。"小说所写的施润泽夫妻两个,从个体劳动到雇工剥削、资本经营和进行商业兼并等整个发家过程,很有典型意义。《恒言》在暴露社会黑暗方面,也更加突出了在商品化的社会中金钱对于灵魂的冲击。例如,《蔡瑞虹忍辱报仇》写到为官作吏也完全当作"生意"买卖,结果把官场弄得一团漆黑。《一文钱小隙造奇冤》写区区一文钱竟接连葬了十三条人命,真是:"相争只为一文钱,小隙谁知奇祸连!"在写爱情生活方面,《卖油郎独占花魁》一篇也特别光彩照人。它不但一般地写了爱情的自主和真挚,而且进一步写了他们的爱情并不是基于郎才女貌、一见钟情的人的本能,而是建立在相互了解、相互尊重、人格独立、男女平等的基础上,透露了一丝民主思想的曙光。这些内容,不但在"三言"中显得相当突出,而且在整个明代文学中也是比较耀眼的。

《恒言》中的一些精品,在艺术上也取得了极高的成就。如《卖油郎独占花魁》一篇,不论在心理描写、细节刻画等方面都非常细腻、生动,在整个"三言"中罕有其匹敌。胡适在《论短篇小说》中曾说,"《卖油郎》一篇写秦重、花魁娘子、九妈、四妈,各有好处","写生以《卖油郎》为最工",这是很有道理的。胡适同时又说:"布局以《乔太守》为最工。"在《恒言》中,有不少篇章的结构比之《喻世》、《警世》更加工巧。除《乔太守乱点鸳鸯谱》之外,如《一文钱小隙造奇冤》、《董秀才徼灵玉马坠》等,都是作者精心结撰之作。在语言上,更加注意口语化,减少一些文言词语。当然,从整部小说来看,也有一些形象略显苍白、情节过分离奇、语言半文半白的作品,是并不完全平衡一致的。

现存《恒言》的最早刻本是明叶敬池本。此本扉页中间大字题书名《醒世恒言》,右上小字题"绘像古今小说",左下小字署"金阊叶敬池梓"。有《叙》一篇,尾署"天启丁卯(1627)中秋陇西可一居士题于白下之栖霞山房";次目次,题"可一居士评"、"墨浪主人较"。一般学者认为,可一居士即为冯梦龙。该书正文每卷卷首各有图两幅,应共有八十幅,但卷三、二十一、三十三均无图,故实有图七十四幅。现藏日本内阁文库。后刻者尚有明叶敬溪本、衍庆堂本等,但今存各本均有残缺、删节。1936年,郑振铎主编的《世界文库》曾首次排印出版据叶敬池本整理的点校本,其缺点是目次与正文出入较大,正文中删节、缺漏和改动之处也甚多,后来的排印本即多沿袭其误。至1987年,上海古籍出版社将叶敬池本《恒言》影印出版,国内的广大读者始有可能看到叶敬池本的原貌,也为研究者提供了方便。

这次校点《恒言》，即以上海古籍出版社的影印本为底本，不作删节。除个别明显错字径改外，凡属古代小说习用的古字、俗字、异体字、假借字等皆不改，以求尽量保留原书的面貌。

原本间有眉批、旁批。这些批语言简意赅，时见珠玑，对于广大读者理解和欣赏作品或有帮助，对于古代小说批评和冯梦龙的研究者也有一定的参考价值，故也予以全部保留。为了排版的方便起见，批语均排成"脚注"的形式，各标明"眉批"或"旁批"。

本书点校整理过程中的一些问题，敬请读者和专家不吝指正。

1996年8月22日

（《醒世恒言》，齐鲁书社1995年版）

高等教育出版社排印英汉对照本《拍案惊奇》序

《拍案惊奇》与《二刻拍案惊奇》是分别刊刻于晚明崇祯元年(1628)与五年(1632)的两部白话短篇小说集,人称"两拍"。

编撰者凌濛初(1580—1644),字玄房,号初成,别号即空观主人,乌程(今浙江吴兴)人。18岁补廪膳生,后科场一直不利。55岁时,以优贡授上海县丞,后擢徐州通判并分署房村。崇祯十七年(1644),被李自成部所困,呕血而死。他一生著述与刊印的书籍甚多,而以"两拍"最有名。

"两拍"是继同时代冯梦龙所编写的"三言"(《喻世明言》、《警世通言》、《醒世恒言》)之后最负盛名的短篇小说集。"两拍"所反映的思想特征与"三言"大致相同,艺术水平也在伯仲间,故在文学史上一般都将两书并称。但它与以编集为主的"三言"有所不同,基本上都是个人创作,所谓"取古今来杂碎事可新听睹、佐谈谐者,演而畅之"(即空观主人《拍案惊奇序》)。所以,它实际上已经是一部个人的白话小说创作专集。它的问世,标志着中国短篇小说的创作进入了一个新的阶段。

"两拍"的主要篇幅和精彩部分,是写世俗的人情百态,所谓"极摹人情世态之歧,备写悲欢离合之致"。当时晚明的社会,由于商业和手工业的发展,都市的繁荣,城市市民的急剧增长,所以比起以前的短篇小说来就有更多的商人、小贩、作坊主、工匠等成为作品的主角,特别是商人,作为当时商品经济中最活跃的分子和市民的主要代表,在"两拍"中作为正面的主人公而频频亮相,这在中国小说发展史上是一个值得注意的新气象。本来,在传统的观念中,"士、农、工、商",商居其末。但在"两拍"中活跃的商人,多数已不是被写成贪得无厌之徒和为富不仁之辈,而往往是一些善良、正直、纯朴,而又能吃苦、讲义气、有道德的正面形象,如《韩侍郎婢作夫人,顾提空掾居郎署》入话中的徽商能舍银救命,又品性纯正;《程元玉店肆代偿钱,十一娘云冈纵谭侠》中的程元玉禀性端重,忠厚老成,不为女色所动,又能慷慨解囊。这样的商人在"两拍"中并不少见。作者在赞美商人的人品的同时,经商买卖已被视为正当的职业,其社会价值也得到了前所未有的肯定。《赠芝麻识破假衫,撷草药巧偕真偶》中的马少卿,出身"仕宦之家",当有人认为"经商之人,不习儒业,只恐有玷门风"之时,就理直气壮地说:"经商亦是善业,不是贱流!"特别是在《叠居奇程客得助,三救厄海神显灵》中写到"徽州风俗,以商贾为第一等生业,科第反在次着",人生的价值就以得利的多少为轻重。值得注意的是,这篇小说所写的主人公程宰与海神女结良缘、发大财的故事也意味深长。历来在文学作品中只是由文人雅士或在民间故事中勤劳诚实的农民能得到的仙女,如今却移情于一个"经商俗人"了。这充分地说明了生气勃勃的商人正在取代读书仕子而成为时代的宠儿。他们在拥有大宗财富的同时,也能得到非凡的"艳遇"。他们趾高气扬,开始俯视社会上的各色人等,瞧不起穷酸的"衣冠宦族"和文人学士,纷纷表示不愿意与他们联姻结好。在光耀的金钱面前,门第与仕途已黯然失色。小说所描写的这种社会心理的微妙变化,正表现了晚明时代的鲜明特点,反映了一种新的价值取向。

在晚明公开宣扬"好货"、"好色"的思潮中,假如说赞美商人是"好货"意识反映的话,那么歌颂婚恋自主,张扬男女平等即与鼓吹"好色"是人的本性有关。描写这一部分内容的作品占有很大的比重,且也最脍炙人口。

值得注意的是,"两拍"中这种男女爱恋之情并非出于单纯的"好色"的自然本性,而是基于生活在社会中的相互平等、相互尊重和相互了解,像《通闺闼坚心灯火,闹图圄捷报旗铃》中的罗惜惜与张幼谦,《李将军错认舅,刘氏女诡从夫》中的刘翠翠和金定,都是经过了青梅竹马、耳鬓厮磨、相互熟悉的过程后才萌发了生死不渝的坚贞爱情。他们的婚恋自主的精神,既突破了门当户对、婚姻包办的陋习,也突破了"一见钟情"、人欲本能的冲动,而是打上了新时代的烙印。

"两拍"在描写爱情故事的新潮之处,还表现在具有尊重女性的意识,流露了男女平等的思想。宋、明以来的封建婚姻关系中,贞节观念是社会单方面套在女性脖子上的一副沉重的精神枷锁。突破贞是节观念是晚明人文思潮影响下尊重人性、妇女解放的一种表现。在"两拍"中,对于女性"失节"的问题,表现得相当宽容;像《姚滴珠避羞惹羞,郑月娥将错就错》、《酒下酒赵尼媪迷花,机中机贾秀才报怨》、《赵司户千里遗音,苏小娟一诗正果》、《顾阿秀喜舍檀那物，崔俊臣巧会芙蓉屏》、《李将军错认舅，刘氏女诡从夫》、《徐茶酒乘乱劫新人，郑蕊珠鸣冤完旧案》、《两错认莫大姐私奔，再成交杨二郎正本》等篇章，都在不同程度上用谅解、同情的笔触写到了丈夫与失节之妇重归于好，甚至"越相敬重"。显然，这种新的进步的妇女观的思想基础，就是对于女性的尊重。在《满少卿饥附饱飏，焦文姬生仇死报》中就两性间的关系问题曾有这样一段议论：

天下事有好些不平的所在！假如男人死了，女人再嫁，便道是失了节，玷了名，污了身子，是个行不得的事，万口訾议；及至男人家丧了妻子，却又凭他续弦再娶，置妾买婢，做出若干的勾当，把死的丢在脑后，不提起了，并没有人道他薄幸负心，做一场说话。就是生前房室之中，女人少有外情，便是老大的丑事，人世羞言；及至男人家撇了妻子，贪淫好色，宿娼养妓，无所不为，总有议论不是的，不为十分大害。所以女子愈加可怜，男子愈加放肆。这些也是伏不得女娘们心理的所在。

这段话公开抨击了封建社会中以男子为中心的传统观念，迫切地呼唤着两性关系上的平等，使人强烈地感受到晚明社会涌动的人性思潮。

在"两拍"中，还有为数不少的作品是旨在揭露官场的腐败和社会的黑暗。《恶船家计赚假尸银，狠仆人误投真命状》开头就指出："如今做官做吏的人，贪爱的是钱财，奉承的是富贵，把那'正直公平'四字撇却东海大洋。"他们只知道"侵剥百姓"、"诈害乡民"、"将良善人家拆得烟飞星散"，这就无异于"盗贼"。像《进香客莽看金刚经，出狱僧巧完法会分》中的柳太守、《青楼市探人踪，红花场假鬼闹》中的杨金宪、《贾廉访赝行府牒，商功父阴摄江巡》中的贾廉访、《王渔翁舍镜崇三宝，白水僧盗物丧双生》浑耀等官僚，都是贪赃枉法、心狠手辣，乃至与盗同谋，甚或自己就是强盗。而反过来，那些真正的"盗贼"，"仗义疏财的倒也尽有"，因而"两拍"的作者禁不住发出了"每讶衣冠多盗贼，谁知盗贼有英豪"的感慨（《乌将军一饭必酬，陈三郎三人重会》）。"两拍"的作者在鞭挞奸臣、贪官、酷吏和种种社会恶势力时，也刻画了一些"清官"、"好官"。这主要是用一颗正直的知识分子的良心来观照的。这些清官，能主持正义，严惩罪犯，为民伸冤，在一定程度上反映了人民的意志与愿望。

"两拍"在艺术上追求的目标是"耳目前怪怪奇奇"，也即日常题材、平凡故事中显示出小说的传奇性。为此,小说的情节常常是曲折离奇,波澜起伏,但每篇的结构往往又是十分完整,写得有头有尾。在刻画人物个性方面,多采用了传统的白描手法,塑造了许多血肉饱满、个性鲜明的人物形象。在具体表现手法上,比之以前的白话短篇小说显得更为细腻。写环境,写动作,写对话,写细节,时见精雕细刻的笔墨。特别是细致入微的心理描写,更受人们的重视。中国古代的小说,因受史传文学、话本小说等影响,往往只重外部言行的描写,不大习惯于直接描摹人物的心理活动。而"两拍"中的一些作品,如《转运汉遇巧洞庭红,波斯胡指破鼍龙壳》《丹客半黍九还,富翁千金一笑》等,都有细腻精致的心理描写。这在中国古代写心传神的艺术史上,是一种新的开拓。

在当时新思潮的影响下,"三言"、"两拍"确实呈现了不少新的气象,可称为晚明市民文学的代表作。但是也应该看到,它们中也有不少作品在艺术表现上比较粗糙,又常常散发着一些宣扬忠孝节义、因果报应等陈腐气息。而更受人注目的是,它们在肯定情和欲时,比较强调人的自然本能,有过多直露的性描写,有的篇章几与当时的淫秽小说无多差别。因此,它们长期被列入禁书之列。到20世纪初,已在存亡之间。鲁迅开始写《中国小说史略》时,也未曾寓目。到20世纪20年代,自日本学者长泽规矩也等关注"两拍"与"三言"之后,逐渐被学界所重视,并陆续发现《拍案惊奇》的原刊四十卷尚友堂本藏在日本日光山轮王寺慈眼堂法库,三十九卷尚友堂刻本改名为《初刻拍案惊奇》,藏日本广岛大学图书馆;《二刻拍案惊奇》的尚友堂本藏在日本内阁文库、佐伯文库。另外,英国皇家亚洲学会、英国博物院与法国巴黎国家图书馆也分别藏有"两拍"的后印本。到50年代至80年代,王古鲁、李田意、章培恒诸先生,曾分别据在日本所得的材料加以整理后或排印、或影印出版。其中,1985、1986年,日本游万井书房影印《拍案惊奇》四十卷尚友堂原刊本与《二刻拍案惊奇》尚友堂本为最佳。1989年,陈迩冬、郭隽杰两先生在参考前人整理的基础上,即据此本加以校注,除了"较露骨的个别污秽文字"酌予删节外,基本上保持原状,于1991年由人民文学出版社出版。本书即据此人民文学出版社本加以翻译而成。

实际上,有关"两拍"的西文翻译早在19世纪已经开始,如1892年,巴黎梅松纳夫书局出版了德尔韦·圣·德尼(d'Hervey-Saint-Denys)编译的《揭开屏风的秘密》(Paravent révélateur),即是从《崔俊臣巧会芙蓉屏》而来。但长期以来,西方的译本主要是根据《今古奇观》(清代关于"三言"、"两拍"的一种选编本)选译的,选录"两拍"的作品数量极少。在日本,尽管早在江户时代就有《今古奇观》的和刻本,后来也有为数不少的《今古奇观》的全译本,但对"两拍"到现在尚无完整的全译本。至于对"两拍"的研究,到上世纪 70 年代以后才较成气候,如美国的德尔·R·黑尔斯(Dell R Halcs)、韩南(Patrick Hanan)、沃尔夫·鲍斯(Wolf Baus),前苏联的华克生(Д·Воскресенский)及日本的小野四平、小川阳一等都有专门论著出版。现在,将本书全译出版,必将对海外读者阅读与研究"两拍"有所帮助和推动。

2005 年 2 月 9 日

(温晋根、陈海燕译《拍案惊奇》,高等教育出版社 2006 年 1 月版)

黄霖主编《云间文学研究》序

2009年6月,上海市古典文学学会与松江区文广局联合举办了一次"云间文学研讨会"。这本论文集,就是在精选这次会议论文的基础上编成的。

在整个上海市的古今文学演变史上,尽管各地区的文学发展各有特点与不同起伏,但从总体上看,松江地区是非常突出的,人们往往会第一个数到它。出生在松江地区的著名文学家,很早就有陆机、陆云兄弟,时称"二陆",名闻于西晋。特别是陆机,钟嵘《诗品》称他的诗作"才高词赡,举体华美",代表了当时的最高水平,为"太康之英"。他的一部《文赋》,专门探讨了为文作诗的"用心"问题,奠定了中国文学创作论的基础。后来刘勰的《文心雕龙》,实际上就是为了进一步申述"为文之用心"而作的。唐宋以降,松江就成了文人骚客留连忘返之处,有关的吟咏越来越多,特别在元末明初,文坛奇才杨维桢筑室于松江,"笔墨纵横",影响深广。明代更出了不少名家名作,如有吟《白燕诗》出名的袁凯,写《四友斋丛说》的何良俊,编《九龠集》的宋懋澄,以及名倾一时的陈继儒、董其昌等,后来又出了陈子龙与夏允彝、夏完淳父子,形成一个云间派,在清代还绵延了一段时间。到清末,陈景韩、姚鹓雏等报刊文学家,也极具开创性。而施蛰存、朱雯、罗洪、赵家璧等现代的松江籍作家,也曾名重一时。在松江的文学史上,镶嵌了这样一颗颗耀眼的明珠,怎能不让人倾倒,让人赞叹!

说起来,我对松江的这些大家,前前后后,也多少有点注意。最先使我对松江文人感到兴趣的是因为我是嘉定人,从小就崇敬乡贤侯峒曾、黄淳耀。明末的"侯黄两先生",在我心目中十分高大。我在一篇文章中曾经这样写过:"我自幼崇敬乡贤。作为同乡后学,窃常自励:做人以侯(峒曾)、黄(淳耀)为典范,治学以钱(大昕)、王(鸣盛)为榜样。小时候,每当在侯氏自沉的叶池边来回徜徉的时候,总会升腾起一种莫名的崇高感情。尽管现在这一泓清水早被喧闹的商厦所取代,但抹不掉它留在我心中的一种人格的美。"而嘉定的侯峒曾家与松江的夏允彝家是姻亲,夏完淳的一个姐姐就嫁到了侯家,而陈子龙又是夏完淳的老师,所以我对夏氏父子、陈子龙等也十分崇拜。大学时想学习编年谱,就挑了个夏完淳,因为他只活了十几岁,学做起来比较容易。后来读研究生,我的导师朱东润先生也崇敬陈子龙,晚年就写过陈子龙的传记。所以我对陈、夏等人是深有感情的。研究生时学的是"批评史"方向,陆机、陆云兄弟的名作当然是必读必背的。我喜欢明代文学,曾经关注过一些松江文人。这两年来又将目光投向清末文学,松江的一批名人,如陈景韩、姚鹓雏,以及学姚鹓雏的朱鸳雏、闻野鹤等,也常常使我敬服不已。像陈景韩这样的人,在中国文学史上,应该也算是个开风气的人物,但长期被五四以后的新文学家们所遮蔽了。他从 1902 年起主编《大陆报》写"时评",很有特点,短小精悍,起笔突兀,一时对报刊时论、小说的开头等大有影响。1904 年起主编《时报》、《小说时报》,对中国近代小说的转型关系重大。他首先在报纸上编发小说,倡导小说关注现实,抨击时弊;面向世界,重视翻译;提倡白话,关注短篇;以及叙事手法的改良等都起了重大的作用。他在开创侦探小说、虚无党小说等新题材方面也有贡献。像他在 1909 年创刊的《小说时报》上发表的短篇小说《催醒术》,就被范伯群先生誉为 1909 年的《狂人日记》,很有启蒙意义。姚鹓雏,也是个不应该被埋没的文学家。"文革"以后,虽然也印过他的小说,编过他的诗文集,但对他的研究似乎还没有真正起步。他一生创作诗词近六千首,柳亚子说他"为南社诗人眉目","说部才无敌,文章鬼亦愁"。就以他的小说来说,笔法之精极似他的老师林琴南,但在创作方面大大超过了他的老师。写情小说如《燕蹴筝弦录》,社会小说如《恨海孤舟记》、《江左十年目睹记》,都不是泛泛之作。而且,他在小说理论与对古代小说研究方面也写有《稗乘谭隽》、《小说摭谈》、《小说学概论》等,发表了不少精到的见解。如论中国古代小说中三部写现实的大书曰:"《水浒传》大刀阔斧,气象万千,为之初祖;《金瓶》一变而为细笔,状闾阎市井难状之形,故为隽上;《石头记》则直为工笔矣。然细迹之,盖无一不自《金瓶》一书脱胎换骨而来。《金瓶》第一回'武大郎冷(路)遇武二郎,西门庆热结十兄弟','冷热'二字于篇首揭出,即为全书之干。……《石头记》首题真假,已更勘进一层,然冷热为真假之现象,真假即冷热所由来。""《石头》多词曲,《金瓶》多小曲;《石头记》绘阀阅大家,《金瓶梅》写井市编户,各有所常也。"诸如此类,见解精到。像陈景韩、姚鹓雏这样的清末民初的一些名家应该受到我们的崇敬和重视,可是他们长期被遮蔽,被冷落,甚至专写上海文学史的著作,也没有点到他们,真是十分遗憾!

有鉴于此,我正想为这次"云间文学研讨会"写一篇有关姚鹓雏的论文,因为对姚鹓雏的研究比陈景韩还不尽如人意。可是由于我杂事缠身,不能交稿,只好等以后再写吧!好在这次会上各位先生提交了二十多篇论文,所涉范围广泛,内容丰富,有论有考,形式多样,有的写的十分精彩,决不是应景之作。这从本编所选的文章中就可以清楚地看到了这一点。这些论文无疑为以后进一步深入研究云间文学开了个很好的头。我相信,只要松江区的领导的重视,我们上海地区的古代文学研究者的积极参予,紧密合作,加强研究,一定会使世人更加了解松江的文学,重视松江的文学,赞美松江的文学。松江文学作为我们中国文学史、文论史上的精彩篇章,不但是松江的骄傲,也是上海的光荣。让我们大家一起为发扬光大松江文学的优秀传统而努力吧!

2009 年 10 月 20 日

(《云间文学研究》,上海古籍出版社 2009 年 12 月版)

芙蓉主人《痴婆子》书录

《痴婆子》，又名《痴妇说情传》。二卷三十三则。题"芙蓉主人辑"，"情痴子批校"。三余堂覆明本《东西晋演义》无名氏序引及此书，故疑为明人作品。今存乾隆甲申序刻本、写春园丛书本、石印本及多种抄本。刘廷玑《在园杂志》曾斥"……《痴婆子传》则流毒无尽"。丁日昌《禁书目》等均著录。

此书系用浅显文言写成，在艺术表现上颇有特色，即全书基本上用第一人称倒叙写成，因此在表白主人公心理时颇为细腻。小说开头称有筇客者访问一发白齿落而却丰韵潇洒的七十老媪，媪即将"一生佳事"汩汩而谈。谈至上卷末，云："今已日暮，未得罄予所言，明日当再过予以告。"筇客曰："唯唯。"于是别去。下卷接云："昨与子言，未竟其说，今为子陈之。"一直说到最后。这样，全书的主要内容是老媪上官阿娜的回忆。由于开头点缀了一二句新闻采访式的回答，也使小说增加了真实感。有人说，中国小说运用倒叙的手法是从近代接受西方影响才开始的，这篇作品就对这一说法作了彻底的否定。

小说主人公回忆一生说，父母生她与妹娴娟两人。十二三岁时，情窦初开，"每揽镜徘徊，顾影自怜"。又将被父母斥为"淫风不使诵"的《诗经》"窃熟读而默诵之，颇于男女相悦之辞疑焉。始而疑，既而悟曰：若父与母耳。彼私而此公，但不知所悦者作何状？"于是她乘间以夫妇男女之事问北邻少妇。少妇向她介绍了男女之别及相悦之情状。听后，"欲得一人以少试"。适表弟慧敏来，两人共寝，始尝禁果，接连旬日，后被母发觉，乃罢。不久慧敏归父母家，她终夜思之，泪湿枕函。十四五岁，益艳美。见家奴子俊色丽善歌而挑之，于夜暮曲廊中成事。是岁嫁栾家。翁名饶。长子名克奢，监生；次子名克俭，业儒，为其夫；幼子名克饕，武庠。夫尚信她为处子，赞曰："今得窈窕淑女，定能宜室宜家。"岁余，夫游学他郡。她苦闲寂，偷奴盈郎，又被奴大徒、伯克奢奸。一日，见翁奸嫂沙氏，也被迫就范。从此，两媳更番侍翁。时姑病，去城西空寺求卜，被寺僧如海及其师共污之。回家又与叔克饕、妹婿费姓、戏旦香蟾偷情。

• 348 •

最后因热恋塾师谷德音,大肆淫亵,而不复顾其他,遂犯众怒而事败,遭夫毒打后遣归母家,时年三十有九。人皆指之曰:"此栾家败节妇!"

小说对阿娜的败检淫行及心理体现一一作了细致的描摹。在行文过程中,似乎也无多贬词。特别是开头少妇所论男女一段,似把人欲看作是一种自然之性,是延续后代的大事和相互愉悦的乐事。请看少妇曰:"当上古鸿濛之世,虽男女两分,而并生营窟巢穴之间,木叶为衣而蔽严寒,然炎暑料亦并木叶而去之,裸体往来,恬无愧怍,见此凹而彼凸,宛然异形……相值而凸投其凹,彼实讶此之独无凸。而不知此一投也,实开万古生生不息之门,无边造化,情欲之根,恩爱之萌也。夫既投也……实为大乐,而喜不能已矣。用是以人传人,日复一日,而男女之相悦,所从来矣。"这些观点,或许是作者内心深处的真实思想,否则无法理解他对男女的性行为能作如此赤裸裸的描写。

然而,在封建社会里,即使在明末清初那样一个比较开放的时期,正统的伦理道德还是深深地统治着每一个文人的心。《痴婆子》的作者当然也不例外。他最后不得不让主人公用一大段忏悔式的语言来总结"一生佳事",以此来平衡或掩饰全部猥亵的笔墨:"予怆然自悲曰:我之中道绝也宜哉!当处闺中时,感少妇之言而私慧敏,不姊也;又私奴,不主也;既为妇人,又私盈郎,不端也;又私伯,不闭也;又私大徒,不庄也;又私翁,不伦也;又私叔,不重也;又私费婿,不类也;又私如海,不戒也;又私海师,不贞也;又私香蟾,不正也;又私谷,不敬也。后人做了一部通俗小传儿,个个人看见,也有嘲笑的,也有詈骂的,凭他罢了。"作者接着用自己的语言,更明确地咒骂阿娜"固是畜类","不免众人恨",且表明自己撰写这部小说在于"警世戒俗"。所谓"警世戒俗",实际上也就是这类小说常用的招牌,以此来掩人耳目,贩卖私货。

不过由于这部小说用特别细腻的笔触描写少女的怀春和"一念之偏"(芙蓉主人序),致使以后不可收拾,越走越远,使人阅后不能不感到青春期教育的重要性和性压抑的悲剧。当少女情窦初开、顾影自怜之时,不但缺乏科学、正确的引导,反而加以限制、压抑,连《诗经》也作为"淫风"而不准诵读。这就反而刺激了孩子的好奇心、偷读,偷问,偷试,于是在似懂非懂之时,朦朦胧胧之间,撞破了潼关,无视其贞操,以后就自然把两性关系视同儿戏,"不论亲疏,不分长幼,不别尊卑,不问僧俗,惟知云雨绸缪,罔顾纲常廉耻"(芙蓉主人序)。当然,这主要是指作品的客观意义,作者在创作时主观上恐怕并不十分明确。

(《中国禁书大观》,上海文艺出版社 1990 年 3 月版)

人玄子《浪史》书录

《浪史》，又名《浪史奇观》、《巧姻缘》、《梅梦缘》。四十回，不分卷。正文前题"风月轩入（一本作"又"）玄子著"。卷首有著者自叙一篇，《凡例》四则。卷末附有短论书中十个主要人物的《花案》七则及作者跋语一篇。今存啸风轩写刻本，光绪间活字本等。《凡例》尝伪称："此书疑是元人手笔，以其文情绝韵似《西厢》也。"然作者在《花案》（铁木朵鲁）中竟称元朝官宦"产自夷虏，乃知乱华之非"，显然不是元人的口气。又其叙言所论"情"字，与冯梦龙在《情史类略》序言中所论基调极其相似，甚至语言也颇接近，故作者大致与冯梦龙生活在同时。

故事叙元朝至治年间钱塘小秀才梅素先，字彦卿，年方十八，风流无检，人称浪子。父亲曾官谏议大夫，因得罪权臣，被罢官归里。不几年，夫妇双亡。这谏议夫人在日，曾领养侄女王俊卿作继女，如今已十六岁了，与浪子如嫡亲姊妹一般，二口在家度日。这年清明，浪子游春时路遇王监生妻李文妃，惊其美艳，设计通情。李也有意，遂相约成奸。其后，浪子又与李家后门赵大娘、妙娘母女、文妃婢春娇、文妃义姊潘素秋等交好。而其妹也与梅之跟随及同性恋者陆珠（一本作陆妹）有私，后嫁出。王监生死，梅正式娶李为妻。梅、李、陆及众婢相互乱交无度。故事至第三十回，突然写梅幼年好友、现为司农丞的铁木朵鲁来信相请，梅即离家去濠州。在铁木家，梅以其貌美，先后使樱桃、文如二妾及夫人安哥动情相就。而铁木早决意抛弃富贵，入山修道，乃将所有家财及妻子安哥等一并交付浪子而去。浪子将家财尽数收拾回家，与文妃、安哥两个夫人快活度日。过二年，浪子登黄甲，赐进士出身，但不听选，告病在家受用："春夏秋冬，一年四季，无日不饮，无日不乐。又娶着七个美人，共两个夫人与十一个侍妾，共二十个房头，每房俱有假山花台，房中琴棋诗画，终日赋诗饮酒，快活过日，人都称他为地仙。"然一日忽思归隐，望湖中去择深山藏迹之所，路遇成仙之铁木朵鲁。铁木对他说:"你原名登仙籍,这些夫人侍妾,都是天上仙姬,共是一会。你在这里可以避祸乱,出死生矣。"浪子即居是山,自号石湖山主,称两夫人为石湖山君,遂与尘凡相隔,后亦成仙。

《浪史》是一部有名的"淫书"。张无咎重刊《新平妖传叙》斥之"如老淫土娼,见之欲呕"。刘廷玑《在园杂志》认为它"流毒无尽"。丁日昌禁书目中亦有此书。这主要是由于此书所写以浪子为中心的性关系,大都违背了封建伦理道德,又描摹得刻露无遗,故注定不容于中国封建社会。然而,小说的结尾却以超脱出世来"曲终奏雅",曲折地表露了对现实社会不满的情绪。请看最后浪子与两位夫人讨论决定归隐时道:"吾如今有千万家赀,身为进士,富贵极矣;名色满前,丝竹满耳,声色备矣。物极必反,安能终保其有?不如聚了金银泛舟而去,做个范蠡,岂不美哉?"又说:"《诗》云:'既明且哲,以保其身。'达人明炳几先,愚人濡首入祸,庸人临难而走。"这都是从"物极必反"、"明哲保身"的一般意义上来说的。而当文妃劝他"还是与朝廷建功立业,受享荣华,庶不枉了一生"时,浪子说:"咳,世味不过如此,天下事已知之矣,何必吾辈主持!"安哥又用原来铁木的话来补充道:"千古以来,未有今日不成世统!吾做甚官?"这就直接对现实的统治作出了否定。文妃则进一步补充道:"世态炎凉,不肖有势而进,贤才无力而退;不肖倖进而欺人,贤才偶屈而受辱。何不高蹈远举,省得在世味中走也。"这些议论充分地流露了作者的不平抑郁之气,也可证明此书可能出自一个下层失意文人之手。

《浪史》的"曲终奏雅",不同于一般"淫书"对书中的种种"淫行"作批判与悔悟式的点缀。它尽管用主人公避世成仙来作结,但作者在根本上不是一个出世主义者,而是热恋人间社会、特别是热衷于男女情欲的。"青春错过,诚难再得","人非草木,岂独无情",这可以说是全书表达的中心。这里所说的"情",实则为男女之情。其《叙》也云:"天下惟闺房儿女之事叙之简策,人争传诵,千载不灭。何为乎?情也。盖世界以有情而合,以无情而离。……盖忠臣孝子未必尽是真情,而儿女切切,十无一假。则《浪史》风月正使无情者见之还为有情。情先笃于闺房。扩而充之,为真忠臣,为真孝子,未始不在是。"正因为作者视情欲为至上,故全书极写淫人淫事,始终未有一言贬词,甚至对公认的乱伦灭理之事,也视若等闲。其中最可怪者,如作为丈夫的梅秀才撮合妻子李文妃与宠奴陆珠滥交,妻子道:"今教我如何做人?……这不是妇人家规矩,你怎地却不怪我?"丈夫却回答说:"三人俱是骨肉,有甚做人不起?……你便恁地容我放这个小老婆？我怎不容你寻一个小老公？"而寡妇赵大娘竟劝亲生女儿妙娘与自己的姘夫相交云："你两个年纪又相仿，容貌又相配"，"有甚羞处？做了女子，便有这节。你娘先与他干了⋯⋯叫你却不爱这标致书生，却不错过？"这样的观点，这样的语言，即使在中国古代其他"淫书"中也属少见。例如《浓情快史》也有母亲为姘夫与女儿拉皮条之事，但写得较有余地。女儿羞羞答答，一波三折，未能轻易相从。而《浪史》则完全不顾传统的道德，对"淫荡"加"乱伦"的人与事全都作为"真情"而采取肯定的态度，故作者在《花案》中评赵大娘母女曰："百年旦暮，白驹过隙。其大娘中年丧偶，一见才郎，遂丧名节，亦情之常也。但以生女侍人，能无惨乎？虽然，得遇娇痴子，不顾其身，遑惜其他。"其他如赞李文妃"但爱风流，子安知名分？"安哥"原托英雄如柳姬"，樱桃、文如则"真不减步氏、飞烟"⋯⋯至于主人公浪子，则是"千古情人"，"亦英雄人也"。他们都有一个良好的结局。总之，作者认为"情"高于一切。在"情"面前，一切封建名教、伦理纲常都是不足道的。这正如他评陆珠所言："其爱风月而不顾名教者欤？"这也就决定了这部作品肯定不容于被名教所统治的社会。但是，在中国小说史上，乃至在整个思想史上，这样彻底地（而不是矛盾地）肯定情欲、否定名教，实在是不多见的，是值得注意的。

（《中国禁书大观》，上海文艺出版社 1990 年 3 月版）

云游道人《灯草和尚传》书录

《灯草和尚传》,一名《灯花梦全传》,又题《和尚缘》。六卷十二回。题"元临安高则诚著"、"云游道人编次"、"明吴周求虹评"。然文中引及《野史》、《艳史》,一般认为是清初作品。嘉庆十五年御史伯依保奏禁。今存清和轩刊本及坊刊本、石印本。

故事叙元末有杨知县者,妻汪氏,乃千户之女,十五岁时嫁与这杨官儿,十七岁时生女名长姑。长姑许与李商人之子李可白。杨官儿致仕回原籍扬州,夫妻与女三口过活。然杨官儿年虽四十,性好闲游。一日,同几个朋友去苏州虎丘赏月去了。夫人在家冷清度日,忽有一头脸发面俱是红色的婆子自荐于汪氏,称善作戏法。是夜,婆子"取出一束灯草来,约有三寸长,到火上点着了,叫奶奶来看。夫人走近灯前,只见灯花连连爆下,忽一滴油落在桌上,抖然变了一个三寸长的小和尚,跳了两跳,走向夫面前问话",后竟直钻汪氏阴户。又能变作身长八尺,日日与夫人交欢。杨官儿回家知情,夫人乃将和尚藏于婢女暖玉处。和尚遂与暖玉夜夜欢娱。一日,杨官儿偷奸暖玉时,又发现灯草和尚。遂将他扯成三四段而死。此时,老婆子即引春夏秋冬四姐来,救治灯草和尚。并由夏姐先诱奸杨官儿,春姐夺长姑夫李可白。继而,诱得杨官儿与春姐,甚至与女儿长姑乱交。长姑又与和尚通情,被婿发觉休离后,仍与和尚淫欲过度而死。杨官儿也在女儿断七作法场时,被灯草和尚惊死。杨官儿头七那天,暖玉恋上了做道场的道士周自如。周先后与暖玉、汪氏成奸。汪氏又去杭州寻找灯草和尚。回来后知暖玉已勾搭男仆来禄一起逃离。汪氏遂与周自如重斟合卺之杯,成其夫妇,十分恩爱。

以上故事主要是叙由灯草和尚而引起杨官儿一家的淫乱,乃至杨官儿自己及女儿长姑身亡,妻子汪氏跟道士而去。显然,作者的主要矛头是针对杨官儿的。这是为什么?小说在结尾处借灯草和尚的口点明了作者的创作意图:

"你家老爷（杨官儿）原是个好人，只因在越州作官的时节，有个乡宦也是明经出身，他家夫人与小厮通奸，被人出首，拿在当官，你家老爷动起刑来。那乡宦青衣小帽，上堂再三哀告全他脸面。杨官儿不肯，差人提出，当堂众目之下，去了下衣，打了十板。那乡宦回家气死了。故此上天震怒，差我下来引你（杨夫人汪氏）的邪心，坏他的门风，转嫁周自如，代乡宦还报。"接着，作者直接用自己的语言及证诗作结道："可见刻薄之事，必有恶报。灯草也是借言。有诗为证：莫道人家贪色欲，相逢尽是消福禄。妇人水性经火煎，相逢思量男子烛。刻薄三字莫存心，凡事忠厚以待人。细看灯草和尚传，循环报应针对针。"表面看来，作者不满杨官儿的是过于"刻薄"，宣扬"忠厚以待人"。这当为一般人能接受。然而若进一步追究杨官儿在什么问题上"刻薄"时，就不难发现，作者不满杨官儿在处置"夫人与小厮通奸"时过于严厉。其实，在当时社会里，对于这样的罪案，打十下屁股谈不上什么"刻薄"。作者之所以认为"刻薄"，实际上反映了他认为这主仆通奸并不是什么罪案。其书末证诗开头所说："莫道人家贪色欲，相逢尽是消福禄。"第五回红婆子说："大凡偷情嫖院，一夜情分，也是前世有缘。"这些都直接地表明了作者的观点，即男女交好，都是无可指责，甚至是命中注定的事。作者这一观点的基础，乃是认为人欲是自然而有、不可压抑的。小说开头的一首回前词即点明了这一思想："那夜深人静、欲火怂恿，男男女女，没一个不想成双着对。"因此，这部小说的基本思想，乃是对禁欲主义和封建伦理道德的嘲弄，宣扬了人欲的合理性。

作者在宣扬人欲的合理性时，特别表现了对女性的关注。众所周知，在封建社会里有关两性关系的礼法，主要是针对女性的。因此，女性所受的压抑更深。古代的一般"淫书"，也大都以男子为中心。而本书在把矛头针对杨官儿的同时，对其夫人汪氏及其他女性往往予以原谅。第一个引进灯草和尚，致使弄得家翻宅乱的汪夫人，作者不但没有对她丝毫谴责，或者受到什么报应，相反，最后能在没有任何忏悔表示的情况下，有一个美好的结局：过着"十分恩爱"的夫妇生活，"享受七十"，还有"一个孩子"。给淫者以这样的结局，除了《浪史》等个别小说之外，是很少见到的。小说第五回借秋姐的口说："我们姊妹四个，都有丈夫，都不受丈夫管束。如今世家良宅，都是一个妇人家，谁不想偷几个男子汉？夫人这里深闺内阁，耳目众多；穷人家衣食不周，朝暮愁难；任使你欲心也动不得什么火，只索忍了。若有些门路，任他少的老的好的歹的，那一个不心心念念想这件事！"这些富有煽动性的话，实在是惊世骇俗，早把封建礼法抛到九霄云外。这也可以说是在中国古代封建社会里的女性正常的欲望因长期受到压抑而发出的一种反抗的呼声。当然,我们也应该注意到,作者之所以为女性大鸣不平,一方面固然认识到女性受到压抑更深;另一方面则也由于他认为"妇人欲火尤甚","男子是火性,被水一浇,那火便灭了一半;妇人家是水性,被火一烧,那水更热了"。这些话是否科学,姑且不论。作者的意思无非是说:女性本能的欲望比男子更强烈,但实际上受到社会的压力更严重,因此,他就要为女性的自由大声疾呼。也因此,他要为某乡宦夫人因通奸被打十大板一直愤愤不平,乃至要"借言"这《灯草和尚》来发泄其愤了。

《灯草和尚》在总体上无疑是一部明目张胆地肯定人欲、蔑视礼法的作品。它没有使主要人物因淫而受到报应,而相反使惩淫的人受到了报应。这在中国小说史上是少见的。但是,它比起《浪史》来并不彻底。作者还根深蒂固地受到封建礼法的影响,有时还不自觉地流露出对于人欲的批判。比如小说最后灯草和尚向汪氏点明报复杨官儿的用意时说:"引你的邪心,坏他的门风。"这就把汪氏等所作所为又都打上了淫邪的印记。又如让长姑纵欲而死,也不脱一般小说的俗套。这都反映了作者内心深处在如何看待人欲的问题上还是有矛盾的。

(《中国禁书大观》,上海文艺出版社1990年3月版)

痴道人《株林野史》书录

《株林野史》，六卷十六回，署"痴道人编辑"，刊于清代。今存刊本、上海小说社印本等。嘉庆十五年六月御史伯依保奏禁小说之中，即有《株林野史》及《灯草和尚》、《如意君传》、《浓情快史》、《肉蒲团》等描写"秽亵不端之事"的作品。同治七年丁日昌禁书目也著录此书。

这部小说的女主人公是春秋时代著名的"乱国淫女"夏姬。《春秋》、《左传》、《国语》等都有记载。如《左传》宣九年称："陈灵公（名平国）与孔宁、仪行父过于夏姬。"十年，《春秋》云："陈夏征舒（夏姬子）弑其君平国。"《左传》曰："陈灵公与孔宁、仪行父饮酒于夏氏。公谓行父曰：征舒似汝。对曰：亦似君。征舒病之。公出，自其厩射而杀之。"《楚语》云："昔陈公子夏为御叔，娶于郑穆公女，生子南。子南之母乱陈而亡之。"另外，据说《诗经·陈风》中的《株林》一诗，也是刺陈灵公"淫乎夏姬，驱驰而往，朝夕不休息"的。就在历史记载和民间传说的基础上，有关夏姬的故事越来越丰富。在明代《列国志传》、《新列国志》，乃至清代的《东周列国志》等小说中都有比较详细的记载。《株林野史》就在这基础上，以《东周列国志》第五十二回"陈灵公袒服戏朝"、第五十三回"楚庄王纳谏复陈"、第五十七回"娶夏姬巫臣逃晋"等故事为基本梗概，加入了大量的猥亵笔墨，粗制滥造成了这样一部新的小说。

《株林野史》的故事为：在各国善政最少、淫风偏多的春秋时代，郑国穆公生一女名唤素娥，有骊姬、息妫之容貌，兼妲己、文姜之妖淫，年方十五，春心初动，梦见神人普化真人教以一种"与人交媾曲尽其欢又能采阳补阴却老还少"的"素女采战之法"。时陈国大夫夏御叔派泄冶、孔宁来求聘，郑穆公答应三年后与女成婚。素娥心不遂意，与叔兄子蛮偷情，并怂恿婢女荷花一起成奸。子蛮经不起二人缠扰而呜乎哀哉。素娥十八岁，嫁与夏御叔，遂名夏姬。二年后生子名征舒，字子南。御叔与夏姬夜夜欢淫，渐渐枯槁病死。临终，托契友孔宁照管儿子。孔宁乘办丧事之机,先用珠宝买通荷花,继而与夏姬成奸。丧事毕,孔宁将征舒领去从师,夏姬退归邑地株林,二人常相往来。一日,孔宁将夏姬之事透露给同事官仪行父。仪亦先以厚币结交荷花,遂遣其约与夏姬私会。仪行父相貌伟丰,又以春药媚夏姬,故夏姬爱之倍于孔宁。孔宁心怀忌妒,乃设计引陈灵公入马。他认为,陈灵公有狐臭,夏姬定不喜欢。他作为贴身帮闲,可从中讨得便宜,而仪行父将不便常来。灵公得交夏姬,回视六宫,犹如粪土。当灵公闻知孔、仪二人之事后,对夏姬说:"惟愿与卿常常而见,此情不绝,其他任卿所为,不汝禁也。"次日散朝后,灵公问及孔、仪二人,孔对曰:"譬如君有味,臣先尝之;若尝而不美,不敢荐于君也。"灵公遂约二人异日去株林作连床大会。此事被直臣泄治闻知,极谏灵公不可"失君臣之敬,无男女之别"。孔、仪乃合谋雇刺客刺死泄治。此后,三人不时同往株林,习以为常。转眼间征舒十八岁,生得身材雄伟,多力善射,灵公欲悦夏姬之心,使为司马,执掌兵仗。一日,灵公与孔、仪游株林。席间,灵公谓行父道:"征舒身材魁伟,有些像你,莫不是你生的?"孔宁从旁插口道:"主公与仪大夫年纪小,生他不出。他的老子最多,是那个所生,夏大夫记不起了。"三人拍掌大笑,征舒听后不觉羞恶之心勃然难遏,即领兵围住夏府。灵公欲从东边马厩而走,被征舒射死。孔、仪二人从西边逃出,奔入楚国。征舒拥兵入城,立世子午为君,是为成公。楚王兵围株林,拿住征舒,车裂而死,将夏姬配与连尹襄老。孔、仪二人归国先后见夏征舒、灵公等鬼魂,发病而死。连尹襄老娶夏姬才一年出征战死,其子则早丞淫夏姬。夏姬借迎尸之名,谋归郑国,而楚国屈巫早贪夏姬之色向郑穆公求婚,两人遂在馆舍成亲。婚后,逃往当时楚的敌国晋。屈巫即拜为大夫,改名曰巫臣,夏姬亦改名为芸香。于株林失散之荷花寻来,同归巫臣,与芸香姊妹相称,淫乐不已。后晋公主及夫栾书与巫臣、芸香、荷花家相互淫乱,丑闻外传,晋君大怒,即亲自领兵围栾书、巫臣家,将二人拿住,问斩,而芸香等三女被早年梦与交媾的神人救去,不知所终。

此书与《东周列国志》等相比,虽然加了不少秽笔,但主旨仍然是宣扬女人祸水、贪淫亡国的论调。第八回写屈巫劝阻楚庄王娶夏姬时道:"此妇乃天地间不祥之物,据吾所知者言之,子蛮为伊人而死,陈侯为伊人而被弑,泄治为伊人而遇害,陈国大乱,皆此人之所致也。不祥莫大焉。天下美人多矣,何必娶此淫物为贻后悔。"然而,当时的王公大臣,包括屈巫自己在内,纷纷为夏姬的美色所动,贪欢未已,而最后一个个都由此而身败名裂,不得善终。小说对无道昏君、佞臣淫棍，作了严厉的谴责，同时，对"欲海沉沦无底"的"郑家妖女"也作了无情的鞭挞，表现了作者的思想还是十分正统的。

  小说最后写到夏姬（芸香）夜作一梦，见一青面红发的神人手执大刀骂道："你这个贱人，淫欲无度，害死了多少好人！"说罢提刀便砍。忽然走出一个伟丈夫，知是幼年与他交媾的浪游神，一手揽住道："他虽有罪，奈小神与他交道一次，望上圣看小神分上，将他恕过，日后小神还该与他有缘。"那一青面神道："既然如此，我便不管了。"后忽然一连妖风，把芸香等三美人刮走，杳无踪迹。看来，小说没有使夏姬得到报应。这是否说明作者思想矛盾，对夏姬有所同情呢？不。《株林野史》不同于《浪史》，也不同于《灯草和尚》中的淫乱主角不受报应。后两书，特别是《浪史》，实质上并不把"淫"看作淫的。那些曾经你贪我爱，情欲无度的人物，作者最后让他们升仙而去，完全是出于肯定和赞美的。而《株林野史》自始至终把夏姬看作是"有罪"的。最后的结局只是小说家的胡编乱造而已。这也说明了这部小说的作者是没有什么头脑的。他知道的只是在承袭前人作品的故事和主旨的基础上添加了一些熟套的性事描写来招徕读者而已。这就决定了这样的一部作品即使不禁毁也是没有生命力的。

（《中国禁书大观》，上海文艺出版社 1990 年 3 月版）

醉西湖心月主人《弁而钗》书录

《弁而钗》,四集,分别以《情贞纪》、《情侠纪》、《情烈纪》、《情奇纪》为题;每集五回,演一故事;全书共二十回。题"醉西湖心月主人著"、"奈何天呵呵道人评"。今存笔耕山房刊本,刊于崇祯年间。此书的作者、版式与出版书肆均与《宜春香质》相同。内容也同样着重刻露南风,故刘廷玑《在园杂志》将此两书一起加以呵责:"更甚而下者,《宜春香质》、《弁而钗》、《龙阳逸史》,悉当斧碎枣梨,遍取已印行世者,付祖龙一炬,庶快人心。"后被列入多种官方的禁书目中。

《情贞纪》叙江都县书生赵王孙,年方十五,被二十岁翰林风翔看中。风化名涂遇之,与赵同学,百计挑之,两相成奸。风声渐透,赵被迫回家,风也离走。后赵在风的暗助下高中二甲,官至吏科给事中。风以忤中贵坐斩,举朝缩舌,赵不避权势,批鳞拽裾,痛哭流涕,立白其冤而使其得免。二人遂弃官,世世相好。作者写风、赵两人"始以情合,终以情全",意在"为南风增色"。

《情侠纪》叙天津张机,文武双全,为抚台所重。王飞豹及其两女女英、女杰均武艺高强,然比武时均败于张机手下。由抚台说合,张机与两女成婚。天津另有才子钟图南,好男色,慕张生,引以成奸,两相情重。钟先赴京考试得中,赴陕西征贼有功。张后亦中探花,并屡建武功。张、钟两人均封伯封侯,然相见之时,犹就榻了相思之债。后均退隐,子女联姻,世代相好。此篇主要想证明"儿女之情虽英雄亦不能免"。

《情烈纪》叙浙江苕溪文韵,原与本乡财主万通之女定亲。因文父早死,万欲赖婚,诬陷韵兄为盗,致使兄弟入狱。狱卒不平,放出文韵。文韵外逃,无以为生而为戏子,得到才子云汉的赏识,两相情笃。有恶霸乜仪宾欲强占文生。文计难免,乃求九百金卖身与乜,以供云进京考试,而自己以死殉情。慈航大士感其贞烈,授以聚形符护身诰,许他完形,继续情缘。云终中进士,为文报仇雪恨。文则后归南海为神,总管海事。小说表现了"情感知遇,生死不易,为情而死"的主题,认为像文韵这样的"情痴","可为世法"。

《情奇纪》叙福建闽县人李又仙,因父运粮被盗入狱而卖身救父,入"南院",充男妓,受尽苦难。后被监生匡时救出。不久,匡被诬害,满门抄没。李又仙设计救出匡子鼎,扮作道姑,将鼎扶养成人。匡鼎终于高中状元,悉明原委,雪冤报仇,合家团圆。李又仙则悄然离去,入山为道,恢复真相。他原是玉华真人转世,后入武夷山不知所终。

通观这四篇小说,尚有一定故事性,揭露当时社会罪恶,也偶有可观之处。如《情烈纪》写乜仪宾的横行霸道,《情奇纪》中"南院"之灭绝人道,可见当时明末社会之一斑。然整个小说的故事有一种生搬硬套的痕迹,描写社会现实也较肤浅,故在总体上无足称道。

四篇小说的主旨是强调"情",由情而演出"贞"、"侠"、"烈"、"奇"的故事。其篇名似乎也接受了《情史》的影响。强调人情,是晚明反对用虚伪的礼教和道学来扼杀自然人性的、颇具个性解放色彩的一股进步思潮。因此,赞美真情的作品在总体上不应予以轻易否定。然而,在当时写情的作品主要是写男女之情。《情史序》即称"情始于男女",希望以男女之间的真情"流注于君臣、父子、兄弟、朋友之间",以达到"情教"的目的。当时的文人敢于尊重"男女之情",一方面固然由于尊重人的自然规律,另一方面也由于有儒家经典可据:"《易》尊夫妇,《诗》有《关雎》,《书》序嫔、虞之文,《礼》谨聘、奔之别,《春秋》于姬、姜之际详然言之。"(《情史序》)但即使如此,像《情史》的序作者那样还说"专事男女,未尽雅训",担心不能起到"广情"的作用,反而招致"导欲"的罪名。而《弁而钗》及《宜春香质》所写之情,乃不是正常的男女之情,而是二男之情,是一种同性恋。当然,假如两个男子之间建立起一种真挚的情谊而又不损害他人,本当也无可厚非。然而这部小说所描写的"情",都是建立在违反人道的肛交基础上的变态行为,而作者对于这种"南风"虽有微词,但在总体上还是认同的,甚至是赞美的。这主要表现在:一,对这种变态的性行为每每加以具体描摹,且常常带有一种欣赏的口吻;二,小说主人公的所有的"贞"、"侠"、"烈"、"奇"等一切美德,都是由此生发;三,这些嗜好南风的主人公都得到了升仙善终的美好结局。因此,这样一部专以描写、肯定,甚至赞美变态南风的作品,难免要被人们视为淫书,遭到焚毁。

(《中国禁书大观》,上海文艺出版社1990年3月版)

醉西湖心月主人《宜春香质》书录

《宜春香质》，四集，分别以风、花、雪、月为名；每集演一故事，五回；全书共二十回。题"醉西湖心月主人著"、"且笑广芙蓉癖者评"、"般若天不不山人参"。今存笔耕山房刊本，刊于崇祯年间。此书与《弁而钗》出于同一作者和及同一书肆。刘廷玑《在园杂志》曾说："更甚而下者，《宜春香质》、《弁而钗》、《龙阳逸史》，悉当斧碎枣梨，遍取已印行世者，付祖龙一炬，庶快人心。"后被列入多种官方的禁书目中。

风集开头即表明了作者的创作主旨，即为了儆戒"荡情"者，使其"悔祸而改过"。他认为："有情而可以为善，无情而可以为不善；降而为荡情，则可以为善，可以为不善矣。世无情，吾欲其有情；举世溺情，吾更虑其荡情。"这说明在对待"情"的问题上，他是采取中庸的态度。而面对当时明末的社会现实，他"更虑其荡情"。他说："情至于荡，斯害世矣。荡属于情，并害情矣。情既受害，始也世受其愚，终焉身任其咎。试看从来水性杨花，朝三暮四，有一获令善者否？"然而，由于"举世人如斯"，他无法一一指责，故只能创作小说，"试举一人以为模样，令千万人观之，触目而寒心，悔祸而过改"。这段话，实际上也可以看作全书的创作纲领。

风集的故事叙苏州美少年孙义，年方十二，被大同学李尊贤骗而奸之。孙着魔后，竟甘心情愿地被小厮筠僮、兄长孙之、先生钟万禄，乃至同学一十八人一一鸡奸而无愧色。有同学名韦英者苦劝其"立品为贵"，孙乃良心发作，甚为懊恼。又于浴室中亲闻众人议论自己，于是决心改名丘义，随商人王仲和南游杭州。在杭又被浑名"骨里蛆"者拐骗而奸。王仲和恨孙义不立品地，决计南行。孙又被骨里蛆拉入妓女曹娇家，一住半年，行囊荡尽，只得卖身于人。妓女曹娇有孕，设法赎身养子，以待孙义。孙的主人以拐骗罪收监饿死，孙又随众人嫖窠子，包小官，无所不至。后随干将、莫邪两人去京谋官。干、莫两人为图钱财而将孙害死。孙冤魂告至纯阳祖师。祖师点明：此乃"荡情之报"，"要等王仲和替你报仇"。后王仲和高中，选了河南开封府四府，听孙魂来诉冤后，遂将已任开封府知事及绿衣县典史的干将、莫邪处死，并请高僧超度孙义，将其骨灰送回姑苏，又赠五百金给曹氏为养子之助。后王仲和位至天官，其子乃孙义转世，中探花，此为"扶孤雪冤之报也"。此篇上半部写男色，后半部记冤魂，重因果。文字多平铺直叙。唯写干将、莫邪为谋取当铺钱财而差孙义去取金杯遭毒打，又暗将其置死的一段，写得惊心动魄，现出险恶的世态。

花集写一"枭情小官"单秀言，以男色诱骗古董商人谢裕，不消一年，谢金荡尽，即被弃之。单又去山东经商，又以男色得亳州商人和宾王的厚待，与之买房开店。和回亳州查账后，单更是享尽富贵。时辽阳豪杰铁一心挈家来镇，寄居单家后房中。单先以男色迷住铁生，继而与铁妾艳姬成奸。铁闻讯后，扬言灭单。单恐，买通官府，诬铁生为盗，将其驱逐出境，并设计于途中将铁谋杀。幸六度和尚先来透露风声，一起乔装逃离进京。单则公开霸占艳姬为妻。时和宾则亳州遭难，落魄至此，单竟拒而不见，幸得汪英相救。和后进京中金魁，入翰林，适山东白莲作乱，奉旨征剿。时铁生、六度投于麾下，戮力合心，平定乱寇。至和风镇，部中谢裕率先将单秀言、艳姬等擒获。单等终被抽肠活剥，处以极刑。和与汪奉旨成婚，居官三十年而退隐，终与铁生、六度、谢裕相谈竟日而仙去。全篇故事无非说明："善恶到头终有报，只争来早与来迟。"

雪集创作主旨是感叹"世人只重钱财：有钱时，路人也不弱似骨肉；没了钱，就是同胞兄妹，比路人还炎凉些"。故事写山阳小官伊人爱以男色赚钱，一日与"编头"陆长子、妓女祁文及祁龟等合伙，谎称与祁文原为夫妇，不得已将文卖身，以骗得大老官商新的同情。商遂出资将祁文赎身，并安顿其"夫妇"。伊又骗得商大宗钱财及房契。祁文颇觉伊不仁，欲投商，商不睬。伊将文卖出，另开店铺。商遇灾难，一贫如洗，伊竟不予理睬。商去广陵找妹，也遭冷遇。幸得朋友及祁文帮助，终于春榜中一甲，选了浒墅关。众朋亲友，即趋之若鹜。陆长脚等受了处罚，祁文则被娶为侧室。时伊人爱已得杨梅疮死。商犹令地方收了骸骨。商说："宁人负我，毋我负人。"后福祉攸长。这篇写世态炎凉，颇为触目。如写商新中了进士后道："一个霹雳天下响，那个不晓得商子鼎中了进士？淮安那些商家，早将房屋收拾十分齐整，家人奴仆一一送还。……高乡宦也将相家湾房子送还，汪本原送米百担、银五百、彩缎百端为贺礼，其来投做家人小厮的，殆无宁日。"这段描写，与后来《儒林外史》范进中举后的情景十分相像。

月集叙温陵秀士狃俊,有才而无貌,因遭同学奚落,抑郁不平,填词以问天。忽被带入如意国美满城,其王为三界提情教主,替狃点明因果:狃原为西方容美尊者,因恃色调戏摩罗神女,贬下凡间。遂即为之重开面目,并差人引入都是男子的宜男国,选为状元,充当正宫。后去"宜男池"求子时,被虎啰那掳去,奸至半死,扔之荒郊。醒后逃至皆是女子的圣阴国为后,淫乱宫室,激起大臣起兵。赖神马逃归宜男国为后,又被貌貌国攻破都城。逃难途中,被军士所奸。后辗转见得如来,点明他男行女事,五浊不清,令其剖腹剜心,洗腑净脏,又被文殊菩萨丢入烈火场中,烧却臭皮囊,换取金刚不坏身。以上只是一梦。狃醒来大彻大悟,入天台山觅仙去。这则故事"极幻",主要证明一切皆空,"古往今来,宇宙一腔傀儡"。

统观四集,虽有个别片段暴露了人情世态,略有认识意义,然由于篇篇以大量的篇幅,具体地描绘南风变态,往往令人不堪入目。作者在花集开头曾有这样的议论:"后庭一路,原非有阴阳之情、男女之趣。无欲海中觅姻缘,般若池内开情窦,夫岂真若男女之间有大欲存焉者乎!或屈于爱,或屈于势,或利其有,或利其才,勉为应承耳。……此道初交,指天示日,意气过乎才子佳人;久之按剑切齿,恨不手刃为快者,比比然也。乃有市井小子,借此为骗钱营生,利生活计,以皮肉为招牌,以色笑为媒妁,卖弄风骚,勾引情窍,坑了多少才人,陷了无数浪子!"总观全局,作者确对南风持批判态度,字里行间也有不少贬词。然而由于作者在描写这变态性行为时,每每津津乐道,大肆渲染,这就使人不能不怀疑起他的真实态度究竟是批判还是欣赏。至少,给人以一种欲讽反劝的印象。

(《中国禁书大观》,上海文艺出版社 1990 年 3 月版)

岳麓书社排印本《今古奇观》前言

《今古奇观》是明末崇祯年间编选、刊行的一部白话短篇小说集。编选者"抱瓮老人"埋名隐姓,不显于时,但这部小说却在清代屡禁不绝,风行于世,乃至日、德、法、英等十余种文字的译本竞相出版,终于如日本学者盐谷温在本世纪二十年代所说的那样:"《今古奇观》今已驰名世界了!"(《中国文学概论讲话》)它事实上已经成为中国古代白话短篇小说集中最具代表性的一部选本。

中国古代白话短篇小说自宋元以后,大有发展,至晚明形成了高峰。明代白话短篇小说的源头本有两个:一个是由宋元小说家话本发展而来,另一个则是由文言传奇、公案文字等文言小说白话化而成。这就形成了"话本式"和"非话本式"两类。当然,自宋元至清末的白话短篇小说的发展史上,话本式的作品始终是主流。所谓"话本",原是指当初"说话"艺人的底本。"话"者,故事也;"说话"者,讲演故事之谓也。据考证,唐代当有话本,宋代已有刻本。由于说话人有不同"家数",故宋元时期的话本又有"小说"、"讲史"、"说经"等不同种类。其中"小说家"的特点是不同于长篇"讲史"及"说经"等,专"讲一朝一代故事,顷刻间捏合"(宋·吴自牧《梦粱录》)。它的底本,人称"小说家话本"或"话本小说",就是中国早期的一种白话短篇小说。它在形式上具有显著的特点:往往是开头以诗词加小故事作为"入话";正文以叙述为主,间或夹杂一些"说话人"的直接议论和穿插一些诗词歌赋以写景、状物或描摹肖像、服饰等等;结尾又以韵语收场。明代及清初的小说家,多好摹拟这种模式,创作了一大批被鲁迅称之为"拟话本"的白话短篇小说。纵览中国古代的一些白话短篇小说集,要数成于晚明的"三言"和"两拍"篇幅最多,成就最高,影响也最大。

"三言"是冯梦龙编集的白话短篇小说集《喻世明言》(原名《古今小说》)、《警世通言》、《醒世恒言》的总称,每集收小说四十篇,共一百二十篇。其中多数是经过冯氏润色过的宋元话本和明人拟话本,也有一些他本人的创作。同时代的凌濛初认为。"三言"基本上完成了当时话本小说和拟话本的汇集整理工作,所谓"宋元旧种""被搜括殆尽",即使有"一二遗者,皆其沟中之断芜,略不足陈已"(《拍案惊奇序》)。因此,后来者皆致力于个人创作。由《拍案惊奇》和《二刻拍案惊奇》合成的"两拍"七十八篇小说,即由凌濛初一人"取古今来杂碎事,可新可睹,佐诙谐者,演而畅之",创作而成。今综观"三言"、"两拍"这两套小说集刊,尽管各具体作品有高下精粗之分,但其总的倾向大致相同。它们标志着中国古代白话短篇小说的创作走向了成熟。

《今古奇观》即是从"三言"、"两拍"近二百篇作品中精选出来的一部白话短篇小说集。它从"三言"中选了二十九篇(其中《喻世明言》八篇、《警世通言》十篇、《醒世恒言》十一篇),从"两拍"中选了十一篇(其中《拍案惊奇》八篇、《二刻拍案惊奇》三篇)。显然,入选的比率,"三言"远较"两拍"为多。这当然与冯梦龙声名较著,甚至编选者可能与冯氏同为吴郡人不无关系。但细而察之,抱瓮老人自有其编选的原则。这实于卷首署名笑花主人所作的序中已透露了消息。该序称理想的小说当为"动人以至奇者,乃训人以至常者";而此"奇"又当为"真奇"。故其"奇"、"常"、"真"三字,乃为此书编选的主要标准。这标准也反映了"三言"、"两拍"的基本精神,透露了晚明小说界的时代风貌和审美趣味。下面就从这三个方面略作一些分析。

先说"奇"。本书书名就称之为"奇观"。当然,中国古代小说从先秦两汉的神话、寓言,到魏晋志怪、唐人传奇,从来就不脱一个"奇"字。然而对于"奇"的理解,至晚明实有两种不同的倾向:一种认为"传奇者贵幻"(袁于令《隋史遗文序》),以"耳目之外,牛鬼蛇神之为奇";另一种则重"耳目前怪怪奇奇",认为"耳目之内,日用起居,其为谲诡幻怪,非可以常理测者固多也"(凌濛初《拍案惊奇序》)。简言之,一主浪漫神幻之奇,一重现实凡世之奇。《今古奇观》就属后一种,明确表示欣赏"极摹人情世态之歧,备写悲欢离合之致",追求"耳目经见"之奇,而认为"若作吞刀吐火冬雷夏冰例观,是引人云雾,全无是处"(《今古奇观序》)。它所选的四十篇作品的题材,就是以日常生活中实事为主。这反映了明代、特别是《金瓶梅》问世以来小说观念走向现实、面对人生的重大变化。至于现实生活中的"奇事",实也可分两类:一类是奇在变化,出人意外,以能引人入胜;另一类则奇在事实本身"钦异拔新"而使人"洞心骇目"。前一类"奇事"主要关系到艺术表现,这里暂且不谈,后一类"奇事"则涉及到作品的思想内容,首先引起人们的注目。

今查《今古奇观》所写题材之奇，是由于近一半属明代的"闾巷新事"，描绘了市民阶层的生活、思想和感情。它特别反映了社会对于"人"的新的理解，富有时代特征和认识价值。本来，在中国古代封建社会中，特别是在宋代理学得势之后，在"存天理，灭人欲"的教条束缚之下，人的个性、尊严，乃至最自然的欲望都受到了严重的压抑。其中"财色"两字，特别被视作罪恶的渊薮。可是至明代，随着资本主义生产关系的萌芽，以李贽为代表的进步思潮的出现，"好货"、"好色"等"人欲"得到了充分的肯定，于是对金钱与商人、婚姻与爱情等社会敏感的问题有了一种新的认识。《今古奇观》所选的《转运汉巧遇洞庭红》、《蒋兴哥重会珍珠衫》、《徐老仆义愤成家》、《吕大郎还金完骨肉》等就有声有色地描绘了各色商贩往返贸易，发财致富的故事。这些小说中的新一代的主人公，不再像以往人们心目中的那种无情无义、唯利是图、浅滑卑下的角色，而往往被作者写得忠厚善良、恪守信义、道德高尚。而最能体现《今古奇观》"新"、"奇"所在的是那些描写芸芸众生对于"情"与"欲"的追求。《卖油郎独占花魁》中的花魁娘子摒弃了王孙公子们的纠缠而爱上了卖油郎秦重，虽然包含了对于富贵的蔑视和对于建立在相互尊重基础上的爱情的追求，但作为"情种"的卖油郎之"情"，乃起于一种本能的欲念："人生一世，草木一秋。若得这等美人搂抱了睡一夜，死也甘心。"于是他低声下气，"知情知趣"，尽力"帮衬"，终于做了"烟花寨内的大王，鸳鸯会上的主盟"。《唐解元玩世出奇》，奇也奇在唐寅这个堂堂解元，见了一"青衣小鬟，眉目秀艳，体态绰约"就"神荡魂摇"，乃至不惜化名后屈身为奴去竭力追逐。对这"风流话柄"，作者明确表示符合"'食色性也'古人言"而毫无耻辱之处。这种对于"人欲"的大胆肯定，对于爱情的热烈赞扬，必然导致对于封建礼教、特别是贞节观念的冲击。例如《乔太守乱点鸳鸯谱》写"弟代姊嫁，姑伴嫂眠"，终于闹成了一对不合法青年男女的同枕共眠。按传统的观念，这是一桩有亏"节行的丑事"，然而乔太守却判道，"移干柴近烈火，无怪其燃；以美玉配明珠，适获其偶"，肯定了人欲的合理性，人们也将它"当做一件美事传说，不以为丑"。特别是《蒋兴哥重会珍珠衫》一篇，更受人注目。它写蒋兴哥外出经商，爱妻王三巧被人奸骗。蒋发现后，内心十分痛苦，自责"贪着蝇头微利，撇下少年守寡，弄出这场丑来"。妻子改嫁时，他还送十六只箱笼"当个陪嫁"。后几经周折，重新相见，"紧紧地你我相抱，放声大哭"。蒋终于"情"战胜了"礼"，不顾妻子二度失身而重归于好。这篇故事鲜明地反映了当时一种新的婚姻关系和道德观念。伴随着这种新的观念的产生，那种为追求男女平等而维护女性人格尊严的曙光也露端倪。假如说《金玉奴棒打薄情郎》、《王娇鸾百年长恨》之类对于负情郎的谴责和惩罚还表现得不够直接、明显的话，那么《杜十娘怒沉百宝箱》就较为清晰地使人感受到女性要求平等，乃至争取人权的思潮正在萌动。杜十娘作为一个青楼名妓，经过长期的苦心经营，力争"从良"，追求一种以人格平等而互相尊重为基础的爱情。当一旦"中道见弃"，被人出卖时，她既没有乞怜于"拘于礼法"、"负心薄幸"的李甲，也没有屈从于"家资巨万"、"少年风流"的孙富，而是作为一个平等的"人"痛斥李甲、孙富之后，抱持百宝箱，毅然投江，用死来维护自己的人格尊严和爱情理想，抗议那个压迫女性、摧残人性的黑暗社会。当然，作为杜十娘，乃至《今古奇观》的编选者，对于这种新的意识未必认识得一清二楚，但抱瓮老人们无论如何已感觉到这是一种有别于传统的"奇观"。而这种"新"和"奇"，正反映了晚明的时代精神和社会前进的方向。

次论"常"。所谓"常"，《今古奇观序》有这样的解释："夫天下之真奇者，未有不出于庸常者也。仁义礼智，谓之常心；忠孝节烈，谓之常行；善恶果报，谓之常理；圣贤豪杰，谓之常人。"作者认为，在平常生活中"常心不多葆，常行不多修，常理不多显，常人不多见"，故创作小说以使"善者知劝，而不善者亦有所惭恶悚惕，以共成其风化之美"。此论实从冯梦龙"三言"的序言中搬来。不过，《今古奇观序》中所说的"常"，在冯氏那里称作"恒"。冯氏在《醒世恒言序》中声明编写"三言"的目的就是为了"触里耳而振恒心"。其"恒心"的具体含义，主要是忠孝节义，树德积善，为贤牧，为良友等等（参见《警世通言序》等）。他认为，"从恒则吉，背恒则凶"。只有"心恒心，言恒言，行恒行"，才能"入夫妇而不惊，质天地而无怍，下之巫医可作，而上之善人君子圣人亦可见"。总而言之，他们就是强调小说要用"恒"、"常"之理来教育百姓，起到"劝戒"的作用。《今古奇观》选了半数以上明以前的所谓古代"奇观"，恐怕主要就着眼于此。假如今天对他们所表现的所谓"恒"、"常"之理稍作分析，乃知它们实际上就是指当时社会中带有普遍意义的道德规范、人生哲学和生活经验等各个方面的"公道"。毫无疑问，在他们理解的"公道"上明显地印上了封建的印记，另有不少地方与"天道"、"还报"等联系起来，就更显其有落后性、腐朽性。但是我们同时应该看到，有关道德规范、人生哲学和生活经验等具体内容十分复杂，有的封建色彩较浓，有的则比较淡薄，而它们毕竟还包含着不同社会、不同人群中相通的某种共同性。因此，我们也不能简单地加以完全否定。比如，《吴保安弃家赎友》、《羊角哀舍命全交》中鼓吹的"知心结交",患难相救的友情;《三孝廉让产立高名》、《滕大尹鬼断家私》中"劝人兄弟和顺";《裴晋公义还原配》、《怀私怨狠仆告主》中告诫为官者要"存仁并积善","不可草菅人命";《钝秀才一朝交泰》、《逞多财白丁横带》中劝人"不要十分势利",自己也要得意时不"自夸其能",失意时不"自坠其志";乃至《蔡小姐忍辱报仇》中劝人"节饮";《卢太学诗酒傲公侯》中诫人"谨谦";以及《赵县君乔送黄柑子》、《夸妙术丹客提金》中劝人不要"贪淫好色"而"落了人的圈套"等等,都有某种合理因素,可为不同时代、不同地区的人们所借鉴。更何况,有些作品为鼓吹其"恒"、"常"之理而将某些现象作为对立面加以揭露、批判之时,也有一定的认识意义。如《沈小霞相会出师表》写上层集团的结党营私,残酷斗争;《灌园叟晚逢仙女》记地方恶霸的横行乡里,仗势欺人;《卢太学诗酒傲公侯》刻画"贪酷无比"的知县;《逞多财白丁横带》描绘卖官鬻爵的官场;乃至如《赵县君乔送黄柑子》、《夸妙术丹客提金》等提到的种种骗子、流氓恶棍,都对我们认识封建社会的腐朽本质和恶浊世风有一定的帮助。因此,我们对于抱瓮老人及冯梦龙、凌濛初等强调小说反映"恒"、"常"之理不能简单地归结为强调封建说教而全盘否定,而当看到他们所提倡的市民社会中的道德规范、人生哲学和生活经验中本身包含着某些合理因素和产生过一定的积极作用。这恐怕也是几百年来《今古奇观》中的一些作品之所以能为不同时代、不同民族的读者所欣赏的重要原因之一吧!

再看"真"。《今古奇观》之所以能风行于世,当然也与它所选的不少作品在艺术上较为成熟有关。一般说来,冯梦龙、凌濛初等当时在艺术上崇尚"摹写逼真"(睡乡居士《二刻拍案惊奇序》)。这个"逼真"就是要求小说所描写"耳目之内"的人、事、情、理相互统一,真实可信。这就在较大程度上克服了宋元话本为了追求故事之"奇"而不顾人物性格发展的弊病,而使多数作品的故事开展、情景描写与人物性格的描绘趋向和谐、统一。同时,为了显得"摹写逼真",作品在细节刻画、心理描写、人物语言等方面更趋细密。在这里还必须指出的是,他们所理解的"真",并非就是简单的生活真实,而是懂得了小说必须追求一种艺术的真实,即经过作家艺术加工之后比生活更高的真实。《警世通言叙》提倡"事真而理不赝,即事赝而理亦真",《二刻拍案惊奇序》赞扬"赝胜于真",就是肯定了这种在符合生活情理基础上将事和人加以典型化的艺术创造。正在这种思想指导下,他们编写了《蒋兴哥重会珍珠衫》、《杜十良怒沉百宝箱》、《乔太守乱点鸳鸯谱》、《卖油郎独占花魁》、《沈小霞相会出师表》等杰作。抱瓮老人的艺术趣味与冯、凌等相同,在编选《今古奇观》时也崇尚"真奇",因而"三言"、"两拍"中的一些代表了中国古代白话短篇小说水平的艺术精品大多被他所收录。这也不能不使人相信抱瓮老人编选的《今古奇观》一书,正是"三言"、"两拍"的艺术精品集。

总而言之,以题材之"奇",合思想之"常",求艺术之"真",乃是一部《今古奇观》总的指导思想。从这一指导思想出发,给它带来了诸如封建伦常、天道还报等一些糟粕。但从总体而言,这三者的结合,无疑使它走向成功。后起模仿或剽袭它的一些"三言"、"两拍"选本如《觉世雅言》、《今古奇闻》、《二奇合传》、《续今古奇观》等纷纷面世,但就选择之精、影响之大而言,没有一本超过了它。《今古奇观》称得上是中国古代白话短篇小说集中的一部典范选本,它的风行甚至使"三言"、"两拍"反而在整个清代隐而不彰。德国著名作家席勒在二百年前读了这部小说的德译本之后,曾经写信给另一位《今古奇观》的热心读者歌德说:"对于一个作家而言……埋头于风行一时的中国小说,可以说是一种恰当的消遣了。"二百年后的今天,当我们再欣赏这部小说时,还是能得到一种"恰当的消遣"。当然,在消遣之余,或许还能咀嚼到一些艺术的奥秘和人生的涩味吧!

(《今古奇观》,岳麓书社版1992年11月版)

金人瑞《天下才子必读书》序

《天下才子必读书》,又名《才子古文》、《才子必读古文》等,是金圣叹评选的一部中国古代散文集。

金圣叹评选这部散文集是有个过程的。顺治十三年(1656),他批刻的王实甫《西厢记》卷首《读法》云:

> 作者因儿子及甥侄辈要他做得好文字,曾将《左传》、《国策》、《庄》、《骚》、《公》、《谷》、《史》、《汉》、韩、柳、三苏等书杂撰一百余篇,依张侗初先生《必读古文》旧名,只加"才子"二字,名曰《才子必读书》,盖致望读者之必为才子也。久欲刻布请正,苦因丧乱,家贫无赀,至今未就。今既呈得《西厢记》,便亦不复念之矣。

这说明他最初选批古文的时间尚早,还在乙酉(1645)"丧乱"之前,目的是为了儿子及甥侄辈学习"做得好文字",分量也只有"一百余篇"。这显然是初稿。后徐增在《天下才子必读书序》中说:

> 己亥评《唐才子书》……书成。即评《天下才子必读书》,将以次完诸才子书。明年庚子,《必读书》甫成而圣叹死,书遂无序。诸子以无序书行。嗟乎!《天下才子必读书》乃圣叹绝笔之书也。

这就是说,此书在己亥年(1659)进行了大规模的调整。尽管删除了初稿中的《庄子》、《离骚》、《公羊传》、《谷梁传》部分,但整个篇幅递增了三倍,从《左传》、《国语》,到唐文、宋文,共选评了三百五十四篇(段)文章,最后完成于庚子年(1660),"乃圣叹绝笔之书也"。徐增,字子能,号而庵,与金圣叹同乡。据圣叹的族兄金昌云:"而庵,唱经畏友也。"(《杜诗解》卷三)徐增自己也在序中说,时人"以为余知圣叹,非余不能序圣叹之书",而此书又作于圣叹死后第二年①,故一般人容易相信《天下才子必读书》即成于庚子年。但我认为,徐增此说尚可斟酌,《天下才子必读书》当成于庚子前一年,即己亥年尾。这是因为金圣叹《沉吟楼诗选》中的《春感八首》有序云:

> 顺治庚子正月,邵子兰从都门归,口皇上见某批才子书,谕词臣"此是古文高手,莫以时文眼看他"等语。家兄长文具为某道,某感而泪下,因此北向叩首,敬赋。

《春感八首》为目前金圣叹研究者所注目,但都不大注意顺治所称道的"才子书"是哪一部书。今以"此是古文高手,莫以时文眼看他"一语来看,显然是指此《天下才子必读书》,而非《水浒》、《西厢》等"才子书"。再从当时的交通情况来看,一部书由江南传到京城,再由皇帝阅读后人们把他的谕旨非正式地传返江南,一个月的时间无论如何是不够的。因此可以推定此书不可能在"庚子正月"完成,而当于此稍前的己亥年尾最后刻成。

金圣叹一生评书甚多,在群众中产生过广泛的影响,但得到当时最高统治者赞赏的就是这一部才子书。"何人窗下无佳作,几个曾经御笔评?"(《春感八首》)一个生活在封建社会下层的普通文人,又长期受到卫道者们的"同声詈之",今天"忽承帝里来知己",难免有点受宠若惊,虚荣心得到了一定的满足,对清统治者也产生了一点幻想。但是,统观金圣叹的一生,他和清统治者是不合作的,有抵触的,廖燕《金圣叹先生传》曾说:"鼎革后,绝意仕进,更名人瑞,字圣叹,除朋友谈笑外,惟兀坐贯华堂中,读书著述为务。"这段话约写在金圣

---

① 1978年台湾书香书社影印敦化堂版《天下才子必读书》所附韩道诚《〈天下才子必读书〉校订后记》云"雍正元年(1723)重刻,并征序于徐增",误。徐增在序中所说作序于"癸卯岁",乃为康熙二年(1663),绝不可能为相差一甲子的雍正元年的癸卯年。这是因为徐增乃为金氏"畏友",金与徐增信中称徐为"先生"而自称"弟",两人年龄不会相差太大。徐又多病,故徐增决不可能于圣叹五十三岁被斩后再活六十岁。

叹死后三十五年①，就揭示了金圣叹对清统治者的态度。今存《沉吟楼诗选》，也保存了不少怀念故明、表明气节的篇什。难怪此抄本后附俞鸿筹的读后记说："今阅《诗选》中如《甲申秋兴》、《效李义山绝句》、《塞北今朝》、《元晖来述得生事》诸作，亡国之思触处多有，当时文网綦严，犯者辄有不测，选此诗时想见慎之又慎，而仍不免错杂其间，此诗后之流传不广，良有以也。"有人认为，金圣叹在庚子之前主要从事的《杜诗解》中大力提倡"忠君"、"忠义"是忠于清王朝的表现。这是比较皮相的看法。生活在明清易代之际的金圣叹宣扬"忠"，并不一定就是主张忠于清王朝。就以《北征》而言，金圣叹在批此诗"作得如许诗垂示后人，不知增长几许忠义"时，又说："夫前人之败，正是后人之戒。设使于此等处，不知惊心骇瞩，即一部十七史，明载若干兴亡事迹，于后人终成何用？"其故国之思就跃然纸上。当然我们不否认金圣叹于《天下才子必读书》得到顺治赞许后，曾经一度颇为兴奋，将皇帝引为知己。但在严酷的现实面前，他不久即冷静下来表示自己"平生性不求闻达"，"心识松枝保岁寒"。至于在此之前，在选评《杜诗解》、《天下才子必读书》的过程中，我们就更难说他具有强烈的忠于清朝统治者的意识了。一部《天下才子必读书》，在政治问题上，特别在敏感的民族问题上是十分谨慎的。有时，金圣叹不得不进行必要的避讳，以免文字之祸。例如贾谊的《治安策》一文，被迫删去了"流涕论边事"一大段。此段文字中，大骂"蛮夷""为天下患"，又说"匈奴之众不过汉一大县，以天下之大困于一县之众"云云，显然有碍于当朝，不删是不行的。但是，金圣叹又不甘心于删改得不露痕迹，特地在批语中指出："已下……文阙。"用一种相当巧妙的手法来提醒读者。有时，金圣叹显得比较大胆，如他选了苏洵的《送石昌言为北使引》就不避"夷狄"之词。此文劝昌言出使北辽时，若遇敌人"万骑驰过，剑槊相摩"，以此威吓之时，要有胆有识，镇定自若，不失上国之使的体统，说："凡虏所以夸耀中国者，多此类也。中国之人不测也，故或至于震惧而失辞，以为夷狄笑。呜呼！何其不思之甚也！"圣叹于此批云："老泉识胆如此！"其华夷之别毫不含糊。再如评《高祖本纪赞》，写天道循环之理时云："推崇汉家，其学甚醇。"评《魏世家赞》论秦灭魏国时又云："此明明高推汉受天命，非过许虎狼之

---

① 廖燕《二十七松堂文集》卷十四《金圣叹先生传》后记曰："予过吴门，访先生故居而莫知其处，因为诗吊之，并传其略如此云。"而卷七《汤中丞毁五通淫祠记》后记云："予于丙子岁来吴。"故推知金传约作于康熙三十五年。

秦也。"都似乎有故意突出"汉家"之意,也不能不引起人们的注意。但总的说来,《天下才子必读书》不论从选、改、评各方面来看,其民族意识的表露是被迫压抑得十分谨慎的。

这种谨慎的态度在全书其他接触到思想政治方面的问题上都反映了出来。金圣叹本是一个有个性,有思想,而又好发议论,与当朝统治者并不怎么合拍的人,而从这本才子书看来,尽管也选录了不少颇有人民性的作品,但是面对着当时特别专制残酷的高压政策,他往往尽力压低了调子,磨掉了锋芒。当然,他有时也亮出了本色,作一些淋漓痛快、发人深思的议论。例如《张耳、陈余说诸县豪杰》写张陈劝人起来响应陈涉、吴广,"攻无道之君,报父兄之怨",金圣叹竟评曰:

> 一段极写秦毒之深,一段极写陈王倡义之响应,然后一段鼓励诸县豪杰。其笔一低一昂,使读者至今尚欲推案大呼而起!

这段评语,真是"笔态顿挫激昂",具有相当的鼓动性。又如所选苏轼第一篇文章《武王论》,金圣叹特意将原文中开头一段史事的概述删去,变成劈头就曰:"武王,非圣人也。"然后又加评曰:"劈空落大笔,发怪论,不怕天雷,不怕王法,妙妙。"诸如此类的评选都可以窥金圣叹的本来面貌。但从金书来看,用这类明快、尖锐的语言来揭示文章思想性的比例不高,不能不使人感到选评者主要还是着眼在"文法"上,致力于引导读者去揣摹。早在宋代吕祖谦就编选一部《古文关键》,取韩愈、柳宗元、欧阳修、曾巩、苏洵、苏轼、张耒之文共六十篇,每篇标举其命意布局之处,给学者指示门径,卷首又冠以总论,谈"看文作文之法"。接着,他的学生楼昉,又在这基础上扩大范围,增加篇目,从秦汉而下直至宋朝,选评了二百余篇古文,成《崇古文诀》三十五卷。当时,谢枋得也搞了一部《文章轨范》,却只选汉晋唐宋文六十九篇,各有批注圈点,王守仁称它"古文之法,亦不外此矣"。这三部古文选评本都传诵一时。到明代如唐顺之的《文编》、茅坤的《唐宋八大家文钞》等也很有名。唐顺之在《文编》自序中说:"不能无文,即不能无法。是编者文之工匠,而法之至也。"他们都是古文能手,熟悉古文艺术的奥秘,其评选也都注重"文法",并确实能得其精意。金圣叹的《天下才子必读书》正是在参考了张侗初的《必读古文》以及诸多前人选评本的基础上完成的。我们可以看到,他从前人那里借鉴了不少有益的经验。例如,采取了时代为序的编排,上起《左传》,下至宋文,大体上反映了我国古代散文发展的历史;既照顾到面,也突出了点,先秦主要选《左传》、《国语》、《国策》,两汉以《史记》为重点,唐文突出韩柳,宋文则重欧苏;选文既考虑到历代公认的名篇,也照顾到体裁、题材、风格的多样性。当然,这一切都是为"读者之必为才子","做得好文字"。这些无疑是《天下才子必读书》取得成功的必要条件。

但是,金圣叹毕竟是具有极大独创性的文学批评家。他决不甘心轻易地沿着前人的轨迹,简单地拼凑一个选本,而是煞费苦心地在选、改、评各方面都努力显示出自己的特色。从选文来看,他不但大大突破了前人所选的篇目,而且对所选的版本也慎重地作了选择。例如,韩非文两篇并不选自一个版本。其一《韩非初见秦王》,采自《韩非子》,而下一篇《说难》则录自《史记》。又如《战国策》中的《范雎见秦王》并不径取于《秦三》之中,而另以《史记·范雎蔡泽列传》为本。这些都是由于《史记》的文字比原本为好的缘故。为了使选文更能符合理想的"文法",金圣叹还使出了评改《水浒传》、《西厢记》的故技,对不少名文在文字上大胆地动了手脚。堂堂《左传》,不少选文都作了加工,特别是在开头结尾处。例如,《楚子不筑京观》开头,关于晋楚之战本有数段文字,金圣叹于此只用了三言两语加以概括。《晏子不死君难》原有百余字的开头,被约成一句话:"崔氏弑庄公。"这样,文章就更简洁、集中,一下子引入了本题。于结尾处,如《宫之奇谏假道》原作:"冬十二月丙子朔,晋灭虢,虢公丑奔京师,师还,馆于虞。遂袭虞,灭之,执虞公。"金圣叹,将"十二月丙子朔"及"虢公丑奔京师"两句删去,就使文章更加紧凑,结尾更加有力。至于正文中间被删改之处也甚多。例如《战国策·赵良说商君》一文中,赵良回答商君曰:"仆弗敢愿也。"原文还有引用和发挥孔丘"推贤而戴者进,聚而不肖而王者退"的一大段话,均被删汰。接下去对商君与赵良的对答还作了不少削改,使文字更加简练清晰,突出"一段故旧情深"。再如柳宗元的《潭州东池戴氏堂记》中"郁然而阴,粲然而荣"一句,金圣叹为了使其适应"无数照应"的"文法",即将"荣"字改作"阳",并在下面评曰"而阴面而阳",加以标明。这些修改的例子较多,本书校记一一加以指出,读者在阅读时可以细心领会。现在看来这种将古代名篇修改的做法并不十分严肃,难免有歪曲、亵渎前贤之嫌,但金圣叹从做文章的要求出发,有些修改确实也不无道理,有利于学子的取径。至少,我们可以从中窥见金圣叹的一些文学观点。

当然,最能表明金圣叹文学观点的还是那些评语。徐增在序中说:"圣叹异人也。学最博,识最超,才最大,笔最快。凡书一经其眼,经其手,如庖丁解牛,腠理井然;经其口,如悬河翻澜,人人满意。不啻冬日之向火,通身出汗;夏日之饮冰,肺腑清凉也。"这些话虽不乏溢美之词,但从金圣叹文学批评的实际情况看来。我们不能不承认徐增的话不无道理。今就《天下才子必读书》看来,其总评、段评、句评乃至字评,确有不少真知灼见,比较完整地反映了金圣叹的散文创作思想,总结了一些有益的写作经验,值得我们重视。这里择要介绍几点。

其一,金圣叹强调作文首先要注意做人,要做一个"心地光明、眼光洞越",有"真实见识,真实本事"的人。直到目前为止,有些研究者还盯住了某些现象而把金圣叹看作是一个游戏人生的浮薄文人。其实,金圣叹在那些嬉笑怒骂的文章中蕴藏着十分深沉的思想,在有些玩世不恭的态度中包含着愤怒和痛苦。他实在是一个对现实有深刻认识的真人。而散文,在抒情、状物、叙事、议论时都讲究真实,有别于小说戏曲比较侧重在虚构幻设。这正如金圣叹在卷末补遗中评尉佗《上汉文皇帝去帝号书》时所说的:"心地是一片,便文字风格亦都是一片。"文字就是心地的真实反映;文字只有真实地反映了作者的思想感情,才能取得成功。因此,他同时在评汉文帝《赐尉佗书》中就说:"文字只要从一片心地流出,便正看、侧看、横看、竖看,具有种种无数美妙。任凭后来何等才人含毫沉思,直是临模一笔不得也。"在卷九评庾亮的《让中监表》时也说"尽情尽事,良由吐于肝膈至诚,固非敷华刻藻之所得而比并也"(卷九)。总之,金圣叹认为,散文"非贵之辞,贵其心地也"(卷二《子产论尹何》评),作者要写得上乘才子之作,首先要做心地光明之人。做人就是作文的先决条件。论文就首先要论人的心地:"某是以论文必原其心地,此只为直从心地流出故也。"(卷三《季文子俭德》评)这在卷十四评苏轼的《乐毅论》时也说得非常清楚。他提出写散文需备四个条件,缺一不可,其中第一条即是"心地光明",其次是"眼光洞越",然后才是"手腕迅疾"和"笔墨恬净"。范仲淹的《岳阳楼记》是一篇千古传颂的名篇,金圣叹在卷十五即评此曰:"一肚皮圣贤心地,圣贤学问,发为才子文章。"这些都表明金圣叹十分强调散文作家首先要"心地光明"。

做人,除了心地光明之外,还要有学问道德。范仲淹写得《岳阳楼记》般的"才子文章",也由于他有一肚皮的"圣贤学问"。金圣叹在卷二评《左传·穆子不受鼓降》中提出,"道理为文字之准衡",故"先贤每教人未提笔作文字,必须先将道理讲得稀烂于胸中"。他认为,理足,才能气充文腴,即使是小题目,也能写得大文章。这就是因为"大儒手中,固无琐笔"。更可观的是,金圣叹欣赏的学问道德,并不是僵死不变"依样乱说"的"烂腐""正论",而是"真实见识,真实本事"(卷三《国语·王孙围对简子》评)。这种真知识、真本事来自何处？金圣叹则非常强调亲身阅历和通达人情。早在他序《水浒》时就指出:"天下之文章,无有出《水浒》右者；天下之格物君子,无有出施耐庵先生右者。"非常重视在"澄怀格物"的基础上"发皇文章"。《天下才子必读书》继续发展这种思想,一再强调作家要亲自经历,闳览博物。如卷七评《史记》中的《玉帝本纪赞》,就连连赞赏其"以身亲历为断","乃从亲历中来"。许《蒙恬列传赞》也称"史公足迹,无处不到"。在《吴泰伯世家赞》的批语中也云:"闳览则博物,博物则君子。"金圣叹主张作者广泛地接触现实不仅仅是获得一些现成的知识,而同时要熟悉人情,了解人民。他认为,这样,所得的学问才是真正活的"圣贤学问",而不是酸腐的教条。他在卷末评萧望之的《入粟赎罪议》时曾给予很高的评价,赞颂这篇文章"不唯通达治体,又最通达人情",唯其如此,"方是圣贤语,不是头巾语"。因此,我们可以看到金圣叹所要求的学问道德,并不只是死板的知识、僵硬的教条,而比较注重从生活中直接吸取真实可靠而又符合人情物理的真学问真道德。作家假如真如金圣叹所说的心地光明磊落又有真实本事,那就何愁不成为真正的才子,何愁写不出天下的妙文？

其二,金圣叹主张散文创作要遵循"照事用笔"、"随事变笔"的原则,在真实地反映客观世界的过程中呈现出千姿百态。金圣叹早在评点《水浒》时写的《读第五才子书法》中,就总结过文学创作有"以文运事"和"因文生事"两种不同的情况:

> 其实,《史记》是以文运事,《水浒》是因文生事。以文运事,是先有事生成如此如此,却要算计出一篇文字来。虽是史公高才,也毕竟是吃苦事。因文生事即不然,只是顺着笔性去,削高补低都由我。

这实际上不仅仅是《史记》和《水浒》的不同,而且在某种意义上也道出了散文创作与小说艺术的区别。散文创作即是"以文运事","是先有事生成如此如此,却要算计出一篇文字来"。客观的事实和写作内容基本上规定了作品的形式和风格的大致方向,不允许过分的虚构和夸张。因此,金圣叹在这部《天下才子必读书》中一再强调:"古人文,必照事用笔,每每如此。"(卷一《左传·

宫之奇谏假道》评）"凡古人文字，最重随事变笔。"（卷五《宋玉对楚王问》评）这里且以《宫之奇谏假道》为例。这篇文章写虞国大夫宫之奇识破晋侯向虞国借路灭虢的阴谋，用"辅车相依，唇亡齿寒"的道理来劝阻虞公，并极力破除虞公"同宗不害"、"鬼神保佑"的幻想，但虞公执意不听，结果虞国遭到并吞，虞公也成了俘虏。此事发生在国家危急存亡之秋，形势十分险恶，故金圣叹于总评处指出："事险，便作险语。看其段段俱是峭笔、健笔，更不下一宽句、宽字。"后在夹批中又连连点明"事急，故斗作险语，峭甚，健甚"；"事急，故再作险语"，"愈益冷，愈益峭"，"到底作险语，峭甚、健甚"，等等，都说明了事险笔险，笔随事变的道理。金圣叹这一主张"照事用笔"、"随事变笔"的精神，无疑是符合反映论的原则的，也是体现了散文创作的特点的。

散文创作既然要"照事用笔"、"随事变笔"，而生活中的"事"又是五彩缤纷、丰富复杂的，这也就决定了文章绝没有一种固定的模式和不变的腔调。金圣叹在这里就十分自然地提出了"文无定态"的思想。卷一《蹇叔哭师》是一篇劝谏无效，眼看要丧师辱国的极其"沉痛"的文字，中间忽然生出"殽有二陵"几句"异样浓至"的语言；卷十韩愈的《答李秀才书》重在论述"好其道"，而开头却"凭空请一李元宾作叙述寒暄"。都写得活泼生动，卷舒自如，很好地说明了生活变化多端，文章也无定格。金圣叹于此，就批曰："文章有何定态？人自不会搜捕耳！""可见文字曾无定态，意之所拟，笔即随之。"事实正是这样，只要作家立足生活实际，善于"搜捕"表现对象，意到笔到，自能写出千态万状的文章，形成百花怒放的局面。金圣叹的这种强调"文无定态"的思想，产生在八股时文越来越僵化的时代，不能不说具有一定的冲击作用和进步意义。

其三，金圣叹十分赞赏一文而二味，"相背"而能统一，体现了朴素的艺术辩证思想。比如卷一《左传》中的《子产论币重》一文，叙子产写信劝范宣子当正时要重德而轻币，持证正大，气势遒劲，然言辞平和，委婉悦耳，故范宣子一听就高兴。金圣叹评此文道：

> 气最遒，调最婉。婉与遒本相背，今却又遒又婉。须细寻其婉在何处，遒在何处，又不得云此句遒，此句婉。须知其句句遒，句句婉也。

"婉与遒本相背"，但这篇文章却"又遒又婉"，将两种"相背"的风味有机地统一在一起。这种统一是难以用一字一句分析出来，而是"句句遒，句句婉

也"。金圣叹认为,这是散文创作达到"奇观"境界的一种重要标志。因此,他常常用这一标准来评价作品,如:

卷三评《国语》中的《周襄王弗许晋文公请隧》曰:"其理甚直,其辞甚曲;其态甚婉,其旨甚辣。"接着又评《里革断罟匡君》曰:"沉毅而有扶疏之意,板整而有圆滑之能。"

卷四评《战国策·赵威后问齐使》曰:"章法越整齐,越参差,越整齐,真为奇绝之文。"

卷九评庾亮《让中书监表》曰:"笔笔直,却笔笔婉,却笔笔直。凡欲作疏论,胡可无如此好手?"

卷十二评柳宗元《上大理崔大卿应制举君》曰:"通篇斜风斜雨枝干离披文字,乃细细分之,却是两扇对写到底,于极严整中故作恣意,于极恣意中故就严整,真乃翰墨之奇观也。"

卷十三评欧阳修《朋党论》曰:"最明畅之文,却甚幽细;最条直之文,却甚郁勃;最平夷之文,却甚跳跃鼓舞。"

古代的短篇散文,往往只叙一事一人,最忌平板寡味,一览无余。作品如何能呈现出多色调、多风姿的状态而给人以回味无穷,的确是一个值得探讨的问题。我国古代的文学家是富有辩证的思想的,在创作和批评中曾经提出过不少令人赞叹的见解,但就散文创作而如此强调作品的风貌"相背"而统一,并以此来作为一条重要的批评标准的,确实不多。因此,金圣叹的这一思想也应该引起我们的注意。

其四,金圣叹从分析具体作品入手,总结了一系列散文艺术的表现技巧。三百余篇文章,他都予以分段断句,从章法到句法、字法,一一加以批评,比较全面地指明了这些名篇在结构布局、抒情状物、描人论议,以及语言表达等多方面的成功经验,足资人们借鉴。比如就结构而言,他就十分注意虚与实、宾与主、散与整、疏与密之间关系,概括了"夹叙法"、"补注法"、"渲染法"、"对扇法"等不少章法,具有一定见地。但总的看来,这些批评与前人的批评颇多雷同,也时时露出一些八股选家的气息。比较起来,在关于论述语句的音节和写人的技巧方面颇多新意。

《天下才子必读书》第一篇《左传·郑伯克段于鄢》的第一句总评就注目于"音节",曰:"通篇要分认:其前半是一样音节,后半是一样音节。"在正文的夹批中也先指出:"一路写庄公俱是含毒声,其辞音节甚短。"至后半篇又指出:

"哀哀之音，宛然孺子失乳而啼，非复已前毒声短声。"与短音节不同，金圣叹又指出长句的文章就不能遒逸(《国语·申胥谏许越成》)。金圣叹在这里实际是接触了文章的音节与神气的关系。后来，刘大櫆在《论文偶记》中说："盖音节者，神气之迹也；字句者，音节之矩也。神气不可见，于音节见之；音节无可准，以字句准之。音节高则神气必高，音节下则神气必下，故音节为神气之迹。……积字成句，积句成章，积章成篇，合而读之，音节见矣；歌而咏之，神气出矣。"刘氏的这些见解显然比金圣叹更为精细，也更有理论性，但金圣叹比之韩愈最初提出"气盛则言之短长与声之高下者皆宜"(《答李翊书》)，以及明代唐顺之所论的"转气与声"说(《董中峰侍郎文集序》)来，无疑是前进了一步，显得更加具体化。金圣叹的"音节"之说可以说是从韩愈到唐顺之，再到刘大櫆的桥梁。

由于金圣叹酷爱小说戏曲，并在认真研究《水浒》、《西厢》等作品的基础上，对文学作品中刻画人物形象的问题有着深切的认识，因此他在研究古代散文时也别具只眼，相当注重人物形象"人有其性情，人有其气质，人有其形状，人有其声口"，更何况他所选的散文作品本来就有《左传》、《国语》、《国策》、《史记》等许多叙事性极强的史传文字，这也自然地为他提供了评论刻画人物性格的条件。例如卷三《国语·范蠡不许吴成》一篇，金圣叹就指出"此文乃是出像写范蠡"，突出他"眼辣，心辣，口辣，手辣"，"一味只是辣"的性情、气质。至于如何刻画人物性格的问题，金圣叹注意作家对人物外形及动作的描摹，经常用"画"、"如在目"等评语来形容，如卷二《左传·子革对灵王》写骄矜自得、不可一世而死期将至的楚灵王曰(括号中的是金圣叹的评语)：

　　楚子次于乾溪，以为之援。(写。)雨雪，(写绝。)王皮冠，(写绝。)秦复陶，翠被，(写绝。)豹舄，(写绝。)执鞭以出。(写绝。)仆析父从。(写绝。写出必及于难之人，如在目。)

但一般说来，古代散文中这类绘形的笔墨不多，较多的是通过人物的个性化的语言来凸现人物的性格，因此，金圣叹也用较多的心血来评点"人有其声口"。就在这篇《子革对灵王》中，还一连用了三处"必及于难人声口"，来点明楚灵王的语言。另外，如总评《左传》的《秦伯不食言》曰：

写秦伯语，又如骄奢，又如戏谑，又如真恳。妙！写晋群臣语，满口哀求，又并不曾一字吐实，写穆姬语，无限慌迫，却只说明一片瓜葛何至于此，并不是悍妇要求。妙！

接着又总评《晋败秦师于殽》曰：

　　读原轸语，读栾枝语，读破栾枝语，读文嬴语，读先轸怒语，读孟明谢阳处父语，读秦伯哭师语，逐段细细读，逐段如画。

　　诸如此类的评语在总评、夹批中触处可见，说明了金圣叹对于人物语言的个性化十分重视。这也可以说是小说戏曲研究的深入给散文的研究带来的新气息。

　　金圣叹评选《天下才子必读书》是有成绩的，但不能否定他作为一个明末清初的封建文人在某些评改中流露了陈腐观点和八股气息，即使纯从文章的角度来看，有的评改也牵强附会，甚至错解了原文。例如《左传·庄公戒饬守臣》中庄公云："唯是一二父兄不能共亿，其敢以许自为功乎？"这里的"供亿"也作"共亿"，"亿"作安解。共亿，即相安之意，与下文"和协"义近，此句犹言"连一两个父老兄弟也都不能安和相处，难道还敢把伐取许国当作自己的功绩吗？"而金圣叹在这里评注曰："军兴必有供亿，甚言伐许以供亿烦父兄，极不得已也。"显然误解了原文。再如接下去第二篇《宫之奇谏假道》中的"桓庄之族何罪，而以为戮"句，金圣叹解"桓庄之族"为"桓叔、庄伯皆瑁献公从祖昆弟"，亦误。桓叔与庄伯是父子，庄伯又生武公，武公生献公，因此庄伯为献公之祖，桓叔为献公之曾祖。又如卷三《国语·兰尹亹告子西修德》写兰尹亹论吴国夫差失德，故"夫先自败也已，焉能败人？子修德以待吴，吴将毙矣"。金圣叹在这里将"待吴"改成"败吴"，并加评曰："'自败'、'败人'、'败吴'，连用三'败'字弄姿。"殊不知他只顾三个"败"字"弄姿"，而使整个句子成拙。本来，那一"待"字极妙。吴国虽然"自败"而尚在"将毙"未败之时，"毙"字正与"自败"相应，而"将"字正从"待"字生出。今将"待吴"改成"败吴"，"将毙"两字则成蛇足了。金圣叹的这类失误时有所见，某些片面的理解也在所难免。但总的来说，一些小小的瑕疵无损于全书的精彩。我们不能苛求一部大书能达到十全十美的境地。

　　关于这本书的出版情况,徐增在序中说得很明白:先由"同学拮据刻之",此原本估计刊于康熙元年壬寅(1662)圣叹蒙难后一年,亦即陷害金圣叹的吴县令任维初被别案斩首之后。此本今未见。又一年,即康熙癸卯(1663)岁暮,"周子雪客复刻之于白下",并请徐增补序,即今见敦化堂本。至康熙二十三年,琅琊人王之绩见"圣叹《才子古文》盛行一时",认为"古文今选从未有快于金圣叹者",故在保持金书每篇原貌的基础上,再加注释和评语,以《评注才子古文》名行世。自此,无序本、徐增序本和评注本三种系统的翻刻本层见迭出,在社会上产生了广泛的影响。例如后出的《古文观止》在选文、评语及体例等方面都明显地留下了承袭金书的痕迹。此两书所选的篇目多数相同,有的选文如李觏的《袁州州学记》等,不能不使人怀疑《古文观止》因选文的范围扩大至明代而受到了人们的欢迎,但《天下才子必读书》仍盛行不衰,直到清末民初,乃至本世纪二三十年代,各种石印本、排印本仍不断问世。可惜的是,这些本子大都为书商牟利而粗制滥造,错误极多。今吴悦同志以敦化堂本的影印本为底本,将每篇选文与各家的原书一一相校。由于宋以前的各名著流传至金圣叹的时代已版本纷繁,要追寻金圣叹选文所据的版本并非易事,而吴悦同志不厌其烦,耐心细致,每文都力求找出与金书较为接近的一本为主校本,又尽力参照他本相勘,真正花了一番大工夫。吴悦同志专攻训诂、文字之学,《天下才子必读书》经他悉心校点之后,眉目一新,不但校出了不少原本误刻的错字,而且对出了金圣叹改动的地方,确定有功于人们研究金圣叹和古代散文。因此我不揣愚陋勉力写就此序,供同志们阅读此书时参考。不妥之处,谨请批评指正。

(《天下才子必读书序》,《河北师院学报》1989年第4期)

齐鲁书社排印毛本《三国演义》前言

公元1494年(明弘治甲寅),蒋大器(庸愚子)第一次为《三国志通俗演义》作序时说,此书写成之后,人们"争相誊录,以便观览"。弹指五百年过去了,该书已越出中国,溢出亚洲,得到了世界人民的珍视。这不能不使我们为祖先曾经贡献了这样一部杰作而感到骄傲。

《三国志演义》之所以能在几个世纪中得到不同民族、乃至不同阶层人们的热爱,自有其奥秘在。它作为一部长篇历史小说,描写的是一个风云变幻、人才辈出的三国时代。它又是"七分事实,三分虚构"的文学巨制,它用一种雄浑的旋律和悲怆的音调,歌颂了英雄,歌颂了智慧。内容涉及到政治军事、天文地理、外交方略、巫医方术、科技发明、伦理道德等许多方面。有的人在这里汲取政治、军事、外交斗争的思想材料和一般做人应世的本领,有的人从书中找到一种国家统一、民为邦本、君明臣良、安居乐业的寄托,当然,也有的人只是把它当作一件艺术品来加以欣赏或消暇。因为它在艺术上也确有其迷人之处:其结构宏大而布局严谨,头绪纷繁而脉络分明,情节曲折,机趣横生,像三顾茅庐、单刀赴会、群英会、借东风、火烧赤壁、空城计等故事,都写得引人入胜,精彩非凡。至于它所刻画的四百多个人物中,如诸葛亮已成为智慧才略的化身,曹操是奸诈权术的代表,其他如关羽、刘备、张飞、周瑜、鲁肃等都写得形神俱足,在我国乃至亚洲许多国家都已妇孺皆知。这就难怪它一直拥有大批的读者。

一

《三国志通俗演义》的极大成功,激发了我国历史小说的大发展,也引起了版刻和批评家们的兴趣。继目前所见最早的"嘉靖本"之后,各种翻刻本不断问世。它们或作校正,或加音释,或配诗赞,或作评点,争奇斗艳,层出不穷。

明清两代,此书版刻之繁富,没有一种小说可以与之相比。而就其评点本而言,先后就有余象斗、叶昼(伪托李卓吾)、钟惺、毛纶和毛宗岗父子、李渔等五家。在这五花八门的《三国志演义》版本中,经过读者的选择,自然的淘汰,毛本终于压倒群芳,以定本的姿态风靡了三百年。

尽管毛本在《三国》流变史上自然地战胜了众本,但人们对毛氏父子的工作在理论上加以重视和研究,还是经过了一个长期而曲折的过程。大致说来,毛本问世之时在社会上评价颇高。康熙十八年(1679),李渔最初为毛本作序时曾极力赞扬:

> 适予婿沈因伯归自金陵,出声山所评书示予。观其笔墨之快,心思之灵,堪与圣叹《水浒》相颉颃,极钤心抉髓之谈,而更无靡漫沓拖之病,则又似过之,因称快者再。……虽然,予历观三国之局见天之始之终之,所以造其奇者如此;读《三国演义》又能贯穿其事实,错综其始末,而已匠心独运,无之不奇如此;今声山又布其锦心,出其绣口,条分句析,揭造物之秘藏,宣古人之义蕴,开卷井井,实获我心,且使读是书者知第一奇书之目,果在《三国》也。

十余年后,廖燕作《金圣叹先生传》时①,也特别点到毛评为"效先生(金圣叹)所评书"中之佼佼者。到康熙五十一年,刘廷玑的《在园杂志》虽将评者记在"杭永年"的名下,但对此书的评价趋向中肯:"一仿圣叹笔意批之,似属效颦,然亦有开生面处,较之《西游》,实处多于虚处。"后来,尽管有的翻刻者仍对毛本推崇备至②,但总的情况有所变化。这是由于:一方面人们对于小说及其评点从来不太重视,不加研究;另一方面,金圣叹的小说评点实在名气太大,深入人心,而毛本的具体实践与舆论评价始终与金圣叹关系密切。故尽管毛本《三国演义》风靡世间,而其评改者毛氏父子却越来越被人冷落,有的书坊竟径以

---

① 廖燕《二十七松堂文集》卷十四。其传后记曰:"予过吴门,访先生故居而莫知其处,因为诗吊之,并传其略如此云。"而卷七《汤中丞毁五通淫祠》后记云:"予于丙子岁来吴。"故推知《金圣叹先生传》约作于康熙三十五年。

② 如雍正十二年黄叔瑛《第一才子书三国志序》云:"观其领挈纲提,针藏线伏,波澜意度,万窍玲珑,真是通身手眼,而此书所自有之奇,与前代所未剖之秘,一旦披剥尽致,轩豁尽露。"

"圣叹外书"、"贯华堂"等名目来招徕读者,以致到了近代,毛氏父子的命运正如邱炜萲在《菽园赘谈》中所说的那样:

> 《列国》是白下蔡元放手批,《三国》是茂苑毛序始手批。同一批评小说,金圣叹之名则里巷皆知,蔡、毛两君反无知者,徒于纸角一露姓名而已,何有幸有不幸耶!

总之,有清一代,毛本《三国》在自然流行的过程中,毛氏父子的声名却反而在自然淡化。到清末民初,"小说界革命"的号角吹响,小说的理论批评才开始被人注目,毛氏父子也得到了人们的注意。尽管当时有人对他们评价不高,认为"毛声山乃金人瑞之应声虫","其行文之盘旋,持论之张皇,亦惟恐不肖"①。但更多的人则给予较高的评价,如觚庵即说:"《三国演义》一书,其能普及于社会者,不仅文字之力。余谓得力于毛氏之批评,能使读者不致如猪八戒之吃人参果,囫囵吞下。"②至蒋著超则崇之为"评小说之圣手"③:

> ……至于评《三国》,则火气全泯,一以纯正之论调、锐利之眼光出之,其章首读法,尤能独见其大,与逐回细评,不相犯复,非精于古文而剖解全局不能也。且其行文,大气盘旋,不作力竭声嘶态,或用偶语,亦工稳无疵,而一行一言,毋论其轻微,如有足为惩儆者,必为之发挥以尽。此实评小说之圣手也。

可惜的是,情况刚有转机,即被举足轻重的胡适博士一棍子打死。胡适在20世纪20年代初写的《〈水浒传〉考证》中先把包括金圣叹在内的小说评点都骂成是"八股选家流毒",接着又在《〈三国志演义〉序》中将"《三国演义》"的作者、修改者、最后的写定者"都定为"平凡的陋儒"。自此之后,毛氏父子基本上被人们置于否定的位置上。直到80年代初,随着中国古代小说理论的宝库被人们注

---

① 解弢《小说话》。
② 觚庵《觚庵漫笔》。
③ 《古今小说评林》。蒋著超于此将《三国》评点置于金圣叹名下,系被坊间伪题金圣叹所批的劣本所误。

重和开掘，毛本《三国演义》才重新被学术界所侧目，陆续发表了一批研究论文，出版了一些新排的全本，为全面地认识和公正地评价毛本开了新的风气。

二

  毛本的初刻全本笔者未见。目前所知能完整地反映初刊原貌的是醉畊堂刊本。此本封面上栏刻"声山别集"，下栏右上刻"古本三国志"，左刻"四大奇书/第一种"大字两行。首有康熙十八年李渔序，次凡例，次总目，次绣像，次读法。总目端题"四大奇书第一种总目"、"声山别集"、"茂苑毛宗岗序始序/吴门杭永年资能氏评定"（卷六十"评定"作"评选"），板心处见有"醉畊堂"字样。此本很可能是芥子园初刊本的翻刻本或补配本，它与以后五花八门的翻刻本有异。这主要表现在：书名作"四大奇书第一种"，而不作"第一才子书"；卷首序作者为李渔，而不是伪托的金圣叹；题名是"声山别集"，而不再另加"圣叹外书"字样。根据此书署名，虽有"声山"（毛纶号）、"毛宗岗"、"杭永年"三人，而实则出于毛纶、毛宗岗父子之手。这是因为李渔序明说为"声山所评"，毛纶自己在《第七才子书琵琶记总论》中也这样说：

  昔罗贯中先生作通俗《三国志》一百二十卷。其纪事之妙，不让史迁，却被村学究改坏，予甚惜之。前岁得读其原本，因为校正。复不揣愚陋，为之条分节解，而每卷之前，又各缀以总评数段。且许儿辈亦得参附末论，以赞其成。书既成，有白门快友见而称善，将取以付梓，不意忽遭背师之徒，欲窃冒此书为己有，遂致刻事中阁，殊为可恨。今特先以《琵琶》呈教，其《三国》一书，容当嗣出。

这里所说的"儿辈"，即指毛宗岗。因毛纶于此书中又说到：

  予因病目，不能握管，每评一篇，辄命岗儿执笔代书。而岗儿亦时有所参论，又复有举予引端之旨而畅言之，举予未发之旨而增补之者。

又，尤侗的《第七才子书序》也指出，毛纶"授管于郎君序始氏，使加校订，参赞其成焉"。因此，协助毛纶评改《琵琶记》、《三国演义》的就是其子毛宗岗。至于那个"杭永年"，我很怀疑他就是毛纶所说的"背师之徒，欲窃冒此书为己有"

者,后来书上加上他的名字,很可能是某种调和妥协的结果。

关于毛纶、毛宗岗父子的生平情况现在所知不多。据浮云客子《第七才子书序》、褚人获《坚瓠集》及毛宗岗《雉园公戊朱卷并遗嘱手迹合装册题跋》等载,毛纶,字德音,号声山,江苏长洲(今苏州)人,约生于明万历三十八年(1610)①。当时颇有文名,但一生穷困不仕。顺治八年(1651)曾馆蒋灿家,后不久双目失明。顺治十八年金圣叹遇害之前,金、毛两家有交往②。康熙三年(1664),与子合作始批《三国演义》。越年,又批《琵琶记》。六十岁时,夫妇双双还在。其子宗岗,字序始,号子庵,生于明崇祯五年(1632)。有文才,与《隋唐演义》、《坚瓠集》的作者褚人获同学。除协助父亲评改《三国志演义》、《琵琶记》外,尚有笔记《孑庵杂录》及诗文若干。到康熙四十八年七十八岁时,还为弟子蒋深所藏的《雉园公戊辰朱卷并遗嘱手迹合装册》题跋。综观其一生,亦有才而无运,郁郁不得志于时。

三

毛氏父子对《三国志演义》所做的工作,在十条《凡例》中略有说明,概而言之,即托称悉依"古本"而对"俗本"进行"校正",实则师金圣叹评改《水浒》、《西厢》的成法,做了修订和评点两大方面的工作。他们所谓的"俗本",即是"谬托李卓吾先生批阅"的本子,也就是目前一般学者认为是叶昼伪托的吴刻本系统的《李卓吾先生批评三国志》。这一"李评本"将"嘉靖本"二百四十则改为一百二十回,正文内容虽小有出入而大致相同,而其评语因出于"留心二氏学,故为诡异之行"的叶昼之手③,故"多有唐突昭烈,谩骂武侯"等溢出儒家正统观念的语言。毛氏父子就在这样一个底本上进行评改。他们的评和改实际上是从三个方面来把握的:一、文字和常识,二、思想原则,三、艺术观点。这三方面有时是纠缠在一起,难解难分。下面分别略加分析。

---

① 拙作《关于毛本〈三国演义〉的若干问题》曾推测毛纶约生于 1615 年,毛宗岗约生于 1639 年。今陈翔华《毛宗岗的生平与〈三国志演义〉毛评本的金圣叹序问题》确切考出毛宗岗的生于 1632 年。另据褚人获《坚瓠补集》中"汪啸尹祝寿诗"云,毛纶夫妇"六秩双寿"时是"荆布齑盐四十年",可知他们二十岁结婚。若他们二十二岁得子,则当生于 1610 年。其他一些理由,请参见《关于毛本〈三国演义〉的若干问题》。
② 据《圣叹尺牍·与毛序始》。
③ 周亮工《书影》。

首先,从文字、常识方面来看。毛氏父子在修正文词、整顿回目、削除论赞、改换诗文、增删故事等方面,都下了一些工夫,使语言和故事表达得更为简洁、通俗、正确、完美。今以第一回为例,李评本写到张角造反前与二弟商议道:"至难得者,民心也。今民心已顺,若不乘势取天下,诚为万代之可惜!"于此,李评即指出:"'之'字不通,一部俱如此。"但他论而不改,维持原状。毛本却将最后一句改为"诚为可惜",使之通顺明了。李评本写玄德幼时戏于大桑树下曰:"我为天子,当乘此羽葆车盖。"毛本删去"羽葆"两字而使之通俗、简练。李评本写"张世平、苏双大喜,愿将良马五十匹送与玄德",毛本改之为:"二客大喜,愿将良马五十匹相送",上下文气就更连贯。李评本写关羽跃马舞刀直出,程远志见了,"心胆皆碎",毛本改为"早吃一惊";李评本写刘备回答董卓说"白身"之后,卓甚轻之,"不与赏赐",毛本则改为"不与礼":这两例都改得较为正确、合理。李评本中的一些赞语,往往被毛本删去。第一回中如张飞、关羽先后战邓茂、程远志时,分别有"后有人赞益德曰:欲教勇镇三分国,先试衙钢丈八矛"和"后人赞云长曰:惟凭立国安邦手,先试青龙偃月刀"等赞语,将前后文章生硬割裂,毛本将此一删,上下文气即连。再如李评本开头写灵帝召群臣问灾异之由及消变之术,有杨赐、蔡邕两臣的大段答论,毛本只改用了三句话,一笔带过,简明扼要。至于回目,毛本曾加以全盘修饰,如第一回将原本的"祭天地桃园结义,刘玄德斩寇立功"改为"宴桃园豪杰三结义,斩黄巾英雄首立功",显然更优美和对仗。以上所举仅第一回的例子,但带有普遍意义,其精神贯串全书,其例子触处皆是。当然,毛氏父子毕竟不是全知全能,在一些常识性的问题上难免有改错、改坏的地方。如第一回中将刘备祖上刘贞的封号"涿郡陆城亭侯"改为"涿鹿亭侯"就大误。类似的错误如第二十六回改袁绍令退军于"阳武结营"而为"武阳结营",改第九十四回费祎贺孔明"拔西县入川"而为"拔四县入川"等都是有违史实,不合情理。至于将原小说中的一些元明词语改为当时通俗的语汇,虽有损于小说语言的时代特色,但也有利于通俗流行,故也不能简单否定。总的来说,毛氏父子在这方面的修改,使这部小说更加小说化,增强可读性,其功大于过。

其次,从思想原则来看。毛氏父子比较坚持正统的儒家观点。他们不像叶昼那样放荡不羁,言行诡异,有点离经叛道,而是以"儒者"自居,思想较为正统,为人较为严肃。毛纶在《第七才子书琵琶记总论》中曾谈及他自幼接受的家教,就颇可说明问题。他说:"犹记孩提时,先大人辄举古今孝义贞淑之事相告。及稍识字,即禁不许看稗官,亦并不许看诸传奇,而《琵琶记》独所不禁,以其所写者皆孝义贞淑之事,不比其他传奇也。"他长成后之所以评点《琵琶记》,也就是认为这部书写"孝子贤妻敦伦重谊、缠绵悱恻之情","唯忠孝廉贞之旨",可以"为朝廷广教化,美风俗"。毛宗岗甚至说:"尊奉朝廷,颂扬天子,可谓至矣,天下后世之著书立说者皆当以此为法。"因此,我们无法否认毛氏父子头脑里三纲五常、忠孝节义等正统的封建思想比较浓厚。毛氏用这套思想来认识三国间的纷争和皇权的更迭时,必然会接受朱熹的一套封建正统论,接受南宋以来尊刘贬曹的倾向,而把叶昼评本中那些含糊抵牾的描述、轻率唐突的评语,删的删,改的改,以力求完全符合包括封建正统论在内的封建观念。其纲领性的《读三国志法》第一条即强调正统思想:"读《三国志》者,当知有正统、闰运、僭国之别。正统者何?蜀汉是也;僭国者何?吴魏是也;闰运者何?晋是也。"接着,明确批评了"陈寿之《志》未及辨此"和司马光《通鉴》之误,而表示要依据朱熹的《通鉴纲目》来进行修改和评点。毛氏父子认为,《三国志演义》的作者之意"重在严诛乱臣贼子,以自附于《春秋》之义",因此,这部小说是"继麟经而无愧"。这可以说是他们评改《三国志演义》的思想纲领。据此,毛氏特别注意加强了"尊刘贬曹"的色彩。例如李评本第一回写刘备出场时道:

  那人平生不甚乐读书,喜犬马,爱音乐,美衣服,少言语,礼下于人,喜怒不形于色。

这些话原本于史传,但从正统的封建道德观念来衡量,难免觉得有损其令名。因而毛本就改为:"那人不甚好读书,性宽和,寡言语,喜怒不形于色,素有大志。"而曹操出场时,原李评本有这样的笔墨:

  为首闪出一个好英雄,身长七尺,细眼长髯,胆量过人,机谋出众,笑齐桓、晋文无匡扶之才,论赵高、王莽少纵横之策。用兵仿佛孙、吴,胸内熟谙韬略。官拜骑都尉。

接着还介绍操曾祖曹节"仁慈宽厚"、操父曹嵩"忠孝纯雅"等。而毛本对此大加删削,曹操的出场只剩下十九个字:"为首闪出一将,身长七尺,细眼长髯,官拜骑都尉。"对于其先人的介绍,也只留下操父为"中常侍曹腾之养子"一语。

毛氏父子作这样修改的意图,在回评中说得很明白:

> 百忙中忽入刘、曹二小传。一则自幼便大,一则自幼便奸;一则中山靖王之后,一则中常侍之养孙:低昂已判矣。后人犹有以魏为正统,而书"蜀兵入寇"者,何哉?

诸如此类在正统思想指导下加强"尊刘贬曹"色彩的修改和评点,通篇皆见,一见即明,不必赘述。

  这种封建正统论,显然与原本中多次表露而被毛本所删除的、带有民主倾向的"天下者非一人之天下,乃天下人之天下也,惟有德者居之"的观点背道而驰,我们不应予以肯定。但同时也应该看到,毛氏父子作为穷困的知识分子,长期生活在社会下层,经历了明清易代的变故,其思想是十分复杂的。传统的教育固然使他们的思想牢牢地捆缚在正统的儒家观念上,但社会的课堂赋予了他们有一颗比较正直的良心。在毛本中,我们时时可以看到:他们从政治、历史、道德的角度批评时不离三纲五常、忠信节义等教条,也常常对炎凉世态、时弊恶俗予以抨击。而书中所表现出来的"尊刘贬曹"的倾向,本身也渗透着他们痛恨昏君佞臣、暴政贪官,向往君明臣良、仁政爱民,乃至反对外族侵扰的思想情绪。在这里有必要提一下书中的"反清情绪"问题。近年来,有不少研究者对此十分强调,且提法越来越高。他们认为毛氏评改意在反清复明,且其思想贯穿全书,故为蜀汉争正统,即为亡明或南明争正统。我总觉得这些提法未免有点过分。我们不排斥毛氏在有些评语中借题发挥,流露了故国之思和对外族入侵的不满,但这无论如何不是毛本评改的基本出发点和贯穿全书的思想。全书的指导思想还是正统的儒家思想。在这总纲之下,民族情绪有时得以宣泄,有时则反被抹煞。例如,李评本在关云长单刀赴会时有一段评语曰:

> 云长先生曰:"大汉疆域岂得妄以寸土与人?"此圣人之言也。他人只论尔我,先生不忘汉主,是岂三国时人之所及乎?其忠义至今耿耿不磨,只是一个不忘"汉"字,故启口容声,自然及此。所云"有德者必有言",非耶?

这段富有感情色彩的话,就被毛本全部删去,换成一段强调君臣名分的议论。事实上,毛氏父子对清初的文字狱是十分敏感的。就在他们评书前一年,震动大江南北的庄廷珑《明史》案起,株连二百余人,许多吴越名士死于非命,故毛氏评书时十分谨慎,凡"虏"、"胡"、"夷"、"越"等字全被删改,小心翼翼。且书成之后的年代里,清室爪牙遍地,文字狱迭见,小说戏曲又屡遭查禁,而唯独此《三国演义》却始终未上黑名单,这难道是偶然的"网漏吞舟之鱼"吗?总之,对于毛本中有些强调忠信节义的话,我们理解为有悼明反清的情绪未尝不可,但不能将此强调到一种不适当的地步,并将此同尊刘贬曹的"正统"思想简单地等同起来。

最后,从艺术观点来看。对此,分三个问题来稍加论述。

一、关于历史小说的虚与实。这实际上自有《三国志演义》以来一直是一个热门的话题。最初,蒋大器的《三国志通俗演义序》即指出:《三国》一书为罗贯中既"考诸国史",又"留心损益"而成的作品。它"事纪其实,亦庶近乎史"。这实际上指出了像《三国》一类历史小说具有依据史书而不照录史书,在历史真实的基础上进行必要艺术加工的特点,倾向于"虚"与"实"的统一。但后来,明代大致形成了两派意见:一派以林瀚、张尚德、余象斗等为代表,强调历史小说要尊重史实,羽翼信史;另一派以熊大木、袁于令等为代表,提倡历史小说要重视虚构,传奇贵幻。金圣叹则在前人的基础上也较注重艺术虚构,认为"《史记》是以文运事,《水浒》是因文生事。以文运事,是先有事生成如此,却要算计出一篇文字来。虽是史公高才,也毕竟是吃苦事。因文生事即不然,只是顺着笔性去,削高补低都由我"。而毛氏的《读三国志法》却赞赏《三国》"真而可考",说:"读《三国》胜读《水浒传》。《水浒传》文字之真,虽较胜《西游》之幻,然无中生有,任意起灭,其匠心不难。终不若《三国》叙一定之事,无容改易,而卒能匠心之为难也。"这种论断就明显地受了史学的束缚,重实轻虚。他又一再强调《三国》小说之妙,首先决定于三国历史之妙:"古事所传,天然有此等波澜,天然有此等层折,以成绝世妙文。""天然有此等妙事,以助成此等妙文。"[①]因此,自刘廷玑《在园杂志》起,即批评毛本"实处多于虚处"。然而,我们也必须看到毛氏父子的具体艺术实践与其在《读三国志法》等中表明的观点是有出入的。他们在实际的评改中不但没有排斥艺术的虚构和想象,而且有时还比

---

① 第六十三回批语。

原作有所加强。比如"云长秉烛达旦"一事,早为史家指出无据①,而毛本又特意将此添加进去,并在夹批、回评中一再加以褒扬。此外如有关云长的"单刀赴会"、"独行千里"、"义释华容"都或与史实有异,或是纯属子虚,而毛氏却将它们称作"妙文",并在《读三国志法》中认为此四事即为关云长之所以能刻画成"古今来名将中之第一人"的典型情节。于此可见,毛氏父子还是自觉或不自觉地将《三国演义》当作小说,并没有完全把历史小说同历史著作等同起来。

二、关于小说的情节结构。毛氏在这方面富有卓见,最有贡献。本来,历史小说的结构比其他小说更难经营,因为它"叙一定之事",不能"无中生有,任意起灭"。而《三国》一书,人物众多,头绪纷繁,却写得结构严密,布局精巧,这就自然容易引起批评家对其情节结构问题的注意。毛氏父子即在前人的基础上,明确地使用了"结构"这一概念,并重视对此作理论性的探讨。他们说:"《三国》一书,所以纪人事,非以纪鬼神。……不似《西游》、《水浒》等书,原非正史,可以任意结构也。"②又说:"观天地古今自然之文,可以悟作文者结构之法矣。"③这都是强调小说的艺术结构不能凭空架设,而必须符合客观生活实际。在这基础上,他们重视结构的完整和统一。他们认为《三国》一书,"头绪繁多,而如一线穿却","总成一篇",是一件完美的艺术整体。在《三国志读法》中,他们特别将《三国》与"不相联属"的《左》、《国》史书和"不能贯串"的《列国志》等小说加以比较,从而肯定了只有连贯统一、结构完整的历史小说才能赢得读者。他们还在批语中多次赞扬了《三国》结构之精。如第九十四回批道:"读《三国》者读至此卷,而知文之彼此相伏,前后相因,殆合十数卷而只如一篇,只如一句也。……文如常山蛇然,击首则尾应,击尾则首应,击中则首尾皆应,岂非结构之至妙者哉!"毛氏还精辟地指出了"《三国》一书,总起总结之中,又有六起六结"。这"六起六结"的线索是十分清楚的:一、叙献帝,从董卓废立起,至曹丕篡夺结;二、叙西蜀,以成都称帝起,至绵竹出降结;三、叙刘、关、张三人,以桃园结义起,至白帝托孤结;四、叙诸葛亮,以三顾茅庐起,至六出祁山结;五、叙魏国,以黄初改元起,至司马受禅结;六、叙东吴,以孙坚匿玺起,至孙

---

① 如胡应麟《少室山房笔丛》卷四十一云:"关壮缪明烛一端,则大可笑。……案《三国志·羽传》及裴松之注及《通鉴纲目》并无此文,演义何所据哉!"
② 第九十四回回评。
③ 第九十二回回评。

皓衔璧结。这六条线索是《三国》一书的六大部分,显然各自具有相对独立性,然而,它们毕竟作为整体的一部分,又相互关联,相互穿插,密不可分,浑然一体。在注重总体构思完整统一的基础上,他们又对情节安排方面的联络交互、参差错落、详略得当、映衬对等一系列艺术手段作了详细的探讨,总结了十五种"妙处"。这些"妙处"虽然明显脱胎于金圣叹的"文法"论,但也自有其特色,对于读者体会作者的艺术匠心多数是有帮助的。这实际上也是毛本之所以能风行的一个重要原因。

三、关于人物形象的塑造。毛氏虽然接受了叶昼、金圣叹等人的影响,认识到小说刻画性格的美学意义,说道:"一人有一人的性格,各各不同,写来真是好看。"①在一些地方继承并发展了金圣叹的人物性格论,对《三国》人物的性格特点和刻画性格的艺术经验作了精辟的分析和总结。例如,他们指出了张飞的性格自与诸葛亮接触后有所发展变化。在第六十三回写到张翼德义释严颜时总评道:"(张飞)未遇孔明之前,则勇有余而智不足;既遇孔明之后,则勇有余而智亦有余。盖一入孔明熏陶而莽气化焉,骄气亦化焉。"但是,从总体来看,毛氏父子的人物形象论有两个特点:一、受史学观影响较深,多从社会政治、道德才能等方面来加以品评;二、突出甚至夸张人物品质的主要特征。这样,就自然地使他们的人物形象论倾向于类型化而不是性格化。在《读三国志法》中,毛氏父子总论《三国》"人才之众"时,清楚地表明了他们对人物形象的看法。他们认为《三国》中塑造得最出色的人物就是诸葛亮、关羽和曹操,"可称三绝"、"三奇"。这三人的"奇绝"处,即为:一是"名高万古"的"贤相",一是"绝伦超群"的"名将",另一是"智足以揽人才而欺天下"的"奸雄"。这都侧重于从类型上来加以考虑,而不是从性格上来加以分析。其他如谈到"运筹帷幄"的徐庶、"行军用兵"的周瑜、"料人料事"的郭嘉,乃至"道学"如马融、"文藻"如蔡邕、"应对"如秦宓、"舌辨"如李恢等等,大致都是如此。事实上,早在嘉靖本《三国志通俗演义》中的一些主要人物已显示了类型化的特征,但还存在着若干复杂的因素乃至矛盾的笔墨。如写曹操之奸,也写其雄;写刘备之仁,也写其伪;写孔明之智,也写其诈。李评者注意到了这点,但并没有进行改写。毛氏父子则致力于修正那些使之性格复杂或者矛盾的文字。假如说毛本写曹操尚能照顾到其"雄"的一面,使之成为名副其实的"奸雄"的话,那么对刘

---

① 第三十五回回评。

备、诸葛亮等,在"尊刘贬曹"的总的思想倾向指导下,就绝不敢去写其"伪",写其"诈",写其有损于高大形象的一面。例如就诸葛亮形象而言,小说写到刘表病重,曾托孤于刘备时说:"吾死之后,贤弟可摄荆州。"李评本写到刘备讲仁义,"力辞不受",次日回新野。接着又写道:

> 孔明问其故,玄德乃言托孤之事。孔明曰:"主公不受,祸不远矣。"玄德曰:"景升待我甚厚,今若举此事,人言我忘其大恩,故不忍也。"

这样虽突出了刘备,却贬低了孔明。在历史上对孔明待刘表之丧和刘璋之迁本有非议,如苏轼就认为孔明因此而"失天下义士之望",再难以高举"仁义之师"的旗号①。而李本这样描绘显然就陷孔明于不义之地,故毛本作了删节,只简单地写了刘备的推辞。再如诸葛亮重用马谡,是由于在平南之初马谡提出"攻心为上"的策略正合己意,这还在情理之中。而李本却在马谡尚未发表"攻心"的高见之前,就写"孔明见谡高谈阔论,甚是爱之,愈加敬重",这就显得诸葛亮一开始就是喜欢马谡的夸夸其谈,太无识人之能了。因此,毛本的删改也有助于诸葛亮形象的高大。为了使诸葛亮形象更加理想,更加完美,连李本中一些孔明的过谦之词、夸饰之言也被毛本删除殆尽。如诸葛初见刘备时说的"恨亮年幼才疏,不能治政"之语,游说孙权时说曹操手下的战将谋士"如亮之辈,车载斗量,不可胜数",都被勾销。至于诸葛亮对子龙说"美色,天下人爱之"之类的话,当然也因碍于诸葛亮在毛氏心目中的形象而在删改之列。总之,毛氏父子用正统的儒家思想,对作为智慧加忠臣化身的诸葛亮形象作了一次严密的修正,将一切有碍于其高大完整的笔墨都作了加工,使诸葛亮的性格更单纯化、理想化。诸如此类,毛本使一些主要人物形象的性格比之李本更加统一,更加单纯,因而也更加高大,更加类型化。在这里,我要强调的是:这类类型化的典型也是美的。我丝毫没有贬低《三国》,贬低罗贯中或毛氏父子的意思在内。事实上,从罗贯中到毛宗岗,把三国人物塑造成类型化的典型是由各种因素造成的。它不但受到作家世界观、艺术观的制约,使他们必然会沿着这条道路去塑造诸葛亮等人物形象,而且只有这样,才能得到社会的普遍承认和赞赏。历史已经证明:像诸葛亮、关羽、曹操这类成功的类型化的典型能给

---

① 苏轼《诸葛亮论》。

人以一种与个性化的典型所不同的单纯和谐的美,同样打动着不同时代、不同地域、不同阶层读者的心,因而同样是千古不朽的。这也告诉人们:大千世界中美是多种多样的,人们对艺术的需求也是多种多样的,切忌用僵化的观点去强求一律。

毛本《三国演义》的功过得失,自会还有多种评说。但不管怎样,它作为一种历史的存在,曾经为提高《三国》的地位,扩大《三国》的影响,乃至为丰富中国古代小说理论的宝库,都有过相当的贡献。就是在今天,对读者欣赏和研究《三国》也不无帮助。毛氏父子生前,两代寒儒,穷途批书,人们曾因为"世人不识张司业"而为之感叹过"空将万卷付嗟吁","天乎人也是耶非"①。如今,三百多年过去了,毛本的价值才真正得到了人们的重视和研究。假如毛氏父子地下有知,或许也会发出这样的感叹:"天乎人也是耶非!"

(《三国演义》,齐鲁书社1991年1月版)

---

① 褚人获《坚瓠补集·汪啸尹祝寿诗》。

桃源醉花主人《别有香》书录

清代小说集。此书最初由胡士莹《话本小说概论》所提及,并录有回目。大冢秀高据此而录入《增补中国通俗小说书目》。1995年,《思无邪汇宝》的编者得之于刘世德处而加以排印。书存三册九回,首册为第四至第六回,二册为第十至第十二回,三册为第十三至第十五回。第一、第二册稍有残损,故第六、第十二回不全。第十一、第十四回后尚留有简单的回末评语。本书版心处题作"别有香",而第五回前题有全称"新镌绣像评演别有香卷之二",第十三回前则又题为"新镌绣像评演小说别有香卷之四",下皆题"桃源醉花主人编"。可知此书已经后人改装,原书当为四回一卷,最少有十六回。编者"桃源醉花主人"无考。胡士莹将它列为清人作品。《思无邪汇宝》编者据第五回提及"万历壬辰年"(1592)事,书中"常"字不避讳,而"由"字皆作"繇";又,第五回、第十一回及第十二回叙妖异事时皆有"国之将亡,必有妖孽"之语而揣测为"崇祯末年之作"。事实上,作者既有国亡之叹,必成于明亡之后,故多数是成于南明之际。第五回作者称于西湖遇妖后狂死的主人公为"吾友",叙述中又多吴语(如第十三回将"错过"写作"挫过"等),故作者似为杭州一带人。

本书之所以题名为"别有香",来自《十香词》:"解带色已故,触手心愈忙。那识罗裙内,消魂别有香。"第十三回有一段对话即点出了作者的旨趣:"看花之趣,不过是一味香……那紧搂深偎之趣,心得而知,口不得而喻,这个方叫趣。"这也就是说,男女之间的"紧搂深偎之趣"即是花香之外的"别有香"。这就提示了全书各回描写的中心就是男女的情欲。如第四回《泼秃子肥战淫妇》写了寡妇不能守节,第五回《展花祸群英择偶》写了士子与花妖相交,第六回《藏香铒稚子遭魔》写了用女色或男色相互引诱逼奸,第十回《堕花街月惜贪花》写了家长好色而使妻女变淫,第十一回《狐怪雌黄牝户》写了多置姬妾而使家生淫乱,第十二回《龙妖颠倒娉婷》写了孽龙淫妇女,第十三回《白玉娘雪天狎年少》写了梅妖迷男子,第十四回《黄小娥秋夜战书生》与第十五回《大螺女巧偿欢乐债》则分别写菊花神和田螺女与人相通的故事。作者在写这些男女情欲故事时,其认识是十分肤浅的。第十三回玄感、玄修兄弟的一段对话就很能代表了作者的观点:"玄感问道:'哥哥,人见了妇人女子,便有千种相思,万般想慕,亦思他怎的?亦想他怎的?'……玄修道:'想他做甚?总是两个字,道"标致"。'玄感又笑道:'哥哥,"标致"两字,动得人有限。有这样一个字儿,动得人无穷。'玄修道:'怎么一个字儿的?我不晓得。'玄感又笑道:'哥哥莫欺人。那妇人家脐底下、小肚边那件物事叫做"疢",岂不是一个字的?'"这很清楚地说明了作者对于男女情欲的认识基本上是停留在生物本能的低层次上,因此全书笔墨的重心就是在描摹男女的淫亵之状,显得格调低下庸俗。个别的地方如批评"有了几分钱,有了几分势"就强调守节(第四回),讥笑"俗人唯爱富,那识名与节"(第十二回),乃至如描写田螺姑娘爱勤劳诚实的男人(第十五回)等等,也都是从一般的封建伦理或因果报应出发,故也没有多大意义。且从全书来看,这些零星的笔墨,都被滥淫的浊流所淹没了。

此书每回都有两个同一主题的故事组成,一般前一个短一点,后一个稍长一点。描写景物时有清艳之笔,刻画心理也有细腻之处,然从总体来看,作者驾驭文字的能力一般。

(《中国古代小说百科全书》,书中署名有误,
中国大百科出版社 1993 年 4 月版)

无名氏《一片情》书评

清初小说《一片情》,向来被人视为"淫书",不为史家所重。早如清同治间丁日昌开列的"淫词小说"中,即有此书。孙楷第《中国通俗小说书目》即将它归入"专演猥亵事"一类。近日江苏社科院所编《中国通俗小说总目提要》也云"内容淫秽猥亵"。国外如美国的韩南《中国白话小说史》难得提及此书时,也说它"实际上是写色情"。固然,此书秽笔甚多,但若挑开这层外衣,稍加留意的话,就会发现这部善用方言俗语,文笔流畅轻松的白话短篇小说集稍不同于一般粗劣庸俗的淫秽小说。它是在元明以来复苏人性思潮影响下,以情为纲,相当全面地暴露了中国古代封建社会中畸形的婚恋观念和罪恶的婚姻制度。在某种意义上可以说,这部小说是对于中国古代封建婚姻弊端的一次大暴露、大批判。

一

《一片情》目前世存两部。一部藏日本东京大学东洋文化研究所双红堂文库。函套题"绣像小说一片情"。卷首有署"沛国挎仙题于西湖舟次"的序文一篇。图佚。正文半叶八行,行十八字。刊印精良。目录与正文均为四卷十四回。

另一部为北京中央美术学院所藏啸花轩刊残本。函套题"明刊本一片情残卷"。内封右上方题"奇阅快览",中间为书名"一片情"三字,左下方署"啸花轩藏板"。次页为目录,前题"新镌小说",共九回,即双红堂藏本的第一、二、三、四、五、八、九、十、十二回。亦无图像,正文半叶九行,行二十字。显然,啸花轩本系十四回本的选刻本。今仅存前三回,且第二回后半及第三回前半均有残缺,故其价值远逊于双红堂藏本。

此外,北京大学图书馆藏醒世居士编辑的《八段锦》中的第二、四、五、八共四段,也辑自《一片情》的第十一、二、四、九回,仅将题名、人名、居里等稍作了改动,刊刻甚劣。

今查双红藏本,见其扉页有原收藏者双红堂主长泽规矩也教授的毛笔日文题记云:

> 此书予于千叶文库观之,并加著录。孙氏即据予之著录。千叶文库售出后,予初百计觅之不得,后终获全书。据书中所记,知是顺治刊本。尽管有书名,但图像阙如。又见目次,不知十四回是否完结,《小说字汇》著录。内容全属春书一类。

按:长泽谓"顺治刊本",是。中央美术学院藏本函套题"明刊本",误。此书第十二回《小鬼头苦死风流》交代本篇故事发生在"弘光南都御极"之时,此回最后又说"今此案未结",可证作者即为当时之人。又,第三回《憨和尚调情甘系颈》提及"明太祖"云云,显然系入清后的口气。同时,据第十二回云"奉旨来杭遴选淑女"以及书中触处皆是的杭州一带的吴语方言,可见作者当为杭州一带人。当时活跃在杭州,又喜涉秽语的短篇小说家如《欢喜冤家》的作者高一苇,《无声戏》、《十二楼》、《肉蒲团》的作者李渔等都可成为怀疑的对象。尤其如《欢喜冤家》卷首"西湖渔隐"所作的叙言云"人情以一字适合,片语投机"云云与《一片情》的题名似乎大有干系;而《一片情》的《序》作者"撏仙"又有可能是为《巧团圆》作序的李渔朋友"樗道人"。但细究《一片情》的用语、方言与高一苇、李渔的作品有明显的差异。故此书作者究竟是谁,至今难详。

二

明清世情小说中,有一类着重描写男女情爱且涉性描写者,过去往往被一股脑儿地视作"黄色"的"淫秽小说"。如今学界采取较为客观、宽容的态度,则一般改用"艳情小说"、"爱欲小说"等名目来加以称呼。其实,这一类小说的情况相当复杂,大有隐露、雅俗、深浅、高下之别。假若仅从性描写来考察,就其量而言,有的只是点到而止,有的则是大肆铺陈;就其表现形式而言,有的是用高雅的语词、巧妙的隐喻、形象的寓言、诗词的套话等间接地加以表述,有的则毫不掩饰、平铺直叙、赤露描摹,甚至还有的夹杂着大量的市井俗语、乡里粗话而更惹人眼。今若以用较多通俗的笔墨且作直接的性行为描写的作品来考察的话，一般认为于嘉靖年间已存在的《如意君传》为其"龙头"，至康熙年间的《肉蒲团》之后，则多为粗滥模仿之作了。从《如意君传》到《肉蒲团》之间较有影响或代表性的作品有《金瓶梅》、《绣榻野史》、《浪史》、《昭阳趣史》、《灯草和尚》、《痴婆子传》等，而就白话短篇小说集而言，除"三言"、"两拍"外，也有《欢喜冤家》、《一片情》、《弁而钗》、《宜春香质》等。这类作品多数只是为性而写性。有的作品虽然也贴上了轮回报应的标签，打着道德说教的幌子，但"着意所写"，还是"专在性交"（鲁迅《中国小说史略》）。书中的男女主人公们似乎生活在一个超时代、超社会的真空世界里，故这些小说在今天只能作为一种性学资料而或许还有它们存在的价值。但我们不容否认，在明清艳情小说中如《金瓶梅》及"三言"、"两拍"中某些作品是有着丰富的内涵的。它们的性描写往往与错综复杂的社会问题融为一体，具有相当的认识价值和思想深度。《一片情》就属于这一类艳情小说。它每篇故事都有不少性行为的描写，但每篇故事都反映了一定的社会问题，且作者有意无意地将矛盾集中在婚姻家庭问题上。这样，十四篇故事就从不同的侧面揭露了中国古代封建婚姻的弊端。它形象地说明了，假如夫妇之间缺乏感情的融合和性生活的和谐而仅靠礼教的约束和法律的强制来维系婚姻的话，最后只能造成悲剧。

作者在反映这一婚姻问题时，一般是从反面的角度，采用批判的手法、悲剧的形式来达到的，只有第十三回《谋秀才弄假成真》是用喜剧的形式和正面歌颂的手法。这篇小说叙福清县书生谋天成与爱姑相恋成婚，生活窘迫。好友凤竹官南昌，不知谋已成婚，招谋来与霍乡绅家独生千金任娘成亲。爱姑为丈夫富贵计，劝其成行；天成则不忍因贫贱而断恩爱，两人遂以兄妹相称去南昌成亲，爱姑则自甘寂寞。后霍小姐发觉，颇受感动，不顾父亲责怒，称爱姑为姐，尽力照拂。终于夫妇同谐，子孙荣盛。在这里，小说首先交代了谋天成与爱姑的结合是有爱情基础的。他们是在青梅竹马、朝夕嬉戏中凝结了深厚的感情。他们婚前的性行为，也是"两相顽戏时"无意自发而成。正是在相爱的基础上，谋天成央媒去说亲成婚，"结了花烛，两人称心乐意"，"夫妇恩爱"。唯有如此，作妻子的为丈夫计，甘于牺牲自己；而作丈夫的得了富贵也不易其妻，"男不舍女，而后女又不舍男，做出一桩奇奇怪怪的事来"。在这篇小说中作为陪衬的霍小姐，也由于满足了感情融洽与性生活和谐这两个条件，故"不忍听父而忘夫"，去屈从"父母之命"，而只是追求"夫妇同谐"的乐境。但是，在中国的封建社会中，多数男女结合之初就是没有感情基础的，一旦婚后性生活又不和谐,就往往在人性与理性的激烈冲突中,酿成社会悲剧。这部小说,就着重从以下几个方面来加以展示。

首先,它指出婚姻悲剧往往来自婚前择配不当。当时的男女结合,一般没有像谋天成与爱姑那样经过一段"自由恋爱"的过程,大都是趋于财势,迫于父命而扭合成婚,甚至如第十五回《鬼头苦死风流》所写,为了逃避皇上"遴选淑女"而突击婚配。这就难免胡配乱搭,婚姻结合的一开始就留有裂痕。这种择配不当大致又可分年龄不当、才貌不当和性能力不当三类。

第一回《钻云眼暗藏箱底》和第十二回《小鬼头苦死风流》就专写年龄不当所带来的悲剧。第一回开头,作者就开门见山地指出,"男情女欲",总是人之常情。然而,"以老配少,既不遂其欢心,又不饱其欲念,小则淫奔,大则蛊毒,此理势之必然"。小说中的新玉父母"贪慕符成财帛,把个如花摘下来的女儿,奉承符成为妾"。而符成年已望六,尽管许以"南山有园,北村有屋,东边有田,西边有荡,我与你尽好过日",但由于一老一少之间的性生活无法和谐,以致新玉不由得"唾骂媒人,怨恨爹娘,叹息命薄之苦",最后因追求男女之间的"乐境"而使情郎被杀,自己也抑郁而亡。第十二回的主题更为明确。一个十八九岁的大姑娘嫁给十二三岁的小男孩,而十八岁的小伙子则娶了十一二岁的小媳妇,这就难免使各人都心怀怨恨。这正如作者最后所感慨的:"不论年庚应配不应配,一味乱塞,全不想女儿心肠,致生出许多风波来,岂不可叹! 故择配可不慎?"

第二类择配不当是才貌上有差距。作者的理想是:"佳人窈窕逢知己,才子风流遇少年"(第三回),郎才女貌,两相匹配。在第十回《奇彦生误入蓬莱》中,作者借小说人物利娘的口说道:"搂着个男人,聪聪俊俊,你贪我爱,乐是不必说了。若伴着粗粗蠢蠢的,就是×这两×,也不见妙。"因为才貌不当,心理上有差距,感情上就有裂痕,且矛盾易扩大与激化。第二回《邵瞎子近听淫声》中的羞月,长得"如花似玉"、"极伶极俐"、"人人喝采",却由于父母贪图算命先生"生意儿好",被迫嫁给了邵瞎子,于是"心下实郁郁不乐",常常叹道:"我前世甚的孽债,今世遭逢了这样的丈夫!"而邵瞎子害怕"瞎子的老婆没有个不养汉的",于是对妻子防范特严,"半刻不肯放松"。但仅靠硬性的管是管不了的,正如作者说的"究竟如何管得到底"。恰恰相反,这倒使妻子心理上更加产生反感,刺激她去追求温情和自由。他们之间心理上的不平衡,终于导致了这个家庭的破裂。第十回中的男主角也由于父母给他娶了个丑妇,于是就"把这丑妻丢在一边,看见有几分颜色的妇人,越觉得眼睛饿起来";而其女主角也嫌丈夫是个"木樁子",总想着有一个"聪聪俊俊"的男人,"你贪我爱"。所以作者认为。婚姻选择上要才貌相称,不是佳人配才子,也当"破粪箕对着支苕帚",都要懂得"守分度朝昏"。

第三类择配不当是不幸遇到了性功能有障碍者。在中国古代若女子有性功能障碍,则丈夫可以将她遗弃或另娶小妾,而男子有性功能障碍,女子则有口难言。她们若不屈服于礼教,认命守活寡,就得承受社会的压力,去冲破寂寞的荒原,但最后也往往没有好的结局。第八回《待诏死恋路旁花》中的水氏就遇着个丈夫是"鸡形"(早泄),"如鸡打个雄一般",有时连"打个雄儿的手段也支不来"。处于性饥渴中的水氏常常"转转的恨得咬牙嚼齿",于是"一日不与家公闹两三场不歇",终于从开始"认命"到决心不做"贞女节妇"。她最后虽然与情夫双双死于丈夫的斧下,但作者还是讥刺了"没本钱"(即性功能低下)者去"蓄妻妾"。他认为,作为丈夫,对于妻子不仅仅"养得她活"、"管得她落"就可以了,而且必须"要有本钱"。假如"没有本钱",不自量力,其结果就不仅无法建立美满的家庭,坑害了青年女子,而且自己也往往落得个"招辱"受耻的下场。

《一片情》在指出婚姻的悲剧来自婚前择配不当的同时,又认为婚后的别离分居也是惹祸的根由。这里,有的是由于"商人重利轻别离"所造成的。如第四回《浪婆娘送老强出头》写生生"出外经商"到北京后,只感到"离了妻室,好生难过",由此而嫖妓娶妾,经过一番磨难。第七回《缸神巧诱良家妇》中的胜儿因丈夫出外为商而产生了怨恨:"今丢了我两年,全不念我青春虚度,把好时节都将来错过了。"不觉得常常腮边掉下泪来,终于与人通情而结局悲惨。另一种情况是由于中国古代特有的蓄妾制度所造成的。第五回《丑奴儿到底得便宜》开头,作者即点明了这回小说的主题是,"人娶妾不惜重价构求",但"或苦于妻狠不敢搬回,或在途中更欲他往,不便带去","因而寄于他处",使之"挨着孤衾剩枕",熬着"寂寞"、"凄凉",就必然产生祸害。总之,作者认为夫妇双方的"独处",将是酿成婚姻悲剧的重要因素。

另外,《一片情》还指出了婚姻的不全将对社会带来危害。这里主要接触了两种:一种是丧夫守寡(第九回《多情子渐得佳境》),另一种是信佛出家(第三回《憨和尚调情甘系颈》)。作者认为:"天地生物,惟人最灵,即痴蠢如鸟兽,无知若虫蚁,也成双作对。"(第三回)"世上百般乐事都是假乐,惟有人生着肉的这一种乐是真乐"(第十回)。而这种人生最基本的性欲是人所共有,"除死方休"(第六回)的。所以,假如如第九回中的三个"少艾美丽"的媳妇讲贞节,守活寡,是不合人性的,"强要他守,鲜克有终"。至于出家做和尚,"阴阳亢而不雨,情欲郁而不伸",性欲受到严重的压抑,"则千奇百怪,俗人做不出的,都是和尚做出来"(第三回)。即使如第六回中所写的麻氏,也因为丈夫"一个月三十日到二十九日在寺院里安身",就在性饥渴中做出许多伤风败俗的丑事来。

以上就《一片情》接触到的有关中国古代婚姻观念和婚姻制度中的一些弊端作了粗浅的概括。于此可见,它暴露的面是相当广泛的。在中国古代小说史乃至整个文学史上,这样多方面多角度地集中火力去注意和暴露婚姻问题的作品实在是并不多见的。因此,它自有一种值得令人注意的价值在。

三

《一片情》暴露封建婚姻弊端的武器是人性论和人道主义。它的人性论的核心是尊重以性欲为基础的男女之情;它的人道主义则表露了对女性的倾斜和同情。

本来,中国古代的"婚姻之道"从来有两种倾向:一种是强调社会的"礼",一种是尊重自然的"性"。重"礼"者认为,"昏礼者,礼之本"。这是因为:它首先是奉祭祀、继后世的根本。《礼记·昏义》开头即云:"昏礼者,将合二姓之好,上以事宗庙,下以继后世,故君子重之。"同时,它又是维持社会正常秩序的基础,所谓"夫妇有义,而后父子有亲;父子有亲,而后君臣有正。故曰昏礼者,礼之本"(同上)。在这样的思想指导下,就强调"夫为妻纲,妇顺为正"(《白虎通》)而作为"妇顺"的重要内容之一,就是要保持贞操,从一而终。重"性"者则受先祖生死崇拜的影响,以天人合一的理论为指导,强调自然有天地,生人有男女,"天地氤氲,万物化醇;男女构精,万物化生"(《易·系辞》)。他们认为:"食色,性也。"(《孟子》)"情性之大,莫若男女,男女之交,人情之始,莫若夫妇。"(《白虎通》)这两种不同倾向的"婚姻之道",虽然都是为了谋求社会整体的稳定,以维护统治集团的利益,但一则是以压抑人欲为代价,一则是尊重了男女的自然之性。尽管在后来的社会发展中,前者越来越被统治阶级在公开的场合所强调,后者则在下层百姓中往往成为维护个体生命的价值和追求个性的自由的一种理论武器而也持续不断地发展着。特别是当这种人性论与房中术、神仙术、养生术和某些宗教等结合在一起之后,鼓吹"人之所以为上,莫过房欲"(《洞玄子》)、"房中者,情性之极,至道之际"(《汉书·艺文志》)等情欲至上的理论一直颇为活跃,并不如有些学者所认为的仅仅张扬于战乱频仍的魏晋南北朝和资本主义萌芽的明末清初。就文学作品而言,早如汉代张衡的《同声歌》以及唐代张鷟的《游仙窟》、白行简的《天地阴阳交欢大乐赋》等出现都不是偶然的。对明代关系较大的元代也相对宋代较为开放。西域房中术"演揲儿法"等传入,喇嘛教将"欢喜佛"的公开供奉,一些士人的放荡不羁,都对人情的高扬起了推波助澜的作用。在文学作品中,也就出现了不少谈"情"写"性"之作。就小说而言,尤以《娇红记》影响最大,明清不少艳情小说如《钟情丽集》、《三奇合传》、《绣榻野史》、《浓情快史》、《春灯闹》等都引及了它。其中《绣榻野史》的五陵豪长《小叙》则明确称"淫传"之中"传情以《娇红》为雅妙,他无取也"。实际上,明清两代艳情小说中所谈之情,所写之性,基本上也就是对于传统的一种继续,并在总体上并没有超越传统的情欲观。

当然,明代自《如意君传》之后,通俗小说界接二连三地冒出了一些大肆描摹性行为的作品,这不能不说是一种前所未有的特殊现象。这种现象之所以产生,主要还是由于成化至万历几朝皇帝及朝臣本身淫靡放纵,竞谈房术,并放松了对于社会思想、伦理道德的控制,于是思想界、文艺界、出版界上接元代之绪而乘机一哄而起,演出了一台鼓吹人欲的交响乐。在思想界,以李贽为代表呼唤"好货好色"的"自然之性",主张"不必抑志,直心而动"(《焚书·为黄安二上人三首·失宫》);在戏剧界,自唐伯虎画《春意图》后,"春意一书,坊刊不下数十种"(东海病鹤居士《风流绝畅图引》);乃至民歌、笑话等民间文学中也充斥直接表现男女之欲的题目,连"酒杯茗碗,俱男女私亵之状"(《万历野获编》卷三十六),社会上公开出售春画淫器的商店也比比皆是,如佚名《如梦录》"街市纪第六"载开封市衢就有淫店七家。这就是一个礼仪大防的堤岸被冲破而人性解放的时代,同时也是一个人性失控而兽性飞扬的时代。在这样一个时代潮流中,林林总总的谈情写性的作品实际上是呈现着不同的色彩,是不可一概而论的。那么,以"一片情"为名并以此来暴露婚姻弊端的这部小说所宣扬的"情",所描写的"性",究竟具有何等特色呢?

首先,它既不宣扬荡情,也不主张抑情,而是比较倾向于自然地对待人生的情欲。一般说来,明末清初那些直接描写性行为的小说作者在根本上都并不鄙弃男女之情的,但在认识上还是有程度不同的差异,在表现上也有主惩主劝的区别。像《如意君传》、《灯草和尚》、《浪史》一类,它们不但公开肯定作为人比动物更应当享受性欲满足的"畅美"感,而且肆无忌惮地对种种毁伦灭礼的滥交淫行都作为"真情"而不作谴责。书中那些主角作为十足的淫棍荡妇最后没有任何忏悔,不受丝毫报应,都有一个美好的结局,如《灯草和尚》中的汪夫人最后能得到"十分恩爱"的夫妇生活,"享年七十",还"有一个孩子",至于《如意君传》、《浪史》中的如意君和浪子等居然都得道成仙。其中《浪史》一书最为彻底,它汲取了冯梦龙的一些观点和词句,夸大其辞地宣扬了天地间的"真情"就在于男女之间,"情先笃于闺房"。在这里,唯情至上,一切封建名教、伦理纲常荡然无存,但同时也蔑视了人类社会的正常秩序。所以,它们所鼓吹的"情"、"性",最后还是偏离了人性而偏向了兽性。与此类小说不同,绝大多数的艳情小说都慑于传统道德的说教,在胡编乱造、津津乐道一些性故事的同时,那怕是仅仅作为门面语,或在头或在尾,也必将情场说成"孽海",使淫行必遭报应,并表明自己写作的目的是为了使人"触目而寒心,悔祸而改过"(《宜春香质·风集》)。与这类侧重在道德上批评又不同的是,还有一类着重在从生理的角度上否定荡情而主张节欲。《金瓶梅》、《昭阳趣史》等就有这方面的意思,而说得最明白的莫过于《肉蒲团》。它开头在说"世间真乐地,算来算去,还数房中"时,就强调"不可太疏,亦不可太密,不可不好,亦不可酷好",要节欲以"养人"。当然,以上三种不同的倾向,在有的小说中往往是交叉重合的。《一片情》产生于这一时代中,难免也会受到各方面的影响,有时肆意铺陈淫情,有时则歌颂贞女节妇,有时也点到因果报应。但从其总的倾向来看,它一方面肯定人生的情欲是"除死方休"的本能(第六回),反对"情欲郁而不伸"(第三回),但另一方面也谴责"世之钟情者,汩而不返也,学而不悟也,沉而不醒也,荡而不节也"(《一片情序》)。它提出对于"情"的正确态度是:"即焉而于衷无染,触焉而于意无系,停焉而于目无碍,过焉而于心无着,任其来,任其去,任其变幻,任其弥漫……而绝无留恋。"这也就是把男女之情只是看作一种机缘,之前不去刻意追求,来时不作故意遏制,去后绝无留恋之意,任凭其自然地发展。基于这种思想,小说的多数篇章在暴露和谴责抑情和荡情两种倾向的同时,在第五回《丑奴儿到底到便宜》、第十回《奇彦生误入蓬莱》中偏重于正面宣扬"一场恩爱,这原有一段机缘在其中"。《一片情》作者强调以"机缘"来论男女之情,虽不能说与传统的"天作之合"的宿命婚姻观毫无关系,但应该看到这种"任其来,任其去"的思想在当时包含着尊重人性自然发展,尊重个性独立自由的意义,是稍不同于一般艳情写性之作的。

同时,《一片情》的特色还表现在对于女性之情比较同情。在明清的两代多数的艳情小说中,男性是中心,女性只是充当被玩弄的角色,而却处于被谴责的地位,视作祸乱的根源。《金瓶梅》中诸如潘金莲、李瓶儿、宋惠莲等女性形象,有时能引起今天读者的一丝同情,但作者在当时还是十分清醒地将她们作为"淫妇"来谴责的。《如意君传》中的武则天,贵为至尊,但作者还是把她视作"虽宿娼淫妇莫能及之"的破货看待的。稍特别的是《灯草和尚》,把矛头针对男性,对女性往往予以原谅。但这基于作者认为"妇人欲火尤甚",甚至宣扬妻子"都不受丈夫管束"而去"偷几个汉子",也堕入了魔障。《一片情》的个别篇章如第七回《缸神巧诱良家妇》、第八回《待诏死恋路旁花》也偶而出现过"妇人水性"、"从来水性妇人心"等责怪女性的套话,但即使从这两篇来看,在总体上作者同情的还是"全不念我青春虚度"的女性,而谴责和嘲笑了出外觅利和"腰间货不真"的男性。其他如对于嫁于望六老翁的黄花闺女新玉(第一回),迫于父命而作瞎子之妻的羞月(第二回),被和尚陷害的罗氏(第三回),被闲置他乡的小妾如花(第五回),年轻守寡的三个媳妇(第九回),嫁与十二三岁男孩的大姑娘掌珍(第十二回)等的悲剧命运都明显地寄予了同情。作者告诉人们:她们之所以逾越礼法,从偷情走向绝路,都是由于最基本的夫妇生活不能得到满足,做一个女人的基本权利受到了限制,而不是她们本性淫荡,生来"欲火尤甚"。作者在表现她们的"偷情"时,也往往是有限度的,并不像当时一般的艳情小说那样好写那种"不论亲疏,不分长幼,不别尊卑,不问僧俗,惟知云雨绸缪"(芙蓉主人《痴婆子序》)的滥交。总之,她们的越法偷情都是由于本性受压抑后"逼上梁山"的,因而也是颇可同情的。这种倾向,在一味强调"妇顺"而女性普遍受歧视受压抑的时代里,不能不说是难能可贵的。

第三,《一片情》追求男女之"情",不仅仅为了满足肉体上的快感,而是企求多方面的和谐。人的性欲受到了压抑,固然不能成为真正的人;但作为一个真正的人,也不能仅仅停留在性的本能的满足上。明清绝大多数的艳情小说写性,只是满足于追求肉体上的快感。如《如意君传》中的武则天,实际上她需要的只是犹如"幽禽相偶之乐"而已。即使写性的社会内涵十分丰富的《金瓶梅》中,如金、瓶、梅所追求的,在很大程度上也是如第八十五回中所说的如"两只犬儿交恋在一起"的"畜生之乐"而已。像孟玉楼那样努力去寻找一个"青春年少"、"百年知己"的丈夫,追求一种"两情愿保百年偕"的境界的女性形象是并不多见。《一片情》中的多数作品,应该说也是停留在描写女性追求性欲满足的低层次的水平上,但其中第三回《憨和尚调情甘系颈》与第十三回《谋秀才弄假成真》就比较特殊。第十三回已如前所述,谋天成与爱姑、霍小姐之间所以能达到"夫妇同谐"的乐境,不仅仅是由于性生活的和谐,而更重要的是他们相互恩爱,感情融洽。第三回中所写的罗氏也颇可注目。罗氏是个年轻美貌的寡妇。她本不"好色",清心寡欲,"守寡一年,比女子还谨慎些"。后来中人圈套,被迫再嫁。当时放在她面前有两个人:一个是实际霸占她的"丈夫"六和,另一个是名义上的"丈夫"桂香。假如仅就肉欲而言,"六和身体清洁,性格风骚","又是善干的",且他有势力,优先霸占着她。但由于罗氏对他没有感情,故反过来影响了性生活的和谐。新婚之夜,罗氏就像死了一般,"一毫情兴也无","弄得两不爽利"。罗氏追求桂香也不首先着眼在性的满足上,而至少先考虑了这样几点:一,桂香"生得标致",符合"才子佳人,所配得宜"的标准;二,从名分上讲,"拜了花烛",已成了她的"夫主";三,更重要的是,桂香真心爱她,一再向她表示"你既视我为夫,我焉敢忘你恩义","情愿与你终身偕处"。他们两人"同心合意",设法"跳出火坑"。这就是说,"佳人窈窕逢知己",才愿真心地以身相许。后来他们远走高飞,"誓同生死",得以善终。作者在罗氏身上表现的爱情观、婚姻观,的确已经超脱了单纯地追求生理上的满足,而是包含了欲、色、情、法等多方面的内容,是比较全面的。

  以上就《一片情》所道之"情"略作了一些分析。从中可见,它确有某些高于俗作的地方。这也就是它能较好地暴露封建婚姻弊端的基础。但不容讳言,这部着重于谈情写性的艳情小说,在当时也未能摆脱这类作品的恶趣,致使被人们长期归入"淫书"一类而弃之不顾。这种遭遇,恐怕也非《一片情》一例。我今就《金瓶梅》之外的这部确有大量性行为描写的"淫书"来略作分析和肯定,其目的也不仅仅在于肯定这一部书,而是希望打开一些思路。知我罪我,欢迎批评。

(《试论〈一片情〉》,《社会科学战线》1993年第2期)

西山樵子《闺艳秦声》书评

若打开 Google 网,搜索"《闺艳秦声》"的话,许多网站都将此书列为古代"香艳"作品中的"上中"品,亦即九品中的第二等,而《金瓶梅》被列为"上下"品,《西厢记》、《红楼梦》则被列为"中上"品。此说实出于姚灵犀《思无邪小记》所引的《香艳摭谈》。这种品评是否合理,这里姑且不论,但至少它提示我们:对《闺艳秦声》这部作品不可等闲视之。事实上,它是一部文学性很强的俗曲;其评点,也十分精彩。可惜的是,从上世纪三四十年代传开以来,被好事之徒篡改其名为"琴瑟乐"及"闺艳琴声"①,并将它归之于蒲松龄的名下,转相售抄,蒙蔽了几乎所有的蒲松龄研究者。1967 年,日本藤田祐贤作《聊斋俗曲考》一文②,曾正式将《琴瑟乐》作为蒲松龄的作品加以论述。之后,特别是在八十年代以来的中国大陆,出了不少的有关《琴瑟乐》的论文及校本,实为蒲松龄研究中一个不大不小的热点,但可惜的是,似乎没有一个完全搞清楚所谓《琴瑟乐》的真实面貌及来龙去脉,故笔者不揣愚鲁,想就《闺艳秦声》的一些基本问题谈一些看法。

一、《闺艳秦声》与《琴瑟乐》的真假问题

1994 年,吉林文史出版社正式出版的《中国艳歌大观》,曾从 483 页至 496

---

① 《琴瑟乐》主要有三个抄本:一,蒲松龄纪念馆藏"聊斋俚曲"丛抄本《琴瑟乐》;二,《志异外书·闺艳琴声》,又名《琴瑟乐》,题"淄川蒲松龄著作"、"博山田庆顺藏";三,日本庆应义塾大学藏本,名为《琴瑟乐》,题"蒲松龄遗作",下钤篆印"天山阁藏",左下角题"在淄川城内文化街天山阁家藏,依命平井院长,王丰之手抄"。上世纪八十年代后出多种校本,盖多从此三本出。

② 日本《艺文研究》第十八号。其伊藤直哉译文,见《蒲松龄研究集刊》第四辑,齐鲁书社,1984 年 11 月版。

页全文登载过《闺艳琴声》，在此曲前有编者按语云："清代初期，坊间还流传着另外一种刻本，名《闺艳秦声》，署名'古高阳西山樵子谱，齐长城外饼伧氏批'。"但同一按语又说："蒲松龄所撰《闺艳秦声》向无刊本。"编校者郭长海先生在 2001 年 3 月发表的《〈琴瑟乐〉作者与源流考证》①一文中谈到他当时整理《闺艳琴声》时，也没有提到清初的坊刻本，而只说用的是"《大公报》本"。于是我不胜疑惑：究竟有没有《闺艳秦声》的清初刻本？带着这个问题，我用电话请教了郭先生。郭先生回答是：他也没有见过清刊的《闺艳秦声》；他说的清初流传的刻本，实指与《闺艳秦声》有关的《时尚南北雅调万花小曲》之类。这样，问题清楚了：目前所知《闺艳秦声》最初的印本乃见诸 1923 年的天津《大公报》②。

但是，天津《大公报》的《闺艳秦声》并非是完整的本子。它的最大缺失是刊落了大量的批语。署名处明写着"齐长城外饼伧氏批"，可是"《大公报》本"只用括号在五处遗下了批语之外，其余都付阙如。据我所知，《闺艳秦声》最完整的本子是见于 1936 年 1 月由姚灵犀校印的《未刻珍品丛传》，此本则共有眉批 21 处，旁批 86 处，夹批 10 处。

《未刻珍品丛传》系排印本，不厚，共收作品三篇：《闺艳秦声》、《塔西随记》与《麝尘集》。卷首有校印者写于 1935 年 11 月的《弁言》云：

> 《未刻珍品丛传》，何为而辑也？曰志不朽也。……《闺艳秦声》盖得之于津门。著者自署为西山樵子。……皆以偶然遇之，已足奇已。……呜呼，宇宙之间，文人众矣，抑郁不自得，乃寄情于艳闻琐事，以冀其言之无罪，而闻之者好之之可传也。然而，传不传无定也。……世间类此之文字，散佚摧烧者，曷可胜数，而此三者获存，不可谓非幸事也！虽名之不彰何害乎？

这里，在编印者对作者充满着同情，对作品予以高度评价之余，使人感受到：这部珍品已在存亡之间，编者也前所未闻；同时，他明确地告诉我们，它被发现在天津。

我们知道，姚灵犀为上世纪前半叶活跃在天津的收集香艳文字的大家，其

---

① 《长春师范学院学报》第 20 卷第 1 期，2001 年 3 月。
② 天津《大公报》影印本第 67 册，1923 年 8 月 20 日至 9 月 13 日。

所编《采菲集》，对有关缠足的史料可谓网罗殆尽；其《思无邪小记》，记录有关性文化的资料一时罕有其匹；其《瓶外卮言》对《金瓶梅》的词语的辨析也独一无二。1941年，他在《思无邪小记》的《弁言》中说：

> 岁在乙丑、丙寅（1925、1926）间，余侨寓燕京，得与都人士相接，因沈丈南野之介，缔交侯疑始君。时侯主编《翰海》，每晤时辄索稿于余。初以诗词笔记应之，后难为继，乃搜集古今小品，涉乃香艳者，上起经史，下逮说部，选取录若干则，或加笺注，投刊翰海……嗣因有金陵之行，稿遂中辍。及傅君芸子主编《北京画报》索稿一册去，排日刊登，时或亦自撰，而以续记为名。闻嗜痂者众，刊此以餍所望，后又名之曰《艳海》，或易名为《髓芳髓》，曾于天津之《天风》、《风月》两报中略见一斑。十五年来，续有搜辑，至今续稿盈尺，供獭祭之书籍亦千余种，秘不示人，为无益事以遣有涯之生而已。

我不厌其烦地引这段文字，无非想说明姚灵犀其人，不但热衷于香艳文字的收集，而且与京津的报界关系密切，喜欢将他收集到的文字陆续披之于报端。因此，联系到《闺艳秦声》的"《大公报》本"与"未刻珍品丛传"本的署名、正文与序评等都相同（只是因报纸排版的问题而删落了批语）这一点，就不能不使人感到"《大公报》本"的提供者与姚灵犀有着直接的关系。这种关系虽然也可强解为姚从报端得到消息后，从原藏者处觅得此本再刊刻；但从《闺艳秦声》盖得之于津门"一言而看，较大的可能当为姚灵犀在天津时觅得此书后即付天津《大公报》先予发表，后再与其他两书合在一起刊成《未刻珍品丛传》。总之，我们可以说，《闺艳秦声》的发现者、刊印者即是姚灵犀。

现在，有两本书放在面前：一本是署名"古高阳西山樵子谱，齐长城外饼伦氏评"的《闺艳秦声》，另一本是署"蒲松龄遗著"的《琴瑟乐》，两本书的正文内容基本相同，究竟是谁在先，谁在后？谁是真，谁是假？

第一、从时间看，《闺艳秦声》在1923年、1936年分别在《大公报》与《未刻珍品丛传》中发表，当时未见有蒲松龄《琴瑟乐》的正文面世。今所知《琴瑟乐》的庆应大学藏本，乃抗战期间所抄。另于八十年代成立的"蒲松龄纪念馆"所藏的两个抄本中，其《聊斋俚曲》丛抄本，不知得于何时何地。另一"博山田庆顺藏"本，从所附王统照信得知，乃于1956年10月30日时任山东省文联主席的王统照在《人民日报》上发表《有关蒲松龄的几则琐谈》之后，于11月19日田庆顺主动写信"以家藏蒲氏所作俚曲抄本见告"的。假如现在能拿出1923年前已存在有蒲松龄《琴瑟乐》确切文字内容的证据来，那另当别论，否则的话，只能认为《琴瑟乐》是将《闺艳秦声》改头换面而来。

第二、从作伪的动机来看，假如一篇署有大名鼎鼎的蒲松龄名字的作品，去改头换面成一个名不见经传的作者的作品，实在是不可思议的。只有相反，才能给作伪者带来利益。

第三、从文本内容来看，所谓蒲氏《琴瑟乐》的马脚甚多：

1. 庆大本开端有《老夫少妻不合阴阳感慨诗》、《山中乐》及"久旱逢甘雨"三诗，殊不伦不类。后一诗为流传很早的《四喜诗》①，被抄引至此。而前两诗，马振方先生在《琴瑟乐校注》中说："既非全曲序引，与作品内容也不和谐，不似原作所有，系蒲诗羼入者。"②然是否是真正的"蒲诗"或其他"聊斋小曲"，也颇令人怀疑。曲后李希梅的《诗跋》，乃是抄录了《金瓶梅》的两首诗，更是明显的"只是在应付平井雅尾，投其所好"的表现③。至于曲中多处抄入《金瓶梅》的问题，也与所谓高念东跋言"不肯抄袭一笔"之论相背。所有这些，也为蒲松龄研究者的通识。但遗憾的是，蒲松龄研究者普遍胸中先有一种成见，即如巩武威先生所言："蒲松龄写过《琴瑟乐》这支俚曲是毫无疑问的。张元在柳泉蒲先生墓表碑阴面撰文有通俗俚曲十四种《琴瑟乐》一册，这当是绝对可靠的。"④因此，他们可以怀疑庆大本的局部问题，而不能进一步去否定《琴瑟乐》的可靠性。殊不知，作伪者正是利用了善良的人们确认有一种蒲松龄的《琴瑟乐》的存在，才去下手脚将《闺艳秦声》改头换面的。像《琴瑟乐》扉页上写着"本稿我传之元抄，小心留意写之"云云，这不正是"此地无银三百两"吗？一般的抄本哪有这样的废话！

2. 高念东跋的问题。1936年刊《闺艳秦声》的卷首是有《原序》、《自序》和《原评》⑤三文，后有"坚誓狮子座下人"《闺艳秦声卷尾》一篇。其《原评》是全

---

① 洪迈《容斋四笔》卷八《得意失意诗》已载"旧传"有此诗，唯"题名"作"挂名"。
② 马振方《日本庆应义塾图书馆藏聊斋遗文七种》，北京大学出版社1995年版，第207页。
③ 巩武威《〈琴瑟乐〉辨》，《蒲松龄研究》1993年第1、2期合刊。
④ 同上。
⑤ 案：《大公报》上发表时标名《评》，与《未刻珍本丛传本》内容相同。

曲的总评,如金圣叹的《读法》然。1923年在《大公报》上发表时,先连载了正文,再将序、评及卷尾附于后。《琴瑟乐》则将《原评》的个别段落稍作调整后变为一篇《高念东跋》。实际上,此段文字是十分标准的一段一段的、金圣叹所创的"读法体",而完全不类"跋语"的文体。《琴瑟乐》的作伪者自以为拉了一个蒲松龄的朋友高念东来可以装得更像,殊不知这种偷巧的做法也恰恰露了马脚。

3.《闺艳秦声》开头有《西江月》两首,原文如下:

谁使红颜命薄,偏教才人途穷,几多限事满胸中,难问苍天如梦。　　且向花前月下,闲弹赵瑟秦筝,狂歌一曲酒千盅,好把闲心断送。

无可奈何时候,偶然谱就新词,非关闲处费心思,就里别藏深意。　　借嬉笑为怒骂,化朽腐为神奇,男儿心事几人知,且自逢场作戏。

此词意韵联贯,字数与格律也均合《西江月》调。然《琴瑟乐》庆大本为迎合蒲氏俚曲多用《清江引》起首,就将"西江月"妄改成"清江引",使内容与曲名牛头不对马嘴。又把"胸"改成"怀",把"难"改成"谁",把"闲心"改成"英雄",把"怒骂"改成"恐骂",把"几"改成"凡",诸如此类,完全破坏了原词的意韵。至于田氏本及基本相同的蒲馆本,用马振方先生的话来说:"田氏本上阕,不仅韵与下阕不合(《西江月》大都一韵到底,换韵者极少,且另为一体),第二、三句间也很难区别——'穷途多'不合格律,也不成话;倘如另一种校本,在'多'前加一'儿'字,划为下句,第二句作'仿教才子穷途',字数虽合,'途'字却不押韵。由此不难看出,它有较多讹误,令点校者左右支绌。"①因此,这两首《西江月》也清楚地告诉了人们:孰为真,孰为假。

4.《闺艳秦声》的"未刻珍本丛传"本的正文是分段的,自两首《西江月》以下,即分别标有《幽恨》、《媒议》、《得情》、《遇欢》、《行聘》、《亲迎》、《于归》、《交欢》、《归宁》、《还家》十名,后附《对玉环带清江引》,全曲层次井然。此曲既名"秦声",即指用的是陕西一带的方言,但作者在题名下有小字注云:"方言俗语有音无字者,今俱借用正字,读者当以意会之。"换言之,全曲已用"正字"来表

---

① 马振方《庆应大学藏本聊斋俚曲〈琴瑟乐〉文本考议》,《北京大学学报》1999年第1期。

达了。改篡者为了制造蒲松龄作的假象,就故意把其段名全部删除,田氏本与蒲馆本不时加进了"陕西调"的名目,而庆大本更插进了什么"淄口令打五",而这两种调的规矩全无,实际上无非是故弄玄虚而已,而把《闺艳秦声》的原来面貌却搞模糊了。

5. 若将曲文文字对校,更可说明问题。这里需要说明的是,《琴瑟乐》三个抄本,实可分两个系统,即蒲馆本与田氏本基本相同,只是个别地方小有差异,这是由于抄录时的笔误或稍作修改所成,故可视为同类。今据盛伟《〈琴瑟乐〉国内藏本与日本藏本校释》①的文字,与"未刻珍品丛传"本《闺艳秦声》相校,有三种情况:第一类是庆大本与《闺艳秦声》相异之处,而蒲、田本与《闺艳秦声》恰恰是相同的;第二类是蒲、田本与《闺艳秦声》相异的地方,而庆大本与《闺艳秦声》恰恰是相同的;第三类是庆大本、蒲、田本均与《闺艳秦声》相异。前二类,实际上即可说明:它们都来自《闺艳秦声》。因为它们假如真的来自一种《琴瑟乐》的话,若与《闺艳秦声》相异,则三本基本上都会相异;若相同,则三本基本上都相同。反之,只有它们各自抄自《闺艳秦声》,并又各自稍作修改的情况下,才会出现各与《闺艳秦声》有同有异的现象。再看第三类《琴瑟乐》三本与《闺艳秦声》均异的情况,据粗略统计,约有117处,今择以下20例,略作说明(各本用一字简称):

(1) 闺:奴今十八正青年。

庆:奴今十八正妙年。

蒲:奴家十八正青春。

田:奴家十八正青春。

案:庆大本与蒲、田本分别将闺本的"青年"改易了一字,成"妙年"或"青春",自以为更有文彩,然正暴露了从"青年"而来的痕迹,而改成"青春"失了韵,将"今"改成"家",也削弱了时间感。

(2) 闺:仔巴到黑天。

庆:仔把到黑天。

蒲:仔盼到黑天。

田:仔盼到黑天。

案:"仔",这里是"只"的意思;"巴",即巴望、盼望,"仔巴"存俚曲朴质之

---

① 《蒲松龄研究》1989年第1期。

味。蒲、田本将"巴"均改成了"盼",失却了原味;而庆大本改成了"把",更不知何意。

(3) 闺:养到十八不招亲。

庆:养着十八不招亲。

蒲:养着俺十八不抬亲。

田:看了俺十八不招亲。

案:将"养到"改成"养着"就不通,蒲本加了个"俺"字,却把"招"字误成了"抬",田本"看了俺"虽通,却也不如"养到"简洁明了。

(4) 闺:喜的我仔没是处。

庆:喜的我只管没处。

蒲:喜的我仔没了法。

田:喜的我仔没了法。

案:"没是处",即不知如何是好。此句上文是:"搭上嫂子合俺顽,说他生的全不丑。"当女孩子知道未婚夫"生的全不丑"时,就高兴得不知如何是好。今《琴瑟乐》三本改窜得全然不通。

(5) 闺:看不上那执张势。

庆:看不上那下贱势。

蒲:看不上那种浪张势。

田:看不上那种浪张势。

案:"执张"一词在此曲中并不出现一次,如下言"骂声执张小奴才",庆大本也没有改,而这里却改成了"下贱",此与蒲、田本改成"浪张"一样,都不切。

(6) 闺:宝钗金花(《大公报》本"钗"作"钏")。

庆:宝铜金花。

蒲:宝镜金花。

田:宝镜金花。

案:行聘之礼,"宝钗金花",均为饰物,《琴瑟乐》三本改得不伦不类。

(7) 闺:改眉绞脸用功夫。

庆:改头绞脸用功夫。

蒲:改头绞眉用功夫。

田:改头绞脸用功夫。

案:改画眉毛,用线绞去脸上汗毛,乃是化妆美容。"改头"、"绞眉",意均不明。

（8）闺：今晚是他亲手除。

庆：今晚是我亲手去除。

蒲：今夜是我亲手除。

田：今夜是我亲手除。

案：《琴瑟乐》三本将"他"改成"我"，皆错。此句上下文是："少戴钗梳，今晚是他亲手除，怕他心里忙，手儿里全不顾。"很清楚，晚上将为她摘去钗梳的是她新婚的丈夫，而不是她自己。她怕他心慌意乱，就少戴一些钗梳。

（9）闺：想起这事来，有些真淘气。

庆：想起这来，有些真淘气。

蒲：想是事来，有些真讨气。

田：想是这事来，有些真讨气。

案：《琴瑟东》三本，或漏抄，或误抄，故皆不通。

（10）闺：吃了交杯酒一盏。

庆：吃了交心杯一盏。

蒲：吃了交心酒一盏。

田：吃了交心酒一盏。

案：婚礼时，"共坐罗帏，安排热酒递交杯。……那人合我脸对脸，吃了交杯酒一盏。"这"交杯酒"是很明确的，改成"交心杯"或"交心酒"，莫名其妙。

（11）闺：就是喂不饱的个馋痨狗。

庆：就如那喂不饱的馋老狗。

蒲：就是喂不饱的个馋牢狗。

田：就是喂不饱的个馋牢狗。

案："馋痨"，本是一个词汇，形容馋得像有难治的痨病一样。今改成"馋老"或"馋牢"，均不确。

（12）闺：央及他歇歇再不肯（《大公报》本"肯"作"依"）。

庆：央告他歇歇再不依。

蒲：央给他歇歇再不肯。

田：央给他歇歇再不肯。

案："央及他"，即恳求他。"央告"、"央给"，意均不明。

（13）闺：溋心鸡蛋补心虚。

庆：汤心下的鸡蛋补心虚。

蒲：汤心鸡心补心虚。

田：汤心鸡心补心虚。

案："㿥"，一般用同音字"溏"，"溏心鸡蛋"，也称"溏黄鸡蛋"，即蛋黄还呈流动状，并未被烧得完全凝固者。据此意，实用具有流动之意的"㿥"字也可。今《琴瑟乐》三本改窜得全然不通。

（14）闺：他说你姑娘。

庆：他说您姑娘。

蒲：他说你恁姑。

田：他说你恁姑娘。

案：嫂子对自己姑娘当然称"你"而不会称"您"。下文"低低叫你姑娘"，三本也都改成了"您姑娘"，均不确。至于"你恁姑"、"你恁姑娘"，也很费解。

（15）闺：谁像（《大公报》本"像"作"照"）你生的像个狐狸。

庆：谁照你生的像个狐狸。

蒲：谁照你生的像个小狐狸。

田：谁照你生的像个小狐狸。

案：闺本连用两个"像"字或许不美，但是通的；而《琴瑟乐》三本实均从排错的《大公报》本而来，就不通了。

（16）闺：没精打采的强扎挣。

庆：没精答来的强扎挣。

蒲：没精答采的强扎挣。

田：没精答采的强扎挣。

案："没精打采"变成"没精答来"或"没精答采"，其误显然。

（17）闺：那人见了欢喜煞。

庆：那人见了险些欢喜煞。

蒲：那人见了险些喜欢煞。

田：那人见了险些喜欢煞。

案：《琴瑟乐》三本加"险些"两字，纯属蛇足。

（19）闺：都是些精明话（《大公报》本"明"作"胡"）。

庆：都是些精胡话。

蒲：都精是些胡话。

田：都精是些胡话。
　案：庆本"精胡话"从《大公报》本而来，与本曲开头所言"信口胡诌"相呼应，当不错，而姚灵犀觉得费解而在"未刻珍本丛传"中校成"精明话"。蒲、田二本从《大公报》本而来而也觉得"精胡话"费解，就妄改成"精是些胡话"。但"精是些"之"精"当为"尽"，之所以用了"精"字，明显是受了闺本原文的影响。
　　（20）闺：聊且解愁怀。
　　　　庆：且即解愁怀。
　　　　蒲：即且解愁怀。
　　　　田：即愁解且怀。
　案：《琴瑟乐》三种之误，一望即知。
　　根据以上例证，不难得出这样的结论：目前所见的所谓蒲松龄的《琴瑟乐》，乃是改篡西山樵子《闺艳秦声》而成的伪品。

二、《闺艳秦声》的作者及创作时间

　　《大公报》本与《未刻珍品丛传》本的《闺艳秦声》均署"古高阳西山樵子谱"、"齐长城外饼伧氏评"。这两人的生平情况，在姚灵犀《未刻珍品丛传》的《弁言》中已说"作者姓氏里居皆不著，几于湮没而无闻"，今当更难考证。然《闺艳秦声》原序有云："闲居无聊，常思借题抒怀，苦无好手，阿蒙兴之所触，偶为秦声，以诙谐之词，写幽艳之意。"明确提到了作者为"阿蒙"。又有"坚誓狮子座下人"作的《闺艳秦声卷尾》说："老僧不能绮语，是天生根器，今为单居士痛下一楔。"可知作者本姓单。其他就不得而知了。
　　关于此曲的创作年代，并非是"康熙乙亥年"。《闺艳秦声自序》云：

　　　客夏，阴雨匝旬，径绝屐齿，日抱膝败壁中，郁闷欲死，偶忆儿时所记，有艳情《两头忙》一册，遣意摘词，颇有可观，微嫌其调不谐时，句多杂凑，儿女情事，未能描写尽致，遂捉笔补成，变古意作新兹，用以破除烦愁，消磨永日。计旧词止廿余阕，补者十之五，插白则皆新增者。

　　这段话，交代了他创作此曲的动机及过程。"客夏"，乃是去年夏天。然《大公报》在排印时可能是工人不解其意，或一时疏忽，将"客"字误排成了"亥"。"亥"字又恰是干支中的一字，于是就给人以一个充分想象的余地，认为前面必定漏了一字。如郭长海先生在《〈琴瑟乐〉作者与源流考证》中全文引录此序时，就在"亥"字前自加了一个空格号。接着就说：

> 值得注意的是，《自序》中，"□亥夏"所缺的一字，按之庆应大学本与《大公报》最为相近的关系，庆应大学本后有"康熙乙亥抄"的字样，那么，这个缺字，也就是"乙"字。"乙亥夏"，即康熙三十四年，公元 1695 年。

其实，郭先生的思维正好与庆大本作伪者的思维是一样的，即读了《大公报》本的《自序》后，没有想到这个"亥"字是错字，而只想到仅一个"亥"字不通，前面必有漏字。于是联系到蒲松龄的生平情况，必认为前加一个"乙"字最为合适，这样就有了一个"康熙乙亥年"的说法，庆大本的作伪者也就据此在所谓高念东的跋上署下了"时康熙岁次乙亥清明中浣"，蒙蔽了世人。

那么，为什么一定是《大公报》本有错，而不是"未刻珍品丛传"本有误呢？这是因为《大公报》急于应付每日版面，错误较多，如其《原序》第二句"而频看同伴着嫁衣裳"中的"频看"排成了"频着"；后"真世间难为情事"句多了一个"为"字，成"真为世间难为情事"；"而复谈朱幩说郊"句少了"朱幩"两字，且将"郊"误成"部"，《周南》王化之首"又少了"王化"两字；"尼山"排成"尼父"；诸如此类，短短一篇序中，错误竟有如此之多，可见此本的可靠程度较差。而相反，明署经姚灵犀"编校印行"、"翻印虽远必究"的"未刻珍品丛传"本较为严肃，同一序言，不但以上的错误均不见存在，而且在缺字前明确用"□"标出，如"□我以求"句即如此，在"而复谈朱幩说郊"句的"说"字下加了小字注："原本疑有讹敚。"可见，"未刻珍品丛传"本是经过姚氏精校过的，当然比较可信。再则，不论是《大公报》的"亥"字前，还是"未刻珍品丛传"本的"客"字前，均未排有空格号，说明本没有脱字，加"乙"完全是后人的想当然。既然《大公报》本不可靠，"亥"字是"客"字之误，那么，"乙亥"之说也是子虚乌有，更谈不上此曲出于康熙的"乙亥"年了。

去掉了"乙亥"年的障碍，我们再从《闺艳秦声自序》提到的《两头忙》谈起，来考论《闺艳秦声》的创作年代。

《两头忙》曲目前可见于《时尚南北雅调万花小曲》。在《万花小曲》的目录中题为《两头忙·恨媒人》，而在正文中则题为《两头忙·闺女思嫁》。检其内容，也是写女子思春、结婚的全过程，与《闺艳秦声》略同，有些句子也相同或相

近,如开头一段,《两头忙》是:

艳阳天,艳阳天,桃花似锦柳如烟。见画梁双双燕。　女孩儿泪涟,女孩儿泪涟,奴家十八正青年。恨爹娘不与奴成姻眷。

《闺艳秦声》则改为:

艳阳天,艳阳天,桃花似火柳如烟。又早画梁间,对对飞春燕。女儿泪涟,女孩泪涟,奴今十八正青年,空对好春光,谁与奴作伴?

全曲除开头一首《西江月》,最后一曲《清江引》之外,《两头忙》共26阕,正合《闺艳秦声自序》所说的"计旧词止廿余阕"。假如再"补者十之五,插白则皆新增",也就与《闺艳秦声》的规模相合。又,郑振铎先生曾言,他"曾得到单刊本的《艳阳天》,为陕西所刊",其内容与《两头忙》"完全相同"①,所以《两头忙》当为陕西调,也即《闺艳秦声》所称的"秦声"。因此,我们对照《两头忙》、《闺艳秦声》两种文本及《闺艳秦声自序》所言,完全可以确认:《闺艳秦声》正是在这陕西调《两头忙》的基础上创作的。因此,搞清了《两头忙》的产生年代,也就能大致搞清《闺艳秦声》的创作年代了。

在这里,我们不能不佩服郑振铎先生早在《中国俗文学史》中就对《万花小曲》一集的产生年代有过正确的判断了,可惜一些研究者因为未见"未刻珍品丛传"本的《闺艳秦声》,又将一个错误的"康熙乙亥年"横在胸中,于是将郑氏的正确结论忽略或误解了。郑先生认为:

今所知的最早的民歌集,乃是乾隆九年(公元一七四四年)"京都永魁斋"所梓行的《时尚南北雅调万花小曲》,永魁斋只题着梓行的年月:"岁在甲子冬月。"但马隅卿先生所藏的一本(我的藏本即从此出),封面前有维宽氏的"乾隆三十九年吉立"字样,由其版式看来可知此"甲子",必是乾隆九年。如果是再前六十年的刊本,则便是康熙二十三年(公元一六八四)的"甲子"了。但其版本却全然不是康熙时代的,更不是明代的。故可断

---

① 郑振铎《中国俗文学史》第十四章《清代的民歌》,商务印书馆1938年8月版。

定其刊行年代必为乾隆九年。①

笔者未能目验这两种《万花小曲》的原本,但看到过1978年台湾学生书局影印的一个"岁在丙申秋月金陵奎壁斋梓"的本子,收入王秋桂主编的《善本戏曲丛刊》第79册。正如郑振铎所言,这个本子的版式也决非是康熙以前所印行。它当为乾隆四十一年(1776)的产品。这样我们可以知道,《两头忙》及《万花小曲》之类的作品在乾隆年间十分流行。固然,《两头忙》(或《艳阳天》)从陕西流传到京都稍有时日,但一般也用不到多少时间的。且此曲是《闺艳秦声》的作者在"儿时"所记,到他写《闺艳秦声》时,恐怕出版《两头忙》之类的热潮已退。据此,大致可推定《闺艳秦声》创作于乾隆的后期,甚至是嘉庆年间。

三、"易性文学"中"最有情趣的一篇"

1962年,路大荒先生编集《蒲松龄集》时,没有将见到过的《闺艳秦声》编进去,一是考虑到"难以考定是否蒲氏作品",这是他的谨慎之处;二则认为"内容黄色"②,这就牵涉到对于这部作品的评价了。实际上,早在三十年代,郑振铎先生就在《中国俗文学史》中称《闺艳秦声》的前身《两头忙》为"全集(《时尚南北雅调万花小曲》)里最有情趣的一篇",其写闺女思春超过了《牡丹亭》等。八十年代以后,人们在论所谓蒲松龄的《琴瑟乐》时,更认为"它不仅有很高的美学价值,亦具有重要的文献资料价值"③,即使是写"新婚夫妇床笫之乐",也是"摹写爱的需要,合乎道德的新婚夫妇的初欢,有其纯洁、新喜、庄严的内涵,从中给人以人类繁衍、传宗接代的神秘感,责任感。特别是从新娘的羞怯、新郎的体贴诸种描绘中更能体验出主人公两情相洽的美感享受。文字本身虽无说教气味,却能引导读者从健康心理玩味这段文字"④。当然,这些论析都是据所谓《琴瑟乐》的本子,与蒲松龄的生平情况结合起来加以考虑的,现在我们有必要将它作为《闺艳秦声》这一独立的作品来论衡它的文学价值。

---

① 郑振铎《中国俗文学史》第十四章《清代的民歌》,商务印书馆1938年8月版。
② 路大荒编《蒲松龄集》,1962年版。
③ 刘宣整理《琴瑟乐》按语,《蒲松龄研究》1989年第1期。
④ 汪玢玲《〈琴瑟乐〉论析》,张永政、盛伟主编《聊斋学研究论集》,中国文联出版社2001年版。

《闺艳秦声》的作者在《自序》的开头即说:"昔袁石公于吴中诗文,一概抹煞,而独喜里巷所唱小词,以为必传。岂非以村童巷女之呕吟,情真而味永乎!"整篇序言,就是说明了他所追求的境界即是"情真而有味",或者说是有"真趣"。当然,此曲之所以有"趣"有"味",其基础即是"情真",特别是将一个天真烂漫、珍惜青春、追求幸福的女主人公写得"声情态度如画"(《闺艳秦声》批语,以下引批语不再作注明)。她使人体悟到生命的活力、人生的价值,得到了一种美的享受。

此曲虽分十题,但实际上"通篇只写两大段:前是望嫁之急,后是燕乐之深"。一个十八岁的女青年,面对着"桃花似火柳如烟"的"艳阳天",看着对对双双的春燕、蝴蝶飞来飞去,听着嫂嫂哥哥"两口子说话情意儿多",又想着"同行姊妹都嫁了人家",就很自然地怀春思嫁,不想"把俺的青春耽搁了"。这应该是每一个正常的人的人生愿望。作者在写她思春、结婚的过程中,始终紧贴着一个少女的"身份",把她的心理活动写得细致入微,丝丝入扣。如当媒人讨了帖去后一时不见回音,就不免焦躁、猜疑、恼恨、烦闷:

> 恼恨媒人,恼恨媒人,讨了帖儿去没有回音。亲事成不成,叫我将谁问?昏昏沉沉,昏昏沉沉,辜负了多少好光阴。不好对人说,只是心坎上闷。

当媒人回来了,娇羞的她又"故意妆羞倒躲开。待去听一听,又怕爹娘怪,惹的疑猜,若的疑猜。"真是"俱写儿女娇憨入髓"。后来有机会看到了未婚夫,"他也偷瞧,我也偷瞧",看见他"模样俊雅好丰标",就"心里得意说不的,忍不住的自家笑"。上轿前,梳妆打扮戴钗梳,细心的她考虑到"今晚是他亲手除,怕他心里忙,手儿里全不顾",就特意"少戴钗梳,少戴钗梳"。轿到夫家,"来到门前,来到门前,黄道鞋儿软似绵。怎下轿子来,全然走不惯?"又把她的"娇怯"心态写得活灵活现。诸如此类,把一个少女的感情世界和心理活动确实是写得如在目前,一点儿不"隔"。

作者在塑造这个少女形象时,全篇用的是第一人称,"无数说话,都以女郎串去",即篇中所有的人物与情节,都从她的视角出发,用自述与代言相结合的手法来一一加以表述。如写她的夫婿,当"那人合我脸对脸,吃了交杯酒一盏,大家知趣都抽身"后,"他就忙把房门掩,轻轻给我摘了头,伸手就来扯把俺。

本等心里待不依,他央及的急了我又心肠软"。批语曰:"轻轻二字,有体贴。"把丈夫的体贴与情急都通过她的感受来写出。婚后一月,她不得不归宁还娘家,小别数日再回来,写她的丈夫道:

> 来到他家,来到他家,那人见了欢喜煞。走到人背后,把我捻一下,痒痒刷刷,痒痒刷刷,心里的滋味不知待怎么?笑着瞅一眼,忙把头低下。
> 走进中堂,走进中堂,拜过婆婆进绣房。喜的俏冤家,嘴儿合不上,左右端相,左右端相,手里摸索口儿里忙。我全看不的,那个急模样。

在"来到他家"旁,有批语曰:"本当曰俺家,而反曰他家。"其实,用"他家"正是表明了这篇俚曲的叙述角度就是以她为中心的,是女儿的身份、女儿的声口。在这里,通过了几个小动作,把其夫对她的情爱与相思,表现得惟妙惟肖。在整篇俚曲中,特别是穿插了"一梅香,一嫂子,从旁冷敲斜插,生出无数妙文","若无此二人,通篇便板煞,更无转动处矣"。如写其嫂子,每一次关键时刻都很关心她,且写得很逗趣。行聘时,"嫂子笑嘻嘻,嫂子笑嘻嘻,叫声你姑便宜你:都说他姑夫,生的极标致",第一个告诉她夫婿长得俊,"喜得我仔(只)没是处。呸,笑着把他吐一口"。当婆婆来相她时,"故意妆羞懒动身,怎么着出去把头磕?嫂子说道你休害羞。咳,我心里欢喜你不觉!"把嫂子的关心与她的乖觉,写得很透脱。特别是嫂子作为过来人,告诉她结婚的妙处:

> 嫂子合俺顽,嫂子合俺顽:见了他姑夫你馋不馋?有桩妙事儿,你还没经惯。不是虚言,不是虚言,委实那桩滋味儿甜。你若尝一遭,准要忘了饭。

后来,她归宁还家,"嫂子笑着把俺瞅,未曾说话先裂口":"那桩滋味精不精?不说实话是个狗!"她回答嫂子也十分巧妙:"你仔想想你当初,蛇钻的窟窿蛇知道!"这一问一答,真是"妙人妙语","该处得真",写得"小儿女情事声色都出",富有生活气息,并使整篇曲子产生了一种跳动感。

作为一篇俗曲,都是用俗事、俗语来写活这些俗人的真情的。但这篇曲子俗而不鄙,正如原书的评语所说的,在她急于待嫁"浃洽定情之后,虽恣意沉酣,而娇憨仍在,写情窦日开之女郎,都有身分。若是下手为之,早已是娼妓伎俩,其丑态岂复可言。金粪之别,于此立判"。即使是"写到交欢之际,难得如此饱满,又难得如此雅驯,最是高处"。有人认为,只要写性爱生活,乃至写男女爱情,就是"黄色",就是"不健康"。其实,这类事本是人的本能,无所谓下流或高尚。作者可以把它写成污秽,也可以把它写成健康;可以把它写成丑,也可以把它写成美;可以借此来鼓吹"天理",也可以借此来张扬人性。原评者有这样一段话,说得颇有道理:

> 有怪此词剥尽女儿面皮者,此弗思之甚也。天下上样事,只见人说,不见人做。天下极下等事,人都肯做,坚不肯说。伊虽不说,谁其不知?不如肯做肯说之人,还是天真烂漫。况女大须嫁。夫妇之间,人之大欲。纵复急于结缡,亦自无伤风化。此非终不可告人者也。请问词中情事,那个女郎尽能摆脱?第不许人说也。

此词就是能写得天真烂漫,又显得蕴藉风流;写得俗,又显得雅。它不是引人走向粗鄙,走向淫邪,而是引人去追求美满的婚姻和人生的愉悦,因而从本质上看,它"不俗",它是美的。

这是一篇用女性的口气来写女性生活、女性心理的作品,真是"处处看他是女儿身分"。假如以"女性的立场和视角来对待女性的问题"[①]作为女性文学的"核心的特征",或者更细一点,称"女性文学是……以女性的眼光,女性的切身体验,女性的表现方式,专注于女性形象的塑造和妇女命运的思索,寻求妇女彻底解放的道路"[②]的话,只要去掉了《闺艳秦声》游离部分的头和尾,那么这部作品也就可以看成是"女性文学"了。但它恰恰是"一男子代吐其肝膈",是男性所创作。这种实由男性创作而宛如女性文学的作品,我今姑且称之为"易性文学"。这种"易性文学"的本质特征即是创作主体与文本第一人称主角的性别易位。从女性主义的呐喊到性别文学的研究,人们的兴奋点似乎只是在关注女性本身及其创作的独立和自主,而对这类"易性文学"似乎并未

[①] 刘雪峰《女性文学文本特征的基本范畴界说》,《东北师范大学学报》2001年第6期。

[②] 吴宗蕙《当代女性作家笔下的女性世界》,人大复印资料《中国现代当代文学研究》1994年第12期。

重视。有的学者所提到的"文人的女性化趣味"、"才女的'文人化'"及所谓"妾妇自拟"的表现方式等①,应该说是接触到了这个问题,但并未充分展开;且一篇作品中局部的"女性化"与"文士化"的笔墨或"妾妇自拟"的手法,还与整篇作品以女性的口气来描写女性问题的"易性文学"是有所不同的。而事实上,创作主体在模拟异性的状态下写诗作文在我国古代是源远流长。《诗经》及后世的乐府诗、民歌中大量的以女性口气所写的作品,我们已难以辨清其究竟是真正由女性所作的"女性文学",还是由男性所作的"易性文学"了,但在一些总集和别集中还是可以看得一清二楚的。例如伪称司马相如为陈皇后所作的,以陈皇后的口气抒写其哀怨的《长门赋》,就是较早而有名的一例。在魏晋六朝,这类作品已不少,如曹丕的《燕歌行》、繁钦的《定情诗》、傅玄的《豫章行苦相篇》等即是。在唐诗中,这类作品也屡屡可见,如李白的《夜坐吟》、《长干行》,杜甫的《新婚别》,白居易的《井底引银瓶》,李商隐的《无题》(八岁偷照镜)等。特别是在宋代以后婉约派的词集及"拟乐府"的诗作中更是屡屡可见,清代田同之就很好地概括过这类作品为"男子作闺音"②。这类"男子作闺音"的文学现象之所以产生,从现代心理学的角度来看,认为人类的先天就是"阴阳同体"或者是"双性两可"、"男女双性",无论是男性还是女性,都具有雄性的一面,又具有雌性的一面。"男性中必有潜在的女性的种子,女性中必有潜在的男性的种子",因而会产生一种"性美的戾换现象",不但在服饰上,在一般兴趣上,在动作时的姿态与方式上,而且"在情绪的趋舍上",也会产生"男的多少自以为是女的,而女的自以为是男的"③。但实际上,两性之所以有"同体"的现象,恐怕主要还是由后天的社会生活中男女两性的相互交往、了解、熏陶和渗透所造成的。在任何一个社会中的正常、成熟的男性,一般都会对女性有程度不同的认识;反之,女性对男性亦然。他们(她们)完全可以设身处地地模拟异性来进行创作。毛先舒在《诗辩坻》卷四中论"男子多作闺人语"时,就指出有"孙夫人,妇人耳,《烛影摇红》词乃更作男相思词,亦一创也。其词亦甚精凄

---

① 参见[美]孙康宜《走向男女双性的理想——女性诗人在明清文人中的地位》,叶舒宪主编《性别诗学》,社会科学文献出版社1999年版;吴存存《明清社会性爱风气》,人民文学出版社2000年版。

② 田同之《西圃词说·诗词之辨》,唐圭璋编《词话丛编》第二册,中华书局1986年版。

③ 潘光旦《性心理学》,三联书店1987年7月版。

惋,虽慧男子所不及"。在理论上,金圣叹曾提出"动心"说,就认为施耐庵"非淫妇",但他在创作时完全可以在平时"格物致知"的基础上,将自己的思想与感情都融化到角色中去,好像身临其境,即如其人,"亲动心而为淫妇"①。这用张竹坡的话来说,即是在作者与描写对象"一心所通"之后,"真个现身一番"②。所以,小说所描写的对象不论是同性的还是异性的,都可以写得"合情理"。这应该是"易性文学"产生的基础。至于中国古代之所以形成写"易性文学"的传统,特多"男子作闺音"的现象,尽管不能夸大为中国美感心态的基本特色是"女性情结"的,但确有一类作家具有一种"女性情结",崇尚女性美。但更重要的是,恐怕与《离骚》所开创的以"香草美人"等"依诗取兴,引类譬喻"的比兴手法有关。当然,《离骚》还谈不上是一种"易性文学",但它促使后人在这基础上进一步以女性自拟,用女性的美貌、追求或哀怨来寄寓作者的理想或不平。朱彝尊论词即曰:"盖有诗所难言者,委曲倚之于声,其辞愈微,而其旨益远。善言词者,假闺房儿女子之言,通之于《离骚》、《变雅》之义,此尤不得志于时者所宜寄予情焉耳。"③《闺艳秦声》的作者也正是据此理念创作的:"无可奈何时候,偶然谱就新词。非关闲处费心思,就里别藏深意。"④它无非想借此说明:"男儿不遇时,就像闺女不出嫁;时运不来,谁人不笑他;时运来了,谁人不羡他。"⑤因此,这种"易性"创作与中国传统的"香草美人"类的比兴手法关系密切。换句话说,中国传统的比兴手法促进了这类"易性文学"的特别发达。而《闺艳秦声》当是这类"易性文学"中的一篇饶有情趣的佳作。

(《〈闺艳秦声〉与"易性文学"》,《文学遗产》2004年第1期)

---

① 金圣叹《贯华堂本第五才子书水浒传》第五十五回总批,中华书局1975年12月影印本。
② 张竹坡《批评第一奇书金瓶梅读法》,康熙年间本衙藏板本《批评第一奇书金瓶梅》卷首。
③ 四部丛刊本《曝书亭集》卷四十《陈纬云红盐词序》。
④ 《闺艳秦声·西江月》。
⑤ 《闺艳秦声·对玉环带清江引》。

佚名《巫梦缘》书录

清代小说。十二回，扉页右栏题"风月佳期"，中题"巫梦缘"，左下栏题"啸花轩藏板"。啸花轩之书，多刊于康熙年间。作者不详。书中多吴语、吴歌，作者似为吴地人。

书叙山东临清人王嵩，年少聪慧，十三岁即中童子试第一名，有神童之称。姨父冯士圭以女桂姐许之，待中举后成婚。嵩风流好色，与邻刘家寡妇卜氏私通。富户安伯良子安可宗邀嵩入府一起读书论文，嵩又与安伯良二房妾鲍二娘、可宗妹顺姑通。伯良妻余氏及三房媚娘亦欲勾搭王嵩，王嵩惧祸回家，复与卜氏欢会。正月十三，作为刘家长媳的顺姑外出观灯，趁便拜访卜氏，适遇嵩在，嫉恨不已，即告公婆。刘大为夺卜氏家产，勾结无赖丘茂等张贴无头榜，揭露王、卜私情。嵩惧，在好友刘子晋、安可宗的帮助下，避于北门外安家祠堂念书，而卜氏则暂回娘家。数日后，嵩又被南方迁来避祸的王理妻王三娘迷住。刘、安发觉后，将嵩接回安府居住。嵩在安家居住之房，恰与冯桂姐卧室只隔一墙，原有门相通。桂姐丫环露花发现这个秘密后，联合王嵩将门打通，遂夜夜相会。嵩屡向桂姐求欢，桂姐不肯破身，令露花替代，致有孕。于此同时，王嵩又与王三娘、妓女存姐及卜氏的叔伯姐妹罗奶奶相通。刘大等状告王嵩诱奸弟媳，赖施太守等维护。不久，王嵩连捷中进士，与桂姐成亲，纳卜氏为二房，顺姑作三房，露花生子，收为第四妾。后王嵩官至邵武知府，被劾回家，自悔少年无行，妻妾以外，再不寻花问柳。除露花病故之外，王嵩与妻妾皆寿七十余岁，五男三女，活如神仙。

此书满纸秽词，构思贫乏，其情节与《桃花影》等多有雷同之处，道光十八年(1838)江苏按察使设局所禁书目中就列此书。唯书中镶嵌了不少吴地民歌，颇可注目。

后有删改本《恋情人》。1995 年,韩国学古房、台湾思无邪汇宝均有《巫梦缘》的排印本。

(《中国古代小说百科全书》,中国大百科出版社 1993 年 4 月版)

佚名《醉春风》书录

　　清代小说。八卷八回。世存啸花轩刊本，扉页正中题书名"醉春风"，右上栏加标"自作孽"三字，版心及正文卷首也均题"醉春风"。无序跋目录。正文前署"江左谁庵述"，作者姓名和生平无考。啸花轩为清初书坊，又书中多吴歌及熟悉苏州的情况来看，似为清初苏州人。

　　书叙明代万历年间苏州顾外郎之女，生得如花似玉，又能知书达理，嫁给城中张监生第三子为妻，故称"张三娘子"。张三郎是个纨绔子弟，未成亲前即与多妇通奸，成亲后仍劣性不改，张三娘子力劝不听。后张财主死，张监生益发放荡，包名妓于虎丘，整月不归。三娘空房独守，寂寞难耐，遂与小厮阿龙苟合。自此之后，一发不可收拾，"朝张暮李"，日日宣淫，丑名远扬。后张监生赴南京坐监回家，发现妻子与人淫乱，劝阻三娘不听，遂幡然悔悟，休了妻子，携子去北京作监生，发愤攻读。三娘归娘家后，生活无着，开了私窑子，年四十嫁黄六秀才，仍不安分，被官卖为妓。张监生此时已娶妓女赵玉娘为妻，官南京经历。三娘往寻张监生，被拒，沦落街头，腹痛而死。张监生后归苏州，病故。其子勤奋攻读，去京作了监生。玉娘也能守节，为人称道。

　　《醉春风》是一部淫秽小说。它表面上是在劝人不要沉溺色欲"自作孽"，并以改过自新的张监生、赵玉娘等与不可救药的张三娘子相对照，但实际上热衷于描写其淫秽的场面，起到了诲淫的效果。其主要人物张监生从淫变正，张三娘子从贞变淫，都写得比较简单。然此书的语言较流畅，所载的吴歌吴风也有可以注意之处。

　　（《中国古代小说百科全书》，中国大百科出版社1993年4月版）

佚名《山水情》书录

清代小说。二十二回,正文卷端题"新编绣像山水情传",有图像四叶,不题撰人。首有倬庵主人序,回末有评语。日本东京大学藏一清初刊本。

书叙宋代熙宁年间,洞庭秀才卫旭霞,父母早亡,至苏州探望母舅,与表兄杜云卿游支硎山,止一尼庵,见一桌上有一尚未写完的诗稿,悄将续完。诗乃昆山邬吉甫之女素琼所作,时素琼与母亲及侍女春桃也在庵中。旭霞深慕其诗才,思与一会,遂与女尼了凡相商,权充了凡胞弟,以求一见。了凡见旭霞风流俊雅,动了凡情,乃假冒素琼,暗中与旭霞欢合。玉帝得知了凡犯了清规,大怒,将其魂魄拘之地府,被包龙图诫谕一番后,放归返魂。素琼回禅房,见诗已为旭霞续完,亦深爱其才。普门大士遣伽蓝摄旭霞魂魄,使两人在梦中订立姻盟并欢合。后旭霞乡试中式,富翁凤来仪欲招其为婿,听花遇春之计,将旭霞骗至家中以成婚礼。旭霞不能忘情于素琼,深夜出逃,欲回苏州,途中遇一道长,引至山中避难。素琼表兄吉彦霄,为旭霞、卿云同窗,知旭霞与表妹相爱,想撮合两人婚事,然遍找旭霞不着而只得作罢。有两个媒婆为素琼议亲,素琼却突然患了喑哑症,婚事也就不成。三年后,道长送旭霞入京,与卿云一起会试,两人皆进士及第。旭霞因与了凡污秽过禅林福地,故仅得授嘉兴司李。回乡后,旭霞去邬家探访,以道长所赠仙丹治愈了素琼之病,两人终成眷属。后两人又随道长修仙升天去了。

本书的作者,在主观上想使明末清初的才子佳人小说能走出一条新路来,其第一回开头说:"我如今说一桩姻缘故事,郎才女貌,两下相当,娶的愿娶,嫁的愿嫁,中间又有人作合,又无不知情的父母从中阻隔,又无奸谋强图兴波作浪,乃不知甚么缘故,天公偏不许你容易凑就,曲曲折折,颠颠倒倒,直到山穷水尽时节,方始相合。这也是稗史中一桩好听的事。"然作者的思想平庸,其

"曲曲折折,颠颠倒倒"的矛盾都赖仙道神力得以解决,终使其"好听"的故事建筑在不真实的基础之上,使作品失却了艺术的生命力。

(《中国古代小说百科全书》,中国大百科出版社1993年4月版)

黄霖编《儒林外史选粹》前言

《儒林外史》是一部描写文人学士为主,运用白描讽刺见长的世情小说。它和《红楼梦》几乎同时出现,堪称当时文坛上的双璧。

作者吴敬梓(1701—1754),字敏轩,号粒民,后又自号秦淮寓客、文木老人。安徽全椒县人。他生活在所谓"盛世"的康熙、雍正、乾隆年间,但实际上这时的清王朝已开始转向衰败,我国几千年的封建社会正处于总崩溃的前夕。清王朝为了巩固统治,宽猛相济,软硬兼施。一方面采取极其野蛮的高压政策和特务统治,狂屠滥杀,屡兴冤狱,钳制舆论,窒息思想;另一方面又致力于铺设科举道路,宣扬程朱理学,以功名富贵来笼络文士,羁縻人才。一方面注意恢复农业生产,发展商品经济;另一方面则加紧掠夺,拼命榨取,使贫富更加悬殊。整个社会的表面是歌舞升平,而实际已腐气四溢:官僚集团朋比为奸,贿赂公行,奢靡骄惰,积重难返;影响所及,则世风浇漓,人心势利。在这样的社会中,不少知识分子难脱名缰利锁,热衷八股举业,弄得精神世界空虚麻木,立身处世虚伪做作。科场不利,即失魂落魄;一旦高中,则趾高气扬。做官即鱼肉百姓,居家则横行乡里。一代文人,受毒极深,危害不浅。当然,也有一些文士能看破功名富贵,不愿随波逐流,注重学问和道德。更有佼佼者,如黄宗羲、顾炎武、王夫之、唐甄、颜元、李塨、戴震等具有初步民主主义思想倾向的思想家,敢于站出来否定八股科举,反对程朱理学,进而对君主专制、腐朽礼教、社会恶习等进行多方面的批判。如顾炎武痛斥八股之害云:"败坏人材,有甚于咸阳之郊。"认为科举制度是"蠹政害民"、"立党倾轧"的渊源,必须予以废除。吴敬梓生活在这样的现实中,目睹了社会的污垢,呼吸着时代的气息,一部《儒林外史》就反映了这样的一个世界。

当然,吴敬梓之所以能写出《儒林外史》,是与他个人的经历和思想分不开的。他出身于名门望族,"五十年中,家门鼎盛。子弟则人有凤毛,门巷则家夸马粪"(《移家赋》)。曾祖吴国对是顺治年间的探花,由编修做到侍读。祖父吴旦做过州同知,虽较早死去,但他的兄弟吴晟、吴昺,一为进士,一为榜眼。父亲吴霖起于康熙二十五年拔贡,任江苏赣榆县教谕。他为人耿介,不慕荣利,一心在学问上下工夫。吴敬梓十四岁随父去赣榆任所。二十二岁时,父亲为恶势力所不容,辞官回家,次年即抑郁而死。父亲的思想品格和一生遭际对吴敬梓产生了深刻的影响。吴敬梓自小聪慧颖异,而又勤奋好学,在学问和辞章方面都打下了深厚的基础。随着知识的积累,思想的闳深,他越来越鄙薄八股举业。他生性豁达豪迈,乐于助人急难,再加上喜欢冶游,不善营生,故于父亲死后,几年间就家产荡尽。二十九岁曾去滁州应举人之试落第。从此,他更想挣脱科举世家的束缚,走自己想走的路。这时,由于科名的无着,祖业的抛尽,他在家族中、社会上遭到了极大的歧视和嘲笑,"乡里传为子弟戒"(《减字木兰花》),将他作为吴门的第一个败类。三十三岁那年,倔强而自信的吴敬梓,满怀悲愤,离开全椒,移居南京,住在秦淮河畔的白板桥西。南京的社会一样使他失望,他的生活也越来越穷困。三十六岁那年春天,安徽巡抚赵国麟荐举他上北京应"博学鸿词"廷试,官吏"朝夕造请",他却"坚以疾笃辞"(顾云《盋山志》)。从此,他再也不应乡举,与八股举业彻底决裂,"惟闭门种菜",专心读书,虽学业日进而家境益贫。他的好友程晋芳在《文木先生传》中记其窘况说:

> ……乃移居江城东之大中桥,环堵萧然,拥故书数十册,日夕自娱。窘极,则以书易米。或冬日苦寒,无酒食,邀同好汪京门、樊圣谟辈五六人,乘月出城南门,绕城堞行数十里,歌吟啸呼,相与应和;逮明,入水西门,各大笑散去,夜夜如是,谓之"暖足"。余族伯祖丽山先生与有姻连,时周之。方秋,霖潦三四日,族祖告诸子曰:"比日城中米奇贵,不知敏轩作何状。可持米三斗,钱二千,往视之。"至,则不食二日矣。

社会就安排这样一个伟大的作家贫困潦倒以终,公元1754年12月11日(乾隆十九年十月廿八日),五十四岁的吴敬梓就穷死在扬州。"涂殡匆匆谁料理?可怜犹剩典衣钱!"身后就只剩下几个当衣的小钱,全靠朋友们料理归葬。吴敬梓的一生就这样经历了一个由盛到衰、由富转贫的大变化。这个变化,使他饱尝了人间的冷暖,世态的炎凉,更广泛地接触下层的百姓,更清晰地认识社会的脓疮,逐步形成了叛逆的性格,接受了先进的思想。他终于从一个贵族世家的公子转化成了一个厌弃功名的逆子。《儒林外史》就创作在三十六岁后十分艰难的日子里。然而,人越穷而志弥坚。他不顾饥饿的威胁,无视白眼的包围,不妥协,不后悔,以满腔的忧愤,把自身经历过的人生道路和朦胧理想,把外界观察到的社会丑恶和微弱光明,熔铸于一炉,完成了一部三十余万字的长篇巨著《儒林外史》。此外,他还有不少诗词散文和经史论著,可惜没有全部流传下来,至今只存一部四卷本的《文木山房诗文集》和若干散篇。

长篇小说《儒林外史》表面上写的是明代故事,那是为了避免文字之祸而故意搞的障眼法,其实,它完全是描写当代世情的。据考证,书中人物的原型,十之八九是作者同时代的人,故事情节也多发生在当时。综观全书,它刻画的人物并非只限儒林,描写的面相当广泛,上如王室矛盾,下至"盗贼横行",以及世风之浮薄,百姓之困苦,都一一触及。但其重心及主旨,无疑如第一回"敷陈大义"、"隐括全文"所点出的,乃是围绕着"功名富贵"四字,写出"一代文人有厄"。整部小说就主要写一批文人学士,在封建专制思想的禁锢下,只知道读"四书"、"五经",做八股时文,求功名富贵,最后弄得思想僵化,知识贫乏,道德沦丧,丑态百出,可笑可悲,也有的甚至可恶!这些文人对于儒家经典、封建礼教不敢稍稍逾越半步,否则就觉得"坏了心术"。他们对八股文章已经到了迷信神化的地步,有个鲁编修就认为"八股文章若做得好,随你做甚么东西","都是一鞭一条痕,一掴一掌血",而马二先生竟说生病人听了八股文章"分明难过也好过,分明那里疼也不疼了"。科举八股就此把文人变成了畸形。周进、范进原来都是淳朴的老实人,到五六十岁时还未考上秀才。结果周进一头撞在贡院的号板上几乎死去,范进中举后高兴得发了疯。他们热衷科举考试的道路,就是为了功名富贵。范进中举后,有送田产的,有送店房的,还有破落户投身为仆的。他们物质上得到了享受,智能却受到严重破坏。主持一省学政的范进,竟不知道苏轼是今人还是古人;被称为"文章山斗"的马二先生,也不知道李清照、苏若兰、朱淑真的名字。更恶劣的是功名富贵销蚀了人们的道德。满嘴"纲常上做工夫"的秀才王德、王仁,为贪图不义之财,就将病危的妹妹的名分作交易;纯朴的农家子弟匡超人,竟蜕变为一个吹牛撒谎、恶行多端的无耻文人;进士出身的王惠出任太守,就念念不忘"三年清知府,十万雪花银",使衙门里充满着"戥子声、算盘声、板子声",成了恶魔般的酷吏。一代文人就变成了这般模样!一部《儒林外史》,就是作者在鞭挞他们时往往充满着同情。正是在这个意义上,《儒林外史》既是一部儒林的丑史,也是一部儒林的痛史。

为了映衬儒林中的假丑恶,《儒林外史》也描写了文士中的真美善。小说开头先树立了一个看破功名富贵的王冕作为楷模,结尾又以适性高洁的四个平民暗寓希望,中间另有"豪杰"杜少卿、"真儒"虞育德、"贤人"庄绍光、迟衡山等穿插。这些正面人物,有的豪放,有的淡泊;有的具有异端思想,有的尊重传统道德;有的是朝廷命官,有的却无意仕进。他们各有不同,各具特点,但都品德高尚朴素,淡于功名富贵,"处则不失为真儒,出则可以为王佐"。作者把他们看作黑暗王国中的一线光明,寄托着自己的理想。可惜的是,这些理想人物都开不出理想的药方来拯救社会,而万恶的社会却在一个一个地窒息着他们。这也正深刻地反映着作者的矛盾、彷徨和痛苦。他正在觉醒,但仍割不断传统的羁绊;他上下探索,但找不到真正的力量;他憧憬着美好的未来,但未来对他来说还那么模糊而渺茫。不过,他能将一些具有民主因素的新人和生活在市井的平民作为崇奉的"奇人"和寻求的希望,毕竟是非同寻常的。这也使《儒林外史》在茫茫的长夜中闪烁着光芒。

《儒林外史》作为一部世情小说,在小说艺术的发展史上也是里程碑式的作品。我国的长篇小说,从《三国演义》、《西游记》到《水浒传》,再到《金瓶梅》,是逐步把描写的重心从神魔超人转移到世俗凡人,再深入到人情世态。《金瓶梅》的出现奠定了我国世情小说的基础。在它之后,我国世情小说有两大主流。一条是围绕着才子佳人的爱情来描摹世态,反映社会的。这从明末清初的《玉娇梨》、《平山冷燕》等,到《红楼梦》,再到清末的《海上花》等连绵不绝。另一条则是重在用讥刺的笔法来暴露黑暗的。这就以《儒林外史》及清末的《官场现形记》、《二十年目睹之怪现状》等为代表。这两大潮流各自取得了成就,产生了以《红楼梦》、《儒林外史》为代表的伟大作品。《儒林外史》与以往长篇小说相比,在艺术上至少有以下几点成就是相当显著的。

第一,写实客观自然。我国古代的长篇小说,在叙事状物时常常带有强烈的主观色彩,甚至作者直接介入许多评述文字,把褒贬爱憎强塞给读者。明代有的世情小说在行文时已比较注意客观地描写现实,但仍夹杂着不少作者的介入文字。而《儒林外史》则比较彻底地改变了主观式的叙事方法,能冷静客观地去描绘世界,让读者产生一种身临其境的感觉,自己去体会,去思索,去爱,去恨,所谓"直书其事,不加断语,其是非自见也"(卧闲草堂本《儒林外史》回评)。这样,读者和作品中的人物不再隔开,读者更感到作品的真实,作品对读者能产生更大的艺术力量。这也标志着我国小说创作中现实主义的成熟。

第二，讽刺不离真实。讽刺艺术的运用，在我国小说史上源远流长。特别是到了明代，如在《西游记》、《金瓶梅》中都有不少精彩的篇章。《西游补》、《钟馗斩鬼传》等书更多讽刺的笔墨。清初的《聊斋志异》则出现了直接讽刺科举的短篇。但这些作品的讽刺，运用夸张的漫画式的勾勒较多。过分夸张，固然感情强烈，爱憎分明，但往往近乎谩骂，带来不实之感。《儒林外史》中的有些描写，如王玉辉知女儿殉夫时大笑道"死的好"，严监生为二茎灯草而断不了气，也近乎夸张，但这种夸张还是生活中可能存在，因而仍然是真实可信的。《儒林外史》全书的讽刺描写，主要是用真实的笔调，将平时生活中常见的事情集中起来，使之在某种矛盾中显示出它的丑恶和渺小来，从而使人感到可笑、可鄙，甚至可恶。在这里，作者特别善于通过人物冠冕堂皇的言词与卑劣龌龊的行为，以及不同场合下不同态度的自我矛盾，将讽刺的锋芒直刺其灵魂深处。因此，《儒林外史》的讽刺不虚夸，不浮露，既逼真，又深刻，达到了我国讽刺艺术的高峰。

第三，瑕瑜并见于一人。脂砚斋曾批评以往的小说："恶则无往不恶，美则无一不美，何不近情理之如是耶！"生活中的"情理"是，没有绝对的圣人或美人，也没有绝对的恶人或丑人。《红楼梦》能脱出前人窠臼，忠于生活实际，写美人也写其"陋处"，从而使人物"立于纸上"。《儒林外史》也达到了这一高度。卧闲草堂本回评就指出它写正面人物如"衡山之迂，少卿之狂，皆如玉之有瑕。美玉以无瑕为贵，而有瑕正见其为真玉"。写反面可恶之人，也不是"便欲打，欲骂，欲杀，欲割，惟恐人不恶之"。这部小说笔下的人物往往很难用善与恶的标准来明确划一界线。他们往往是善与恶、妍与媸并见于一身，交织在一起，前后又有发展变化。如马纯上头脑冬烘，却有古道热肠；匡超人早年勤奋善良，后来却变为骗子恶棍……他们的品德、性格、心理、感情都随着时间和环境的变化而合乎逻辑地流动，因而这些人物都如生活中遇见的真人，活生生的而不是如模型中压出的偶像，死板板的。

第四，运用白话娴熟纯粹。宋元以来，我国白话小说不断发展，但严格来说，大量的"白话小说"还是半文不白的。有人甚至称《三国演义》是"文言长篇"，《红楼梦》也是"半白话体"而已。还有如《水浒传》等，有人则称之为"方言文学"，也有别于纯粹的"国语"。相比之下，《儒林外史》基本上运用的是通俗的白话和规范的"国语"，一些文言词和方言语都被自然地融化在里面，几乎不露痕迹。而且，它也不再在小说中间夹杂大量的诗词联语、四六短文，脱尽了

"拟话本"遗习,使语言更显纯净。因此,从清末以来,《儒林外史》在语言上取得的杰出成就一向为人们所公认。钱玄同就说:"《儒林外史》却是国语的文学,可以列为现在中等学校的模范的国语读本之一。"

第五,艺术结构独树一帜。《儒林外史》的结构不以人物和情节为主干,而是围绕着中心思想来组合,即如闲斋老人序所指出:"功名富贵为一篇之骨。"第一回"楔子"是总纲,通过王冕的形象来叫破主题,统摄全书。最后一回以"市井四奇人"作为尾声,与之呼应。他们都是辞却功名富贵的理想人物。中间主体由若干相对独立的传记组成,各个传记之间又有一两个过渡人物予以勾连,中间又安插了长短不一的几条伏线,致使各个故事环环相扣,层层推进,一面无情解剖形形色色"腐儒"、"名士"的丑,一面按照作者的理想表现了"真儒"、"奇人"的美,前后照应,和谐统一。这种结构既有长篇形式,又有短篇的特点,若断若续,浑成一体,为小说多角度多层次地展示生活和刻画众多的人物,提供了宝贵的经验。

《儒林外史》取得了如此成就,难怪它成书后立即引起了人们的兴趣。程晋芳在当时就说:"《儒林外史》五十卷,穷极文士情态,人争传写之。"(《文木先生传》)约于作者死后十多年,第一个刻本即在扬州问世。此后各种印本不断出现,广为流传。有五十回本、五十五回本、五十六回本、六十回本,目前所见有四五十种之多。五十回本今已不存。现在能见到的最早刻本是嘉庆八年(1803)的卧闲草堂本,共五十六回。不少研究者认为此本最后一回《神宗帝下诏旌贤,刘尚书奉旨承祭》与全书主题思想和写作风格不合,为后人所增列,故后来出现了删去此回而以"市井四奇人"为结尾的五十五回本。另外,在光绪十四年(1888)印有东武惜红生序本(即增补齐省堂本),将五十六回本修改后又妄增四回猥亵不伦的沈琼枝与宋为富的故事,成六十回本。解放以后,几次出版的《儒林外史》都是以卧闲草堂本为底本而删去第五十六回的五十五回本。本书选编的正文及注释,即据 1977 年人民文学出版社出版的五十五回本《儒林外史》删节而成,个别文字略作校正。

在国外,《儒林外史》也受到了重视,如英国大百科全书就称它是"一部杰出的讽刺文学作品"。它的确可与塞凡提斯的《唐吉诃德》、果戈理的《钦差大臣》鼎立辉映。英、日、俄、法、德、越等译本纷纷问世。就以日本而言,全译本即有三种之多,另有多种节译本。

《儒林外史》广泛流传,对文学创作带来了很大影响。特别是清末的《官场现形记》、《二十年目睹之怪现状》、《老残游记》、《孽海花》等世情小说,继承了它的传统,而把掊击的主要对象一变为官场,在冷静客观描绘的基础上又有直接的谴责和适当的夸张,形成了新的特色。后来,如鲁迅先生对《儒林外史》也十分推崇。他本人作品中所具有的那种深刻批判现实的精神和讽刺手法的运用,都与《儒林外史》有着一定的联系。今天,我们阅读《儒林外史》,也有助于认识封建社会的腐朽黑暗和这个社会遗留下来的污泥浊水,有助于去开拓崇高的精神境界,追求心灵的完美。至于从文学创作来看,这部现实主义的杰作也有多方面的借鉴意义。它的确是一份宝贵的遗产,值得我们永远珍视。

(《儒林外史选粹》,上海教育出版社 1986 年 11 月版)

佚名《百花魁》书录

　　清代小说。四卷十二回，不题撰人，扉页中栏题"百花野史"，正文卷端题"新编百花魁"，版心镌"百花魁"。上栏署"一笑主人题"，左下栏署"初醒斋藏板"。此书开头上曰"话说上部言的是了然和尚命徒弟梵空"云云，可知是续编。此书叙妓女吴秀英因明通寺了然和尚短银而拒绝再续旧情，结果被了然击死于途中。初任柳州知府的白分初疑被狎客陈百户所害，然有疑问种种。后梦至某寺，见壁上贴有八字："一目了然，何苦相思。"即认为"明明是实情"，即将陈百户拟成死罪。适同年王进士来访，谓暂寓明通寺了然处。"了然"两字引起白公注意，即去该寺，见西廊有了然所题诗句云："但愿生从极乐园，免教今世苦相思。"了然之名与壁上所题"苦相思"正暗合梦中所见文字，遂捕了然，百般拷打，和尚至死不认。白公即生一计，使一妓扮秀英之鬼魂，诱得和尚供词，遂白真相。事后白公求致仕。此时他年过半百，而无子息。因求子心切，一连娶了六个美妾，均无所得，遂立侄子白云为副子。时白云九岁，请四等生员侯山为塾师。侯山见六妾美艳，神魂颠倒，尤喜扬州娶来的李"新姨"，即作一联托白云传送以挑之。"新姨"无心于侯，却被苏州姨楚楚看破。楚楚自思一旦有子，便"终身受用不尽"，遂暗中移花接木，以"新姨"之名而私偷侯生而得子。此事终被告发。白公查得证据，将侯生逐出，楚楚即气死，侯生回家不久也病故。两魂被阎王罚至白府为猫为狗，而"新姨"则生一子。满月之日，白公题一联曰："无官一身轻，有子万事足。"

　　作者编写此书的主旨似在惩恶。其署名"云峰"的叙曰："天下最易动人者莫如色，然败人德行、损己福命者亦莫如色。……古云：万恶淫为首，百行孝为先。观者宜自警焉。"然细读此书，乃是抄袭、捏合《欢喜冤家》中续二《一宵缘约赴两情人》及续五《孔良宗负义薄东翁》两篇而成，只是把人名略作改换而已，如李秀英改作吴秀英，苏息换作白公，孔良宗改为侯山等等，而《欢喜冤家》

・437・

中的《一宵缘约赴两情人》又本之《新刊诸司廉明奇判公案》中的《苏按院词判奸僧》等。因此,此本小说实无价值可言,纯是书商赚钱之物。刊刻也极粗劣,难怪至今中土已难寻觅,只于日本东京大学东洋文化研究所藏有一部。

(《中国古代小说百科全书》,中国大百科出版社 1993 年 4 月版)

梁启超编《新小说》书评

光绪二十八年十月(1902年11月),由梁启超主持的《新小说》杂志在日本横滨创刊,正式吹响了"中国小说界革命"的号角,标志着中国小说的创作与理论由古典转向了现代,开创了中国小说发展的新纪元。关于创办这一杂志的目的、宗旨、内容与特色等,早在同年(光绪二十八年)七月的《新民丛报》第十四号上发表的《中国惟一之文学报〈新小说〉》已作了完整而扼要的绍介。梁启超所取"新小说"之名,其"新"字当为使动词,原意就是"使小说新",进行"小说界革命",但后来往往也有人将它理解成偏正结构"新的小说"。事实上,《新小说》尽管仅出了24期,但它的确催生了一大批新型的小说与小说杂志,使整个小说界呈现出一派新的面貌。一时间,新型的小说杂志《绣像小说》(1903)、《新新小说》(1904)、《小说世界》(1905)、《月月小说》(1906)、《小说林》(1907)、《中外小说林》(1907)等接踵而至,标着"新小说"牌号的译著大量面世,新式的小说论文也纷至沓来,这正如当时的吴趼人所说:"吾感乎饮冰子《小说与群治之关系》(《新小说》第一期所刊)之说出,提倡小说,不数年而吾国之新著新译之小说,几于汗万牛充万栋,犹复日出不已而未有穷期也。"①"新小说"之"新",还不仅仅在小说译著与编刊的繁荣,而更深层次的是表现在小说内容与形式同时在"新",在现代化。政治小说、科学小说、哲理小说、实业小说、侦探小说、理想小说、国民小说、军事小说、冒险小说、种族小说、爱国小说、伦理小说、开智小说等等,其所叙的内容一般均为前所未有,其表述的角度与方法也有诸多创新,语言也在有意识地由雅向俗而新变。这是"新小说"之"新"的第二层次的表现。第三层次则表现在社会对于小说的观念普遍更新。小说从文

---

① 吴趼人《月月小说序》,见黄霖等《中国历代小说论著选》下册,江西人民出版社2000年9月第3版。

学的边缘走向中心,成为"文学之最上乘";同时,也是新民强国的最得力的工具。小说"向所视为鸩毒",却迅即成为"最鼓动吾新旧社会,而无有文野智愚咸欢迎之者"①的时代宠儿。黄摩西在《小说林发刊词》中形象地描述了《新小说》后小说的风行和观念的转变:

> 今之时代文明交通之时代也,抑亦小说交通之时代乎!国民自治,方在预备期间;教育改良,未臻普及地位;科学如罗骨董,真赝杂陈;实业若披醉人,仆立无定;独此所谓小说者,其兴也勃焉。海内文豪既各变其索缣乞米之方针,运其高髻多脂之方略,或墨驱尻马,贡殊域之瑰闻;或笔代燃犀,影拓都之现状。集葩藻春,并亢乐晓,稿墨犹滋,囊金竞贸。新闻纸报告栏中,异军特起者,小说也。四方辇致,掷作金石声;五都标悬,烁若云霞色者,小说也。竹磬南山,金高北斗;聚珍摄影,钞腕欲脱;操奇计赢,舞袖益长者,小说也。蛋发学僮,娥眉居士,上自建牙张翼之尊严,下迄雕面粥客之琐贱,视沫一卷,而不忍遽置者,小说也:小说之风行于社会者如是。狭斜抛心缔约,辄神游于亚猛、亨利之间;屠沽察睫竞才,常锐身以福尔、马丁为任;摹仿文明形式,花圈雪服,贺自由之结婚;崇拜虚无党员,炸弹快枪,惊暗杀之手段:小说之影响于社会者又如是。则虽谓吾国今日之文明,为小说之文明可也;则虽谓吾国异日政界、学界、教育界、实业界之文明,即今日小说界之文明,亦无不可也。

黄摩西对此过热的现象有所不满,但这确实反映了当时小说界发生了一场翻天覆地的变化。这一变化虽然并不能完全归功于《新小说》,归功于梁启超,但梁启超与《新小说》确实在这场历史性的变革中为功最高。后来"五四"一代人在评价包括这场小说革命在内的晚清文学革命时就说:"梁任公先生实为近来创造新文学之一人。……鄙意论现代文学之革新,必数及梁先生。"②至20世纪30年代,吴文祺在《新文学概要》中论及晚清文学革命与五四后的新文学的

---

① 徐念慈《小说林缘起》,见黄霖等《中国历代小说论著选》下册,江西人民出版社2000年9月第3版。
② 钱玄同《寄陈独秀》,见《中国新文学大系·建设理论集》,上海文艺出版社,1980年版。

关系时也形象地说:"新文学的胎,早孕育于戊戌变法以后,逐渐发展,逐渐生长,至五四时期始呱呱堕地。胡适之、陈独秀等不过是接产的医生罢了。"至20世纪90年代末,陈平原在《中国现代学术之建立》一书中高度肯定了"梁启超之提倡'文界革命'、'诗界革命'与'小说界革命',直接接上了五四新文学的历史功绩"。总之,《新小说》与梁启超提倡的"小说界革命"是使中国小说从古代走向现代的一大关捩,这是不容争辩的客观事实。但是,在如何公允、全面地评价《新小说》与"小说界革命"时,还是有各种各样不同的看法。一会儿,以政治挂帅、以"革命"挂帅,认为梁启超后期从改良走向保皇,与资产阶级革命相对抗,因而无视或有意贬低他的历史功绩;一会儿又以"纯艺术"论挂帅,认为梁启超主张"新小说"为"新道德"、"新政治"等服务,过分地强调文学的功利性,从而削弱或无视了小说的艺术性,从而把整个20世纪小说创作的不足或失败,甚至将"文化大革命"统统与梁启超的"文学界革命"挂上了钩。因此,在此纪念《新小说》创刊一百周年之际,我想就三个问题谈一点看法。

一、功利性与艺术性的问题

本来,办任何杂志都有一定的目的。创办《新小说》的目的很明确,就是要抢占小说的阵地,利用小说来开发民智,来"新民",来"改良群治"。《中国之惟一文学报〈新小说〉》开宗明义就说得很清楚,他们之所以要创办这一杂志,就是因为认识到"小说之道感人深矣",而长期以来学者普遍"反鄙小说为不足道",于是"好学深思之士君子,吐弃不肯从事,则儇薄无行者从而篡其统",终致"小说家言遂至毒天下,中国人心之败坏,未始不坐是"。因此,他们要"集精力而从事"新小说的工作,要改变这样的局面,明确宣布:

> 本报宗旨,专在借小说家言,以发起国民政治思想,激厉其爱国精神,一切淫猥鄙野之言,有伤德育者,在所必摈。

后于《新小说》正式创刊时,即在第一期上发表的梁启超的《小说与群治之关系》开头,又用了斩钉截铁的语气宣称:

> 欲新一国之民,不可不先新一国之小说。故欲新道德,必新小说;欲新宗教,必新小说;欲新政治,必新小说;欲新风俗,必新小说;欲新学艺,

必新小说；乃至欲新人心,欲新人格,必新小说。

与开头相呼应,在结尾处又作了这样的概括:"故今日欲改良群治,必自小说界革命始;欲新民,必自新小说始。"总之,梁启超办《新小说》,第一层目的是要使传统的小说发生新变,而其最终目的就是为了用新的小说来提高国民素质,改良社会政治风气,具有明确而鲜明的功利性。

我们在评价《新小说》的功利性时,首先应该考察他们所追求的功利是什么,该肯定还是该否定。当时的中国积贫积弱,亡国亡种的危险迫在眉睫。戊戌变法失败,改良维新之梦夭折,中国向何处去？梁启超在逃往日本的船上翻译《佳人奇遇》之余,写了一篇《译印政治小说序》,还不忘借用他所认为的"欧洲各国"政治变革的经验,鼓吹译印"政治小说"来直接推动中国的"变革"。但不久,他即深感到群众不觉悟,"变法"、"新政"就难实现,当务之急是在"新民",是在提高国民的素质。"苟有新民,何患无新制度,无新政府,无新国家。"①在《新中国未来记》中,他借黄克强之口说:"世界上哪能一个国不是靠着国民再造一番,才能强盛吗？""一国所以成立,皆由民德、民智、民气三者具备,但民智还容易开发,民气还容易鼓励,独有民德一桩,最难养成。倘着无民德,则智、气两者亦无从发达圆满,就使有智,亦不过借寇兵赍盗粮;就使有气,亦不过一团客气,稍遇挫折便都消灭了。"总之,群治改良的基础,即在于再造"民德";只有先"新民",才能"新政治"。他的这一认识,与孙中山等主张走暴力革命的道路当然不同。辛亥革命后来虽然基本成功了,但不等于说"新民"是不必要的、甚至是错误的。鲁迅小说《药》中所描写的那种对于革命麻木不仁的群众,即揭示了革命的不足之处,也是值得记取的历史教训。所以"革命"与"新民"的大方向应该说是一致的,尽管当时他们为了争夺民众的领导地位而闹得不可开交,但事后看看,他们应该是相辅相成的,都是为了改造中国,富国强民,都是值得肯定的。胡适在辛亥革命后一年所写的《藏晖室札记》中曾说:"梁任公为吾国革命第一大功臣,其功在革新吾国之思想界。十五年来,吾国人士所以稍知民族思想主义及世界大势者皆梁氏之赐,此百喙不能诬也。去年武汉革命,所以能一举而全国响应者,民族思想、政治思想入人已深,故势如破竹耳。"这段话就较好地说明了"新民"与革命之间的关系。

---

① 梁启超《新民说·论新民为今日中国第一急务》,《新民丛报》第1号。

梁启超等办《新小说》时追求的功利是值得肯定的,那么,进一步的问题即是文学该不该有功利性。自从王国维、周氏兄弟引进所谓"纯文学"的理论之后,不时有人对文学有功利性嗤之以鼻,认为文学当为象牙塔里个人言志缘情的东西。特别是"文革"以后,人们从过分强调文学的功利性、政治性的圈子中跳了出来,纷纷强调文学的本质在于抒发感情,张扬个性,表现人性,看重远离功利的"纯文学"。在这些人看来,20世纪错就错在不断地强调"载道",文学的进步被功利与政治绊住了脚。其实,文学都是有某种功利的,自娱自乐,难道不是一种功利吗?王国维追求个人精神上的解脱难道不也是追求一种功利吗?说到底,所谓"纯文学"与"功利性"的不同,只是在于追求的功利大小不同而已:是吟诵个人一己之私情,还是抒发一时之群情。人是生活在社会之中的动物,"群"也是人的本性。歌唱群情同样可以抒发真情,同样有其艺术的真价值在。因此不难理解自古以来,杰出的作家都富有人文精神,都关心国家的前途、人类的命运、百姓的疾苦,伟大的作品多数是与广大百姓的脉搏在一起跳动的。当然,我们不应该就此否定那种纯私情的批风抹月、吟山诵水、哥哥妹妹、卿卿我我的东西,它们自有它的价值在,也有不少优秀的作品能永远引起人们的共鸣。但不可否认,它们之中同时也存在着大量的乌七八糟的靡靡之音。因此,文学的价值不在于写私情,还是写群情,是"纯文学",还是有"功利性",而是在于写的情真不真,善不善,美不美。而且,这种情,还得放在当时时代中来加以考察。在《新小说》的时代,广大的百姓需要什么样的情?在多灾多难的中国的20世纪,究竟更需要什么样的情?即使在现在,当我们一方面看着一些贪官污吏花天酒地、一掷万金,而广大贫困地区的儿童食不果腹、衣不蔽体时,难道就一味强调作家躲在象牙塔里写那些纯之又纯的"纯文学"吗?就一味鼓吹文学围着一个自我转吗?就不要张扬群情、人文关怀吗?事实上,一部世界文学史早就证明,文学是复杂的,其价值同样也是复杂的,我们决不能将它简单化。

再进一步看,梁启超创导的"新小说"并非是不要艺术性,否定艺术性。他之所以强调小说有巨大的社会作用,是"新民"与"改良群治"的重要工具,就是因为他对小说的艺术特征及其感染力自有其独到的理解。早在《中国惟一之文学报〈新小说〉》中,他就指出小说"文体"的特点是:"曲折透达,淋漓尽致,描人群之情状,批天地之窾奥,有非寻常文家能及者。"在《小说与群治之关系》中,他就进一步说明小说除了"浅而易解"之外,还有"乐而多趣"的特点。这是由于小说既能将人生"和盘托出,彻底发露之",又能"常导人游于他境界,而变换其常触常受之空气者也"。在这基础上,他又提出了小说的四种感染力:熏、浸、刺、提,引进了西方的文论术语,将小说划分为"理想派"与"写实派"两类。应该说,他在小说艺术方面的探索已经大大地超过了前人笼统、零碎、感想式的批评,而是以新的阐述方式进行了系统的论证。这种明显带有现代特征的批评方式及其认识也是开一代风气的。更可贵的是,他不但在理论上创导,而且还身体力行,亲自投身于创作实践。《新中国未来记》尽管在艺术上并不成功,弄得"似说部非说部,似稗史非稗史,似论著非论著,不知成何种文体",但其创新开拓的精神还是可嘉的。例如,他有意"全用幻梦倒影之法",就多少吸取了西方小说的新的表现手法。《新小说》也曾明确主张历史小说用"恢奇俶诡之笔",探侦小说要做到"奇情怪想,往往出人意表",传奇小说要注重"词藻结构",乃至如《东欧女豪杰》就注意"事迹出没有变化,悲壮淋漓,无一不出人意想之外"等等①,无不说明他们在艺术表现上也是有所考虑的,只是由于他们精力有限,在这方面的确没有下更大的工夫,以致作品的艺术未能达到上乘。这是毋庸讳言的事实。但是,假如我们以历史宽容的态度来看问题,应当允许新生的事物有一个由幼稚到成熟,由粗糙到精细的过程。现代小说整整走了一个世纪,究竟有多少在艺术上经得起大浪淘沙的作品呢?为什么要对刚刚出土的萌芽求备责全呢?我们应该高度肯定他的开创之功,至于艺术上的完美还是让后人来承担起历史的责任吧!

二、理论与创作的问题

《新小说》的一大特点就是理论与创作并重。《中国惟一之文学报〈新小说〉》在介绍"本报之内容"时对"论说"部分作了如下的说明:

> 本报论说,专属于小说之范围,大指欲为中国说部创一新境界,如论文学上小说之价值,社会上小说之势力,东西各国小说学进化之历史及小说家之功德,中国小说界革命之必要及其方法等,题尚伙,多不能预定。

---

① 均见《中国惟一之文学报〈新小说〉》,见黄霖等《中国历代小说论著选》下册,江西人民出版社2000年9月第3版。

这说明，他们之所以要设置"论说"，其目的也就是为了推动"中国说部创一新境界"，而其大致规定的内容，也都是紧紧地围绕着这一目的。后来实际上发表的一些理论文字如《小说与群治之关系》、《小说丛话》、《论文学上小说之位置》、《论写情小说与新社会之关系》等，都是根据这些论题进行的。其中，梁启超的《小说与群治之关系》一文影响尤大。假如说《中国惟一之文学报〈新小说〉》是"小说界革命"的宣言的话，那么《小说与群治之关系》则是"小说界革命"的纲领。此文伴随着创刊号《新小说》一出，就出现了一场轰轰烈烈的"新小说"运动。在这场运动中首先引起强烈反响的就是一些诸如小说的社会作用、小说的价值，以及对于中国古代小说的评价等理论问题，引起了热烈的讨论。如关于小说的社会作用问题，狄平子、王钟麒、陶佑曾等赞同梁启超的观点，甚至更加强调"小说有不可思议之力支配人道"①，认为"几几乎可以改造世界矣"②，因而"欲革新支那一切腐败之现象"，必先拉开小说革新的序幕③，而曼殊、徐念慈、黄人、黄世仲弟兄等认为"无论何种小说，其思想总不能出当时社会之范围"④，"小说固不足生社会，而惟有社会始成小说者也"⑤，"昔之视小说也太轻，而今之视小说又太重"⑥，"时势造小说耶，抑小说造时势耶？是二者固未可决言"⑦。这场讨论尽管及时地纠正了梁启超等人过分夸大小说的社会作用、颠倒小说与社会关系的偏颇观点，但由梁启超、《新小说》引起的这场讨论，毕竟使人们对小说的地位与作用的认识起了翻天覆地的变化，其功也不可没。而更重要的是，由《新小说》所开创的这一重视"论说"的风气，被同

---

① 《小说与群治之关系》，见黄霖等《中国历代小说论著选》下册，江西人民出版社 2000 年 9 月第 3 版。
② 《〈新世界小说社报〉发刊辞》，《新世界小说社报》第 1 期。
③ 陶佑曾《论小说之势力及其影响》，见黄霖等《中国历代小说论著选》下册，江西人民出版社 2000 年 9 月第 3 版。
④ 曼殊《小说丛话》，见黄霖等《中国历代小说论著选》下册，江西人民出版社 2000 年 9 月第 3 版。
⑤ 徐念慈《余之小说观》，见黄霖等《中国历代小说论著选》下册，江西人民出版社 2000 年 9 月第 3 版。
⑥ 黄人《小说林发刊词》），见黄霖等《中国历代小说论著选》下册，江西人民出版社 2000 年 9 月第 3 版。
⑦ 黄伯耀《小说与风俗之关系》，《中外小说林》第 2 年第 5 期，见香港夏菲尔国际出版公司 2000 年 4 月影印本。

时的小说杂志所普遍接受,它们往往辟有专栏,刊载议论文字,有力地推动了晚清小说理论批评与小说研究的发展。而这小说理论文字为"新小说"摇旗呐喊,又有力地推进了新小说的创作,其中还有不少文章如寅半生的《小说闲评》、徐念慈的《余之小说观》、《小说管窥录》、《觉我赘语》,以及无名氏的《读新小说法》等,都是直接总结与指导"新小说"的创作与阅读的,它们与新小说的繁荣,关系就更为密切了。因此可以说,没有"新小说"理论上的活跃,也就不可能有"新小说"创作上的繁荣。

但是,我最近读到一篇论述梁启超小说观念的文章说:

> "新小说"等观念开辟了一个"观念"世纪。由于西潮(现代化)的冲击,给20世纪的中国人带来种种新的观念,在文艺上就形成所谓的文学思潮。每当一个新的文学思潮开始,总是以某种"新"观念为标志。……仔细研究一番,定然不难看出,提出观念的人一般都没有什么真正的创作成就,创造出丰富的艺术成果的大家却都不是以提出观念为能事者。如今……观念的意识形态成份对文学的渗透少了,对一般社会的冲击力也小了,小说像漫游的浪子回家一样寂寞地回归本体了。如果我们不由"观念"来考察中国现代小说的发展,与"观念"保持一定距离,通过那些特别注重小说文体的重塑与现代化中西、雅俗整合的作家作品来考察,那会形成怎样的一种与观念史相区别的小说史呢?①

这位作者不喜欢用"观念"来考察文学史,从而也不喜欢提出一个"新小说"的观念,似乎文学史就是创作成果的历史。事实上,文学的历史有创作的历史,也有观念的历史。创作有创作的价值,观念也有观念的价值。观念与创作又从来不是分割的,它们是相互影响、相互促进的。新的小说往往与新的观念相联系,"创造出丰富的艺术成果的大家"尽管未必都是"提出观念为能事者",但不可否认他们一般都在"观念"上自有一套,往往也是个先进者,这样的作家在中外文学史上可以说是屡见不鲜的。挑一个中国小说创作最有成就的大家曹雪芹来说吧,他在创作《红楼梦》时,就激烈地批评了当时流行的"历代

---

① 徐德明《梁启超小说观念及实践的过渡性特征》,《扬州大学学报》(人文社科)第4卷第2期,2000年3月。

野史"、"风月笔墨"与"佳人才子"小说"都是一个套子",提出了"新鲜别致"、"谈情"、"适趣"等观念,走在了时代的前列。至于那些以理论见长者,尽管其创作并不突出,但他提出的"观念"还是在文学史上值得大书特书的,比如严羽,提出了"兴趣"、"妙悟"等新观念,就深刻地影响了元明清几代人的创作与理论。梁启超及《新小说》所提出的一些新观念,尽管有许多不成熟的、乃至偏颇的地方,但总体上还是推动了中国小说的现代化,我们决不能因为它的粗糙与偏颇而将它一笔抹煞,乃至进一步将整个观念上、理论上的创新都一笔抹煞。

三、编者与读者的问题

《新小说》作为一种杂志,之所以能开创一代的风气,很重要的一点不仅是编者有清晰而崇高的目的,能认真而艰苦的工作,而且也在于它能注意吸引和团结了一大批读者在其周围。本来,梁启超他们的启蒙运动的对象是广大国民,所谓"务以振国民精神,开国民智识",《新小说》也是为了"发起国民政治思想,激厉其爱国精神"①,这样,他们就必须面对广大的"粗人"②。但实际上,广大的民众既无接受新观念的精神准备,也无接受新小说的物质基础,真正能接受新小说、新观念的还是一批敏感的知识分子,所以《中国惟一之文学报〈新小说〉》所寄予希望的就是"新世界的青年"。与此同时,梁启超的办报理念也发生了变化。从《清议报》起已开始刊登广告,《新民丛报》则比较明确地采用了股份制,梁启超所持的股份占三分之一。他既是主笔,又是最大的股东。1907年7月,他在给徐佛苏的信中说:"办报固为开通社会起见,亦必须求经济可以独立支持。"实际上从《清议报》到《新民丛报》,再到《新小说》,他在办报时已逐渐把启蒙与经营合为一体,他是主笔,又是经营者;读者是启蒙对象,同时也是消费群体。为了满足读者市场的消费需求,吸引更多的知识分子阅读《新小说》,热爱《新小说》,梁启超还从内容到形式进行了多方面的革新与尝试。其《中国惟一之文学报〈新小说〉》的标题下原有小字注:"每月一回,十五日发行,

---

① 均见《中国惟一之文学报〈新小说〉》,见黄霖等《中国历代小说论著选》下册,江西人民出版社2000年9月第3版。

② 夏曾佑《小说原理》,见黄霖等《中国历代小说论著选》下册,江西人民出版社2000年9月第3版。

洋装百八十叶。"正文中又详细地说明了订购的情况。梁启超这样将杂志定期出版，并与《新民丛报》一样，改用铅印与洋装相结合的技术，这给读者的阅读翻检带来了便利，受到了欢迎。这正如有的论者所说的："梁启超在日本的小说出版活动，虽然时间不长，又因为距离国内读者市场较远，出版的数量也不太大，但却促成了小说与定期刊物、与铅印洋装技术的结合，确立了近代小说出版的基本规范，并带动了中国小说出版形态从传统向近代的转变，其作用应该得到重视。"①除此之外，梁启超又注意处理了以下几关系：

第一，译与著的关系。梁启超曾将中国古代小说视为"群治腐败之总根源"，强调移译外国的政治小说来推动中国的变革，这的确产生过一些不良的影响。一时间，"著作者不得一二，翻译者十常居八九"②，很多粗制滥造的外国小说因不如"著书之经营久、笔墨繁、成本重"而"呈功易、卷帙简、卖价廉"③，风行于社会。然而，梁启超在主观上对译、著的比重还是有较为清醒的认识。《中国惟一之文学报〈新小说〉》说得很清楚：

> 本报所登载各篇，著译各半，但一切精心结构，务求不损中国文学之名誉。

事实上，《新小说》也是贯彻这一方针的。在当时，不论从启蒙，还是从销售的角度来看，翻译小说，扩大视野，引进新思想、新知识、新事物，都是十分必要的，但梁启超还是强调"不损中国文学之名誉"，要以中国文学为本的。所以他提出的译、著各半的比例也是合适的。这正如稍后黄世仲在《小说风尚之进步以翻译说部为风气之先》一文中所说的："翻译者如前锋，自著者如后劲，扬镳分道，其影响于社会者，殆无轩轾焉。"

第二，雅与俗的关系。关于《新小说》所采用的语言，一开始就定下了这样的原则："本报文言俗语参用。"梁启超之所以强调采用俗语，不仅仅是因为认

---

① 见王中忱《梁启超在日本的小说出版活动考略》，《清华大学学报》（哲学社会科学版）1996年，第11卷第4期。
② 徐念慈《余之小说观》，见黄霖等《中国历代小说论著选》下册，江西人民出版社2000年9月第3版。
③ 徐念慈《余之小说观》，见黄霖等《中国历代小说论著选》下册，江西人民出版社2000年9月第3版。

识到"小说者,决非以古语之文体而能工者也"①,它的特点就在于"浅而易解"②,便于广大国民所接受;而且也由于认识到语言的通俗化是文学现代化的大势所趋。他一再说:"文学进化有一大关键,即由古语之文学变为俗语之文学是也。各国文学史之展开,靡不循此轨道。"③"俗语文体之流行,实文学进步之最大关键也,各国皆尔,吾中国亦应有然。"④因此,他大力提倡和亲自实践创作通俗小说,推动了清末文学白话化的运动。但当时毕竟是处于一个新旧过渡的时代,多数知识分子还是更熟悉雅文学,在相当一段时间内还是"文言小说之销行,较之白话小说为优"。对此,徐念慈曾很有感慨地说:"若以臆说断之,似白话小说当超过文言小说之流行,其言语则晓畅,无艰涩之联字,其意义则明白,无幽奥之隐语,宜乎不胫而走矣,而社会之现象,转出于意料外者!"这是因为当时购小说之百分之九十的人都是"旧学界"出身的知识分子。无怪乎林琴南被奉为"今世小说家之泰斗",崇拜他的人最多⑤。在这样的情势下,显然应当照顾到"文言小说",以最大多数的争取到读者。

第三,文与画的关系。《新小说》中专辟了"图画"栏,也是争取读者的重要措施。《中国惟一之文学报〈新小说〉》对此有如下说明:

> 专搜罗东西古今英雄美人之影像,按期登载,以资观感。其风景画,则专采名胜、地方趣味浓深者,及历史上有关系者登之。而每篇小说中,亦常插入最精致之绣像绘画。其画皆由著译者意匠结构,托名手写之。

这里的图画实际上分为两类:一类是与小说正文无关的图像,另一类是小

---

① 《小说丛话》,见黄霖等《中国历代小说论著选》下册,江西人民出版社 2000 年 9 月第 3 版。
② 《小说与群治之关系》,见黄霖等《中国历代小说论著选》下册,江西人民出版社 2000 年 9 月第 3 版。
③ 《小说丛话》,见黄霖等《中国历代小说论著选》下册,江西人民出版社 2000 年 9 月第 3 版。
④ 楚卿《论文学上小说之位置》,见黄霖等《中国历代小说论著选》下册,江西人民出版社 2000 年 9 月第 3 版。
⑤ 徐念慈《余之小说观》,见黄霖等《中国历代小说论著选》下册,江西人民出版社 2000 年 9 月第 3 版。

说中的插画。前者画面主要来自国外,24 期共载画 62 幅,只有第 9 号载"北京宫内北海全景"与第 13 号载"清太后那拉氏"两幅也为一般百姓所难见者外,其它都为他国的图景。这无疑是为了使读者增长见识,开阔眼界,满足其新鲜感、好奇心,特别在照相并不普及的当时,加之以先进的印刷技术,那些著名文豪、欧西美人和环球名胜,都有很强的吸引力。后者配合小说内容,有助于读者理解作品。这些图像无疑都会提高读者购买与阅读的兴趣,成为一种有力的促销手段。这种文与画相结合的办刊方略,也为后来的文学杂志所继承。

梁启超创办《新小说》,动机是崇高的,经营是有方的,成绩是巨大的,中国的小说从此向着现代化一路向前。但是,历史发展的道路往往并不是直线进行的。由于梁启超赋予小说的使命过于沉重,过度、过急地追求现实启蒙的功利,甚至将小说"专欲发表区区政见",这就势必对"新小说"文体的特征不加深究,阻扼了新小说艺术生命的健康成长;再加上社会政治本身一片混沌,中西文化选择、交融又十分艰难,一时使操觚者纷纷感到迷惘;而稿费制的推广,使作家的职业化与小说的商品化并头齐进,来势汹涌的商品化浪潮,很快就将启蒙家们苦心构建起来的美梦冲得支离破碎。一批作家在倡导小说主"兴味"的同时,也有一些人借小说以追求猎奇,专揭隐私,渲染艳情,本来是"新民"的良药,却成了媚俗的工具。时隔不过十多年,当梁启超这位"新小说"的倡导者再来面对市场上的"新小说"时,不能不使他感到大出意外,痛心疾首。他又不得不一次"告小说家":

> 而还观今之所谓小说文学者何如?呜呼!吾安忍言,吾安忍言!其十九则诲盗与诲淫而已,或则尖酸轻薄毫无取义之游戏文也,于以煽诱举国青年子弟,使其桀黠者濡染于险诐钩距作奸犯科,而摹拟某种侦探小说中之节目。其柔靡者浸淫于目成魂与窬墙钻穴,而自比于某种艳情小说之主人公。于是其思想习于污贱龌龊,其行谊习于邪曲放荡,其言论习于诡随尖刻。近十年来,社会风习,一落千丈,何一非所谓新小说者阶之厉?循此横流,更阅数年,中国殆不陆沉不止也。①

梁启超将"社会风习一落千丈"的罪责统统归咎于"新小说",正像他当年

---

① 梁启超《告小说家》,《饮冰室合集》第 4 卷。

把"社会腐败之总根源"一股脑儿地算在古小说的账上一样,未免失之过当。但"新小说"的发展确实为梁启超始料所不及,滑向了一段斜坡,这也不容讳言。"新小说"之所以走了这样一段弯路的责任,恐怕是不应该算在当年倡导"新小说"的梁启超头上的,这主要还是由于后来有一批人追求金钱、惟利是图所造成的恶果。书生们在一股政治热情的激荡之后,看不清国家进步的希望,找不到个人晋身的快捷方式,无心于探寻艺术的精微,而是热衷于追求眼前的利益,"新小说"的光环,就此被铜臭消蚀。这也是小说现代化过程中所遇到的历史教训。今天,当我们在经济全球化的格局下,一步一步地推进小说现代化的时候,回首一个世纪之前,看看《新小说》,看看首倡"小说界革命"的梁启超们,一种崇敬之情不禁油然而生。他们的历史功勋是永远不可磨灭的。最后,就借用老杜的一首诗,权作本文的结束吧:

　　王杨卢骆当时体,轻薄为文哂未休。尔曹身与名俱灭,不废江河万古流!

　　(《中国小说现代化的一大关捩》,《求是学刊》2003年第4期)

梁启超《新中国未来记》前言

《新中国未来记》是梁启超于1902、1903年间发表的一部"小说界革命"的代表作。

梁启超(1873—1929),字卓如,号任公,别署饮冰室主人。广东新会人。康有为的学生,与康有为一起,主张变法维新,人称"康梁"。1985年,赴北京参加会试,随康有为发动"公车上书"。后相继任《中外纪闻》主笔、《时务报》总撰述、时务学堂总教习,写下了《变法通议》等60余篇文章,积极宣传变法维新。1898年入京,受赏六品衔,参予新政,活跃非凡。8月,戊戌变法失败,不得不亡命日本,继续积极地从事政治宣传活动,特别重视办报、著述等舆论宣传,创办《清议报》、《新民丛报》、《新小说》等杂志,倡导"文界革命"、"诗界革命"、"小说界革命"与戏剧改良运动,为中国近代的思想启蒙与文学转型起到了特别重大的作用。

"小说界革命"的旗帜

早在1896年,梁启超在《变法通议》的《论幼学第五·说部书》中,就开始主张革新小说,认为小说有巨大的政治社会作用:

> 今宜专用俚语,广著群书。上之可以借阐圣教,下之可以杂述史事;近之可以激发国耻,远之可以旁及夷情;乃至官途丑态,试场恶趣,鸦片顽癖,缠足虐刑,皆可穷极异形,振励末俗。其为补益,岂有量邪!

他号召用"新编"小说代替旧著说部,并要把"新编"小说列入幼学教科书。1879年,他在为《蒙学报》、《演义报》作序时,进一步指出:"西国教科之书最盛,而出以游戏小说者尤伙;故日本之变法,赖俚歌与小说之力,盖以悦童子以导愚氓,未有善于是者也。"他甚至说:"今日救中国第一义"为"教小学,教愚民",而小说是其中最有力的工具。

1898年8月戊戌变法失败,梁启超在东渡船上,读到了日本著名的政治小说《佳人奇遇》,进一步激发了他将小说作为"新民"工具的热情,当时就有撰写《新中国未来记》的构想。8月,在横滨创刊的《清议报》,明文规定"政治小说"即为该报六大专栏之一,发表了亲自翻译的《佳人奇遇》的序言,题名曰《译印政治小说序》。这篇序言重新提出了革新小说的主张,进一步强调小说与政治的关系,他说:

在昔欧洲各国变革之始,其魁儒硕学,仁人志士,往往以其身之经历,及胸中所怀政治之议论,一寄之于小说。于是彼中缀学之子,黉塾之暇,手之口之,下而兵丁、而市侩、而农氓、而工匠、而车夫马卒、而妇女、而童孺,靡不手之口之,往往每一书出而全国之议论为之一变。彼美、英、德、法、奥、意、日本各国政界之日进,则政治小说为功最高焉。英名士某君曰:"小说为国民之魂。"岂不然哉!岂不然哉!(《译印政治小说序》)

他认为"今日救中国",小说也是最得力的武器,必须学习西方和日本的经验,充分发挥小说的积极作用。应该说,梁启超这样的论证方法在当时形势下是很有号召力的,加上他一再强调,屡加宣扬,因而小说的巨大社会作用就此被大多数人所认识,小说的社会价值因而大大提高,从根本上扭转了我国几千年来普遍轻视小说的传统看法。

1902年,他就着手创办中国第一种小说刊物《新小说》,于8月间,《新民丛报》第14号上先发表了一篇带有广告性质的《中国唯一之文学报〈新小说〉》,申明《新小说》办报的宗旨就是"专在借小说家言,以发起国民政治思想,激励其爱国精神",并具体披露了《新中国未来记》的构想:

此书起笔于义和团事变,叙至今后五十年止。全用幻梦倒影之法,而叙述皆用史笔,一若实有其人,实有其事者然,令读者置身其间,不复觉其为寓言也。其结构,先于南方有一省独立,举国豪杰同心协助之,建设共和立宪完全之政府,与全球各国结平等之约,通商修好数年之后,各省皆应之,群起独立,为共和国政府者四五,复以诸豪杰之尽瘁,合为一联邦大共和国。东三省亦改为一立宪君主国,未几亦加入联邦。举国国民,戮力一心,从事于殖产兴业,文学之盛,国力之富,冠绝全球。寻以西藏、蒙古主权问题与俄罗斯开战端,用外交手段联结英、美、日三国,大破俄军。复有民间志士,以私人资格暗助俄罗斯虚无党,覆其专制政府。最后因英、美、荷兰诸国殖民地虐待黄人问题,几酿成人种战争,欧美各国合纵以谋我,黄种诸国连横以应之。中国为主盟,协同日本、菲律宾等国,互整军备。战端将破裂,匈牙利人出而调停,其事乃解。卒在中国京师开一万国平和会议,中国宰相为议长,议定黄白两种人权利平等、互相亲睦种种条款,而此书亦以结局焉。

这是一个完整的中国强国富民梦。至11月,《新小说》创刊。在这创刊号上,梁启超发表了一篇"小说界革命"的纲领性文章:《小说与群治之关系》,这篇文章的开头就说:

> 欲新一国之民,不可不先新一国之小说。故欲新道德必新小说,欲新宗教必新小说,欲新政治必新小说,欲新风俗必新小说,欲新学艺必新小说,乃至欲新人心,欲新人格,必新小说。何以故?小说有不可思议之力支配人道故。

在他的号召下,迅速形成一个声势浩大的"小说界革命"的热潮。与理论号召相配合,酝酿五年之久的"政治小说"《新中国未来记》终于在《新小说》第一、二、三期连续推出了四回,至第七期又发表了第五回。他在初刊这篇小说的《绪言》开头就说,"余欲著此书,五年于兹矣","顾确信此类之书,于中国前途,大有裨助,夙夜志此不衰","《新小说》之出,其发愿专为此编矣"。可见,这部小说在他心目中是何等重要。事实上,《新中国未来记》就是"小说界革命"的最鲜艳的旗帜。

强烈的民富国强之梦

梁启超在《新中国未来记》的《绪言》中说,"兹编之作,专欲发表区区政见,以就正于爱国达识之君子",所以他称之为"政治小说"。所谓"政治小说",他在《中国唯一之文学报〈新小说〉》中解释道:"政治小说者,著者欲借以吐露其所怀抱之政治思想也。其立论皆以中国为主,事实全由于幻想。"

梁启超"所怀抱的政治思想",在《新中国未来记》中主要表现在两个方面:一是表达他的政治理想,也就是他所追求的强国富民的目标;二是为实现这种理想所采取的治政方略,也就是他的政治主张。

他的政治理想,就是使贫穷落后、任人宰割的旧中国变成一个"举国国民,戮力一心,从事于殖产兴业,文学之盛,国力之富,冠绝全球"的世界强国。小说所取主人公的名字,也就是这个意思:黄克强,炎黄子孙一定能自强!当时的中国,正如第三回中所写到的那样:祖国的大好河山被国外侵略势力的铁骑纵横,满目凄凉:

> 你看现在中国还算得个中国人的中国吗?十八省的地方,那一处不是别国的势力范围呢?不是俄,便是英;不是英,便是德;不然便是法兰西、日本、美利坚了。但系那一国的势力范围所在,他便把那地方看成他囊中物一样。

正是生活在这样一个积贫积弱、亡国边缘的国家中,作者最强烈的愿望就是国家富强。小说第一回《楔子》就描绘了一个六十年后的作者理想中的新中国的气象。那年正月初一,"举行维新五十年大祝典",当时"正值万国太平会议新成,各国全权大臣在南京",诸友邦皆特派兵舰来庆贺,其盛况如下:

> 英国皇帝、皇后,日本皇帝、皇后,俄国大统领及夫人,菲律宾大统领及夫人,匈加利大统领及夫人,皆亲临致祝。其余列强,皆有头等钦差代一国表贺意,都齐集南京,好不匆忙,好不热闹。那时我国民决议在上海地方开设大博览会,这博览会却不同寻常,不特陈设商务、工艺诸物品而已,乃至各种学问、宗教皆以此时开联合大会。各国专门名家、大博士来集者,不下数千人。各国大学学生来集者,不下数万人。处处有演说坛,日日开讲论会,竟把偌大一个上海,连江北,连吴淞口,连崇明县,都变作博览会场了。这也不能尽表。

这短短数言,从大国首领的祝贺、世博会的举办、学术会议的繁荣,具体而概要地点出了新中国政治地位之高、经济实力之强、学术文化之盛。这就是梁启超理想中的新中国缩影。

如何实现这样的政治理想？当时有两条路可走：一条是君主立宪，另一条是暴力革命。当时的梁启超，虽然并不完全反对以孙中山为首的革命派推翻清王朝的封建专制统治，但他基本上还是站在君主立宪的立场上。所谓君主立宪，就是在保留君主制的前提下，成立议会，制定宪法，限制或虚化君主权力，树立人民主权，实现事实上的共和政体。它的优点是不通过战争破坏来达到"虚君共和"，实现宪政的目的，其缺点是还保留着君王、贵族等一批特权阶层。梁启超的这一政治立场在第二回、第三回中得到了充分的表现。假如说第二回是通过宪政党的元老孔弘道老先生的口，直接宣扬宪政党与宪政理想、宪政内容的话，那么第三回则通过代表宪政党的黄克强与倾向革命派的李去病的"舌战"，进一步论证中国只有走立宪之路。

在第二回中，孔老先生明确肯定宪政党是"新中国的基础"，是"再造中国第一功臣"；宪政党的追求目标就是"以拥护全国国民应享之权利，求得全国平和完全之宪法为目的。其宪法，不论为君主的，为民主的，为联邦的，但求出于国民公意，成于国民公议，本会便认为完全宪法"。宪政党具体的工作主要除"扩张党势"之外，就是要"教育国民"、"振兴工商"、"调查国情"、"练习政务"、"养成义勇"、"博备外交"、"编纂法典"等，这些都是建设"新中国的基础"。

在第三回中，围绕着走立宪的道路，是进行革命，是奉行政权为大多数人民所有的"人民主义"，还是以"国家主义"为理想？黄克强与李去病经过了四十四个回合的辩难。当然，他们两人对于专制政体都是厌恶的。李去病说："稍稍识得时务的人，都知道专制政体是一件悖逆的罪恶"，"现在中国衰弱到这般田地，岂不都是吃了那政府当道、一群民贼的亏吗？"他甚至对当时清政府在"维新"、"改革"方面做些表面文章也予以全面的否定，说："现在他们嘴里头，讲什么'维新'，什么'改革'，你问他们知'维新'、'改革'这两个字，是怎么一句话么？他们只要学那窑子相公奉承客人一般，把些外国人当作天帝菩萨、祖宗父母一样供奉，在外国人面前够得上做个得意的鬼兔子、时髦的倌人，这就算是维新改革第一流人物了。"对于这些论调，黄克强没有否定。黄克强否定的是，要反对专制政府所采取的"革命"手段。他认为："我们中国这二千年，革了又革，乱了又乱，你说这是件好事吗？"于是他们进行了反复辩难，辩难的正方显然在于黄克强。黄克强留学德国，接受的是伯伦知理"国家主义"的一套理论，不同于留学英、法的李去病信奉边沁、卢梭的民约论。关于这两种理

论的不同,梁启超在 1902 年 2 月 8 日写的《论学术之势力左右世界》中作了明确的比较。他介绍卢梭说:

> 卢梭(Rousseau,法国人,生于一七一二年,卒于一七七八年。)之倡天赋人权。欧洲古来,有阶级制度之习,一切政权、教权,皆为贵族所握,平民则视若奴隶焉。及卢梭出,以为人也者生而有平等之权,即生而当享自由之福,此天之所以与我,无贵贱一也,于是著《民约论》(SocialContact,)大倡此义。谓国家之所以成立,乃由人民合群结约,以众力而自保其生命财产者也,各从其意之自由,自定约而自守之,自立法而自遵之,故一切平等。若政府之首领及各种官吏,不过众人之奴仆,而受托以治事者耳。自此说一行,欧洲学界,如旱地起一霹雳,如暗界放一光明,风驰云卷,仅十余年,遂有法国大革命之事。自兹以往,欧洲列国之革命,纷纷继起,卒成今日之民权世界。《民约论》者,法国大革命之原动之也;法国大革命,十九世纪全世界之原动力也。卢梭之关系于世界何如也!

而关于伯伦知理,梁启超说:

> 伯伦知理(Bluntschili,德国人,生于一八○八年,卒于一八八一年。)之国家学。伯伦知理之学说,与卢梭正相反对者也。虽然,卢氏立于十八世纪,而为十九世纪之母;伯氏立于十九世纪,而为二十世纪之母。自伯氏出,然后定国家之界说,知国家之性质、精神、作用为何物,于是国家主义乃大兴于世。前之所谓国家为人民而生者,今则转而云人民为国家而生焉,使国民皆以爱国为第一之义务,而盛强之国乃立,十九世纪末世界之政治则是也。而自今以往,此义愈益为各国之原力,无可疑也。伯伦知理之关系于世界何如也!

显然,梁启超是赞同伯伦知理的国家学说。梁启超对伯伦知理是作过较为深入的研究,写过《论国家思想》、《政治大家伯伦知理之学说》等多篇文章。这也就是梁启超在几个月后写《新中国未来记》的思想基础,或者说《新中国未来记》就是这一思想的图解。请看黄克强与李去病间的"驳论第十一":

李君道："我也不是一定要和甚么一姓的人做对头,只是据政治学的公理,这政权总是归在多数人的手里,那国家才能安宁的。你想天下那里有四万万的主人被五百万的客族管治的道理吗?……一国人公共的国家,难道眼巴巴看着一群糊涂混账东西把他送掉不成?不管他甚么人,只是当着这个地位,就要尽这个责任;(听者)亏了责任,是要自行告退的;(听者)不肯告退,是要劝他的;劝他不听,是要想个法儿叫他不能不听的。"黄君道:"兄弟,你这段议论,谁说不是?依我看来,总是理想上头的,不是实际上头的。你说一国政权总要在大多数的人手里头,这是卢梭、边沁、约翰弥勒各位大儒的名论。但这些学理,在现世的欧洲已算是过去陈言了。"

梁启超的"政治主张"在很大程度上从伯伦知理而来,但他之所以接受这种理论,是基于他对中国实际情况的了解,充分考虑了中国的国情与国际的形势。他借黄克强之口说:"我们是中国人做中国事,不能光看着外国的前例,照样子搬过来,总要把我中国历史上传来的特质,细细研究,看真我们的国体怎么样,才能够应病发药的呀!"比如,就讲"自由平等"而言,中国就不同于美国,"美国本是条顿种人,向来自治性质是最发达的,他们的祖宗本是最爱自由的清教徒",而"中国人向来无自治制度,无政治思想,全国总是乱糟糟的毫无一点儿条理秩序,这种人格,你想是可以给他完全的民权吗?"他接着举例说:"我听说日本东京的留学生和内地的少年子弟,有许多听着自由平等几个字,他却不读书,不上讲堂,日日去嫖去饮,有人规劝他,他便说,这是我自由权。还有问他老子要钱去花费,老子不给,他便嚷骂起来。老子责备他,他便说我和你是平等的。照这样胡闹下去,将自由平等四个字,岂不是变成罪大恶极的名词吗?"因此,他觉得变革不能脱离实际,"性急也急不来的","若是要养人民的自治力,正是要从平和秩序里头得来",不能轻易地采取暴力革命。再从国际形势来看,"自十九世纪以来,轮船、铁路、电线大通,万国如比邻,无论那国的举动总和别国有关系"。中国的一举一动,自然与世界列强的利益联系在一起。如今的世界,是一个"生计界竞争的世界",假如"伤害到他自己的利益,他一定是不能放过的"。而一旦中国内乱起来,列强的"商务"也一定要"吃亏","若是中国全国乱了一年,恐怕伦敦、纽约的银行也不知倒闭多少",这就必然要遭到他们的干涉,中国就面临着瓜分的危险。再从政治上看,革命军起,"政府不能平定,转请各国代剿;或者外国不等政府照会,便径行代剿起来,这都是意中事哩。到那时候,这瓜分便认真实行了,却不是救国志士倒变成了亡国罪魁么?况且,不单如此,就是各省纷纷并起,那各省人的感情的利益总是不能一致的,少不免自己争竞起来,这越发鹬蚌相持,渔人获利,外国乘势诱胁,那瓜分政策更是行所无事。英国灭印度不是就用着这个法儿吗?"总之,不论从经济上,还是政治上看,他认为从中国的实际情况出发,只能走立宪的道路,追求"法律下的自由",而革命则得到的是"野蛮的自由"、"无戒律的自由",充满着混乱的危险。当然,历史告诉我们,中国最后还是选择了革命,逐步走向了民主共和,走向了社会主义。但梁启超在《新中国未来记》中的考虑也不是全无道理。他强调从中国的实际出发来决策的精神还是值得我们记取,对中国"特质"与国际大势的分析,甚至到现在也极有参考价值。更何况他也并没有彻底地否定革命,小说中黄克强与李去病论辩的结论是:"讲到实行,自然是有许多方法曲折,至于预备工夫,那里还有第二条路不成?今日我们总是设法联络一国的志士,操练一国的国民,等到做事之时,也只好临机应变做去,但非万不得已,总不轻容易向那破坏一条路走罢了。"从这里可以看出,梁启超作为康有为的学生,在当时的情况下能有这样比较通融的看法是不容易的。究竟走比较保守的立宪的道路,还是用革命暴力的手段,从当时起一直争论到现在。其实,大家的目标是一致的,都是为了寻求强国之路,都是渴望建立一个政治民主、经济发达、社会文明、文化繁荣的"新中国"。为了达到这个目标,所寻求的变革道路与提交的治国方案,实际上也是各有利弊的。一时败者未必全错,一时胜者未必全优。今天,不可能重新选择历史,但历史可以给我们提供智慧。有时候,历史往往会开玩笑,当年争论得不可开交的双方,风水一转,想不到只是兜了一个圈子,不知不觉地已经站到了对面。所以,对于梁启超他们当年主张的维新、立宪的一套,再不能像过去那样简单地全盘否定了,至少他们所做的那个激荡着爱国精神的强国梦还是十分美丽的。

小说创作手法的革新

《新中国未来记》作为一部小说,在文学表现上也开了一代风气。在中国古代,直接谈论政治的小说就很少,更无"政治小说"这一名目。梁启超在亡命日本的船上,初次接触了《佳人奇遇》这样一部政治小说。其实,这类"政治小说"最早出现在英国,两度出任首相的迪斯累理(1804—1881)与曾任国会议员的巴尔瓦·李顿(1803—1873)就是最有代表性的作家。1878年,巴尔瓦·李顿的《花柳春话》(Erest Mahrauers)被译入日本;1884年,迪斯累理的小说《春莺传》(Conlngsdy)又被译成日文。这些政治家创作的小说对当时谋求政治革新的日本读者产生了极大的影响,他们的作品被接二连三地引入日本,促使了日本在明治年间兴起了一股创作政治小说的热潮。主要代表作除柴四郎的《佳人奇遇》之外,还有曾被《清议报》译载的矢野文雄的《经国美谈》,以及末广铁肠的《二十三年未来记》、《雪中梅》等。这些通过小说人物直接表达政见的小说,特别是一些"未来记"形式的作品显然对于亡命日本,寻求"新民"有力工具的梁启超产生了直接的影响。与此同时,像李提摩太的《百年一觉》也当为梁启超撰写《新中国未来记》时模仿的对象。英国来华的传教士李提摩太(Timothy Richard)将19世纪美国小说家爱德华·贝拉米(Edward Bellamy)的小说《回顾:2000—1887》(Looking Backward, 2000—1887)译为中文,名《回头看纪略》,开始在《万国公报》上连载。1894年,出单行本,易名为《百年一觉》,传播乌托邦式的理想世界。梁启超在《读西学书法》中曾称此书:"悬揣地球百年以后之情形,中颇有与《礼运》大同之义相合者,可谓奇文矣。"显然,梁启超接受过它的影响。正是在这样的基础上,梁启超就借鉴了这种小说形式,突出了"立论皆以中国为主事,完全由于幻想",即从中国这样一个国家的利益与命运的角度来构思全局、开展故事、描写人物的,且全书充满着对"未来"的"幻想"。换言之,他的政治小说的鲜明特点,就是开始将"国家"作为一个整体形象来加以描写,并着重"幻想""未来"的"新中国"。这一创举,对后来的小说界产生了影响。一些小说家就纷纷将"中国"作为一个整体形象来加以描述,并产生了诸如《新石头记》、《未来世界》、《新纪元》、《新年梦》、《新中国》等一系列的有关国家命运与前途的"理想小说"。与此相适应的是,作者同时"幻想"出了一些新时代的高大形象。像黄克强、李去病那样的爱国志士,可谓是完美的英雄。此外,如当时在日本流行的政治小说中的一些主人公常常是各处游历,博学强记,好发议论,相互驳难等等,也被他借鉴,这些都使《新中国未来记》在表现方法上呈现了一些新的特点。当然,这些新特点的形成还与其他一些因素有关,例如传教士布道演说使晚清演讲成风,西方"流浪汉小说"让主人公周游各地去展示社会,乃至如中国传统的《盐铁论》式的主客辩驳,都被《新中国未来记》自觉或不自觉的有所吸取,使"小说"这一文体中产生了一些新的特点。应该说,这些被融合到"小说"中的新的表现特点在当时自有其积极意义,是有助于鼓舞民气,又与作者要表达的政治内容相适应的,且事实上对后来的小说创作产生了影响,致使晚清一时间的小说,有的重在发表议论;有的关注国家命运;有的专写主人公遍游各地,现形时弊;有的着力收罗一时报刊新闻,劝善惩恶;都从不同方面对《新中国未来记》有所发展。但是,这里必须要指出的是,由于作者过分地看重了小说的政治功用性,而对于小说作为文学作品的美学特点认识不足,又加上缺乏小说艺术的修养,长于论述而短于描写,编中又"往往多载法律、章程、演说、论文等,连篇累牍,毫无趣味",结果将这部小说写得"似说部非说部,似稗史非稗史,似论著非论著,不知成何种文体",梁启超写后自己读了也"良自失笑",知道在艺术上并不成功。这种艺术表现上的粗糙性,一时间对匆忙学习它的一些小说也产生了不良的影响。

　　《新中国未来记》在艺术表现方面影响比较积极的是叙事手法的更新。在中国古代的小说中,虽然很早就有倒叙,像唐代的短篇中就零星出现过,特别是晚明的《痴婆子传》,就是用第一人称倒叙的,篇幅也较长,可是不大为人所知,小说家们基本上还是习惯于以时间为序,从头到尾,顺笔而下,故事开展的时序与叙述的时序是一致的。在长篇小说中,有时也会穿插一些倒叙的小关节,但总体上也是从故事开头到结尾线性顺叙的。与此不同,西方小说从《荷马史诗》起,则往往先讲结果,后叙原由,采用倒叙的手法。梁启超在写《新中国未来记》时,西方的小说已不断涌入,他自己在重译法国焦士威尔奴原著的日文本《十五小豪杰》时,就深切地感受到倒叙手法的妙处,赞叹这部小说先叙十五少年在狂风怒涛的海面上漂流,到第三回才叙事情的缘起,说:"观其一起之突兀,使人堕五里雾中,茫不知其来由,此亦可见(泰)西文字气魄雄厚处。"所以在自己创作《新中国未来记》时也用了倒叙的手法,小说开头先叙一甲子六十年后"中国全国人民举行维新五十年大祝典之日"的种种热闹场面,然后再回叙维新志士黄克强、李去病等出国留学→考察国情→建国奋斗→庆祝大典的一个过程。换句话说,他是将故事的结尾移至叙述的开头,将未来的"新中国"先作了铺叙,抓住了读者的眼球,吊起了阅读的胃口。这种倒叙的手法很具刺激力,立即引起了作家与读者的普遍关注,晚清的小说家们纷纷效仿,如吴沃尧的《九命奇冤》等运用得相当熟练,倒叙法从此在中国小说叙事史上不再是一种偶尔一用的令人感到陌生的表现手法了。

有关整理工作的说明

《新中国未来记》初刊于日本横滨出版的《新小说》创刊号,时间是光绪二十八年壬寅十月(1902年11月)。第二号、第三号连载至第四回。1903年2月梁氏离日赴美,连载暂停。到光绪二十九年七月十五(1903年9月6日)刊出的第七号,又续刊第五回,以后就没有下文。

《新中国未来记》初刊时,在《新小说》第一号的目录上署"饮冰室主人著,平等阁主人批",正文前无署名;第三回正文前加有同样的署名。第四回正文前改署"饮冰室主人著,扪虱谈虎客批"。第五回无署名,也无眉批。1916年9月商务印书馆出版由梁启超亲自署书名的、版权页上盖有梁氏印章的《饮冰室杂著》第十三种《小说零简》中收入此小说,但未收入第五回。1916年中华书局出的《饮冰室全集》及以后《饮冰室文集类编》《(乙丑重编)饮冰室文集》与《饮冰室合集》等均无第五回,只收四回。直至1960年阿英编《晚清小说丛钞·小说一卷》时,才据《新小说》补入第五回。以后的印本均收第五回。据以上出版情况及不同文字风格等原因,今有一些学者怀疑第五回并非由梁氏亲自所作。这一看法值得重视,但毕竟尚无确证,故本编还是将第五回刊入书中,以供参考。

小说第一至第四回有眉批,当由平等阁主人及扪虱谈虎客所作,多有精见。至于正文中的夹批似为梁启超自作,特别是第四回中夹批常常明确写有"著作案"的字样,其他多处也露作者自作之意。因此这些批语都比较重要,今一并录入。考虑到阅读醒目与排版方便,均用方括号标出。凡眉批均在括号中标明"眉批",不标明者则为夹批。

全部文字一律以《新小说》上连载的文字为准,个别疑为误植之字,用括号标明正字。整理过程中不当之处,谨请读者指正。

(《世博梦幻三部曲》,东方出版中心2010年1月版)

万古恨《自由结婚》书评

《自由结婚》是资产阶级革命小说中的一部代表作品。原书署名为"犹太遗民万古恨著,震旦女士自由花译"。小说史作者们都认为这是假名,但都没有指出其真名。其实,作者就叫张肇桐。此说首见于《开国前海内外革命书报一览》。稍后,冯自由在《革命逸史·兴中会时期之革命同志》中对张肇桐又有如下介绍:

> 张肇桐,江苏无锡,留学生,东京青年会,壬寅。字叶侯,号轶欧,早稻田大学政治科学生,壬寅与同学秦毓鎏、周宏业及冯自由等发起青年会。癸卯为《江苏》杂志记者。著有小说《自由结婚》行世,亦鼓吹民族主义之作。

正因为张肇桐是《江苏》杂志的编者,所以《自由结婚》出版后,《江苏》就出广告加以宣传:

> 政治小说《自由结婚》,初、二两编,共两册,定价大洋七角。右书著者为犹太遗民万古恨,译者为震旦女士自由花,以经天伟(纬)地之事业,寓乎儿女情怀缱绻之中,小说界中之绝作也。海内士人闺秀,幸快先睹坊。(上海各书坊均有出售)自由社告白。①

此外,《革命逸史》中的《壬寅东京青年会》、《青年会与拒俄义勇队》、《癸卯留日学生军姓名补述》、《东京军国民教育会》等章节都论及了张肇桐当时的革

---

① 1903年10月20日发行《江苏》第七期。

命活动。《江苏》第二期和《湖北学生界》第五期同时发表的通迅《军国民教育会之成立》也多次提到了张肇桐的革命活动①，从中可以看出，这个张肇桐不仅积极参加政治活动，而且也重视舆论工作。他和秦毓鎏、嵇镜等发起成立了"国学社"，编写一批中小学教科书。《江苏》第五期特别登载介绍他编写的《国史教科书》广告说：

> 此书为张君肇桐所编，叙述简明而无遗漏，议论痛快而不轻薄，文笔浅显而不粗俗，可为史学之基础，为文学之楷模，官私学堂，争相采用。初版已罄，特再印行，近日来购而未得者，请仍驾临敝局，或函嘱寄奉可也。

另外，他还翻译了"今日中国最对病、最应时之良药"的《权利竞争论》、《未来世界记》等。这都说明了他是当时革命派中从事文化宣传工作的活跃分子。

关于《自由结婚》一书，《晚清小说史》曾说："书凡二十回，作二编，自由社版。"阿英在这里这样说，恐怕只是由于看到了高吹万在1904年《女子世界》上发表的《题〈自由结婚〉第二编十首》诗②，并没有真正读到过第二编，因此在《晚清小说史》的同一节文字中，他尽管对第一编十回的内容作了详尽的介绍，但在最后却说"以下就是第二编，未出"，戛然而止。以后的文学史、小说史著作，都是因袭阿英之说，不知有《自由结婚》第二编。事实上，《自由结婚》两编均出。如前所引《江苏》第七期广告就说："《自由结婚》，初、二两编共两册，定价大洋七角。"我也曾读到过发行于1903年12月4日的《自由结婚》第二编，一册③。实际情况与广告及高吹万诗都相符合。第二编也十回，回目如下：

第十一回　薄命红颜竟令男儿哭倒　无珠白眼诚哉管学多才
第十二回　遇同志灌输革命　教请安拆散学堂
第十三回　自治旗幡今出现　多情儿女喜重逢

---

① 两期杂志均于1903年5月27日出版，《湖北学生界》题目为《军国民教育会之组织》。
② 此诗收入阿英编《晚清文学丛钞·小说戏曲研究卷》。
③ 《自由结婚》第一编初版于1903年8月25日，一册。另见1905年11月23日的三版本，也一册。

第十四回　耄矣老夫回头是岸　壮哉巾帼光复成军
第十五回　一曲浩歌看步伐止齐愧杀天下男子　三雄执手愿隐帆匿枳避他恶海狂涛
第十六回　蠢鹿鹿无知满口摧残大逆　美英雄遘祸投身缧绁丛中
第十七回　可怜有志青年竟拼诀绝　却喜公衙老妇也识驱除
第十八回　鞠育提携不知异族　贼皮鬼脸爱做奴才
第十九回　大骂仇人雪义愤　奉承羯狗想升官
第二十回　不识之无也要张牙舞爪　为时至矣居然摆尾摇头

考虑到此书较重要而少见，故将其故事内容概述于下：

黄祸与乳母被水手救起，而关关不知下落。船抵无鬼城后，黄祝改名为转福，投考忠孝大学堂。这座学堂门旁有两张告示曰："革命自由思想不绝者不取"，"好动恶静志高气扬者不取"。其提调及七十多岁的老总办都是昏庸、顽固之极。转福混进后，犹如八十八层地狱。但其中也有革命同志，如有钟国仁者对他说："我们要鼓吹自由，推倒专制，一定要先从政体着手，政体一有改变，其余便势如破竹迎刃而解了。"第二年，黄转福因反对学校请安而被捆起来送县究办。这激起了众学生的公愤，集体退了学，开了一个自治学社。学社的声名很快传播中外，不到一个月，就拥有三四百人。此时，转福得知关关下落，就只身去寻找。原来关关被一老婆婆救起，送到光复党一飞公主处。该党当时已有四千七百八十三人，十分痛恨"那野蛮贼种卖淫老妇薰天女皇坐龙廷"，经常操练军事。关关在这里从一个贱役逐步升为书记、教师到能参谋各种机密。转福找到关关后不久，两人与另外四人一起去自治学社，准备劝说同志分散各地活动，以便避免迫害和扩大影响。但当六人登岸时，即遭奴颜婢膝的汉奸县令毛泽的逮捕。这时，黄祸曾说："我的宗旨，就是现在世界上第一件最要紧的，同我们爱国顶顶顶要紧的是民族主义，爽爽快快说来，就是自爱本族，抗拒外族。"最后，毛泽将六人押往京城。全书对腐败的学校教育和无耻蛮横的官僚，作了尖锐的揭露，充满着革命精神、爱国精神。

（《清末小说家琐谈》，《复旦学报》1981年第5期）

吴趼人《新石头记》前言

《新石头记》是清末名小说家吴趼人写的一部"借旧写新"类小说。它稍借了《石头记》(《红楼梦》)中某些因子之"旧",极写了当时现实与作者理想之"新",构思奇特,很具特色。

吴趼人,名沃尧(1866—1910),字小允,又字茧人,后改趼人。广东南海(今广州)人。因居佛山镇,故别署我佛山人。出身世家,十七岁丧父,旋即到上海谋生,在江南制造局当抄写员,常为日报撰文。1903年起,在《新小说》上先后发表《二十年目睹之怪现状》、《痛史》、《九命奇冤》、《电术奇谈》等长篇小说。后赴汉口,任美国人所办《楚报》主笔。1904年,因反美华工禁约运动而愤然辞职。旋返上海,为《绣像小说》撰写《瞎骗奇闻》,为李伯元续编《活地狱》。1906年起,与周桂笙等在上海创办《月月小说》,编写《两晋演义》、《劫余灰》、《发财秘诀》、《上海游骖录》、《近十年之怪现状》(又名《最近社会龌龊史》)等小说。1910年9月以痰喘病遽卒,年仅四十五岁。

《新石头记》最初发表在1905年9月19日《南方报》第二十八号附张"小说栏"上,以后陆续连载,署名"老少年"。《忏玉楼丛书提要》说此书"初附刊于《南方报》,未完而报馆封闭",但刊于1907年3月的《月月小说》第六号报癖(陶曾佑)的《新石头记》一文却说"刊诸沪上《南方报》……全书凡四十回",似乎已连载完全文。由于目前见于上海图书馆所藏的《南方报》已非全帙,仅可见其连载至第二十回,所以无法核实孰是孰非。好在于1908年由上海改良小说社将此书作为"说部丛书"之一,予以排印出版。全书四十回分装成四卷八册,封面标"社会小说",题"绘图新石头记",中缝刊"说部丛书",每回附一图,无署名。关于作者,上述报癖的文章明确说是"南海吴趼人先生……撰成《新石头记》",且同期刊出的署"南海吴趼人白"的《本刊撰述员附白》也说:"《南方报》前载《新石头记》小说为仆手笔。"故《新石头记》作者"老少年"为吴趼人当无可疑,也得到了后来的小说目录家与小说史家的公认。或许是由于小说内容中有关君主立宪和义和团等描写与一时的主流话语相违背,又采用了疑似"续书"的书写形式,故一般论者对它的评价多有保留,影响了它在读者中的流传。直至上世纪八十年代以后,此书被一些出版社重新予以校点排印,小说史研究者也对它有比较客观公允的评价,逐步引起了大家的关注。特别是当我们在回顾一个多世纪以来国人的强国梦,在迎接小说中早就预言中国要举办的世博会的时候,人们就越来越对它刮目相看了。因此,很有必要将它重新整理出版。

我们这次的整理本是以1908年上海改良小说社本《新石头记》为底本,参校了《南方报》所载部分,以及1983年中州出版社本、1986年花城出版社本,个别明显的错字及异体字一律径改,个别原用字用括号标出。

借旧写新,直抒怀抱

一看《新石头记》这部小说的书名,立即给读者带来一个问题:它与《石头记》的关系如何?它是不是《石头记》的一部"续书"呢?这样的"续书"有没有意义?有什么样的意义?

本来,中国古代的小说就有一种作"续书"的传统,如明代的"四大奇书"问世后,不久即均有续作:《三国演义》有《续三国志》、《后三国志》,《西游记》有《后西游记》、《续西游记》、《西游补》,《水浒传》有《后水浒传》、《水浒后传》,《金瓶梅》有《玉娇李》、《续金瓶梅》等等。这种现象,早在康熙年间就遭到了刘廷玑的猛烈批评。他在《在园杂志》中说:

> 近来词客稗官家,每见前人有书盛行于世,即袭其名,著为后书副之,取其易行,竟成习套。有后以续前者,有后以证前者,甚有后与前绝不相类者,亦有狗尾续貂者。……作书命意,创始者倍极精神,后此纵佳,自有崖岸,不独不能加于其上,即求媲美并观,亦不可得;何况续以狗尾,自出下下耶!

这种观点很有影响。后《石头记》问世,续书更多,五花八门,多为糟粕,所遭的诟病亦特多。这就难怪《新石头记》一出,即遭论者从"续书"的角度上加以否定。如上述《忏玉楼丛书提要》就说:"作者为卖文家,欲其书出版风行,故《红楼》之名,以取悦于流俗。"张冥飞在 1919 年的《古今小说评林》中更予以直接的否定,说:"《新红楼梦》为趼人游戏之作,无甚道理。此类理想小说,原不妨独抒己见,何必借《红楼》中之宝玉以为之主人?我于此乃无取焉。"到后来,阿英在《晚清小说史》中将这个问题提得更高,竟因此而将它归入"晚清小说之末流"一类,说:

> 如吴趼人之《新石头记》四十回……又何必定要利用旧书名、旧人物呢?吴趼人自己说得好:"大凡一个人,无论创事业,撰文章,那出色当行的,必能独树一帜。……小说一端,亦是如此。不信,但看一部《西厢》,到了《惊梦》为止,后人续了四出,便被金叹骂了个不亦乐乎。有了一部《水浒传》,后来那些续《水浒》、《荡寇志》,便落了后人批评。有了一部《西游记》,后来那一部《后西游》,差不多竟没有人知道。如此看来。何苦狗尾续貂,贻人笑话呢?"明知如此,却偏偏要做,这可以说是在文学生命上的一种自杀行为。……这些(案,指当时众多续小说,阿英称之为"拟旧小说"),都是和嫖界小说,写情小说一样,是当时新小说的一种反动,也是晚清谴责小说的没落。

极有影响的《晚清小说史》的这段话可能是起了"一锤定音"的作用,《新石头记》就此被幽闭了半个世纪。时至今日,静言思之,吴趼人自知犯了"画蛇添足"等大忌,但他还是要"不避嫌疑,撰起这部《新石头记》来",究其原因,难道是为了追求文学生命的"自杀"吗?今从作家的主观上看,他是认真地拷问过自己:"我这《新石头记》,岂不又犯了这个毛病吗?"结论是否定的。他坚信自己的创作从内容而言,能"兼理想、科学、社会、政治而有之者"(吴趼人《近十年之怪现状自叙》),写"自家的怀抱",自有"一番意思";从表现来看,"虽然说得荒唐,未尝不可引人一笑",还是有一定的趣味性。再从客观的效果来看,这部小说的主题是严肃而积极的,在内容与形式上确有许多难能可贵的创新。因此,从这部小说的"借旧写新"主要倾向而言,不是"自杀",而是创新。

那么,他要写一部创"新"的小说,为什么一定要借《石头记》的"旧"名呢?当然,我们不能完全排除他有借《红楼梦》来更方便地接近群众的考虑,但最根本的是《红楼梦》中的某些要素最适宜于他构思这样一部独特的作品。他这部作品要写的是中国的"前世"、"现世"、"来世"三世,要写一个从旧社会中过来,面对着正处在"亘古未有之变"的当今衰世,去思考着如何建立一个新天地的、既清高而又善于思考的知识分子。显然,这个知识分子的核心精神就是要"补天"。这就必然使作者想到贾宝玉是一个最合适的人选,让他这个旧贵族出身的知识分子历经三世,再一次走到尘世中来周游一番,思考一番,再做一个新的"补天"的梦。所以,《新石头记》一开始就很明确地表示无意于续写"儿女私情",而是"只言贾宝玉不死,干了一番正经事业",用"补天"思想来与旧《石头记》相对接,说:

> 这一天,贾宝玉忽然想起,当日女娲氏炼出五色石来,本是备补天之用。那三万六千五百块都用了,单单遗下我未用。后来虽然通了灵,却只和那些女孩子鬼混了几年,未曾酬我这补天之愿。怎能够完了这个志向,我就化灰化烟,也是无怨的了。如此凡心一动,不觉心血来潮,慢慢的就热念如焚起来,把那前因后果尽都忘了,只想回家走一趟,以了此愿。

作者将"补天"作为全书的中心思想,就以宝玉为小说主角,又拉来了《石头记》中两个人物来陪衬:一个是突出其混迹于世的薛蟠,一个是象征着停滞于旧的焙茗。这三个人物,主要是为了写《新石头记》而立,但在某些方面与旧《石头记》相近,于是就顺手牵来,用其名而另写其实,使整部小说更显得与旧《石头记》有所联系,更像一部《石头记》的"续书"了。因此,《新石头记》可以视之为《石头记》的"续书",因为它续写了贾宝玉的"补天"之梦,又借用了《石头记》中几个人名来点缀。但是,《新石头记》毕竟不是一部一般意义上的"续书",它是经过了作者独特的构思之后,写了新的时代、新的思想、新的人物,"其所发明之新理,千奇百怪,花样翻新,大都与实际有密切之关系,循天演之公理,愈研愈进,愈阐愈精,为极文明极进化之二十世纪所未有"。故将新旧两种《石头记》相较,诚如报癖所说的:"二者之性质,之体裁,之损益,既已划若鸿沟,大相径庭。"(报癖《新石头记》)从这个意义上看,也可以说《新石头记》是"与《红楼》无涉"(《忏玉楼丛书提要》)的了。总之,吴趼人借《石头记》之旧,来直抒自己"立宪"的怀抱,圆一个新时代的"补天"之梦,决不是文学上的"自杀",而是别开生面的创新。当年报癖曾担心人们不能理解其中的奥妙,曾说:"趼公之煞费苦心,大张炬眼,个中真趣,阅者其亦能领悟否乎?"(报癖《新石头记》)时间过了一百多年,我们重读这部小说时,不能不再一次提醒读者要摆脱对一般"续书"的成见,不要简单地戴上"拟旧"、"没落"、"反动"的眼镜来看待"续书",而是要仔细地辨别,能真正地领悟出个中的"真趣"来。

清末"黑暗世界"的写照

《新石头记》的第一回只是写了"前世"与"现世"的转换。小说写"前世"只是用了虚写,这特别是通过焙茗的描写稍作了点染。他出场时在一个"破庙"里,"此时已是薄暮天气。这庙的四面,又围了些参天老树,把那殿上遮得黑魆魆的",其山门已经"东倒西歪"。他是当初被派到金陵来寻找出走的贾宝玉的,想不到在这个"金碧辉煌"的玉霄宫里"一睡,就睡到这个时候",原来"雕梁画栋"的玉霄宫,在时代的冲刷下,已经变得彻底凋零了,"外面原来是三间正殿,却是剥落不堪。两廊多已倒了,两旁神像,也七歪八倒。出得山门,回头看时,那'敕建玉霄宫'的匾,还歪歪的在上面未掉下来"。这个富有象征意义的玉霄宫,就形象地说明了封建社会已经走向了末世。当贾宝玉主仆两人真正从"前世"走到"现世"的土地上时,马上发现报纸上写着"大清光绪二十六年□月□日,即西历一千九百零一年□月□日,礼拜日","不觉吃了一大惊",真是换了人间!

从第二回到第二十回,就写了贾宝玉耳闻目睹的清末现世的种种怪现状。在这个世界中,新鲜的玩意儿伴随着殖民化同时出现,腐朽没落的景象与维新图强的气息相互并存。吸鸦片、缠小足,逛窑子、吃花酒的痼疾依然存在,又新兴时髦的搞"花选"、跑马车、逛花园、听戏。贾宝玉翻阅了"十分合意"的《时务报》、《知新报》、《清议报》等新式的报纸,参观了拥有炮弹厂、锅炉厂、水雷厂、热铁厂、洋枪厂、大炮厂、炼钢厂、轮船厂的"制造局",也看到了新奇的自来火、吕宋烟、留声机、轮船、火车、电报、电话。随着西方文明与殖民势力一起闯进国门,洋货到处泛滥,"十家铺子当中,倒有九家卖洋货的。我们中国生意,竟是没有了","外国人尽着拿东西卖给中国人,一年一年的,不把中国的钱都换到外国去了么?"其中单就"外国来的纸卷香烟"一宗,"就每年送掉四百万"两银子。不但如此,那种装有"放起来,打好几十里"大炮的外国兵舰,也自由自在地停靠在我国的港口,后来的八国联军就一直攻占了北京。在殖民化的土地上,滋生了一批诸如柏耀廉、包妥当之类的买办、洋奴,帮外国人谋取国人的利益,帮外国人欺压自己的同胞,脑子里"什么都是外国的好,巴不得把外国人认做了老子娘"。在他们看来,"中国人的事情,都是靠不住的","外国人的屎也是香的"。半殖民地化了的中国怪现状在这部小说中得到了充分的暴露。

不过,作者在写这个现世的"野蛮世界"、"黑暗世界"时,写得最为细腻与典型的,要数有关义和团的文字了。作者写义和团,王威儿是个关键人物。他"本是北京城里的一个著名光棍,平日吃喝嫖赌无所不为",是一个十足的地痞流氓。一日去宣化探亲时醉酒,在路上与另一个醉汉叫杨势子的打了起来。人家劝他说,"这位杨大爷是咱们宣化城里头等的好汉,任是官府乡绅也让他三分"。可是王威儿自恃在北京城里"除了皇上王爷,那怕贝子、贝勒见了我,也要低个头儿",不买账。两人正打得难分难解之际,被县官撞着,捉进去要每人打二十板子。那姓杨的跪上一步道:"禀上太爷,小的是本城的教民,姓杨名唤势子。"一句话还未说完,那县太爷就把他放了,而把王威儿先痛痛的打了一百板子,再劈劈拍拍的打了五十嘴巴,用头号大枷枷了一个月后,再打二百板驱逐出境。这个县官竟如此乱判,其奥妙何在呢?原来当时的"知县怕的是教民",所以那杨势子"打官司,打一次赢一次"。一个区区"教民",居然使县太爷敬重到如此地步。这正是从一个侧面反映了清末洋人、传教士与中国百姓之间之所以形成尖锐冲突的一个重要原因,即是中国统治集团对洋人、传教士的纵容、庇护。从鸦片战争到1900年义和团运动,全国大小教案共计四百余起,教会与百姓的矛盾越演越烈,其原因是多方面的。不过,中国百姓被过度的压抑,"我们受那毛子的气,受够了",必然会引起强烈的反弹。统治集团的崇洋媚外、欺压同胞,无论如何也是一种重要的催化剂。义和团运动之所以兴起,这里就作了铺垫。

被逼得走投无路的王威儿后来就加入了义和团,且成了一个骨干。小说写了义和团的"扶清灭洋"的宗旨,且交代了他们的结盟拜会是不犯法的,"这件事早通了天了。王爷、中堂早已知道,非但不禁,而且十分欢喜。上月东街上王爷府里还请了两位大师兄去教法术呢"。他们有最高统治集团的撑腰,烧香,念咒,作法,相信剪纸为马、撒豆成兵、刀枪不入之类,"如同儿戏一般"。他们"毫无忌惮,成群结队的,在街上横冲直撞,遇见了衣服穿得窄小点的,就指说是二毛子……更有那稀奇古怪的号令,也是出人意外的,天天花样不同。忽然一天传令不准吃荤,忽然一天传令晚上不许睡觉,忽然一天又传令不许洗澡,又不许晒晾妇女衣服,说是恐怕秽气冲犯了他红灯照的神坛。天天或早或晚总有两三处火起,望着红光灯天,着实可怕"。薛蟠用了几十箱洋油烧了铁路,被传说为"只念了几句咒语,那铁路便自己发出火来烧了"。他们装神弄鬼,自欺欺人,骚扰折腾得百姓叫苦连天。等洋兵打进来了,才知道厉害。王威儿的儿子去攻打使馆,被洋枪打死了,不怪法术不灵,倒是怪老婆用污秽的手给儿子打了辫子,破了法术了。王威儿等赶忙丢了红巾、红带前去投降,跪在街上献酒献肉,申说自家并不是"拳匪",在衣领背后还插着一面小旗子,写着"大英顺民"、"大法顺民"等等。他们从极端的排外一下子变成了极端的媚外。在历史上,这样的"拳民"确实也不在少数,甚至纷纷地加入了"教民"的队伍。这除了怕杀头之外,或许他们就认为外国的菩萨比他们的"洪钧老祖"更神灵。《新石头记》就把这样一批拳民的愚昧落后、反复无常、乃至无赖气息等写得入木三分。对于义和团如何评价,自可在全面认识的基础上加以公正的分析。参加义和团的人本来是十分复杂的,当然不可以将小说中刻画的王本、王威儿、薛蟠等以偏概全,我们也没有理由要一部小说能对一段历史作最全面的描写与最公允的评价。尽管小说也抨击了王公大臣乃至慈禧太后等清王朝的最高权力者,也反映了群众对于洋人与洋教的意气,但其侧重点无疑在于刻画义和团中的愚昧与落后。这或许会引起一些人的反感,认为这样描写义和团是比较片面的。但实际上,作者本无意于"最翔实的报道"(杨世骥《文苑谈往》)这样一段历史,他无非是想通过这样一个角度,去写出那样一个社会中的那样一批国民。中国的积贫积弱,也由于旧思想、旧文化还紧紧地牢笼着旧的国民。当时的一批维新志士,就开始从国民的角度上来考虑救亡图强的问题。像严复就多方面的批判了国民"各奋其私"弱点,认为"民种之高下"与国家强弱大有关系。梁启超在《新中国未来记》里,借孔老先生的口甚至这样说:"中国亡是亡定了,不亡于外国之凭陵,不亡于政府之顽旧,只是这四万万没心肝、没脑筋、没血性的人民昏作一团,才是亡到尽头,一点法儿都没得想的呢!"因此梁启超等一时大力呼吁要"新民",认为"欲维新吾国,必先维新吾民"(《新民说》)。后来不少人探析国民性的问题,或许正是从这一点上起步的吧!

《新石头记》写义和团不仅为了追寻下层百姓的愚昧、麻木、刁滑等不良的国民性,同时也通过写义和团来描画了当时维新派的命运和清朝统治者的丑恶嘴脸。小说中的贾宝玉从兵荒马乱的京城辗转来到了湖北,想不到湖北的政治也非常黑暗。一个廪生听见北边闹得不像样,要"起义勤王",就被地方官捉去杀了,还株连了不少人。官场中都说这班人是"匪类",然而舆论却都说他们是"志士"。这事件,"大约指的是唐才常等被难事"(杨世骥《文苑谈往》)。唐才常是维新派,作者显然是站在廪生的一边,只是不好明说,而只能说"公道自在人心","只好等将来操史笔的了"。后来又说:"官场的事情,有什么凭据!他要和你作对时……不难凭空的说我是吴三桂子孙,要谋为不轨。"作者在这里特别痛恨那些曾经是高唱维新而后翻脸不认人的反复无常的小人,写道:

> 伯惠道:"……此刻有了个新旧党界,格外利害!官场最恨的是新党,只要你带着点新气,他便要想你的法子。"宝玉道:"以时势而论,这维新也是不可再缓的了。难道官场中人,是一点也见不到?"伯惠道:"你不知道,维新本是一件好事,但是'维新'两个字之下,加上一个'党'字,这里的人类就狠不齐,所以官场旧党就藉为口实了。戊戌四月之后,那一个不说要进京去伏阙上书,那一个不说拟就条陈呈请督抚代奏。及至政变了,这一班人吓的连名字都改了,翻过脸来,极力的骂新党。推他前后的用心,那一回不是为的升官发财!这个里头的奇形怪状,一时也说他不尽呢!"

杨世骥在《文苑谈往》中说:"吴伯惠的话也正是作者对时局的观感,而那些'翻过脸来极力骂新党'的人,无疑是指张之洞、朱一新之流了。"接着,小说还写了贾宝玉听了当时"武昌城里的督抚司道"都"佩服"的一个"学堂监督"的讲演后,提了一些不同意见,就被扣上"拳匪"的帽子,差一点送了命。阿英在《小说闲谈》中说:"写湖北的黑暗,却是当时小说里难以看到的。因为一般的讲,在记载庚子的说部里,对湖北大都采取恭维的态度。"因为时任湖广总督的张之洞还是有点"新"的光环的。湖北尚且如此专制与黑暗,遑论其他!作者面对着这样的现实,禁不住借贾宝玉这个形象发出了如下的感慨:

> 自己在大荒山青埂峰下,清净了若干年,无端的要偿我那补天志愿,因此走了出来。却不道走到京里,遭了拳匪;走到这里,遇了这件事。怪不得说是野蛮之国,又怪不得说是黑暗世界。想我这个志愿,只怕始终难酬的了。

当时的中国诚如小说所言,虽然已经进入了一个近代化的激变时代,但总体上看,的确还是一个"野蛮之国",是一个"黑暗世界"。《新石头记》的成功,主要也就是能较为生动、细致地地描绘了这样一个时代的方方面面。其中最精彩的要数是对义和团的前前后后的描写。这尽管与《邻女语》等小说描写义和团的角度不一样,但对祖国前途与国民精神的关注是一样的。

理想中的"文明境界"

贾宝玉的"补天"之梦在现实世界中不能实现,作者就只能将这个梦做到未来的理想世界。小说从第 21 回开始,让焙茗还原为一尊"面目都剥落不堪"的木塑偶像,停留在旧世界里后,宝玉独自一人通过"孔道",走进了"祥光万道、瑞气千条"的"文明境界"。在这个天地里,"民康物阜,夜不闭户,路不拾遗。早就裁免了两件事:一件是取文明字典,把'盗贼'、'奸宄'、'偷窃'等删去;一件是从京中刑部衙门起,及各区的刑政官、警察官,一齐删除了,衙门都改了仓库"。没有乞丐,没有妓女,民风淳朴,而个个又"独立精神充足"。作者更用大量的笔墨,描写了这个"文明境界"中的物质文明的高度发达。四时的气温可以人工控制,农艺作物能一年四熟,"四时花木随时可以赏玩"。饮食科学,医术发达,又有司时器、千里镜、助听器、机器人及"地火"设备等等。出外交通则地下通"隧车",天上有"飞车",水上用"水靴","穿了这靴,可在水面行走,并且行的甚快",真是无奇不有。在科学发达的同时,教育普及、经济繁荣、军力强大、政治体制也十分先进。最后,贾宝玉做了一个极具象征意义的梦,梦中他到了上海,只见上海与以前大不相同了:"治外法权也收回来了,上海城也拆了,城里及南市都开了商场,一直通到制造局旁边。吴淞的商场也热闹起来了,浦东开了会场,此刻正在那里开万国博览大会。"博览会上,"各国分了地址,盖了房屋,陈列各种货物。中国自己各省也分别盖了会场,十分热闹,稀奇古怪的制造品,也说不尽多少"。不一会再到汉口去看那里正在举办的第一次万国和平会,各国或皇帝亲临,或派大员代表,盛况空前,会议公举中国皇帝为会长。贾宝玉见此情景,不禁恍恍惚惚地感叹道:

中国也有今日么!

"中国也有今日么!"这正是当时一代人孜孜以求的强国梦啊!

在作者看来,中国之所以能进入理想中的"文明境界",是由于实行了"文明专制"的政治制度。这在小说的第 26 回中,作者借小说人物的口充分地表达了这一政治理念:

世界上行的三个政体,是专制、立宪、共和。此刻纷纷争论,有主张立宪的,有主张共和的,那专制是没有人赞成的了,敢境却偏是用了个专制政体。现在我们的意思,倒看着共和是最野蛮的办法。其中分了无限的党派,互相冲突。那政府是无主鬼一般,只看那党派盛的,便附和着他的意思去办事。有一天那党派衰了,政府的方针也跟着改了。就同荡妇再醮一般,岂不可笑?就是立宪政体,也不免有党派。虽然立了上、下议院,然而那选举权、被选举权的限制,隐隐的把一个贵族政体,改了富家政体。那百姓便闹得富者愈富,贫者愈贫。

他在批判共和与立宪的弊病之后,就明确主张还是"把政权纳还皇帝,仍旧是复了专制政体"。但是,这个"专制"不同于过去"野蛮"的专制,而是"文明"的专制。所谓"文明专制",简言之,就是要"那做官的和做皇帝的,实行得两句《大学》就够了"。这两句就是:"民之所好,好之;民之所恶,恶之。"那么怎样才能使他们"体贴这两句,实行这两句"呢?关键就在于要做到"德育普及"。"德育普及"了,"那一个官不是百姓做的?他做百姓的时候,已经饱受了德育,做了官,那里有不好之理。百姓们有了这个好政府,也就乐得安居乐业,各人自去研究他的专门学问了,何苦又时时忙着要上议院议事呢!"反之,假如德育不普及,暴官污吏,布满国中,不要说不能做到"文明专制",就是立了宪,也不过是个"恶绅政体"罢了。"有多少靠着一点功名,便居然搢绅恶霸一方,包揽词讼是他专门学,鱼肉乡民是他的研究资料,倘使立宪起来,这种人被选做了议员,只怕比那野蛮专制还利害呢。"总之,"文明专制"好:"野蛮专制,有百害没有一利;文明专制,有百利没有一害"。

很清楚,作者在这里宣扬的"文明专制"的理论基础是儒家的伦理道德,也就是走的"孔道"。做皇帝与做官的执政的最基本的信条就是儒家经典《大学》中的两句话,"德育普及"的基本内容也就是儒家的这一套。这从整个文明境界的分区的"符识"来看就清楚地说明了这一点。全区分东、西、南、北、中五大部,每部统辖四十万区,每区用一个字作符识。从一至十万,编成号数。那作符号的字,中央是"礼、乐、文、章"四个字;东方是"仁、义、礼、智"四个字;南方是"友、慈、恭、信"四个字;西方是"刚、强、勇、毅"四个字;北方是"忠、孝、廉、节"四个字。这二十个字,全是儒家经典中有关伦理道德的关键字,也就是支撑作者"文明专制"社会的基础。

作者在《新石头记》中提出的"文明专制",往往使人想起梁启超当时提倡的"开明专制"。显然,吴趼人是受到了梁启超的这一理论的影响。实际上,整部《新石头记》的理想构架,也与梁启超的《新中国未来记》关系密切。但是,吴趼人的"文明专制"决不是照搬了梁启超的"开明专制"。两者虽然只差一字,但还是有相当的差距。"开明专制"的概念原来是舶来品。18世纪下半叶欧洲一些国家封建专制君主就打出了这一旗号,表示要进行自上而下的改革。有的甚至自称是"国家的第一个公仆",愿为人民造福,做一个"开明君主"。梁启超在维新变法前后,曾经对"共和政体"也稍感兴趣。可是自1903年2月至10月,他去美国走了一趟,就对共和政体大感失望。再对照当时中国的"国情"来看,他更觉得不具备政治民主化的基础。于是就接受并宣扬德国政治学家伯伦知理等人的学说,写下了《开明专制论》等文章,明确提出了"今日之中国,与其共和,不如君主立宪;与其君主立宪,又不如开明专制"(《开明专制论》)的论断。他将"开明专制"与"野蛮专制"作了这样的区分:"凡专制者,以所专制之主体的利益为标准,谓之野蛮专制;以所专制之客体利益为标准,谓之开明专制。""法王路易十四曰:'朕即国家也。'此语也,有代表野蛮专制之精神者也;普王腓力特列曰:'国王者,国家公仆之首长也。'此语也,则代表开明专制之精神者也。"(《同上》)假如仅从"以所专制之客体利益为标准,谓之开明专制"及"国王者,国家公仆之首长也"的解释来看,确与吴趼人所说的"文明专制"的要义在于"民之所好,好之;民之所恶,恶之"的精神是相通的。但是吴趼人的"文明专制"与梁启超的"开明专制"毕竟是并不完全相同的。这主要表现在:梁氏的理论基础是来自西方伯伦知理等学说,吴氏则立足在儒家的传统。梁氏主要着眼于"国家理性",统治者制定、颁布法律制度来维护国家与人民的利益;吴氏则强调了"德育普及"与其作用,以德治国。梁氏的眼光是自上而下的,寄托在君明臣良,惠及百姓;吴氏的眼光则是自下而上的,希望在国民素质普遍提高的基础上,臣良君明。因此,吴趼人的"文明专制"不能与梁启超的"开明专制"相混淆。

但是,"文明专制"与"开明专制"毕竟都落脚在"专制",只是考虑到统治者能开明或文明一些,顾及百姓的利益。在本质上是排斥民主,以及排斥在民主的基础上建立法制,因此,他们在根本上还是属于"立宪"派这一阵营的。《新石头记》在结尾的时候,还明确地表示赞赏清政府在"专制"的同时实行"立宪",而"立宪的功效",竟能"非常神速,不到几时",就使"全国改观了"。当时,即作者写作与出版《新石头记》的1905至1908年间,正是中国同盟会成立,确立了民主革命的纲领,而与改良派进行激烈论争的时候。中国向何处去?是走革命的道路,实现民主共和,还是主张君主立宪,走"开明专制"或"文明专制"的道路?现在回头来看,历史已经给我们作了答案。但在当时,由于中国经历了漫长的封建专制社会,习惯势力十分顽强。百姓害怕与痛恨政局动荡多变、国家长期分裂、社会文化失范,渴求有一个统一、安定的社会秩序与生活环境。因此,对于宣扬国内民众"民智未开"、"程度幼稚"等"特殊国情"而必须实行一个阶段的"专制"的论调往往能得到较为普遍的认同,希望有一个开明有德的威权来"代表"人民行使政治权利。正因为有这样的社会基础,所以当时的"君主立宪"、"开明专制"、"文明专制"论还有较大的市场,得到了一批富裕乃至温饱阶层与知识分子的认同。即使辛亥革命胜利后,与之一脉相承的"好人政府"论(胡适)、"新式独裁"论(丁文江、蒋廷黻)、"以党治国"论(孙中山)等绵延不绝,乃至到上世纪末,主革命与主保守的争论又余波荡漾,新加坡当时的总理李光耀还说:"治理中国社会,必须开明专制。"这就不能不让人们思考:梁启超、吴趼人他们主张"专制"治国,果真是一条正确的道路吗?它对中国民主化的进程究竟起了一种什么样的作用?"专制"与"民主"之间的关系究竟是怎样的?它们是不是绝对的对立,还是可以互补?我们现在究竟应该走一条什么样的路?这些问题自可讨论,但梁、吴等在主观上确是在寻求一条适合于中国的强国复兴之路。

与此相关的,对于吴趼人强调用儒家的伦理道德来建设当代社会文明的观点,也要作客观的分析。吴趼人在当时一再呼吁要重视儒家"德育"的建设,用"固有的道德"来维系社会秩序,是有感而发,针砭时弊的。那些没有道德的维新派、革命家都不可能给国家与人民带来福音,而只能增添腐败。他在《上海游骖记》中说:"以仆之眼,观于今日之社会,诚岌岌可危,固非急图恢复我固有之道德,不足以维持之,非徒言输入文明,即可以改良革新者也。"他的这一观点,往往会被误解为用旧道德来抵制新文明。实际上,"非徒言输入文明,即可以改良革新"一言值得我们作深入的思考。中国认识西方的过程,先是欣赏其物质文明,继而对他们的政治制度、法制建设,乃至自由民主等赞叹不已,似乎只要照搬西方的一套,即可实现强国的美梦。吴趼人在这里就提出了一个尖锐的问题:照搬西方文化是否即可强国?他鲜明地表示:不行!他认为,西方的文明并非十全十美,至少在中国的土地上并不完全切合中国的情况,因此，必须立足在中国固有文化、强调精神道德的基本点上，汲取西方文明，才有可能真正达到"改良革新"的目的。其基本精神，就是强调中国的改革不能忘记中国的传统，西方的文明必须与中国的文明相结合。作者让"文明境界"的领袖"复姓东方，名强，表字文明。所生三子、一女，长子东方英，次子东方德，三子东方法，女名东方美"，再加上一个女婿"名叫华自立"，这些名字是具有深刻的含意的。其核心的意思，无非是强调国家的自强，要立足在传统文明的基点之上，再走中西融合之路。不过，他将儒家道德奉为中国文明的灵魂还是值得研究的。当然，儒家道德被抽象出来后，在任何时代对于维系社会秩序、巩固统治是有一定的作用的，但是我们必须看到，它在根本上是一套维护封建等级制度、维护专制统治的理论，往往会束缚人的思想，压抑创造精神，与全面发展个性与实现社会民主是有所抵触的，决不可以简单地照单全收。对于历代的儒学都必须要持具体分析的态度。这在有些人不分青红皂白地宣扬儒家学说，号召拜读《四书》《五经》的时候，更要保持清醒的头脑。

"兼理想、科学、社会、政治而有之者"

吴趼人的小说，以《二十年目睹之怪现状》最有名。他自己说，这部小说"借一人为总机拽，写社会种种怪状，皆二十年前所亲见亲闻者"(《近十年之怪现状序》)，所以这是一部典型的"社会小说"。后来他写的一些小说，如《九命奇冤》《发财秘诀》《上海游骖录》《胡宝玉》等，他也称之为"社会小说"，而《电术奇谈》《恨海》《劫余灰》等，则另称为"写情小说"，惟独这部《新石头记》，他自称为"兼理想、科学、社会、政治而有之者"，可见文体的创新上是花了一点心思的。这也反映了晚清小说创作的一种潮流。这时的小说创作，不像古代的小说家大都恪守"家法"，或历史演义，或英雄传奇，或写世情，或写神怪，线条都比较清晰。晚清的一些小说，常常在一部之中揉合了多种文体，如梁启超的《新中国未来记》就融合了政治小说、理想小说、游历小说等不同文体的特点。《新石头记》接受了《新中国未来记》的影响，而又有自己的创造，将全书 40 回大致分成前后各 20 回。前 20 回主要写社会现状，具有鲜明的"社会小说"的特点；后 20 回则似当时流行的科幻小说与理想小说，从中表达了作者的政治理想。这一布局，与借《石头记》之旧而将故事分成"前世"、"现世"、"来世"三大部分(主要是后两部分)结合起来，就使全书的构思突显得非常巧妙，这就难怪作者的朋友称赞这部小说"思致奇崛"(杜阶平《书吴趼人》，1917 年 1

月 25 日《小说月报》八卷一号)与文笔"离奇"了(报癖《新石头记》,1907 年《月月小说》第六号)。

不过,比较起来,还是前半部写得比较好。或许是由于这些内容都来自作者的"亲闻目睹",故写得具体而生动。这里且举薛蟠加入义和团时的描写为例,就可见其一斑:

> 王威儿拿了一个包裹,拉了薛蟠同去。到得坛上时,只见那香和蜡烛烧的烟雾腾天,当中挂着一幅黄幔帐,里面黑洞洞的,不知供着什么菩萨。两旁列着许多军器。王威儿就在地下打开了包裹,拿出一条红布,给薛蟠包在头上,又拿出一条给他束了腰,自己也包了头,却多穿了一件红坎肩儿,将一条红带子束在背肩儿外面。薛蟠看他时,却是当中缝了一个白布圆补,就同那营兵的号衣一般。圆补上面写着"孙悟空"三个黑字。薛蟠讶问道:"这是什么意思?"王威儿悄悄摇手道:"回来再说,这会且别问。"说罢,带了薛蟠径到拜垫前面,自己先朝上行了三跪九叩首的礼,回头叫薛蟠照样拜了。王威儿便转到幔帐里面,一会儿又出来,向上作了一个揖,又打了个扦,高声唱道:"有请师傅。"声未绝响,只见黄幔开处,步出一个人来。你看他青青黄黄的脸儿,乜乜斜斜的眼儿,打扮得虽同常人一般,却是头上多了一幅红巾,腰上多了一条红带。身上穿的虽是长袍,脚下登的却是一双草履。青黄脸上隐隐透出杀气,乜斜眼中明明露出凶光。王威儿便叫薛蟠拜师傅。薛蟠此时已被那邪气所惑,便向那师傅膜拜。他却只略略打了个问讯。薛蟠拜罢起来,王威儿便说道:"这是徒弟招来入伙的薛蟠,斋戒三日,特来参拜祖师与及师傅,望师傅收留。"那师傅把薛蟠打量了一番,便道:"你这个人敢是诚心入伙的么?须知我这个教里,是专门讲究'扶清灭洋'的,不准和毛子打交道。和毛打了交道时,便是二毛子。"薛蟠道:"这个我都知道。"那师傅道:"你既然知道,就可以收留得。但是我也作不得主,须要拜表请祖师的圣旨,看你的造化罢了。"说罢,便走近香案前,上了一把香,口中念念有词,又鬼混着做鬼脸。做了许久,方才跪下,俯伏在地。王威儿连忙推薛蟠也跪下,俯伏良久,方才起来。那师傅取一张黄纸在蜡烛上化了。奉着那纸灰,鬼混着看了一看道:"好,祖师封你做大师兄,快点谢恩!"王威儿又推薛蟠到拜垫上叩头。那师傅道:"你从此天天要到坛上当差,不可有误!等当差有了功时,我代你开上保

举,那时再请一个封号。"薛蟠喏喏连声的答应了,方才同王威儿出来。

这段文字,将当时薛蟠加入义和团时的细枝末节都写出来了,而在这些细小的笔墨中,写出了一段重要的历史。相比之下,下半部分,尽管作者借鉴了当时一些流行的科幻小说、理想小说的表现手法,不断地花样翻新,想用一些奇奇怪怪的想象来吸引读者的眼球,但还是给读者留下了有点空泛和稚嫩的感觉。

这部小说写人物,也分"前世"、"现世"、"来世"三类,但他们间突破时空,相互交往,虚实互通,真幻并见,使作品突现了不少奇异的色彩,也使读者增添一些阅读的兴趣。比如,当贾宝玉步入凡界乘船到上海时,竟听说当今上海风月场中最有名气的粉头是"四大金刚","这'四大金刚'之中,头一个是林黛玉"。这时,作者写道:

宝玉猛然听了这话,犹如天雷击顶一般,觉得耳边轰的一声,登时出了一身汗,呆呆的坐在那里出神。……只闹得神魂无定,心中不知要样才好。又是气忿,又是疑心。气忿的是林黛玉冰清玉洁的一个人,为甚忽然做起这个勾当来?疑心的是记得林黛玉明明死了的,何以还在世上?莫非那年他们弄个空棺材来骗我,说是死了,却暗暗的送他他回南边去了不成?心里左想也不是,右想也不是,不禁烦躁起来。

在当时上海,的确有个"四大金刚"之一的妓女以林黛玉为名的,作者就顺手牵来,稍作点缀。尽管这个"林黛玉"在此昙花一现,对整个情节的开展没有作用,但在这里既很好地渲染了宝玉的心理与性格,又自然地与原本《石头记》挂上了钩。当读者再联想到现实中的林黛玉时,一定会发出会心的一笑。不过,这部小说中的多数人物还是略具图解的味道,惟贾宝玉、薛蟠等也写得较有个性,而且与《石头记》中的原型相衔接,一个是聪明、清醒的知识分子代表,一个是任性、鲁莽的混混。请看小说第15回贾宝玉与薛蟠的一段对话,那是因宝玉不满薛蟠的一副"大师兄"的打扮而引起的:

宝玉道:"我只看见你那个装扮,就不耐烦。"薛蟠道:"你不耐烦,我就脱了下来。"说着,便把头巾去了,坎肩儿也脱了,带子也解了,一面说道:"你看不得这个样子,可知道这个样子,此刻阔得狠呢!走到外头去,谁不让咱们三分。王爷、中堂,不过行一个平礼。其余的尚侍、京堂,在路上遇见我们,还要下车、下马呢!我就狠不懂你的脾气。在上海时,见了洋货也要恨,此刻我们和毛子作对,你又说不好。难道我们把毛子打干净了,没了洋货,还不偿了你的心愿么?"宝玉道:"你何以就胡涂到这样!我恨洋货,不过是恨他做了那没用的东西来,换我们有用的钱!也恨我们中国人,何以不肯上心,自己学着做?至于洋人,我又何必恨他呢?据我看来,他们那一班人,是有所激而成,你又何苦去入伙。你须知什么剪纸为马,撒豆成兵,都是那不相干的小说附会出来的话,那里有这等事!这些话只好骗妇人女子,谁想你这么个人,也会相信起来。你想想看,从古英雄豪杰创立事业,那里有仗什么邪术的?⋯⋯"薛蟠不等说完,哈哈大笑道:"亏你还是读书人,连一部《封神榜》也不曾看过。难道姜太公辅佐武王打平天下,不是仗着诸天菩萨的法力么?"说的宝玉"扑嗤"的一声笑了出来,又叹道:"罢,罢!你去干你罢!我也劝得没有话好和你再说了。"

在这里,可以看到贾宝玉头脑清醒,对洋人,对义和团的看法都比较有分寸。他反对洋人的经济侵略,而不是简单地反对一切洋人。他反对义和团的愚昧、迷信,也承认他们只是"有所激而成",而不像薛蟠那样头脑简单,可怜又可笑。读了这部《新石头记》,至少这两人人物,还是能给人留下一点印象的。

《新石头记》在结尾处作者用一首骚体诗镌刻在贾宝玉的"通灵宝玉"化成的石头上作结,诗曰:

> 方寸之间兮有台曰灵,方寸之形兮斜月三星。中有物兮通灵,通灵兮蕴日月之精英。戴发兮含齿,蒿目时艰兮触发其热诚。悲复悲兮世事,哀复哀兮后生。补天乏术兮岁不我与,群鼠满目兮恣其纵横。吾欲吾耳之无闻兮,吾耳其能听!吾欲吾目之无睹兮,吾目其不瞑!气郁郁而不得抒兮吾宁暗以死,付稗史兮以鸣其不平。

这首诗再一次表明了他创作这部小说是由"蒿目时艰"后"补天"不成的郁郁不平的心情。现在看来,用他的药方确实是补不了那个天,且那个天也不能补。但他这种能面对现实、积极探索强国道路的精神还是十分可贵的。"中国也有今日么!"这是一个处于贫穷落后、任人宰割时代里强郁着悲愤的心情而所做的强国梦。它使当时的"少年读之,可以油然生爱国自强之心"(《忏玉楼丛书提要》)。时至今日,强国之梦正在变为现实。但"中国也有今日么"这句话,同样能震撼着我们的心,激励着我们奋发图强,因为强国的道路是没有止境的。

(《世博梦幻三部曲》,东方出版中心 2010 年 1 月版)

陆士谔《新中国》前言

随着世博会的日益临近,1910年出版的理想小说《新中国》及其作者陆士谔越来越受到人们的注目了。

陆士谔(1878—1944),名守先,又字云翔,别署云间龙、沁梅子。江苏青浦(今属上海市)朱家角镇人。少时从名医唐纯斋学医,1892年,年仅14岁就到上海谋生,在典当铺里当学徒。16岁时爆发甲午战争,对他刺激很深。这正如他后来说的:"甲午以前纸老虎还没有戳破,还可以虚张声势,自从甲午战败以后,无能的状态尽行宣布了出来……究竟都定了约,都定了租期,我为鱼肉,人为刀俎。"(《孽海花续编》第36回)17岁回青浦,20岁再到上海行医,后入上海十大名医之列。行医之余,阅读了大量的报章杂志与小说,天天读到不少新闻,行医又使他有条件广泛接触了上海的社会,积累了大量的素材。当时小说界流行的李伯元的《官场现形记》、吴趼人的《二十年目睹之怪现状》等社会小说,梁启超写的《新中国未来记》等理想小说,以及一些科幻小说等都对他产生了影响。所以,从1906年他28岁时发表小说起,除了写一些他熟悉的有关医药的科学小说及一些历史小说外,还写了不少暴露当时社会黑暗和表达理想的小说,如:《精禽填海记》、《苏州现形记》、《风流道台》、《新水浒》、《新野叟曝言》、《新三国》、《新孽海花》、《最近官场秘密史》、《最近上海秘密史》、《新中国》、《六路财神》、《十尾龟》等。晚年又写了不少剑侠小说与笔记小说。据《云间珠溪陆氏谱牒》载,他一生著有医书十余种外,小说有百余种,其数量之多,一时罕有其匹。

但是,在上世纪八十年代之前,陆士谔的这些作品并未得到应有的重视,在一些小说史的著作中,只是偶而点到而已。八十年代之后,随着人们对他所写数量可观的《新水浒》、《新野叟曝言》、《新三国》、《新孽海花》等"借旧写新"小说的注意,有关研究也就逐步展开,一些作品也得到了重印。其中最受人关注的是《新上海》与《新中国》两书。《新上海》作于1909年,是一部比较成功的暴露社会的小说。他的妻子李友琴在序中说这部小说是用"尖冷峭隽"的笔墨,将"上海之社会、上海之风俗、上海之新事业、上海之新人物,以及大人先生之种种举动",描写得"淋漓尽致"。在第六十回中,她又评曰:"书中描摹上海社会种种状态,无不惟妙惟肖,铸鼎像奸,燃犀烛怪,使五虫万怪,无所遁影。……《儒林外史》外鲜足匹矣。"至1997年,某出版社推出"十大古典社会谴责小说"时,也将这部小说列入其中。尽管这个丛书的名目有点不伦不类,但从中也可看出对于这部小说的重视了。

与社会小说《新上海》不同,《新中国》是一部理想小说。这部小说又名《立宪四十年后之新中国》,也就是着力描绘一个经过"立宪"之后四十年的"新中国"。其实,他所谓的"新中国",也只是写了个"新上海"而已。这个新上海已经有了翻天覆地的变化。它就是国家独立、经济繁荣、科学发达、法制健全、社会文明、国力强盛的"新中国"的缩影。所以,用陆士谔自己的话来说《新上海》与《新中国》的不同是:"一是纠正其过去,一是希望其未来。"这有点像吴趼人的《新石头记》的上半部与下半部的那样,一是暴露"野蛮世界",一是颂扬"文明境界"。作者在描写想象中的新上海时,特别提到了上海要办"万国博览会",即我们现在所说的"世博会",由此而带及了一些城市建设中的标志性项目,如关于黄浦江大桥、地下隧道、地铁等等,竟与目前的实际情况出奇的相仿,这不能不令人惊叹不已。请看《新中国》第三回是这样写的:

(乘电车)走出车站一瞧,不觉大惊。见一座很大的铁桥,跨着黄浦,直筑至对岸浦东。忙问女士:"这座大铁桥几时建造的?"女士道:"足有二十年光景了。宣统二十年,开办万国博览会,为了上海没处可以建筑会场,特在浦东辟地造屋。那时,上海人因往来不便,才提议建造这桥的。现在,浦东地方已兴旺的与上海差不多了。中国国家银行分行,就开在浦东呢!浦东到上海,电车也是通行的。"我(陆士谔)道:"怎么桥面上不见有电车轨道?"女士道:"云翔,你总是四十年前的老知识。方才我同你不是坐过电车么?那电车不是在隧道中行走么?"我道:"不错,方才电车果在隧道中行走的。但是上海到浦东,隔着这第大一个黄浦,难道黄浦底下也好筑造隧道么?"女士道:"怎么不能?你没有听见过,欧洲各国在海底里开筑市场呢?筑条巴电车路,希甚么罕?"我听了,不胜奇诧。

这些笔墨的确令人奇诧。这里从万国博览会写到地铁、黄浦大桥、江底隧道，无不与现在的上海十分合拍，而且，这里的"中国国家银行"与现在浦东陆家嘴的金融中心也是十分接近。更妙的是，小说写到在跑马厅即现在的人民广场造剧院，而现在的上海大剧院正是造在这里。这样多的巧合，难怪人们要称陆士谔是一个出色的上海城市的预言家了。

陆士谔在这里写到上海开万国博览会，决不是偶然的。自从中国打开国门，走向世界，国人早就对西方国家举办博览会心向往之了。据目前所知，早在1876年，李圭(1842—1903)作为宁波海关的一个文书，被派往美国考察费城博览会后所写的《环游地球新录》(1878年出版)中，就对世博会赞颂备至，认为它可以"广物产，并藉以通有无，是有益于国不徒费"，"可以增见识，得实益，非若玩好仅图悦目者也"，"又能联各国交谊，益处甚大"。在这样认识的基础上，他提出"可仿而行之"。这得到了李鸿章的认可，亲自写序赞世博会"益于国家者，甚远且大"。稍后，郑观应(1842—1922)更明确地强调要举办世博会，且力主在上海办。他在《盛世危言》卷中的《赛会》一篇中说："故欲富华民，必兴商务，欲兴商务，必开会场。欲筹赛会之区，必自上海始。"上海之所以当为举办博览会的首选之地，是因为"上海为中西总汇，江海要冲，轮电往还、声闻不隔"。《盛世危言》发表于1894年。后经甲午战争，维新人士更是大力宣传、鼓动举办万国博览会。梁启超主持的《时务报》、《清议报》等报刊，经常发表一些有关消息与文章。如《时务报》1897年8月8日第35册有《意开万国美术博览会》的报道，《清议报》1900年4月29日第43册、1900年7月7日第50册、1900年8月25日第55册连续报道了法国博览会的开幕式、总统致辞以及详细的会展情况。当时民间力倡举办博览会的主要意见，可从1901年12月22日《南洋七日报》第15册中的一篇《论中国宜开博览会》中略见一斑(按：此文原注"录《商务日报》")：

> 局于一室，则闻不广；限于一隅，则见不多；闻见不多，则思想不灵；思想不灵，则一切因陋就简，而文明无进步。于是彼巧我拙，彼精我粗，彼智我愚，竟不知宇宙间有新法新理，苟研究其奥窔，可以致富图强，而惟目炫于西人之奇技淫巧，以为不可及。此殆由于无物以启发其心思智慧，所以步步落人后尘也。心思智慧果藉何物以启发之？则莫善于博览会。考博览会……萃五洲之物产，罗万宝之精英，斗巧争妍，出奇制胜，可以鼓励人

心,可以推广销路,可以益人才智,而使拙者巧,粗者精,愚者智,无形之转移,实寓乎耳濡目染之中,而富强之基,即于是乎肇,所以西人不惜巨资叠兴大会。……中国遇各国赛会之期,非不派员入会,罗置珍奇,而平日不事讲求,临事相形见绌,安于简陋,益趋贫弱,言乎农则培种无善法,灌溉无良器,所以用力多而获益少;言乎工则创造不能精,仿制不得法,所以土货衰而洋货盛;言乎商则情意乖离,知识浅陋,闻见狭小,所以不善居积而驯致亏耗。呜呼,此非我黄种之不能追踪白种,而由于无物以启发其心思智慧,以底于是也。

这篇文章也认为中国举办博览会的地方,首选是上海:

今莫如于上海择地建屋,定期开会……使天下商民,悦耳目而启心思,从是知我华土产何者赢,何者精?西洋各货,何者善何者损?取彼之长,以补我之短,庶几乎天下之人,备竭其才力智巧,以与各国斗胜争衡,而其萌芽则端赖乎开博览会。……吾愿当局者远法欧美,近师东瀛,勉力以成此举,则中国富强之机,其发几于此乎!

接着,如1902年5月12日第10期《外交报》上转载日本农商务省大臣《论博览会沿革功效》一文,也颇有分量。此文开头就指出:"博览会者,所以奖励殖产兴业,而进国家于富强之事也。"它历举国际上几次重要的博览会情况,总结了十二点强国的"功效",分析了日本所举办的四次博览会的成果,表达了他们"既已雄飞东亚,早晚必能与欧美列国相等"的雄心。这类文章对国人也是富有刺激性的。正是在民间要求举办博览会的热情高涨之时,政府官员也奏请朝廷正式组织团队参加博览会,如1903年2月12日的《政艺通报》就登载了一篇《外务部奏请简派美国博览会专使大臣折》,申请官方派员参加1904年在美国散鲁伊斯城举办的博览会,"盖因此举与交涉邦交显有关系,而于商务尤为有益。中国物产甲于全球,徒以工艺未兴,商情涣散,比诸各国,实有不逮。现当整饬庶政之时,适美国有此大会,亟应加意讲求,期于工商诸务,有所裨益"。当时的报纸,也多这方面的宣传文字。总之,自甲午以后,随着维新、图强的热情高涨,要求举办万国博览会的呼声也越来越高。正是在这样的背景下,博览会也被顺理成章地写进了小说中。

首先在小说中提及万国博览会的是梁启超开笔于 1902 年的《新中国未来记》。这部小说的开头就想象 2002 年时的"新中国"举行"维新五十年大祝典"，其时在南京刚开罢"万国太平会议"，同时又举办了盛况空前的"大博览会"，一个是代表政治、外交的，一个是代表物质、经济的：

> 那时我国民决议在上海地方开设大博览会，这博览会却不同寻常，不特陈设商务、工艺诸物品而已，乃至各种学问、宗教皆以此时开联合大会（是谓大同）。各国专门名家、大博士来集者，不下数千人。各国大学学生来集者，不下数万人。（眉批：专为请求宗教学问而来者已不下数万人，余者正不知凡几。）处处有演说坛，日日开讲论会，竟把偌大一个上海，连江北，连吴淞口，连崇明县，都变作博览会场了。

在梁启超的启发下，吴研人《新石头记》的第 40 回，即最后一回，为了表现国家强盛，也写了两个会，一个是万国博览会，另一个是万国和平会。他写博览会道：

> 伯惠道："……此刻的上海，你道还是从前的上海么？大不相同了。治外法权也收回来了，上海城也拆了，城里及南市都开了商场，一直通到制造局旁边。吴淞的商场也热闹起来了，浦东开了会场，此刻正在那里开万国博览大会。我请你来，第一件是为这个。这万国博览大会，是极难遇着的，不可不看看。……"宝玉恍恍惚惚的道："中国也有今日么！"伯惠道："我们看博览会罢。"说着，拉了宝玉出去。一出门外便是会场，各国分了地址，盖了房屋，陈列各种货物。中国自己各省也分别盖了会场，十分热闹，稀奇古怪的制造品，也说不尽多少。

这样看来，陆士谔在《新中国》中写万国博览会，正是与梁、吴一脉相承。他们三人，都具有强烈的爱国精神，痛恨现实社会的腐败，热切希望祖国能繁荣昌盛；都主张走君主立宪的道路，在不推翻清王朝的前提下，进行政治改革，实现民富国强；都通过写一种新型的理想小说，展望未来，憧憬一个美好的明天，而且都将举办万国博览会与某种世界性的大会作为"新中国"强盛的标志。但是，他们三人毕竟不同。梁启超是政治家、学问家，写小说《新中国未来记》

主要用来直接宣传他的政治理念,讲大道理,致力于设计了一套政治蓝图;吴趼人是职业小说家,他在《新石头记》中虽然也推销了他的一套德育强国、"文明专制"的理论,但主要的篇幅是用天马行空式的科学幻想来填充他的美好的"文明境界"。梁、吴两人所描绘的理想中的"新中国",一是涂上了政论的色彩,一是突出了科技的幻想,似乎是南辕北辙,各走各的道。但若与陆士谔的《新中国》一比,则他们具有一个共同的特点,即都是走了一条蹈虚的路,不免给人以一种"空"与"幻"的感觉。但与梁、吴不同,陆士谔是一个行医的业余小说家,他的眼光比较倾向于实际。他在《新中国》中所表现的理想的政治、经济、军事、科技、教育等诸多方面的内容,大都不是建筑在深奥的理论与奇异的想象之上,而是通过描写生活中普通百姓都能耳闻目睹的方方面面,从而使人确实感到国家是变了样,一个腐烂的旧中国变成了一个光彩夺目的"新中国"。且看小说中的主人公"我"刚刚步入"新中国"时的所见所闻:

> 我就同着女士(李友琴)走出门去,到马路上一瞧,不觉大惊,但见世界换了个样子。马路筑的异常宽广,两旁店铺鳞次栉比,柜台里靠着的伙友,都满脸和气,不似从前都是毕板的、划一不二价的面孔。那店家"真不二价"的招牌,也一块都没有了。又见马路中站岗的英捕、印捕,一个都不见。就是华铺,也都换了服式。都穿着中国警察号衣,不像从前,戴着红纬大帽,穿着青呢号衫了。我正欲问时,只见两个外国人劈面走来。我恐他冲撞,忙着让避。那知外国人倒很谦和,见我让他,他也往左边让我。并不似从前,掉头不顾,一味横冲直撞。

见到这样的市政设施、百姓的精神面貌以及外国人的态度,"我"感到非常纳闷。一问,才知道,"现在,治外法权已经收回","凡警政、路政,悉由地方市政厅主持",世界真是大变样,中国已成了一个独立、文明、富强的新中国。

当时的上海,城市繁华,商品丰富,实业发达。像徐家汇这样的"小去处",也是"店铺如林,夜市十分热闹。布庄、缎庄、顾绣庄、南货铺、茶食铺、杂货铺、茶楼、酒馆、番菜馆、宵夜馆、京馆、徽馆、苏馆、扬州馆、书场、影戏,没一样不有。那各店家的电灯、煤气灯,密的像天上繁星相似。灯光照在马路上,明亮竟同白昼。"城市建设的速度令人惊异,从徐家汇到浦东,从白渡大桥直达宝山县城,"数十里店铺密密层层"。甚至青浦的淀山湖也"直通黄浦滩,接接连连,都有房屋,都有市面";淀山湖滨"收拾得同黄浦滩相似",一派繁华的景象。工厂里的设备与工艺先进,管理合理,贫富兼顾,"欧洲人在当时,何等骄傲,何等瞧我们不起!谁料今日,商务工艺,色色都会败在我们手里"。因而商场里所卖的商品,都是中国所造,"造出来的货,已胜过洋货数倍了",所以"洋货已被国货淘汰掉了"。召开国会期间,马路上张灯结彩,装潢华丽,"大马路中心一座灯牌楼,最为辉煌夺目,搭有五丈多高,上面装的,尽是五色电灯,足有十万多盏。那牌楼式,搭成狮子滚球样子。远望,竟是只雄狮",象征着中国这只雄狮已经称雄世界。

物质丰富的同时,文化建设、精神文明也十分可观。静安寺路上原来的跑马厅,"外有木栏隔着,吾国人从不许越雷池一步",而如今在这里造了有十二万个座位的戏馆,叫"新上海舞台",人人都可平等地在这里听戏。市里还建造了一座相当于大众俱乐部似的"国民游憩所",曲院回廊、高华轩爽,陈设精美,里面有阅报室、丝竹室、棋话室、弹子房、藏书楼、骨董房、书画房等,还有二十多亩的欧式花园,佳木葱茏、奇花烂灼。教育发达,就南洋公学一校而言,就是一所拥有二十六个专业的综合性大学,学生近三万名,外国留学生每年总有三千名左右,教师的水平一流。每年应聘出洋当教员的也有二千左右。"汉文汉语,差不多竟成了世界的公文公语。全球万国,没一处不通行吾国书籍,行销到欧美两洲,每年总有到二千万部光景"。这时,赌钱已经"禁绝","'妓女'两个字"已"没人知道的了",至于缠足、鸦片、卖买婢妾等等陋习,早都绝迹。女性同男子一样可以当会计、教员、医生等。召开国会期间,马路上游行的人,人山人海,却"相打攫物、踏伤跌坏的事,竟一件都没有。这是上海自有胜会以来,从未有过的。即此一端,足见吾国人程度,比了以前,已大相悬殊了"。

政府的行政能力强,效率高,执法公正。当国会决议收回租界与领事裁判权后,外务部就积极与各国交涉,各国不得不应允下来,保证了吾国疆域与法律的完全。税关移到了吴淞口,改变过去进口税轻、出口税重的通例,对外国商船严加查验,"倘带着违禁货物,那船就在吴淞口扣住了"。裁判所(即法院)审判规范,"我""连观几案,见判的很是公平",因而开玩笑地说:"可恨李伯元这短命鬼早死掉了,没有瞧见现在的官员。不然,也堵堵他的嘴,省得他说白道黑。他那《官场现形记》,把吾国官员骂得太觉刻薄了。"在金融调控方面,"开办了国家银行,把民间的国债票全数收回,国用顿时宽裕"。他认为,"有了国家银行,恁你怎样,市面总不会恐慌"。银根紧了,把现银放出来救市;现银一多,就狠命地吸。金融调控好了,经济发展有保障,各项杂税也都裁革了。老百姓富起来了,"走遍全国,寻不出一个穷人"。有钱的人发愁的是钱无处投资,只能设法"把钱运到外国去,做一番事业"了。

兵力强盛,武器先进,威震世界。就海军而言,兵舰都是自己设计制造,巡洋舰、驱逐舰、战斗舰、鱼雷艇等各式舰艇应有尽有,共有一千艘,"海军实力为全地球第一"。"吴淞口炮台林立,口禁森严,外国兵船,都不准轻易驶进来"。其他几个海防的"大口子",如广东虎门、山东胶州、东三省的旅顺、大连等,"都筑着极坚固的炮台,驻着极雄壮的海军"。陆军常备兵虽然只有六百万,但有二千万后备民兵,都练了我国的拳棒,矫健便捷,远非他国所能及。短兵相接起来,可以克敌制胜。第十一回极写海军在吴淞口操演的场面,"变化无穷,离奇莫测",大显了"新中国"的军威。

以上从四个方面勾勒了陆士谔在《新中国》中所憧憬的一个民富国强的新中国气象。小说最后,借鉴了梁启超《新中国未来记》与吴趼人《新石头记》的表现手法,写二十多国会议决定在中国成立弭兵会与万国裁判衙门,这画龙点睛般地总结了新中国在国际上的地位。弭兵会,由各国君主、总统参加,公举中国皇帝当会长,旨在"各国都好把兵备废掉",实现世界和平。与之相配套的万国裁判衙门,是为了裁决国家之间的纷争,"倘有违背会章,强行用兵者,即由弭兵会知照在会各国,共出兵力挞伐之",有点像现在的联合国。会长也是我国"前任外务部尚书、国际学公法学博士夏永昌老先生"担任。小说至此,"我"不禁感慨道:"这真是盛极了!"他的妻子也附和着说:"前四十年,我国比了他国,他国是何等文明,我国那一样及得上人家!谁料才过得四十年,已经跑过人家前头了!"

这最后的笔墨未免有点想当然式的夸张,主要是受了梁、吴套路的影响而已。但总体上看,他所描绘的理想中的"新中国"的色彩是求真务实,而不是蹈虚崇幻的。所以,《新中国》的特点是以实见幻,不同于《新中国未来记》的以理见幻和《新石头记》的以奇见幻。这就使《新中国》所憧憬的种种,与中国发展的结果大都合拍,有的竟惊人的相似。这也就是它在今天比之《新中国未来记》与《新石头记》能更加引起读者兴趣的奥秘所在。六集电视片《百年世博梦》也就选择了它作为开头,其关键恐怕也就在于此吧!

但是,我们必须要清楚的是,小说描写"新中国"的新现象确是用事实来说话的,但作者认定这个"新中国"之所以能新的基点恰恰是虚幻的。作者非常强调"新中国"之所以能新,完全是由于"立宪"的结果。作为中国强盛的最突出的标志,即是在中国举办弭兵会与成立万国裁判衙门。而此时正是在中国"立宪四十年大祝典"的日子里。这就非常巧妙的交代了中国的文明昌盛完全归功于立宪。早在小说的第二回中,作者也曾借"新上海舞台"演出的"十本故事新剧",勾画了一部中国甲午以后发展的历史。这十本戏是:《甲午战争》,《戊戌政变》,《庚子拳祸》,《预备立宪》,《请开国会》,《筹还国债》,《振兴实业》,《创立海军》,《召集国会》,《改订条约》。这部人为的历史,也清楚的强调了立宪是改变中国命运的关键。但真正的历史并非如此。清王朝的立宪,完全是一场骗局。中国现在之所以有一个比陆士谔想象得更加美好的今天,并不是靠立宪而得到的。恰恰相反,它是靠推翻清王朝,靠革命而取得的。当然,立宪与革命,在终极目标上有许多相似之处,但它们的取径毕竟大不相同,在当时曾经存在着尖锐的冲突。陆士谔想靠君主立宪来到新中国,归根到底也只是一场梦而已。这一点,也就是陆士谔与《新中国》长期被人另眼相看的根本原因吧!

　　这部小说在铸造一个"新中国"时,是通过梦境来实现的。它不同与梁启超那样通过小说人物的议论来直接想象出一个"未来"的"新中国",也不同于吴趼人那样借用一个贾宝玉来观察"现世"的"野蛮世界"与"来世"的"文明境界",而是通过小说中的主要人物入梦后的所见所闻来描绘了一个美轮美奂的新中国。有的研究者指出,这一写法可能直接受到了美国19世纪著名作家爱德华·贝拉米(Edward Bellamy)所作的《回顾:2000—1887》(Looking Backward, 2000—1887)的中译小说的影响。这部小说是一部富有幻想色彩的政治小说,写了小说主人公由1887年被催眠术导入梦中后,见到了2000年的一个物产丰富、政治民主、按需分配、社会文明的社会,待一觉醒来,面对的还是1887年的旧世界。最初的中译本由英国来华的传教士李提摩太(Timothy Richard)译出,初题为《回头看纪略》,署名为"析津",发表于1891年12月至1892年4月的《万国公报》。三年后,他又重译,改名为《百年一觉》,由上海广学会印行。至1904年又在《绣像小说》上连载另一译本,题为《(政治小说)回头看》。在这三种译本中,《百年一觉》的影响最大。康有为、梁启超、谭嗣同等都给予极高的评价,甚至也放到了光绪皇帝的案桌上。在梁启超的《新中国未来记》中,就可以明显地看到《百年一觉》的影子。之后的一些"理想小说"如吴汝澄的《痴人说梦》(1904)、李伯元的《冰山雪海》(1906)、碧荷馆主人的《新纪元》(1908)等,都可以说与《百年一觉》有着直接或简接的关系。陆士谔的《新中国》也是通过一梦来完成作者对于理想社会的描写,基本的结构模式与之十分相像,当然不能排斥《百年一觉》对陆士谔的影响。但在实际上,中国古代如《枕中记》、《南柯太守传》之类的小说戏曲通过"黄粱美梦"来描写一个美好的幻境的表现手法早成传统,尽管时代不同了,对于"幻境"的想象也大不一样,但其思维的基本路数还是一脉相承的。小说的第一回的回目就是"一枕黄粱乾坤新造",正无意中道出了作者在构建一个美好的未来时,对于传统的表现手法是有所借鉴的。

《新中国》的梦境建构是作者"我"、"在下"即"陆云翔"与小说的主人公融为了一体,凭着酒醉入梦,一路上领略了"新中国"的无限风光。作者有时故意颠倒了现实与梦境的关系,搞得真真假假,真伪难辨,以增加梦境的可信性。比如,于小说开头,当"我"于宣统二年进入梦境,看到了一些从未见过的新事物后,不禁"糊涂"起来,问道:"怎么我一些儿没有知道?"他不相信时间已经过了三十多年。而当他看到新闻报纸上明明印着"宣统四十三年"时,"不觉目定口呆,半晌说不出话来"。这时,小说写道:

女士道:"云翔,这会子可信了?"我道:"我与你不是都在梦里么?"女士道:"明明白白的事,怎么说起梦里来?你疑是梦,你才在梦里呀!"我讶道:"奇哉,奇哉!我明明记着,今天是宣统二年正月初一日。我记得居停主人还给我拜年,我还到马路上去逛逛。怎么一霎间,变迁得这么的快!"女士道:"这是梦话了!你莫非方才做了个大梦,梦见了四十年前旧事,所以,这会子还在说梦话?"看官,我此时真教有口难分。

这里,一个清醒的叙述人与一个糊涂的"我",是梦与非梦、旧事与新事,完全搅和在一起,搞得读者也不免"糊涂"起来,在增加了阅读的趣味的同时,也加强了故事的真实感。

上面引文中的与"我"对话的"女士",即是李友琴。她是陆士谔现实生活中的妻子,也被作者同时写进了小说。李友琴为浙江茶商的女儿,陆士谔21岁时与她结婚,两相情笃。陆氏的多种小说,印有李友琴的序跋或总评,语多中肯。不管这些文字是陆氏的代笔还是李氏的真迹,李氏为丈夫写作中的知己当无可疑。这次陆士谔将她一起写进小说,也是富有创意,其用意可能也是为了增强真实感。在小说中,两人一路行来,"我"则往往用旧眼光来看新事物,不时地提出疑问;李则用新的识见来一一作答,解释了种种新事物、新气象之所以为新的道理所在。他们间的一问一答,成了小说的主体。所以,在这意义上可以说,《新中国》主要就是用他们夫妻间的对话写成的。

《新中国》写于一个世纪之前,如今的上海,如今的中国,其变化之大,其气象之新,早已大大地超过了当年作者的热切期盼与丰富想象。然而,正如小说中说的:"进化两个字,是没有止境的。"回首过去,我们感到无比自豪;展望未来,祖国将一定会建设得更加灿烂辉煌!

(《世博梦幻三部曲》,东方出版中心 2010 年 1 月版)

自说己话

이 단편

《文心雕龙汇评》前言

上世纪二十年代起,在中国的文学界出现了"中国文学批评"及"中国文学批评史"的概念①,明确而自觉地将中国古代的文论著作作为科学研究的对象,逐步建立起了一门"中国文学批评史"的学科。时至今日,我们溯流探源,不能不觉得大致从东汉王逸《楚辞章句序》针对班固《离骚序》的批评起②,到刘勰对于"魏文述典、陈思序书、应玚文论、陆机文赋、仲洽流别、宏范翰林"等一一作出评判(《文心雕龙·序志》),再到本世纪初刘师培、黄侃等对于《文心雕龙》作专门的研究,实际上也存在着一个以"诗文评"为主要批评、研究对象的历史过程③。当然,中国古代的这种研究,比起当代中国文学批评史的研究来说,难免显得在态度上不够自觉,在观念上不太明确,在形式上比较稚拙,但

---

① 如1922年5月《青年进步》53期发表了《中国的文学批评家》一文,1924年11月《南风》1卷3期发表了《中国文学批评》一文,至1927年出版了陈中凡的《中国文学批评史》。

② 王逸《楚辞章句序》在肯定屈原作品的怨刺精神时说:"而论者以为露才扬己,怨刺其上,强非其人,殆失厥中矣。"这里的"论者"就是指在《离骚序》中说屈原"露才扬己"云云的班固。王逸的文章,是比较明确的对于文学批评的批评。后至曹丕《典论》出,曾有卞兰作《赞述太子赋》,评论其"逸句烂然,沈思泉涌"云云,但这并非是专门对其中《论文》一篇的评论。对《典论·论文》的最早评价,今见陆厥《与沈约书》,称"魏文属理,深以清浊为言"。但早于此文则有陆云(262—303)《与兄平原书》第八评《文赋》之言。陆云《与兄平原书》评《文赋》说:"兄文自为雄,非累日精拔,卒不可得言。《文赋》甚有辞,绮语颇多,文适多,体便欲不清。不审兄呼尔不?"这也是较早的对于文学批评的批评。

③ 中国古代也有对于小说戏曲批评的批评,如金圣叹对于袁无涯本《水浒传》"李卓吾"的评点,毛纶、毛宗岗对于《三国志演义》"李卓吾"的评点,张竹坡对于崇祯本《金瓶梅》的批语以及文龙对于张竹坡的批语等都发表过评论,但总的说来在小说戏曲领域内对于"批评的批评"并不太多,故本文主要还是就对"诗文评"的研究加以探讨。

它毕竟自有其特色和多彩的内容,且也有其轨迹可寻。它作为一种古典形态的中国文学批评史学,也该到我们加以认真研究和总结的时候了。

一

中国古代文学批评史学的研究形态,大致可以分成两大类:一类是"形而下"的、以文献学范围的实证性研究;另一类是"形而上"的、以经史观主导的理论性批评。

在实证性的研究中,当然以目录学方面的著作首先引起人们的关注。这是由于传统的学问往往在目录学中得到敏感而富有代表意义的反应,所谓"有专门之书,则有专门之学","类例既分,学术自明"(郑樵《通志·校雠略》),同时也由于有关实证性的古代文评的研究在目录学的著作中相对比较集中,因而它容易成为人们探寻中国古代文学批评史学的入口。吴承学、彭玉平的《中国文学批评史研究的回顾与展望》①,正是从这里入手,将中国古代对文学批评的研究作为一门独立的学科,作了具有开创意义的探讨。今随其后,对这一问题略作梳理。

大凡从《文心雕龙》、《诗品》等文论专著问世,《隋书·经籍志》始把它们归入集部之后,传统的目录著作虽然一直把文学批评著作作为集部的一个分支,但随着文评著作的不断丰富、人们认识的深化,其分类和评论也逐步趋于细密和科学。从分类的角度来看,大致经历了这样三个阶段:

第一个阶段是归入"总集"类的阶段。《汉书·艺文志》时代,主要是一些诗赋作家的个人创作集,所以其《诗赋略》只是按赋、诗两类来著录作品。"建安以后,辞赋转繁,众家之集,日以滋广",于是继挚虞《流别》之后,"又集总钞",出现了诸如《文选》、《玉台新咏》等不少"总集",成为"属辞之士"取法的宝库。这样的创作现实,使《隋史·经籍志》的编者不得不考虑在集部中另辟"总集"一类。但与此同时,编者也注意到又新出了一些如《文心雕龙》、《诗品》"解释评论"性的作品,与创作性的集子有所不同,但由于当时这些论著毕竟数量极少,还难以自立一门,又它们都论及了大量的作品,与"总集"相对比较接近,于是就在"总集"中"并解释评论",归成一类。目录学上的这一分类现象,正说明了中国古代文学批评史学刚刚破土而还未成气候,但它毕竟标志着从无到

——————
① 见1997年第5期《中国社会科学》,本段论述多参考、吸取了他们的成果。

有的飞跃。

第二个阶段是分入"文史"类的阶段。至唐代,随着《史通》之类的史评著作的出现和诗格文评之作的日见增多,人们越来越认识到"解释评论"性的著作与创作性的作品不同,且数量之富也实难再由"总集"来加以牢笼,于是又在总集类中明确地析出"文史"一门。据宋王应麟《玉海》卷五十二载,唐开元年间编定的《崇文目开元四库书目》始将集部分为"楚辞、别集、总集并文史"。至宋代,目前我们能见到的如《新唐书·艺文志》、《崇文总目》(辑补)、《遂初堂书目》、《直斋书录解题》等都有"文史"一门。如《新唐书·艺文志》的"文史"类就著录了李充《翰林论》、刘勰《文心雕龙》、钟嵘《诗评》、刘子玄《史通》、皎然《诗式》、王昌龄《诗格》、范传正《赋诀》、孙郃《文格》等二十七部著作。后来个别的目录学家(如郑樵《通志》)又在"文史"中另析出"诗评"一门,以将诗话诗格类著作与综论各体文史的论著分开,或者如章如愚的《山堂考索》那样将"文史"分成"文章缘起"、"评文"、"评诗"三类。他们尽管注意到了诗与文的区别,但都忽略了文与史的不同,故在实质上尚未超脱"文史"的范围。这一阶段的主要意义就在于理论批评真正从文学创作中分离出来,这可以说是中国古代文学批评史学的第二次飞跃。

第三个阶段是"诗文评"独立的阶段。王重民在《校雠通义通解》中说:"唐宋目录中的文史类,明清又区分为史评类与文评类,指历史与文艺的批评书籍。"明人的一些书目如《国史经籍志》、《澹生堂藏书目》等面对着唐宋以来大量的诗话文评著作,吸取了宋人编目的体例,开始将"诗文评"专门独立了出来,将文学批评与历史批评分家。这实际上标志着古代文学批评史学的第三次飞跃。后到清代《四库全书》编定,"诗文评"在一般意义上就成了古代文学批评的专称。

古代文学批评著作在古代书目集部的分类中从"总集"—"文史"—"诗文评"的渐进,标志着人们对于这门学科的逐步的认可和认识的深化。它说明了文学批评这门学科尽管与文学创作、历史批评等有着千丝万缕的关系,但它毕竟具有自己独特的个性。经过几次认识上的分化和飞跃,人们终于抓住了这门学科的特性,也就标志着这门学科的最终成立。

目录学著作的分类,虽然渗透着目录学家对于这门学科的认识,但毕竟不能直接窥见他们对于文论著作的具体批评;而目录著作的提要功能,则使目录学家同时又以文学批评史家的姿态出现,对文学批评著作作出直接而具体的批评。这种现象在中国古代目录学的著作中表现得非常突出。几乎可以说，仅就古代的一些目录学著作，也可简单地勾勒出一个具体研究中国古代文学批评的轮廓。这个轮廓大致也可分成三个阶段：

第一个阶段是著录概况的阶段。这时一般只是在著录的著作下面以最简略的文字记录其卷数及作者的时代、姓名等，还没有批评性的文字。如《隋书·经籍志》著录《文心雕龙》时只著明："十卷，梁兼东宫通事舍人刘勰撰。"著录《诗品》曰："《诗评》，三卷，钟嵘撰。或曰《诗品》。"这只是研究古代文学批评著作的最初阶段。

第二个阶段是简或评论的阶段。至唐代，书目提要之风渐开。据记载，如规模浩大的《群书四部录》、《古今书录》等都每书有解题，每卷有小序，体例完备，可惜均佚。宋代有解题的大型官修书目《崇文总目》、《中兴馆阁书目》等也都亡佚，今天只能在后人的辑补中略见一斑。查《崇文总目辑释补正》一书，所附"文史类"各书未见提要；而《中兴馆阁书目辑考》所辑原书提要也较简略。如《诗评》下仅释："自汉以来能诗者一百二十二人，分三品为评。"《翰林论》下释："凡二十八篇，论为文体要。"都未见评论。由于未睹这些书目的全貌，故无法对它们作出全面而正确的评价。今从保存完整的私家书目《直斋书录解题》来看，或许能看到当时一些解题的大致情况。此书卷二十二"文史类"中有关文学批评著作的解题，有一些仍是停留在著录概况的水平上，如录《文心雕龙十卷》曰："梁通事舍人东莞刘勰彦和撰。勰后为沙门，名慧地。"这比起《隋书·经籍志》来，虽然丰富了若干有关名里、事迹的内容，但毕竟未曾跳出一般地绍介作者概况的范畴。有的解题，也如《中兴馆阁书目》那样，对书的内容有所概括或提示，如《文章缘起一卷》解题道："梁太常卿任昉彦昇撰，但取秦汉以来，不及六经。"《诗品三卷》解题道："梁记室参军颍川钟嵘仲伟撰，以古今作者为三品而评之，上品十一人，中品三十九人，下品六十九人。"再进一步，就对一些著作的文学批评直接发表了批评性的意见，最典型的是关于《文章元妙》的解题：

> 唐任藩撰。言作诗声病、对偶之类。凡世传诗格，大率相似。余尝书其末云：论诗而若此，岂复有诗矣。唐末诗格污下，其一时名人著论传后乃尔，欲求高尚，岂可得哉！

又,《唐诗主客图一卷》解题云:

> 唐张为撰。所谓主者:白居易、孟云卿、李益、鲍溶、孟郊、武元衡,各有标目,余有升堂、及门、入室之殊,皆所谓客也。近世诗派之说,殆出于此,要皆有未然者。

这两则解题,不但都对诗论本身的得失作出了批评,而且与整个时代的理论风气联系了起来,虽然比较简单,但可以说在真正意义上走进了文学批评史的领域。像《直斋书录解题》这样的书目,直至明清时代还有相当的一批。它们虽然涉及了对于中国文学批评的批评和研究的诸多方面,但总的说来随意性比较大,评论和研究性的文字也比较简单,可以说还没有自觉而明确地进入研究中国文学批评史学的状态。

第三个阶段是全面研究的阶段。这是以《四库全书总目》为代表。这部书目的"诗文评类"正选著作六十四部,存目著作八十五部,几乎网罗了中国古代诗文批评方面的重要论著。其卷首小序曰:

> 文章莫盛于两汉,浑浑灏灏,文成法立,无格律之可拘。建安黄初,体裁渐备,故论文之说出焉,《典论》其首也。其勒为一书,传于今者,则断自刘勰、钟嵘。勰究文体之源流,而评其工拙;嵘第作者之甲乙,而溯其师承,为例各殊。至皎然《诗式》,备陈法律;孟棨《本事诗》,旁采故实;刘攽《中山诗话》、欧阳修《六一诗话》,又体兼说部。后所论著,不出此五例中矣。宋明两代,好为议论,所撰尤繁。虽宋人务求深解,多穿凿之词;明人喜作高谈,多虚憍之论;然汰除糟粕,采撷菁英,每足以考证旧闻,触发新意。《隋志》附总集之内,《唐书》以下则并于集部之末。别立此门,岂非以其讨论瑕瑜,别裁真伪,博参广考,亦有裨于文章欤。

这段短论,言简意赅,高屋建瓴,实可视之为一篇中国古代文学批评史学的大纲。它论述了中国古代文学批评史学的产生、发展和主要形态,批评了宋明两代文论的短长得失,指出了研究中国文学批评的意义,以及这门学科的发展反映在目录学上的变化,几乎囊括了中国文学批评史学的一些基本问题。在这基础上,书目对每一部诗文评著作进行了认真的批评。这些批评具有以下几

个鲜明的特点:

一、批评的态度上坚持实事求是,反对片面之词,反对过头之论,反对门户之见。如它评钟嵘《诗品》论汉魏以来五言诗人的优劣时说:"皆妙达文理,可与《文心雕龙》并称。"给予极高的评价,但它同时又指出《诗品》"论某人源出某人者,——亲见其师承者,则不免附会",不是说好好到底,说坏坏到头,顾其一点,不及其余。在论及后人对于《沧浪诗话》的评价时,它严肃地批评了"誉者太过,毁者亦太过"的不良倾向,结合了严羽当时的诗坛风气,正确地评价了"取盛唐为宗,主于妙悟"说的理论意义。在《临汉隐居诗话》、《石林诗话》等解题中,列举了大量的事例,尖锐地批评了作者"坚执门户之私,而甘与公议相左"的不正确态度。而难能可贵的是,《总目》即使对于这类批评家也并没有因此而全面否定,还是采取了"略其所短,取其所长"的态度,将它们的"门户之私"与"精核之论"区别开来,"分别观之",从而公允地肯定了它们的价值所在。

二、批评的标准上注意文学特点。《总目》作为"钦定"的官修著作,当然以儒家正统的经史观作为其主导的思想,如其赞扬《文章精义》"论文多原本六经,不屑屑为声律章句",肯定《岁寒堂诗话》论诗"始明言志之义,而终之以无邪之旨,可谓不诡于正者",都表现得十分明显。这种现象完全可以理解。在这里我们应该注意的是《总目》并不僵化地以封建教条作为文学批评的唯一标准,而是能尊重文学的特点和创作的规律。像《沧浪诗话》、《二十四诗品》这一类侧重于阐发创作奥秘和艺术风格的著作,同样得到了高度的赞许,认为严羽之论"以救一时之弊者",司空图"味在酸咸之外"的说法"深解诗理"。相反,假如"所论多作理语",以理学来论诗评文就不足为训。它批评《余冬诗话》"以讲学之见论文,已不能得文外之致;至以讲学之见论诗,益去之千里矣",就清楚地表明了《总目》还是以文学性作为批评的主要标准。

三、批评的方法上注意知人论世,重视评论与考证相结合。《总目》中的提要十分注重绍介作者的生活时代、名号爵里、有关事迹,以及著作版本等情况,乃至用不少篇幅进行必要的考证。这就为正确的评价打下了坚实的基础。比如在评《中山诗话》时,《总目》指出,其作者刘攽"以博洽名一世",故"元祐诸人之中学问最有根柢,其考证论议,可取者多,究非江湖末派钩棘字句以空谈说诗者比矣"。同时又指出其书有"所载嘲谑之词尤为冗杂"之病,这是与作者性"好诙谐"有关,甚至能具体地指出他因此而被人所弹。这样的评论,使人读来有一种脚踏实地之感。《总目》重视论人,但不因人论文。它认为司马光"德行功业,冠绝一代,非斤斤于词章之末者",其"品第诸诗,乃极精严",但同时也指出其《续诗话》也有"不可解"之处。相反,如《优古堂诗话》的作者是一个误国奸臣,"其人本不足取",但仍肯定其诗话"颇有可采","不为无益",并不一笔抹杀。总之其批评方法并不死板而走极端,而是往往能虑及多方,照顾全面。

综观《总目》"诗文评"的小序和各篇提要,的确使人感到作者们对于中国古代的文学批评著作进行了全面、系统、认真的研究,已经自觉地把研究中国古代的文学批评当作一门专门的学问。正是在这意义上,《总目》的"诗文评"标志着中国古代文学批评史学正在走向成熟。

二

在文献学范围研究中,目录学方面的著述固然最具代表性,且数量也最为丰富,但毕竟并未能包括全部。我们同时也应该注意到在注释、校勘、辨伪、编辑等诸多方面所表现出来的有关中国古代文学批评的研究。

比较起来,对于文论著作的注释工作做得最早。汉人解经,就涉及到一些现在看来属于文论方面的作品。至《典论·论文》、《文赋》、《文心雕龙》、《诗品》等出,特别是用骈文所写的《文赋》与《文心雕龙》,字义深奥,一般人难以读解,于是对它们的笺注解说就应运而生。《典论·论文》与《文赋》作为《昭明文选》中的一种,较早地见于《文选》的注本中。可惜最早的《文选》注本《文选音》已佚,今见唐代李善注、五臣注后有不少注本,对疏通《典论·论文》、《文赋》的事义做了不少有益的工作。其中李善注尤负盛名。今以《文赋》李善注为例,它不只是对本文的一些字义作了直接的注解和引用了大量的前人说法以笺证,而且在理解作者的创作精神和整篇文意的基础上作了必要的引申和解说。如在"或仰逼于先条,或俯侵于后章"下注曰:"《广雅》曰:'条,科条也。'凡为文之体,先后皆须意别;不能者,则有此累。"这里前一句是引《广雅》以解释"条"字,而后一句则是在理解文意的基础上,作了正面的阐述,实际上也是表达了注者自己的看法。在正文前,注者又引录了有关《文赋》作者生平和创作的背景材料。这都说明了李善的注不是泛泛之作,而是在花工夫、作研究的基础上所做的工作。

有关文学批评著作的注释,在《文心雕龙》的研究史上表现得较多且较有代表性。据《宋史·艺文志》载,宋代就有辛处信作《文心雕龙注》十卷。今见《玉海》、《困学纪闻》所引的《文心雕龙》多有注,很可能即是辛注。明清两代,有多种注本,以梅庆生、黄叔琳注最为有名。梅庆生音注本初刻于万历三十七年(1609),至天启二年(1622)又印"第六次校定"的重修本。谢兆申在《刻批点文心雕龙跋》中称赞梅庆生(字子庚)的工作说:"梅子庚氏慨文章之道日狝,盍以是书为程为则,乃肆为订补音注,使彦和之书顿成嘉本。彦和有知,当惊知己于旷代矣。"的确,梅注本为读者扫清了不少阅读的障碍,得到了大家的欢迎,以后的多种本子,如曹学佺批本、何焯批校本、梁杰订正本、抱青阁刻本、顾千里与谭献合校本等都从此出。但同时也应该看到,这个艰巨的工作毕竟还刚刚开始,尚有不少粗疏之处,故清代乾隆六年(1741)黄叔琳在刊刻他与门客所注的《文心雕龙辑注》的序言中说:"明代梅子庚(原误'庚')氏为之疏通证明,什仅三四耳,略而勿详,则创始之难也。"黄叔琳自称"承子庚之绵蕞,旁稽博考"而校注是书,其实他们的注主要是抄了梅庆生及与梅本同年成书(万历三十七年)的王惟俭的《文心雕龙训故》而成。王氏《训故》世间流传不多,黄叔琳吸取了他的不少成果又未在序中著明①,故人们一般只知梅、黄两家。黄注本综合了前人的成果,比较详备,自然成为以后最为流行的本子,但错误尚有不少,《四库总目提要》曾细加指摘,故其《简明目录》曾作出了这样的评价:"《文心雕龙辑注》十卷……虽未能一一精审,视梅本则十得六七矣。"从黄叔琳称梅本"什仅三四",到《简明目录》称黄本"十得六七",显然有很大的进步。剩下的,就给近现代《文心雕龙》的注家们留下了广阔的天地。

《文赋》、《文心雕龙》等骈文之作比起《典论·论文》、钟嵘《诗品》及以后的《沧浪诗话》等其他文论著作的注释来,尽管在字义、典故等解释上相对较难,但总的说来,这些著作都是论实处多而谈虚处少,一旦字义、故实疏通之后,读者还是比较容易理解。与此不同的是《二十四诗品》是一部虚多实少的著作,"其意旨浑涵,猝难索解",只可意会,不可言传,故尽管"脍炙人口,而注者甚少;盖言《诗品》之言,大是难也"(郑之钟《〈诗品臆说〉序》)。因此,对这样的著作的注释要求更高,即不是一般的作文献学意义上的注释即可,而同时更要求

---

① 詹锳《〈文心雕龙〉板本叙录》云:"黄叔琳的序中只提到是在梅庆生音注本的基础上加工的,而没有提到《文心雕龙训故》,只在原校姓氏表上最后加了王惟俭的姓名。其实所谓'黄叔琳注',有多少是黄氏或其门客注的呢?"但我们当注意到黄叔琳在篇注中还是提到过王惟俭注的,故《四库总目提要》有这样一段话:"明梅庆生注,粗具梗概,多所未备。叔琳因其旧本,重为删补,以成此编。……惟《宗经》篇末附注,极论梅本之舛误,谓宜从王惟俭本;而篇中所载,乃仍用梅本,非用王本,殊相矛盾。"

具备相当的文学批评史学方面的功力和眼光。今从清代问世的《皋兰课业诗品解》、《诗品续解》(杨振纲著)、《二十四诗品浅解》(杨廷芝著)、《诗品臆说》(孙联奎著)和《诗品注释》(无名氏著)等来看,就更明显地具有文学批评史研究的意义。这些著作大多并不局限于解释一些字或词,而更着重在把握全局的基础上阐发章句的含义和原作的精神。因此他们一般都重视捕捉全书的体系和结构,如《二十四品浅解》就在他写的小序、凡例、书跋和《流动》篇的附注中反复申述了他所理解的《二十四诗品》的构架。他说:"《诗品》所为,以《雄浑》起,以《流动》结也。然则二十四品,固以《精神》为关键,以《冲淡》、《纤秾》、《缜密》等项为对待,以《自然》、《实境》为流行,浑分两宜,至详且尽,其殆有增之不得,减之不得者与?"(《流动》篇附注)孙联奎则概括《诗品》的特点道:"昔钟嵘创作《诗品》志在沿流溯源,若司空《诗品》意主摹神取象。"(《自序》)而在《流动》篇的附注中又说:"《雄浑》为《流动》之端,《流动》为《雄浑》之符,中间诸品,皆《雄浑》之所生,《流动》之所行也。不求其端而但期流动,其文与诗有不落空滑者几希。一篇文字,亦似小天地,人亦载要其端可矣。"诸如此类的说法是否中的,自可讨论,但他们的这种敢于探索大旨的理论勇气不可忽视。对于每一品,他们又都作了题解,如第一品《雄浑》的题解是:

　　此非有大才大力大学问不能,文中惟庄马,诗中惟李杜,足以当之。(《皋兰课业诗品解》)

　　诗文之道,或代圣贤立言,或自抒其怀抱,总要见得到,说得出,务使健不可挠,牢不可破,才可当不朽之一,故先之以雄浑。(杨振纲《诗品解》)

　　大力无敌为雄,元气未分曰浑。(杨廷芝《二十四诗品浅解》)

　　《大风歌》云:"大风起兮云飞扬,威加海内兮归故乡。安得猛士兮守四方。"高祖为人,气象近于雄浑,故其诗亦雄浑。项王为人,则雄肆矣。而《垓下歌》亦适肖之。语无有不肖其人者,观刘、项初见始皇语,一浑,一肆,则知楚汉兴亡已决于此。语见《史记》。(孙联奎《诗品臆说》)

这里,或直接解释题意,或简接引证作品,或强调此品之境界,或阐释此品之意义,从不同的角度对"雄浑"作出了解释和评价,对读者是富有启发意义的。在正文的解释中,他们对每一句的解释也往往不是重在词,而是重在意,特别是对一些费解的句子也往往能引导读者去透过表面,领悟实质。如《雄浑》篇中的"超以象外,得其环中"句,《二十四诗品浅解》注道:"超以象外,至大不可限制;得其环中,理之圆足,混成无缺,如太极然。"《诗品臆说》则进一步作比喻说明:"譬之用兵,再擒再纵,是超以象外;服德畏威,是得其环中。上句雄、浑俱有。上句已立下句之影。上句是功,下句是效。下句'得'字已在上句中。""人画山水亭屋,未画山水主人,然知亭屋之中必有主人也。是谓超以象外,得其环中。表圣《诗品》大段'超以象外'者也,读者本此读之可也。"有时,他们对全篇进行串讲,概括大意,既能正确地阐发原意,又能写得深入浅出、生动活泼,如《二十四诗品浅解》解说《悲慨》时曰:

  大风卷水,声不可闻。林木为摧,感且益慨。起手似有"北风"、"雨雪"之意。三句言正当极苦之时,若欲死然。招憩以遣忧也,招憩而不来可若何?百岁,非一日也。流而不反,荏苒以至于今。感叹之情何极。富贵热场,忽若冷灰,心滋戚矣。大道之丧,日甚一日,悲悯之念,何日可忘;是亦若为雄才而不得志于时,亦束手而无策。则壮士于此,拂剑而慷慨不平,浩然弥哀不容已矣。萧萧落叶,漏雨苍苔,亦何时不悲,何时不慨,何时不悲慨交集哉!

这正不啻是一篇抒情散文。而更值得我们注意的是,有一些解释在文学思想上能有所生发,说得相当精彩,如《诗品臆说》在注解《形容》篇"离形得似,庶几斯人"时说:

  形容处断不可使类土木形骸。《卫风》之咏硕人也,曰"手如柔荑"云云,犹是以物比物,未见其神。至曰"巧笑倩兮,美目盼兮",则传神写照,正在阿堵,直把个绝世美人,活活的请出来在书本上滉漾。千载而下,犹如亲其笑貌。此可谓离形得似者矣。似,神似,非形似也。庶几斯人,言形容非斯人莫与归也。

这实际上是一段有关描写人物形象的短论,在整个中国文学批评史上并不多见。在这里,注释者已经近乎是"借题发挥",与其说是对原本的忠实解说,还不如说是在直接发表自己的文学见解了。与此同时,这些注本还常常研究原本的表达形式,指示其运笔方法,以帮助读者理解全文的脉络和旨意。如《二十四诗品浅解》指出《雄浑》篇首两句是"分起";次两句分别"承次句"和"承首句";又次四句是"逆写";末四句"顺写"作结。注者认为,此"先后顺逆,亦循乎理势之自然,不得任意倒置"。这些注解,实际上已属评点,完全是一种对于文学批评著作的批评。总之,像这类注释,已经不完全是文献学意义上的工作,而是明显地渗透着文学批评史的思维。它们是文献学意义上的研究与文学批评史研究相结合的成果。

在文献学研究范围内与注释工作关系最为密切的是校勘。校勘工作也是文学批评史研究的一项基础性工作。大凡古人在出版这类文论著作时不作注者尚多,不作校者较少。更何况有许多版本学家并不为了出版而对一些重要著作的校勘仍然充满着热情,常常经年累月、坚持不懈地进行着工作。在中国古代的文学批评著作中,《文心雕龙》比起钟嵘《诗品》、《二十四诗品》、《沧浪诗话》等专著来,无疑是最受校勘学家所关注的一部书。关于这部书在宋代以前的校刊情况不明。至明代,学者们已普遍感到"《雕龙》苦无善本,漶漫不可读"(万历四十年凌云五色套印本《刘子文心雕龙》卷首曹学佺序),故自杨慎、朱谋㙔而下,校家纷起,至万历年间,已有三十余家①。梅庆生综合诸家,用力甚勤。因此梅本之所以流传较广,不仅仅以它的注释胜,而且也在于它以考校长。几乎与此同时,闽县徐㶿及其子延寿、孙钟震三代校勘《文心雕龙》,从万历辛丑(1601)至崇祯己卯(1639),历经数十年,"诣力专精,良堪钦仰"(傅增湘《徐兴公校〈文心雕龙〉跋》)。他们的研究成果,也曾被梅氏所吸取。后清代乾隆年间,黄叔琳又以梅本为底本,"兼用众本比对,正其字句"(黄叔琳《文心雕龙辑注序》),成为一部较为通行的本子。今天我们在检讨《文心雕龙》的校勘史时,还应该注意到这些校勘学家在校勘《文心雕龙》时,都有十分明确的目的,他们不是为了校勘而校勘,而是在充分认识《文心雕龙》的文论价值的基础上,为了使这部名著的理论批评能更好地被人认识和指导现实的创作。如朱谋㙔在谈他穷三十年之力校雠此书的目的时就说,这是为了做"刘氏之忠臣,艺苑之功臣"(梅庆生六次校定本录朱谋㙔跋);顾起元在称赞梅庆生"手自校雠,博稽精考,补遗刊衍,汰彼殽讹"的同时,就认定《文心雕龙》是"述作之金

---

① 梅庆生本列原校姓氏有杨慎、朱谋㙔等三十二家,实际上尚有遗漏,如王惟俭本《文心雕龙训故》他就未见。

科,文章之玉尺"(同上);黄叔琳在他《文心雕龙辑注序》的开头就说了他对这部书的认识和校注的原由:"刘舍人《文心雕龙》一书,盖艺苑之秘宝也。观其苞罗群籍,多所折衷,于凡文章利病,抉摘靡遗。缀文之士,苟欲希风前秀,未有可舍此而别求津逮者。若其使事遗言,纷纶葳蕤,罕能切究。……梅子庚自谓校正之功五倍于杨用修氏,然中间脱讹,故自不乏,似犹未得为完善之本。余生平雅好是书,偶以暇日,承子庚之绵蕞,旁稽博考,益以友朋见闻,兼用众本比对,正其句字。人事牵率,更历寒暑,乃得就绪,覆阅之下,差觉详尽矣。"这些都说明了他们校勘的目的就是为了使《文心雕龙》这部文论名著走出"溾漫不可读"的局面而成为"完善之本",让人们充分地认识这一"艺苑之秘宝"的价值,更好地发挥其"述作之金科,文章之玉尺"的作用。换句话说,他们的校勘工作,也正是中国古代文学批评史学的一个有机的组成部分。当然,从现在看来,如梅、黄诸本还仍然存在着不少疏漏[①],但毕竟在几代人的努力下,逐步地减少着在传抄过程中曾经出现过的错误,为人们能读通、理解和研究《文心雕龙》基本铺平了道路,在中国古代的文学批评史学史上功不可没。

  校注工作之外,辨伪也是文献学范围研究的一个重要方面。关于文论著作的辨伪工作稍后才开始。当诗文评的专著在南北朝时代刚刚出世时,尚无作伪的必要,故也无辨伪的前提。至唐代,一方面由于前代有的著作渐渐逸失,如梁代任昉所作《文章始》一卷,在《隋书·经籍志》中已有录无书,称已亡佚,另一方面由于诗格诗话类著作蜂起,难免就鱼龙混杂,于是伪作之风也吹进了诗文评的领域中来。至宋、明两代,有增无减。这样,辨伪也就自然地成了研究文学批评的一项基础性的工作。今见宋代陈振孙的《直斋书录解题》就作了不少辨伪性的文字。它对题魏文帝作的《诗格》、李峤作的《评诗格》、贾岛作的《二南密旨》、白居易作的《文苑诗格》与《金针诗格》、梅尧臣作的《续金针诗格》等,都作了辨正。如对《诗格》一卷辨曰:"题魏文帝,而所述诗或在沈约后,其为假托明甚。"这正是一语中的,对人们少走弯路,正确地认识和研究曹丕的文学批评就大有裨益。后来的《四库总目提要》在这方面作了更为全面、

---

① 参见《四库总目提要》、王利器《文心雕龙校证序录》等。

详细的工作,尽管个别地方因受到资料限制等原因而未能得出正确的结论①,但大多数意见都得到了学界的认可,使得以后的研究少走了不少弯路。

此外,有关文学批评著作的选辑、汇编、集刊等编辑工作也是中国古代文学批评研究史的一个方面。这一工作大致到了诗话文论弄得人们眼花缭乱的时候,才需要有人出来加以选择、整理和综合。这种选择、整理和综合的工作,实际上也渗透着编选者的批评精神。到北宋后期,诗话之作风起云涌,蔚为大观,于是就出现了诗话的汇辑之作。《宋史·艺文志》文史类所著录的佚名的《唐宋名贤诗话》,当为汇辑诗话的最早作品。稍后还有《古今诗话》、《诗事》、《诗谈》等作。这类汇编大都早已散佚。今从所存的若干佚文来看,它们只是将前人的说诗之语摘抄成编而已,所录的范围甚广,包括别集、小说、笔记、正史、野史、类书、地志之类。在形式上未作分类,故"只可浏览,不便检索";在内容上主要是"以资闲谈",文学批评的意识不强。后阮阅在宣和五年(1123)编《诗总》,创分门别类之体,便于查检,但在四十六门中"评论"、"诗病"、"正讹"、"琢句"、"句法"等评诗论辞的内容只占很小的比例,故难怪郭绍虞在《宋诗话考》中仍把它归入"闲谈之资料"一类。差不多与此同时,宣和三年(1121)进士计有功编有《唐诗纪事》八十一卷,网罗了唐代诗人近一千一百五十家,按人立目,中间约以时代为序,编录了大量有关唐诗的资料,首创了汇编专代诗话的新体例。它的编纂目的,同样只是为了保存一代诗歌的文献资料,故尽管间有若干理论性的意见,从"闲谈之资料"走向了"学术之资料",但主要还是着眼于汇集文学史的资料,对于文学批评仍然未曾引起足够的重视。而宣和六年(1124)进士方深道所编《集诸家老杜诗评》,汇辑了诸家评论杜诗之语,开创了专人诗话的体例,但由于它"琐碎冗杂"、"别无新义",很难显出编家自己的批评眼光,故一时也难以流传,不为世重。

从文学批评研究史的角度上来看,至南宋《苕溪渔隐丛话》、《诗人玉屑》出,方进入了一个新的阶段。胡仔的《苕溪渔隐丛话》前集编成于绍兴十八年(1148),后集编成于乾道三年(1167)。此书汇集前人的论诗评文之语就较具文学批评史学的精神。这主要表现在以下三个方面:一,所录之语以论评为主

---

① 如关于唐代王昌龄的《诗格》,《总目》就认为是出于依托(见司空图《诗品》、《吟窗杂录》的提要)。对此后人多有不同意见,参见王利器《文镜秘府论注》及李珍华、傅璇琮《谈王昌龄的诗格》(见《文学遗产》1988 年第 6 期)等。

而不以记事为重,故《四库总目提要》说:"(阮)阅书(《诗总》)多录杂事,颇近小说;此则论文考义者居多,去取较为谨严";二,因以论人论诗为目的,故其形式也以人立目,以时为序,不取《诗总》以事分门的做法;三,不仅照录前人的论评,而且多附"苕溪渔隐曰"之语,发表自己的见解。如前集卷四十九录唐子西《语录》说"作诗当学杜子美"云云后,加"苕溪渔隐曰":

> 近时学诗者,率宗江西,然殊不知江西本亦学少陵者也。故陈无己曰:"豫章之学博矣,而得法于少陵,故其诗近之。"今少陵之诗,后生少年不复过目,抑亦失江西之意乎?江西平日语学者为诗旨趣,亦独宗少陵一人而已。余为是说,盖欲学诗者师少陵而友江西,则两得之矣。

这类见解都十分清楚地说明了胡仔具有文学批评史的思维,故《宋诗话考》在比较《苕溪渔隐丛话》与《诗总》时说:"阮书仅有排比之劳,胡著则有撰著之功,难易迥殊,效用亦大有径庭。"

与《苕溪渔隐丛话》齐名的是魏庆之编的《诗人玉屑》。《四库总目提要》说:"仔书作于高宗时,所录北宋人语为多;庆之书作于度宗时,所录南宋人语较备。二书相辅,宋人论诗之概,亦略具矣。"对于《诗人玉屑》的评价,可见是书卷首编者的友人黄昇写于淳祐甲辰(1244)的序:

> 诗之有评,犹医之有方也。评不精,何益于诗;方不灵,何益于医。然惟善医者能审其方之灵,善诗者能识其评之精,夫岂易言哉!诗话之编多矣,《总龟》(《诗总》)最为疏驳,其可取者惟《苕溪丛话》;然贪多务得,不泛则冗,求其有益于诗者,如披沙简金,罔罔而后得之,故观者或不能终卷。友人魏菊庄,诗家之良医师也,乃出新意,别为是编。自有诗话以来,至于近世之评论,博观约取,科别其条,凡升高自下之方,由粗入精之要,靡不登载。其格律之明,可准而式,其鉴裁之公,可研而核;其斧藻之有味,可咀而食也。既而又取三百篇、骚、选而下,及宋朝诸公之诗,名胜之所品题,有补于诗道者,尽择其精而录之。盖始焉束以法度之严,所以正其趋向,终焉极夫古今之变,所以富其见闻。是犹仓公、华佗,按病处方,虽庸医得之,犹可籍怪已疾,而况医之善者哉!

这篇序至少有三点值得我们注意。一,在高度重视"诗之有评"的基础上,把"识其评之精"作为编者追求的目标,可见其文学批评史意识的自觉性。二,由于批评史学意识的自觉和受南宋以来张戒、姜夔、严羽等诗学理论的影响,更重视"升高自下之方,由粗入精之要"的诗学理论与方法的总结,"故是书十一卷以上,分论诗法诗体诗格以及学诗宗旨各问题,其体例虽略同于《诗话总龟》之'琢句'、'艺术'、'用字'、'押韵'、'效法'、'用事'、'诗病'、'苦吟'诸目而更为严正,不落小说家言。十二卷以下品藻古今人物,其分目以人以时为主,又多与《渔隐丛话》相类,而更加精严,不涉考证,不及琐事。故能兼有二书之长而无其弊。"在总结每一诗学理论或方法时,编者是经过了研究和思考的,故每一门的编排都有条理,并非是随手摘抄而成的,如卷五"初学蹊径"门下,又分列"初学"、"学古"、"悟入"、"去陋"、"忌俗"等三十七目,层层递进,思路井然。三,比起"贪多务得"的《苕溪渔隐丛话》来,更加注意"博观约取","尽择其精而录之",因而此书尽管没有加上编者按语,直接发表一些诗学见解,但它通过一定的选择、综合和编排,仍然显示了编者具有相当的文学理论批评的眼光和功力。它在中国古代文学批评史学史上的地位不可忽视。

两宋时期,诗话汇编本的各种体例大致已备①,明清两代就是在这基础上不断地有所丰富和发展,出现了诸如《唐音癸签》(明胡震亨编著)、《历代诗话》(清吴景旭编著)、《李杜诗话》(清潘德舆编著)、《诗法火传》(清马上巘编著)等值得重视的辑集。除此之外,从明代开始又出现了一种汇集前人整本诗话文评著作的文论丛书。现存最早的诗话丛书是杨成玉编的《诗话》十卷。此书刊于弘治庚戌(1490)以前,收欧阳修《六一诗话》等宋人诗话十种。后又有署名陈继儒编的《古今诗话》八卷,摘录诗论八十余种。至清代,刊刻文论丛书之风大盛,较著者有顾振龙的《诗法指南》、何文焕的《历代诗话》、朱琰的《诗触》、雪北山樵的《花薰阁诗述》、王启原的《谈艺珠丛》、许印芳的《诗法萃编》等。何文焕在《历代诗话序》中说,诗话之作,自汉魏而降,作者渐夥,遂成"一家言","洵是骚人之利器,艺苑之轮扁",充分地认识它们在文学批评史上的价值。在《凡例》中又说了之所以汇刊丛书的目的是"因前贤小品,每易散

————————

① 在南宋、元初还出现了《竹庄诗话》、《诗林广记》一类以诗系话,选集与诗评相结合的辑集。这类书的重心还是在作品,以后也是在向选诗的方向发展,故在文学批评史学方面的意义不大。

遗,故汇为一编",汇刊的价值是在于"惟原本可佳,编类则失之矣"。这恐怕也是编刊丛书者们的共同思想。这也说明了他们编刊丛书虽然也从中透露了一定的文论观点和旨趣所在,但主要还是志在流通,为研究者提供一种较为完备的第一手材料,而不重在学术上的评价。这就决定了他们所印的诗话多无序跋,不作论评。值得我们注意的是,何文焕在其《历代诗话》后附有一篇《历代诗话考索》,实际上就是对他所收的一些诗话著作的批评。其篇后附识云:

  前代诗话,皆先哲名言,小子后生何敢妄议?虽然,所见异辞、所闻异辞有之,考故实,索谬讹,读书者之本分也,遂成《考索》凡百有一条。

很清楚,他的《考索》就是对前人诗话发表"异辞",有所议论。其所议之处,并不仅仅在"考故实,索谬讹",也有一些是就文学观点乃至文学批评的态度、方法等而言的。如就《四溟诗话》而直接发表赋诗当重真情说曰:"余尝论赋诗须称地位,少壮而言衰病,饱暖而说困厄,平安而发感慨,皆不祥也。四溟山人亦云:'学子美者摹拟太甚,殊失性情。'"又如指斥《全唐诗话》的"附会"批评云:"尤公记王安石《终南山诗》,云或谓维讥时,此等附会大可恨。李邺侯赋杨柳,苏长公咏柏,赖明皇神宗不受时逯,亦几殆矣。"于此可见,何文焕还是有一种文学批评史学的眼光来看待他所汇刊的一些诗话的。但总的说来,他的这些批评还显得较零乱,有很大的随意性。至清末王启原在编刊《谈艺珠丛》时,头脑也比较清醒,其《自叙》对历代诗话所作的批评也颇有见解和条理:

  逮夫尼山示教,数称诗而永以咏叹,后世才俊,稍加议述,及六代乃遂有专书,唐以后作者益繁,而不能尽见于世。今所传,不皆可采,然其至者,略具于是,足以观矣。……盖自梁刘勰有《明诗》之篇,钟嵘品诗,遂详派别;唐人好谈类格,而表圣之品,独能入微;宋之诗入议宗,白石、沧浪知求兴象;明则自麓堂而后,皆知以抉别法微为归。故梁知其宗,唐别其诣,宋或微中,而明深造也。两宋后,篇家杂说,稍饰以篇制,率被以诗话之名,沿流而作,未知纪极,终于无当。微言五季以上为书,或不尽精诣,而曼衍者鲜矣,以故搜撷较广,而宋以降特严。其指归之既殊,则亦或著称于时而今搜采有不之及者,虽使世訾其阙可也。

但他未对所录的各部诗话一一作出认真的分析和评价。在汇刊文论丛书时,真正从文学批评史学的角度上作系统、全面、认真的学术性的评价,则直到1978年上海古籍出版社印行的《清诗话》时才有。可惜的是,这时作提要者郭绍虞则并非是当年编刊者丁福保①,而当1983年郭绍虞自己编选《清诗话续编》时,却又未能继之而作全面的提要,这是不能不使人感到遗憾的。

与诗话相比,文话、词话、赋话之类的汇编丛刊就相对少得多了。有之,编辑者一般也乏批评史学的眼光,倒是晚明以后兴起的汇辑选录一些评点之作的"辑评"类书籍值得我们重视。如凌濛初家族就在这方面作出了较大的贡献。凌濛初的父亲迪知、叔父遇知、弟瀛初等都注意出版辑评方面的工作。如凌稚隆(遇知字稚隆)的《史记评林》一百三十卷就十分可观。此书辑录了杨慎《史记题评》、唐顺之《史记选要》、王鏊《史记评抄》、茅坤《史记评抄》、王慎中《史记评抄》等十六种《史记》评本的批语,又选录了87种历代论及《史记》的著作的有关论点,规模宏大。这正如其《史记评林凡例》所说的"诸名家读史总评散见各集,兹刻辑录于前,一展卷可得大旨云"。凌濛初在这方面做的工作更多,其七卷本《合评选诗》就很有代表性。它裒集了沈约、谢灵运、钟嵘、刘勰到钟惺、谭元春等45家对于《文选》的批评,用朱墨套印的方式,将评语汇辑在正文的书眉,成为一部批评《文选》的重要之作。当然,它的辑录还是有一定的标准的,《四库总目提要》说它"所采惟钟谭为多,圈点则一依郭正域本,其宗旨可以概见也"。这实际上说明了凌濛初的辑评也就是对于众家批评的一种批评。

三

在理论性的批评中,首先令人注意的当然是有关诗话、文话、序跋、杂著、专论等批评性文字。这些文字,数量多而分散,要对它们钩稽、梳理,作史的分析一时间还是有相当难度的。大致说来,从王逸对班固的屈原论提出批评开始,有的评单篇论文,有的论整本专著,有的就文而论,有的就人而评,大都三言二语,就某一方面或某一问题发表自己的见解,罕有系统、深入的论述。《文

---

① 丁福保编刊《历代诗话续编》时,曾于目录下附有简单的提要,但这都是摘编《四库总目提要》而成。

心雕龙·序志》对"近代之论文"作了较为全面的审视,且也作了较为精当的评价,在古代文论中还是不多见的:

> 魏文述典,陈思序书,应玚文论,陆机文赋,仲洽流别,宏范翰林,各照隅隙,鲜观衢路;或臧否当时之才,或铨品前修之文,或泛举雅俗之旨,或撮题篇章之意。魏典密而不周,陈书辨而无当,应论华而疏略,陆赋巧而碎乱,流别精而少功,翰林浅而寡要。又君山公干之徒,吉甫士龙之辈,泛议文意,往往间出,并未能振叶以寻根,观澜而索源。不述先哲之诰,无益后生之虑。

刘勰之后,如唐代的陆龟蒙的《酬谢袭美先辈》长诗在通观魏晋南朝文学时,也对当时文学评论展开了述评,特别是对陆机《文赋》与刘勰的《文心雕龙》作了高度的评价:

> 吾祖(指陆机)仗才力,革车蒙虎皮。手持一白旄,直向文场麾。轻若脱钳钛,豁如抽痰廖。精钢不足利,骡蓑何劳追。大可罩山岳,微堪析毫厘。十体免负赘,百家咸起痿。争入鬼神奥,不容天地私。一篇迈华藻,万古无遗。刻鹄尚未已,雕龙奋而为。刘生吐英辩,上下穷高卑。下臻宋与齐,上指轩从羲。岂但标八索,殆将包两仪。人谣洞野老,骚怨明湘累。立本以致诘,驱宏来抵巇。清如朔雪严,缓若春烟羸。或欲开户牖,或将饰缨緌。虽非倚天剑,亦是囊中锥。皆由内史意,致得东莞词。

指出了《文赋》文词华美,目光锐利,气魄宏大,辨析细微,对文场具有指导意义;而《文心雕龙》则纵论上古至宋齐文学,眼界开阔,议论精锐,尤如囊中之锥,很有价值。这篇诗作,实际上具有魏晋南朝文学批评史的意义。这类评论在后世虽然并不很多,但还是往往可以看到,如胡应麟在《诗薮》中针对"近人见宋世诗评最盛,以为唐无诗话"而著录了"唐人诗话入宋者"二十种之后,又对流传于明者作了如下的评价:

> 唐人诗话今传者绝少,孟棨《本事诗》,小说家流也。惟殷璠、高武颇有论断。张为《主客图》,义例迂僻,良堪喷饭。然其所诠,亦自有意,特创

为主客之说,与钟嵘谓源出某某者,同一谬悠耳。无名氏有《续本事诗》,今不传。卢瑰有《抒情集》,亦《本事诗》类也。(外编卷三,又见杂编卷二)

可以看出,这类评论是在对某一时期的诗文理论批评作了比较全面的研究后作出的,但这种评论毕竟还是扫描式的,缺乏有深度的分析。也有的对前人诗论文评作了系统的研究之后,只是标举了几句名言或作十分简略的概括。如王世贞在《艺苑卮言》开头就分"语关系"、"语赋"、"语诗"、"语文"、"总论"等五个方面,标举了自司马相如、扬雄、曹丕、陆机、刘勰、钟嵘至李梦阳、何景明、李攀龙、谢榛、何良俊等四十余家的论文之语,认为这些是文论中的"隋珠昆玉","撷而观之,其于艺文思过半矣"。与此相类,甚至有的连最简略的概括、评论语也没有,只是摘录前人的论文之语来加以标举,如《艺概》中不少纲领性的观点都是用这样的方法来表达的。这虽然也表明了论者对于前人文论的某种态度和观点,但毕竟比较简接。这种摘句式的评论也常见于就某一理论问题而综合前人的观点,如《岁寒堂诗话》以"情"论诗来强调"诗妙于子建,成于李杜"时说:

《诗序》云:"情动于中而形于言,言之不足,故嗟叹之。"子建李杜皆情意有余,汹涌而后发者也。刘勰云:"因情造文,不为文造情。"若他人之诗,皆为文造情耳。沈约云:"相如工为形似之言,二班长于情理之说。"刘勰云:"情在词外曰隐,状溢目前曰秀。"梅圣俞云:"含不尽之意,见于言外;状难写之景,如在目前。"三人之论,其实一也。

这实际上是结合了作家作品的研究,肯定了前人文论中情理说。再如《升庵诗话》在论"四言诗"时,引用了刘勰、钟嵘、刘潜夫、叶水心等人的论说后,作了如下的总结:"合数公之说论之,所谓易者,易成也;所谓难者,难工也。"这也可以说是对前人文论研究后所作的结论。当然,在古代的诗话、文话、序跋、杂著中,更多、更有代表性的是对前人的诗论文评作出直接的肯定或否定性的批评,或表示不同的意见和作某种引申发挥。如宋代孙光宪在《白莲集序》中评《文心雕龙》曰:"风雅之道,孔圣之删备矣;美刺之说,卜商之序明矣。降自屈宋,逮乎齐梁,穷诗源流,权衡辞义,曲尽商榷,则成格言,其惟刘氏之《文心》乎!后之品评,不复过此。"这是对全书的评价。《岁寒堂诗话》称"钟嵘《诗品》

以《古诗》第一,子建次之,此论诚然",这就是对钟嵘某一具体意见的肯定;而《碧溪诗话》说钟嵘评陶潜诗"但称其'风华清美,岂直为田家语'",则是对钟嵘论陶的否定。《升庵诗话》说:"宋人诗话称戴石屏'春水渡旁渡,夕阳山外山'以为奇句。余观唐韩君平'夕阳山向背,春草水东西'意同而语尤工。"这就是对前人的诗论发表了不同的意见。在同一书中杨慎又说:"刘勰云:'铅黛所以饰貌,而盼倩生于淑姿;文采所以饰言,而辩丽本于情性。'予尝戏云:'美人未尝不粉黛,粉黛未必皆美人。奇才未尝不读书,读书未必皆奇才。'"这段话针对刘勰论质与文的关系时比较侧重在内在的本质而说得更加辩证,且引申到才与学的问题。在古代诗话中,清初贺裳的《载酒诗话》等较为注意对前人诗论著作与诗论问题的批评,如"宋人论事失核"、"宋人议论拘执"、"《野客丛谈》"、"《瀛奎律髓》"、"刘须溪"、"高秀英"、"苕溪渔隐"、"《升庵诗话》"、"顾华玉论诗"、"《艺苑卮言》"、"谢榛《诗家直说》"、"袁石公论诗"、"《诗归》"、"谭评苏诗"等一看标题就很清楚。他的批评往往能抓住要害,一言中的,且又比较平允,不作绝对的肯定或否定。如曰"须溪评诗极佳,然亦有过当处","谢茂榛论诗,不顾性情义理,专重音响,所谓习制氏之铿锵,非关作乐之本意也。其纠摘细碎,诚有善者,亦多苛僻","钟氏《诗归》失不掩得,得亦不掩失。得者如五丁开蜀道,失者则钟鼓之享鹦鹉。大率以深心而成僻见,僻见而涉支离,误认浅陋为高深,读之使人怏怏耳"等,在鲜明地提出自己的观点之后,有往往详细举证,加以分析,故具说服力。但或许是受了诗话体例的限制,所论还缺乏一种批评史学的整体观念。古代论者各人在发表肯定或否定等不同意见时,往往会集中在某些大家普遍关心的问题展开辩论,例如严羽的"诗有别才,非关书也;诗有别趣,非关理也"两句话,就引发了后人不息的论争。今就郭绍虞《沧浪诗话校释》所提到的来看,就有黄道周、朱彝尊、毛奇龄等三十余家参与了这场辩论。可以说,双方辩论的意见有的还表现得相当激烈。但通过辩论,大家不但更加了解了中国文学批评史上的严羽及《沧浪诗话》,而且对作家的才与学,文学作品的艺术性与思想性等重大理论问题有着不断深入的认识,推动了古代文学批评学的发展。应该说,在整个中国古代,学者们对于文学批评的问题还是关心的,对不少专著和理论问题作了批评和研究,但遗憾的是专心致志于此的学者毕竟比较少见,故没有出现一部比较系统地研究中国古代文评著作的专著,所有的评论大都散见于诗话、别集、杂著之中。到清代,情况有所变化。这种变化似乎可以从三个方面反映出来:

一、出现了如毛先舒《竟陵诗解驳议》、冯班《严氏纠谬》一类就某一文评专著所发表的专论。《严氏纠谬》一卷，力图以学问匡正《沧浪诗话》以禅喻诗的疏误和批判"似是而非，惑人为最"的"兴趣说"，以救正明代七子以来诗尊盛唐的时风。它的观点是否正确自可讨论，但毕竟以这样的批评形式和批评勇气而出了名。在《诗辩坻》中的《竟陵诗解驳议》一文，可能因批评对象本身并没有《沧浪诗话》那样出名而并未引起人们的重视，其实它倒是一篇较好的文学批评史学方面的专论。毛先舒其人还是很有批评史头脑的人。他在《诗辩坻》的《总论》中有一篇《三弊篇》，也是专论"古今谈诗家"的"持论"的。《竟陵诗解驳议》是批评钟惺《诗归》一书的专论，长达七千字。钟惺的《诗归》作为竟陵派的代表作，在明末产生了相当大的影响。《竟陵诗解驳议》先将竟陵派放在文学批评史发展的背景上，分析了这一诗派之所以能风行的六点原由及其弊病，然后再对《诗归》作具体的批评。它先摘录了三十八条，认为"是其立说善者"，并没有全盘否定；然后又摘录了三十三条"其立说谬者"，一一加以分析；最后又表示了对当前诗歌创作和批评风气的担忧，点明了他写本文的目的。整篇文章结构完整，有分析，有深度，应该说是中国古代文学批评学史上的一篇比较像样的专论。

二、出现了如章学诚论诗话的专论《文史通义·诗话》。在中国古代虽然没有出现过对整个文评著作的综论性文章，但诗话作为最有代表意义的文评著作，将它作为一个整体来加以专论，也应该说是文学批评学意识觉醒的一个标志。在章学诚之前，将"诗话"或"谈诗家"作为一个整体来批评的文字不是没有，但这种批评往往只是就某一问题（如起源、弊病等）或就某一些人的某些理论、观点发表三言两语随感式的意见，而章学诚的《诗话》则是一篇完整的专论。它从诗话的起源论起，论及了诗话的分类、流变，以及发展过程中的流弊等一系列重要的问题，所下的结论也颇中肯，所以历来受到论者的重视。

三、出现了如《鲁岩所学集》（张宗泰著）这样集中了近四十篇有关诗话文评专论的别集。这些专论虽然多以序跋的形式出现，但集中了这么多的数量，在以往的别集中似乎还没有出现过。这足以说明作者对探讨这一学问的重视。且他的题跋，也往往与一般的目录版本学家所作不同，还是比较注意从文学批评方面着眼。如其《跋〈榕城诗话〉》云："《提要》谓'董浦论诗意欲追步渔洋，而渔洋善于摘录名句，董浦则未之能'，是诚有然矣。然窃以为董浦学博而才雄,其作诗以驰骋笔墨为能事,故其所取之诗亦多与己性情相近,往往长篇大幅、数十韵之古诗多见编录,颇有戾于诗话之体。"《跋岁寒堂诗话》云:"戒名不甚著,诗也不多见,而其持论,乃远出诸家评诗之上。"《跋南濠诗话》在总体上批评作者"悖之甚","可谓无是非之公"的同时,又指出:"惟其中有一条云:'诗之不工,以不用心之致。'又谓:'作诗必情与景会,景与情合,始可与言诗。'颇得作诗之旨。"可见他还是颇具文学批评史家的眼光与气度。但毋庸讳言,他的这些专论,仍然不能给人以一种把文学批评(或诗话)作为一种专门的学问来作系统研究的印象。实际上,不但他如此,章学诚、毛先舒、冯班等何尝不是如此。因此,我们可以说,他们比之以前,其文学批评学的意识有了进一步的觉醒,但还未达到完全自觉的地步。

据上所述,诗话、文话、序跋、杂著等理论性的批评,在总体上还是显得比较零散,甚至还不如某些目录学著作那样网罗全面,提要系统。但是我们应该看到,对于文评学的一些根本性的问题,还是在这类论著中发挥得最为充分。比如关于文学批评的起源、分类、标准、流变、价值及批评的方法、态度等都有不少论述。而这些问题在其他样式的研究中恰恰是较少顾及的。这里先看讨论得比较热闹的有关文评起源的问题。这个问题一般是围绕着诗话起源的问题而展开的。作为勒成专著的诗话之作,有人认为钟嵘《诗品》是"诗话之源"(章学诚《文史通义·诗话》),也有人认为皎然《诗式》、张为《诗人主客图》是"诗话诗派之所由滥觞"(余成教《石园诗话》),或者认为《六一诗话》才正式用了"诗话"之名,故司马光继而作《续诗话》。这些我们暂且都不论。由于追流溯源,有人就把诗话(实际上也就是文学批评)的源头推到了遥远的三代[①],也有人认为起于稍晚的春秋战国时期[②],再有人降而至汉代[③],甚至有人认为发

[①] 如何文焕就在《历代诗话序》中说:"诗话于何昉乎?赓歌纪于《虞书》,六义详于古序,孔孟论言,别中远旨,《春秋》赋答,都为断章。"

[②] 如姜曾《三家诗话序》说:"吴札观乐,不废美讥;子夏序诗,并论哀乐:即诗话之滥觞也。"秦大士《龙性堂诗话序》说:"诗话之由来尚矣。'思无邪',孔子之诗话也。'不以文害辞,不以辞害志',孟子之诗话也。"

[③] 如陆圻《诗辩坻序》说:"然则辨诗者何昉乎?语有之:《国风》好色而不淫,《小雅》怨诽而不乱。'辨之始也。"其"《国风》好色而不淫,《小雅》怨诽而不乱"一语,乃西汉淮南王刘安《离骚传》中评《诗经》之语,见《史记·屈原贾生列传》。

端于南朝宋代的《世说新语》①。这些意见,或从内容着眼,或从形式考虑,或主于议论,或重于记事,都有某种合理的因素,对于研究中国古代文学批评的形成和发展打开了思路,具有积极的意义。再如关于文学批评的价值与功用问题,在这类著作中也多有讨论,并不简单地认为"诗话兴而诗亡"②。"夫文心者,言为文之用心也"(《文心雕龙·序志》),大凡早期的文论著作多强调自己的批评是为创作服务的,到何文焕序《历代诗话》时还认为诗话是"骚人之利器,艺苑之轮扁"。那么怎样的文论著作才是"骚人之利器"呢? 有人强调只有能把握住"诗家三昧"即诗的艺术特征的诗话才是上乘之作,否则"杂出蔓辞,殊不强人意"(王铎《麓堂诗话序》)。而有的则比较侧重在遣词造句、使事用典等具体的写作方面,如《彦周诗话》开头就说:"诗话者,辨句法,备古今,纪盛德,录异事,正讹误也。"许彦周的这段话,兼顾了"文"与"史"的两个方面,还照顾到大量的记事性诗话的资料价值的问题。不过在中国古代,在传统的经史观主导下,理论家们还是十分强调为"诗教"服务的功能。章学诚在《文史通义·诗话》中论及诗话除了"论诗论文"之外,还兼具"传记"、"小学"(训诂)、"杂家"(笔记)的作用,而归根到底则"期于诗教有益而已矣"。有的论者还说得十分尖锐,如沈洵在肯定《韵语阳秋》"有益名教,若悖理伤道者,则反复评论,折衷取予,以示劝戒"后说:"振六义于古诗既亡之后,发奥赜于灵均未睹之先,又岂若世之评诗者,徒揣其句语之工拙,格律之高下,而屑屑于月露风云、花木虫鱼形状之间而已哉!"这显然是把宣扬诗教放在首位的。总之,他们已各有侧重地论及了文学批评具有阐发艺术理论和指导写作的价值之外,还谈到了它的社会作用和资料价值等各个方面。诸如此类,在诗话、文话、序跋、杂记类的论述中,较多地接触到了有关文学批评的一些根本性的问题,因而尽管比较分散,但不能不引起我们的重视。

---

① 如方世举《兰丛诗话序》说:"晋谢太傅问兄子玄:'诗以何句为佳?'玄举'昔我往矣,杨柳依依'四语,太傅举'訏谟定命,远猷辰告'二语,盖各道其将相襟怀也。然已开诗话之端。"

② "诗话兴而诗亡"语见钟廷英《全宋诗话序》。有这种观点的如元·赵文《青山集·郭氏诗话序》说:"诗话盛而诗愈不古。"明李东阳《麓堂诗话》说:"唐人不言诗法,诗法多出于宋,而宋人于诗无所得。"杨慎批点《文心雕龙·明诗》说:"宋之腐儒不知诗,作诗话、诗谈、诗格、诗评,无一可采,误人无限。"清吴乔《答万季野诗问》说:"唐人精于诗而诗话少,宋人诗劣于唐而诗话乃多。"

四

在理论性的批评中,最为直接且富有民族特点的样式是评点。前述《二十四诗品浅解》《诗品臆说》等著作,实际上已介于注、评之间,古代对于《文选》、钟嵘《诗品》、《沧浪诗话》等著作进行校注时,也简或有评点笺释之语,另外如清代贺裳的《载酒诗话》、袁枚的《随园诗话》等也有批本。在小说戏曲评点方面,如金圣叹对袁无涯本《水浒》评点的批评,毛纶、毛宗岗父子对所谓李卓吾评点《三国》的批评,张竹坡对崇祯本《金瓶梅》评点的批评,周昂对于金批《西厢》的批评,都发表了不少独到的见解。特别是文龙在批《金瓶梅》时,针对张竹坡的评点方法与态度,提出了一些很值得注意的看法。张竹坡评点《金瓶梅》是接受了金圣叹"经我手眼批过,便是圣叹之《西厢》,而非王实父之《西厢》"的观点,自称其评点是"穷愁著书","我自作我的《金瓶梅》"(张竹坡《第一奇书非淫书论》),带着强烈的主观色彩来阐释、批评作品的。金、张的批评确是一种明显的再创造,但他们的阐释难免有不少地方偏离了作品的本意。这在文龙看来就是失"真"。他特别不满张竹坡为了与明末《新刻绣像批评金瓶梅》的评点唱反调而故意"痛恶月娘"、"偏袒春梅"、"深许玉楼"。在第十八回批中说:

> 批此书者,每深许玉楼而痛恶月娘,不解是何故?夫批书当置身事外而设想局中,又当心入书中而神游象外,即评史亦有然者,推之听讼解纷,行兵治病亦何莫不然。不可过刻,亦不可过宽;不可违情,亦不可悖理;总才学识不可偏废,而心要平,气要和,神要静,虑要远,人情要透,天理要真,庶乎始可以落笔也。

在文龙看来,"作书难,看书亦难,批书尤难"。难就难在"真"和"细"两个字上(第二十九回评)。而要达到这个境界,批书者必须具备以下四个条件:一,平时需有才学识的全面修养;二,临批时要心入书中,悉心体会,又要能置身事外,保持距离,既要进行主客观的交流,又要保持主客观的平衡;三,要准情度理,坚持原则,决不可"故示翻新","有成见而无定见,存爱恶而不酌情理",或"爱其人其人无一非,恶其人其人无一是";四,要有一种公正的批评态度和良好的批评情绪,所谓"心要平,气要和"。以上所谈,实际上关系到文学批评中两种不同的方法：一种是"六经注我"式的阐释性批评；另一种是"我注六经"式的还原式的批评。可惜的是，不能起金圣叹、张竹坡于地下，来与文龙一辩。但这个问题直到现在还是不同的人有着不同的看法，因为它们各有存在的合理性。

文龙等评点对于前人的批评提出了比较明确的批评，但在中国古代的文学批评史学史上，最为集中，也最有代表意义的无疑是有关《文心雕龙》的评点。

今存最早对《文心雕龙》作评点的是杨慎（1488—1559）。明代闵绳初在《文心雕龙引》中说："若夫握五色管，点缀五色文，则吾明升庵杨先生实始基之。"明代的另一位《文心雕龙》的序作者顾起元也说："升庵先生酷嗜其文，咀哜菁藻，爰以五色之管，标举胜义，读者快焉。"所谓"握五色管，点缀五色文"，即用五种颜色来加以圈点。杨慎在《与张禹山书》中对自己的这一工作曾有这样的说明：

> 批点《文心雕龙》，颇得刘舍人精意。此本亦古，有一二误字，已正之。其用色：或红，或黄，或绿，或青，或白；自为一例，正不必说破，说破又宋人矣。盖立意一定，时有出入者，是乖其例。人名用斜角，地名用长圈。然亦有不然者，如董狐对司马，有苗对无棣，虽系人名地名，而俪偶之切，又当用青笔圈之，此岂区区宋人之所能尽，高明必契鄙言耳。

杨慎批点的原本早佚，好在明末的一些校刻评注本大都还不同程度地保存了它的风貌。大致看来，他的五色圈点主要是关系到文章的用语章句之妙。这正如明代徐㶿在其校本的题记中说："杨用修批评圈点，用朱黄杂色为记，又自秘其窍，不烦说破，以示后人，大都于其整严新巧处而注意也。"因此，这种五色圈点既并不十分明确，所谓"义隐未标"（曹学佺《文心雕龙序》），又主要还是把《文心雕龙》作为一部文学作品来加以批评的。这种批评，尽管也关系到对其文论思想的正确认识，也可以说是对于文论著作的一种研究，但毕竟不是对于《文心雕龙》的文学理论学批评的直接批评。杨慎从文学理论批评的角度上对于《文心雕龙》的批评主要见他的少量的批语中。

在现存的徐㶿校本、梅本、凌本等评校本中，保存的杨批仅十余则，数量极少。这些批语，有的还是停留在对《文心雕龙》的用词造句的点评上，如《辩骚》篇"童蒙者拾其香草"句下批曰:"'拾其香草',尤奇句。"在《论说》篇的"经无论字"下,指出"《书》有'论道经邦',已有'论'字矣"①。但有的则是在这类批评的基础上对刘勰的批评有所补充和发挥,如评《辩骚》篇的"《招魂》、《招隐》,耀艳而深华"两句曰:"'耀艳深华'四字,尤尽二篇妙处,故重圈之。皮日休评《楚辞》'幽秀古艳',亦与此相表里。予稍易之云:《招魂》耀艳而深华,《招隐》幽秀而古朗。"这里将皮日休语稍易一字而将《招魂》、《招隐》两篇分而论之,就评得更是恰到好处。这实际上就是对《文心雕龙》的个别观点作了较为婉转的修正。也有时,他就运用刘勰的观点去进一步评价具体的作品,如在《情采》篇刘勰论"为情而造文"和"为文而造情"之后,他批曰:"屈原《楚辞》,有疾痛而自呻吟也;东方朔以下拟《楚辞》,强呻吟而无疾痛者也。"杨慎在对《文心雕龙》的批评中,对于众说纷纭"风骨"的解释应该引起我们的重视。他在《风骨》的篇名下批曰:

　　此分风骨之异,论文之极妙者。

在"若能确乎正式,使文明以健"句下又批曰:

　　引"文明以健",尤明切。明即风也,健即骨也。诗有格有调。格犹骨也,调犹风也。
　　左氏论女色曰"美而艳"。美犹骨也,艳犹风也。文章风骨兼全,如女色之美艳两致矣。(一本此批在标题下)

这里用了一连串的比喻来说明了"风"与"骨"的涵义,即文章外在风貌的生动明艳和内在品格的劲健高美。这一说法,对于正确理解刘勰笔下的"风骨"不无参考价值。杨慎在批语中,有时就借题发挥,直接表明了自己论诗重情的观点。如《明诗》篇在解释"诗"的概念时说:"诗者,持也,持人情性;三百之蔽,义归无邪,持之为训,有符焉尔。"杨慎于此进一步说:"《仪礼》:'诗附之。'又云:'诗怀之。'皆训为持。此'诗者持也'本此。千古诗

---

① 后纪昀在此纠正杨慎的这一说法曰:"观此,知《古文尚书》梁时尚不行于世,故不引'论道经邦'之文。然《周礼》却有'论'字。"

训字,独此得之。宋人说诗,梦寐不到此,盖宋人元不知诗为何物也。"接着又说:"宋之腐儒,不知诗,作诗话、诗谈、诗格、诗评,无一可采,误人无限。与其观宋人之书,何不观此。至言不出,俗言胜也。然可语此,世亦无几人,唯吾禺山可也。"这实际上就在表明自己对于"诗"及宋人诗话的看法,与《杨慎诗话》卷四所论"唐人诗主情,去《三百篇》近;宋人诗主理,去《三百篇》却远矣"是一致的。至于从批评的方法上看,杨慎除了直接地批评得失、阐发涵义之外,还较注意比较。例如,他将《文心雕龙》与同时代的《诗品》作了比较。在《明诗》篇中就有两则这样的批语:

> 此评古之诗直到齐梁,胜钟嵘《诗品》多矣。
> 评《古诗十九首》得其髓者。钟嵘评《十九首》云:"文温以丽,意悲以远,惊心动魄,一字千金。"与此互相发。

《文心雕龙》可能成书于齐末,前一则虽然说得并不十分准确,但其精神在于肯定《文心雕龙》所批评的诗歌的时间跨度大,比较了两书的短长,这无疑是正确的。后一则在比较中认为两书各有千秋,态度是比较客观、平允的,并不如后来者胡应麟等认为两者不能相比[①]。杨慎的这种比较,不但在同一的文学批评的范围内进行,而且将视野扩展到其他艺术领域。在《风骨》篇的"唯藻耀而高翔,固文笔之鸣凤也"句下,他又写下了如下的评语:"此论发自刘子,前无古人。徐季海移以评书,张彦远移以评画,同此理也。"这种影响比较,不但肯定了刘勰理论的原创性,而且揭示了诗与书、画具有相同的艺术规则。总之,杨慎的批语尽管简略,但在中国古代的文学批评学史上还是很有价值的。

杨慎之后,晚明有许多文坛名家如陶望龄、陶主敬、陈仁锡、曹学佺、叶绍恭、钟惺等人分别对《文心雕龙》进行了评点。这些人的评点,除了叶绍恭主要用篇末总评的形式稍作发挥之外,一般都继承了杨慎的评点风格,用三言两语作眉批或夹批,对《文心雕龙》的行文或理论批评作出评价。这些评点,一般发明不多。如钟惺评本,只有个别地方通过批评《文心雕龙》而发表了自己有关文学与文学创作的看法,如《原道》篇批"文之为德也大矣,与天地并生者何哉"

---

① 胡应麟《诗薮内编古体中》:"萧统之《选》,鉴别昭融;刘勰之评,议论精凿。钟氏体裁虽具,不出二书范围。至品或上中倒置,词则雅俚错陈,非萧、刘比也。"

道:"文章直以天地发原,岂词人小技?"批《神思》篇"然后使玄解之宰,寻声律而定墨;独照之匠,窥意象而运斤"时道:"文章能事于此,思过半矣。"不过这些见解比较一般化,较有钟惺理论特色的是《隐秀》篇批"隐也者,文外之重旨者也;秀也者,篇中之独拔者也"时道:"隐秀二字,将文章家一种幽冷之趣道出。"这可使人们相信这部钟惺观点有些接近的评本可能不是伪作。在钟批中,大量的批评是指出刘勰所论历代作家、各种文体及表现手法的准确性。如《明诗》篇在正文"王、徐、应、刘,望路而争驱……"处批曰:"评品历代诗人,无不曲当。"在《乐府》篇正文"故知诗为乐心,声为乐体"处批道:"分别乐心、乐体,何等精微。"在《颂赞》篇"原夫颂惟典雅,辞必清铄,敷写似赋,而不入华侈之区"处批道:"颂之精微,数语道尽。"一句话,正如在《书记》篇中的批语曰:"种种体裁,莫不曲为画出,而此特妙。"应该说,这样的批点意义不大。在钟批中稍有意思的是,他也比较注意批评了《文心雕龙》本身的文采。如《祝盟》篇"土反其宅,水归其壑,昆虫毋作,草木归其泽"处批道:"二词之妙,可采入逸诗。"在《诏策》篇批"故授官选贤,则义炳重离之辉;优文封策,则气含风雨之润"处道:"采色耀日,称之雕龙非过。"如此等等,看法都比较肤浅。其他如陈仁锡、叶绍恭等人的批评也大都如此,缺乏精见。比较起来,曹学佺(1574—1647)的评点最有文学批评史学的眼光。曹氏本身能诗,有《石仓十二代诗选》等不少编著。王士禛《池北偶谈》卷十七《谈艺七》有一则"曹能始"曾给予高度评价:"明万历中年以后,迄启、祯间,无诗。惟侯官曹能始宗伯学佺诗得六朝、初唐之格。一时名士如吴兆、徐桂、林古度辈皆附之,然海内宗之者尚少。钱牧斋所折服,惟临川汤先生义仍与先生二人而已。"他的评点是在认真校勘、深入研究《文心雕龙》的基础上作出的,故能对《文心雕龙》的整个构架和体系有所探索和概括。在其评本的序言中说:

> 《雕龙》上廿五篇,诠次文体;下廿五篇,驱引笔术;而古今短长,时错综焉。其《原道》以心,即运思于神也;其《征圣》以情,即体性于习也;《宗经》绌纬,存乎风雅;《诠赋》及余,穷乎变通。良工苦心,可得而言。

他以《原道》、《征圣》、《宗经》为纲,力图勾画出五十篇之间的内在联系,具有一定的识力。他的批评的独特性,尤突出地表现在抓住了两个字:一个是"心"字,另一个是"风"字。他说:"此书以心为主,以风为用,故于六艺首见之,而末则归之以文,所谓丽而不淫,即雕龙也。"(《宗经》篇评)关于"此书以心为主"的观点又见之于《原道》、《乐府》等篇的评点。如《原道》篇开头,刘勰在谈文章的根本时,从天、地谈到人,认为人是"天地之心";又从人谈到"心生而言立"云云;显然"人"之有"心"是文学创作的枢机,也是使文章与天地间动植山泉等万品"无识之物,郁然有彩"区别的关键。因此,曹学佺在这里指出道:"先提起心字,而后及有心、无心之别。"使人一开始就对"心"字引起注意。在《乐府》篇"诗为乐心,声为乐体"句下,他又评曰:"先心后器,先诗后声,此极得论乐府之体。"我们结合《文心雕龙》的书名和《序志》篇刘勰说:"夫文心者,言为文之用心也。"以及文学创作的根本特点来看,曹氏抓住一个"心"字确为抓住了要害。再看他论"风":

> 风骨二字虽是分重,然毕竟以风为主。风可以包骨,而骨必待乎风也;故此篇以风发端,而归重于气,气属风也。(《风骨》篇评)
> 古今一风也。通变之术,亦主风矣。(《通变》篇评)
> 势亦主风,射矢、曲湍之喻,往往见之。(《定势》篇评)
> 声律以风状,知风则律调矣。(《声律》篇评)
> 外听,风声也;内听,风骨也。(同上)
> 时序者,风之递降也。观风可以知时,如薰风主夏,朔风主冬之类。(《时序》篇评)

诸如此类,他在具体的评点中多处论及了"以风为用"。这里所说的"风"显然有两种不同的含义:一种是指作家作品所呈现的风貌;另一种是指时代的风貌。但从其序言来看,他所理解的"风"则具有更深广的意义。他说:

> 夫云霞焕绮,泉石吹籁,此形声之至也;然无风则不行。风者,化感之本原,性情之符契。诗贵自然,自然者,风也。辞达而已,达者,风也。纬非经匹,以其深瑕;歌同赋异,流于侈靡;郡国文计,先集太史之府;诸家诡术,不应贤王之求。以至词命动民,有取于巽;谐隐自喻,适用于时;岂非风振则本举,风微则末坠乎!故《风骨》一篇,归之于气,气属风也。文理数尽,乃尚《通变》,变亦风也。刚柔乘利而《定势》,繁简趋时而《熔裁》,律调则标清而务远,位失则飘寓而不安,风刺道丧,比兴之义已消;物色动

摇,形似之工犹接。盖均一风也:袭兰转蕙,足以披襟;伐木折屋,令人丧胆。倏焉而起,不知所自;倏焉而止,不知所终。善御之人,行乎八极;知音之士,程于尺幅。勰不云乎:"深于风者,其情必显。"勰之深得文理也,正与休文之好易合;而勰之所以能易也,则有风以使之者矣。

在这里,他用更明确和系统的语言说明了"风"不仅是外部的表现,而且也是诗歌创作与发展的动力,乃至是贯串各个方面的灵魂,它与内部的情志相生相成,所谓"以心为主,以风为用"。这就是他所理解的一部《文心雕龙》的要义。曹学佺的这种批评,有时不免使人有牵强之感,但显然不是运用了流行的观点信手批点而成,而是经过了精心研究、独立思考之后所下的结论。他的批评,使人们比较清楚地看到了一种文学批评史学的独立意识。

至清代,又有黄叔琳、纪昀、李安民及清谨轩抄本等评点。李安民的评点都作旁批,篇篇都有;清谨轩本则是篇评,且为选本。它们的评语都比较简略,如李安民评《原道》篇有四处:

"夫岂外饰,盖自然耳"旁批:"自然之文,至文也。"
"唐虞文章,则焕乎始盛"旁批:"只从唐虞说起,在尔时为卓见。"
"雕琢情性,组织辞令"旁批:"书只论文,故专就文上说,然终肤浅。"
"道沿圣以垂文,圣因文而明道"旁批:"一语简要。"

再看清谨轩本的评语风貌:

《原道》篇:原文之由于道,振古圣绪,独见其源。
《诠赋》篇:较之《文赋》,更博,更腴,诚丽笔也。
《风骨》篇:六朝之文,莫要于骨,莫妙于风,兼而论之,得指归矣。
《时序》篇:古今人才,不能出其范围。论世论人,两获其隽。
《才略》篇:古今论文之家,殊无此典博妍秀之作。

这类批语,有的从文章作法上着眼,也有的是从文学批评学的角度上着墨的,其中自有他们的真知灼见,但总体上看,他们的这些评点少有警策之处,又加上其人不显,故其书流传不广,至今都已很难觅见。与此相反,受知于康熙、雍正、乾隆三朝的显官黄叔琳(1672—1756)的《文心雕龙辑注》一直声名赫赫,成为范文澜《文心雕龙注》之前最为通行的本子。其实,黄本的校、注、评多出自其门客之手,其校、注主要袭取了梅庆生、王惟俭、何焯的成果①,而其评点也乏真知灼见,相反错误倒不少,仅被纪昀指摘的就有十余条之多。如《乐府》篇就有两处。一处是正文"暨后郊庙,惟杂雅章,辞虽典文,而律非夔旷"下,黄评曰:"声诗始判。"纪驳曰:"声诗自古本判,不始于此。此评似是而非。"另一处是正文"子建士衡,咸有佳篇,并无诏伶人,故事谢丝管,俗称乖调"下,黄评曰:"唐人用乐府古题及自立新题者,皆所谓'无诏伶人'也。"纪驳曰:"唐伶人所歌,皆当时之诗也。此评未确。"因此,黄叔琳《辑注》本的名与实是有距离的,难怪黄叔琳本人也"晚年悔之,已不可及矣"(聂松岩题记)。不过,《辑注》本毕竟综合了前人的一些成果,给一般读者带来了方便,这也就不难理解它之所以比较流行的原由了。

在《文心雕龙》的评点史上,用力最勤、成就最大的无疑是纪昀。纪昀(1742—1805)其人,可说是我国古代最具文学批评史学思想的人。我师朱东润先生早在三十年代就在《中国文学批评史大纲》中指出了这一点:"自古论者对于文学批评用力之勤,盖无过纪氏者。""晓岚对于文学批评之贡献,最大者在其对于此科,独具史的概念,故上下千古,累累如贯珠,其语见于嘉庆丙辰、壬戌两科会试策问。"今转引嘉庆丙辰会试策问如下:

> 齐梁绮靡,去李杜远甚,而杜甫以阴铿比李白,又自称"颇学阴何",其何故也?苏黄为元祐大宗,元好问论诗绝句,指为"沧海横流",其故又何也?王孟清音,惟求妙悟,于美刺无关,而论者谓之上乘;元白讽谕,源出变雅,有益劝惩,而论者谓之落言诠,涉理路;然欤否欤?击壤流为濂洛风雅,是不入诗格者也,然据理而谈,亦无以难之;《昌谷集》流为铁崖乐府,是破坏诗律者也,然嗜奇者众,亦不废之;何以救其弊欤?北地、信阳以摹拟汉唐,流为肤滥,然因此禁学汉唐,是尽偭古人之规矩也;公安、竟陵以"荜甲新意",流为纤佻,然因此恶生新意,是锢天下之性灵也,又何以酌其中欤?

---

① 参见王利器《文心雕龙校证》附录二《序跋》及詹锳《文心雕龙义证》中的《〈文心雕龙〉版本叙录》。

这一连串的问题都是文学批评史的问题。以此策士，确属创格，难怪"壬戌三场会试，四千人中除一卷外，于此条无置答者"。这足以说明纪昀的文学批评史学的思想在中国古代还是曲高和寡，卓立不群。至于纪昀在文学批评学方面的实绩，除了作为总纂官的《四库总目提要》之外，即还有《文心雕龙》、《史通》、《瀛奎律髓》、《玉台新咏》及李商隐、苏轼、陈师道等人诗歌的评点。这些评点中不少是对文学作品的批评，也有对于史学著作的批评，但《文心雕龙》的评点，则是正宗的对于文学批评的批评。

《原道》篇是《文心雕龙》开宗明义的一篇文章。刘勰自己说："盖文心之作也，本乎道。"(《序志》)曹学佺抓住了一个"心"字，纪昀则抓住了一个"道"。纪昀在篇名下批曰：

> 自汉以来，论文者罕能及此。彦和以此发端，所见在六朝文士之上。
> 文以载道，明其当然；文原于道，明其本然。识其本，乃不逐其末。首揭文体之尊，所以截断众流。

纪昀作为古代封建社会中的一个文学侍臣，打出卫"道"的旗帜是不难理解的。问题是我们对于刘勰提出的"道"以及纪昀所理解的"道"应当作具体的分析。在六朝文士偏重表现形式的时代，强调文原于道，的确有"截断众流"的积极意义。而更重要的是，纪昀所肯定而加以阐发的乃是刘勰所提倡的"自然之道"。所以纪昀在这一篇中紧接着批道："齐梁文藻，日竞雕华，标以自然为宗，是彦和吃紧为人处。"在《隐秀》篇，纪昀用更明确的语言指出道：

> 纯任自然，彦和之宗旨，即千古之定论。

围绕着追求"自然"的艺术境界，纪昀从创作的心态、文章的组织，乃至用词、声律等作了多方面的阐发：

> 意在游心虚静，则腠理自解，兴象自生，所谓自然之文也。(《神思》篇评)
> 自篇首至"自然之势"一段，言文各有自然之势。
> 自"绘事图色"以下，言势无定格，各因其宜，当随其自然而取之。

(《定势》篇评)

　　此又深入一层,言宫商虽和,又有自然、勉强之分。(《声律》篇评)

　　胸富卷轴,触手纷纶,自然瑰丽,方为巨作。若寻检而成,格格然着于句中,状同镶嵌,则不如竟用易字。文之工拙,原不在字之奇否。沈休文三易之说,未可非也。若才本肤浅,而务于炫博以文拙,则风更下矣。(《练字》篇评)

于此可见,纪昀是以"自然"为宗旨来论《文心雕龙》的,这不能不说是抓到了《文心雕龙》的痒处的。

　　纪昀之所以重视刘勰的"自然之道",一方面是从文学的特点出发的,另一方面也是由于他把刘勰放在自汉至六朝文学及文论发展的背景上考察而必然得出的结论。换句话说,纪昀评《文心雕龙》的另一个特点即是注意从时势的实际出发。他曾在《情采》篇的评中正面解释了刘勰标举"自然之道"的目的说:"齐梁文胜而质亡,故彦和痛陈其弊。"在许多篇章的批评中,纪昀揭示了《文心雕龙》救时补弊的意义,如《诠赋》篇评道:"篇末侧注小赋一边言之,救俗之意也。舍人洞见症结,针对当时以发药。"《杂文》篇评曰:"仍归重理一边,见救弊之本旨。"在《通变》篇中又说:"齐梁间风气绮靡,转相神圣,文士所作,如出一手,故彦和以通变立论。"这些都指出了刘勰立论的基础。值得令人注意的是,纪昀结合时势来论文评,既肯定了刘勰的立论在沧海横流之时能"截断众流",又能指出即使刘勰也不能免俗,不能不受到时风的影响。如《诏策》篇评指出:"彦和之意,似以魏晋为盛轨,盖习于当时之所尚。"在《正纬》篇篇名下评曰:"此在后世为不足辩论之事,而在当日则为特识。康成千古通儒,尚不免以纬注经,无论文士也。"的确,不论是如刘勰般的"文士",还是郑玄那样的所谓"通儒",谁都不免会受到时风的影响谁都难以摆脱时代的局限。就是从文章的角度来看,纪昀也指出刘勰仍"不脱六代俳偶之习也"(《宗经》篇评)。纪昀的这种批评能从历史出发,是实事求是的。

　　纪昀基于否定六朝绮靡的文风而肯定了刘勰的文论,但可贵的是他并没有因此完全否定六朝的文学。特别是从韩愈"文起八代之衰"的理论风行之后,人们往往将六朝文学一笔抹煞,尤其是对声律、骈偶、夸饰等常常归之于形式主义而全盘否定。其实,文学作为用语言来表现美的一种样式,其语言形式的美同样不可忽视。纪昀在评论刘勰的文论时对这一点是有比较清醒的认识的。他一方面强调文章内容的充实与真实是"论文之本"(《祝盟》篇评),"诗之本源"即在于"持人情性"(《明诗》篇评);但另一方面也并不简单地排斥语言形式的美。这在《声律》篇的评点中表现得十分明确。他就在标题下作批,指出声律之不可废,且批评了钟嵘"直寻"说的片面性:"齐梁文格卑靡,此学独有千古,钟记室以私憾排之,未为公论也。"与此相同,在《丽辞》篇标题处又评道:"骈偶于文家为下格,然其体则千古不能废。其在六代,犹为时尚,故别作一篇论之。"这说明了纪昀与刘勰一样,都是在强调文学的思想内容时,也十分注意文学的艺术特性的。这在《夸饰》篇的评点中,同样也有清楚的表述:"文质相扶,点染在所不免。若字字摭实,有同史笔,实有难于措笔之时。彦和不废夸饰,但欲去泰去甚,持平之论也。"这都说明了纪昀对于文学的艺术特点和形式美是有清醒的认识的。

对于文学批评家的批评态度与方法,纪昀也是比较注意的。他一贯主张作"持平"之论(参见《书徐节妇传后》、《壬戌会试录序》等)。在整个《文心雕龙》评点中,他一方面批评了刘勰,以及杨慎、曹学佺、黄叔琳等人的许多问题,同时也注意吸取了他们的不少长处,例如曹、黄等善将《文心雕龙》与《诗品》、《史通》等作比较,在肯定刘勰的观点时好将其意义扩大化而以此来评价后来的作家作品,这些批评方法纪昀都作了继承和发展。他高度肯定了刘勰作批评时能发"通人之论"(《征圣》篇评),说"甘苦之言"(《练字》篇评),以及能作巧妙的比喻(《声律》篇评)等。但他也不时指出刘勰在批评中存在的一些态度与方法上的问题。这主要是:一、附会。第一篇《原道》正文"言之文也,天地之心哉"处,纪昀就指出:"此解《文言》,不免附会。"《诏策》篇"命之为文,制性之本"处也批道:"'制性之本',句似精奥而实附会。"二、强作分析。《宗经》篇道:"论说辞序,则《易》统其首;诏策章奏,则《书》发其源;赋颂歌赞,同《诗》立其本;铭诔箴祝,则《礼》总其端;纪传盟檄,则《春秋》为根。"这种以六经为各种文体的源头的说法,尽管后人也有附和,但毕竟比较勉强,故纪昀批道:"此亦强为分析,似钟嵘之论诗,动曰源出某某。"三、装点门面。此与不可说而强说不同,乃是不必说而多说。刘勰作《征圣》篇,纪昀就认为"此篇却是装点门面。推到究极,仍是《宗经》"。于第一段文字处又接着批道:"此一段证实《征圣》,然无紧要。"四、矫枉过正。《乐府》篇曰:"《桂华》杂曲,丽而不经;《赤雁》群篇,靡而非典。"纪昀认为这里对两类作品一扬一抑都失过分,故批道:"《桂华》,安世房中歌之一也,尚未至于不经,此论过当。《赤雁》等篇,亦不得目之曰靡,论亦过高。盖深恶涂饰,故矫枉过正。"诸如此类,都说明真正做到如刘勰在《知音》篇中所说的"平理若衡,照辞如镜"还是十分困难的。

除了《文心雕龙》等评点之外,纪昀在《四库总目提要》以及《纪文达公遗集》中还发表许多文评学方面的意见,其数量之多、见解之精,无疑在中国古代是首屈一指的。他在这方面留给我们的遗产还有待于进一步挖掘和研究。

当回顾了中国古代研究文学批评的历史过程之后,再对照上世纪二十年代以来的文论研究,可以清楚地看到两者之间的联系和发展,从而有助于我们进一步明确努力的方向。首先我们看到,现代的研究并没有脱离传统,不存在什么"断层"的现象。这个传统包括观点和方法两个方面。从陈中凡的《中国文学批评史》中,我们不难找到《四库总目提要》的影子。在以后汗牛充栋的文论著作中,引用古人观点的实例触处可见。至于一般的传统的研究方法,也一直在沿用。特别如对《文赋》、《诗品》、《文心雕龙》等名著的校注笺证及文论著作的类编选注等方面,取得了极大的成绩。但同时也应该看到,现代的研究确实有一个飞跃。这关键是吸取了西方的文艺理论和文学批评的思想,从而完全自觉地把"文学批评"当作一门学问来研究,鼓起了一大批学者的研究热情,极大地拓展了研究的视野,涌现了大量的研究成果。这些研究,在思维方法上也有了很大的变化,主要表现在注重思辨性和系统性。这就使现代的研究成果不但在表现形态上与古代大不相同,而且在评论分析方面也显得更为细致而深入。现在,我们面对现实,又回首过去,就不难发现近一百年来的研究还存在着不少问题。其中一种突出的表现,就是对原始材料不作系统清理与考辨,简单地搬用某种外来的理论去比附古人,夸夸其谈,大言欺人。这就难以得到正确的结论,也无助于当代文学理论的建设。因此,传统的研究方法还不能彻底抛弃,有的薄弱的环节恰恰还有待于进一步加强。只有这样,中国古代文学批评的研究在二十一世纪才有望能更上一层楼。

1999年5月初稿
2003年7月修改

(《文心雕龙汇评》,上海古籍出版社2005年6月版)

《中国历代小说批评史料汇编校释》弁言

　　1978年,我受命编写复旦三卷本《中国文学批评史》的小说批评部分。在此之前,对于中国小说批评的研究只有一些零星的成果,并无集中的材料与系统的论述。当时,放在我面前有两条路:一条是拣一些大家熟悉的名家名著,分章分节地加以论述;另一条则是从全面地搜集原始材料起步,向着构建一部完整的小说批评史的目标前进。我毫不犹豫地选择了后一条路。当时的治学条件与现在不能相比,要走进尚未完全启封的书库,从浩如烟海的小说序跋、笔记丛谈、批点专论,乃至小说杂志上搜求、抄录与鉴别小说批评的资料,并非易事。好在当时还年轻,脚算勤,手也快,路遇的种种荆棘与钉子并没有使我停下脚步,终于完成了编写小说批评史的任务。与此同时,作为副产品的《中国历代小说论著选》上下两册,在师兄陈俊山、韩同文的帮助下,也陆续出版。想不到此书的问世,一时还有不小反响。中新社、《人民日报》、《光明日报》、上海《文汇报》、香港《大公报》及《文学评论》、《书林》等纷纷作了报道和评价。当时的海南大学文学院院长、《明清小说理论批评史》的作者周伟民教授就说此书使"中国历代小说理论批评材料第一次得到全面的发掘和整理",标志着"这一研究领域浩大的资料工程至此基本完成"。时任江苏社科院文学所所长的陈辽先生也盛赞此书"集代表性、独创性、科学性篇目于一书",充分显示了"选家眼力,注家功夫,史家胆识"。一些朋友告诉我,他们在指导学生治中国古代小说批评史和小说史时都将它指定为必读书。出版社也将它重印并出版修订本。朋友们的鼓励给了我不小的压力,使我感到十分惶恐。因为我知道,由于自己学力不足,再加上条件的限制、时间的仓促,此书还存在着许多问题。比如,当年善本难借,有的材料不得不用其他版本代替;材料用手抄,鱼鲁亥豕之讹往往难免。更何况时代在进步,新的材料不断发现,新的观点层出不穷,即使是后来出的修订本,不尽如人意处仍随处可见,因此我一直想有机会能做一部更好的小说批评史料学著作。

　　大约在2000年前后,百花洲文艺出版社的朱光甫先生策划组织一套历代文学论著丛书。他知道我在小说学资料的整理方面做过一些工作,且有继续做下去的想法,便邀请我承担其中的小说学部分。当时考虑到出版社要稿的时间较短,而自己的杂事太多,实在难以如期完成,遂邀学生罗书华参与其事,由我选定篇目,书华负责按照丛书体例进行校、注、释。企望在以前工作的基础上,借鉴和参考其他学者的相关研究成果,有所提高和创新,从而为中国小说批评史料学的建设再出一点力。

　　本书校释工作开始于2000年,2002年完成初稿,2004年交出二稿,到现在交出定稿,历时整整十年,反复校稿六七遍。在经历一番曲折跌宕之后,终于要正式出版印行了。在这里要特别感谢一切为小说批评付出过心血的同行们,特别是我以前的合作者韩同文先生。本书的校释借鉴和参考了大量相关著作与成果,抱歉的是,由于体例的限制,我们无法一一具体标明,只是在篇末笼统地列出了一份参考文献。这里还要特别感谢朱光甫先生为本书做出的贡献:始则有他的动议与约请;中则得益于他的宽限与督促;最后又靠他与出版社其他领导的坚持。王运熙先生、孙逊先生为本书热情推荐,全国古籍整理出版规划领导小组及评审专家们将本书遴选为年度出版资助项目,雪中送炭,为本书的出版助了一臂之力,自当铭记。

　　在此书即将面世之际,我们既感到高兴,又不免有点惶恐,这些年来,我们尽管作了一定的努力,但还是唯恐在选目、标点、注解与评释各方面存在这样那样的疏误,未必能达到事前设定的学术目标,这是有待于读者朋友们的批评与指正的。

2009年夏

(《中国历代小说批评史料汇编校释》,
百花洲文艺出版社2009年10月版)

《中国小说研究史》引言、后记

引　言

本书是一部"中国小说研究史",也就是一部论述有关中国研究小说的历史。这里就有两个概念必须先予界定:一个是"小说",另一个是"研究"。中国古代的"小说",是一个十分宽泛而流动的概念。目前学界一般的意见是,将先秦的神话、传说、寓言等"丛残小语",到汉魏六朝的志人琐记、志怪录异,而到唐代传奇、宋元话本,乃至明清时代人物众多、故事复杂的长篇小说,都称之为小说。这种既考虑到小说应有人物和故事的具体特点,又照顾到中国古代小说发展的前后因缘的看法,我们认为是可取的。与此不同的是,假如像古人那样过宽地将诸如《容斋随笔》、《梦溪笔谈》之类的"丛谈"、《鼠璞》、《鸡肋篇》之类的"辨订"和《颜氏家训》、《劝善录》之类的"箴规"(参见胡应麟《少室山房笔丛·九流绪论》)都归入"小说家"内,或者像现代某些学者那样过严地以有完整故事的唐传奇开始,甚至以个人独立创作的《金瓶梅》开始才承认其"小说"的成立,都是我们所不敢苟同的。因而本书所论,作为被研究的对象的"小说",是包括从先秦的"短书"到清末的长篇,对唐以前有故事和人物意味的作品从宽对待,对无小说意味的文字一律不取。至于"研究"一词,指花工夫推求事理。从方法来讲,当包括考订、训诂、批评、欣赏等诸多方面,从目的而言,有探索思想的真谛、艺术的奥秘,乃至字句的原义、故事的来源、作者的面目、版本的真伪等不同的追求。因而小说研究史当不同于目前一般的小说批评史、小说美学史,乃至小说史,而应照顾到研究的观点和方法、"内学"和"外学"等不同的方面,具有更广泛的内容和更高度的概括,以探讨和总结"研究中国小说"的历史演变和发展规律。

中国古代小说的研究,当然是随着小说的产生而产生,随着小说的发展而发展;同时也不可避免地受着整个社会学术思想的制约。因而其发展过程大

致与中国古代小说发展的历史同步,但又有差异。它约略可分为三个时期:

第一个时期是从汉代到明代中期,是中国小说研究的幼年期。这一时期,时间的跨度较长,从小说史的角度来看,中国古代的各种文体和类型的小说大致都已出现,尤其到了宋元时代,通俗化的话本开始风行,元明之后,《三国志演义》、《水浒传》一类长篇小说也逐步在社会上流传;但从小说研究的角度来看,当时的研究者的注意力还是主要停留在文言小说方面,研究的方法主要是使用了目录、训诂、辨伪等文献学的手段,指导思想主要是以"经"的道德伦理、"史"的叙事方法为根本,而不是正在萌芽、发展中的小说艺术观。因而,这一时期可称之为文献学与经史观主导的研究期。

第二个时期是从晚明到清末,是中国小说研究的成熟期。大致从明代万历年间开始,随着一些通俗长篇小说的风行和以李贽为代表的新的文学思想与评点小说的结合,在中国小说研究界兴起了一股小说评点的热潮,并且经久不衰,成为明清时期小说研究的主流。这种小说评点,经由叶昼、金人瑞、毛纶父子、张竹坡、脂砚斋、闲斋老人、冯镇峦等人的不断努力,不但在批评形式上逐步得以完善,而且在小说观点上日益摆脱经史观的束缚,走向成熟。当然,这种小说评点也见之于对《艳异编》、《聊斋志异》等文言小说的批评,但主要是就一些通俗小说而发的。在明清时期,对于文言小说的研究虽然在汇集、辑佚、辨伪等方面仍有拓展,但从总体来说,此时的小说研究的重心在于通俗小说,其主要特点是富有中国民族特色的小说观点与小说评点的结合。

第三个时期是二十世纪,中国的小说研究进入了一个新变期。十九、二十世纪之交,西方的文艺美学和小说观开始急剧涌入,中国的小说创作和小说研究沿着中西融合的道路发生了新变。自此之后,尽管传统的研究方法并未绝迹,甚至在某些方面取得了相当的成绩,如鲁迅对于古代小说的辑佚,余嘉锡对于文言小说的辨伪,以及后来大量的小说的注释、整理和汇刊等等,都有不可小觑的业绩。然而代表这一时代潮流的是以一种新的样式、方法和观点呈现于世。这种新的样式,即是以论文和专著为主,其方法和观点则是在多方吸取、中西融合的道路上逐步的马克思主义化。而就其指导思想的马克思主义化的具体情况而言,整个中国二十世纪的研究情况又可以六七十年代的"文革"为界分为两个阶段:前一个阶段是研究观点和方法的多元化到逐步统一于马克思主义化,乃至不断的僵化、庸俗化、政治化,直到最后将小说研究完全沦为简单的政治斗争的工具;后一个阶段开始拨乱反正,重新以马克思主义为主导,全方位地参照和吸取中外古今学术思想的合理内核,使得中国小说的研究呈现出一种百花齐放、百家争鸣的苗头和态势。

如上所述,中国小说研究作为一门独立的学科,其历史发展的总趋势是从简单到复杂,从单一到多元,从附庸于经史到走向独立,其积累的方法和观点皆多姿多彩,且自有其中华民族的独特风采。今天,我们梳理其脉络,点出其筋节,总结其经验,探寻其规律,并就其重要的学者、主要的方法、突出的观点略加评判,其目的无非是为了使这一工作有助于当今小说研究的开展、小说理论的构建和小说创作的繁荣。董狐马迁,良史难得。凭我辈之才、学、识,其褒贬详略,难免有失当之处,但治史重德,只求公心贯串于全书。抛砖引玉,"诚望杰构于来哲也"。

后　　记

这部书稿在箱底下已经压了近五年了。我之所以迟迟不敢抛出,实在是有点诚惶诚恐,深感秉笔直书之难。

当初,这套丛书的编委会向我组稿时,原叫我写《明代小说史》。我当时为了替一些搞批评史的年轻朋友找一块用武之地,就自告奋勇地选择了眼下这个题目。可是越搞下去,越觉得事情难办。一些老朋友不时在我耳边咕哝:"你这个书最好不要写,写了也最好也不要出。面对着那么多的熟人,你怎么办?"是呵,这部书,评说的不仅是几百年前的古人,而且还要涉及到眼下一大批生龙活虎的朋友、前辈与后生。褒与贬,取与舍,乃至多说了什么,漏掉了什么,着实都使人为难。说实话,再小心,也难免要得罪人。因为许多事,不是小心能解决的,这牵涉到笔者的学识、观点、水平、修养等多方面的问题,要避也是避不开的。更何况这是几个朋友一起搞的,我一个人也难以打包票。这就不能不使我犹豫不决、举棋难定了。

后来想想,也不难。只要我们心里摆得正,既不去故意贬低人,也不去存心吹捧谁,知道什么就写什么,认识什么就评什么,所见有疏漏,评论有失当,这只是识见有限,而无关乎主观上的亲疏好恶,这样,我想人们也是可以理解的。假如不理解,也只能听之任之了。写史,本来就是一件要使有人高兴有人愁的事,只不过得罪的古人,不会从棺材里爬出来同你算账;得罪了今人,就有点难堪罢了。不过,学术是天下公器,评价当循天下公理,谁也无法一手遮天,一切自有公论。得与失,是与非,就让历史老人最后去作结论吧!

《中国小说研究史》引言、后记

于是,我就把旧稿翻出,稍事补削梳理后付梓。内容仍写至1995年,以后的史事,让以后的人去补写吧。

另外要说明的是,由于我们的能力与条件有限,大陆以外的材料并未能全面顾及,挂一漏万,在所难免,谨请方家不吝指教,诚望有机会能增补、修订于将来。

最后,把撰稿人的名单开列如下:许建平撰第三章(下),戴云波撰第三章(上),张侃撰第一章第二节、第四节、第二章第三节、第九节,曲琨撰第一章第五节、第二章第五节、第七节,王欣撰第一章第三节、第二章第四节、第八节,其余部分由我执笔,全稿由我几度审阅、修改,个别部分作了较大的增删。因此,文章的主要责任在我,知我罪我,我都能心平气静、实事求是地理解与对待。

黄　霖
2000年7月2号出梅日

(《中国小说研究史》,浙江古籍出版社2002年8月版)

《小说话丛编》前言

小说话,顾名思义,乃是诗话、词话、曲话一类有关小说的评论、故实和考辨等随笔式著作;《小说话丛编》也就如《历代诗话》、《词话丛编》、《新曲苑》一类关于小说话的总集。

我国诗话之体,由来已久,且作品浩瀚,历盛不衰,继之而起的词话、文话、曲话、乃至四六话、制义话、楹联话也层出不穷。这类作品,形式活泼,内容广泛,和源远流长的评点佳品一样,都是我国独特的文学批评和研究的样式,具有程度不同的学术价值。可惜的是,我国古代的学士大夫,往往视小说为邪宗,鄙弃而不屑道,故"小说话"之兴起,比之诗话、词话之类,明显较晚。

明清两代,往往有一些笔记用或多或少的篇幅谈及小说,但多数散杂零乱,未成体统。明代胡应麟的《少室山房笔丛》开始将"小说"作为子部九流中的一家来集中加以考辨与述论。虽然,他还是将有关"小说"的文字分散在《九流绪论》、《四部正讹》、《二酉缀遗》、《庄岳委谈》等各个部分,且有时对"小说"特性的认识也尚模糊,但他在主观上还是比较清楚地将他所认识的"小说"作为一种独立的文体,且各部分都是用独立的篇章来加以论列。因此,这些篇章已具"小说话"的基本特征。《少室山房笔丛》可视之为中国"小说话"的发轫。以后如俞樾的《小浮梅闲话》、平步青的《小栖霞说稗》等,都是在各自的笔记中将有关"小说"的文字独立成编,亦当属"小说话"之类。与此不同的是,如谢肇淛的《五杂俎》、刘廷玑的《在园杂志》、俞樾的《春在堂随笔》等笔记,虽有不少篇幅论及小说,且不乏精到之见,但均散而未统,并未将"小说"以专章论列,故实都不能归于"小说话"之类。换言之,在笔记类著作中,只有专论"小说"的独立篇章,才可视之为"小说话"。这也是中国"小说话"文体最早的存在形式。

晚明时期,一些长篇小说评点本的卷首往往附有"答问"、"读法"、"总评"一类用随笔式的文字写成的专论,也具"小说话"的基本特征。特别是金圣叹批《水浒传》,作《读第五才子书法》于卷首,所创的"读法"体文,识见不凡,影响深远,继而有毛纶、毛宗岗父子、张竹坡、蔡元放、冯镇峦辈,纷纷效法于后,成为中国"小说话"中的重要一支。

笔记类、评点本中的"小说话"虽然已初具规模,但毕竟还未摆脱附庸的地位,它们只是作为一个独立的篇章,或夹杂于书中,或附录于卷首,故只能算作是初级阶段的作品。

清代乾隆时期,《红楼梦》出,论者蜂起,有周春的《阅红楼梦随笔》、徐凤仪的《红楼梦偶得》、二知道人的《红楼梦说梦》等散论《红楼梦》的作品,相继面世,且都独立成编,即将"小说话"的撰写推向了一个新的阶段。一时间,这类作品连绵不断,数量可观,进入了中国小说话文体独立发展的新时期。可是,此时虽有"小说话"之实,还无"小说话"之名。

我国真正提出"小说话"的概念并自觉而明确地写作"小说话"的作品,当从1903年梁启超在其主编的《新小说》上发表的《小说丛话》开始。当时,由于学界掀起了"小说界革命"的浪潮,普遍重视小说的社会功能和美学价值,小说作品和论著也就如雨后春笋,大量出现。于此之时,"小说话"也如异军突起,风起云涌,其盛况之空前,犹如宋代之诗话勃兴然。一时的报章杂志,纷纷登载长短不一的"小说话",后来也陆续有出版社单独印刷出版,数量十分可观。

通观中国历代的"小说话",大致可分六类:

一、考辨类。如胡应麟的《少室山房笔丛》,对历代他所认为的"小说"作了相当系统的考源辨伪等工作,视野开阔,方法科学,结论精审,在中国小说研究史上罕有其匹。

二、评析类。如金人瑞的《读第五才子书法》,用他提出的"性格论"、"文法论"等来评价《水浒传》,不但引导读者对《水浒传》的艺术成就有更深的体会,而且开拓了古代中国小说批评的新局面。

三、故实类。如解庵居士的《石头丛话》,记录了大量的有关红学的佚事趣闻,不但可作饭余茶后的谈资,而且也披露了一些抄本、批本、续书等佚闻,具有一定的史料价值。

四、绍介类。如孙毓修的《欧美小说丛谈》,对一系列的西方小说的作者生平、故事情节等作了绍介,虽然比较浅显,但在当时也有助于读者对西方小说的了解。

五、理论类。如成之的《小说丛话》,较为系统地阐述了小说的一些基本理论问题,特别如运用西方典型化的理论,详细分析了小说人物的形象塑造,在中国小说理论史上颇有贡献。

六、辑录类。如蒋瑞藻的《小说考证》,收辑了金元以来470余种小说、戏曲、弹词、民间小唱等有关资料,视野宽广,材料繁富,极具参考价值。

当然,也有不少"小说话"是内容交杂,很难归类的。它们之间自有高下之分,菁芜之别。章学诚说当时作诗话者,"有小慧而无学识"(《文史通义》),卑之也太低;何文焕视"诗话"为"骚人之利器,艺苑之轮扁"(《历代诗话序》),崇之也太高。"小说话"与诗话虽不相同,但也有相通之处,它在总体上还是反映了那个时代的小说观,保存了一些小说资料,其中有些关于中外古今小说作家及其作品的考辨与研究,以及总结的一些创作经验,探讨的一些小说理论,对于我们今天治小说史及理论史的人说来,都不无意义。因此,我觉得有必要将这些分散、甚至罕见的小说话试编成集。

本编所收的小说话,即从明代万历间刊印的胡应麟的《少室山房笔丛》始,至20世纪20年代的作品。编录的次序,大致据发表时间先后为准,分成三编:上编自《少室山房笔丛》始,至清代乾隆年间蔡元放的《水浒后传读法》,为中国"小说话"的萌发草创期;中编自乾隆五十九年(1794)周春的《阅红楼梦随笔》始,至野鹤的《读红楼梦札记》,为中国"小说话"的独立发展期;下编自1903年《新小说》发表《小说丛话》始,为中国"小说话"的自觉繁荣期,止于1926年周瘦鹃、骆无涯将一些在杂志上零星发表的小说话结集成《小说丛谭》。以后的报章杂志,还陆续刊载了一些小说话。但小说话从整体上看已经在走下坡的路了,代之而起的是新的更有系统和理论色彩的小说论文与一些史、论专著。

在搜辑小说话的过程中,发现如扫叶山房《文艺杂志》所载颠公(雷瑨)的《小说丛谈》、1909年《陕西》上发表的《小说丛录》等,纯录陈说,一无己见,故均不采。原分散夹杂于笔记杂录之中的小说论,凡已有前人钩稽成独立之小说话者,亦皆收入,如邱炜萲的《客云庐小说话》即是;还未成单篇者,则均不另行辑录。相反,有些有关的小说提要与广告绍介,颇有资料价值,且与"小说话"的体裁较为接近,阿英先生就将此与"小说话"归为一类,故今也将其重要作品附见于此。后期的报章杂志上发表的小说话,凡有专栏者即汇成一篇(如《晶报小说话》、《小说日报小说话》等即是);无专栏者则不论篇幅短长,仍以单篇独立移入本编。

这些资料，基本上都是从初印的单本或期刊中录出。原本错字明显者予以改正，其余均不改动。篇中谈及小说之外的文字也一律不予删节。作者署名，均照原样；其人情况，只在本前言各篇提要中略加说明。总之，本编所录，力图存真。

结集小说话是一件全新的工作，历代的小说话、特别是散见于清末民初报刊上的小说话浩如烟海，有些小说话与现代意义上的论文的界线又比较模糊，本编只是在现代条件下，竭尽所能，将所知所识的历代的小说话218种辑录成编。下面，就各本出处、版本、作者、内容等分别略作介绍。

001　少室山房笔丛　胡应麟

全书十二部四十八卷，有明万历刻本、四库全书本、清末广雅书局刻本，1958年中华书局上海编辑所予以排印出版。作者胡应麟（1551—1602），字元瑞，号石羊生，又号少室山人，浙江兰溪人，万历举人。工诗善文，系明代中叶的博学家，另有《少室山房类稿》、《诗薮》等著作。他对历代小说颇多关心，以"更定九流"为名，为"小说"争得一席之地。他认为小说"足以备经解之异同，存史官之讨核，有补于世，无害于时"，起"风刺箴规"的作用。他敏锐地指出小说具有"幻设"而非实录的特点，作者往往"假小说以寄笔端"，能"曲尽人情"，描写人物"分量轻重，纤毫不爽"，情节安排"作意好奇"、"针工密致"，语言"藻绘可观"、"多俊语"等等，故分别在《九流绪论下》、《四部正讹下》、《二酉缀遗中》、《庄岳委谈下》等篇章中，对历史上的各类小说进行了具体的考订、辨伪和评价，并进行了系统的分类。他将小说分为志怪、传奇、杂录、丛谈、辨订、箴规六类，并对各类进行了考源流、辩变异，颇多识见，影响亦巨。这些文字，虽未能统编成一帙，但各部分基本上都能独立成篇，且实际上多能以小说之眼观之，故今且以《少室山房笔丛》之名名之，作为中国"小说话"之祖。

002　读三国史答问　佚　名

载于明代建阳吴观明刻本《李卓吾先生批评三国志》卷首。本文作者是将《三国志演义》当作历史普及本来看待，主要用德才观来评论了小说中的十余个人物。它尽管并没有从小说艺术的角度上来加以探讨，但它论述的对象毕竟是小说，且此"答问"的形式，后来也有继用者，更何况对金圣叹创造的"读法"体产生了明显的影响，故不妨也作为"小说话"的一种初级形式加以著录。

003　西游记窾言　佚　名

载于明崇祯四年(1631)闽斋堂刊《新刻增补批评全像西游记》卷首。此本《西游记》藏日本庆应大学图书馆，为孤本。每卷卷题下题"仿李卓老批评，闽斋堂杨居谦校梓"。杨闽斋，字春元，万历庚戌三十八年(1610)曾用"清白堂"号刊《重刻京本通俗演义按鉴三国志传》、《鼎镌京本全像西游记》等。杨居谦很可能是闽斋之子，当为"校梓"的书坊主人，具体评点者及写序、作此《窾言》者不详。"窾言"一词，多作"空言"、"不实之言"解，这里用《庄子·养生主》"依乎天理，批大郤，导大窾，因其固然"之义，有"中肯"之意。本文作者的主要观点，认为一部《西游记》虽为小说，本在写心，"实关大道"。小说中的评点，也致力于点出修身养性之道。但作者也注意到了《西游》的艺术表现的特点，说："《西游记》说无事真如有事，说假事真如真事，此第一妙手也，文章家如此者甚少。"与此《窾言》相呼应，在正文的批点中，也常用"趣"、"幻"、"奇"、"妙"等来加以点出，特别如批悟空这个形象时，强调用"猴"字之妙。一些回末总批，也有不少着眼于艺术的批评，如第24回总批曰："一班趣人作伴，老和尚也不寂寞，何物文人幻笔乃尔。"第30回总批曰："唐僧化虎、白马变龙，都是文心极灵异、文笔极奇幻处。"第32回总批曰："描画孙行者顽处、猪八戒呆处，令人绝倒，化工笔也。"第38回总批曰："描画行者耍处、八戒笨处，咄咄欲真传神手也。"

004　西游补答问　静啸斋主人

载于崇祯间刊本《西游补》卷首。作者董说(1620—1686)，字若雨，号西庵。静啸斋，原是其父董斯张著书处，父亡后，自署静啸斋主人。浙江乌程南浔人。崇祯十三年(1640)二十一岁时作《西游补》，借续说《西游》故事，寓"走出情外"之意，并讥弹明季世风。明亡后出家为僧，有反清复明之志。存世作品尚有《董若雨诗文集》、《梦石楼》、《七国考》等。本文所论主旨为"悟通大道，必先空破情根"，"知情是魔，便是出头地步"。小说之主角鲭鱼精，即是情妖。作者力主"斩情魔，政要一刀两断"。

005　读第五才子书法　金圣叹

载于贯华堂本《第五才子书施耐庵水浒传》卷首。作者金圣叹(1608—1661)，名人瑞，又名喟，长洲(今江苏吴县)人，明末诸生。入清后绝意仕进，以批点《水浒传》、《西厢记》著称于世,因反贪哭庙案被杀。本文虽为金圣叹创造的整个《水浒传》评点系统中的一部分,但它具有相对独立性,实是一篇有关《水浒传》的小说话,金圣叹所开创的这种以"读法"、"总评"等为名的小说话文体,为以后的评点家所广泛采纳,形成了一种传统。本文在广泛地总结《水浒传》的艺术特点时,着重提出了"性格"论与"文法"论。他认为:"别一部书,看过一遍即休;独有《水浒传》,只是看不厌,无非为他把一百八个人性格,都写出来。"在中国文学批评史上,首次明确地将"性格"的刻画作为一个重要的批评标准。他所总结的众多"文法",虽受八股观点的影响,但多为有价值的有关文学形式美的探讨,总结了一些艺术表现的规律性的东西。

006　读三国志法　毛　纶、毛宗岗

载于毛纶、毛宗岗父子所批《三国志演义》卷首,今存醉耕堂本、康熙十八年四大奇书本等。毛纶(1610?—?),字德音,号声山,江苏长洲(今吴县)人,于康熙年间,曾由子宗岗协助批点《三国志演义》与《琵琶记》。宗岗(1632—1709以后),字序始,号子庵。后毛本《三国志演义》的通行本多仅署宗岗之名。毛氏受同县金圣叹的影响,冒称据"古本"以全面修订正文,并逐回评点。本文具有总论性质,强调"以正统予蜀",小说"重在严诛乱臣贼子以自附于《春秋》之义"。对《三国志演义》的艺术成就,论述尤详,特别在论历史演义的虚实、历史人物的塑造及全书结构布局穿插之妙,多有独到会心之见,对后世影响亦巨。

007　水浒传总论　王望如

载于醉耕堂本《第五才子书》卷首。作者王仕云,字望如,号桐庵,歙县人,顺治进士,官程乡知县、潮州知府、惠潮两府学道等,另有《鉴略》、《论史同异》等著作。他在金圣叹评《水浒》的基础上加批。针对一般论者"严于论君相,而宽以待盗贼"的倾向,欣赏金批能"俾盗贼不寒而栗,天下乱臣贼子从此有痛哭流涕之心,从此有畏罪不敢为非之事",进一步加强批"盗贼",自称"圣叹批其文,望如批其人,非教天下以偷也,教天下以止偷之法也"。其反对"犯上作乱"的思想倾向与广为流传的普及历史读物《鉴略》十分一致。

008　水浒后传论略　樵　余

载于康熙三年刊本《水浒后传》卷首,后绍裕堂刊本、三多斋刊本等均载。

作者陈忱，字遐心，号雁宕山樵，浙江乌程（今湖州）人，约生活在明末至康熙初年。入清后，积极参加反清复明活动，曾与顾炎武、归庄等组织惊隐诗社。托名"古宋遗民著"的《水浒后传》是其晚年之作，假托梁山幸存头领以李俊为首，重新起义，积极抗金，在海外再创基业，以抒发胸中的愤懑。陈忱另有《雁宕诗集》、《痴世界乐府》、《续二十一史弹词》等，多已散佚。本文明显受到金圣叹评点《水浒》的影响，其"论略"即相当于"读法"。其特色除强调创作"泄愤"之外，对于作"续书"如何使前后精神相一致，人物性格有连贯，情节结构能翻新，细节点缀有照应等问题作了探讨。这也可以说是他自作续书的心得。这就不难理解刘廷玑《在园杂志》在痛斥"狗尾续貂"之风时，能对《水浒后传》有所肯定了。

009　批评第一奇书金瓶梅读法　张竹坡

载于本衙藏板本《彭城张竹坡批评第一奇书金瓶梅》卷首。其他各版如皋鹤草堂本、在兹堂本、四大奇书本等《第一奇书》卷首均有。作者张竹坡（1670—1698），名道深，字自得，号竹坡，铜山县（今属江苏省）人，有诗集《十一草》，曾评点过《东游记》、《幽梦影》等。而以竹坡名批评《金瓶梅》著称于世。刘廷玑《在园杂志》载其评点《金瓶梅》的情况说："……《金瓶梅》真称奇书。……彭城张竹坡为之先总大纲，次则逐卷逐段分注批点，可以继武圣叹，是惩是劝，一目了然。"本文在总结《金瓶梅》的写实成就时，丰富与完善了世情小说的理论，更为明确地阐述了生活真实与艺术虚构的关系，提出了"做文章不过是情理二字"；作家"入世最深，方能为众脚色摹神也"；在临文创作时，必须"专在一心"，体察人物的精神面貌，"于一个人心中，讨出一个人的情理"；当"一心所通"之后，作家再"实又真个现身一番"，即自己化身为作品中的人物，亲历一遍，这样创作出来的人物就能"尽人情"，"得天道"。总之，张道深将世情小说的创作之路归结为由物到心，再由心化到物化，相当完整而精到地论述了小说与现实的关系。同时，他从《金瓶梅》的文本出发，多角度地分析了写作世情小说的一些具体经验。他强调作品的批判性与劝戒性，坚决反对将《金瓶梅》视作"淫书"，痛斥"凡人谓《金瓶》是淫秽书者，想必伊止知看其淫处也。若我看此书，纯是一部史公文字"。这是继东吴弄珠客、金人瑞之后从接受的角度来否定"淫书"说的一种很有影响的说法。除此之外，他还分析了本书说"淫话"的具体情况，指出这些笔墨主要还是为了"深罪西门"，意在暴露。这对肯定《金瓶梅》这部小说的价值具有一定的意义。

010　在园品题　刘廷玑

载于康熙间钓璜轩贮板《女仙外史》卷首,题"江西廉使刘廷玑在园品题二十则"。作者刘廷玑,字玉衡,号在园,汉军镶黄旗人。康熙间由荫生累官江西按察使,降江南淮徐道。有《葛庄分类诗钞》。另有《在园杂志》,曾对古代小说作了"史"的分析,分为"汉魏晋唐宋元明"、"四大奇书"、"近日之小说"三个阶段,颇有识见,且对"四大奇书"的形象塑造、结构布局、虚实关系,乃至小说批评等方面作了较为中肯的分析,对"近日之小说"及一批"续书"的著录与批评,也为文学史研究者所注目。另外,他从接受的角度提出"善读"与"不善读"的问题,也有创意。可见他对小说颇有研究与识见。本文则是对吕熊所著《女仙外史》的总评,突出一个"奇"字,但他强调的还是要"归于正",要达到"言诞而理真,书奇而旨正"的境界。

011　念亭评论　杨颙

载于康熙间钓璜轩贮板《女仙外史》卷首。作者杨颙,字念东,时任江西学使。本文以"扶植纲常,显扬忠烈"为宗旨,论本小说称"外史"而不同于"正史"者,在于以建文为正统,称燕王为叛逆,"既正名以讨燕,然后褒忠殛叛"。与此同时,不将唐赛儿称为"妖妇",而视之以"女仙"。总之,他将《女仙外史》论作为一部"信史"。

012　新说西游记总批　张书绅

载于乾隆十四年(1749)其有堂刊本《新说西游记》卷首。作者张书绅,字南薰,山西人。他有感于前人批评,"或以为讲禅,或以为谈道,更又以为金丹采炼,多捕风捉影,究非《西游》之正旨";而读者的接受,又是"以一人读之,则是一人为一部《西游记》"。于是他想通过批点而使世人都明白,"《西游记》一百回,亦一言以蔽之,曰:只是教人诚心为学,不要退悔"(《西游记总论》),"是把《大学》诚意正心,克己明德之要,竭力备细,写了一尽","不过借取经一事,以寓其意耳"。总之,他将《西游记》看成是"每笔必寓三意:其事,则取经也;其旨,乃《大学》也;其文,又文章也"。虽也注意到《西游记》"章有章法,字有字法,句有句法,且更部有部法","实更精于文",但不论在此总批,还是在正文的批点中，主要还是将这部小说当作儒家经典来解读，使读者"各自读之，而各自教之也"(《西游记总论》)。

013　东周列国志读法　蔡元放

载于乾隆刊本《东周列国志》卷首。《东周列国志》系蔡元放在《新列国志》基础上，稍作加工，再加批评而成，成为《列国志》系统最为流行的本子。蔡元放，名奡，号野云主人、七都梦夫，元放为其字，乾隆时期江宁（今南京）人。作者尽管强调历史小说要"作正史看，莫作小说一例看"，将《东周列国志》的主要成就归结为普及了历史故事，但这篇《读法》还是较为具体地分析了这类历史小说的表现特点，有一定的参考意义。

014　水浒后传读法　野云主人

载于乾隆三十五年蔡元放序刊本《水浒后传》卷首。作者署"金陵憨客野云主人"，即蔡奡。本文在陈忱《水浒后传论略》的基础上，从比较前后《水浒》的得失优劣入手，进一步从人物、结构、情节、语言等方面阐述了如何撰写续书的问题。强调的是要符合"情理"。同时，在金圣叹等的影响下，补充了一些写作的"文法"，如"跳身书外法"、"忙里偷闲法"等。

015　阅红楼梦随笔　周　春

存万华盦藏稿本、拜经楼抄本。1955年、1958年文学古籍刊行社、中华书局分别将拜经楼抄本予以影印，线装；1984年，上海古籍出版社改出平装本。卷首有乾隆五十九年（1794）自序。作者周春（1729—1815），字松霭，号芚兮，晚号黍谷居士，浙江海宁人，乾隆十九年进士，曾任岑溪知县。有《辽诗话》、《十三经音略》、《海昌胜览》、《松霭遗书》等。本文是有关《红楼梦》的最早的"随笔"式的批评，实为今知最早的独立的小说话。本文提出"阅《红楼梦》者既要通今，又要博古，既贵心细，尤贵眼明"，时有一些真知灼见，但往往以传统的理学与史学观来看此小说，故不时流露出一些陈腐的观点。他主张《红楼梦》是"序金陵张侯家事"，林如海"即曹雪芹之父楝亭"等，也属并无实据的索隐一流，不为后来的"红学家"所取。然提供的有些材料还值得重视，如说在程、高本之前有八十回本《石头记》与百二十回本的《红楼梦》抄本流传，至"壬子（1792）冬，知吴门坊间已开雕"等情况，就为目前"红学家"们所未掌握。

016　红楼梦偶得　徐凤仪

附见于周春《阅红楼梦随笔》，共三十七则。作者徐凤仪，号六桥逸客，浙江钱塘人。本文大致每回论一则，依次而下，偶有阙略。除道德评价之外，多论文章的伏线、照应、接笋等，时有所见。

017　枣窗闲笔　思元斋

题"思元斋著"，国家图书馆存稿本，一册。1955年、1958年文学古籍刊行社、中华书局分别予以影印，线装；1984年，上海古籍出版社改出平装本。作者裕瑞(1771—1838)，清宗室，豫王多铎裔，封辅国公，字思元。工诗善画，有《思元斋全集》《思元斋续集》《参经臆说》。一粟《红楼梦书录》谓"此书成于嘉庆十九年(1814)至二十五年(1820)间"，集论《红楼梦》续书七种及《镜花缘》的八篇"书后"，是一部专论续书的专著。对所论各书，"多贬少褒"，也多在理，惟对程、高续书也斥之为"一善俱无，诸恶备具"，未免太苛。其中谈及《红楼梦》作者的风貌、谈吐及个性特点，脂砚斋批书及书中的人物形象原型等问题，为世所重。

018　西游原旨读法　刘一明

载于嘉庆十五年(1810)、二十四年(1819)刊《西游原旨》卷首。作者刘一明(1733—1821)，号悟元子、素朴散人、被祸散人，山西曲沃县(今闻喜县东北)人，全真道龙门派传人，长期在晋、陕、宁、甘、青一带设坛传教，著有《道书十二种》等。作者是将《西游记》作为"道书"而不是作为小说来看待的，所谓非"才子之书"，而为"神仙之书也"，所以全书的批评均从"三教一家之理"来加以阐发，欲使《西游》一书"原还其原，旨归其旨"(梁联第《西游原旨叙》)。

019　红楼梦说梦　二知道人

嘉庆十七年(1812)解红轩刊本。卷首有朱黼序及许乔林等多人题词。作者二知道人，不详。全文一百四十则，论及《红楼梦》各个方面。他指出，作者创作《红楼梦》的主旨在于抒发"孤愤"，所谓"蒲聊斋之孤愤，假鬼狐以发之；施耐庵之孤愤，假盗贼以发之；曹雪芹之孤愤，假儿女以发之，同是一把酸辛泪也"。又说："雪芹一生无好梦矣，聊撰《红楼梦》，以残梦之老人，唤醒梦之儿女耳。"关于小说之特点，在于"虚事传神"，不同于班马之"实事传神"，"太史公纪三十世家，曹雪芹只纪一世家"，"然雪芹纪一世家，能包括百千世家"，具有极大的概括力。他还指出这部小说的悲剧结构，不同于一般小说"由悲而欢，由离而合"而是"壁垒一新"，"由欢而悲，由合而离也"。对于小说中的人物，多有评论，对贾母评价颇高，以宝玉、黛玉处笔墨较多。"甲戌"本《脂砚斋重评石头记》刘铨福跋云："《红楼梦》纷纷效颦者无一可取，唯《痴人说梦》一种及二知道人《红楼梦说梦》一种尚可玩，惜不得与佟四哥三弦子一弹唱耳。……癸亥(1863)春日白雪吟客笔。"

020　痴人说梦　苕溪渔隐

嘉庆二十二年(1817)憶红楼刊本，一卷，共《槐史编年》、《胶东余牒》、《鉴中人影》、《镌石钉疑》四种，附《大观园图》。作者苕溪渔隐为浙江乌程人范锴，《浔溪诗徵》卷二十二云："范锴，初名音，字声山，号白舫，又号苕溪渔隐。例贡生。有《浔溪纪事诗》、《湖录纪事诗》、《蜀产吟》、《感事吟》、《蜀游草》、《续汉上题襟集》、《浔溪渔隐诗稿》及《幽花诗略》。"又引《南浔镇志·人物传》云："锴工诗，尤善词。中岁以后，远游四方，磊落好交……晚岁寓居扬州，卒年八十余。"甲戌本《脂砚斋重评石头记》刘铨福跋就对上文著录的二知道人《红楼说梦》及本书两种予以肯定。周策纵《论一部被忽略了的〈红楼梦〉旧抄本》一文曾高度评价范锴及其《痴人说梦》曰："……至于范锴，他应该是裕瑞、周春以后，王希廉、张新之、姚燮以前最优秀的《红楼梦》研究者，也许可能是第一个真正的'红学家'。他的书最先为《红楼梦》编年，最先为大观园制图，最先为《红楼梦》做校勘记，为《红楼梦》版本研究之始祖。他书中的考订，在道光、光绪间已纳入好些最流行的评点本《红楼梦》中，或用来改订正文。可是很少人提到他或知道他。我认为这是很不公平的，希望他的书能影印重版。'痴旧本'（黄案：周指《痴人说梦》中《镌石订疑》所据已佚的旧本《红楼梦》)的异文也应该作为《红楼梦》的校刊（勘）之用。"（香港中文大学出版社《红楼梦案》）这里可补充的一点是，与后来的《红楼梦史表》相比，《痴人说梦》还可能是最早用列表的形式来表述其研究成果的一部作品。

021　读聊斋杂说　冯镇峦

载于光绪十七年(1891)喻焜刊本《聊斋志异合评》卷首。作者冯镇峦，字远村,四川涪陵(今重庆合川)人,曾于嘉庆二十三年(1818)评点《聊斋》。本文即是置于卷首的总论。针对纪昀訾议《聊斋》为"才子之笔,非著书者之笔",既如"小说",又似"传奇",所谓"一书而兼二体"(盛时彦《〈姑妄听之〉跋》所引),他强调此正是《聊斋》的新创之处,"非此精神不出,所以通人爱之,俗人亦爱之",而纪昀《阅微草堂》四种,虽"无二者之病,然文字力量精神,别是一种,其生趣不逮矣",从而以小说家的眼光,坚决地捍卫了《聊斋志异》在文学史上应有的地位,指出《聊斋》乃是当代最杰出的小说,所谓"当代小说家言,定以此书第一"。冯镇峦在肯定《聊斋志异》时,对其艺术成就作了比较全面的分析,赞美作者笔下的人物、故事、结构、意境等都能变幻无穷,新意不断。尤可注意者,他颇有批评家的胸襟,对小说批评的原则、态度等有自己的想法,自称批点《聊斋》循"五大例":"一论文,二论事,三考据,四旁证,五游戏。皆平日读书有得之言",能"独具冷眼",经他"批评一番",小说将"另长一番精神,又添一般局面"。他反对批评者"毫无别见,只顺文演说,如周静轩读史诗,人云亦云,令观者欲呕",而主张要"眼明手快","从书缝中看出"问题。这对当时纷如牛毛而草率浮略的小说评点来说,颇具针砭意义。

022 红楼评梦总评 明斋主人

载于道光元年(1821)刊本《红楼评梦》卷首,后总评单独流行,附入《金玉缘》、《红楼掇锦》等本中。作者诸联(1765—?),字星如,号明斋主人,又号晦香,青浦(今属上海市)人,有《晦香诗钞》、《明斋杂识》。姚燮《读红楼梦纲领》称此书"多有抉微达隐之笔,可与王氏(王希廉)抗衡"。诸联认为,《红楼》一书,脍炙人口,由来已久,然要正确认识,并非易事,从接受的角度来看,因"阅者各有所得":"或爱其繁华富丽,或爱其缠绵悲恻,或爱其描写口吻一一逼肖,或爱其随时随地各有景象,或谓其一肚牢骚,或谓其盛衰循环提矇觉瞆,或谓因色悟空回头见道,或谓章法句法本诸盲左腐迁。亦见浅见深,随人所近耳。"但他指出,全书可以三字概之,"曰真,曰新,曰文",可谓中的。在此基础上论及人物形象、结构布局、文学语言等多有会心之见,即使对一些细小的艺术处理,也往往能独具慧眼,如以"思"、"惜"、"惨"、"愤"、"恨"、"骇"、"伤"、"爽"、"恼"、"羡"、"敬"、"快"、"叹"、"疑"十四字,点出了《红楼》中秦可卿等十四人之死"竟无一同者"。此"非死者之不同,乃生者之笔不同也"。诸联在具体分析与高度评价《红楼梦》艺术成就的基础上,指出了它尽管"传写儿女闺房琐事",

但决不是有人所说的是"无用"之作,更不是什么"导淫之书",而是"中寓作文之法,状难显之情,正有无穷妙义"。他痛斥这批"头脑冬烘辈""不探索其精微,而概曰无用,是人之无用,非书之无用",积极地捍卫了这部小说的崇高地位。其最后一则云:"小说家结构,大抵由悲而欢,由离而合,是书则由欢而悲,由合而离,遂觉壁垒一新。"此在王国维前最为明确地指出了《红楼梦》的悲剧性质,可惜在一粟的《红楼梦卷》中被删略,故为一般红学家所罕知。

023　红楼梦论赞　涂　瀛

道光十二年(1832)双清仙馆刊本《新评绣像红楼梦全传》卷首载其《赞》与《问答》而无《论》。单行本较早的有道光二十二年(1842)养余精舍刊本,另有红藕花盦主人刊"石头记集评"本均较完备。后有"石头记评赞"本、"红楼梦评赞"本、"红楼梦丛刊"本等多种本子收录,流传甚广,但多有阙略。涂瀛,字铁纶,号香雨,又号读花人,桂林人。此书包括《红楼梦论》一篇、《红楼梦赞》七十四首、《红楼梦论后》一篇,并附录《红楼梦问答》二十三则。其主体是《贾宝玉赞》、《林黛玉赞》等七十四个人物的赞,实际上是七十四篇短小精悍、情文并茂的人物论。作者将这些文章集在一起,不妨也当作一种小说话来看待。其论人,一般都能概括人物形象的基本性格,有褒有贬,时而生发一些人生感慨,人称"新见超解,多可悦人"(《读红楼梦纲领》)、"议论精审,褒贬适宜"(《忏玉楼丛书提要》)。

024　红楼梦总评　王希廉

载于道光十二年(1832)双清仙馆刊本《新评绣像红楼梦全传》卷首。评者王希廉,字雪香,号护花主人,江苏震泽人,举人,著有《李史》,约生活于道光至光绪年间。他论人以"福寿才德"四字为纲,认为"宁、荣二府,只有贾母一人"兼全,余皆有缺。特别指责黛玉"一味痴情,心地褊窄,德固不美,只有文墨之才",而认为宝钗虽然"福薄",然却是贾母、元春之外唯一"有德有才"之人,这就自然引起"尊林者流,群起诟之"(吴克歧《忏玉楼丛书提要》)。然本文对《红楼梦》之结构、章法,批评特细,将全书分为二十一段,逐段说明大意,且认为"五回为四段,是一部《红楼梦》之纲领",又指出"全部最要关键,是真假二字",均有灼见。其分析全书"宾主"、"正反"、"明暗"、"虚实"、"伏笔"、"照应"等具体的表现手法,也多有精到之论。最后十二条指出《红楼梦》的不足之处也较实事求是。姚燮称其评点"尚称辨晰"(《读红楼梦纲领》),不无道理。

025 红楼梦评花 王希廉

载于道光十二年(1832)双清仙馆刊本《新评绣像红楼梦全传》卷首。此本卷首有警幻、宝玉、黛玉以下六十四人的绣像,人各一图,每图选《西厢记》中一语作品评,反面又画一花,实为以花来象征不同的人物形象,这是一种颇有创造性的形象化的人物批评。后《石头记评赞》、《红楼梦评赞》及《香艳丛书》本等将其文字录出成一帙《石头记评花》,缺喜鸾、智能二人,或署"佚名"撰,实当为王希廉作。

026 林兰香丛语 寄旅散人

载于道光十八年本衙藏板本《林兰香》卷首。小说作者随缘下士及批点者寄旅散人生平均不详,似活动于嘉庆、道光年间。本文作者在正文夹批中,对小说之人物品性、文法布局等有较详细的点评,然此"丛语"较为简略,第一则所言读小说不出为"情重"与"忘情"两类,具有高度的概括性与普遍意义。作者对各类"情重"之人事,虽亦赞美,但归根到底是透露了当"忘情"的旨归。

027 红楼梦或问 张子梁

载于延恕堂藏抄本《评订红楼梦》卷首。作者张枞颐,字子梁,山东渠邱人,化二十余年之力,批点《红楼梦》约45万字,成于道光二十四年(1844)。卷首另有《读法》,非小说话体,乃为一篇专论,论其阅读《红楼梦》的三个层次:"始喜其格局之丰采,继则赏其文章之细致,终则服其旨义之精微"。此《或问》,呼应王希廉所论,力主黛、钗之间以黛为主,然指出之所以"黛玉既为书中上上人物,反写得尖酸刻薄",只因黛玉对宝玉"惟其痴也,真也,宝钗既不能痴,又不能真"。又论《红楼梦》"断断不是淫书",揭出"宝玉之淫,不过意淫,而终久打破色欲关头"。又认为"作者虽托于宝玉,而实非宝玉","问真者到底是何如人?曰:除非问作者便知",实际上已否定了以后的"自传说"。

028 新译红楼梦读法 哈斯宝

载于1979年内蒙古人民出版社出版的、亦邻真译的《新译红楼梦》卷首。内蒙古大学等藏多种蒙文译本。哈斯宝,号施乐斋主人、耽墨子,内蒙古卓索图盟人。于道光二十七年(1847)至咸丰四年(1854)间,以宝、黛爱情为中心,将《红楼梦》摘译成四十回蒙文本,并每回作回评,另写《序》、《读法》、《总录》各一篇,在艺术表现及人物形象的分析方面,多有独到、细致的见解。然其认为全书的主题是清气与邪气的斗争。此《读法》即强调作者撰写此书,是因"上不能事主尽忠,下不能济民行义,无奈之余写下这部书来泄愤的","黛玉怀着不移如一的深情死去",就是这一象征,"一部书的真正关键就在此"。作者自道其批书是为了"使牧人农夫读也不妨",为古代评点家中所少见。其《总录》所阐发的真假论、冷热论及强调他所译、批之书"便是我的另一部《红楼梦》",虽无新意,但也值得注意。

029　红楼梦读法　太平闲人

载于抄本《妙复轩评石头记》卷首,文字与光绪七年(1881),湖南卧云山馆刊行本《绣像石头记红楼梦》卷首略异。评者张新之,号太平闲人,斋名妙复轩,似汉军人,道光三十年(1850)评成《红楼梦》。其基本观点是,"《石头记》乃演性理之书,祖《大学》而宗《中庸》","全书无非《易》道也"。在方法上,多循《易》理和阴阳五行之说,而较少文学艺术的批评,故此书尽管名噪一时,实多附会之说,只有个别之论,尚有所见,如云"是书叙事,取法《战国策》、《史记》、三苏文处居多","脱胎在《西游记》,借迳在《金瓶梅》,摄神在《水浒传》"等等。又坚决反对后四十回续作说,力主《红楼梦》一百二十回的完整性。

030　读西游补杂记　佚　名

载于空青室藏板本《西游补》卷末,无署名。据卷首天目山樵(张文虎)序,作者当为三一道人,书成于癸丑(1853)前后。文章论"情"曰:"情之在人,视其所用:正则为佛,邪则为魔。"作者明确《西游补》的特点是写"幻境",写得"离奇惝恍,不可方物","非思议所及"。此"种种幻境,皆由心生";但同时又"人情世故,琐屑必备,虽空中楼阁,而句句入人心脾",是虚与实的美妙结合。作者又充分地肯定了小说家的作文技巧:"至于行文,有起有讫,有伏案,有缴应,有映带,有穿插,有提挈,有过峡,有铺排,有消纳,有反笔,有侧笔,有顿折,有含蓄,有平衍,有突兀,有疏落,有绵密。"且在小说之中镶嵌了诗、歌、文、辞,乃至平话、戏曲等多种文体,"无不具体"。反映了当时人们心中的一种"能文"的小说观。

031　读红楼梦纲领　姚　燮

慈溪魏友棐藏姚燮稿本。1938年，经魏校写后交同乡洪荆山在其主笔的《远东日报》上连载，未完。1940年上海珠林书店铅印出版，题作《红楼梦类索》。卷首有咸丰十年(1860)姚燮自序，称"雪芹曹氏，以涵古盖今之学，撰空前绝后之书"，自己"园居之暇，分类搜辑之，为读者作南针之指，而以鄙见所获者附之"。作者姚燮(1805—1864)，字梅伯，号复庄，别署野桥、大梅山民等，浙江镇海人，道光举人，善诗、词、曲、骈文，又长于绘画。有关于《红楼梦》的评点，先于光绪十年(1884)由同文书局印于《增评补像全图金玉缘》，后经广百宋斋铅印后广为流行。此《读红楼梦纲领》卷一为"人索"，分本族、亲属、内眷、性情容貌述、称谓等项；卷二为"事索"，分幻境寓言集述、纪年、都邑第宅、器物、艺文等项；卷三为"余索"，分丛说、纠疑、诸家撰述提要等项。全书主要是资料排比，唯"余索"中的"丛说"与"纠疑"两项，更类小说话，被一粟《红楼梦卷》全录。作者在此所作的分析，有的确实有利于对作品的理解，如将"两府中上下内外出纳之财数"一一列出，以证书中所云花钱"如淌海水者"；又如将"宝、黛二人相见争恅之事"、宝玉细心体贴园中姐妹、丫头及"立誓之奇"等等一一排比，对认识人物性格大有帮助。也有个别地方直接表露了姚氏的艺术见解，如云"赦老纯乎官派气，政老纯乎书腐气，珍儿纯乎财主气，琏儿纯乎荡子气，蓉儿纯乎油头气，宝玉纯乎傻子气，环儿纯乎村俗气，我惟取兰哥一人"。

032　小栖霞说稗　平步青

《香雪崦丛书》本《霞外捃屑》之卷九。《霞外捃屑》有1959年中华书局上海编辑所与1980年上海古籍出版社的排印本。作者平步青(1832—1896)，字景孙，号栋山樵、霞偶、常庸等，浙江山阴(今绍兴)人。同治元年(1862)赐进士出身，改翰林院庶吉士授编修，后任江西粮道，并署按察使印，未逾六载，即弃官归里，博览群书，精研学术，创获甚多。尤可贵者，不鄙夷小说戏曲，《霞外捃屑》十卷中专列一卷论列小说戏曲，为古来笔记杂著中所仅见。虽以学问家的眼光来看待小说戏曲之虚实，然所论各书本事原委流变及考辨作者等条分缕析，多有价值。如述《西游记》作者由邱处机至吴承恩说之来龙去脉，一清二楚；记《儒林外史》人物原型等有关说法，亦称详备；述《红楼梦》成书及各续书的出笼与优劣，脉络分明。所钩稽的许多材料，多为后学铺平了道路。

033　石头臆说　解庵居士

载于《悟石轩石头记集评》卷上。《悟石轩石头记集评》分上下两卷。上卷为《石头臆说》，题"解庵居士戏笔"，共八十二则；下卷《石头丛话》，题"解庵居士戏辑"，共八十四则；末附西园主人《红楼梦本事诗》，丁嘉琳《红楼梦百美吟》、《红楼梦竹枝词》，涂瀛《红楼梦论赞》四种。光绪十三年(1887)红藕花庵主人刊于毗陵，后被多次翻印。撰稿者解庵居士，姓林，曾为知县，同、光间人。卷上《石头臆说》，自书作者的独特之见。其中难免有许多牵强附会之论，如论王熙凤之取名，与汉代王凤联系起来，曰"汉家天下坏于王凤，贾府之事坏于熙凤"之类即是，然也有不少会心精到之见。其论作者问题时说："宝玉实作者自命，而乃有真假两人者，盖甄宝玉为作者之真境，贾宝玉乃作者之幻想也。"又说："贾宝玉、甄宝玉，一而二，二而一者也，所谓'假即真时真亦假'也。其果否为曹雪芹，固不必深考。"此说实开了自传说的先河，但也不拘泥于自传说。

034　石头丛话　解庵居士

见于《悟石轩石头记集评》卷下。多为记录有关红学佚事趣闻，其中谈到了若干抄本、批本、续书等，颇有史料价值。文中对若干批本的批评，亦具批评史学家的眼光。卷首有佚名《红楼梦集评叙》云："《红楼》一书，则又由近以言远，即小以赅大，直将其真事隐去，托为假语村言，以曲尽乎妙喻，盖默操春秋之笔，寓讽刺于皮里者也。"《忏玉楼丛书提要》评此序曰："即小见大，独具只眼，为有目共赏之作。"

035　红楼梦论辨　西园主人

载于《悟石轩石头记集评》卷下西园主人《红楼梦本事诗》所附。西园主人，姓林，祥符人，曾官县令，元配王友兰，继配莫维贤，均有《石头记》题词。西园主人《红楼梦本事诗》付印时，有同治六年(1867)自序。此文继涂瀛撰人物论后又是一组精彩的文章。所论黛玉、晴雯、宝钗、袭人、探春四人，文笔酣畅，识见不俗，犹对晴雯"傲与矜并起，亦妒与谗俱来"的性格与命运的分析，丝丝入扣。论宝钗为《红楼梦》中"合孔明、孟德而一人"，论探春为《红楼》书中与黛玉并列"。他认为，"《红楼》一书，分情事、合家国而作。以情事言，此书黛玉为重；以事言，此书探春最要"，均有独到之见。

036　读红楼梦杂记　愿为明镜室主人

同治八年（1869）杭州自刊本，一卷，共二十四则。江顺诒，字秋珊，号明镜主人、愿为明镜室主人，安徽旌德人，廪贡生，浙江候补县丞。善词，有《愿为明镜室词稿》等。作者认为："《红楼梦》，悟书也。""其所遇之人皆阅历之人，其所叙之事皆阅历之事，其所写之情与景皆阅历之情与景，正如白发宫人涕泣而谈天宝，不知者徒艳其纷华靡丽，有心人视之皆缕缕血痕也。……缠绵悱恻于始，涕泣悲歌于后，至无可奈何之时，安得不悟？谓之梦，即一切有为法作如是观也。非悟而能解脱如是乎？"后来的"解脱说"似与此说有若干联系。他对"《红楼梦》为明珠相国作"一说，进行了批驳，颇有见地。由"有满洲巨公谓《红楼梦》为毁谤旗人之书"而引出他直接抨击"当代诸公，身膺疆寄，贿赂公行，苞苴不禁，冤死穷民无告者不知几人"，也有胆识。全书拉杂写来，时有新见。当然，有些地方失诸偏颇，也在所难免。

037　小浮梅闲话　俞　樾

原成于同治十年（1871），后经增修后收入《春在堂全书》的《曲园杂纂》，有光绪三年（1877）、五年（1879）、七年（1881）、九年（1883）、十五年（1889）、二十三年（1897）、二十五年（1899）、二十八年（1902）等多种刊本。作者俞樾（1821—1907），字荫甫，号曲园，浙江德清人，官翰林院编修、河南学政。晚年讲学杭州诂经精舍。著述甚富，总称《春在堂全书》，共二百五十卷。他是晚清有名的经学家，然对小说戏曲都比较感兴趣。他曾将《三侠五义》作了重编修订，并改名为《七侠五义》，在序中提出这类侠义小说"算得天地间另是一种笔墨"。在他一生所著的《小浮梅闲话》、《壶东漫录》、《茶香室丛钞》、《茶香室续钞》、《茶香室三钞》、《茶香室四钞》、《九九消夏录》、《春在堂随笔》等著作中，直接叙及的古代小说计有《三国演义》、《水浒传》、《西游记》、《金瓶梅》、《红楼梦》、《儒林外史》等二十余种，为明胡应麟以来所罕见。特别是《小浮梅闲话》一书，不像其他笔记中夹杂着一些论及小说的文字，而是一本集中论述小说戏曲（当时将戏曲也视为小说）的专书，是一部典型的小说话著作。当然，这本小说话所记，全是本事源流的考述或传闻的转录，可以说是王国维所说的"以考证之眼读之"的代表，在理论上并无创意。但由于俞樾作为一个经学家，在当时有较高的学术地位和较大的社会声望，故他的这些论述小说的文字在客观上对于扩大小说的影响还是有意义的，更何况他所揭示的有些小说的本事，对于小说的研究还是有帮助的。

038　红楼梦偶说　晶三芦月草舍居士

光绪二年(1876)箕覆山房刊本，题"晶三芦月草舍原本，箕覆山房编次"。前有晶三芦月草舍居士《红楼梦偶说原序》与箕覆山房主人《红楼梦偶说序》各一篇。《原序》作于道光六年(1826)，后有阳文"旭舻"与阴文"晶三芦月草舍"印各一枚。序文由《竹枝词》"开谈不说《红楼梦》，纵读诗书也枉然"说起，谈到"开谈纵说《红楼梦》，不读诗书也枉然"，强调评论的学问根柢。正文分上下两卷，分别为67则与68则，每则有题。开卷第一回，作者就认为是"此言酒色财气之始也"，列举种种，皆证"酒色财气"四字，故其结论为"一书繁关，四言蔽之，此其大略也，皆当作如是观"，而最后又以色空观，将全书归结为"浮生若梦，《红楼梦》一书之所以名也"。全书多用联语、典故，较费解。

039　红楼梦精义　话石主人

光绪三年(1877)申报馆仿聚珍板《痴说四种》本，一卷。此书前有西农序一篇，称作者话石主人为"桐城张辛田大令犹子(侄子)，积学能文，玉楼早赴，身后著述散佚，唯此帙仅存"。然目前所见，另有《红楼梦本义约编》一种。序文对《精义》一书评价甚高，曰："其中评骘《红楼梦》情事文法，虽游戏笔墨，而信手拈来，头头是道，隐微曲折，阐发无遗，直使作者言外之意昭然若揭。至其行文出以骈体，亦复生面别开。超超元著，洵足与涂铁纶、王雪香评赞并驾齐驱。"是书前半部分用言简意赅的骈文论及《红楼》的种种情事，后半部分附以"年误"、"日误"及"戏文照应"等具体批评，时有精见。《忏玉楼丛书提要》对此书评价甚高，曰："其行文以骈四俪六，似'明史纪事本末'后论，比事属辞似'古事比'，其阐发隐微，颇有新绪……订证处亦多，洵佳制也。"

040　红楼梦本义约编　话石主人

光绪四年(1878)刊本。上下两卷，共一千三百二十则。卷首有醉红生识语。正文前题"话石主人手定，延陵叔子藏本，醉红轩主校字"。评校者情况未详。本书的基本内容为逐回评说，前后略有总论性质的评语数则。本书论"宝玉不专"、对黛玉"负盟"，"宝钗是第一等人"。对小说的总体艺术结构也有分析,并注意"《红楼梦》戏文皆有关会"。有时所指出的具体的艺术表现技巧也颇有见地。如论宝玉的出场云:"宝玉是一书之主,出场不可轻率。观其演说,先震其名,令人悬想,却留在黛玉目中出现。将出矣,又用王夫人一抑,复在贾母处一闪而去,然后以浓艳之笔,作意写出,精彩夺目。"书中也如《红楼梦精义》一样,不时指出作者的疏漏或错误,如第二回叙"黛玉年方五岁"处指出:"误,按黛玉入荣府时已十一。"有时也会说明评者的修改意见,如第十四回评曰:"出史湘云混,宜删,在二十回出方好。"他认为:"全部本有微瑕,正不妨明为指出,无损于其为妙文也。"

041　红楼梦偶评　张其信

光绪三年(1877)宝仁堂刊本。张其信,字子贞,官户部主事。第八回评曾谈及其评点的时间:"己巳(同治八年,1869)春,不揣浅陋,偶评此一回,因名场宦海,奔走风尘,未遑卒业。去冬家居无事,翻阅此书,摘其要处,始能零星批出,胸中呆论尽情吐露,然未必能当也。时在乙亥(光绪元年,1875)夏日书。"书中评语本想作眉批之用,但作者"一则恐其不当,一则苦其太费",乃用这小说话的形式,以正文为序,拉杂论评。作者认为"此书从《金瓶梅》脱胎,妙在割头换像而出之。彼以话淫,此以意淫也","以意淫二字为题,以宝玉为经,宝钗、黛玉与众美人为纬"。但全文主要论叙事笔法、表现技巧,正如作者自己说的:"余评《红楼梦》,论文也,非论事也。"

042　红楼梦辨　少嚣居士

国家图书馆藏抄本,一卷,十六则。作者许叶芬,字阿芬,号近立斋、少嚣居士,宛平人,光绪十五年(1889)进士,散馆授编修、镇江知府。据自序云,此文作于"己卯(光绪五年,1879)十月,抱病家居,落叶打窗,寒雪洒地,闭门却扫,日婆娑于药炉茗碗间,苦无以自遣,因戏成《红楼梦辨》数则,借他人酒杯,浇自己块垒"。文章实对当时汗牛充栋的《红楼梦》续书及研究著作提出批评,说"世所传《红楼》续作及一切评赞,几于日出不穷,每一览之,辄作数日恶"。主要是或于"国朝掌故,既未深悉,又生长三家村,曾不睹京华景物,以鸟音鴃舌,摹拟闺阁语言,以酱叟醋翁,议论大家矩度,甚或掉弄书袋,每事每人必求符合经史",其被直接点名批评的有《红楼梦广义》。作者有些见解自有特色,如析"黛玉之死",纯从黛玉的心理作分析,说明"死黛玉者黛玉也"。又如芳官非"寻常女子"、林小红为"黛玉之小影"、贾兰"实则无能"、薛蟠"傻是聪明"、傻大姐为"贾氏功臣","文章之关键也"等处,自具只眼。

043 七十二鸳鸯池馆红楼梦小品　冯家昝

国家图书馆藏抄本,一卷,论李纨、黛玉、宝玉等人物共十六则。作者冯家昝(1861—?),字湘篌,号七十二鸳鸯馆居士,河北人。其书自跋云作于"光绪癸未(1883)六月廿日","并抄副本"。今存即为副本。作者所论重"情",谓黛玉即"情之所钟","宝玉笃于用情而不自知者",而推平儿为"《红楼》中之第一人",则因其"谨以事上,和以待下","其携巧姐竟去一节,不避艰险,事得以济,慰主之灵于地下",似尤以"才识"论之。

044 梦痴说梦　梦痴学人

光绪十三年(1887)管可寿斋刊本,扉页题"原红楼梦",一册,分前后两编。前编卷首《说梦小引》署作于同治十年(1871),后编末条附言称刻印于丁亥(1887年)。作者梦痴学人情况不详。他认为《红楼梦》一书在本质上犹如河豚,"河豚毒物,善食者得其美,不善食者中其毒",关键在于不同人的不同接受,所以说:"《红楼梦》之是非邪正,亦惟读之者何如而已。"在这理论基础上,他就不是把这部小说当作"笔墨文字"看,也不是从中"详因果,审得失",而是把它当作一部"丹经"读。因此,全书都是用"丹道"、"易道"等来加以诠释,牵强附会,满纸荒唐,然他认为此举正是使"醉者醒,梦者悟,真中辨假,假里寻真",救众生,拯沉沦。

045 客云庐小说话　邱炜薆

载于《晚清文学丛钞·小说戏曲研究卷》。作者邱炜薆(1874—1941),字菽樊,号菽园、俶员、星洲寓公、啸红生等。福建海澄(今龙海县海澄镇)人,光绪十九年中举,入赀为道员。后侨居新加坡经商,同情戊戌变法,曾资助流亡中的康有为。1898年创办《天南新报》,1900年被康有为推举为英属各邦保皇分会会长。邱氏工诗文、喜小说,著述甚多。1907年,他为香港《新小说丛》第一期撰写《新小说品》百则,后阿英将其《菽园赘谈》(1897年)、《五百石洞天挥尘》(1899年)、《挥尘拾遗》(1901年)中有关小说的述评辑出,以时间先后为序,勒成此《客云庐小说话》五卷,载《晚清文学丛钞·小说戏曲研究卷》。邱炜蒉虽未完全摆脱旧的小说观念,把"纪实研理,足资考证"之作视为"正宗",但实际上由于他受了新思潮的影响,也认识到小说在开发民智方面有"绝大隐力"和小说"倾于美的"特点,对于那些"谈狐说鬼"类的作品如《聊斋志异》、《阅微草堂笔记》、《子不语》、《谐铎》、《夜谈随录》、《西青散记》、《兰苕馆外史》、《右台仙馆笔记》、《夜雨秋灯录》,以及"言情道俗"类的作品如《水浒传》、《红楼梦》、《金瓶梅》、《儒林外史》、《野叟曝言》、《品花宝鉴》、《燕山外史》、《花月痕》、《儿女英雄传》、《荡寇志》等多有较深的体会和中肯的批评。作者对于金圣叹及其"小说而有批评"的重视,说明了他颇具小说批评家的眼光。《新小说品》品评百篇新小说的风貌,也令人叹为观止。至于有些故实的记述,也可资参考。但在一些地方也自然地流露了士大夫的气息。

046 小说之势力　佚　名

载于1901年《清议报》第68期。本文认为,不论是中国还是西方,小说的影响都极大,但中西小说的"立意"有歧:西方的作者多为公卿硕儒,所作小说立意在"益国利民",而中国小说的作者多为市井无赖,所作小说立意在"消闲","含政治思想者稀如麟角,甚至遍卷淫词罗列",因而"小说界之腐坏,至今日而极矣"。这些观点,与时编《清议报》而不久倡导"小说界革命"的梁启超的观点十分一致。

047 红楼梦广义　青山山农

光绪二十八年(1902)味青斋校刊本,二册。据卷首砚园世农序,书成于同治辛未十年(1871)。作者青山山农,姓黄,曾官睢阳。此文前有《红楼梦纪略》一篇,勾勒故事大概,正文实如人物论,认为"黛玉聪明机警,为群钗冠","袭人善事宝玉,宝钗善结袭人,同恶相济,以售其奸",以此可见一斑。其论人多与历史人物相比附,如论黛玉与屈原、贾谊同为"血泪中人",宝钗与王莽之"谦恭",如出一辙,"香菱,香国之陈涉也","袭人,贾府之秦桧也",如此等等,也具特色。

048 读红楼梦札记　野鹤

朱作霖编印《红楼杂著》收录,共六十五则。作者野鹤,不详。此文可注意者首推对《红楼》批评的批评,指责护花主人评本、大某山人评本、梨云馆评本、虞山晓晓子评本"都无是处",认为《红楼梦》一书深妙难测,犹周介存称梦窗词曰:"天光云影,摇荡绿波,抚玩无斁,追寻已远。"他还说,《红楼》一书,乃"镜花水月,本当付之达观,一经穿凿,便坠魔道,不但其说不立,并且玷污名书"。这些都与索隐、自传之说是针锋相对的。他也反对"意淫"、"尤物祸水"、"钗黛优劣"等流行的观点,说:"读《红楼梦》,第一不可有意辨钗、黛二人优劣";"不可专揣意淫二字,作琅琊情死之心;尤不可见盛衰无常,兴尤物祸水之叹";"言人不可专注十二钗,言地不可专注大观园";"尤万万不可为识神所役"。所谓"识神",是指批评家主观的认识与感情。他引归文休言:"凡看诗文,初入眼时,清鉴炯然,美恶无纤毫能遁。至阅数篇后,与作者之意稍合,便生护惜;稍离,便生厌弃;为识神所役故也。"他强调批评的客观性、直观性,值得重视。他论人物说"《红楼梦》无形中一重要人物手造许多风流艳话"的是元妃;"吾读《红楼梦》,第一爱看凤姐儿";"诸丫环中第一是晴雯","天性照人,自然磊落,潇湘反有小家气"等,自有见地。文章最后一则论《红楼》著作权的问题,也有别见:"人亦有言《石头记》八十回为雪芹主笔,其下四十回则另有人续之者。或谓为七十回。仆意自六十回后,笔墨便不纯粹,穿插之痕迹亦不少,然佳者蕴藉风流,依然本色。此当是俗手增损。唯三十一回目'因麒麟伏白首双星',后半绝不照应,此却是大大疑窦。历来批家未尝摘出,不知何故?"

049　小说丛话　新小说社社员

　　1903年至1904年间连载于《新小说》第7至第9、第11至第17、第19至第21以及第22、24号,1906年由新小说社略加修整而刊成单印本,署"新小说社社员编辑"。1960年阿英参校以上两种后录入《晚清文学丛钞·小说戏曲研究卷》。这是我国第一部明确仿照诗话形式写成的小说话,但它又是以集体创作的形式出现的。作者署名有饮冰、慧庵、平子、蜕庵、璱斋、曼殊、浴血生、昭琴、侠人、定一、解脱者、趼、知新主人等。其中饮冰,即梁启超(1873—1929)。梁号饮冰室主人;慧庵亦为启超之曾用名号,但有人疑为"雪庵"(徐勤)之误。平子,即狄葆贤(1873—约1942)。狄字楚青,号平子、平等阁主人等,江苏溧阳人。戊戌变法时与唐才常、谭嗣同交往。1900年参与唐才常发起正气会,组织自立军,策划起兵勤王,事败后遁走日本。后曾任《时报》经理十七年,又经办过《小说时报》,有正书局。蜕庵,为麦孟华的号。孟华(1875—1915),字孺博,别署曼殊、曼殊庵主人。广东顺德人,康有为的学生和女婿,曾协助梁启超编辑《时务报》、《清议报》、《新民丛报》,后任《时报》总主笔。瑶斋,即麦孟华之弟仲华,字曼宣。浴血生,不详,曾于1903年9月《江苏》第6期上发表《革命军传奇》。昭琴、侠人及解脱者,均不详。定一,疑为于定一,字瑾怀,江苏武进人,曾任商务印书馆出版部长、营业部长。趼,即著名小说家吴沃尧(1866—1910),字趼人。知新主人,即周树奎(1863—1926)。周字桂笙,号辛庵、知新室主人等,上海人,译有《新庵谐译初编》等,曾任《月月小说》翻译编辑。这些作者的生活道路、政治态度和艺术见解都不尽相同,但当时都与梁启超意气相投,热心于小说改革。全文总的倾向,是附和梁氏提倡的"小说界革命",在有些地方充实、发展了梁启超的观点,但也有若干观点与之相左,甚至针锋相对。如曼殊、浴血生等针对梁启超提出小说具有"常导人游于他境界"的特点,强调"小说者,'今社会'之见本也",正确地阐述了小说与现实之间的关系。侠人明确地指出了小说的"神力"在于"明著一事焉以为之型,明立一人焉以为之式",注意到典型的故事与人物的感染力量和教育作用,对艺术典型问题有较深入的认识。再如,不少作者与梁启超谓中国古代小说步武《水浒》、《红楼》,"不出海盗海淫"两端而大唱反调,用新的观点,高度评价了古典小说。定一谓《水浒》为"独立自强而倡民主、民权之萌芽",浴血生、侠人谓《红楼梦》是"愤清"之"政治小说",平子、曼殊云《金瓶梅》为声价"不下于《水浒》、《红楼》"之"真正的社会小说",平子云《聊斋志异》"言民族主义",等等,这些见解都在近代文学界产生了巨大影响。

050　红楼梦史表　忏红盫主人

上海图书馆藏稿本。署"怡红院主人轶事、悼红轩主人纂文、忏红盫主人编辑"。卷首有《读书偶识四则》,记录了若干有关《红楼梦》本事的传闻,又记"陈蝶烁(?)《花月痕》"论《红楼梦》云:"宝玉对面非黛非钗,亦非甄宝玉,乃是妙玉。以一住怡红,一住栊翠;一号槛外人,一号槛内人;一自命为浊物,到头重归清净,一自命为清高,到头反堕淫污。一僧一尼,恰为对照。"亦有别见。正文列"梦中人名号"、"宝玉交涉"、"宁荣二府世系"、"宁荣二府家人"、"宁荣二府闺秀"、"红楼梦侍史"、"贾氏仆妾"、"贾氏门下杂人"、"贾氏族属"、"贾氏外戚"、"贾氏世交"、"书中局外人"表十二,另附"梦中人生辰"、"轩、馆、园、楼、寺院"两表,共十四表。每表前均有小序。比之先前苕溪渔隐《痴人说梦》所列之表,显然更为全面与精细,足资参考。编者忏红盫主人,生平不详,据《读书偶识四则》所署,又号坡生、公瞽。最后所署的时间为甲辰(1904)仲冬。

051 小说余话(《白云塔》投书) 静观、汉精、杜任子

连载于1905年7月23、24、25、27、30、31日《时报》。作者情况不详。三位论者,都是以"劝善惩恶"来解读这部小说。或认为小说颂扬了侠义、爱情、正气、深心四种善念,喝破尘障、嫉妒、势利、险诈等恶念;或则认为它歌颂了忠、孝、节、义,否定了奸、盗、邪、淫。总之,能明造恶之因,兴为善之念。

052 小说丛话 佚名

载于1905年《新新小说》第8期,无署名,疑为该杂志主编陈冷(1879—1965)撰写。冷字景韩,又字景寒,上海松江人,笔名用冷、景、冷血、冷笑等。早年留学日本,曾任《大陆报》记者,1904年任上海《时报》主笔。1913年后任《申报》总编辑。著有《白云塔》等小说。解放后任上海市政协委员等。此《小说丛话》,与《新小说》所载以评论为主之《小说丛话》不同,纯是记录小说的故实,且主要是摘录前人笔记,己意不多。它是钱静方《小说丛考》、蒋瑞藻《小说考证》、鲁迅《小说旧闻钞》的先导。

053 说小说 新庵等

载于1906年《月月小说》第1卷第3号及第5至第8号。此篇也属多人分别撰写而成。其中吴趼人的《杂说》篇颇具分量。它既反对"动辄喜訾议古人"的民族虚无主义态度,也否定了"动辄索引古人之理想,以阑入今日之理想"的古人现代化的倾向,论《水浒》为"一部贪官污吏之别裁",《镜花缘》为理想小说、科学小说,都有一定见地。《恨海》一则,可谓作家创作的自白,也有一定参考价值。其他诸人之作,多系批评当时的新作和翻译,如新厂(周桂笙)之评《恨海》、《胡宝玉》,报癖(陶佑曾,字兰荪,号芗林,别署报癖,又称崇冷访庐主,湖南安化人,曾在《扬子江小说报》、《月月小说》、《小说林》等杂志上发表小说论文有《论小说之势力及其影响》、《论中国之传奇》等)论《新石头记》、《恨海》、《佛罗纱》、《海底漫游记》等,都有替朋友捧场而夸大其词之嫌,但间或也有可采之言。

054 小说闲评 寅半生

载于《游戏世界》第1至第18期。作者钟骏文(1865—?),字八铭,笔名寅

半生,浙江永兴人。他仕途失意,于 1906 年 42 岁时在杭州创刊《游戏世界》杂志。本篇就近时新出诸书,记其涯略,品其优劣,意在"披沙拣金,画龙点睛",为购小说者作指南,故其体例近似书目提要。作者评论作品之时,欣赏文情曲折、结构谨严、笔墨细腻、神情话现之作,见解一般。在思想内容上虽然主张"有益于社会",但斥《洗耻记》为"立撕小说",似非如有人所说的倾向革命。此篇的主要价值在于保存了当时新小说的一些资料。

055 读新小说法 佚 名

载于 1906 年《新世界小说社报》第 6、7 期,未署名。本篇首先以"小说之哲学家"的新桂冠许与金圣叹,说明了作者颇重小说理论的思维。它认为新小说具备经史子集之长,且尤动情感人。而要体会新小说的奥妙,就必须换新脑筋、新眼光来阅读,即掌握西方传入的"科学"与"哲理"的新知识。这使这篇小说论本身也具有相当"新"的气息。

056 小说小话 蛮

载于 1907 年至 1908 年《小说林》第 1、2、3、4、6、8、9 期,署名"蛮"。我曾著文疑为蛮公张鸿,误,当以黄人说为妥。黄人(1866—1913),原名振元,中年以后改名为人,字慕庵,号摩西,江苏昭文(今常熟)人,曾执教于苏州东吴大学,与曾朴、徐念慈等创办小说林社。辛亥革命后,以愤懑国事,发狂疾卒。黄系南社才子,学识广博,著述甚富,有《摩西词》、《中国文学史》等。《小说小话》最引人注目处,乃是关于八十余种旧小说的述评,其多种作品为世所罕见,故史料价值甚高,鲁迅曾全部抄入其《小说旧闻钞》。其实,《小说小话》阐发小说原理处,也颇多精到之论。它指出:"小说之影响于社会固矣,而社会风尚实先有构成小说性质之力,二者盖互为因果也。"因此,他要求小说作者当于社会"无一不知",描写人物时"当如镜中取影,妍媸好丑令观者自知"。关于小说的结构、语言等也有论述。它在分析我国历史小说、侠义小说等特点以及大团圆结束、因果思想等"陋习"时,也颇中肯。总之,它确为我国近代小说话中的佼佼者。

057 说《红楼梦》 佚 名

载于 1907 年 2 月 22 日《中外日报》。未署名。本文主要谈了《红楼梦》及《海上花》的认识价值及现实意义,感慨《红楼梦》中所描写的现象"与近日之景象何暗合欤"。如云:"举世滔滔相压以力,相诈以术,中外如是,古今亦如是,《红楼梦》言之矣,曰:'不是东风压倒西风,便是西风压倒东风。'"

058 答客问本报附刊小说　丁

载于1907年2月26日《申报》。署名丁,当为编辑部成员。《申报》于1872年由英国商人美查和伍华德、普莱亚、麦基洛四人合资在上海创办,后归美查一人所有。1906年,美查公司将报馆转让给席子佩(1909年正式签合同)。席子佩(?—1929),原名裕福,字子佩,祖籍江苏吴县,迁居青浦(今属上海市)朱家角镇。席子佩经办期间,对《申报》作了改革。附刊小说亦为其改革措施之一。至1911年,开辟了副刊《自由谈》,登载了大量的小说话文章。至1912年席等又将《申报》产业转让给史量才。1916年席另创《新申报》出版,一年后停刊。后举家回朱家角办厂经商至逝世。本文借鉴西方狄更斯、萨克雷的办报经验,认为报纸能附刊"可歌可泣、可惊可怒、可悲可喜、可忧可怜、可感激涕零之事,而缀之以斐美之文词,范之于性情道义"的小说,能比诗书更有效快速地促进"人群之进化",有益于社会。

059 觚庵漫笔　觚　庵

载于1907年《小说林》第5、6、7、10、11期。作者俞明震(1860—1918),字恪士,别署觚庵、明夷、觚斋,浙江山阴(今绍兴)人。曾任鲁迅学习过的路矿学堂总办,1903年以候补道往上海查办《苏报》。1915年任肃政厅肃政使,次年以病辞归。俞在清朝官吏中思想比较开通,有人说,在查处《苏报》案中他还有意保护了一些名士。鲁迅始终对他抱有好感。《觚庵漫笔》以为良小说家当阅历世情,描绘真相;若主人公为完全之天人,必成败笔。他指出,小说有纪述派、描写派之别,也具眼力。其论侦探小说、历史小说、军事小说、滑稽小说、言情小说处,多有见地。如论贾宝玉用情之挚,《红楼梦》为绝世妙文,就批驳了冬烘学究"诲淫诲盗"之说。对于金圣叹、毛宗岗的小说批评甚为推许,而对护花主人、大某山民的评语讥之为"恶劣陈腐"。作者尤痛恨者,为大腹贾人操纵着发行小说的命运,以致小说家以金钱为主义,鲜有精心结构之佳作。

060 小说管窥录　佚　名

载于1907年至1908年《小说林》第3期至第10期"新书介绍"栏(1980年

上海书店影印本阙),无署名。阿英将此辑录在《晚清文学丛钞·小说戏曲研究卷》中时题名为《小说管窥录》,并云"疑觉我撰"。觉我,即徐念慈(1875—1908),字彦士,别号东海觉我,江苏昭文县(今常熟)人。他是当时著名革命团体中国教育会的常熟支部负责人之一。1905年为小说林书社编辑部主任,1907年2月起竭尽全力主编《小说林》月刊,故此文极可能出自觉我之手。觉我对小说极有见解,其所著《小说林缘起》、《余之小说观》等为近代重要的小说论文,然《小说管窥录》旨在介绍新书,故侧重在内容提要,其中也间或可见他重视小说反映"社会情状"和"鞭策社会之进步"。他愿《黄金世界》"人手一编",反映了他的爱国精神;而对《铁假面》"政府压制太重"的谴责,透露了他具有革命的倾向。

061 水浒传新或问 燕南尚生

载于光绪三十四年(1908)直隶官书局《新评水浒传》卷首。作者燕南尚生,不详。《新评水浒传》只见第一册,封面称"祖国第一政治小说"。当时,随着革命浪潮的高涨,中国古典小说中的《水浒传》就特别受到青睐,纷纷将它视为倡独立、自强、民主、民权的杰作。燕南尚生也完全是从"政治小说"的角度上来高度评价这部小说的,认为:"《水浒传》者,痛政府之恶横腐败,欲组成一民主共和政体,于是撰为此书。迨至梁山泊无人敢犯,分班执事,则已成完全无缺之独立国矣。"正因为从政治上着眼,故对金人瑞从"文法"上批点十分不满,指责金人瑞"奴隶根性太深",是几百年来使《水浒》"极易动人之学说湮没有不彰"的罪魁祸首。这假如从反清革命的眼光来看的话,也可谓是一针见血之论,但若历史地、全面地衡量金人瑞的功过得失的话,此论未免过于简单,失之片面。

062 说小说 佚 名

载于1908年7月24日《笑林报》。文章论及《青楼梦》、《海上花列传》、《海天雪鸿记》等"嫖界小说",认为《青楼梦》为"发首",但"用笔平平";《海上花列传》写得有声有色,叹为观止,但用苏白,使外地人不无遗憾;《海天雪鸿记》用笔殊妙,惟其语气似有侧重之弊,且篇幅太短。

063　铁瓮烬余　铁

载于1908年《小说林》第12期。作者署名铁,疑为雷昭性(1873—1920),字泽皆,四川富顺人。曾用笔名铁、铁铮、铁崖等。1905年赴日学习,同年加入同盟会,又参加南社。曾创办《鹃声》杂志,参加《四川》杂志编务。1909年回国任教于上海中国公学。同年秋为清廷指名缉捕,一度走杭州为僧。民国元年任总统府秘书半月,后赴南洋主《国民日报》笔政。本篇注意小说与戏剧、绘画的不同特点和相互关系,强调了小说具有醒睡狮、唤国魂的社会作用。从易于普及计,作者特别呼吁"弹词小说"的改良。

064　新小说之平议　佚　名

载于1909年3月1日《新闻报》。无署名。疑为当时《新闻报》的编者所撰。文章指出当时的新小说在语言上是"大抵用文言者十之五六,而用白话者仅十之三四耳",所以远不能达到广大百姓所能阅读的地步。就内容而言,"今新译之书,最普通者,不过两种:一为言情之作,一为侦探家言",这与我国下等社会的心理不相合,即使读书识字之人,久读也生厌。他指出的这些问题颇敏锐,然开出的药方却一般:"取吾国古来英君、贤相、名将、循吏、孝子、贞妇、侠客、义仆之遗事,以通俗之文编为平话,而纬之以浅近之科学物理,与夫政治历史之常识,使人人读之易晓,而又廉其代价。"这里要求的基本内容仍然是旧的,不是现实的、新鲜的东西,只是将现代的"科学物理"与"政治"之类加以点缀,再用通俗的语言与低廉的书价来吸引读者而已。

065　忏空室随笔　石　庵

载于1909年《扬子江小说报》第4、第5期。作者胡石庵(1879—1926),原名人杰,又名金门,别号天石、忏空室主,湖北天门人,早岁从谭嗣同游,曾参加唐才常领导的自立军起义和谋刺铁良等活动,为革命团体日知会会员,两次被捕入狱。1909年出狱后编文学期刊《扬子江小说报》,撰写四十余篇中短篇小说及散文。辛亥后编《大汉报》、《天声报》,影响极大,名重一时。本文主要论及《西游记》、《聊斋志异》、《七侠五义》三书。其论《西游》为寓言而不是道书,《聊斋》虚构与写真之妙,《七侠五义》之人物塑造,都有一定看法。他严斥《七侠五义》续书之泛滥成灾,其矛头直指"为民上者",尤可见其铮铮铁骨。

066　小说界之评论及意见　樊

载于1910年1月20日《申报》。作者樊,不详其人。本文认为小说乃"社会教育必要之书",故撰小说当为"文学家又教育者之事业",小说家不仅能驾驭文字,而且要有广博的知识。翻译小说者,尽管是退而求其次的"第二等之人物",但也"必须略知文学之梗概及教育之原理原则",否则就不知选择和酌裁,不知文学与历史之别,不辨国内国外的社会心理,不能成为一个合格的小说翻译家。不仅要通外国文字,而且要通国学与文学,否则只可成通方言之才,不能领会文学之意味,能看透文学家之手眼。不仅能撰典雅文字,而且要作通俗小说,使大多数百姓能欢迎。文章对当时新旧小说的形势作了这样的分析:"新派小说所占之阵地恒在城镇,而旧派小说所占据之阵地恒在乡村,村固较城镇为多,于是旧派小说之阵幅较广。"因而不要认为周围的朋友说"新小说为已大受社会欢迎"而信以为真。若从旧时亲戚故旧与里巷间之顽夫稚子妇人看来,"依然但知《三国》、《水浒》、《西游记》,而能举新小说之名者百不一二,其能称颂新小说之美者,盖罕闻也"。最后,作者对小说下了这样一个定义:"小说者,依自然的之方法手段,从情的方面以牖发人心灵中之各力之一种特殊文字也。"据此,作者提出:"今欲求余理想中之小说家(即通文学、教育之人)必难其人,则余之第一种办法,即舍撰而言译。余又以为读典雅文字者,不如读通俗文字者之多数,教育文人学士,不如教育农工商兵妇人孺子之急切,则余之第二办法即从今以后宜多出版通俗小说,以弥从前小说界之缺憾。"

067　西人之小说评　佚　名

载于1910年3月20日《时报》。本文介绍了李偕白敦新著十四篇文章,历评十八世纪起至二十世纪的英文小说家,谓十八世纪间小说当推李智生、费亭、史买德、史登为巨子;旋为司各脱时代;入十九世纪,狄更斯继起,壁垒一新;嗣后则有德罗德、爱力亚德、海谛、米辣蒂、史谛芬诸人。文章特别称道爱力亚德之著作,其次则表彰德罗德亦不遗余力。

068　小说新语　佚　名

载于1910年《小说时报》第9号。原刊未署名,今据开头称"余尝于《新小说》之《小说丛话》中论吾国小说为旧社会女子教科书者"云云,知为狄葆贤所作,而《小说时报》就为狄氏所经办。此篇论文字小说、文字兼语言小说、语言小说三者之别,颇具只眼。关于《孽海花》、《海上花》与《野叟曝言》之人物索引,也为后来研究者所注意。狄本笃好内典,其论雨果(罂俄)作品与佛旨相合,也可具一说。

069　石头记微言读法　孙渠甫

稿本《石头记微言》卷首。《石头记微言》另有清抄本一种。卷首有《释真》、《释影》、《读法》三文。正文为分回摘句评述。孙渠甫,吴兴菱湖镇人,卒于清末。崔怀琴(瑾)在1914年《香艳杂志》第一期上发表《红楼梦解提要》云:"光绪季年,吾友孙渠甫始能解之,以为胜国顽民怨毒觉罗者所作也。当时以文字贾祸踵相接,作者不敢明言,故托为梦幻影响之辞,所谓荒唐言、辛酸泪也。惟恐尽人能解以贾祸,又恐尽人不解而苦心无以明也,故其意甚隐,其辞又甚显。引申触类,左右逢源矣。为作解说二十余万言,原稿名'石头记微言'。所谓微言者,于朱氏、觉罗氏之事仍不敢显言,故以此二字括之。予略知者,经面质也。孙君今已物故,稿存予处,约二十万言,予无力付刊,珍诸敝箧,恐此稿之将于湮没也,故略述其意而饰之。"今观其书,确如崔言。《释真》开篇即曰:"《石头记》一书,假中有真,真中有假。书面假中真,书底假中真,书之底中底乃真中假也。"将书分成"书面"、"书底"、"底中底"三层。其《读法》即云:"书面为谈情之书,书底为伤逸哀怨之书,底中底为淫乱悖谬之书。"作者的本意已点得十分清楚,但又故作种种伪饰,以避人耳目。故此书实为首创种族之说。1916年弁山樵子在《香艳杂志》第十一期上发表《红楼梦发微》评述种种"评论家"推测《红楼梦》作书的原因时,就指出了这一点:"……又有创为种族之说者,以顺治为宝玉,一人一事,一句一字,必加以种种考证。我乡有沈茂才者(菱湖镇人,没已十年,不能举其名),一生注力于此,撰成《红楼梦如是我言》一书,蝇头细楷,不下二百万言,其友人崔君怀瑾曾约其切要之言,以入本杂志之第二期(闻其书已为崔君携入京师,能否付刊,不可得知矣)。"此论凭传闻记忆所述,尽管多有舛误,如将"孙"误写为"沈"(盖吴语音同),又将"二十万言"误记成"二百万言",乃至书名亦误,但总体精神不差。沿着这条路走的,后有王梦阮、蔡元培等。对于孙渠甫此等"微言"索隐,《忏玉楼丛书提要》曾评曰:"书言《红楼》为明之遗民怨毒觉罗而作,虽抉发隐微,颇多符合,而附会牵引,亦复不少,然较之尊薛抑林,累牍连篇,无关大义者,自有上下床之别也。"

070　小说考证　蒋瑞藻

是书始纂于 1910 年,1911 年起在《神州日报》、《东方杂志》等报刊上登载。如《东方杂志》即从 1911 年 3 月 25 日第 8 卷第 1 号起连载,陆续至 1918 年 12 月 15 日第 15 卷 12 号止。1913 年上海广益书局即出单行本,收入"古今文艺丛书"第一集。1915 年商务印书馆出十卷单行本,收入"文艺丛刻乙集"。后又将增辑的附录一卷、续编五卷、拾遗一卷与正编合订成册,由商务印书馆于 1919 年出版,1920 年、1924 年、1927 年、1931 年等不断再版印行。上世纪五十年代,古典文学出版社、中华书局上海编辑所又利用旧纸型重印三次,1983 年上海古籍出版社重新予以标校出版。是书编纂的体例及宗旨于卷首作了说明:"今取各家著述之言小说者,略次其时代之先后,类为一编,条分缕析,本末井然。熟乎此者,其读各小说也,如土委地矣。"共收辑了金元以来 470 余种小说、戏曲、弹词、民间小唱等有关资料,其中小说、笔记 108 种,戏曲 325 种,弹词及民间小唱 12 种,翻译作品 25 种。所征引的范围极为广泛,有些材料已十分罕见或亡佚,其中包括蒋瑞藻自己的作品,如《花朝生笔记》(存)、《羼提斋丛话》(佚),竟占全书的三分之一强。这些文字有考证,有品评,虽"未精审,亦繁博",且自有所见,足证蒋氏为 20 世纪初研究中国小说戏曲等通俗文学用力最勤的一位学者,其功甚伟。至于鲁迅在《小说旧闻钞序言》中说他"并收传奇,未曾理析",这是当时通识,蒋氏在《附录》题词中说:"子不闻乎,戏剧与小说,异流同源,殊途同归者也。"故未可深责。

蒋瑞藻(1891—1929),字孟洁,号花朝生、羼提居士,浙江诸暨人。最初发表《小说考证》时年仅 21 岁,得到了前辈学者胡寄尘、蒋智由等的赏识。后任教于上海澄衷中学、杭州女子中学,1928 年应聘之江大学中文教授,因病未就,翌年病殁。现存编著除《小说考证》、《花朝生笔记》外,尚有《小说枝谈》、《新古文辞类纂》、《越缦堂诗话》、《续杜工部诗话》、《神州异产后志》等。

071　小说累人　老　谈

载于 1911 年 1 月 4 日《民立报》。作者老谈,即谈善吾(1868—1937),又名谈治,谈长治,老谈为其笔名。江苏无锡人。为《民立报》中坚,南社社友。1923 年主编《中华新报》。著有《亡国奴传奇》及小说《真因果》等。本文指出了将小说当作真实的流弊,如将义和拳中的领袖比作《施公案》中的黄天霸等,致使给国家带来了祸害。

072　小说丛话　侗　生

载于1911年《小说月报》第2年第3期。作者侗生,不详。此篇重在论述林译小说和近时新作。作者受金圣叹"犯而不犯"的启发,认为"同处能异,自是名家",《水浒》、《红楼》以及哈葛德、林纾之高明处也就在此。他评徐念慈之《新法螺》为"滑稽小说中上乘"和论曾朴之《孽海花》为《文明小史》、《老残游记》、《恨海》四大杰作中之第一,颇受人们注意。

073　小说闲评　天　游

连载于1911年3月20日至4月2日《民立报》。作者署名天游,疑为卢天游(1879—?),原名汝翼,字云村,广西桂平人。早年留学日本法政大学。回国后创办广西法政财政自治学校,任广西咨议局议员。民国后,任广西都督府法制局局长等。本文将小说的体例仿史家之体也分为三体:纪传体、编年体与纪事本末体。但他认为:"史家三体,以纪传为正裁,余为附庸;小说则以编年为正裁,余为附庸。"且小说与史有"异趣":"作史必征诸实际","小说则不妨蹈空,且无疏漏之虞","此人所以乐观小说之原因也"。在说明体例之后,又详论了作小说的"十忌":"忌有意作关系文字","忌先标出全书为主之主人","忌无回应,不贯串","忌起结平沓","忌装潢无理法","忌贪写闲事,妨害正文","忌写神怪","忌写战争","忌落前人旧套","忌续作"。这里第一条"忌有意作关系文字",是指不要主题先行,满纸庄言正论,劝善惩恶:"大抵小说之作,其宗旨在全部寓意,其寓意处当为海上神山,不可即而不可离;如云中游龙,无所见而实若可见,令读者自领会之。若明白揭橥,读者一览无余,则味同嚼蜡。"最后,值得注意的是论评了金圣叹、毛宗岗以下的众多的小说批评。他认为:"金圣叹《水浒》批为最纵横捭阖,上下古今,几不可以游戏笔墨视之。"特别赞赏《花月痕》中论及《红楼梦》"全书主人只宝玉、妙玉二人"。并提出了小说批评的原则:"须批者之眼光与作者心思针芥相对,不必钩深致远,务为诡奇。若将庸常之理、人人心目中共有之境,反支离作廋词以解之,或穷极高远、上天下地以譬之,譬如博士买驴,书券三纸犹不见驴字,此批者之误入魔道,于原书毫无痛痒也。"这类对于小说批评的批评文字,在中国的古代与近代并不多见。

074　塞荠旧话　佚　名

载于1911年4月9日《民立报》。作者塞荠,待考。本文是在王梦阮、蔡元培之后又一种有关《红楼梦》的索隐研究,认为该书写了"顺康两朝八十年之历史","林、薛二人之争宝玉,当是康熙末允祀诸人夺嫡事","海外女子指延平王之据台湾","焦大盖指洪承畴","妙玉必系吴梅村","王熙凤当即指宛平相国王文靖熙"等。

075　小说的小说　嘉定二我

载于1911年12月30日《申报·自由谈》。初发表时标明为"短篇小说",实则除了结尾处曰"余书毕,管城子在旁渠渠而笑曰"云云,略有一点小说意味之外,通篇是议论,故不妨归之于"小说话"。作者嘉定二我,于1913年3月30日的《申报·自由谈》上载有"投稿者二我"小照一帧,并附说明云:"陈其渊,号石泉,又号涤骨。江苏嘉定方泰镇人。"于1912至1913年间,他是《申报·自由谈》中非常活跃的一个作者,发表过不少诗文、小说与戏曲,曾辟有《二我居杂缀》专栏。本文即是杂缀梁启超《论小说与群治之关系》等文的观点与文字而成,强调小说的功用与艺术感染力。

076　说小说　管达如

载于1912年《小说月报》第3年第5、7、8、9、10、11期,作者署名管达如,疑即管际安(1892—1975)。际安名义华,一字霁庵,江苏吴县(今苏州)人,为当时名小说家许指严的学生,曾任职于《民权报》、《民国日报》,为南社社员。1932年任《民报》主笔。《说小说》共分六章:"小说之意义"、"小说之分类"、"小说之势力及其风行于社会理由"、"小说在文学上的位置"、"译本小说及其自著小说之比较"(此章原阙标题,今据文意加)、"中国小说缺点及今日改良方针"。试图对小说这一文学样式作一次全面的、系统的理论总结。它成于辛亥革命后的第二年,博采了近十年来各家小说观点,编之以序,条之以理,规模空前,眉目清晰,故在某种意义上可以说上晚清小说理论的一次小结。其缺点是论述不深,新意不多,个别地方流露了一些如轻视群众的观点。但从总的倾向来看,它不失为一部进步的有价值的著作。

077　欧美小说丛谈　孙毓修

原载于 1913 年《小说月报》第 4 卷第 1 号至第 8 卷，1914 年第 5 卷第 9 号至 12 号，署名孙毓修或"东吴旧孙"。1916 年商务印书馆编入"文艺丛刻"丛书，出单印本。作者孙毓修(1871—1923)，字星如、恂如，别署东吴旧孙、留庵、绿天翁等，江苏无锡人。缪荃孙弟子，后从美国牧师习英文。1906 年前后起任商务印书馆编辑所高级编辑，主持编刊《四部丛刊》、《童话》、《少年丛书》、《演义丛书》、《世界读本》等。他有相当的国学基础，并就学于外国教士，通西文，故评价西方小说比同时代一般论者较为真切，且内容也颇为丰富和系统。尤可观者，时时注意中西小说的比较，其中有的论点也较有启发性。然而总的说来，深度不够，述多于论，特别是后半部分，几乎都是小说作者生平和故事情节的介绍。这虽在当时对人们正确认识西方小说有一定的帮助，但终究显得一般。

078　说小说　了　磨

载于 1913 年《游戏杂志》第 6 期。作者了磨，不详。此文着重论证《六经》、《左》、《国》、《庄》、《骚》、马、班、韩、柳诸文所以脍炙人口者，因皆具有"小说之性质"，从而批驳了桐城派论文忌小说语等轻视小说的观点。作者所谓的"小说之性质"，即就耳目之近，世俗之情，谈怪说奇，无美不备，并以雅丽之笔出之，以求境真情挚，动人心志，发人深省。其论述虽未周备，然也有独到之处。

079　小说闲话　张　行

刊于 1913 年《古今文艺丛书》第 2 集，署"云间张行海鸥"撰。作者生平不详。其中多数章节系评述和考证，如《蝶阶外史》、《浮生六记》等具体作品，然也有如"小说笔法"、"小说结构"、"小说材料"、"真情之动人"等概括性论述。写得条理清晰，观点平允，也颇可观。

080　小说丛考　泖东一蟹

原载于《小说月报》1913 年 4 月 25 日第 4 卷第 1 号至 1918 年 9 月 25 日第 7 卷第 9 号。1916 年出单行本，先后由上海商务印书馆、古典文学出版社于 20

年代至 1956 年重印过。作者泖东一蟹，系钱静方的笔名。钱氏又名学坤，江苏青浦(今属上海)人。此书与蒋瑞藻的《小说考证》一样，所谓"小说"包括戏剧、弹词等叙事作品。它与《小说考证》稍异的是，主要致力于引证史料，以考证故事的来源。所引的资料，有的现在已很少见，所以尽管偶有失误或牵强之处，但仍足资研究者参考。

081 小说杂评 眷 秋

载于 1913 年 12 月《雅言》第 1 卷第 1 期。作者眷秋，不详。此篇精彩之处在于《水浒》、《红楼》比较论。作者认为，我国通俗小说中此二书为最佳，从而就小说的结构、人物、文字、风格、境界以及作品反映的思想和凭虚写实的不同等进行了比较，能给人以别开生面之感。

082 小说丛话 成 之

载于 1914 年《中华小说界》第 3 期至第 8 期，初署名"成"，第 8 期改署为"成之"，实即吕思勉一人。吕思勉(1884—1957)，字诚之，江苏武进人。早年执教于苏州东吴大学，辛亥后先后任中华书局和商务印书馆编辑，后长期在光华大学、安徽大学、华东师范大学等高校从事中国史的教学和研究工作，著有《中国通史》等多种著作，为近现代著名的历史学家，从而掩盖了他早年在小说理论批评方面的才华，使这篇《小说丛话》久不闻于世。1982 年，上海古籍出版社出版古代文学理论研究编委会编的《古代文艺理论研究》第 6 辑，据吕家藏稿又予登载。然因编录者未见曾发表于《中华小说界》的全文及早一年发表的管达如的《说小说》，故实登载了吕氏《小说丛话》的一部分，第二部分所谓"未刊稿"，实为思勉当时摘录管达如《说小说》的笔记，并非吕著。统观洋洋三万六千余字的《小说丛话》全文，乃是针对管达如的《说小说》而发的。它也就《说小说》论述的范围，从不同的角度，运用不同的观点，作更为深入的分析。因此，它实际上是一篇与《说小说》争鸣的文章，在一些地方补充、发展了《说小说》的观点。例如，它运用西方美学观点，特别是典型化的理论，详细分析了小说人物塑造问题，大大超过了《说小说》及其他近代人的论述。它和《说小说》一起，虽然不能说是对我国以往小说理论的理想总结，但一般说来，还是代表了近代小说理论的发展水平。

083 小说丛话 梦生

载于1914年《雅言》第1卷第7期。作者梦生,疑为陈大年(1882—?),字梦生,一作萝生,室名汉木斋,广东南海人,南社社友,民国初曾主持广州《中华新报》。本文对于小说的评论估价极高,认为"当与作者相当",因为有的小说就是通过"评而佳"。不过,梦生评书的目的只是为了"排忧解闷"和"通身快乐"。基于此,本篇专论《金瓶梅》一书。他认为,《金瓶梅》是"最佳最美之小说"。这是因为它"写社会下等人物无一不酷似","为普天下奸夫淫妇、贪官恶仆、帮闲媪妓一齐写照",乃是一部"惩劝世人、针砭恶俗之书"。况且,《金瓶梅》全用白话,结构严密,文法妙绝。作者本想逐回加以评论,但事实上只评至第十回而后不见连载,恐作者赞美《金瓶梅》之词不容于当世也。

084 红楼梦索隐提要 王梦阮

载于1914年《中华小说界》第一年第6、7期。作者署王梦阮一人。1916年中华书局印行《红楼梦索隐》单印本,作者署王梦阮、沈瓶庵两人。卷首附彩色像《清世祖五台山入定真相》,有"悟真道人"的癸丑(1913)《序》、《例言》与《红楼梦索隐提要》,后将索隐分插于一百二十回正文之中。作者王梦阮,生平不详。沈瓶庵为当时中华书局编辑,参见下文《古今笔记平议》提要。本提要认为"其书大抵为纪事之作,非言情之作","是书全为清世祖与董鄂妃而作,兼及当时诸名王奇女也。……至于董妃,实以汉人冒汉姓,因汉人无入选之例,故伪称内大臣鄂硕女,姓董鄂氏,若妃之为满人也者,实则人人皆知为秦淮名妓董小婉也。小婉侍如皋辟疆冒公子襄九年,雅相爱重,适大兵下江南,辟疆举家避兵于浙之盐官,小婉艳名夙炽,为豫王所闻,意在必得,辟疆几频于危,小婉知不免,乃以计全辟疆使归,身随王北行。后经世祖纳之宫中,宠之专房,废后立后时,意本在妃,皇太后以妃出身贱,持不可,诸王亦尼之,遂不得为后,封贵妃,颁恩赦,旷典也。妃不得志,乃怏怏死,世祖痛妃切,至落发为僧,去之五台不返。诚千古未有之奇事,史不敢书,此《红楼梦》一书所由作也"。此为当时索隐派的代表作之一。

085 小说谈 新旧废物

载于《香艳杂志》第2、9两期。作者署名新旧废物,即王文濡。文濡字均卿,别署新旧废物、学界闲民、吴门老均等。浙江吴兴人,南社社友。曾主进步书局、国学扶轮社辑政多年,后又为中华、文明两书局编刊各家诗文集及楹联尺牍甚多,尤以《说库》、《笔记小说大观》、《香艳丛书》费力更大。1914年冬与邹翰飞、高太痴、张萼孙等编刊《香艳杂志》。本文论小说,多一般之笔。然于《金瓶梅》一则所谈古本及附王县《考证》诚为《金瓶梅》演变史上为人注目之事。所谓《古本金瓶梅》及王氏考证初见于此,随即于1916年5月存宝斋初次印行了该书,名曰《绘图真本金瓶梅》,并于卷首附印了王氏考证;后卿云图书公司又翻印,改名为《古本金瓶梅》,也附王氏考证。然细校三种王氏考证文字,相互出入颇多,足见本无所谓王氏考证原本,而伪造者不得不多次加以修补润饰。王均卿首次披露此说又故意闪烁其词,故所谓洁本《古本金瓶梅》,很可能即出自此老之手。

086 小说谭 云 衢

载于1914年11月16日《群强报》。作者云衢,待考。本文的主旨是强调小说的功用。他认为,当时在翻译小说的影响下,逐渐都拿小说当作"茶余酒后、闲谭消遣的资料,于小说效用,倒反失掉了"。因而他呼吁"不可单把他(小说)当个游戏物、娱乐品","顶要紧的,是励增我们志气,唤醒世界愚梦,破除社会习染","要是净拿他当娱乐物,那流弊就大了"。

087 红楼梦新评 季 新

载于1915年《小说海》第1、2期,一粟《红楼梦卷》,黄霖、韩同文《中国历代小说论著选》均全录。作者汪精卫(1883—1944),名兆铭、字季新,生于广东番禺,早年参加中国同盟会,曾任《民报》主编。1910年因参加暗杀摄政王载沣被捕。辛亥革命后曾组织国事共济会,拥袁窃国。袁失败后,又投奔孙中山。1925年在广州任国民政府主席。以后历任南京国民党政府行政院长、外交部长等职。抗日战争爆发后,以国民党副总裁身份公开投降日本,组织伪国民政府,任主席,为大汉奸。1944年死于日本。文章以"去专制,重人权"及"自由平等博爱"的思想为指导,从《红楼梦》"是中国之家庭小说"这一角度出发,分析了小说对贾府的"纷纷然相倾相轧、相攘相窃","极残忍、极阴鸷、极诡谲、极愁惨"的丑恶现象及对一些人物形象的刻画,从而批判了封建婚姻制度和家庭专制对于青年男女的迫害,主张自由婚姻和爱情专一。作者认为:"国家即是一大家庭,家庭即是一小国家。"他在揭示"中国家庭种种之症结"时,实即批判了当时国家政治的专制。这在当时具有积极的意义。

088　红学发微　雪　岑

载于成都《四川公报》增刊《娱闲录》第16、17、19三期(1915年3月2日、3月16日、4月16日)。作者雪岑,不详。据其《弁语》,拟作《哲理中之红楼梦》、《书记中之红楼梦》、《钩稽中之红楼梦》、《文艺中之红楼梦》四章,然目前所见仅见首章,尚未完。文章掇拾数例,以佛家色空观予以阐释,乃所谓之"哲理"也。

089　忆梦楼石头记泛论(外二种)　陈　蜕

《忆梦楼石头记泛论》载于1915年刊《陈蜕盦文续集》。陈蜕(1860,一作1859—1913)作。原名陈彝范,又名范,字叔柔、叔畴、锡畴,号梦坡,晚更名蜕,号蜕盦、蜕安等。祖籍湖南衡山(一作衡阳),曾祖迁居江苏阳湖(今常州)。光绪十五年举人,纳粟为江西铅山令。他因上峰贪婪不法,耻隶其下,挂冠而去。移居上海,接办《苏报》,聘章士钊为主笔,发邹容《革命军》、章太炎《驳康有为〈论革命书〉》等文,宣传排满反清。发生"《苏报》案"后,亡命日本。辛亥起义,参与其事。后任《太平洋报》编辑、《民主报》主笔,病逝于沪。为南社社员。身后柳亚子等为其刊《陈蜕盦文集》(1914)、《陈蜕盦文续集》(1915)。《陈蜕盦文集》中还存《列石头记于子部说》、《梦雨楼石头记总评》二文,均为残稿。《泛论》重"情",第一则即曰:"千古言情,惟此一书。""尝怪世人牵引《石头记》附于感时事、慨身世之列,必为作者所唾弃。"然"稿中命意,以甄宝玉、英莲、娇杏为正三角,而余皆影笔,立论甚奇"(柳亚子跋语)。与此立论不同,《列石头记于子部说》、《梦雨楼石头记总评》却十分强调用时髦的"共和"、"爱国"、"男女平等","哲学"、"佛理"、"心理"、"生理",乃至"声光化电之学"来阐释小说的内容,因而认为《石头记》一书,虽为小说,然其涵义,乃具有大政治家、大哲学家、大理想家之学说,而合于大同之旨。谓为东方《民约论》,犹未知卢梭能无愧色否也"。前后所言,出入颇大,盖云转月移,因时论变矣。

090　月刊小说评议　新　廖

载于1915年《小说新报》第5期。作者新廖,不详。自从《新小说》之后,小说杂志层出不穷。本文作者注意评价小说杂志，实属首创。其"平议"寓于内容绍介之中，言简意赅，间或也发表自己的见解，如曰"小说虽小道，然作者终须有一宗旨"云云，说明作者胸中尚有尺度。可惜其平议的范围只限"停刊"杂志而不涉及"现行"杂志，这是令人十分遗憾的。

091　小说家言　吴曰法

载于1915年《小说月报》第6卷第6号。作者吴曰法，歙县人。此篇以《庄子》"三言"（寓言、重言、卮言）为纲，分析了中国小说的基本特点。关于中国小说的体裁，它认为短篇取法于《史记》列传，长篇取法于《通鉴》编年，传奇渊源于古代"文言"。这些见解都比较独特。此外，还论述了小说的语言及利弊。此文得到了当时《小说月报》编辑恽铁樵的高度评价。恽特地写了篇《后记》，认为"凡治小说者当奉为圭臬"，并进一步提出小说家"必能为真正之文言，然后可为白话"和"积理既深，斯持之有故"的观点，在当时也有一定意义。

092　古今笔记平议　瓶　庵

载于1915年《中华小说界》第1期至第4期。作者瓶庵，即沈瓶庵，原名沈其光，字瘦东，号瓶翁，江苏青浦（今属上海市）人。曾与王梦阮合著《红楼梦索隐》，断言"是书为清世祖与董鄂妃而作"，为旧红学索引派的代表作之一。沈当时为中华书局编辑，主编《中华小说家》。我国古代笔记，包括辨订、丛谈、琐闻、杂录等，范围比较广泛，但历来多视之为"小说家言"，且其中确也包括今天所理解的小说，故本篇论列之对象虽然较杂，而仍将它作为一部不可多得之笔记专论而收入。本篇写作之宗旨和体例均见其前言。1914年《中华小说界》第11期曾专门发了一则预告，称本篇"仿《四库全书提要》之例，将各种笔记原委、卷帙、著者姓名撮叙大要"云云，抱负不可为不大。但实际上，正如有读者给《中华小说界》编辑部信中指出的那样："古今笔记，浩如烟海，倪准此所登之数，平均计之，则非十稔，不能卒读。"（1915年《中华小说界》第5期）瓶庵恐有感于此，故即辍笔停刊，后也未见单本印行。今从揭载数篇提要而论，也能抉隐微，记得失，有一定参考价值。其中如论及较冷僻的东轩主人的《述异记》，就颇可注意。

093 聊斋发微　问恨生

中华图书馆1915年9月出版。作者问恨生，不详何人。此为《聊斋》研究史上第一部专著。文中提及"今因《红楼索隐》已有成书"，指的是1914年《中华小说界》第一年第6—7期发表的王梦阮的《红楼梦索隐提要》。王氏《索隐》后于1916年也由中国图书馆印行单本。此《聊斋发微》，亦为一索隐之作。作者认为，《聊斋》一书，"殆皆伤时之作"，"固一篇伤心亡种史也"。具体而言，"其例有五"："悲种"、"愤势"、"嫉富"、"贱士"、"尚侠"，而"悲种一例，诸例之首，亦全书之纲也"。其"悲种云者，盖当满清入关之初，风教未同，权势炙手，捕奴圈地，搜色括财，佐协领之贪横，守尉兵之淫悍，王府家人之肆虐，屯住旗丁之假威，怪怪奇奇，人情难忍。……世界至此，人人丧其乐生之心，可谓不平之甚者矣。先生于此，痛种族之凌夷，恨强横之难御，无可为计，乃于空中著想，作物极必反之观，演天道好还之例"。其所谓"悲种"，又以三种手法出之："假托"、"推类"与"会意"。其中"假托"一例，用之最多。"假托云者，其第一大旨，在托狐以言胡也。"后则例举各篇，证之此说。最后归结为："故谓是书有功于辛亥年之恢复，亦无不可。"当时如这般以索隐的手法、政治的眼光来研究小说，也为一时之风尚，然风转云移，现在看来，只剩下牵强附会了。

094 小说杂考　林　纾

载于《晚清文学丛钞·小说戏曲研究卷》。此文系阿英自林纾《铁笛亭琐记》中辑出。《铁笛亭琐记》初连载北京《平报》，1916年7月臧荫松编集后由都门印书局出版，1922年商务印书馆改名为《畏庐琐记》再版。林纾（1852—1924），原名群玉，字琴南，号畏庐、冷红生，福建闽县（今福州）人。光绪举人，任教于京师大学堂等。能诗画，长古文，尤以小说翻译闻名于世，开创了一代风气。此篇杂考，有得有失，然从中可见作者对中国小说戏曲素有根底，其小说翻译之所以成绩斐然，非仅赖古文之力也。

095 小说丛话　纳　川

载于1916年《中华小说界》第3卷第6期。作者纳川，不详。自谓其小说作品，散见各报，故颇知小说创作之甘苦。本篇虽也零星评及中外小说，但重在较量创作的得失短长。他从题目的推敲、语言的运用、题材的选择、人物的生动、情节的波折、结局的含蓄、作者的学识等多方面地论述了自己的见解,其中如论"小说之妙,只一味描写","摹拟书中人物,必令惟妙惟肖","少用冠首字样",结局"必有'曲终人不见,江上数峰青'之妙"等,也颇得当。然评价作品之处,往往崇拜名人,过甚其辞,受到了后人的批评。

096　稗乘谭隽　鹓雏

载于1916年《春声》第1集。作者鹓雏,原名姚锡钧(1892—1954),字雄伯,号鹓雏,别署宛若、宛公、红豆词人,江苏松江(今属上海市)人。曾入南社,又参加文学研究社、国学商兑会等,编辑过《太平洋报》、《民国日报》、《申报》副刊、《江东》、《七襄》、《春声》等报刊杂志,撰有《春衾艳影》、《燕蹴筝弦录》等。晚年从政,解放后曾任松江县副县长。本篇不避"诲淫"之责,于发轫期小说中独取《飞燕外传》、《杂事秘辛》,于说部中对《金瓶梅》评价甚高,当可注意。在论中国小说发展时,认为林畏庐于"迻译新体,遂更旧俗"之时胜过吴李,独创新基。在整个中国古典小说中,对《儒林外史》评价最高,推为"神品",《水浒》、《红楼》则为"能品"。此外,论"小说有十弊"、"三忌",虽较笼统,却也颇具辩证的观点。

097　读红楼札记　境遍佛声

载于《说丛》1917年3月第1期、4月第2期。作者在《说丛》上还发表若干文章,生平具体情况不详。本文所论,颇为拉杂,甚至抄袭他文,缀入其中,如戚蓼生序云"敷华揿藻"至"庶得此书弦外音乎"整段文字,被分为两则,照搬不误。因袭他人,致使前后观点时见矛盾,如前云"太平闲人以《大学》、《中庸》而讲《红楼》,吾实未敢信",而后则曰"《红楼梦》推演性理,阐发《学》、《庸》,……尽脱小说窠臼,而别辟蹊径"。然文中两处谈到所见所闻《红楼》旧本,颇为奇特。一则曰:"余前在友人处尝见过抄本《红楼梦》,原本只八十回,叙至金玉联姻、黛玉谢世而止。盖联姻之议,非出自贾母王夫人之意,乃奉元妃之命,无可如何就之。黛玉因此抑郁而亡,亦未有以钗冒黛之说。"另一则曰:"相传旧本《红楼》,末卷作袭人嫁琪官,后家道隆隆日起。袭人既享温饱,不复更忆故主。一日大雪,扶小婢出庭中赏雪忽闻门外有诵经化斋之声,声音甚熟习,而一时不能记忆为谁。遂偕小婢启户审视,化斋者恰至门前,则门内为袭人,门外为宝玉,彼此相视,皆不能出一语,默对许时,二人因仆地而殁。

以上所云，说甚奇特，与今本大异。"不知两说是否是实。

098 禁阅小说 好 学

载于1918年7月25日《时事新报》。作者不详。本文强调"禁阅小说"，认为"少年富于幻想，而小说为幻想之产物"。若"以幻想启其幻想"，则必然引导学生想入非非，有害于培养"切实之实行家矣"。

099 读红楼梦质疑 冷 佛

本文陆续连载于《民国日报》1919年1月至5月间。题目时作《续红楼梦质疑》，作者署名时作"佛冷"，显系笔误或误排。本文内容与姚民哀在1921年《小说新报》上发表的《红楼梦质疑录》多有雷同之处，故可断定为同一作者。姚民哀，见1919年《息庐小说谈》提要。本文从小说表现的不同角度指摘了《红楼梦》描写中的疏漏、矛盾之处，颇具眼力。

100 小说闲评 秋 星

本文初见《民国日报》1919年1月5日，署名"秋星"，后于4月6、7日连载，署名"恽秋星"。恽秋星，即恽震(1901—1994)，字荫棠，号松岩、秋星，江苏武进(今常州)人。时在上海交通大学读书，后留学美国威斯康辛大学研究院电机系，1923年获硕士学位回国，后长期在机电部门工作。本文值得注意的是，明确提出"小说"是"研究人的科学"。他不但以中国小说《儒林外史》、《水浒》、《红楼梦》等证之，且认为"欧美小说，尤多此类"，特别是迭更司的《大卫考伯菲尔》，"描摹世路之艰险，真使人增阅历，增学问"。另外，他将白话与文言的比较也别具只眼，称"白话如摄影，文言如作画"，两者相比，"画之工者，通乎神明，惟终不如白话之不假雕琢，妙造自然耳"。文章中提及的小说家钱基博、叶小凤、谈善吾及程瞻庐等人的作品，也可注意。

101 息庐小说谈 民 哀

本文于《民国日报》1919年1、2月间连载。作者民哀，即姚民哀(1893—1938)，江苏常熟人。原名姚联，字天䡾，号民哀，另有别署冷佛、花萼、小妖、芷卿、灵凤、君复、乡下人等。自幼从父习评弹，艺名朱兰庵(或作莱庵)，游走大江南北，犹以说《西厢记》有名于时。辛亥革命时曾被延为光复军记室，加盟于中华少年社,后为南社社友,抗日时期附汪伪军而被游击队处决。所著小说及散论时见于《小说丛报》、《小说海》、《小说新报》、《红杂志》、《红玫瑰》等,擅写"江湖秘闻"、"党会秘记",有《山东响马传》、《荆棘江湖》、《四海群龙记》及《民哀小说集》等。本文在《民国日报》上连载时,每日三言两语,谈及当时小说的译作与对古代小说的评价,议题十分广泛。较可注意者,他认为中国小说的起源于经:"《左传》可作军事历史小说读,《尚书》可作纪事小说读,《戴礼》可作风俗家庭小说小说读,《毛诗》可作言情小说读。小说之根源,究发乎经籍,奚用旁求子史?"而金人瑞是"小说家之叛徒",较早地用"八股文字"来否定金批。他强调"小说以白话为正宗",但反对用"土白"。对于小说的接受问题,主张学问与经验并重:"看小说之眼光高下,半系学问,半由经验。苟徒恃学问而无经验,其看小说之眼光必狭;仅仗经验而无学问,则其眼光寡陋,无足称也。"此外,他较早地看了古代社会小说如《金瓶梅》的现实意义,说"清河十弟兄情状,触处皆是,且有更甚于此者"。以后,冯叔鸾、郑振铎等发展了他的这一思想。

102 小说杂评 十年说梦人

载于1919年《小说月报》第10卷第1号,作者署名十年说梦人,即该杂志编辑王蕴章(1884—1942)。蕴章字莼农,号西神,别署洗尘、红鹅生等,江苏无锡人。光绪二十八年中举,为南社社员,曾任商务印书馆编辑,首编《小说月报》。后任沪江大学、暨南大学等教授、《新闻报》主笔等。本篇与邱炜萲的《新小说品》相仿佛,皆承宋敖陶孙《臞翁诗评》之法论风格,不同者邱论作品王论人,且此容量远不如邱作。

103 小说话 解弢

中华书局1919年1月出版,至1932年印至四版,作者解弢。本篇是我国个人所撰小说话的第一种单印本,所论中外小说之多为以往各种同类作品所少见。其中固然有不少庸俗肤浅之谈,但也不乏一得之见。如论"伦理小说最难作","小说之擅长处,在能琐屑","作文有痴笔","刻画之笔求其显露,言情之笔求其含蓄","小说起首结尾"数法、"章回小说之结构"、"写景以善设比喻为佳",以及论金人瑞、毛宗岗、闲斋老人、护花主人之评小说等,都有一定见解。此书1919年版所附《本局出版各种小说提要》也有相当资料价值,如朱师东润(世溱)早年在英国所译小说四种,已不为人知,于此却有纪录。

104　古今小说评林　冥飞、海鸣、箸超、玄甫、太冷生

民权出版社印行于1919年，由冥飞、海鸣、箸超、玄甫、太冷生五人各撰若干则组合而成。冥飞，即张焘（1894—？），字季鸿，号冥飞，湖南湘乡人，南社社友，小说家，亦工诗文，曾任南方大学教授。他对政治、写情、科学、历史等各类小说的短长得失略作分析后，对六十部左右的古今小说一一作了评论，其中对"四大奇书"及《红楼》、《儒林》论述尤详。这里如对《金瓶梅》的分析略显偏颇之外，对一般小说的评介，时有警语。作者立足平民立场，痛恨官僚政体和专制制度，悉心体会白话、俗语、文言的不同语言特点，故推"《水浒》"为白话长篇小说之第一"。冥飞认为，小说的艺术力量主要来自"一个真字"。他说："人人皆知小说为寓言，其所以读之而津津有味者，即在明知其假而俨然如真也。"而"小说之所以能真，在作者之无处不设身处地"。此外，他提出"意在语言文字之外，耐人寻味者为神品"和"布局为小说第一等义"等，也颇有见地。

海鸣，原名何时俊（1887—1944），字一雁，笔名海、海鸣、一雁、求幸福斋主等，湖南衡阳人。青年时期投入新军当兵，并参加群治学社、振武学社和文学社活动，后任《商务日报》、汉口《大江报》、上海《民权报》、北京《又新日报》等编辑。海鸣青年时代倾向民主革命，二次革命到南京策动讨袁，失败后走日本，1915年回上海，编《爱国报》。后渐入颓唐，乃至依附张宗昌，逐趋反动。海鸣在此论述之数段，不少趣味颇俗。其中对《红楼》、《九尾龟》及林译小说评述较多。如论《红楼》"无非痛陈夫妇制度之不良"及林译小说有功于救正新民体之拖沓文风，也有见地，而称《九尾龟》作者"有胸襟，有感慨，有本事，有文才"，则殊失当。

箸超，即蒋子旌（？—1929），字箸超，号抱玄，室名听雨楼，浙江绍兴人。辛亥后，应聘主编《民权报》。《民权报》应反袁被迫停刊后，又与刘铁冷等编辑《民权素》月刊。箸超于《古今小说评林》中论述唐之前的古小说颇为细密，特见工夫。于"四大奇书"中斥《金瓶梅》而进《红楼梦》。他认为，《红楼梦》为"社会小说也，家庭小说也……而将其全局为言情之正宗"，其"结尾一味凄凉，尤为说家创例"。对于历来轻视《三国》为"鄙俚"等说法，不以为然，多回护之词，且认为《西游记》"奇妙之思想多脱胎于《三国》"。在古代小说中，特别指出《绿野仙踪》为"极有经纬之小说而不为社会所注意"。在近代，推崇林纾之笔记及译本，论其文笔优美为"桐城之功效"。箸超对西方小说家狄更斯、笛福等赞美,主要着眼于发愤著书,其观点似受孙毓修《欧美小说丛谈》之影响。至于他在论述小说的基本问题时,提出"作小说之责任不在存古而在辟新","著作者必先有一世界之眼光"和在塑造人物时不能只重主角而"看陪宾为轻"等,也颇精彩。

玄庵,原名尤志庠,又名尤翔,字玄庵,号墨君,室名捧苏楼,江苏吴县(今苏州)人。他做过翻译,故本篇主要论述西方小说,对小说翻译也多甘苦之言。他在评述作家时,重视有崇高的创作目的和运用写实的创作方法,强调作家熟知人情世故,善于绘景绘情和下得至理名言,给人言外之味。另外,对侦探小说、寓言小说等特点的论述,也颇能道中要害。

太冷生,疑即刘铁冷(? —1950),江苏宝应人,名绮,字文櫹,也曾任《民权报》、《民权素》编辑,又与徐枕亚一起办《小说丛报》。在这里,他主要评价了当时流行的一些中外小说。他认为,小说如作画,"外国写形,中国写意。写形似难而易到,写意似易而难到"。不过,当时的中国小说家,大抵"惟稻粱是谋",或作为"文人末路之生涯"来从事创作,故很难写出有生气的作品。对于当时新旧文学思潮的斗争,作者也加以评论。显然,他基本上是站在旧学的立场上来议论此事的,但他反对"以西洋之成法,谓可尽行于中国而不悖",也有道理。另外,作者指出邓狂言曾藏有《红楼梦》稿本,也值得注意。

105 小说杂论 叶小凤

载于1919年出版的《小凤杂著》。作者叶小凤,即叶楚伧(1886—1946),初名卓书,以字楚伧行,别署之子、小凤、老凤、叶叶等,江苏吴县人,同盟会会员。他曾参加过南社、国学商兑会、鸥社、春音社,历主《民立报》、汕头《中华新报》、《大风报》、《太平洋报》、《民国日报》笔政,作小说《金昌三月记》、《如此京华》等。1926年去广州任国民党中央党部秘书长起,历任中央宣传部长、江苏省主席、立法院副院长等职,至1936年病逝。此篇小说话,并非着意品评具体作品,而是旨在阐述若干小说问题,故颇具理论色彩,且略有系统性。至于间及评价个别作品处,也多独到见解,如论贾宝玉"乃一枭獍",林黛玉"非幽娴贞静之女子",则暴露其思想中尚有害怕"渎乱纲常"之封建意识,非能归结于酒后偏激之论。

106 小说管见 胡季人

本文连载于1919年2月《民国日报》。作者署名胡季人,但最后一则署"寄尘",可知胡季人即胡怀琛(1886—1938),字季仁,又字季尘,号寄尘,室名百瓶花斋、波罗奢馆。安徽泾县人。南社社员。辛亥革命后,助柳亚子办《警报》,结为金兰。曾任《神州日报》、《太平洋报》、《小说世界》编辑,又任南方大学、上海大学、爱国女校教授,又供职上海通志馆。著有《中国小说的起源及其演变》、《中国小说研究》、《中国小说概论》等小说史著作及《清季野史》、《虞初近志》等小说著作。本文在讨论中西关系及翻译问题上颇多精见,如云:"中国之旧小说固然有坏处,但须以中国之法补救之,不可以完全外国之法补救之。中国之新小说也有坏处,但须以新法补救之,不可以完全旧法补救之。"在当时西风甚烈的情势下,反对"一例抹杀"中国的小说创作,而当大力颂扬"不乏驾过西人之作"。在语言运用方面,他主张"文言之中,不妨杂入白话;京话之中,不妨杂入方言;中国话之中,不妨杂入外国话,惟在于用之得当而已"。特别在翻译外国小说的风俗,遇到"讳之非实录,书之难措词"的情况时,当仔细择词,以求文意与雅驯相统一。最后他强调了小说当也有自己的理论,但不可结党派,具有一定的针对性。

107 民国小说谈 民哀

本文连载于《民国日报》1919年2、3月间,第二则署名"灵凤",亦即民哀。民哀,即姚民哀,见1919年《息庐小说谈》提要。本文三则,主要谈及杨尘因、王大觉、叶小凤等编辑《民国日报》的情况及他们的小说创作。

108 映韵庐读小说 重远

本文载于1919年3月1日《民国日报》。作者重远,不明其人。本文介绍了当时一中一西两位女性所写的有关清宫的"小说",认为是小说界的一段佳话。另述了林译《金台春梦录》,也由法、俄两作者写了北京的事。这些都是当时小说界中的一种较为罕见的新鲜事。

109 稗屑 大觉

本文连载于1919年3月至5月《民国日报》。署名"大觉",最后一则署

"小凤",从文章中谈及创作情况来看,大觉即时任《民国日报》主编的叶小凤。叶小凤,见1919年《小说杂论》介绍。本文具有补白性质,杂论古今小说,谈及《水浒传》《金瓶梅》《红楼梦》《野叟曝言》《荡寇志》《花月痕》及林纾、苏曼殊等,也接触到一些理论问题,如有关小说的发愤之作等创作心境问题,又论小说的最高境界不在写人与叙事,而在虚实相生与回味无穷:"作小说写一个人,要神气活现,跃跃纸上,此非难事;叙一件事,头头是道,一笔不漏,此亦非难事。所难者,欲虚实相称,映带生姿,韵流言外,低徊讽之弗能置,斯非可信笔为也。"

110 说小说应列入学校国文课程中及其教授方法 余青心

载于《时事新报》1919年4月11、12日副刊《学灯》。作者余青心,即程小青,见张舍我等《侦探小说话》提要。中国历来将小说视为"邪宗",认为是"诲淫"、"诲盗"的渊薮,时至五四时代,还是"人人都说是会引坏人的东西",要将它列入学校国文课程中,真并非是易事。本文就力辩学校将小说列入国文课程的必要性,认为它能使学生"知道外面的人情世故",增长人生经验,并可以"增加人的智慧","增进人的文理","改变人的气质,激发人的忠义"等等。文章还指出,小说起坏还是好的作用,关键在于教师要作正确的引导。假如学校采取"放任主义",则"那些学生,年纪很轻,不知利害",就会看小说"专喜欢那爱情的艳情的",或者是"专务怪癖:或言豪侠;或言仙佛",这就容易中毒学坏了。反之,假如有"教员去指导他们",指点文墨的好处,提醒有害的地方,引导学生注意"科学的言论"、"英雄的事迹"等,就能激发他们的志气,就"可以使学生变成一个理想中模范的学生了"。而且,小说作为一种特殊的文体,可以与其他"国文"相互补充,非常适合于作为学校的教材。在这基础上,作者又根据不同题材的小说分别阐述了不同的"教授方法",并开列了从小学到大学不同程度的小说教材。现在看来,这些设想还是十分粗浅的,但在当时,有草创之功,自不可没。

111 说林扬觯 许指严

载于1919年4月《小说新报》第5年第4期。作者许指严(1875—1923),原名许国英,字志毅,亦字指严、子年、指岩,号甀庵,别署不才子、砚耕庐主、弹华阁主等。江苏武进(今常州)人。南社社员。清末曾执教于南洋公学,学生有管际安、赵苕狂、李定夷等。继任商务印书馆编辑,编辑中学国文、历史教科书。1917年在京编辑《说丛》,后回沪上卖文为生,为掌故小说名家,著有《许指严说集》及《清史野闻》、《近十年之怪现状》、《新华秘记》、《京尘闻见录》等。本文将"小说"分为"实写派"与"美感派"两派。实写派主要是指章回白话体小说一类;美感派则包罗"诗、古文辞、笔记、杂著"及"传奇、词曲等丽藻文字",似指文言的叙事性作品。他认为"实写派"小说虽常遭鄙夷,然"白话撰述,亦未易从事",且"能以牢笼万汇之笔,纳于人人能解之文字,而适吻合与社会之心理,以是受社会充分之欢迎",故是"最合今日吾国之国情及社会心理"的作品。这主要是从小说的白话写实与社会作用的角度上说的。

112　我之闲谈　马二先生

载于《时事新报》1919年4月20日的副刊《学灯》。《时事新报》是1909年合并创刊于上海的《时事报》(1907年)和《舆论日报》(1908年)而成,原名《舆论时事报》。1911年改名为《时事新报》,1918年3月4日创办副刊"学灯",为五四时期的名副刊之一。马二先生,即冯叔鸾,见1922年琴楼等《小说杂谈》提要。本文尖锐地批评了"小说界出版之滥,于今为极",指出"其知识稍高者,多已不阅小说",其问题的关键是"佳者极少,百难获一也"。因报纸上刊发的多为短篇小说,所以他继包天笑、胡适等人关注与辨析"短篇小说"之后,特别指出"短篇小说,为最新输入之文体,一般文人,尚不多谙也"。他认为短篇小说的基本特点是"第一要立定一个主义,绝非专写一段事实",因而不能"以一种笔记体裁之小说当之"。言简意赅,击中时弊。他对陈冷与包天笑作品的肯定也颇具眼力;对当时流行小报"偏于风雅"而缺乏普及性而提出的批评也颇中肯。

113　小说杂谈　瘦　鹃

连载于1919年5月至12月《申报·自由谈》。作者瘦鹃,即周瘦鹃(1894—1968),名国贤,瘦鹃为笔名,别号有紫罗兰主人等。1916年任中华书局编辑,译《欧美名家短篇小说丛刊》。后任《申报》、《新闻报》编辑,主编《礼拜六》、《紫罗兰》、《半月》等杂志。解放后任全国政协委员等。有《拈花集》、《新秋海棠》等。本文主要述评了当时流行的一些欧美小说,间或与中国的《红楼梦》等小说加以比较,从中可见他强调小说要"情文兼茂",对小说的体裁、题名等问题也有所讨论,并大致梳理了西方小说中"能描写社会者为工"的一类,并给予较高的评价。文中比较详细地介绍了他自己的"警世小说"《亡国奴之日记》,对了解作者不无益处。其中部分内容收入了1926年由他与骆无涯编集的、由大东书局出版的《小说丛谈》的《说觚》中。

114　晶报小说话　鹓雏等

本编所收1919年至1926年散见于《晶报》上的小说话文字。所见作者有鹓雏、马二先生、臞媻、求幸福斋主人、寒云、红燕、一笑、老嫖客、林屋、星星、寄尘、敲锣阿四、我亦隐者、爱虹生、白蝶、饶舌、生 J.C、神狮等。鹓雏,即姚鹓雏(1892—1954),原名锡钧,又名雄伯,字宛若,笔名鹓雏,江苏松江(今属上海市)人。京师大学堂时得林纾赏识。曾任进步书局编辑,先后编辑过《太平洋报》、《民国日报》、《申报》副刊、《七襄》、《春声》等杂志。后从政。解放后曾任松江县副县长。著有《燕蹴筝弦录》、《恨海孤舟记》等。寒云,即袁克文(1890—1931),字豹,又字豹岑,抱存,号寒云,河南项城人,袁世凯次子,18岁以荫生授法部员外郎。袁世凯死后,卖文鬻书为生,曾为《晶报》主笔,撰有《洹上私乘》、《辛丙秘苑》等。马二先生,即冯叔鸾,见1922年琴楼等《小说杂谈》提要。臞媻,即孙臞媻(?—1933在世),一名癯媻,别号、笔名有肃廎、啸庼、好春簃主等,在《安徽白话报》、《小说新报》、《晶报》、《半月》等报章杂志上发表多种诗话、笔记。寄尘,见1919年胡季人《小说管见》介绍。另有署名红燕、白蝶、饶舌、神狮、西湖人、生 J.C、星星等,不详。其中姚鹓雏的《小说摭谈》散论了《水浒传》、《红楼梦》、《儒林外史》、《花月痕》、《二十年目睹之怪现状》至林纾译作及叶小凤的创作,多能客观地指出各自的成败得失,特别指出《儒林外史》为"社会小说之初祖","妙有蕴蓄",而《怪现状》则"稍奔放",两书在"说尽与不说尽"之别。他认为"十年来所作说部近百万言,而无一佳者",主要是由于"草率出之",犹如《儒林外史》中匡超人所论当时流行的"选本"。袁寒云的《辟创作》,对"新小说"提出了要求:"有新思想、新学理、或是科学的、或是理想的、总要有实在的学问、有益于人,用极通顺流利的文法做出来,才够得上。"以此为标准,他批评了当时一些"新的创作",只是"用外国的文法","加上外国的圈点,作外国的款式",弄得"疙里疙瘩","一句通顺的句子也没有"。寄尘的《小说短论》举了两个具体事例来说明将小说家分新旧两派的不满。冯叔鸾的两篇有关《金瓶梅》的文章,强调了这部小说的暴露意义,值得注意。他说:"盖今之居高位挟重权者,迹其行为,不为淫妇,必为小人,固皆不失其潘金莲与西门庆之资格者也。余故认《金瓶梅》为旧小说支配现社会之最有势力者。"基于此,他直接将王士珍比作李娇儿,段祺瑞比作孟玉楼,冯国璋比作李瓶儿等,很有现实意义。这一观点,也正如后来郑振铎所说的:"《金瓶梅》的社会是并不曾僵死的;《金瓶梅》的人物们是至今还活跃于人间的,《金瓶梅》的时代,是至今还顽强的在生存着。"

另外,其中《东文的中国小说》、《日本小说千字百银圆》等提供的一些海外的中国小说研究与稿酬等资料,也有可观之处。至于朧嫚所作的《红楼佚话》,皆录一些有关曹雪芹及《红楼梦》中一些人物原型的传闻,均无出处。林屋的《三国造英雄》记述了当代军阀靳云鹏、吴佩孚二人的"生平战术,皆从《三国演义》出也",因而"少年有志者,不可以《三国演义》为小说家言而蔑视之也"。红燕的《风起云涌的小说杂志》、《小杂志的大潮流》,一笑的《南北统一的小说家》,马二先生的《无信用的〈小说世界〉》、《宣传宗教之小说家》,敲锣阿四的《〈小说世界〉卖野人头》等,都从不同角度批评了当时一哄而上的小说杂志。我亦隐者的《〈人间地狱〉索隐之索隐》、爱虹生的《〈人间地狱〉忽来春药》、白蝶的《告索隐者》等批评了当时小说界的"索隐"之风。

115 说部卮言　鸠　拙

载于1919年9月《小说新报》第5年第9期。作者名鸠拙,为郑逸梅的别署。郑逸梅(1895—1992),本姓鞠,被外祖父收为己孙,改姓郑,名愿宗,学名际云,号逸梅,别署郑留、鸠拙、冷香等等。江苏吴县(今苏州)人。1920年起,先后主编过《游戏新报》、《消闲月刊》、《秋声》、《金刚钻报》、《永安月刊》等期刊与多种小说集。1930年加入南社,1980年参加农工民主党。为著名的作家、文史掌故家,著作宏富,人称"补白大王"。本篇以"小说家多好以自身所经过之历史,为著述之资料"立论,将《儒林外史》、《红楼梦》、《儿女英雄传》中的人物与生活中的人物联系起来,基本上只是引录了他人材料以证之。就《红楼梦》的种种索隐,略作了梳理与综合,可资参考。

116 最近十年来之小说观　绮　缘

载于1919年9月《小说新报》第5年第9期。作者吴惜(1871—?),字绮缘,晚年改署起原,别署冷红、冷红女史,室名忆红楼、碧萝书屋。江苏常州人。

南社社员。幼年即嗜《红楼梦》、《花月痕》等古代小说,民国初年,曾针对当时坊间流行的才子佳人小说,托名冷红女史著《冷红日记》,以挽浇风。又喜阅《聊斋志异》,以其笔调,谈狐说鬼,文末皆揭其真相,乃真人所为,总称《反聊斋》,亦刊有单行本。小说多发表在《礼拜六》、《双星》、《小说季报》、《小说俱乐部》等。曾为华盛烟草公司撰写小说,与该公司的广告并刊于《新闻报》,以吸引读者注意广告。本文梳理了吴趼人、李伯元之后,小说界辗转流行翻译小说、哀情小说、黑幕小说、淫秽小说、神怪小说,颓疲不堪,而如科学、教育、伦理、军事、爱国等"立品颇高"的小说却没有市场。他认为其责任不仅在作者,而且也与读者有关系。因此,他呼吁作者与读者,"双方各本良知",一方面要重视小说的"教育"作用,另一方面要注重小说的"审美性质",一起"振敝起衰",为"未来之小说界,放一线曙光"。

117 小说琐话 绮 缘

载于1919年12月《小说新报》第5年第12期。作者绮缘,见前《最近十年来之小说观》介绍。本文指出,表面看来,似当白话小说的流行胜于文言小说,但实际上"延及近代,则且转以文言为重"。这一实际情况,值得我们关注与研究。究其原因,他认为白话小说的创作,因要"曲曲传来,毕达无遗",故实难于文言小说的写作。在比较中外小说的优劣时,他强调两者因"文字风俗,既各有异",故"各有其法","滋味亦异","各有所长,不相掩没,各有所短,亦不能强为辩护",对于一时盲目地"引外国小说为模范","数典忘祖者",不无针砭意义。在讨论小说创作时,他强调叙事的重要性:"当知撰一小说,固先有其事而以文宣之,非先有其文而以事就之也。""叙事之要,且过于修词也。"同时,他对小说的布局、命名,也有所论述。至于对当时社会上讨论小说是否"加入学校正常科目"的问题,他持反对的意见,认为学校主要"习经史",小说、特别是流行的小说往往不堪入目,"读之适足以害其身"。

118 读红楼梦剩语 王小隐

载于1920年《新中国》第2卷第4、6、8期。作者王小隐,山东费县人,最初在北京大学学习土木工程,后改入历史系。在《小说海》、《晶报》上曾用小隐、隐等笔名发表文章。曾任北京平民大学新闻系教授,《京报》、《北洋画报》记者,又兼任《商报》"古董摊"栏目主编,一时在新闻界颇有名气。敌伪时期任

"华北参政会"副议长,后自缢身死。本文在批评了当时流行的索隐、续书的风气,对不同的书名也作了辨析之后,本着研究文学作品"要研究他的文学手段,去推测他的哲学理解,并且考证他与史事有关的事迹"的原则,从"文学"、"哲学"、"历史"三个不同的角度去加以考察,以求达到"横看成岭竖看成峰"的效果。不过,精彩之处还是在于解释了《红楼梦》所描写的"人生问题"、"宗教问题"和哲学问题等。在论述方法上,注意结合西方的一些哲学思想与文学作品来加以比照,甚至运用了数学上的平方、开方的表述,颇有一种新鲜感。

119 小说漫谈　忍　杰

载于 1920 年 6、7 月《申报·自由谈》。作者忍杰,待考。本文认为"小说的最要目的,断不是从前人所谓'嬉戏之作',当他做消遣解闷的玩意儿看待;乃是由我的观察宇宙万象的结果,用我正确的学识眼光,去描写社会上一切现象和人生的意义"。在这基础上,他指出新旧小说的不同点主要在于"主客观的不同"。旧小说一般都是"重主观,所以书中事实,大半是作者的理想",不重视写"普通一班人的切生问题"。而新小说则"注重客观,作者自立于第三者地位,从观察社会上一切现象,不管他好的坏的,正的邪的,都要一一把他暴露出来,无结果,无判断",其描写的特点也就在于"能于平易处着笔,不知不觉能令人感悟"。他虽说"两派小说均各有特长",不要"强分轩轾",但他认为中国旧小说的"实质"是"腐败"的,究其原因,因受旧思想、旧传统的束缚,"把表现人生活泼泼的小说弄得一些生气都没有了"。

120 小说底权威　玄　庐

载于 1920 年 8 月 31 日《民国日报》。作者玄庐,原名沈宗传(1883—1928),字叔言,改名定一,字剑侯,号玄庐,浙江萧山人。早年参加反清活动,被迫流亡日本,参加同盟会。1910 年回国后,参加路权运动与光复上海。1919 年与戴季陶等创办《星期评论》,翌年与陈独秀等发起组建马克思主义研究会,为中共早期党员。1923 年加入国民党。1925 年孙中山逝世后破坏国共合作,被中共中央清除出党,后被刺身亡。本文认为《水浒》、《红楼》、《西游记》、《封神传》四部小说"无非是'盗'、'娼'、'仙佛'这三种模型",而这四部小说三种模型不但写了"上古中古底社会史和人底心理",而且将"支配着这四部小说出世之后的社会和人底心理"。他担心用新式标点重印了这些小说,也将支配着当今的青年，对社会产生不良的影响。

121　小说批评　忍　杰

载于1921年1月9日《申报·自由谈·小说特刊》。作者忍杰，曾于1920年6、7月于同一报纸上发表《小说漫谈》，强调小说写人生社会。他认为，在中西小说中，写人生社会而能最使他"深致钦佩者"，是托尔斯泰与莫泊桑两人，特别是托翁的《复活》，能"以精微之思，写至情之事，布局既奇特，结构复无一疏漏懈笔"，所以堪称世界第一流作品。

122　海上小说家漫评　凤　兮

连载于1921年1月16、23、30日《申报·自由谈·小说特刊》。作者凤兮，疑为魏金枝（1900—1972）。魏原名义云，后改名为金枝，笔名莫干、高山、凤兮、鹿宿等。浙江嵊县（今嵊州）人。时在浙江省立第一师范就学，1922年毕业，1924年发表短篇小说，1928年后陆续出版小说集。后加入左联。长期在中心学任教。1952年后转入上海文联，先后任《上海文学》、《收获》副主编，作协上海分会书记处书记、副主席等。1959年起兼任上海师范大学中文系主任。本文就吴趼人起，历评了当时活跃于上海文坛的小说家陈景韩、包天笑、李伯元、曾朴、陆士谔、钱静方、许指严、周作人、周树人、廖旭人、恽铁樵、林琴南、苏曼殊、陈大鲲、陈蝶仙、陈小蝶、周瘦鹃、姚鹓雏、闻野鹤、朱鸳雏、吴雄倡、王钝根、李东野、孙剑秋、刘凤生、刘麟生、孙仲约、李髯、孙漱石、张春帆、李涵秋、杨尘因、向恺然、程瞻庐、海上说梦人、刘豁公、无可奈何斋主、张毅汉、陆听鹤、王无为、胡寄尘、冯叔鸾、张丹斧等，保存了一些资料，反映了当时的一种批评的眼光。

123　小说丛谈　寂寞徐生

连载于1921年1月至8月《申报·自由谈·小说特刊》。作者生平不详。本文连载的跨度大，所谈的问题杂，然较有见解。他认为"小说本为美文之一，使人娱乐心目，养成审美的观念"，它"妙在海市蜃楼，事出意表，使人拍案叫绝；或至山穷水尽，忽而奇峰突起，柳暗花明，又是一村；或曲折离奇，使人疑信参半"；"其人其事，跃然纸上，栩栩欲活，能使读者似身入其中，色飞眉舞不能自己也"。在充分肯定其虚实相间、情节曲折、人物生动，具有极强的艺术感染力的同时,很担心当时大量的"不良小说"对社会所起的不良影响,故"再四"强调小说的"社会教育"作用。他对小说的分类虽与梁启超、成之等相差不大,但能新提出"自叙体"与"他叙体"的不同,且对两者的关系作了辨析。在分析每一类小说的特点时,能结合当时创作的实际情况,颇有自己的见解。他点到了不少作家作品,给予较高的评价,但其中不少已被历史所遗忘。这种作家作品,可资小说史研究者参考。同时,他也述评论了早期的一些小说杂志。在对古典小说评价中,他摘录的邵月亭的《聊斋》评语,亦属罕见。

124 说海珍闻录　瘦　鹃

连载于 1921 年 1 月、2 月、5 月《申报·自由谈·小说特刊》。作者瘦鹃,见 1919 年《小说杂谈》提要。本文主要介绍了毛柏桑(今通译莫泊桑)、巴尔石克(今通译巴尔扎克)、柯南道尔、大仲马、嚻俄(今通译为雨果)、狄根司(今通译狄更斯)、史蒂芬孙(今通译斯蒂文生)、华盛顿·欧文等一些西文名小说家的轶事、简及一些名作的评价。

125 《最小报》小说话　张枕绿等

《最小报》由张枕绿主编,于 1922 年 11 月 15 日出版,良晨友好社刊行。其发刊《宣言》称:"本报的篇幅最小,所以名称《最小报》。"发一些短篇小说与杂记。张枕绿,罗溪人,笔名枕绿,室名枕绿山房,1918 年主编《沪江月》,1922 年在上海编《良晨报》,出五期后改出《最小报》。主要作品有《张枕绿说集》、《枕绿小说集》、《绿窗泼墨》等。徐卓呆(1880—1961),名傅霖,号筑岩,别署半梅、阿呆、李阿毛、闸北徐公等。江苏吴县人。曾留学日本,学习体育,回国后创办中国体操学校。提倡戏剧改造。先后任《时事新报》、中华书局及《晨报》编辑,主编《新上海》。主要作品有《徐卓呆小说集》、《李阿毛外传》、《非嫁同盟会》等。楼剑南,即楼适夷(1905—2001),原名锡春,曾用笔名楼建南、楼剑南等。浙江余姚人。早年参加太阳社,曾留学日本,1931 年回国,长期在中国共产党领导下从事文学与文化工作,后任人民文学出版社副社长、副总编辑、顾问。著有短篇小说集《挣扎》、《病与梦》、《她的彷徨》等。赵苕狂(1892—1953),名泽霖,字雨苍,号苕狂,别号忆凤楼主,吴兴(今湖州)人。早年肄业于上海南洋公学,先后任职于大东书局、世界书局,编辑过《四民报》、《游戏世界》、《红玫瑰》、《金刚钻》等刊物。著有《玉碎珠沈录》、《剑胆琴心录》、《世外探险记》、《赵苕狂小说集》等。姚赓夔(1905—1974),名赓奎,别署苏凤。曾主编《辛报》、《世界晨报》等。著有《心冢》等。张碧梧(1897—?),江苏仪征人。曾任无锡《商务日报》主笔,协办《乐园日报》,主要作品有《双雄斗智记》、《劫后余生》等。本小说话其余作者,如胡寄尘见 1919 年胡季人《小说管见》提要,周瘦鹃见 1919 年《小说杂谈》提要,程小青见 1923 年《侦探小说话》提要,何海鸣见 1919 年《古今小说评林》提要,范烟桥见 1926 年《小说话》提要,吴灵园见 1926 年《小说闲评》提要,张舍我 1921 年《小说中之地方》提要,江红蕉见 1926 年《论有价值小说》提要。其他如朱智先、潘祖贤、钱唐郋、曼郎、韵秋女士、朱秋镜、江鼎文、王立方、顾哀梅、无虚生、俞千芳等,待考。这些小说话还是强调了小说要源于生活,但小说不等于"新闻"。新闻是写"偶然的事理",小说是写"普通的事理",作者必须要"放出艺术手段来,加以变化剪裁",进行适当的加工,才能真正成为"一件艺术作品"。他们强调小说要有"趣味","读完而趣味同时消灭,也难称为好小说"。在这里,楼剑南提出的小说要做到"兴味"、"个性"与思想性三点相结合的主张值得注意:"小说不是仅仅叙述有兴味的事实,须要参以作者的个性,和对于一切问题的主张,藉灌输与读者的脑中,使他们认识,使他们同情。"张枕绿的《读者的环境》一则,谈及了读者的接受问题,作者自以为"安置最精密、描写最深刻的"作品,居然遭到有的人的强烈反对,但也能引起另一些人的共鸣。何海鸣评说"枕绿的作品,与欧风相近","是善采撷欧化的精髓,而割弃皮毛","能调和中国新旧二派",也值得我们注意。这对如何客观的看待所谓"旧派"小说家是有益的。在这些小说话中,当然还可以看到他们对于"礼拜六派"的辩解与自我批评,以及对于新文学家的反批评,这些资料都有助于文学史的研究。

126 旧小说说荟 柳 侯

载于 1921 年 1 月 23 日《申报·自由谈·小说特刊》。作者柳侯,情况不明。本文强调了汉前尽管并无小说之名,但早有小说之实,甚至"民风歌谣"之中,也有"神鬼奇秘"等小说的因素。之后的诸子、史传,与小说的关系就更为密切。他在区分史传与小说的异同时,提出了这样的看法:"小说与史固无以异。所异者,一为帝王卿相之行状,以人事为尚;一则撷民间潜德遗闻,兼及神鬼不经之谈耳。"这恐怕只能就大体而言,实则史中也有民间不经之谈,小说也叙帝王将相之人事。全文看来,作者比较注重将"奇诞怪僻"作为小说的一个重要特征。

127　今小说家与古文人孰似　恨　水

载于1921年2月12日《申报》。作者恨水,即名小说家张恨水(1895—1967),原名心远,恨水是其笔名。另用笔名二油、大雨、天柱山樵、哀梨等等。安徽潜山人。1914年起先后在上海《申报》、《新闻报》等多种报纸上发表文章。五四时期先后任芜湖《皖江日报》、北京《益世报》编辑兼上海《申报》驻京记者。1925年主编《世界日报》副刊《明珠》,1935年主编上海《立报》副刊《花果山》。后与张友鸾创办《南京人报》,任社长。抗战时到重庆主持《新民报》工作,战后任北平《新民报》经理。解放后被聘为文化部顾问及中央文史馆馆员。著有小说《春明外史》、《金粉世家》、《啼笑因缘》等百余部。本文将当时的小说家林琴南、陈蝶仙、恽铁樵、李涵秋、叶楚伧、周瘦鹃、王蕴章、包天笑、姚鹓雏、徐半梅、王纯根、杨尘因、程瞻庐等与古代的文学家相比拟,角度是不尽相同,分别以文字风格、创作特点、生平情况等出发,进行两两比较,如首则云"林琴南一代词宗,语有来历,似杜少陵;而其心怀故主,寄托遥深,则似吴梅村","恽铁樵写情写景,千锤百炼,绝似柳柳州"等等,均有一定合理性。从中可见不同文体之间具有某种同一性。

128　小说闲评　吴灵园

连载于1921年2月至6月《申报·自由谈·小说特刊》。作者吴灵园,待考。本文散论了《拊掌录书》、《碎琴楼》、《老残游记》、《红礁画桨录》等小说,揭示了这些小说的艺术成就。其中可注意者,在论述的过程中,常常进行中西小说乃至不同文体的比较。如论《碎琴楼》时,不但将它与《红楼梦》比较,而且与苏曼殊、归有光的作品相比较;论《红礁画桨录》等迭更司的作品时,与《水浒传》、《儒林外史》等作品相比较。在理论上,他重视写"情",特别是"男女之情"与写"下级(即"下层")社会",认为"写富贵俗情易而写贫贱真情难",呼吁作家"发其悲天悯人之意,从蚁封狗洞中取材,为此下级人物一道疾苦"。另外,他提出了"性的表现的文学"的概念,也即指侧重在表现人物性格的文学。这是从金圣叹强调写"性格"以来,又一个明确提倡写人之"情性"的论者。可惜他提的这个命题没有引起人们的注意。

129　小说与创作力　张舍我

载于1921年3月6日《申报》。作者张舍我(约1896年前后—？)，原名建中，笔名舍我。江苏川沙(今属上海市)人。曾报社记者、商务印书馆校对，1923年创办小说函授学校，著有《小说作法》、侦探小说《尸变》等。本文强调小说家必须要有"创作之理想"，亦即有创新的目标。为此，必须一避庸俗，二避重复，要多读书，广见闻。他认为欧美短篇小说之所以发达，就"在乎创作"，吾国人而要使小说真正占文学上之一席，也必须要培养这种"创作"的能力。

130　小说中之地方　张舍我

载于1921年3月6日《申报》。本文主张要重视小说的环境描写，认为小说中的"地方"乃是小说中的"第一个要件"，写"某种地方"，要与写"某种事项"、"某种情形"相配，否则就不可能创作"有价值之小说"。

131　我国现在之创作小说　凤　兮

载于1921年2月27日、3月6日《申报》。作者凤兮，见前1921年《海上小说家漫评》提要。本文强调小说家要有"创作"的思维。他认为，我国大量的小说并非是创作，能够得上"创作"的，只有见于短篇，"长篇则未之前闻也"。短篇中，唯鲁迅先生《狂人日记》一篇，"殆真为志意之创作小说，置之世界诸大小说家中，当无异议，在我国则唯一无二矣"。此外，如"天笑之《富翁之车》、《邻家之哭声》，瘦鹃之《酒徒之妻》，李髯之《饶吹》等，均确为自出心裁而有目的(指其小说之感痛力所及)者，均无所依傍或脱胎于陈法者也"。他热切地盼望中国出现真正的创作小说，特别是长篇。

132　短篇小说与笔记　厚　生

连载于1921年2、3月《申报·自由谈·小说特刊》。作者厚生，疑为成仿吾。成仿吾(1897—1984)，湖南新化人。原名成灏，笔名仿吾、石厚生、厚生、芳坞等。早年留学日本东京帝国大学，与郭沫若、郁达夫等从事文学活动，1920年开始发表短篇小说《流浪人的新年》。1921年回国，成立创造社，参加创办、编辑《创造》季刊、《创造》周报、《创造》日报等。1925年参加国民党，任广东大学教授、黄埔军校教官。1927年被迫出国，次年在巴黎加入中国共产党，主编中共柏林、巴黎支部机关刊物《赤光》。1931年回国后,历任中共宣传、教育方面的领导工作。本篇通过考察中国"笔记"之由来以及与西方小说的比较,认为笔记与小说虽有差异而实同源而来,先有记实之笔记,"降及近代,遂渐流为小说","小说之始,实脱蜕于笔记也"。他对"笔记"的解释是:"夫笔者,笔之于书也(六朝人以散行文谓之笔)。记者,笔事之本末也。凡事之以往,平铺直叙,而不加以附丽者皆是也。"而近代的小说,约可分为两类:"事之所有,不必文之所无;事之所无,忽为文之所有。"实则分为写实与虚构两种。而对于笔记,他认为不应该如小说那样另走蹈虚一路,"摘辞艳藻,曲尽摹写",而当追求"赅而博,精而确,简而洁,详而不繁"。

133 红楼梦质疑录 民 哀

连载于1921年3、4月《小说新报》第7卷第3、4号。作者民哀,即姚民哀,见1919年《息庐小说谈》提要。作者自称自十一岁迄今二十年间,无日不治《红楼梦》。此稿从人物刻画、情节结构等角度,指摘了《红楼梦》中十余处疏漏、矛盾之处,颇具眼力。

134 小说蠡测录 枫 隐

载于《新声》1921年第4、5、6、7期。《新声》杂志于1921年元旦创刊于上海,由施济群主办,严谔声、陆澹安等协办,每月一期,至第十期结束。作者队伍主要是一批所谓"旧派"小说家,也有国民党政要,内容颇有趋新的意味,一时销路甚好。本文作者枫隐,即朱枫隐,字鲟渔,吴县人,曾任上海敦仁学堂国文教师,为郑逸梅的老师。加入星社、西亭谜社、大中虎社等,常为《新闻报·快活林》、《金刚钻报》、《红杂志》等撰稿,有长篇小说《六畜会话》等。本文最值得注意的是,他在这里提到了马克思,并将他与卢梭、克鲁泡特金并列为西方的"圣贤"来看待的。不但如此,从他的文章中可以看到,他是初步接受了马克思主义且付诸小说批评实践。如其评《茶花女遗事》云:"《茶花女遗事》绝似《唐人小说》中之《汧国夫人传》,第唐人脑经中,尚不脱富贵功名之思想,作《茶花女遗事》者,实含有阶级不平等之意,故其雅俗遂相去如霄壤。"当然,《茶花女遗事》的作者恐怕还未必有自觉的"阶级不平等之意",但朱氏确是用"阶级不平等之意"来批评的。而且,从他评论《水浒传》、《红楼梦》及《桃花扇》、《长生殿》等来看,都十分强调作品的社会意义。他说:"作《红楼》者,非但写宝黛二人之情也,实形容世禄之家庭黑暗,专制之流毒,小人之阴险,俾后之治家治国者知所鉴耳。作《水浒》者,非仅写梁山泊好汉之英雄也,实摹绘中国官僚之昏庸贪酷,平民之困苦,致激成怀才不遇者之铤而走险耳。"《长生殿》、《桃花扇》之所以比《西厢记》、《牡丹亭》高超,就在于皆非曲文虽佳而"无关宏旨",而"一则借明皇杨妃事以著女戎之祸,一则借侯生香君事以寓亡国之痛,引古鉴以警将来"。因此他要求:"今日作小说者之责任,当默察社会之缺点,用极警动之笔墨唤醒之,必使此书一出,社会上开一新纪元而后可。"看来,他尽管被列在"旧派"的行列中,其实思想是很前卫、新进的。至于对一些作品具体的艺术分析,也有所见。如论《桃花扇》、《电术奇谈》的结构,《红楼梦》人名的寓意,《二十年目睹之怪现状》、《花月痕》的创意,《儒林外史》的写实等等,都有真知灼见。

135　小说谈余　少　荪

载于1921年4月《小说新报》第7卷第4号。作者少荪,待考。本文指出,当前小说之地位虽然渐渐抬高,"然学者犹未肯以真正文学视之"。他认为,小说之所贵,"贵乎感人易深";叙事也必须写情,"小说尤以情为主体";运用材料,当"虚能用实,实或用虚,情景互生,有无交幻";写实、自然等不同流派,"不可偏废";而其最高境界是能"以千百人心为一心,即以一心为千百人心":"能以众人之所欲为己欲,以众人之所恶为己恶,以众人之悲乐为己悲乐,以众人之超迈为超迈。"这也就是说作者要能深刻地认识社会,理解人生,使自己的作品与人物有高度的概括性、典型性,能反映社会的本质与人类的共性。他分析中国小说的渊源,从《庄》、《骚》,到《穆天子传》、《山海经》,再到《列子》、《淮南子》,乃至司马相如之《大人赋》、《子虚赋》,东方朔之《客难》等赋,眼界比较开阔。

136　译小说一席谈　若　渠

载于1921年4月3日《申报·自由谈·小说特刊》。作者若渠,名滕固(1901—1941),字若渠,江苏宝山(今属上海)人。上海美专毕业,五四前后活跃于当时文坛,曾加入文学研究会,后留学日本。回国后任教于母校及金陵大学等,创办《狮吼》半月刊。有小说《壁画》、《迷宫》等,另有专著《中国美术小史》、《唐宋绘画史》等。本文反对意译,而强调直译,高度肯定了周作人在中国翻译史上的地位,认为他是继胡适之后真正改变林纾译风的代表人物,使文艺性的译作走上了健康的道路。

137 花月痕考略　恨　水

载于1921年4月3日《申报·自由谈·小说特刊》。作者恨水,见1921年《今小说家与古文人孰似》提要。本文就《花月痕》一书的创作时代、人物原型与命意作了考证,认为此书作于太平天国之后,小说中的主人公乃作者自况,小说的命意"完全为发泄牢骚"。

138 小说闲评　梅影簃主

载于1921年4月10日、5月1日《申报·自由谈·小说特刊》。作者梅影簃主,待考。本文述评了《西利亚郡主别传》、《块肉余生述》两部翻译小说,从中可见作者欣赏小说的情节布局采用"欲擒故纵,将成复败"的手法,使读者有"山穷水尽疑无路,柳暗花明又一村"的感觉,但同时又主张"伏脉至细","一贯到底",结构严密完整。对小说所叙之事本身,还是主张写平常琐屑之事以及平常能见之人,面对现实。对于人物的性格,要求能写得"恰到好处",而不要写的不伦不类。

139 小说闲评　樊　琛

载1921年4月24日《申报·自由谈·小说特刊》。作者樊琛,待考。本文主要论评了《儒林外史》一书,认为我国旧小说中不但"能实写社会状况,而令人读之,不啻身入其境",而且能"讥评世事,使读者知所警惕,又能绘影绘声,栩栩如生者","惟《儒林外史》而已"。他认为"全书主旨,在敝屣虚荣,实事求是",并举了不少例证来作具体的分析。这在卧闲草堂本《儒林外史》卷首闲斋老人序及回评论"功名富贵四字,是全书第一着眼处"的基础上有所发展。

140 小说新话　小　松

载于1921年5月22日《申报·自由谈·小说特刊》。作者小松,待考。在当时白话小说与文言小说并存的时代,往往各执一词,相互攻讦。本文作者虽说新兴的白话小说"佳作绝鲜",但还是肯定了一批好的作品。在这批他所认为的佳作中,有"新派"小说家如冰心的《超人》,也有"旧派"小说家如周瘦鹃等所作所译的如《白尔大佐》等一些作品,没有偏见。所以他赞同以"新尚其新,旧崇其旧,各阿所好"的态度来对待新旧小说,比较客观。他所列举的一些白话小说的佳作,也可资文学史研究者参考。

141　西游记考略　恨　水

载于1921年5月29日《申报·自由谈·小说特刊》。恨水,即张恨水。有关情况,见前《花月痕考略》提要。本文虽然肯定了金圣叹在《读第五才子书法》中对《西游记》的评价"颇为精妙",但同时强调了这类小说必有"用意"所在。对于《西游记》的作者为邱处机说法,作了明确的否定。所引寒儒作书的传说,时下已不为人知。本篇开头引言,交代了作者本人的读书经历,对研究名小说家张恨水也有一助。

142　小说小说　张枕绿

连载于1921年6月、7月《申报·自由谈·小说特刊》。作者张枕绿,1918年曾主编《沪江月》,1922年在上海办良晨友好社,编《良晨报》,发何海鸣、范烟桥、周瘦鹃等人的作品,出五期后改出《最小报》,约出200期后停刊。有《枕绿小说集》。本文认为"小说是一种美术的文学,而含有教育社会的潜势力",既看到了小说的美学特性,又重视其社会价值,看法比较全面。文章讨论短篇小说的笔墨较多,他指出短篇小说主要有两个要素:"立意叙事与结构是也。"据此,他认为我国古代"但有短篇纪事之文,夙无所谓短篇小说",假如于20世纪再将小说与古文相提并论,就明显不合时宜了。

143　小说谈屑　纾　庵

载于1921年6月26日《申报·自由谈·小说特刊》。作者纾庵,待考。这篇小说话文字虽短,但涉及的问题较多。较可注意者,他将"文穷而后工"的命题也移到了小说创作中来。在短篇与长篇小说的比较中认为,"今小说趋重短篇,斯实两方经济之道(按:指创作与阅读都"经济"),然构短篇佳作,亦殊非易也"。文中对批评者指摘《聊斋》"含脂粉气"与为"广义小说"作了回应,认为"《聊斋》能以传世,半在脂粉耳",而"广义小说"比之"狭义小说"创作难度更大,且更能受到读者的欢迎。

144　小说偶谈　豁　安

载于 1921 年 7 月 3 日《申报·自由谈·小说特刊》。作者豁安,疑为刘豁公。刘氏原名刘达,字豁公,号梦梨等。安徽桐城人。主编过安徽《民嚞报》。后至上海,在《游戏杂志》、《游戏世界》、《半月》等杂志上发表小说。1922 年主编《心声》。南社社友。本文对《三国演义》、《红楼梦》、《聊斋志异》分别谈了一点看法。最后高度评价了周瘦鹃在《礼拜六》上发表的《一诺》一文,认为它"借痴情儿女之心,作救国英雄之气,抑何风云壮阔、花月迷离乃尔",实为"礼拜六派"张目。

145　小说的论理　宛　扬

载于 1921 年 7 月 10 日《申报·自由谈》。作者宛扬,待考。本文主要强调小说创作要符合生活发展的逻辑,即作者所谓的"论理"。作者认为,小说不外写人生。写人生却要合于论理。作者既然造出一个人物来,这个人物的事迹如何,结果如何,便有一个自然的法则在内。他特别提出:"小说的组成有三个要素:一是人物;二是事迹;三是背景。因为论理的关系,这三个要素,有一个确定时,其余的两个也同时无形的确立,再变不得。人物是怎样,那么事迹一定是怎样,背景也一定是怎样。有怎样的背景,那么便有怎样的事迹和人物。"

146　读《红楼梦》后的一点感想　闻　天

载于 1921 年 7 月 12 日《民国日报》。作者闻天,不详其人。本文从"文学为人生"的角度来解释《红楼梦》,认为这部小说就是"人生底罪状底宣布者,而同时又带有指导的意义在内"。作者特别对小说写林黛玉之天真和薛宝钗之虚伪感触犹深。他认为宝钗是深尝过艰难困苦的人,为了适应社会,就不能不丧失天真,丧失真我,认为她的虚伪是拿"赤子之心去换得来的"。由此,他认为人生的价值就在于坚守"人的中心"(Personaloeutre),即是"赤子之心"。

147　小说诗话　佚　名

载 1921 年 7 月 31 日《申报·自由谈·小说特刊》。作者不详。本文谈了中国小说中的"几至无一不夹以诗"的情况,并指出了某些特点。所举例证除

《水浒传》、《三国演义》、《列国志》、《红楼梦》、《花月痕》等古代小说之外,也谈到了《广陵潮》、《众醉独醒》等。

148　稗官琐谈　民　哀

载于1921年10月《小说新报》第7卷第10期。作者姚民哀,见1919年《息庐小说谈》提要。本文崇《左传》如"冶女妙倡",功在"微笔述事";赞《两般秋雨庵随笔》能"无中生有",而胜于《新齐谐》;斥近世小说写美人,多堆砌"长眉素靥、宝采珠光"等套语,均见其有一定的艺术见地。评述当时市场充斥黑幕小说,致使"社会焉得不龌龊",而其原由归咎于"政治之罪恶",也能一针见血。在总结自己创作小说的甘苦时,说到要"善用一语"与排除"意念杂兴",亦足资参考。

149　求幸福斋主人卖小说的说话　求幸福斋主人

原载1922年1月28日《半月》第1卷第10号。求幸福斋主人,即何海鸣,见《古今小说评林》提要。本篇除了对研究何海鸣个人情况有所帮助之外,也提供了当时的写稿、投稿以及小说家及小说创作的一些带有普遍性的问题,特别是经济问题方面的一些真实情况,有参考价值。

150　家庭与小说　张　凰

载于1922年2月19日《申报》。作者张凰,待考。本文主张家庭中不要不分青红皂白地禁止阅读小说,做家长的最好利用家人欢迎小说的心理,奖励阅读有价值的小说,"作为补助教育",以"增进智识"。

151　红楼梦杂评　聪　强

载于1922年3月19日上海《时报》。作者聪强,生平不详。本文指摘了《红楼梦》描写中的一些疏漏不实之处,而主要则是否定贾宝玉为"情之圣者",而认为宝玉"乃情之贼耳"。他认为"爱情为神圣不可侵犯之物",而宝玉则"随随便便,得爱便爱,滥于用情,则流为轻薄,与无赖何异哉"。后1925年刘家铭在《读石头记杂说》中也有类似的看法。

152　小说杂谈　琴楼等

连载于1922年4月30日至12月3日《星期》第9、10、14、15、16、18、

19、22、27、29、33、36、37、38、39、40号。该文体例似当年梁启超在《新小说》上所刊之《小说丛话》，由多位作者分别撰写，随写随载。作者署名依次有琴楼、马二、无虚生、琴倩、伊凉、以刚、赓夔、灵蛇、鹃魂、董希白、吴兴、转陶、郑逸梅、无诤、吟秋、戴梦鸥、醉绿、镜水生等十八人。其中多数似为当年的文学青年、小说爱好者，其真名难以查考。所知者如琴楼，似为陈希亭（1885—1973），字仲经，号琴楼，福建闽侯（今福州）人。早年就读于南洋方言学堂，后转入南京高等学堂，辛亥后回乡从事教育工作。马二，为当时小说戏剧评论界中比较活跃的人物冯叔鸾（1883—?），名远翔，字叔鸾，以字行，自署马二先生、啸虹轩主人，深县人。幼居北京，1912年秋来上海，先以评剧见知于社会，1913年出版《啸虹轩剧谈》，后又从事小说创作与评论，文章散见于各报章杂志，曾为《神州报》、《中华新报》、《图画剧报》等编辑，又创办主编过《俳优杂志》。1936年《大公报》上海版创刊，为副刊"大众俱乐部"主编。"八一三"事变后，不知去向。撰有言情小说多种。以刚，即王以刚（1895—1943），字家蕴，浙江绍兴人。曾为绍兴《民国日报》主编，后任绍兴成章女校校长多年。赓夔，即姚庚夔（1905—?）笔名姚苏凤、苏凤等，室名静香楼。江苏苏州人。长期从事报刊业，上世纪30年代曾任上海明星影片公司编辑。转陶，即黄钧，吴县人，星社社员，曾主编过《芳草》、《星报》、《小日报》等。无诤，为刘谦的号。刘谦（1883—1959），字约真，号无诤居士，亦署无诤，室名峭嶙吟馆。湖南醴陵人。早年参加南社及长沙分社，毕业于湖南优级师范学堂，执教于湖南各中学，曾参加南社及长沙分社。吟秋，即蒋镜寰（1897—1981），字瀚澄，号吟秋、平直居士、沧浪旧侣等，室名平直草庐、碧秋吟馆等。江苏苏州人。版本学家、书法家。1935年曾任江苏省立苏州图书馆馆长。戴梦鸥，即戴昌熙之号。戴昌熙，字冰溪，江苏长洲（今苏州）人。主要活动于清末民初，曾与汪郁年、包天笑等在苏州倡励学译社，出版《励学译编》，全译"东西政治、格致之学"，中间有小说《迦因小传》等。这些论者，先后发表意见，观点并不一致。讨论得较多且有价值的，是关于小说的"新"与"旧"的问题，以及与此相关的如何对待与翻译西方小说的问题，如何对待小说的"消遣"与"为人生"的问题。比如琴楼就批评"做中国社会小说的作者，有一种极大的劣性根，就是'保守主义'太浓厚。无论说一件什么事，总是说'旧'的好"。但同时，他又说："对于新式的译品，却不爱看。因为他叙述的情形，总有些生硬，再加上原样不动，文字冗拖，所以更有不能卒读之势。"灵蛇在批评"新派小说作者，抱着勇往直前的态度，只知道创造新的小说,(对)旧派小说,不惜一顾"的同时,又批评了"旧派小说作者肆口诋诮新派小说",认为两家"犯的弊病是一样的"。他的态度比较客观,表示既欣赏旧派如包天笑、毕倚虹的作品,也欣赏新派如冰心、叶绍钧的小说;既赞叹冰心《遗书》的"活泼而流丽",也指出沈雁冰评价的不当。他号召:"旧体小说家,也要稍依潮流,改革一下子。新体小说家,也不要对于不用新标点的小说,一味排斥。大家和衷共济,商榷商榷,倒是艺术上可以放些光明的机会啊。"可惜的是,在中国现代文学史上,"新"、"旧"小说家始终未能将"和衷共济"形成主流。从《礼拜六》起,旧派小说家强调小说的"趣味"与"消遣",而这常为提倡"人生的文学"的新派作家所指责。对此,灵蛇说:"'消遣'两字,是新文学家所绝对否认的。他说小说是人生艺术,极高尚的一种文学,旧小说把'消遣'两字做了商标,那才根本错咧。这几句呢,固然是合乎现在的潮流,可是试一细想,人家正事忙迫的时候,谁有工夫去看小说,当然是消遣的。原来小说是把人生真切的艺术在闲空的时候,指导给人们的。"这最后一句话,虽然还可说得更为圆满些,但大方向是全面的而不是片面的。他们在批评当时流行的新旧小说种种的弊端时,主张"批评小说,要取研究的态度和公正的精神";在标榜的小说创作的目标时,希望小说"能引导社会,改造思想",同时要追求"含蓄"、"曲折"、"有趣";在谈到作家的创作时,强调"经验是小说家最要紧的原素,没有经验,决做不出好小说",要写得全乎"人情之常"(醉绿)。这些都是可以称道的。另外,在谈到古代小说的研究时,就《花月痕》而批评红学中的索隐派、自传说等的牵强附会,也值得注意。以刚说:"我以为吾人读《花月痕》,仅可作为《花月痕》而读,且仅当《花月痕》读,不必牵强附会,致乱思绪。盖作者兴之所致,自尔成文,即偶有一二相似处,亦机会使然耳,吾人不必胶柱鼓瑟以求也。如此,则红学种种争论,似可偃旗息鼓矣。"最后,要点出的是,以刚谈到,扁舟子的长篇小说《酒恶花愁录》当时曾得到教育部的"表奖",可是它在现在的各本《中国现代文学史》中竟没有一点位置。这样的历史事实,难道不可以引起我们的思考吗?

153 红楼梦新评 汝 衡

连载于 1922 年 6、7 月上海《时报》。作者汝衡,即陈汝衡(1900—1989)。陈原名陈钧,江苏扬州人。1924 年毕业于东南大学英文系。曾任中央大学助教、暨南大学讲师。建国后,任上海戏剧学院教授。长期从事曲艺史和说部研究。曾有《说书小史》、《宋代说书史》、《吴敬梓》等著作,曾校订《说唐》、《万花楼》等小说。本文谈《红楼梦》,"自信实已窥全书之大体","其为前人所已道者,则皆略而不及,固不欲落人之窠臼耳"。他认为《红楼梦》的妙处在于作者真正"明了文学原理",不去有意的"惩恶赏善"。而"宝玉之特色",不仅在"不虚伪",而且在于能"解脱"世事。所以就全书主角而言,"断定宝玉为主,黛玉为宾也。夫宝玉于功名富贵,早经解脱,其不能骤然解脱者,则为儿女之情。有黛玉则宝玉之情有所寄,黛玉死而宝玉信空矣。黛玉不死,则宝玉不能解脱,是黛玉者不啻为解脱宝玉而设。物必先有之而后能解脱,黛玉陪衬宝玉,是处于宾之地位也"。此论虽与王国维的"解脱"说有点接近,但并不相同,且能具体移之于小说的人物安排与情节结构。另外,他对《红楼梦》的若干具体描写的得失也作了一些点评,如认为小说写宝、黛幼时如成人,这是"不明孩童心理之故";以淫辞秽语滥入小说,是"并非欲描写人生,实不过迎合社会心理耳"。他认为"《红楼梦》写情之妙,即在故意流连,忽进忽退,令人难窥底蕴"。最后他批评了当时流行的如认为"《水浒》代表革命思想,《红楼》代表种族思想"等等。他指出,"使《红楼》仅仅代表种族思想,则此书不过代表一时代而已",而"文学上之价值,虽放诸四海,通诸六合而不变者也"。假如用一种狭隘的观点来评价小说,貌似提高了小说的地位,实质上是"大贬本书之价值耳"。

154 小说拉杂谈 寄 尘

载于1922年6、7、8月《游戏世界》第13、14、15期。作者寄尘,见1919年胡季人《小说管见》介绍。本文对长、短篇小说的分类,特别是对短篇小说的特点谈了自己的看法,对当时的一些短篇小说家如陈冷等也作了评价。他认为中国古代文集里的传记多半可作小说看,如陶渊明的《桃花源记》、柳宗元的《捕蛇者说》、韩昌黎的《圬者王承福传》、苏东坡的《方山子传》,都可视为小说,所以清初张潮编《虞初新志》将这类文字作为小说编入,独具卓见。而以前的教书先生们禁止学生读小说,实际上他们所教的古文强半是小说。

155 小说家别传 王锦南

载于1922年7、8月《游戏世界》第14、15期。作者王锦南,自称于1914年起在进步书局、文明书局、大东书局"当一个跑龙套角色",故对上海各小说家多有接触。本文就将他"晓得的几位大小说家的性情和行为等等记录出来",共写了包天笑、赵苕狂、周瘦鹃、胡寄尘、江红蕉、姚民哀、张毅汉、叶小凤、姚鹓雏、骆无涯、毕倚虹、陈蝶仙、陈小蝶、朱子佳、徐卓呆、孙玉声、许廑父、贡少芹等十八位。

156　小说点将录　大胆书生

从《红杂志》1922年8月创刊起连载至第18号。作者大胆书生,不详。本文仿《东林点将录》及《乾嘉诗坛点将录》的体例,取近今小说名家七十余人,根据作家的某一特点,与《水浒》人物相比附,如云吴趼人是托塔天王晁盖,盖因吴是"说林前辈,文坛宿将,英雄老去姓名扬。一时豪俊,齐拜天王",是由吴的文学地位所决定的。也有的是根据作家的创作特点或生活中的某一经历或细节所决定的,如云陈冷血是智多星吴用,因吴"好为冷语,善运巧思。先是学究(先为学校教师),后作军师(后任报馆总编辑)"。如此等等,多有相关联系,可资参考。

157　民国以前的小说杂志　尘　梦

载于1922年9月《游戏世界》第16期。作者尘梦,即胡寄尘,见1919年胡季人《小说管见》介绍。本文勾勒了中国早期二十年间小说杂志的发展概况:清光绪三十年前后始有,但不大发达;到民国二、三年盛行了一次,但不久又衰了;民国九年到现在又渐渐的盛起来。然后简单介绍了《新小说》、《新新小说》、《月月小说》、《绣像小说》、《小说林》、《新舞台》、《小说时报》、《小说月报》等八种小说杂志。

158　小说家姓名别号表　王锦南

载于1922年9月《游戏世界》第16期。作者王锦南,见1922年《小说家别传》。本文记录了五十四位小说家的别号,计有:毕倚虹、袁寒云、林琴南、赵苕狂、包天笑、周瘦鹃、叶小凤、王钝根、王西神、李涵秋、胡寄尘、姚鹓雏、严独鹤、江红蕉、何海鸣、孙玉声、朱瘦菊、陈蝶仙、刘玠玉、张春帆、冯叔鸾、骆无涯、朱子佳、张毅汉、许廑父、管际安、张丹斧、贡少芹、李定夷、范君博、闻野鹤、范烟桥、吴绮缘、李髯翁、刘复、王兰仲、姚民哀、陈小蝶、李常觉、吴雄倡、徐卓呆、许指严、恽铁樵、徐枕亚、吴双热、程小青、程瞻庐、刘豁公、张舍我、张碧梧、陈冷血、奚燕子、戚饭牛、景梅九。

159　著作家之斋名　郑逸梅

载于1922年《红杂志》第11期,所附潘家梦的《补充》,载于同年第19期。作者郑逸梅,见1919年鸠拙《说部卮言》提要。潘家梦,待考。本文著录了一些小说家的斋名。当时的文人,多从传统,附庸风雅,一人有一个或多个斋名,从中也可略见作家的性情、兴趣之所在。

160　前清的小说杂志　陶报癖

载于1922年11月《游戏世界》第18期。作者陶报癖,见1906年新庵等《说小说》介绍。本文在尘梦《民国以前的小说杂志》的基础上补充了《小说世界日报》、《小说世界》、《新世界小说社报》、《小说七日报》、《竞立小说月报》、《白话小说》、《扬子江小说报》、《扬子江小说日报》、《十日小说》九种杂志,并纠正了胡寄尘误记的《新舞台》与赵苕狂所说的《雁来红》等情况。

161　求幸福斋漫笔　何海鸣

载于1922年11月《游戏世界》第18期。作者何海鸣,见1919年《古今小说评林》介绍。本文谈了自己以《老琴师》步入小说界之后,对毕倚虹、徐半梅的作品颇为推崇,认为"此二君者均以真本领得名"。他将"《小说月报》沈雁冰一派之人"的特点概括为"以直译欧美名家小说并仿其文笔为中国小说之创作,而赘以横行式文字之新圈点符号,虽自居于欧化之新派而鄙薄一切不用新圈点符号之白话文言各小说为陈旧"。对此,他颇多指摘,明确反对用欧化的语言来译欧美的名作,但同时表示并不偏狭地完全否定"欧化体之《小说月报》",而声称"最喜读沈雁冰君等所译著之海外文坛消息,借此知世界的小说之趋势"。文中载录了张枕绿提议"将近代吾国小说之短篇佳作由善西文者译出,俾占世界文坛之一席"。他认为此"用意实最善",但实施有难度,故建议能成立"一种文会之组织,而后姑能著手者也"。

162　续小说家别传　蓬壶

载于1922年11月《游戏世界》第18期。作者蓬壶,似为苏民生(1896—?),原名廷桢,号金沙,别署蓬壶等,云南剑川人。白族。1913年留学日本,1925年回国,长期从事美术史研究工作。本文继王锦南《小说家别传》

而作,补充了王西神、朱鸳雏、闻野鹤、谈善吾、程善之、王旡生、林琴南等七位小说家的传记。

163 谈小说 马二先生

载于 1922 年《红杂志》第 12 期。作者署马二先生,即冯叔鸾(1883—?),见琴楼等《小说杂谈》介绍。本文从《投射车》、《葛立佛游记》等西方科幻小说谈起,然后与《镜花缘》等中国的幻想小说进行了比较。他认为两者有相异点:"惟西方作者,恒多附会于科学,而我国作者,则常托诸狐鬼神仙之说。"但两者不同之中也有相同处,即"对于当时之社会上一切制度,都不能满足,恒藉理想所及,作种种希望进步之表示"。由此而得出了这样一个重要的观点:"不可因其表现思想之方法不同,而遂目中西文艺为不能相及也。"文章的最后,对当时小说语言欧化的问题发表了自己的看法,认为"欧语的文法入小说,亦可备一格,不可斥为奇谬,亦不能奉常例"。但假如从"欲求多数人之了解"来看,此类语言显然是有缺憾的。

164 茶花女丛话 吴灵园

载于 1922 年 12 月 3 日《半月》第 2 卷第 6 号。作者吴灵园,待考。本篇虽然以大量的篇幅描述了林译《茶花女遗事》的本事与小说的内容,但从中能看到作者又一次表述了小说当亦"寓真情"的观点(另见同名作者之《小说闲评》),并指出了这篇小说继《西厢记》、《红楼梦》之后,又一次"打破佳人才子遇合团圆的作法",以悲剧结束,这"对于中国小说界,有莫大之影响与变动"。

165 小说日报小说话 许廑父等

《小说日报》创刊于 1922 年 12 月 3 日,至次年 2 月停刊。期间专辟"小说话"专栏,连续刊登了数十篇小说话。作者除该报主编许廑父、发行部主任徐枕亚之外,尚有何海鸣、徐卓呆、秋月柳影、听潮生、瀞一、郑逸梅,以及署名啸庐、心父、黄癯仙、半厂、潘钼农、三三、廉子玉、章抱桐、周大年、渔阳方武、俞天愤、DG、冯霭如、孙郎、金一仙、新厂、白板、觉园、剑飞、松庐、董巽观、金仙、梁寿卿、张乙庐、金智周、季康、玉衡、郭元觉、子才、乙庐、嵩云、剑禅、方为舟、赵吟秋、严旭旦、世芳、忏庵、哀自、菊影、庸庸、姗姗、震酣等。许廑父(1891—1953),名与澄,字弃疾,又字一厂(庵),别署颜五郎,浙江萧山人。1920 年,为粤督莫荣新秘书，后抵沪，曾主编《小说日报》。1929年受会文堂书局之邀，续编蔡东藩未尽的《民国通俗演义》后两集。1930年返杭州任《东南日报》副主编。1931接办《浙江商报》。著有《沪江风月传》、《南国佳人传》、《历代剑侠传》、《八仙得道传》等。他在主编《小说日报》期间，专辟了"小说话"一栏，"意在督促小说界之进步"，发表了众多作家与读者的文章。他本人则带头撰写了《侦探小说丛话》、《小说之批评论》、《社会小说杂谈》、《言情小说谈》等系列小说话。《侦探小说丛话》分析了传统"具有侦探小说之模型"的三类小说的陈腐性后，强调侦探小说"情节为最要"，要使读者于始、中、终有三种特殊的观感："始者何？观案情之离奇，而生惊骇之心；中而见案有眉目，则疑鬼疑神，不辨犯罪之属于谁人；终见破案之出人意外，则拍案叫绝，而身心为之俱快矣。"《小说之批评论》，指出批评"实为研究文理之一大助力"。他认为，"自来小说的批评家，当推金圣叹为第一人。圣叹之评，妙在治评理评事于一炉：使读者悟事理之是非，即可以知文法之深浅；识文法之正反，即可以明事理之当否。此其所以可贵也"。《社会小说杂谈》主要强调了作家要广泛地了解社会，"总该知道许多，才可以做社会小说"。《言情小说谈》是讨论"言情小说"的定义与分类问题。他"以为'言情'两字，范围极广。……父子也、兄弟也、朋友也、师生也、都靠着情字的作用相联络，便都有作为言情小说资料的资格。至于男女爱好慕悦之情，虽然不能说他不是情，却也不能代表一切之情"。表面上看，这一观点与冯梦龙《情史叙》所说的情当包括君臣、父子、夫妇、朋友之情是差不多的，但两者实有差别。冯梦龙将各种情指向了男女之情，而许廑父则希望能跳出男女之情的狭小圈子。

徐枕亚(1889—1937)，原名觉，别署泣珠生、东海三郎、青陵一蝶等，江苏常熟人。南社社员。著有小说《玉梨魂》、《雪鸿泪史》、《余之妻》等。民国后任《民权报》、中华书局编辑，主编《小说丛报》、《小说季报》等。1922年12月创刊《小说日报》时，任发行部主任兼"杂俎"栏编辑。本编收录的《小说家名人谜语》，则是一篇与小说家有关的游戏文章。

何海鸣，见1919年《古今小说评林》提要。他写的《记汉口之小说日报》，回忆了宣统年间汉口《小说日报》与胡石庵的一些情况。他用"幸福斋主人"名写的一篇小说话，则对当时的"新派"小说家提出了批评，认为他们的新无非表现在"用新式圈点和西欧文体"而已，批评了《小说月报》上的翻译文学难读，以及周作人自称小说不食人间烟火与他提倡的平民文学、群众文学的理论相矛盾。

秋月柳影,即顾仲起(1903—1929),原名自谨,江苏如皋人。1922年因参加学生运动而被通州师范开除,1923年到上海当临时工,备尝艰辛。后考入黄埔军校,参加共产党。先后参加东征与北伐,加入茅盾等组织的上游社与钱杏邨等发起的太阳社。后自杀而死。有作品《生活的血迹》、《笑与死》、《爱的疯狂者》、《坟的供状》、《残骸》等。他在《做小说的困难》、《小说家的心》、《小说杂谈》等文章中强调小说家要用心观察生活,追求"真价值",不能迎合读者的低级心理。他认为小说是"写"出来的,是"心泉中流出来的挚情",而不是"做"出来的;小说描写的对象是人生,内容以人生为主体,并"负有指导人生,暗示人生,批评人生的种种重责",反对将小说当作消遣品、游戏品、载道之器,乃至是牟利的商品。这些观点显然受到了五四新文学运动中"人的文学"论的影响。而其《美妙底小说》一文又提出"小说内容底美妙,有两个重要底条件:"(一)是肉体、灵魂、结构、情感各方兼顾;(二)是意思要有曲折底想像组织。"

徐卓呆,见1923年《小说无题录》提要。他所写的《侦探小说谈》提出侦探小说是"智的文艺",不同于一般的小说是"情的文艺",批评了当时流行的侦探小说格局的雷同、形式的"千篇一律"。

听潮生,原名陈听潮(1902—1983),别署听潮生,笔名陈灵犀、杜仲、紫苏等,广东潮阳人(生于上海)。上世纪20年代后期起,任《福尔摩斯报》编辑,《社会日报》总编,《文汇报》、《前线日报》副刊编辑等。1949年后与平襟亚、周行等人组织新评弹作者联合会。1951年初任上海市文化局创作研究室创作员,专事评弹创作,后调入上海评弹团,创作、改编了大量评弹作品,被誉为"评弹一枝笔"。所作《自然底小说》一文以戏谑的笔调,批评了当下小说的"矫揉芜杂,不堪厉目",而提倡要写得"妙造自然,隽永可诵"。

灜一,即陈灜一(1882—?),字甘簃,又字藻青,别署颍川生、旁观客等,江西新城人。著有《辛亥和议之秘史》等。先后在袁世凯、张学良幕中任职。1931年到上海办《青鹤》杂志。所作《余之小说日报观》一文,对《小说日报》作了全面的肯定,称其"印刷之精良,篇幅之灵巧,布局之新奇,资料之充实",确有奖掖过甚之嫌。

周瘦鹃、俞天愤、潘钽农各有文章讨论了小说的翻译问题。周氏的文章主张允许重译,俞、潘二氏批评了直译。潘钽农自称是许指严、徐枕亚的弟子,在《小说日报》的热心作者。所作《文言白话之管见》认为"文言白话,各有所适互有所宜"：短篇写情记闻叙事之作，务必用文言；若长篇之作，描写社会现形怪状，则宜于白话。创作小说，当根据具体题材等随意而定。"编辑者，亦当只求佳稿，不论体裁，兼收并选"。只有这样，才能适应"过渡时代"的不同读者的不同需要。其《小说造意问题》主张"小说之作，以有趣味为主"，故要写得既曲折动人，又要入情入理。《小说作法之质言》，以情景为纲，论述了长篇、短篇等不同小说的不同作法。他的《小说练习程序之我见》谈作小说练习的程序，主要是在仔细揣摩《红楼梦》的基础上，以白话、文言序，逐步练习写作。他的《译本之刍言》一文，力主"译意者为贵，直译者不独无可取，且多贻人笑柄，不如不译之为愈也"。

此外，董巽观，系《小说日报》作者，他写的《小说杂谈》等提出"做小说的难，是难于思想"。他认为"小说是文学的一种，文学的功能，并不是专为点缀上等社会的装饰品，乃是启发人类的知识的利器"，并创作时"不可步人后尘，终须以我自己才思想为之"。这些观点在《小说日报》类的报纸上发表，值得注目。金智周的《最近小说界之悲观》指出，一年前风起云涌的小说杂志多数不能维持，或竟致停版。对此，他认为办杂志要在财力与心理上作好长久维持的准备，要坚持"雅俗共赏"的"真精神"，而不能"有俗无雅"，要有高的格调及注意形式编制的美。他的《小说的进步》认为现在小说的"读者及投稿者"已不像过去只是几个著作家而是学生界、商界、工人、邮电家、银行家等，"都有他们的作品了"。这就是时势的发展，小说的进步。但在这样的情势下，他指出小说"不可失之俗，更不可失之滥"，因为"俗者损品，滥则乏味，皆行文之大忌，而小说为尤甚"。署名觉园的《我之中国小说观》是一个很好的题目，他认为中国古代的名小说"必有一种最大之寓意，未下笔之先，必胸有成竹，非由临时随意构造而来"，给予肯定；而"泰西作品，亦多佳构"，但每被浅识之徒，译其糟粕，误我国人。而当前的小说杂志，一是为了迎合读者的低趣味，二是书商出于投机牟利，这就"不啻为小说界宣告死刑也"。据此，他希望小说界不重形式，而贵精神，"不慕锐进之虚荣，而戒退速之实害"，以求小说的前途。署名元觉（可能与觉园为同一人）的《敬告小说作者》、《小说要有真价值》等主要强调小说的社会效果，他认为小说的情节、文字等固然重要，但当特别注意"于读者感受之利害，社会所蒙之影响"，以及追求小说的"真价值"。而其《敬告小说读者》则谈了自己阅读新旧小说的心路历程。

其余一些作者都零星地提出了一些办好《小说日报》的建议，或对小说的作法、前途乃至对个别作家作品的评价提出了一些意见，也有一定的价值。如佚名《学小说之参考书》认为学作小说，必先打"根柢"，读万卷书，"须间阅好小说"。读"好小说"，"仍选阅旧时小说为宜"。作者在推荐《三国志演义》、《水浒传》、《红楼梦》时，对这些小说作了中肯的评价。DG 的《作小说的心理一般》，罗列了当时写作小说的种种动机，也可资参考；对于《滑稽信徒》的批评也有见地。才子的《娼门小说底批评》论述了《花月痕》以来的一些"娼门"小说，认为长篇中《海上花列传》最好，短篇中首推何海鸣的《倡门之子》。廉子玉的《新小说和旧小说》面对新旧两派小说的论争，他主张不要将"新"与欧化混同起来，大家要从学理与精神上看问题。严旭旦的《老先生的谈话》也是通过一老先生的言论，强调了作小说不管是文言还是白话，首要的是不"为人求学"，而是要从"怡情适性"出发。乙庐的《书铺子人的话》提供了当时二十年间小说杂志兴衰变化的一些史料，叙述了市场与杂志所用的笔墨、材料以及白话或文言之间的关系。庸庸的《著作与批评》谈了批评家坚持艺术标准的问题。郑逸梅的《小说杂志插图之我见》主要宣传小说杂志上"刊撰述名家小像，为最合阅者心理"。世芳的《乞丐小说家》与忏庵的《真小说家》都是用戏谑的笔调写了当时个别小说的丑陋。董巽观的《最近小说家的劫运》写了徐枕亚、许廑父、严芙荪、吴灵园等小说家的家庭悲剧。章抱桐的《小说家比戏子》、金智周的《小说家与影戏演员》分别将小说家与演员相比拟；新厂、白板的《小说家与雀牌》，记述了一些小说家玩雀牌的一些轶事。这些文字虽较琐碎，但也有一定的可观可采之点。

166 小说评话 范菊高

载于 1923 年 1 月 1 日《半月》第 2 卷第 8 号。范菊高，本名范镠（1906—?）江苏吴江人，烟桥弟，有短篇小说集《甜心》等。本文盛赞了《半月》"情人号"的的文章，由此说开去，称颂了徐卓呆、周瘦鹃、江红蕉、何海鸣、朱鸳雏、沈禹钟、范烟桥、姚民哀、毕倚虹、包天笑等人的有关作品。

167 我的小说谈 廖朗如

载于 1923 年 1 月 1 日《半月》第 2 卷第 8 号。作者廖朗如，待考。本文提到了港、粤两地清末民初的一些小说家与《新说林》、《满月》等鲜为人知的杂志，有史料价值。

168　葬花词　西　谛

载于 1923 年 1 月 10 日《小说月报》第 14 卷第 1 号。作者西谛,即郑振铎(1898—1958),字西谛,笔名宾芬、郭源新。福建长乐人。1917 年考入北京铁路管理学校。1921 年,与沈雁冰一起组织文学研究会。主编《小说月报》、《世界文库》等,著有《插图本中国文学史》、《中国俗文学史》等。建国后,历任中央人民政府文化部文物事业管理局局长,兼中国科学院考古研究所和文学研究所所长。1954 年任文化部副部长。1958 年率领中国文化代表团出国访问时遇空难殉职。本文在俞平伯举证《红楼梦》中的《葬花词》受唐六如《花下酌酒歌》与《一年歌》两诗影响的基础上,又提出唐寅的这两首诗是受了唐代刘希夷的《代悲白头翁》的影响。后胡怀琛的《林黛玉的葬花诗考证》又有新的补充。

169　小说无题录　卓　呆

载于 1923 年 2 月 16 日《小说世界》第 1 卷第 7 期。作者卓呆,原名徐傅霖(1880—1961),苏州人,号筑岩、半梅等。留学日本,学体育,回国后创办体操学校,为国内提倡学校体操的第一人。又爱好戏剧,提倡戏剧改造,亲自演出,并创作剧本。以创作滑稽小说出名,人称"文坛笑匠"或"东方卓别林"。主要作品有《笑话三千》、《乐》、《何必当初》、《万能术》、《卓呆小说集》、《李阿毛外传》、《浴堂里的哲学家》等。作者重视短篇小说,认为"小说是描写人生短片为主,所以既不必有始有终,又无须装头装脚"。他指出中国传统的长篇小说"总不免有许多勉强的地方",而且往往表现了一些陈腐的观念。文章还记述了中国小说杂志的变化,将二十年前的《新小说》、《小说林》、《月月小说》等视为第一期小说,将《小说月报》、《小说时报》等称为"第二批小说杂志"。第二批小说杂志与以前不同的是,注意短篇小说并注重小说的创作。他分析了杂志上连载长篇小说的弊端。在提倡小说的创作过程中,他认为《小说画报》起了重要的作用。他还记述了翻译小说盛行时的一些可笑的情况。这些都有一定的史料价值。

170　小说谈话　胡寄尘

载于 1923 年 2 月 23 日《小说世界》第 1 卷第 8 期。作者胡寄尘,见 1919 年胡季人《小说管见》介绍。本文可注意者,谈了当时出版行销的情况是,"中国全国的书籍,大概都是从上海输出去的,上海各书的名目,不计其数,而每种输出的数目,要算《三国演义》顶多,其次便是《三字经》,任便什么教科书等等,都不能及他"。造成这一情况,除内容之外,与低廉的出版成本有关,"买一部劣版子的《三国演义》,连一角钱还不到",普通百姓就不怕字小,也不怕纸坏,只贪价钱便宜。他提出这个问题,是为了使有志于"改造中国文学的人"注意。他还提出,要成为一个名小说家,不能只是注意诸如体例上的改革之类枝微末节的事,而是要使自己的作品有"背影",即有内容,有思想。对于翻译小说,他主张语言要通俗,同时所选的内容要适合中国的国情。他对张潮的《虞初新志》给予极高的评价,指出他与先前的汤显祖的《虞初志》具有质的不同。这是由于张潮能从一般文集中选出具有小说意味的作品来,将它们归入小说之中,如将侯朝宗的《马伶传》、吴梅村的《柳敬亭传》、魏叔子的《卖酒者传》,甚至将方望溪的文章也收了进去。他"独敢为此",可见"他的见解,确可算高人一等了"。

171 小说丛话 岳璋

载于 1923 年 3 月《浙江兵事志》第 107 期。作者岳璋,曾在《浙江兵事志》上发表大量军事论文,几乎每期一篇,故可能即是本刊编辑。在现存该杂志上,还可见他所写的《侦探小说电光手枪》等七篇小说。从本篇《小说丛话》来看,作者曾阅读过不少新旧小说。他虽然较多地关注侦探小说与艳情小说,然认为学做小说,首重《红楼梦》、《西厢记》、《水浒传》、《三国志》、《聊斋志异》这几部作品。因为这几部作品能将人物的性格刻画得惟妙惟肖,且同时有教育意义,可作为国文教科书读。他还认为,在旧小说中,凡金圣叹评定过的几部"才子书",文字有可取之处。在理论上无多新见,惟从接受的角度上云"吾人所喜读的小说,与吾人的性情相近,所以那一种性格的人,即喜读那一种小说",为前人所不常道。

172 林黛玉葬花诗考证 胡怀琛

连载于 1923 年 3 月 20 至 24 日上海《申报·自由谈》。作者胡怀琛,见 1919 年胡季人《小说管见》提要。本文在西谛《葬花词》一文的基础上,进一步列举了《薤露歌》及岑参的《韦员外家花树歌》、施肩吾的《折杨柳》、袁子才的《祭妹文》等诗文与《葬花诗》也有若干的相近之处。

173　小说家姓名别号表补　郑逸梅

载于1923年4月《游戏世界》第22期。作者郑逸梅,见1919年鸠拙《说部卮言》提要。本文继《游戏世界》第16期王锦南的《小说家姓名别号表》后,补充四十八位小说家的别号,计有:袁寒云、张丹斧、徐枕亚、吴双热、李涵秋、王瀛洲、许指严、李定夷、江红蕉、范君博、徐天啸、吴绮缘、张枕绿、赵眠云、范烟桥、朱枫隐、郑正秋、顾明道、王大觉、孙朧嬛、俞牖云、朱天目、邓钝铁、俞天愤、唐忍庵、朱天石、戚饭牛、周由廑、张引平、蒋著超、尤玄甫、吴东园、王均卿、姚民哀、平襟霞、陆澹厂、沈禹钟、许瘦蝶、印昧岑、姜可生、华吟水、陈倦鹤、何海鸣、包独醒、汪率公、吴灵园、张冥飞、庞独笑。

174　小说与心理　报癖

载于《心声》1923年第1卷第9期。《心声》创刊于1922年12月,半月刊,由徐小麟主办,王钝根、刘豁公、步林屋、袁寒云合编。报癖,即陶佑曾,见1906年新庵等《说小说》介绍。本文题目很大,实际上只是罗列了几个标题,点了小说中的不同文体与不同身份读者接受心理的问题,可惜没有展开。

175　小说界之顶……　春梦

载于1923年7月24日上海《申报·自由谈》。作者春梦,待考。所谓"之顶",就是时下所称"之最",亦即"第一"的意思。本文列举了当时小说杂志开本大小、作者多寡、装帧美观、编辑人手,以及作家籍贯等等排名第一的作品,有一定的史料价值。

176　稗品　郑逸梅

载1923年《红杂志》第73期。作者郑逸梅,见1919年鸠拙《说部卮言》提要。本篇以四十八种花韵来品评近现代四十八位小说作家的作品与为人的风神,颇能一言中的,对研究作家作品的风格特点有所裨益。

177　中国小说谈　叶楚伧

载于1923年7月24日《民国日报》。作者叶楚伧,见叶小凤《小凤杂著》提要。本文原是讲演稿。全文讲了"史和小说——小说的性质"、"中国小说的分类"、"小说的作法"、"小说的批评"四个问题。就小说的性质问题,作者在与史的比较中得出:史是朝代的,为朝代而做的,朝代所做的;小说则是社会的,为社会而做的,社会所做的,其他所谓不合于他们所谓史的。除此之外,他还从写实与虚构、质与文、科学与情感三个角度加以辨析。关于中国小说的分类,他分成三大类:笔记、章回、别传。别传之中又分了真人假事、真人真事、假人假事三类。关于小说的作法,首先强调"小说作法不易有或不必有",然后说了要认识小说生命的演进与统系,亦即把握历史演变的精神,然后要注意材料的储蓄与支配。关于小说的批评,他提出两个标准:"小说的机能是艺术,小说的灵魂是背景。"他认为抓住了这两个标准批评小说,"或可十得七八"了。

178 小说小说 月友女士

载于1923年8月26日《申报·自由谈·小说特刊》。作者月友女士,待考。作者论及了《紫罗兰》与《半月》两种"礼拜六派"的小说杂志,不但"装订玲珑,印刷精良",而且在内容上并不是纯消闲、乃至只是渲染低级趣味,而是也有"至深的哲理在"与"很有伦理的意味"的作品,如《邮政局长》《耳上金环》等就是。作者希望当时的小说家创作的作品要有益于世道人心的同时,也要讲究艺术性,"在艺术一方面多研究一下子",以求在"全世界小说界上,也有吾们中国一些立足之地"。

179 影戏与小说 释 云

载于1923年8月27日《申报·自由谈》。作者释云,姓钱。南社社员。1925年曾与程小青合编《新月》杂志,1927年与程小青、叶天魂等创办公园电影院。本文较早地分析了新兴的电影与小说这两种艺术的异同,虽然比较简略,但也可注意。

180 小说家与非小说家 春 梦

载于1923年9月9日《申报·自由谈·小说半月刊》。作者春梦,待考。本文讨论了"小说家"称号的标准问题:究竟是以"多"为准,还是以"好"为准?这里的确存在着一定的矛盾。他的意见是"最好是两种标准一齐用"。

181　小说小话　卢梦珠

载于1923年9月23日《申报·小说半月刊》。作者卢梦珠,待考。本文强调写小说也要"情生于文"。他认为,"近世小说"中惟有《碎琴楼》一书,能使他流泪者凡三次,"能令人哭者,在情生于文也"。

182　小说八字评　解　弢

载于1923年11月8日、1924年1月6日《半月》第3卷第4号、第3卷第8号。作者解弢,曾撰有我国个人所撰小说话的第一种单印本《小说话》,由中华书局1919年1月出版。本篇将28部小说戏曲作品与两位作家均用八个字作了品评,形象生动,多切中肯綮,如言"《红楼梦》如红灯绿酒,女郎谈禅";"《金瓶梅》如冥府判官,默录罪状",都恰到好处。

183　侦探小说话　张舍我等

1923年至1924年《半月》第1卷第6号至第4卷第1号陆续刊载了不同论者分别撰题的有关侦探小说的小说话,其作者有张舍我(见1921年《小说与创作力》提要)、王天恨(见1924年《说海周旋录》提要)、朱虬(曾作侦探小说《杨芷芳探案》)、鲍眕(待考)、程小青(1893—1976,上海人,晚号茧翁。侦探小说名家,先后加入过南社、青社、星社等文学团体。1915年起用文言译《福尔摩斯探案》。1917年迁居苏州,执教于东吴大学附中,在从事翻译的同时,创作《霍桑探案》30册。1922年主编《侦探世界》月刊。编写了近30部电影剧本。1927年与徐碧波等合资创办公园电影院。1930年用白话重译《福尔摩斯探案大全集》。抗战后主编《新侦探》。解放后任教于苏州市第一中学。芝岩(见1924年《小说闲话》提要)、范菊高(见1923年《小说评话》提要)、郑逸梅(见1919年鸠拙《说部卮言》提要)等,今以《侦探小说话》作各篇的总名,集中在一起。其中张舍我的《侦探小说杂话》,被周瘦鹃、骆无涯选两题后编入《小说丛谭》,略去的一则谈及美国之亚伦普(E. Allon Poo)实"已具侦探小说之雏型","亚氏不特为近世短篇小说之第一开国功臣,实亦侦探小说学之鼻祖也"。朱虬对程小青的侦探小说也给予极高评价之外,另对周瘦鹃、张碧梧、张舍我、赵苕狂、陆澹盦、何海鸣、王天恨、张无诤等人的作品也进行了评价。从中可见,作者对于侦探小说颇重情节结构的曲折、奇突与完整,但也注意人情的描写与气氛的调节,强调最后要"归到人情"之内。鲍朕所论,也主情。认为侦探小说往往"舍情重意,趋于枯涩之病"。但文艺当主情,意为次,柯南道尔所著探案之所以令人钦佩至五体投地,"无他,惟情之至者,始能如此"。王天恨指出当时流行的侦探小说多不足观,惟程小青可谓"侦探小说大家"。程小青的小说话讲了当时女子也嗜侦探小说数例。赵芝岩所论侦探小说的题目比之一般小说点明情节不同而不能点破,作品可由侦探自身来写作,也有见地。范菊高则对当时侦探小说中流行的一些弊病,如故事雷同、文字啰嗦、标题浅露等提出了批评。郑逸梅又指出侦探小说在报刊上连载便于设置悬念,接触了文体与载体的关系问题。

184 红楼梦杂记 严敦易

连载于1923年11月、1924年9月《小说月报》。作者严敦易(1905—1962),字易之,号渥甫,江苏镇江人。早年在银行、财政等部门工作,业余从事创作及古代文学研究。20世纪二三十年代,文章散见于各杂志。曾参加文学研究会。1953年进人民文学出版社当编辑。著有《水浒传的演变》、《元剧斠疑》等。本文在1923年第14卷第11号《小说月报》上发表的二则标题原无,此为编者所加,作者署敦易,今统一为严敦易。此文就《红楼梦》研究中关于高鹗与张问陶之间的关系及"老爷"的称谓问题提出了自己的看法。

185 《金钢钻》报小说话 江东陆郎等

连载于1923年11月21日至1926年12月10日《金刚钻》报。《金钢钻》报是因《晶报》任意谩骂伤人而与之针锋相对的,所谓"以钻刻晶"。创刊于1923年10月18日,最初由陆澹庵、朱大可、施济群等十位同人轮流编辑。后郑逸梅加入,任编辑部主任。主要发一些小说与小说论等杂著。江东陆郎,即陆衍文(1894—1980),字澹盦,亦用澹庵、澹安,江苏吴县人。毕业于上海民立中学,曾任广益书局、世界书局编辑。1923年至1937年间与朱大可、施济群等合办《金钢钻报》。后将张恨水小说《啼笑因缘》、秦瘦鸥小说《秋海棠》改编成弹词。著有《水浒研究》、《小说词语汇释》、《戏曲词语汇释》等。逸梅,即郑逸梅,见《小说杂志丛话》提要。瞻庐,即程瞻庐,见《望云居小说话》提要。莲坨,即朱奇(1898—1979),字大可,号莲坨,携李情农、蒲石居士等,室名有蒲石居、凤生云楼,浙江嘉兴人。《金钢钻报》的合办人之一,又协其舅刘青编辑《小说新报》,曾供职于《申报》馆,后执教于上海务本女中、正始中学等。1949年后,任华东师范大学教授。本小说话中的"DG",可能也是朱大可的化名。济公,疑为施济群(1896—1946),号冰庐等,江苏南汇(今属上海市)人。龙门师范毕业,曾任中学校长。20年代初创办《新声》杂志,与严独鹤编《红杂志》,是《金钢钻》报的合办人之一。其余笔名不详。在《金钢钻》报的这些小说话中,总体格调并不太高,写得也不太严肃,正如"济公"的《小说家之种种》所说的,"专在胡闹,并不是甚么信史,不妨写出来给诸位笑笑",有些理论问题也只是点到而已,如说"把社会上实有的情形,写做小说,比较那种向壁虚造的,似乎来得贴切一点,所以社会上各种事情,往往做了我腕底下小说的材料";批评"今之小说家,朝方属稿,暮已杀青者",创作的草率;对于"小说史"编撰的关注等等就是如此。不过,有些小说史料,还是有一定的参考价值。

186　小说原始　报　辉

载于1923年12月22日《半月》第3卷第7号。作者署名报辉,待考。本篇指出了现代"集锦小说"、"点将小说"、"嵌字小说"、"最短小说"、"问题小说"五种小说的最初写作的作家、作品及发表期刊名,可资小说史研究者参考。

187　家庭式的小说家　报　癖

载于1924年1月6日《半月》第3卷第8号。作者报癖,原名陶曾祐,见1906年新庵等《说小说》介绍。本文用列表的方式,表述了当时一些小说作者的父子、兄弟、夫妇关系。

188　文坛随感录　平襟亚、钝根

载于1924年1月15、25日《社会之花》第1卷第2、3期。作者平襟亚(1895—1978),名衡,笔名网蛛生、襟亚阁主人、秋翁等,江苏常熟人。早年在家乡任小学教员,后只身至沪,以投稿卖文为生,所作《中国恶讼师》、《人海潮》等,颇为畅销。1927年办中央书店,主要出版长篇章回小说。敌伪时期办《万象》月刊,销路也广。中华人民共和国成立后,主要从事弹词写作,任上海评弹团顾问,被聘为上海文史馆馆员。王钝根,即《社会之花》主编,见《本旬刊作者诸大名家小史》提要。这两篇都是介绍了朱鸳雏的生世与有关情况。朱鸳雏在南社史颇受关注的一个人物,他的"死后成名",也使人感慨不已。

189　小说闲话　赵芝岩

载于 1924 年 4 月 4、18 日《半月》第 3 卷第 14、15 号。作者赵芝岩 (1893—?)，字芷岩，江苏上海人，星社社员。本文批评了当时创作中的一些西化现象，如人物姓名用 A、B 替代，人物口语中间隔开。他提出"文艺的真兴趣"，认为当时的杂志中的《紫兰花片》、小说中的寄庐的短篇，可以领略到这种味道。

190　说林忆旧录　黄转陶

载于 1924 年 4 月至 6 月《半月》第 3 卷第 14、15、17、19 号。作者黄转陶，见琴楼等《小说杂谈》介绍。本文述评了曾经颇有成绩而当时已淡出小说界的四位作者：沈肝若、尤玄甫、叶小凤、王大觉。这些作家之所以脱离小说界，原因是各有不同，但提到尤玄甫说"不愿再以有用的笔墨，贡献给小说阀"的说法值得玩味。这至少点出了当时小说界已经有了一类"小说阀"。

191　稗苑佳品　郑逸梅

载于 1924 年 4 月 18 日《半月》第 3 卷第 15 号。作者郑逸梅，见 1919 年鸠拙《说部卮言》提要。本文仿赵凡夫论篆，将清末民初三十名小说家，用四字加以品评，概论其风格特点，可与作者《稗苑花神》等作品参看。

192　本旬刊作者诸大名家小史　钝　根

连载于 1924 年 1 月 5 日至 4 月 25 日《社会之花》第 1 卷第 1、2、3、4、5、7、11 期。《社会之花》是每十日出版一期的旬刊。创刊于上海，出至 1925 年 11 月第 2 卷第 18 期停刊。由王钝根编辑，沈禹钟协理编务。主要载小说，卷首有精美的插图。本篇作者钝根，即王钝根(1888—1951)，原名王晦，更名王永甲，字耕培、芷净，号钝根。江苏青浦(今属上海市)人。十六岁中秀才，后进广方言馆习外语。清末在家乡主编《自治旬报》，辛亥后任《申报自由谈》副刊主笔，继而主编《自由杂志》、《游戏杂志》、《礼拜六》周刊，风行一时。1915 年加入南社。晚年以卖字为生。编著有《百弊丛刊》、《工人之妻》、《聂慧娘之妻》等。本篇连载了他熟悉的一些小说家的出处、经历及有关创作的一些情况，颇具史料价值。

193　红楼小语　刘泪鹃

载于 1924 年 5 月 30 日《申报·自由谈》。作者刘泪鹃，待考。本文对《红楼梦》所下断语，如"晴雯被逐，黛玉焚稿，为《红楼》两大恨事"等，精辟醒目，句句击中《红楼梦》的要害。

194　小说话　黄国贤

载于 1924 年 6 月 2 日《半月》第 3 卷第 18 号。作者黄国贤，原署"女士"，余不详。本文可注意者，谈了小说的接受问题，涉及了读者不同的性情、年龄、性格等与阅读小说的关系，以及阅读时当与小说保持一定的距离。作者对评注持完全否定的态度。

195　为什么做小说　鹅　池

载于 1924 年 6 月 16 日《半月》第 3 卷第 19 号。作者鹅池，待考。作者说自己做小说是"在衣食之计以外，给社会国家造一些幸福"。他认为少数人为了名利，也可理解。他反对的就是抄袭行为。这正反映了当时社会上的一种倾向。

196　小说杂谈　胡同光

载于 1924 年 7 月 7 日《申报·自由谈》。作者胡同光，待考。此文八句话，皆为论断，并无论证，但其所指还是颇有现实针对性，如云"抄袭与代作同为丧失人格之行"，其意义自不待言。再如云"编辑之抱偶像主义者，等于国家之专制政策"，"读小说以名家为标准，则小说之价值尽失"等，提得虽较尖锐，但还是富有针砭意义的。

197　小说杂志丛话　郑逸梅

载于 1924 年 7 月至 1925 年 4 月《半月》第 3 卷 20 期至第 4 卷第 9 期。作者郑逸梅，见 1919 年鸠拙《说部卮言》提要。本篇就上世纪初至 30 年代主要是"旧派小说家"编辑的小说杂志作了较为全面的介绍和简略的评述，为研究近现代小说及小说杂志的流变提供了线索。作者晚年又作《民国旧派文艺期刊丛话》、《上海书报话旧》等，可相互参看。

198 说海周旋录 王天恨

连载于1924年12月11日至1925年11月16日《半月》第4卷第1、2、3、7、8、15、23号。作者王天恨,笔名天恨、天恨生。民国"旧派"小说家,著《妃色丝巾》、《衣冠禽兽》等小说数种。另有《双红室笔乘》、《孙中山先生传轶事》等。本文写了他与当时一些小说家的交往,谈到了一些小说家的个性与轶事。写到的小说家有:包天笑、吴双热、徐枕亚、张枕绿、朱瘦菊、赵苕狂、严独鹤、叶劲风、徐卓呆、姚民哀、江红蕉、施济群等。

199 小说一得 刘恨我

载于1925年1月24日《半月》第4卷第4号。作者刘恨我,广东人。本文所写的一些有关小说的现象与小说作法,多中肯綮。如云"目下坊间出版小说,言情最多,哀情次之,滑稽、侦探又次之,社会、武侠又次之,科学、爱国、教育等最少,此可见阅者之心理",将小说的传播与读者的心理联系起来考察;所言"小说家脑际常深刻一理想的美人",这是刻画人物的重要体会;又云"社会小说不易做,须洞悉社会上、中、下三等情形,然后尽力描摹,但非老于涉世及经验宏富者,终不能得佳著",这点到了创作与生活之间的关系。诸如此类,要言不烦,多有价值。

200 稗苑花神 郑逸梅

载于1925年1月24日《半月》第4卷第4号。作者郑逸梅,见1919年鸠拙《说部卮言》提要。本文以小说家之姓字、斋名及作品等与某一花有关系者,命之为某花神,乃是一种游戏之笔。

201 文苑群芳谱 慕 芳

载于1925年3月7日《红玫瑰》第1卷第32期。作者慕芳,待考。本文是用花名来比喻小说家。前此,如郑逸梅的《稗品》曾拟《花品》,用一词来品评作家的风格。此篇则直接用一花来品评一个作家,并有所说明。这既形象,又便于读者理解。如评胡寄尘为"菊花",并作解释云"寄尘人淡如菊,人瘦如菊,而作品的冷隽也如菊"云云,这与郑逸梅在《稗品》中评寄尘为"贞素"相比,虽义相近,但更易为读者所接受。

202　武侠小说谈　逸　梅

载于1925年3月9日《半月》第4卷第5号。作者逸梅,见1919年鸠拙《说部卮言》提要。本文认为武侠小说是"消极派文字",其题目不外乎"刀、剑、弹、弩、血、铁、飞、虎等字样",指出当时最活跃的是不肖生、张冥飞、陆士谔三人,分别以诞、奇、雄为特点。

203　红楼梦抉微　阚　铎

1925年天津大公报馆铅印本。原载北京《社会日报》副刊《翰海》。作者阚铎(1875—1934),字霍初,号无冰,安徽合肥人。毕业于日本东亚铁路学校。回国后历任北京政府交通部秘书(1914)、临时参政院参政(1925),国民政府司法部总务厅厅长(1927)等。"九一八"后,任满州奉天铁路局局长等。著有《蜷庐随笔》、《无冰阁诗》、《阚氏故实》等。本篇共169则,专论"《红楼》全从《金瓶》化出一义"(《自序》),然也带及《水浒》与《金瓶》、《红楼》之关系。全文虽过于穿凿,然对《红楼》"深得《金瓶》阃奥"(脂评语)的理解也或有助。民国二十九年(1940)姚灵犀即将其节要收入《金瓶梅》研究专著《瓶外卮言》中。

204　说部常识　徐敬修

大东书局1925年4月初版。作者徐敬修(1893—1926),江苏吴江人,曾师从金天翮,为苏州文学社团星社社员,此书为大东书局出版的作者所作的"国学常识之十"。另九种为小学、音韵、经学、理学、史学、子学、文学、诗学、词学常识。这套丛书的宗旨是"详述国学之原委,书籍之大要,研究之方法,原原本本,简要不繁"。《说部常识》一书,介于小说话与史著之间,共分三章:一,"总说",论述小说的涵义、价值、起源及其流派与类别等问题;二,"列代小说之变迁",分周秦、两汉、六朝、唐代、宋代、元代、明代、清代、近代九个时段,对历朝"有名之著作,皆为述其缘起,标其作法"(《提要》),同时也略言演变大略,为此书之重点;三,"研究小说之方法"。此书从张静庐《中国小说史大纲》处借鉴甚多。然有时也有所见,由于写得眉目颇为清楚,故笔者见此书到1931年已印六版,可见一时颇受读者欢迎。

205　说部流别　刘永济

载于《学衡》1925年4月第8期。作者刘永济(1887—1966),湖南新宁人,字弘度,别号诵帚,晚号知秋翁,室名诵帚庵。历任东北大学、武汉大学、浙江大学、湖南大学教授。1940年后重返武汉大学教授古代文学至终,曾任武汉大学文学院长、代理校长。著有《文学论》、《文心雕龙校释》、《词论》、《十四朝文学要略》等。《说部流别》经稍稍修改后由"商务印书馆函授学校国文科"印出单行本,未注出版年月,易名为《小说概论讲义》。实此文非邻于论而近乎史,约万余言,分"绪论第一"与"流别第二"两部分。"流别第二"中又按时序分"两汉六朝杂记小说"、"唐代短篇小说"、"宋元以来章回小说"三节。用文言撰成,语颇雅致,虽乏新意,然亦时见警语。总体认识"稗官小说固亦同夫太师风谣","顾其始创,原资笑谑,必辞谐于俗耳,而义洽夫庸情",其创作多"出自群贤,成之异代","倘必指名一人,适足贻讥通士"。个别之处,也将古代小说与希腊神话、荷马史诗略作比较。作者治学重心在唐前文学,故论小说也详于汉魏而略于宋元以降,且对明清小说总体评价不高,即使《水浒》、《红楼》,一阳一阴,"一则忠愤不平之鸣也,一则情天恨海之史也,至其包举之大,组织之巧,体物之工,言情之妙,倘所谓并驾齐轨,异曲同工",但也认为它们"竞为侈丽之词,没其讽谕之义,使览之者劝百而讽一","其余诸作,皆说部之舆台,稗官之仆隶,不足以升大雅之堂者也"。

206　稗苑谈屑　顾明道

载于1925年5月22日《半月》第4卷第11号。作者署名顾明道,本名顾景程(1897—1944),曾用正谊斋主、梅倩女史、虎头书生、石破天惊室主等笔名。江苏苏州人。星社成员,作品有《奈何天》、《蓬门红泪》、《花萼恨》、《草莽奇人传》、《红妆侠影》、《国难家仇》等社会言情小说与武侠小说,尤以《荒江女侠》著称,曾被改编成戏剧与电影。本篇多一些创作经验之谈,如云"然描写须有忠实工夫,而用笔须含文学意味。过多则蔓,过少则枯"云云即是,也批评了当时的一些小说家与小说流派,如对应时小说、黑幕小说、滑稽小说等都有较好的看法。

207　小说界的十二金钗　可怜虫

载于1925年5月24日《申报·自由谈·小说特刊》。作者可怜虫,待考。本文点出了当时小说界中男性有近于女性的别署者十二名,计有叶小凤、包钏影、程小青、姚灵凤、顾梅倩、江红蕉、张碧梧、严黛红、赵忆凤、周瘦鹃、王红绡、郑逸梅。这当为男性作家"女性情结"的一个表征。

208　读《石头记》杂说　刘家铭

载1925年5月31日《申报·自由谈·小说特刊》。作者刘家铭,生平情况不详。本文对当时盛行的索隐研究不以为然,斥为"勉强附会"。作者认为:"此书虽未必一无所因,惟读者亦不必强索以证实其事。赏其文,会其意可也。"强调从文学欣赏的角度上来读《红楼梦》。在观点上,他辨"情与淫之别",认为"《石头记》者,天下第一言情之作也";指出"作者精神,全注意于黛玉",而"宝玉不过一好色之浪子,实不解爱情为何物"。这对于宝玉的看法,与1922年聪强在《红楼梦杂评》中所持的观点相同。同时,本文提到了当时"坊间新出"的八十回钞本"原本《红楼梦》"。

209　小说话　冯笑卿

本文两则,分别发表于1925年5月24与31日的《申报·自由谈·小说特刊》。前一则题作"小说谈",因性质相同,又唯见两则,故合而为一。此小说话虽只两则,却颇有特点,即能借用古代刘勰、袁枚论诗的警句来论小说,在使人感到颇为贴切之余,也从一个角度反映了不同文体的艺术特点具有相通之处。

210　小说话　朱　戬

载于1925年6月21日《半月》第4卷第13号。作者朱戬,曾作侦探小说《杨芷芳探案》。本文两则,一谈作者欣赏《儒林外史》的楔子与尾声,以及名儒甘露淳;二论名家当正确对待批评意见。

211　识荆录　蓝剑青

载于1925年11月《半月》第4卷第22、23号。作者蓝剑青,作有小说《富翁之子》等,曾于1927年至1928年在上海办《噜哩噜苏》小报。本文就自己亲身交往,谈了当时三十八位活跃在文坛的小说家:何海鸣、包天笑、严独鹤、李浩然、冯叔鸾、周瘦鹃、毕倚虹、孙玉声、徐卓呆、王西神、恽铁樵、沈禹钟、徐枕亚、许厪父、张云石、严芙孙、步林屋、天台山农、江红蕉、余大雄、施济群、贡少芹、张碧梧、张舍我、张枕绿、陆澹庵、丁慕琴、刘豁公、徐耻痕、陈达哉、徐碧波、钱释云、谢鄂常、范春生、刘恨我、沈鉴良、张梦飞、张静庐。

212　文坛点将录　莽书生

连载于《金刚钻》报1925年7月30日至1925年11月24日,共29辑。作者莽书生,即陆澹庵,见《〈金刚钻〉报小说话》提要。据本文引言称,《红杂志》于1922年8月创刊起连载大胆书生的《小说点将录》,仅写了近今小说名家七十余人,就"戛焉中止",作者深以为憾,就据《水浒》石碣文所列一百零八将,"补成全璧"。其体例悉依前书,惟写及对象已超出"小说"界,故改名曰"文坛点将录"。其中有的小说家所点的将名、赞语与前作相同,如陈冷血仍被点成"天机星智多星吴用",包天笑仍被点成"大刀关胜",但也有不少变易者,如林琴南就从第一位"呼保义宋江"的位置上被拉下了来,降成了"天罡星玉麒麟卢俊义",而将宋江的第一把交椅给了孙玉声。再如王钝根,原排为"入云龙公孙胜",而现被另点为"天雄星豹子头林冲",所有的赞语也都重写了。这里反映了两位评者尽管都是站在"旧派"的立场上的,但还是有不同的认识。不过,他们对于新文学家显然是采取排斥的态度。前者《小说点将录》就根本不点新文学家,而后者《文坛点将录》也只点了一个茅盾,且是特地将他放在一个对立面的位置上,将他点为"地兽星紫髯伯皇甫端",并恶毒地下了这样的赞语:"勾角磔格,蛮夷之语,犬羊之属,君与为侣。"还加了几句按语:"雁冰善蟹行文,编《小说月报》,提倡新文学,新文学家大多主张非孝主义,乃禽兽之属也。"这已不是文学批评,而是谩骂了。

213　著作家的明星　逸　梅

载于1926年3月28日《紫罗兰》第1卷第8号。作者逸梅,见1919年鸠拙《说部卮言》提要。本文就姚民哀、程小青、周瘦鹃、严独鹤、程瞻庐、徐卓呆、张丹翁、严芙孙、施济群等十四位作家(主要是小说家)的创作与生理上的某一特点,冠以某一"明星",如云程小青为"侦探明星",程瞻庐为"滑稽明星"等。

214　小说家题名趣谈　蒋吟秋

载于 1926 年 3 月 28 日《紫罗兰》第 1 卷第 8 号。作者蒋吟秋,见前琴楼等撰《小说杂谈》题解。本文将当时活跃于小说界的二十六位作家的取名,纯从文字意义上作一些推想、趣谈与评说。特别是有的字、号,确与作者的性格与思想等有一定的关系,但也不能拘泥于此,此文毕竟还是以逗趣为主。

215　稗苑趣话　郑逸梅

载于 1926 年 5 月 12 日《紫罗兰》第 1 卷第 11 号。作者郑逸梅,见 1919 年鸠拙《说部卮言》提要。本文记了小说家蒋吟秋(镜寰)、金季鹤(芳雄)两人的一些逸闻趣事。

216　红楼梦人名表　陈存仁

载于 1926 年 7 月 10 日《紫罗兰》第 1 卷 15 号。作者陈存仁,生平不详。本文是将《红楼梦》中的人物,以列表的方式加以梳理。用这种形式的梳理人物,早在忏红盦主人的《红楼梦史表》中已有尝试,但本表的制作略有不同,更觉简晰。同时,文中提到光绪年间尚有寿芝公子的一部《红楼梦谱》,今未见。

217　说林濡染谭　姚民哀

载于 1926 年 7 月 28 日《红玫瑰》第 2 卷第 40 期。作者姚民哀,见 1919 年《息庐小说谈》提要。本文就上世纪初沪苏一带造就、组织小说家队伍的关键人物作了绍介,指出于右任、钱芥尘、周少衡、包天笑及严独鹤等,分别通过办报、办学等途径,汲引人才,提携新进,各自团结与造就了一批名小说家及各方人才。这对于研究近现代小说家队伍的形成与不同流派都很有价值。

218　小说丛谭　周瘦鹃、骆无涯

大东书局 1926 年 10 月出版。这是一本小说话集。周瘦鹃、骆无涯编辑,收有姚鹓雏等十二人的十三篇小说话作品。具体的作品如下:

《小说学概论》,姚鹓雏著。姚鹓雏,前已介绍。本文原载 1923 年 11 月 22 日《半月》第 3 卷第 5 号,主要简析"小说"的概念。先据《庄子》所言,而认定"小说"为"小道",后有"文言笔记体"与"章回说话体"之别,自宋至元大行之白话小说多作章回说话体。"此外,曲本、骈体,皆小说类而别为一体。清人小说有好以词章入白话者,成为文、话夹杂之体。至于近顷西籍东来,铅椠大兴,而种别大繁矣"。最后,他强调,小说尽管为小道,但"作小说者必毋自小,而后可以言占文学上重要部分之小说也"。

《望云居小说话》,程瞻庐著。程瞻庐(?—1943年在世),名文棪,字观钦,号瞻庐。江苏吴县(今苏州)人。江苏高等学堂毕业,曾任该校中学校长,后执教于苏州景海女校等。有《瞻庐小说集》、《新广陵潮》等。本文仅六则:《明人小说》、《王望如〈水浒传总论〉》、《达达》、《招安梁山泺榜文》、《信口开河》、《〈水浒传〉图像考证》,提供了若干研究古小说的资料。这些文字曾在1923年《半月》杂志上连载过。

《小说话》,范烟桥著。范烟桥(1894—1967),名镛,号烟桥,江苏吴县人,早年参加南社,后从事地方教育,任县教育会会长,主讲东吴大学。解放后任江苏省政协委员、苏州市文化局长、博物馆馆长。有《范烟桥说集》、《中国小说史》、《民国旧派小说史略》等。本文原载于1923年12月22日《半月》第3卷第7号,着眼于评论20世纪初二十余年间的小说创作与小说研究。对于古小说的研究,高度肯定了蒋瑞藻《小说考证》的成绩。而对二十余年间的小说创作,分为四个不同的发展阶段,颇有见解。对于《小说月报》的评价与社会小说、滑稽小说、教育小说、历史小说、言情小说、军事小说以及长篇与短篇小说的成败得失及代表作家和代表作品,都作了言简意赅的点评,足资研究近现代小说者参考。

《论有价值小说》,江红蕉著。江红蕉(?—1927年前后在世),原名铸,字镜心,笔名江红蕉,江苏吴县人,南社社员,曾主《新申报》笔政,编辑《家庭》杂志,著有《灰色眼睛》、《江南春雨》等。本文原载于1921年10月1日《半月》第1卷第2号,作者署名镜性。此文论小说的特性,颇有见地。作者指出"做小说第一须认定小说不是笔记,不是史乘,也不是演说",而是应当"把一件或若干件事情,选择里面的一段,或一件有兴味的,或者大家不注意的,或者大家心中所有、口中所无的,把它老老实实写出来,不要参加议论或评判,让看的人自己领会,发出一种感想出来,评判这件事"。他强调了小说里的人和事要有"个性",要引起读者"美感的兴趣"。

《侦探小说谈》,张舍我著。张舍我,见1921年《小说与创作力》提要。此文原载1921年11月29日《半月》第1卷第6号,题《侦探小说杂谈》,原有三题，本《丛谭》收录了两个问题：一是侦探小说的成功关键在于"逼真"；二谈了侦探小说的功用，驳斥了"侦探小说助长社会之罪恶"的言论，认为"社会之罪恶，由于社会组织之不良，而果非侦探小说家所能负其责也"。

《说海感旧录》，胡寄尘著。胡寄尘，即胡怀琛，见 1919 年胡季人《小说管见》介绍。本文作为《说海感旧录》之二、之三、之四连载于 1923 年 7 月 14 日、7 月 28 日、8 月 12 日《半月》第 2 卷第 21、22、23 号。《半月》2 卷第 20 号目录上有《说海感旧录》之一，但未见正文。所谓"感旧录"，乃写了三题：《苏曼殊》、《江山渊》、《朱鸳雏》。《朱鸳雏》篇实谈及了姚鹓雏、闻野鹤。

《小说杂志丛话》，郑逸梅著。郑逸梅（1895—1992），本姓鞠，后从外祖家姓郑，名愿宗，学名际云，号逸梅，江苏吴县人，主编过《游戏新报》、《消闲月刊》、《秋声》、《金刚钻报》、《永安月刊》等杂志，历任中学、大学教职数十年，1930 年加入南社。著作繁富，有《逸梅丛谈》、《民国旧派文艺期刊丛话》、《上海书报话旧》等。郑逸梅后来陆续写过有关著录小说杂志的文章，但此文发表较早，收罗的杂志也较全。最初发表在 1924 年 7 月 2 日、16 日、8 月 1 日，1925 年 4 月 23 日《半月》第 3 卷第 20、21、22 号，第 4 卷第 9 号。全文著录了小说杂志 74 种，可以说将《新小说》以来的小说杂志网罗殆尽。有些杂志为后来的近现代期刊目录所不载，故此文对于研究近代期刊史与小说史都具参考价值。

《说林嚼蔗录》，黄厚生著。黄厚生，生平待查。本文原载于 1921 年 10 月 1 日、11 月 14 日《半月》第 1 卷第 2、5 号，1922 年 1 月 12 日《半月》第 1 卷第 9 号。主要记录了李涵秋等中外小说家的趣闻逸事，提出"小说家宛然一创造美人之工匠"之说，实则认为塑造的人物形象要做到"内实"与"外象"均美，这样才能有"生气"，引起读者的兴趣。

《儿童与小说》，黄厚生著。本文原载 1922 年 4 月 27 日《半月》第 1 卷第 16 号。作者认为教育儿童不能用"注入式"的方法与"训戒式"的教材，而当使儿童感到兴趣，感到"生活更加愉快"。小说就是最好的儿童读物。他从"养成科学之兴趣"、"增加想象之能力"、"涵养高尚之道德"、"养成读书之习惯"、"增强发表之能力"五个方面谈论了小说在儿童教育中的作用。

《说觚》，周瘦鹃著。作者介绍见前《小说杂谈》提要。《说觚》一文主要谈了在当时中国流行的一些欧美小说，间或与中国小说如《石头记》等进行比较，也介绍了一些包括他个人在内的当时的小说家的资料。其中有的内容已见于 1919 年 5 月至 12 月在《申报·自由谈》上连载的《小说杂谈》。

《**说海珠玑**》，钱释云著，周瘦鹃选。钱释云，曾与程小青一起主编《新月》杂志。此文原载于1923年11月8日、12月22日《半月》第3卷第4、7号。系林译小说《红礁画桨录》、《玫瑰花》、《恨缕情丝》、《花因》中佳句的摘编。

　　《**海天隽语**》，李澄编。此文系将周瘦鹃所译《欧美名家小说集》中的隽语摘编。

　　《**大东书局出版小说笔记提要**》，骆无涯述。骆无涯（1898—20世纪30年代前后在世），绍兴人，笔名荒唐生、无涯室主人等。主编小报《荒唐世界》，出版《荒唐大观》，曾任大东书局编辑，有社会小说《如此上海》、《荒唐梦》等。此提要当为骆氏任职于大东书局时作，虽然具有广告的性质，但保存了不少当时小说的可贵资料。其中《亚森罗蘋案全集》、《福尔摩斯新探案全集》、《侦探小说丛书》是当时很有影响的侦探小说作品丛书。《新小说丛书》、《名家小说丛刊》、《半月丛书》、《名家说集》、《袖珍说集》及不少单行本，则介绍了当时活跃的一些小说家的作品，也具一定的资料价值。

（《小说话丛编》，岳麓书社2011年版）

《中国古代小说叙事三维论》弁言

中国古代小说创作与批评源远流长且富有民族特色。自古以来,尽管人们对此进行了不懈的探索,但真正从现代意义上进行认真、系统地研究与总结,则是从上世纪 80 年代开始的。二十多年来,尽管人们在中国古代小说创作、理论与批评的研究等方面取得了长足的进展与丰硕的成果,但还存在着一些明显的不足,有待于进一步的拓展。这主要表现在,以往的研究着重在资料的整理与纵向的史的描述,较少理论的提升和体系的构建;在纵向的"史"的描述与横向的"论"的概括时,往往就中国古代小说论著中的论评文字就事论事,不太关注小说文本本身所表现出来的小说思想,从而使理论文字与小说文本的内在表达常常脱节;在论述中国古代的小说理论时,或者不注意将西方的理论作为参照,一味地在传统话语的圈子里转来转去;或者用西方的理论来硬套,未能很好地立足在本民族的小说理论基础之上;以往还侧重于还原性的研究,力图忠实地解说古代小说理论的原意,而较少地注意立足在当代,进行理论的阐发和创新。因此,如何激活与发扬传统小说理论中的优秀精神,如何借鉴西方的理论来研究中国古代小说的批评与文本元典,并总结与构建本民族的小说理论体系,进而为当代的小说理论建设服务等问题,历史地摆在了我们面前。

鉴于此,从本世纪始,本课题组更新观念,拓宽视野,打通古今,融会中西,抓住中国古代小说与小说论中的"时间"、"空间"、"节奏"三个关键性问题,通过细致的文本解读,力求在理论上加以阐释,并初步完成了逻辑层面上的体系建构,推出了这套《中国古代小说叙事三维论》。

"时间论"在解读和阐释中国古代小说的各种时间构架方式和经验时,从"天时"、"四时"、"百年"等传统的时间观念出发,借助于现代叙事学批评的时间视角,探讨古代小说的循环构架及其悲剧意蕴等相关问题,进而从时序编排、时序倒错、时间控制等层面全面铺开,论述了古代小说叙事的"账簿式"、"历时式"、"共时式"、"追溯式"、"预言式"等叙述模式,以及时间变形与时速调控等一系列问题。同时,又以《水浒传》、《聊斋志异》为经典个案,探讨了古代小说"夜化"叙事的基本形态及其审美蕴涵。

"空间论"立足本土哲学思想和文化特质,论述了中国古代小说空间的构成要素、构成特点,以及空间表现的主要方式及其叙事功能,重点剖析了"场景"、"间架"等空间品牌,并探讨了空间构架的反讽性及其他修辞意义,从而尝试搭建起中国古代小说空间理论的本土化体系。

"节奏论"根据中国传统审美思维和古代小说节奏表现特点,建构了一个由节奏速度和节奏力度组成的小说节奏动力体系,论述了快速式、跳跃式、慢速式、停顿式等四种基本表现形式,以及刚柔、动静、顿续、疏密等情节元素既相克相对又谐和相生的对应组合,实现了小说节奏动势与秩序的统一。

在具体论述中,《中国古代小说叙事三维论》紧密地围绕"叙事"这一轴心,突出了"人"的生存之道和活动方式在"三维"中的意义,力求从不同层面探讨中国古代小说文本结构的内部规律,彼此各有侧重,又相互呼应,共同构成一个现代视野中的中国古代小说论体系,以期将中国古代小说研究提升到一个新的水平。

在撰写过程中,我们坚持如下的追求,希望有一定的突破:

追求理论原创。在以往,关于小说的时间控制、空间构架、节奏安排等问题,虽然人们也多有论及,但研究的幅度与深度都非常有限,且机械化严重。迄今为止,还没有一部专著通过现代视野对上述三个问题中的任何一个进行过全面而系统的论述。为此,我们首次从"时间"、"空间"、"节奏"三个维度来集中观照中国古代小说理论与小说创作,抓住了作为叙事文学的小说的三个基本而具有严密逻辑联系的问题,第一次作横向的把握和理论的总结,提出并论证了一系列带有原创性的观点,希望能对古代小说以及小说理论研究有所突破和拓展。在论述中,我们的研究基本做到了纲举目张,便于人们从现代视野来观照中国古代小说论的整体面貌。

追求方法新颖。以往的有些小说与小说论研究,或者热衷于套用西方种种所谓新理论、新方法,鹦鹉学舌,邯郸匍匐;或者偏重于坚守传统的路数,故步自封,墨守成规。我们在整个研究过程中,既注意运用传统的方法,从中国古代小说与小说理论批评经典文本的细致解读出发,注意小说评点学追求兴会式的语言表达，偏重具象扣合和诗意表现的形象分析，又有意识地借鉴西方语言学、现代修辞学、叙事学等相关理论与方法，重视数据量化分析、重视理论体系构成要素的系统论分析等。可以说，从"时间"、"空间"、"节奏"三个维度切入，来统观中国古代小说论，进一步冲撞了小说研究中的所谓环境、人物、情节"三要素"框架，初步趟出了一条新的研究路子，去摸索融通古今中外的一种研究范式。

追求论证扎实。过去的小说论研究的大致倾向是，过于强调小说理论的独立性，往往置小说文本而不顾。本课题在注重创新性的同时，更强调研究的科学性与扎实性。我们所提出的三个理论命题不是空洞的标签，而尽力以详赡的材料为基础，以严密的论证为生命的。在论证过程中，我们特别注意结合以往普遍忽视的中国古代小说文本来加以研究与总结，充分注重了理论与作品的结合。在理论的抽绎与提炼当中，我们时时注意回归文本，以一部部鲜活的小说作品作为"时间论"、"空间论"、"节奏论"最为生动的阐释依据。与此同时，也完成了小说理论的实践检验。

追求面向当代。我们从"时间"、"空间"、"节奏"三个维度全面审视中国古代小说论，是放在"现代视野"下进行的。在每一研究的"导论"部分，都对研究现状进行了"回顾与前瞻"。我们不只是着眼于总结传统，而且更重要的是去面向学术前沿。不只是对以往的成果作简单归纳与综合，而是力求运用现代的眼光去梳理与阐释。不只是向后看，同时也向前看。我们相信，这里奉献出来的研究成果是打着鲜明的当代印记的，带有它的时代性与前瞻性。只有这样，才能有助于传统的小说论与当前以"全球化"为背景的现代小说论相接轨与对话，让传统的小说理论在当代重新焕发出它的青春活力。

古人云：入门须正，立志须高。我们的立志不可谓不高，无奈我们的学养与水平有限，而关于中国古代小说的时间论、空间论、节奏论又特别精微而浩渺，区区几年时间，实在难以把握其一二，其中粗浅疏陋之处，在所难免，谨请方家不吝指教。我们暂抛出此砖，"诚望杰构于来哲也"。

（《中国古代小说叙事三维论》，上海书店出版社2009年7月版）

《近代文学批评史》绪论

中国近代史,始于1840年鸦片战争,迄于1919年五四运动。

一部中国近代史,就是放眼世界,奋力变革的历史。这八十年的历史虽与上下相连,不可分割,但它自有其特定的质的规定性。在这八十年大变大革的历史进程中,中国人民变革打击的对象是帝国主义和封建主义,寻找变革的武器是科学和民主,变革的理想是建立资本主义的工业社会,变革的主体是由地主阶级中的先进分子转化成的民族资产阶级,其团结人民大众的旗号是爱国,救国,强国。

中国的资本主义生产关系和新的思想观念,早自明清以来就在缓慢地萌芽,发展着。龚自珍作为中国封建社会的最后一位诗人,步入近代社会之际,就敏锐地感觉到封建社会已经进入了"日之将夕悲风骤至"的衰世。鸦片战争的炮火轰开了闭关自守的大门,惊破了封建天朝的美梦。当一个老大帝国被迫拉入近代世界竞争的格局中,一次又一次地被西方资本主义的怪物打得落花流水、散发出僵尸的腐臭时,中华民族遭遇到空前大劫难。中国向何处去?一些志士仁人各自按照自己的阶级利益和独立思考在痛苦地寻找着救国的方案。以龚自珍为代表的一批地主阶级经世派们,"不胜其忧患,恒相与指天画地,规天下大计"(梁启超《清代学术概论》),力图"更法"、"改革"(龚自珍《乙丙之际箸议第七》),但往往局限于"药方只贩古时丹"(龚自珍《己亥杂诗》)。太平天国等一次次如火如荼的农民运动,固然给予帝国主义的入侵和腐朽的封建王朝以沉重的打击,但其狭隘、落后的意识同样使自己难以跳出封建主义的怪圈而终归失败。与此同时,从鸦片战争到五四运动,出现了一批又一批睁眼看世界的杰出人物。他们从被动到主动,从盲目到自觉,从局部到全面地学习西方文化来探寻中华民族的出路。尽管他们一时被斥为"名教罪人"、"士林败类",常常受到封建统治集团的残酷弹压和封建复古势力的不断困扰,但终于在艰难曲折中一步一步地推进了中国近代化的进程。历史已经证明：立足本国,放眼世界,寻求科学和民主来反对帝国主义的侵略和推翻封建专制统治,乃是中国近代社会前进的主流和方向。

中国近代的文学理论批评,正是在这历史时期中的产物。它的进程虽然并不与政治经济的变革,以及文学创作的发展完全同步,但不可避免地受到这一大环境的影响和制约,显示了特有的近代气息。它的近代化进程,大致可分两个时期。

第一个时期大致从鸦片战争开始到中日甲午战争结束,是近代文学观念的始变萌发期。鸦片战争的失败,促使一些先进之士对于现存的政治、军事、思想、文化进行多方面的反省。这种反省虽然也不自觉地将有限地认识到的西方世界来作为参照,但根深蒂固的华夏中心论,使得人们一下子难以认清对手的真相和自己的症结,难以辨明奔突而至的一场"亘古未有之变"的性质和方向。尽管当时如徐继畬、梁廷枏等开始赞美欧美的民主制度,但多数人还是看到西方的"器良技熟",还是希望在"经世致用"的口号中灌进"师夷之长技以制夷"的新液,用坚船利炮、声光化电来强兵御侮。因此,近代文学思想的变化并不始于中西文学观念的直接撞击,而是出于一批地主阶级的改革家,从自我调节现有的政体和文化机制出发,强调文学适应变革的时势。龚自珍、魏源、姚莹、梁廷枏、林昌彝等号召文学讥切时弊,歌颂爱国,张扬个性,乃至提倡"沉郁顿挫"的风格,以及对于道统、文统的冲击等等,都是出自地主阶级内部的呐喊。但是,这些声音都深刻地印上了时代的特点,为瓦解旧的文学体系,迎接新的理论观念作了准备。

这样的时间大约过了三十年,随着驻外使节、留学生及通过各种渠道走向世界的人越来越多,那些经过欧风美雨熏染过的改革派,尽管理论上还是坚持"中国之网常名教为原本,辅以诸国富强之术"(冯桂芬《校邠庐抗议》下卷),而误认为西方"弗尚诗赋词章"(王韬《漫游随录·扶桑游记》),说什么学习西方"格致、制造等学,其本也;语言文学,其末也"(郑观应《盛世危言》),但他们在文学上主张"称心而言"(冯桂芬《复庄卫生书》)、"自抒胸臆"、"一如我怀之所欲吐"(王韬《弢园文录外编自序》),则其实质已蕴含着资产阶级的新质。1868年,黄遵宪提出"我手写我口中"的诗歌主张。1877年,他在自觉借鉴日本和西方文体改革经验的基础上,提出创造一种"明白晓畅,务期达意"、"适用于今,通行于俗"(《日本国志·学术志》)的新文体的要求。结合其生平经历及新派诗的创作实践,这些主张无疑具有新的色彩。事实上,从鸦片战争到甲午战争这半个多世纪的缓慢进程中,即使素来被一些学者视为代表"封建正统势力"的宋诗派、桐城派也不是铁板一块、一成不变。何绍基强调"真我自立"(《使黔草自序》),接着从曾国藩到吴汝纶,到严复、林纾,都在小心翼翼地"因时适变",间接或直接地反映着时代的脉搏。时代在变,文学及文学观念也在变。这时期的变,虽然未能冲决旧的罗网,未能呈现鲜明的新色彩,但却已经在走向新的未来。

第二个时期,从维新变法到五四新文化运动,是突变完成期。甲午惨败,洋务派多年的苦心经营彻底破产,封建王朝的腐朽无能暴露无遗,新崛起的维新派终于从科学、技术、实业救国的圈子中跳出来,开始从政体、思想、文化等角度,全方位地参照西方文明,寻求救国图强的出路。他们首先引进的进化论、民权论,犹如两门重炮,猛烈地攻破了传统的思想文化体系,也轰毁了华夏中心的思维定势,迅即形成了一股中西文化大撞击、大融合的历史潮流。在这股近代化的历史潮流中,梁启超、严复等,先是严厉地否定封建文化,进而热情地倡导文学变革。特别是戊戌变法的失败,维新派深感群众不觉悟,"变法"、"新政"就难以实现。反之,"苟有新民,何患无新制度,无新政府,无新国家"(梁启超《论新民为今日中国第一急务》)。而要"新民",最强有力的武器无疑是文学和教育,于是梁启超等在文学领域内大张旗鼓地发动了一场全面的革新运动,大力引进欧美、日本文学的新质来改造中国传统的文学。一时间,"诗界革命"、"文界革命"、"小说界革命"、"戏曲改良"等口号响彻云霄。理论的倡导和创作的实践相结合,新的文学观念,新的文学形态,新的表现形式纷至沓来,中国文学近代化的潮流汹涌澎湃,势不可挡。在此突变过程中,资产阶级对于文学的功用、文学的性质、创作的原则、创作的方法、文体的结构、文学的语言等一系列重大问题的认识都有了质的飞跃,而且努力寻找着中国文学在世界文学中的位置。这场革新运动所取得的理论成果,实际上是中国文学近代化进程的主要标志,并规定了它向现代化过渡的根本方向。

二十世纪初的这场声势浩大的文学革新运动的发动者和主力军无疑是资产阶级维新派。资产阶级革命派也参与或接受了它的影响。1905年,中国同盟会成立,在政治上标志着资产阶级革命派将代替维新派而成为近代中国社会前进的领导力量。以"驱除鞑虏,恢复中华,创立民国,平均地权"为宗旨的资产阶级革命派的文学主张,一般确与维新派有着不同之点。最突出的是他们强调文学为民族、民主革命服务。此外如不少人在文学与社会关系问题上有着比维新派较为冷静、客观的认识。但是，处在革命高潮中的资产阶级革命派，始终没有制定一个明确的文学政策，没有一个像梁启超那样有魄力、有主见的主将来成功地发动所谓"晚清第二次文学运动"。在总体上，他们还是沿着先前的文学革新道路，作进一步的补充和发展。再则，如章太炎等一些具有鲜明革命派特色的文论作品如《革命军序》等恰恰发表在1905年前，而如政治上属于改良派的王国维的一些重要作品如《人间词话》、《宋元戏曲史》等倒写在1905年、甚至辛亥革命之后，因此，流行的一种分期法将1905年或稍后至南社成立的1909年作为界线，把这时期的文学进程又一分为二，是不切合文学批评史发展实际的。中国文学理论批评近代化的进程是资产阶级维新派和革命派一起共同完成的。他们在某些观点上有差异，但在时间上是难分先后的。至于有的文学史又将1911年后的近代文学另划为"低潮"、"停滞"期，也是和文学理论批评发展的实际情况不相符合的。特别是在小说戏剧领域内，这时期随着小说创作的再度繁荣和戏剧改良的蓬勃开展，吕思勉、管达如、齐如山、冯叔鸾、郑正秋等写了一系列的小说戏剧评论，总结过去，指导当前，把文学理论批评近代化的进程继续推向前进。总之，从维新变法到五四运动，这短短二十年间的文学观念近代化是一个完整的过程。政治风云的变幻似乎还来不及将它清晰地划分成若干阶段，急剧的变革已匆匆将它带进了现代的大门。新的变革将在新的历史时期，由新的阶级领导，向着新的方向发展。

中国文学理论批评的近代化，可从内容与形式两方面着眼。就形式而言，外国论著的译介，专题论文的出现，思维方式的改变，理论色彩的浓重，都与古代文论有异。至于从文学思想、观念而言，其主要变化有以下十点。

第一，变"实利所归，一人而已"的封建文学为"万姓所公"的国民文学。

文学史家公认：近代中国资产阶级文论的一个重要特点是强调文学的功利性，乃至夸大其辞，走向极端。诚如梁启超所说"彼美、英、德、法、奥、意、日本各国政界之日进，则政治小说为功最高焉"（《译印政治小说序》），黄遵宪宣扬欧洲诗人"竟有左右世界之力"（黄遵宪致丘菽园信），蒋智由鼓吹"文字收功日，全球革命潮"（《卢骚》），都典型地表明了维新派过分夸大文学功利的特点。至于革命派如高旭要求文学"挽既倒之狂澜，起坠绪于灰烬"（《南社启》），周树人认为"欲导中国人群以进行，必自科学小说始"（《月界旅行辨言》），也都不脱这一倾向。不过，仅就强调文学功利而言，并不是近代资产阶级文论的特点。

中国古代早就将"立言"作为"三不朽"之一,从曹丕以文章为"经国之大业",到冯梦龙鼓吹文学有"醒天"、"醒世"的特效,都不可谓不重视文学的功利。因此,这里区别不同性质的关键不在于重不重功利,而在于将功利归于谁,换言之,也就是文学为谁服务的问题。中国古代封建社会中的文论在具体论述文学的功用时,从"兴、观、群、怨"到"文以载道",从"有补于世"到"劝善惩恶",尽管也有人注意到"为民"的一面,但占主导地位的还是"为君",故周作人在1908年就一针见血地指出了封建文学的实质:"吾国数千年来一统于儒,思想拘囚,文章委顿,趣势所兆,邻于衰亡,而实利所归,一人而已!"(《论文章之意义暨其使因及中国近时论文之失》)近代开始,血腥的现实、严酷的形势,逼着这一代的文学家身负着特别强烈的忧患感和使命感,奋起呼号文学要成为救时济世、御侮自卫、经世致用的工具。当姚莹强调文学与"经济"的关系,方东树呼喊"文不能经世,皆无用之言"(《复罗月川太守书》)时,实际上已经突破了文学仅为封建王朝服务的狭隘圈子,含有挽救民族危亡,改造中国社会的更广泛的意义。后来随着西方民权论的传播,"国民"意识的觉醒,维新派就起来要为"群治"服务,为"新民"服务。他们不但将文学视作改造落后社会的武器,而且也以之为改造国民灵魂的工具。梁启超创办《新小说》杂志的宗旨,即"务以振国民精神,开国民智识"。他倡言"今日之最重要者,则制造中国魂是也"。陈去病等办《二十世纪大舞台》,也是说为了"唤起国民思想"。在这样的情势下,人们意识到文学艺术为"国命民魂所击"(黄远生语),乃"国民精神之所寄也"(周作人语);文学创作的目的,就是为"国民",为"人生"。周作人总结近代文学观念的这种重大变革,以一言而蔽之曰:"夺之一人,公诸万姓!"当时他们所说的"国民"、"万姓",乃指资产阶级领导下的人民大众。因此,改变文学为封建王朝服务而为广大"国民"服务,乃是从根本上改变了文学的性质和方向。这无疑是近代文学观念变革的首要标志。

第二,破杂文学体系而建纯文学观念。

中国古代"文"与"学"本不分家,到魏晋南北朝时两者的界限明确起来,但总体而论,传统的"文学"概念仍属杂文学范畴,直到近代章炳麟,还"以有文字著于竹帛"者,谓之文。而相反,通俗小说和戏曲倒往往被摒于"文学"殿堂之外。中国传统文学理论批评的基本体系,正是在这杂文学的基础上构建起来的,致使一系列的概念、范畴、理论,以及相互间的批评、论争,并不能切入文学艺术的本质。近代文学家在义理、考据、文章的反复纠缠之中,逐步认识到了文章当有独立的价值。骈文派的抬头,乃至桐城派中梅曾亮声称"稍知者独文字"(《答吴子叙》),曾国藩提出"道与文,竟不能不离而为二"(《与刘霞仙书》)等,都不是偶然的现象。但是,桐城文士最终还是将《古文辞类纂》、《经史百家杂钞》当作古文范本,并没有能冲破杂文学的体系。促使杂文学观念从根本上开始瓦解,新的纯文学观念因此而建立的,是由于梁启超、王国维、蒋智由、金天翮、黄人、徐念慈、周树人、周作人、管达如、吕思勉、齐如山、黄远生、冯叔鸾等连续不断地从不同角度、不同方面引进和宣传了西方的纯文学思想和美学观念。在这过程中,王国维以康德、叔本华的纯粹艺术哲学为依据,较为系统地阐述了文学艺术的审美特征及其本质之所在。他的这种"超功利"的纯粹艺术理论,虽是千百年来文艺工具说的一种反动,但与大变大革、奋力抗争的时代精神也是相悖的。既倾向"纯文学"的理论,又想做"精神界之战士"的周树人,就想在这矛盾之中寻求文学的"不用之用"。而黄人、徐念慈等在肯定"文学则属于美之一部分",且在多方面地论述其"美"的属性的同时,又强调了美与真、善"三者皆互有关系",明确指出:"不能求诚明善,而但以文学为文学者,亦终不能达其最大之目的也。"凡此种种关于文学审美特性的探讨,都推动了纯文学观念的建立。而纯文学观念的建立,即是对于"文学"本身理解的一种飞跃。这对于近代文学理论的构建,无疑具有重要的意义。

第三,由"独抒性灵"说走向创作"自由"论。

明代随着资本主义生产关系萌芽的出现,以李贽为代表的王学泰州学派异端思想的流行,传统的"性灵说"得以张扬。袁宏道提出的"独抒性灵,不拘格套"的口号,激动着好几代桀骜不驯之士的心灵。步入近代的龚自珍就高喊"尊心"、"尊情",强调尊重自我,解放个性。他的朋友何绍基力主"不俗"、"真我自立"、"独往独来",同样具有追求个性独立、创作自由的意义。然而,他们所提倡的个性解放的理论基础,主要是从儒、佛两家体系中提炼出来的主观唯心论,基本上属于封建主义的范畴。稍后,经过西方资产阶级政治社会思想熏染过的冯桂芬、王韬、黄遵宪等提倡的"称心而言"、"自抒胸臆"、"我手写我口"等,虽有新的意蕴,但近代的色彩尚不鲜明。而自十九世纪六七十年代的开始传入、1898年起维新派大力宣扬西方民主、自由思想之后,与论界公认:"自由者,精神界之生命也。"(梁启超《十种德性相反相成义·其二自由与制裁》)在"思想自由,言论自由,出版自由"的呼声中,梁启超、蒋智由等大力提倡以资产阶级的"自由主义"来写作"自由文学",开创文艺界"近世纪之新天地"(蒋智由

《维朗氏诗论》按语)。接着,周树人也起来呼吁文艺张扬"个性","纵言自由","刚健不挠,抱诚守真,不取媚于群,以随顺旧俗"。资产阶级文艺"创作自由"的精神就在文艺界逐步深入人心,彻底改造了传统的性灵说,冲决了封建文艺专制主义在创作过程中的精神桎梏。

以上三点是关系到接受对象、文学本体、创作主体三大方面带有根本性的变化,具有纲领性的意义。它们犹如三大支柱,影响到近代文学理论批评的整体构架。除此以外,则还有其他一些重要变化,其表现如下。

第四,白话运动的开展。

在中国文学史上,白话与文言本是同时长期存在的。后来随着白话小说的兴盛,"话须通俗方能远"(《冯玉梅团圆》),"天下之文心少而里耳多,则小说之资于选言者少,而资于通俗者多"(冯梦龙《古今小说序》)的言论也相当流行。但是,这毕竟主要局限在白话小说范围内。正统的文人学士对于用通俗白话来进行文学创作,往往是加以鄙视的。至近代由于文学服务、接受的主要对象发生了变化,文学的功用又主要着眼在维新政治,唤醒国民,故必然注重文学的普及性、通俗性。自黄遵宪借鉴外国文体变革的经验而提倡"言文合一",使"天下农工商贾、妇女幼稚皆能通文字之用"(《日本国志·学术志》)之后,谭嗣同、梁启超、陈子褒、裘廷梁、夏曾佑、王照等人纷纷号召变革文学语言,认为"文学之进化,有一大关键,即由古语之文学变为俗语之文学也","此体非徒小说家采用而已,凡百文章,莫不有然"(梁启超《小说丛话》)。乃至最后响亮地喊出了"崇白话而废文言"的口号,形成了一场波澜壮阔的白话运动,涌现了大量白话读物。语言是思维的直接现实。文学语言的变革,事实上成为近代艺术思维变革的一个突破口,为现代白话文学的建立扫清了道路。

第五,文体结构的改观。

我国古代一直视诗、文为文学正宗,词已属"诗之余",至于小说、戏曲,向来是不登大雅之堂的。这诚如黄人在《小说林发刊词》中所指出的那样:"昔之于小说也,博弈视之,俳优视之,甚且酖毒视之,妖孽视之;言不齿于缙绅,名不列于四部。……私衷酷好,而阅必背人;笔下误征,则群加嗤鄙。"但它在民间却具有广阔的市场。近代资产阶级看到了小说、戏曲在民众中具有极大的教育鼓动作用,并随着为"国民"服务的方针和纯文学观念的确立,就十分自然地特别重视提高小说、戏曲的地位。在梁启超、康有为、严复、夏曾佑等人的大力鼓吹下,一时间社会几乎公认"小说(按:此"小说"概念包含戏剧)是文学之最上乘",而诗文的地位转而为下。樊增祥有诗曰:"秋实春华迥不同,夷言扫尽汉唐风。龙头总属欧洲去,且置诗人五等中。"(《赋诗》,见《樊山诗钞》卷三)这就从另一角度反映了在西方文学思想的影响下,小说在纯文学体系结构中的地位提高而诗歌则转下。当然,这种看法也有偏颇。黄人就指出:"昔之视小说也太轻,而今之视小说又太重。"他主张把小说放在适当的地位。但不管怎样,文学发展到近代,千百年来轻视小说、戏曲的成见已彻底改观了。

第六,典型化原则的输入。

典型化是文学创作的基本规律。我国古代文论家从创作实践中也感受到了这个问题。如刘勰在论"比兴"时说:"观夫兴之讬论,婉而成章,称名也小,取类也大。"这就接触到个别事物显示一般的意思。但总的说来,建筑在诗文基础上的理论批评,在这方面受到较大限制。后来随着小说戏曲的发展,如叶昼说"同而不同有辨",金人瑞说"任凭提起一个,都似旧时相识",闲齐老人说"日用酬酢之间,无往而非《儒林外史》等",都有精辟的论述,但这与西方的典型化理论尚有相当差异。近代在西方文学思想的传入过程中,典型化理论也随之而入。假如说夏曾佑在《小说原理》中言"实有之事常平淡,诳设之事常秾艳",王国维在《红楼梦评论》中倡扬"美术之特质,贵具体而不贵抽象",而"美术之所写者,非个人之性质,而人类全体之性质"等等,尚嫌简略的话,那么蒋智由的《维朗氏诗学》按语、周树人的《拟播美术意见书》、黄远生的《新剧杂论》等,就较为明确和细致地阐述了文艺创作典型化的规律。特别是后来吕思勉发表的小说专论《小说丛话》,相当透彻地论述了"美的制作"经过模仿、选择、想化、创造四个阶段,经过艺术典型化后"造出第二之社会",是理想化、创造性的美,其人物形象具有更普遍的"代表意义"。他用了大量篇幅具体分析了《红楼梦》中金陵十二钗的"代表意义",为如何分析小说中人物形象的典型性作出了示范。这些都有力地说明了文学典型化的原则,已被我国文学界所承认和接受。

第七,创作方法的新识。

近代是一个旧社会濒于死亡,新社会行将诞生的社会。时代要求文学家更严厉地暴露现实和更热情地憧憬未来。从龚自珍开始,一批进步的文学家突破了"避席畏闻文字狱,著书都为稻粱谋"的畏惧和束缚,主"真"的批判意识和主"情"的狂狷精神都得以大发扬,现实主义和浪漫主义的创作精神各自受到不同作家的重视。在理论上,一方面继续运用传统的虚实、真幻、正奇等范畴来概括和描述不同的创作特点,另一方面则由于西方创作方法理论的引进,并与我国的文艺实际相结合,产生了一些新的认识。梁启超第一次明确地将文学分成"理想派"与"现实派"两个基本流派,并论述了它们的基本特征(《论小说与群治之关系》),蒋智由则结合传统的阳刚阴柔说,将文章分成"冷的"和"热的"两类(《冷的文章热的文章》),而王国维又融进意境说,提出"有造境有写境"之别(《人间词话》)。他们又都程度不同地注意到了两派之间异中有同、互相融合和更迭变化等问题。后来,像管达如的《说小说》、吕思勉的《小说丛话》等对此都有进一步的阐发。这说明了我国文艺界对于现实主义和浪漫主义两种基本创作方法的思想予以认同,并能结合民族的特点,具有独特的认识。

第八,悲剧的确立。

中国近代社会全面的危机、深重的灾难制约着一代文学家们的感情世界和审美观念。哀怨与焦灼,忧伤与愤怒,迷惘和亢进,交织起来的主旋律即是悲与愤。从龚自珍号召泄天下之"拗怒",到陈廷焯提倡风格"沉郁";从孔广德强调抒发"孤愤"论(《普天忠愤集自序》),到刘鹗提出写书"哭泣"说(《老残游记序》);从章炳麟呼唤"雷霆之声",到周树人向往"摩罗诗力":都浸透着悲痛之情、忧愤之慨。它有力地冲垮了传统"大团圆"的固定模式和"中和"为美的审美理想,迎来了西方新的悲剧观。悲剧和悲剧言论,我国古代也有。近代开始,梁廷枏在论曲时就反对"团圆俗套",直接启发了王国维引进西方的悲剧理论来赞赏《桃花扇》、《红楼梦》以及《窦娥冤》、《赵氏孤儿》等。但是,王国维在《红楼梦评论》、《宋元戏曲史》等著作中阐发的叔本华的悲剧观,其理论虽较系统,其精神却是消沉的。与之不同,蒋智由在几乎同时倡导积极的悲剧观,鼓吹"悲剧者,能鼓动人之精神,高尚人之性质,而能使人学为伟大之人物者也"。他从当时中国社会实际出发,认为在悲剧与喜剧之中,当以"悲剧为主",坚决反对"舞洋洋,笙锵锵,荡其魂魄而助其淫思"。他们对于"悲剧"的赞美和呼唤,对于"悲剧"理论的引进和阐发,无疑具有深刻的时代特征,同时也反映了中国近代文学审美观念的重大变革。

以上第四、五、六、七、八五点,不论就文学作品内在形式而言,还是就作家创作的原则、方法和审美观念而言,主要是针对文学创作而发的。然而,当时登上历史舞台的资产阶级,不仅热衷于寻找新的理论来指导创作,而且也试图用新的观点来评论古今中外的文学现象,力求在纵横交叉点上寻找自己的位置,于是产生了新的中国文学史观和中外文学比较观。这两种新的文学观念当然具有明显的近代化特征。

第九,开创了新的中国文学史学。

1912年,王国维完成《宋元戏曲史》(后改名《宋元戏曲考》)时作序说:"世之为此学者自余始,其所贡于此学者亦以此书为多,非吾辈才力过于古人,实以古人未尝为此学故也。"这里所谓"此学",即为中国戏曲史学。此话颇为自负,却也基本上符合实际。事实上,不仅仅是戏曲史学,而是整个中国文学史学在近代发生了重大变革。应该说,中华民族是富有历史精神的。我国古代的文论家也常用历史的眼光来整理和批评以往的文学,编写了不少具有文学史性质的作品。如《文心雕龙》上半部、《诗薮》等著作,基本上就是以时代为序,对作家作品的特点加以评析,间或也阐述一些理论问题。至近代,如刘熙载的《艺概》,实际上就是一部中国文艺史。然而总的来说,它们的体系还不够严密,作者的史学观念还不十分明确。后来随着"史界革命"的呼声日高,西方资产阶级的史学观点、治史方法和编史体例的引进,又同新的文学观念相结合,就极大地冲击了传统的文学史学,一批新型的中国文学史著作相继出现。其代表作如通史有黄人的《中国文学史》,断代史有刘师培的《中国中古文学史》,专体史有王国维的《宋元戏曲史》等,标志着中国文学的历史批评确实进入了一个新阶段。这也就直接引发了现代编写中国文学史的热潮。

第十,开始了中外文学的比较研究。

在中国近代文学批评史上,当人们的目光一旦投向世界时,中外文学的比较就随之而生。1872年蠡勺居士翻译英国小说《昕夕闲谈》时,就在序言和评语中注意比较中外小说在内容和表现手法上的异同。后来,不论是维新派如梁启超、黄遵宪、蒋智由、王国维、吴沃尧,还是革命派如黄人、徐念慈、王钟麒、周树人等,都注意中外文学的比较研究。这诚如周树人在其比较研究的代表作《摩罗诗力说》中所指出的:"欲扬宗邦之真大,首在审己,亦必知人,比较既周,爰生自觉。"亦即比较是产生自觉精神、振兴中华的关键。王国维也预言:"异日发扬光大我国之学术者,必兼通世界学术之人,而不在一孔之陋儒。"(《奏定经学科大学文学科大学章程书后》)在这样的思想指导下,当时比较的范围相当广泛,有作家作品的比较,也有文学样式的比较,乃至内容题材、人物形象、情节结构以及表现手法等比较;比较的手法,有平行研究,也有影响研究,或者两者的结合;比较的角度,有的重在用西方的美学思想、文学观点来分析、印证中国的作家作品，也有的以中国文学为中心来观照西方的文学作品；其总的精神是紧紧围绕着改造中国文学以及中国政治这一主题。值得注意的是，在这样一股潮流中，一些论者能较为清醒地对待中与西之间的关系。他们既反对死抱"国粹"，复古排外，又反对"轻己重人"（黄人《小说小话》），盲目重洋，提出"不必心醉西风，谓欧人尽胜于亚"（林纾《块肉余生述前编序》），"世界眼光不可无，本国风俗不可背"（周剑云《戏剧改良论》），而当抱着"以彼新理，助我行文"（林纾《洪罕女郎传跋语》），"吸取新质，要为文学生活上营养之资"（黄人《中国文学史》）的态度，走"合中西二文熔为一片"（林纾《洪罕女郎传跋语》），"斟酌于古今，熔铸于中外"（姚华《曲海一勺》）的正确道路。当然，中外文学的比较，在近代还刚刚是起步。但这一步确是中国文学走向世界，走向近代化的重要一步。

总观以上"三纲"、"五要"、"两观"共十点中国文学观念近代化的基本内容及两个发展阶段，可以一言以概括其总的特点曰：变。这个变，是中与西交融的变，是旧向新转化的变。其形式，不再是封闭型，而是走向开放型；其性质，不再是同一阶级内部不同派别、不同意见的争斗，而是资产阶级文化取代封建地主阶级文化的一场革命；其思想基础，不再是儒、道、佛三家的天下，而是融进了西方的哲学、美学和社会政治学说；其方向，不再是传统文学内部的自我调节，自我完善，而是使中国文学走向世界，走向现代化。当然，这是就是其主流而言。在中国文学观念近代化的过程中，也难免有一些支流、逆流。有些文论家，对于这场变革不认识，不积极，甚至不屑一顾、坚决反对，但他们处在这样一个大动荡、大变革的时代，形势逼着他们也不得不变。他们的文论，也往往或正面、或反面、或曲折地反映着近代文学变革的总趋势，与主流派一起，交织成一幅色彩斑斓的近代文学变革图。

中国近代文学理论批评的"变"，有别于欧洲、日本而自具特色。回顾以往，中国文学历史悠久，灿烂辉煌。在其以诗文为正宗，以文言为主要表述手段的杂文学基础上构建起来的文论体系，自成一统而根深蒂固。近代文学观念从此母体中孕育，又要向着新生而自立。传统的惰性、思维的定势、感情的困扰，从外部到内部给每一个希求变革的文学家以巨大的心理压力，使之作出特别艰难的抉择。而近代八十年的历史又行色匆匆，特别是后二十年的突变犹如雷奔电驰，它逼着革新家们浮光掠影地跟着时代呼叫，不允许从容品味，来不及仔细推敲，时代的浪潮转瞬间就把弄潮儿往后抛去。而这八十年的变革历史，又是用血与火与泪所铺成的。抵御外侮，改革政治，救亡图存，就成为时代的最强音，文学和哲学、史学、宗教等一样，其变革的呼声无不紧紧地围绕着这一中心，显示其直接的功利性。这种抉择的艰难性、变革的急遽性、强烈的功利性交汇在一起，加上处在半殖民地半封建社会中，领导这场变革的地主阶级中的先进分子和民族资产阶级本身的软弱性、局限性，致使中国文学在近代化的过程中，难以建立起系统、深刻、成熟的理论体系，未能结出为数众多的具有经典意义的硕果。然而，它在一批批群体的努力下，毕竟天翻地覆地改变了绵亘数千年的中华民族的文学观念，强有力地促进了近代文学创作和翻译的繁荣，推动了社会历史的飞跃前进。它无愧于时代地宣告了旧的文论体系即将退位，新的文论体系正在建立，为五四新文学大踏步地迈向现代化架设起一座历史的桥梁。中国文学理论批评的近代化，在整个中国文学发展史上所建立的丰功伟绩，将永放光辉。

(《近代文学批评史》，上海古籍出版社 1993 年 2 月版)

《中国古代文学理论体系》前言

《中国古代文学理论体系》研究是"八五"期间国家社会科学规划的重点课题。这是我们继"七五"期间国家社会科学规划的重点课题《中国文学批评通史》之后,又一次为研究和总结中国古代传统的文学理论而所作的努力。不同的是,以前是致力于纵向的史的论述,而现在是着眼于横向的理论上的梳理。

我们这次研究中国古代文学理论的内在体系和民族精神,是从原理、范畴、方法三个不同的方面来加以论述的。第一卷《原人论》,以"人"为中国古代文学和文论的本源,从"心化"、"生命化"、"实用化"三个层面来阐发人的本源意义及其在古代文论体系中的展现,把文学批评史上众多的命题贯串起来,以求构建一套具有民族精神的文论体系。第二卷《范畴论》,将文学范畴的研究作为打开中国古代文学理论体系的一把钥匙,全面地考察了它们的构成范式、主要特征、基本类型、逻辑体系及其与创作风尚、文学体制的关系等诸多问题。第三卷《方法论》,对中国传统文学批评方法的总体特征以及批评视界、类型、体制等也作了深入细致的分析,并对中国传统文学批评方法的历史演进、与西方文论的相异之处等,也发表了自己的见解。这三卷,既各自独立,各有个性,又相互配合,相互呼应,共同探讨了中国古代文学理论的体系。

梳理和总结中国古代文学理论体系是一件十分复杂而艰巨的工作。我们在前人和时贤的已有成果的基础上,尽管作了努力,希望在理论的概括和资料的整理方面都能更上一个层次,开创一个新的局面,但事实上由于我们的水平有限,还有许多不尽人意之处。有些意见并不成熟,只是一种探索,提出来抛砖引玉,以期与同道们相互切磋,最后能真正把握住我国传统文学理论的体系所在,为发展现代的中国文学理论而服务。

王运熙 黄霖

1999 年 3 月于复旦大学中国语言文学研究所

(《原人论》,复旦大学出版社 2000 年 5 月版)

《原人论》绪论

一、古代文论体系的探究

随着中国文学批评史研究的深入,现代对于中国文学理论批评体系的探讨逐步地被提到议事日程上来。1946年傅庚生先生的《中国文学批评通论》作了有益的尝试,首次冲出了"纵观"的定势,站在"横观"的角度上,较为系统地梳理了中国古代文学理论批评中的"感情论"、"想象论"、"思想论"、"形式论",以及"个性时地与文学创作"、"文学之表里与真善美"、"中国文学之文质观"等问题,使人耳目一新。近年来出现的一些有关著作,吸取了最新的研究成果,材料更为充实,视野更为开阔,但其基本思路仍然是象傅先生那样,依据近现代引进的西方理论为坐标,将我国古代文论材料组织到固有的框架中去。这是研究"体系"的第一层次。第二层次是随着民族精神的张扬和比较文论的兴起,人们逐渐注意挖掘传统文论的民族个性,用"言志"、"缘情"、"兴象"、"意境"、"形神"等术语来构筑框架,描述体系。这比之前者无疑是一大进步。然而,令人感到不足的是,由于这种研究缺乏深层次的提炼、概括和抽象,往往还是停留在排比材料或是类编若干传统概念专论的基础上,甚至其演绎的内在逻辑仍然是沿着前者的思路。于是,人们进一步致力于钻研中国传统的文化思想和哲学精神,并参照和借鉴西方的文艺理论和思维方法,来探究中国古代文学批评的核心精神,力图抓住了某一"牛鼻子"后,能纲举目张,满意地构建起一个符合中国民族品格的古文论体系。这就进入了探究古文论体系的第三个层次,发表了各种各样的有益见解。然而,平心而论,综观这些见解,尚有这样那样的难惬人意之处。

当然,在目前的条件下要整理和阐释好中国文学批评的体系是相当困难的。这是由于一方面中国古代的历史过于悠久,典籍过于浩繁,问题过于复杂。就社会发展而言,尽管主要在封建宗法社会中演进,但历时几千年,经历过上升、发展、停滞等不同历史阶段,更替过汉、唐、宋、明等诸多朝代;就传统文化精神而言,除儒、道两大家之外,还有墨、法等诸家,后来又有佛家,都对民族精神的构建起过重要的作用;就文学作品而言,虽以诗、文为正统,但还是有词、曲、小说等诸多文体。因此,要在这基础上,照顾到各个方面,拈出一核心精神,描绘其完整体系,确实是并非易事。另一方面,中国传统文化精神对于"体系"的关注向来是漫不经心的。在文学理论批评史上,除了"体大思精"、"笼圈条贯"的《文心雕龙》之外,很少用整体系统的眼光来总结中国古代文学现象和文论精神的。《诗品》、《二十四诗品》、《沧浪诗话》、《原诗》、《艺概》等虽然对诗文的创作机制、表现特点、艺术风格、历史发展等不同方面各自作了相当细密的剖析,在某种意义上也可以说是自成一统,但从总体上看,还是缺乏那种对于以往全部文学创作和理论加以全面总结的魄力和系统的思维、条贯的表述。《文史通义》对于包括文学在内的一些带有根本性的理论问题加以考察,也有总体结构的设想和布局,但在体制的系统严密程度上仍有不少缺陷,未脱篇章汇编的格局。总的说来,中国古代文论的表现形态多感想式、经验型的,缺少理论性、条贯式的著作。近现代的梁启超、王国维、胡适、鲁迅等为代表的学者,由于受到社会历史条件、理论方法和各自研究兴趣等局限,也未能构建出一座总结中国古代文论体系的完整严密的大厦。后来,郭绍虞、朱东润、罗根泽诸家正式开创了现代意义上的中国古代文学理论批评的研究,但其主要精力还是倾注在史的爬梳上。总之,中国古代文论体系研究的基础是十分薄弱的,几乎没有像样的积累。以如此微薄的基础,去面对那么复杂的客观的研究对象,这无疑是困难重重的。

在探索中国古代文学理论体系的道路上困难重重,不等于中国古代文论本身就不具有体系的意义,不等于探究这一体系犹如水中捞月、镜里取花。神龙见首不见尾,东露一鳞,西露一爪,并不等于其尾、其爪的不存在。我们研究者的任务,就是要努力拨开云雾,发见全龙,去透过中国古代文论感悟式、经验型的表现形式,发现其内在的本质的联系,认识其完整的一体。一般说来,目前要越过种种困难,为探索和把握中国古代文论的完整的体系而首先抓住其纲,抓住其核心,抓住其灵魂,就得先解决这样一些问题:

一、要从世界性中抓住特殊点。文学是人类共有的一种精神产品,全世界各国家、各地区、各民族的文学及文学理论之间无疑具有一种共同的特点。假如以体系而言,首先有一个世界文学理论的大体系。正因此,各民族的文学理论都有反映和符合世界文学理论大体系的一般特点。但是各民族文学理论毕竟有各自不同的具体特点。我们要探究中国古代的文学理论批评体系，就得首先抓住产生在中国古代社会文化背景上的这一体系的特殊性。这种特殊性，即是表现在本民族文学理论中呈现鲜明的、主流的色彩，而这恰恰又是与西方及其他文化系统的文论体系区别之所在。这种区别主要表现在鲜明性和主流性上，而不是在有与无上。在那么广袤的范围和漫长的历史内，任意找出一些相异或相反观点和材料，本来就是十分容易的事，更何况事实上在任何一部民族的文学理论批评史上，往往会出现一些反潮流的人物和论调。因此，只有抓住其鲜明而呈主流的不同于西方的特点，才有可能触及中国古代文论体系的本质特点。这也就是首先要在世界文论体系的一般性中，找出中国文论体系的特殊性。

二、要从历时性中找出统一点。假如说上面所说的是从空间着眼，注意从一般性中找出特殊性的话，那么这里所说的就是从时间着眼，从具体的阶段性中找出共同的一般性。中国从周、秦到清末，尽管其社会形态大致相同，但在不同的历史阶段中还是有进退、升降等曲折变化。这也决定了不同时代的人们具有不同的精神状态。与此相应的中国古代文学理论批评也有其漫长的发展历史，中间可分成若干不同的阶段，每一阶段都有相对的差异性。探究和分析其历时不同阶段的不同特点和发展变化规律，即是纵向"史"的研究任务，而作为横向的"体系"的研究，则将致力于挖掘其贯穿始终、前后统一的内在特质。显然，这种纵向研究和横向研究应当是相互补充、相互促进的。没有扎实的史的研究作为基础，是很难提炼出整个理论的体系；反之，没有在理论上把握其内在的体系，是很难梳理清整个历史发展的线索。而今要考察中国古代文论的完整体系和把握其核心精神，就必须在历史发展的全过程中找出其内在的贯穿前后的统一点。

三、要从多元性中找出融合点。中国古代文学理论批评的发展不但有阶段性，而且呈多元性。在传统思想文化背景的笼罩下，儒、道、佛，乃至墨、法、阴阳五行等诸家，各自都对中国文学理论批评体系的构建和历史的发展起过作用。在这里，即使绝大多数的情况下儒家的精神处于主导的地位，但也不能说中国古代的传统精神就是儒家精神。我们决不能低估、轻视乃至否定道、佛诸家的影响和作用。换言之，我们必须首先承认中国传统文学理论批评的多元性。与此同时，我们也还应当看到，这些多元的文学精神尽管有相互抵触、排斥和否定的一面,但同时也有相互联系、补充和融合的一面。而且,就整个民族文论传统而言,那些最基本、最深刻的特征恰恰多是这种多元精神相互撞击和融合的产物。事实上,也只有这种各家学说都能接受和消化的精神的存在,才能使中华民族的文论精神自具特色,且也使儒、道、佛等诸家的文论各显异彩。我们在探究中国古代传统文论的核心和灵魂时,理所当然地要从外现为多元状态的现象中寻找其融合点。只有找到了融合点,才有可能靠近核心精神;核心精神必定在这些融合点之中。

以上所论,即是先要在世界范围内抓住其中国的特殊性,又要在中国的特殊的古代文论中,从纵、横两个方向上探究其一般性。在这基础上,今折中时贤所论和独自所悟,拟拈出"原人"两字来概括中国古代文学理论批评体系的基本品格和核心精神,自以为能直取心肝,且独得神韵。

"原人"一词,先见于《孟子·尽心下》:"一乡皆称原人焉,无所往而不为原人。"这里的"原"字,同"乡愿"的"愿",作形容词用。"原人"即是貌似诚实谨慎的人。这不是本书所取的意思。后至唐代韩愈曾作《原道》、《原人》等著名的"五原"论。接着,佛家宗密也写了思想史上颇有影响的《原人论》。这里的"原"字作动词用,是推究其本原的意思。"原人",主要是考究人的本原。这也不是本书所讲"原人"的意思。本书所标举的"原人"的"原"字,乃同《文心雕龙·原道》,以及更早的《淮南子·原道训》所用"原"字的意思。《淮南子》高诱注"原道"曰:"原,本也。本道根真,包裹天地,以历万物,故曰原道。"刘勰在《文心雕龙·序志》中更为明确地解释"原道"为"本乎道"。这里的"原"字,就是以某为本原的意思。"原人文学论",就是说一部中国古代文学批评史,千言万语,归根到底就是立足在"原人"的基点上。中国古代文学理论批评体系的核心就是以人为本原。

二、"原道"归于"原人"

人们或许会想,在中国古代文学批评史上只有"原道"之名,而无"原人"之说,今标举"原人"两字,未免有点杜撰之嫌。且在中国古代思想文化史上,一般认为唯有"道"字可称中国哲学的最高范畴,最具统摄意义,因此,论文学批评体系似也应当以"原道"为纲。

固然,在中国文学批评史上,"原道"思想早在荀子、扬雄的著作中已经略见端倪,后经《文心雕龙》开宗明义第一篇加以阐发和强调之后,历代文论家大都将此奉为圭臬,统治了文坛几千年。然而,"道"究竟是什么?历来众说纷纭,"各道其所道",于是文学的本原问题实际上等于并没有加以集中和解决。于今拨开迷离恍惚的云雾,梳理纠缠纷繁的头绪,我认为各家之道尽管有这样那样的差异,但都离不开"人",真可谓条条"道"路最终都通向了"人"。中国文论中的"原道",归根到底就是"原人"。

我们还是从《文心雕龙》的《原道》篇说起吧。刘勰《原道》中的"道"字本身就是多义的。其开头曰:

> 文之为德也矣,与天地并生者,何哉?夫玄黄色杂,方圆体分,日月垒璧,以垂丽天之象;山川焕绮,以铺理地之形:此盖道之文也。仰观吐曜,俯察含章,高卑定位,故两仪既生矣;惟人参之,性灵所钟,是谓三才。为五行之秀,实天地心。心生而言立,言立而文明,自之道也。旁及万品,动植皆文,龙凤以藻绘呈瑞,虎豹以炳蔚凝姿;云霞雕色,有逾画工之妙;草木贲华,无待锦匠之奇。夫岂外饰,盖自然耳。至如林籁结响,簧调如竽瑟;泉石激韵,和若球簧。故形立则章成矣,声发则文生矣。夫以无识之物,郁然有彩,有心之器,其无文欤!

王运熙先生在解释这一段中所论的"道"时,曾正确地指出:

> 这段中关于文的根源是道或自然的看法是接受了《老子》的影响。《老子》说过:道为"万物之母"(第一章),道"似万物之宗"(第四章),"道法自然"(第二十五章)。《韩非子·解老》也说:"道者万物之所然也,万理之所稽也,理者成物之文,道者万物之所以成也。"魏晋南朝玄学流行,人们喜欢援引老庄之说谈论本体的道,刘勰说道是一切文采(包括人类的文章)的根源,表明其言论打上了明显的时代思潮的烙印,而与过去荀子、扬雄等人论文道关系呈现出不同的特色。(王运熙、杨明《魏晋南北文学批评史》,上海古籍出版社1987年版)

然而,《原道》篇接着论道却吸取了儒家《易传·系辞》的观点。实际上,在整部《文心雕龙》中,经常可以看到作者以儒家经典为立论根本。其卷首论"文之枢纽"数篇即说明了儒家的经典乃"恒久之至道,不刊之鸿教也"。同样具有纲领意义的《序志》篇所载梦随孔子,并颂这位圣人为"自生人以来未有",也非同寻常。自《明诗》至《书记》篇辨析各种文体的源流时,也都溯本追源到儒家的经典上。全书对于伏羲、文王、周公等其他"圣人"的推崇,大量征引儒家经典的语句,以及常用"仁孝"为标准来评价作品等等,都可见其深受儒家思想的影响。因此历来多数的学者把刘勰的原道论归入儒家思想体系。元代钱惟善《文心雕龙序》说:"自孔子没,由汉以降,老佛之说兴,学者日趋于异端,圣人之道不行,而天地之大,日月之明,固自若也。当二家滥觞横流之际,孰能排而斥之?苟知以道为原,以经为宗,以圣为征,而立言著书,其亦庶几可取乎?呜呼,此《文心雕龙》所由述也。夫佛之盛,莫盛于晋宋齐梁之间,而通事舍人刘勰生于梁,独不入于彼,而归于此,其志宁不可尚乎?"这也就难怪现在有的先生认为:"刘勰所称道的'道',就是儒家的道,孔子的道。"(子贤《辨文心雕龙的"道"》,《文史哲》1962年第6期)

然而,也有学者认为"佛教思想是刘勰的主导思想,因此贯穿在《文心雕龙》中一些主要观点也必然会受这主导思想所支配"(张启成《谈刘勰〈文心雕龙〉的唯心主义本质》,《光明日报》1960年11月20日)。刘勰的"道"当然也不例外。至1980年,马宏山在《中国社会科学》第4期发表了《论文心雕龙的纲》等一系列文章,提出了"以佛统儒"说,认为被刘勰用来称呼"道"的神理、自然,其实都是指佛性。所谓"道沿圣以垂文,圣因文以明道",就是说"道(佛道)沿圣(孔子)以垂文(儒家之经),圣(孔子)因文(儒家之经)而明道(佛道)"。此说尽管遭到了不少驳难,但最后也不得不使一些学者承认刘勰"并不像两汉时代某些儒者那样定儒家为一尊,而兼取儒释道三家之长"(王元化《神思篇虚静说柬释》)。有的进而认为刘勰的"道"就是一种佛释道"三教通融"之道(张长青、张会恩《〈文心雕龙·原道〉辨析》,《湖南师院学报》1980年第3期),甚至还认为包含了诸子之道,如周振甫在《谈刘勰论"文之枢纽"》中说:"刘勰讲的道,不光有儒家之道,也有道家之道。《诸子》篇认为诸子都符合道,'诸子者,入道见志之书',诸子'身与时舛,志共道申'。因此,'道'的内容极广泛,无所不包。儒、道、墨、名、阴阳等诸子百家都入道,不光儒家的仁义才是道。"

以上各说实际上都是以传统的诸子百家(儒、道、佛中的一些著作被称作"经",但广义说来也属于"子")的角度来分类评析的。另外流行的是,常用现代哲学的眼光来加以衡量评价,往往以唯物、唯心,或者再加上客观唯心主义、主观唯心主义等名目来加以辨析。这两种视角和分析的途径都有一定的道理,但有时也常常令人感到困惑。今就刘勰的"道"及其主导思想来看,就很难用一种绝对的标准来划线、排队,最后常常不得不用几家"通融"或"二元论"来加以折中。而且,这些分法有时使人感到太抽象,或者太笼统,往往使人觉得不着边际,或者难以把握。于今我想用与以上两种相反的思维途径来将刘勰以及历代文论家的"道"加以探索和把握,即不是先用抽象化而是先用具体化的方法将"道"分解成比较直观而可把握的存在,然后将这些具体的"道"加以归纳。这样,我们看到的"道"将是原始、裸露而没有被某种哲学外衣包裹了的道。这种"道"实际上可以基本分属于"礼"、"心"、"天"三大类。

"道"即"礼",也就是说这类"道"的实际内容就是宗法等级社会中统治阶级的政治思想和道德规范。这是我国古代最流行的看法。孔子提出要"复礼",要"非礼勿视,非礼勿听,非礼勿言,非礼勿动",就是要求人们的思想行动符合社会的政治道德规范。而这是以"仁"为核心的,所谓"克己复礼为仁。一日克己复礼,天下归仁焉"(《论语·颜渊》)。"仁"的本质也就是以"克己"为基础来协调等级社会中的人与人之间的关系。后世所强调的"君臣、父子、夫妇"之间的"三纲",以及"仁、义、礼、智、信""五常",也就是"仁"的补充和扩展,都是为了达到"复"宗法等级社会之"礼"的目的的。这也就是孔孟之"道"的核心内容。韩愈《原道》篇所论"文、武、周公传之孔子,孔子传之孟轲"的"道",也是这种以"博爱之谓仁,行而宜之之谓义"为核心的道。柳宗元同时在《答韦中立论师道书》中所说的"道",尽管与韩氏并不全同,但论"取道之原"时,也认为当本之以儒家经典《书》、《诗》、《礼》、《春秋》,他崇奉的也是儒家"圣人之道"。宋后的道学家到桐城派古文家们所标举的"义理"等等,尽管各人提法有所不同,侧重也有两样,但归根到底,他们心目中的"道",都是以六经为最高典籍,以"仁义"为基本核心,以维护封建社会的正常秩序为最终目标的。我国两汉、特别是唐宋以后的文学批评家,在论文道关系时所谈的道,大都是指这类道。所谓"载道说"、"贯道说"、"明理说",以及"义理、考据、文章"等等都可以说是建筑在这种以"礼"为实际内容的"道"的基础之上的。

"道"即"心",也就是说这类"道"的实际内容就是指人类个体的主观精神。孟子讲"尽其心","反身而诚",都是强调人的主观性。《荀子·正名》也说过"心合于道","心也者,道之主宰也"。后来的佛家更是强调人的主观意识创造了一切,决定了一切。如天台宗智𫖮的《摩诃止观》说:"若无心而已,介尔有心,即具三千。""一切诸法,皆由心生。""三谛具足,只在一心。"华严宗法藏的

《华严经略策》说:"离心之外,更无一法。纵见内外,但是自心所现,无别内外。"禅学的北宗神秀《观心论》说:"心者,万法之根本也。一切诸法,唯心所生。"南宗大照《大乘开心显性顿悟真宗论》也认为"心是道,心是理,则是心外无理,理外无心"。慧能的经典《坛经》即说:"一切万法,尽在自身心中。"唐代继韩愈之后也撰有《原人论》的宗密和尚,在批判儒、道各家原人论时,也提出了人的佛性即在于"昭昭不昧,了了常知"的"本觉真心"。后至宋代的陆九渊、明代的王阳明继承发展了前人这种强调人的意志的思想,创立了陆王"心学",更明确地宣扬"道生于心","道"即是"心",所谓"道未有外乎其心者"(《陆九渊集》卷十九《敬斋记》),"宇宙便是吾心,吾心便是宇宙"(《陆九渊集》卷二十二《杂著》)。王阳明在《陆象山先生文集序》中将此概括为:"圣人之学,心学也。"在他们看来,"道"虽是"天地之本",但不是物质实体,而是人的主体精神。所谓"心即道","知心则知道"(《传习录上》),"心之本体,无所不该"(《传习录下》),"心外无物,心外无事,心外无理,心外无义,心外无善"(《王文成公全书》卷四《与王纯甫书二》)。这种以"心"为道,以"心"为本的思想在我国古代文学批评史界影响很大,许多概念和理论都是由原"心"而来。刘勰在论文学起源时,也将"心"作为根本的主导因素。所谓"心生而言立,言立而文明",就是认为"文"产生于"心"。"通过'心'这一环节,他使道—圣—文三者贯通起来,构成原道、征圣、宗经的理论体系"(王元化《刘勰的文学起源论和文学创作论》,《文心雕龙讲疏》,上海古籍出版社1992年版)。

"道"即"天",也就是说"道"可以指自然及自然规律。"天"这个概念的内涵在我国古代本来也是极为复杂的。它原是指人们头上的天空,可后来也被认为是主宰世界的神灵。《尚书纬·帝命验》曰:"天有五号:尊而君之,则曰皇天;元气广大,则称昊天;仁覆闵下,则曰旻天;自上监下,则称上天;据远视之苍苍然,则称苍天。"这里的五种天,实际上可分成两类:一类是皇天、旻天、上天,都是有意志、有人格的神灵;另一类是昊天、苍天,都是没有意识的地面上的天空。前一类实可归之于神,后一类只是自然界的一隅,就构建文论体系而言,与这两类关系都不是最大。因而,这里有必要将"天"首先限定为另一类意思,即将"天"理解成自然和自然规律。《老子》说:"道法自然。"《庄子·天地》等篇也说,"道兼于天"、"道通于天","通于天地者,德也;行于万物者,道也"。不管目前学术界对于老庄的思想有如何不同的看法,但恐怕都不得不承认他们的道是有尊重自然的意思。而在我国古代思想家中,确有不少人基本上是将天看作是自然和自然规律的。荀子在《天论》中说："天行有常，不为尧存，不为桀亡。"又说："天有常道矣，地有常数矣，君子有常体矣。"这个天就是指客观的自然界，且有一定的规律。后来王充在《论衡·谈天》中进一步强调"天道自然"，反对把天看作是无形的"气"，而是一个有形的实体，所谓"天有形体，所据不虚"。又反对天有意志说："夫天道自然也，无为。如谴告人，是有为，非自然也。黄老之家，论说天道，得其实矣。"后世如陈亮从他的"盈宇宙者无非物"这一命题出发（陈亮《经书发题》），也认为"舍天地则无以道"（《又乙巳春书之一》），"夫道非处于形气之表，而常行于事物之间者也"（《勉强行道大有功》）。叶适继陈亮之意也说："物之所在，道则在焉"，"道虽广大，理备事足，而终归之于物，不使流散。"（《习学记言》卷四十七）这也就是说，道即在天地间，在自然界，在包括"彝伦日用"（朱子瑜《题颜子像》）的万事万物之中。一般说来，中国古代的多数思想家在认为"天道"是天地万物的本体，而且万事万物是一个有机统一的整体时，同时也认为是天地万物的始原。文学艺术之美也即本源于此。例如道家的经典《庄子》说："天地有大美而不言，四时有明法而不议，万物有成理而不说。以圣人者，原天地之美，而达万物之理。是故至人无为，大圣不作，观于天地之谓也。"（《知北游》）儒家的经典《易传》说："天地尊卑，乾坤定矣。卑高以陈，贵贱位矣。动静有常，刚柔断矣。方以类聚，物以群分，吉凶生矣。在天成象，在地成形，变化见矣。"（《系辞上》）"古者包牺氏之王天下也，仰则观象于天，俯则观法于地，观鸟兽之文与地之宜；近取之身，远取之物，于是始作八卦，以通神明之德，以类万物之情。"（《系辞下》）"天垂象，见吉凶，圣人象之；河出图，洛出书，圣人则之。"（《系辞上》）这些话虽然不是现代意义上直接的论文学艺术之美，而且两家对"天"的理解也大不相同，但两家都将"天"当作包括文学艺术在内的万事万物的本原这一精神却是基本一致的。这种将道归之于"天"，归之于自然界相互有机联系的万事万物的精神，也就成了后代文论家论美的主要理论依据，从而影响了建筑在"原道论"基础上的文学本体论、创作论、风格论等一系列基本问题的构建，影响了整个文论体系的构建。

当然，在中国古代对于"道"的理解和诠释还有多种多样的名目，例如"无"、"玄"、"虚"、"气"等等，即使用同一名目也有各不相同，甚至截然相反的解释：或认为是存于天地之先，或认为是即在天地之中；或认为是一种精神实体，或认为是一种物质自然。要之，都不出于人心和天地两者，故大致可归入"心"和"天"两类。而且，有的概念与探索文论体系的关系并不太大，故暂且略而不论。

今将文学的本原,也即"原道"之"道"析而为三:"礼"、"心"、"天";然后再从这三种不是抽象的、而是可以把握的"道"入手,考察其与人及文学的关系,就不难发现这三者原来都是以"人"为纲的。所谓"礼",其实质就是关于人与人的关系。所谓"心",就是人的思想、意志、品性、感情等等。这两者无疑是"人"之道。至于"天",在人与自然的关系中,一般是作为人的对立物而存在的,它绝对不是人。但是正由于中国古代哲学的特殊思维,竟将"天"与"人"合二而一了。文学思想家在考虑"文"与"天"的关系时,往往也是将"天"人化或者是心化了。中国古代文论体系的特点在很大程度上就由此而形成。因此,作为构建具有中国特色的古代文论体系的基点的"原道论",其实质就是"原人论"。下面我们就分析"天人合一"的思想入手,进一步探讨中国古代文论体系的民族特点的形成。

三、"诗为天人之合"

一个民族的文艺思想和美学观念,一般都受到其哲学思想的制约或影响。中国哲学史研究者们大致已经形成了这样一个共识:在关于人和自然关系在认识中,中西哲学史上虽然各自都兼有"天人合一"式与"主客两分"式的思想,但在西方哲学史上占主导地位的是"主客两分"式,而在中国哲学史上则是"天人合一"式。张岱年在《中国哲学大纲》中指出:

> 中国哲学有一根本观念,即"天人合一"。认为天人本来合一,而人生最高理想,是自觉的达到天人合一之境界。……天人既无二,于是也不必分别我与非我。我与非我原是一体,不必且不应将我与非我分开。于是内外之对立消弭,而人与自然,融为一片。西洋人研究宇宙,是将宇宙视为外在的而研究之;中国人则不认为宇宙为外在的,而认为宇宙本根与心性相通,研究宇宙亦即研究自己。中国哲人的宇宙论实乃以不分内外物我天人为其根本见地。天人相通的观念,是中国哲学尤其宋明道学中的一个极根本的观念。不了解此观念,则许多思想都不能了解,而只觉其可怪而已。

当然,在中国哲学史上,正式用"天人合一"这四个字来概括一个命题是很晚的。汉代董仲舒曾说过："以类合之，天人一也。"(《春秋繁露·阴阳义》)又说："天人之际，合而为一。"(同上书《深察名号》)这虽然已经提得相当明确，但毕竟还没有直接拈出。直到宋代，张载在《正蒙·乾称》中才正式标出："儒者则因明致诚，因诚致明，故天人合一，致学而可以成圣，得天而未始遗人。"不过，"天人合一"的思想是很早见之于先秦载籍的，到孟子时已经颇具规模地提出了他的以"道德"为本体的"天人合一"说。他认为，仁义礼智等道德原则是"天之所与"(《孟子·告子》)，人性就是天性，人心与天性在本质上是相通的，因而"尽其心者，知其性也。知其性，则知天矣"(《孟子·尽心上》)。这也就是说，只要人们尽力去扩充先天的"善心"，即可达到认识自己的仁义礼智的本性，同时也即认识了天性，达到了天性与人性合一的境界。自孟子之后，儒家的"天人合一"说又发展成不同的流派，其主要的有董仲舒的"人副天数"的天人相类说，以及由张载、程、朱和陆、王等所分别代表的不同的天人相通说。

董仲舒的天人合一说的理论基点是认为人与天原属于同类。这从人的生成本原来看，"人之(为)人，本于天，天也人之曾祖父也，此人之所以乃上类天也"(《春秋繁露·为人者天》)。再从人的形体结构来看，人和天也是相合，这叫做"人副天数"，例如："天以终岁之数成人之身，故小节三百六十六，副日数也；大节十二分，副月数也；内有五脏，副五行数也；外有四肢，副四时数也；乍视乍瞑，副昼夜也；乍刚乍柔，副冬夏也；乍哀乍乐，副阴阳也。"(同上书《人副天数》)另从人的道德感情来看，人和天也是同类："人之血气，化天志而仁；人之德行，化天理而义；人之好恶，化天之暖清；人之喜怒，化天之寒暑；人之受命，化天之四时；人生有喜怒哀乐之答，春夏秋冬之类也。"(同上书《为人者天》)董仲舒的这种天人相类说，实质上是通过以人观天，将天人化，从而使天人相副，"以类合之，天人一也"(同上书《阴阳义》)。

儒家的"天人合一"说至宋明道学发展到了高峰。张载在批判佛教"以人生为幻妄"时明确地提出了"天人合一"的命题。他认为宇宙的本体是气，天地和人都是由气聚合而成。所谓"天地之塞吾其体，天地之帅吾其性"(《西铭》)，即是充塞于天地之间的气即构成了我的身体，作为天地统帅的气之性也就是我的本性。天与人是统一的，统一于客观的气。

当时的程颢也强调"一天人"。他说："人与天地，一物也。"(《河南程氏遗书》卷十一)又说："天人本无二，不必言合。"(同上书卷六)他反对言"合"，只是因为认定天地本不是外物，反对主客两分："若如或者别立一天，谓人不可以包天,则有方矣,是二本也。"(同上书卷十一)从而提出了"心便是天"的论断:"只心便是天,尽之便知性,知性便知天,当处便认取,更不可外求。"(同上书卷二上)这就完全站在主观唯心的立场上对孟子的"知性知天"作了阐释和发展。

程颐的立说与程颢略有不同。他虽然也反对主客两分,主张天人合一,但不是强调统一于"心",而是强调统一于"道"。他说:"道一也,岂人道自是人道,天道自是天道?"(同上书卷十八)又说:"道未始有天人之别,但在天则为天道,在地则为地道,在人则为人道。"(同上书卷二十二)他论心、性、命、人、天统一于"道"(或"理")云:

> 心即性也,在天为命,在人为性,论其所主为心,其实只是一个道。(《河南程氏遗书》卷十八)

> 问孟子心性天,只是一个理否?曰:然。自理言之谓之天,自禀受言之谓之性,自存诸人言之谓之心。(同上书卷二十二上)

显然,在程颐体系中,把天和人都合一到一个先验的"道"或"理"上去了。

以后,朱熹和陆、王关于天人关系的思想,大致沿着二程的方向发展。朱熹本程颐,以万物之本根为"理","天人合一"的最高境界是"与理为一"。陆、王本程颢,以"心"为万物之本根,其"天人合一"的最高境界则是人心与天地万物的彻底融合。不过,自孟子以来的儒家的"天人合一"说,一般都认为宇宙本根乃是道德的最高准则,人的道德即是宇宙本根的发现。归根到底都是以道德为本体。

与儒家以"道德"为本体的"天人合一"说不同,道家的"天人合一"说是以"人性"为本体的。《老子》曰:"人法地,地法天,天法道,道法自然。"《庄子·知北游》曰:"汝身非汝有也。……孰有之者?曰:是天地之委形也。生非汝有,是天地之委和也。性命非汝有,是天地之委顺也。孙子非汝有,是天地之委蜕也。"这里的人乃非独立于自然,而是自然之物。这里的所谓自然,是指任其天性,自然而然,亦即"无为"也。一部《老子》五千言,其最重要的命题莫过于这样一句话:"道常无为而无不为。"假如从人类学本体论的角度上来考察的话,老子所说的"自然"、"无为",乃是强调人们在现实世界中牢牢地执守住自己的本然真性,进而达到"无不为"的自由境界。《老子》提倡寡欲和回复到婴儿状态或愚人状态,《庄子》主张"坐忘"、"心斋",就是希望能消除物累,从而达到一种"天地与我并生,而万物与我为一"的"天人合一"的境界。

综上所论,中国古代哲学史上的"天人合一"思想也不是铁板一块的,而是色彩纷呈。但其总的精神是一致的,即注重人与自然的和谐统一,而不是像西方那样强调人与自然的矛盾斗争。有一种意见认为,把人和自然合而为一、主客不分,是一种原始状态的意识;只有到了文明时代,人才懂得把自己和自然分开,强调其矛盾和斗争,标志着人类的进步。不错,原始的人和自然的关系是异常模糊、混沌不清的。尽管人与猿相揖别时,立即产生了人与自己的母亲——自然界之间关系的两重性:异己性和服从性,但由于当时原始社会生产力的极度低下,人类只是把自然界给予的"现成产品"和劳动手段引入物质过程中,因而更大程度上表现了人类对异己的自然的服从性。这反映在观念上就呈现出那种物我不分、混沌合一的特点。西方学者梅列京斯基在《神话诗学》中就将这种主客不分的"无区分性"视作远古意识而有别于现代意识。他说:"人还没有把自己从周围自然界明确分出,还不会将自己的特性移入自然客体……这种'无区分性'的原因,我们认为主要不是自身与自然统一的本能感觉和对自然本身合目的性的自发理解,而是因为还不会对自然与人作出质的区分。……原始思维的散漫性还表现为区分不清主体与客体,物质与观念(亦即对象与记号、物与语、实与名),区分不清物与物的本质特性、一与多、动与静、空间关系与时间关系。"(转引自科恩《自我论》第59页)在这里,我们不排斥我国远古时代的祖先曾经在依附于自然、服从于自然在基础上产生过物我不分、蒙昧混沌的意识,这或许正是后来"天人合一"思想的萌芽和雏形。但这是人类婴啼时代的普遍而正常的现象,在西方思想史上同样也有过这样的一页。至于我国秦汉以来、特别是宋元以后的思想文化史上的"天人合一"是不可与原始社会的物我不分混为一谈的。这是在区分物我之后重新肯定人与自然的统一,是在"天人相分"论、"天人相胜"论等背景上强调的"人与天地一物也"。程颢说:"人与天地一物也,而人特自小之,何耶?"(《河南程氏遗书》卷十一)换言之,如果不承认天人为"一物",就是"自小",就是人不认识自己;唯有承认天地万物"莫非己也",承认天人合一,才是人的自觉。显然,这与西方流行的唯将天人相分,主体与客体区别才被认为是人的自觉是大相径庭的。中国古代秦汉以来的"天人合一"说,实际上就是对主客相分说否定原始混沌统一观的又一次否定,是一种更高一级的认识。它经过历史的长期积淀,成为我国民族思想文化传统中的核心部分和理论基础,对"原人文学论"的构建无疑也具有决定性的影响。

　　清末刘熙载在著名的《艺概·诗概》中说:"《诗纬·含神雾》曰:'诗者,天地之心。'文中子曰:'诗者,民之性情也。'此可见诗为天人之合。"这就是说,诗歌作为文学艺术的一种,既是人心的流露,也是天心的表现,两者是完全和谐统一的。这是一种典型的"天人合一"的文学论,实际上将古人所说的"诗为天地元音",最后落实到人的"性情",也即"人心"之上。文学原于人,也就是本于天。这种推理的逻辑起点即是,中国古代的思想家大都认为人即是自然的产物,而且是天地万物这个有机系统中起着主导作用,处于核心地位,因而人心就能与天心相统一。这早在《周易大传》提倡"天人协调"说时,其《系辞》就说:"天地设位,圣人成能。"强调人在遵循自然规律时,也有调整、引导自然的功能。后董仲舒在论"天地人""三者相为手足,不可一无"(《春秋繁露·立元神》)时,也说到人的活动能影响自然的变化:"人下长万物,上参天地,故其治乱之故,动静顺逆之气,乃损益阴阳之化,而摇荡四海之内。"(《春秋繁露·天地阴阳》)王符《潜夫论·本训》篇也云:"天本诸阳,地本诸阴,人本中和。三才异务,相待而成,各循其道,和气乃臻,机衡乃平。……人行之动天地,譬犹车上御驷马,篷中擢舟船矣。虽为所覆载,然亦在我何所之可。"这就是说,"三才"之一的人,是能通过自己的作为来感动天地,正像驭车人和驾舟者一样,可以决定自然变化的方向。刘勰的《原道》篇在论天文、地文以及人文的关系时,即吸取了这一思想曰:

　　　　仰观吐曜,俯察含章,高卑定位,故两仪既生矣。惟人参之,性灵所钟,是谓三才。为五行之秀,实天地之心。心生而言立,言立而文明,自然之道也。

　　这段话的精神,不仅在于指出人是可以与天地并称的"三才",而且强调人"为五行之秀,实天地之心"。所谓"天地之心",语出《礼记·礼运》:"故人者,天地之心也,五行之端也,食味、别声、被色而生者也。"《正义》释曰:"'天地之心'也者,天地高远在上,临下四方,人居其中央,动静应天地,天地有人,如人腹内有心,动静应人也。故云'天地之心'也。王肃云:'人于天地之间,如五藏之有心矣。人乃生之最灵,其心,五藏之最圣者也。'"简言之,"天地之心",即是天地的核心、灵魂。人既然是天地的核心、灵魂,那据人心所立之言,所作之文,也即天地之文，符合"自然之道"。归根到底，天地之文与人文相合，"原道"的实质在于原人。对此，日本著名的学者吉川幸次郎在《中国文学史》中论及中国古代文学的特点时，也曾引证了一些儒家经典谈及天人关系的言论，如"天地之性，人为贵"（《孝经》），"故人者，其天地之德，阴阳之交，鬼神之会，五行之秀气也"（《礼记·礼运》），"人非天地，无以为生；天地非人，无以为灵"（《尚书·泰誓》）等，从而作出这样的结论："中国古代文学的特点，一言以蔽之，就是'人本主义'。"他进而分析中国古代人们心目中的天、人、文之间的关系说："认为人是世界的中心，这是中国人的世界观；而人的行为中，语言文学最为重要，它是宇宙秩序的最好代表，这又是中华民族的信念。六世纪时六朝梁代刘勰的《文心雕龙》开宗明义第一篇《原道》即论这种关系道：'故两仪既生矣，惟人参之，性灵所钟，是谓三才，为五行之秀，人实天地之心，心生而言立，言立而文明，自然之道也。'当然，这种逻辑对我们来说是不十分严谨的，但至少对当时的中国人，可以说是深信不疑的。"这可以说是对天、人、文之间的关系作了一次很好的小结，清楚地说明了我国古代在"天人合一"的思想支配下，本质上就是将文学的"原道"归结为原人。

与此同时，"天人合一"论对于"原人"文学思想的形成至少还在以下几个方面起到了作用：

第一，自然界的一些普遍规律与人类相合，"原天"也就与"原人"一致。例如，阴阳刚柔、生生不息等思想就对原人文学论的构成大有关系。张载曾说："一物而两体，其太极之谓与！阴阳天道，象之成也；刚柔地道，法之效也；仁义人道，性之立也。三才两之，莫不有乾坤之道。"（《正蒙·大易》）这里的"一物两体"，是张载所理解的对立统一的规律。这句话的意思就是，阴阳刚柔等相济相克、相辅相成的关系是天、地、人之间的普遍规律。又如程颢认为，宇宙的根本原则是生，而宇宙即是一个生生的大流，人与万物皆在此生生大流中息息相通，原属一体。这样，文学在表现和反映这些规律时，也就必然是天人合一了。

第二，人类的道德原则与自然规律相一致，所谓人性即天道，这对重视反映人与人之间关系的中国古代文论来说，也是一个重要的方面。例如，程颐认为："道未始有天人之别，但在天则为天道，在地则为地道，在人则为人道。"（《河南程氏遗书》卷二十二上）这里的"道"，就是指仁义礼智的道德原则。他在《周易程氏传》中解释《周易》乾卦"乾元亨利贞"时，一方面将"元亨利贞"解释为自然界动植物"始、长、遂、成"的生长发展规律说:"元亨利贞谓之四德。元者万物之始,亨者万物之长,利者万物之遂,贞者万物之成。"另一方面,他又将这自然界的"四德"与人类的道德原则"五常"联系起来说:"四德之元,犹五常之仁,偏言则一事,专言则包四者。"后朱熹进一步发挥这种思想,把天道"元亨利贞"与人道"仁义礼智"完全结合起来说:"元者生物之始,天地之德莫先于此,故于时为春,于人则为仁,而众善之长也。亨者生物之通,物至于此莫不嘉美,故于时为夏,于人则为礼,而众美之会也。利者生物之遂,物各得宜,不相妨害,故于时为秋,于人则为义,而得其分之和。贞者生物之成,实理具备,随在各足,故于时为冬,于人则为智,而为众事之干,干本之身而枝叶所依以立者也。"(《周易本义》)这种"天人合一",实际上就是统一到儒家的道德之上,以协调与和谐人与人之间的关系为最高原则。这对我国古代文论旨在讲究协调人际关系的"礼化"大有关系。

第三,人生的最高理想就是与天和谐,文学的理想境界也就是达到天然的境地。《老子》所说的"道法自然",《庄子·天道》提倡的"与天和者谓之天乐",就将与天和谐、自然而然作为一种理想境界。后来张扬"天人合一"说的宋代道学家,从本体论和道德论相结合的角度出发去论证人生理想时,就大都认为人与天地万物本来是一体的,只是由于人往往私欲作怪,以小我为我,就不懂得天下无一物非我。因此,他们主张通过道德修养,去追回人与万物一体的自觉,达到如张载所说的"诚明"境界。总之,"天人合一"是人生的最高理想,这也将是文学追求"自然"、"化工"的最高境界。

总之,中国古代的哲学实可称之为一部"天人之学"。人们在探讨"天人之际"时,"天人合一"说事实上成为传统的绝对的主流。它有别于西方哲学以"主客二分"为主而独具风神。在讨论人与世界关系这个根本性的问题时,它的致思倾向就主要是指向人自身,指向人类社会,源于人的一种对于主体价值的关怀;而"主客二分"的致思倾向主要是指向物,指向自然界,源于对于客体价值的追求。这两种不同的哲学品格,就使传统的中西文化思想模式呈现了不同的特点,并决定了中国古代文论体系以人为本的基本精神。当然,在中国哲学的长期发展过程中,各家所论的"天人合一"并不相同,但其强调自然界与精神相统一而人为天地万物的核心的基本涵义是大体一致的。他们或从本体论着眼,或从道德论出发,或从人性论切入,甚至只是基于天人之间的简单类比,也都这样那样地对文学的本体论、创作论、风格论、文体论、形式论等等产生影响,而最后都指向了"天人合一"中的人。人的问题,也就成了中国古代文学理论体系的核心问题。

四、原人:心化、生化、实化

中国古代理论体系的核心是以人为本原,也即"原人"。原人的具体化,主要表现在三个方面:心化,生化,实化。

心化,这是由于人之所以为人,最根本的特点就是有"心",有意识,有思维,有欲求,有情感,有一颗无比复杂的头脑和无限丰富的精神活动。人在对外界事物的接触、体验、认识和再创造的过程中,往往把天下之物心化,即把客观的世界和主体的精神相融合,从而以文学作品的形式创造出心化了的"第二世界"。中国古人从来强调人之心在文学创作中能动的、突出的地位,而不是把文学创作看成是简单的摹仿。因而,"诗言志"的理论在中国古代文论中一直居于一种不可动摇的核心地位。文论家在论述文学创作时,从感物动心以创作发生,到细论心物之间的互动关系,再到意象的生成,意境的创造,以及创作心境的不同等有关心化的问题,都有所关注和阐发,构成了"心化"论的一个比较完整的体系。正在这意义上,我们赞赏刘熙载在《游艺约言》中所说的:"文,心学也。"

生化,这是由于人之所为人,是因为人还是一个有生命的实体。生生不息,以生为本,就是中国古代哲人对于世界本质的一种普遍认识。具有强烈的生命意识的中国古人自然地用"生"来观照天地万物,对待文学创作,把文学也视作人一样的充盈生气、活力弥漫,乃至血肉完整的生命实体。中国古代的相术及魏晋的人物品评的风气,也从不同的侧面影响了文学"生化"论的形成和发展。诸如"文有神,有魂,有魄,有窍,有脉,有筋,有奏理,有骨,有髓"(清王铎《文凡》)之类,直接用人体来比喻、讨论文学问题的论述触处可见。气、气象、情、志、神、意,以及文体、结构、文势、文脉、风骨等渗透着生命精神或生命形式的理论概念充分地显示了中国古代文论的民族特色,揭示了文学具有生化的本质特征。它就是人的生命的文学化。这就无怪乎早在二十世纪三十年代钱钟书先生就指出"中国固有的文学批评的一个特点",即是"把文章通盘的人化或生命化","把文章看成我们自己同类的活人"(《中国固有的文学批评的一个特点》)。

实化,这是由于人之所以为人,还因为人是一个群体,是社会的人。人类如何现实地协调相互间的关系,从来是一个民族、一个社会生死攸关的严重问题。二十世纪初,日本学者中西牛郎的《支那文明史》在谈及中国《哲学与文学》时就曾经指出,"支那哲学皆以伦理为目的","支那伦理皆以现世为目的"。其实,中国古代的文论亦然。维护一定的现世人际间的伦理关系,从来就是被视作文学创作和欣赏的根本目的。因而在讨论人与现实、德与言、文与质等关系,以及提倡"温柔敦厚"、"中和之美"等时,占主导地位的都是以追求伦理性、实用性、功利性为最终鹄的,明显地将中国古代的文论打上了实化的色彩。

文学的心化、生化、实化,归根到底是以人为本。它们之间相互联系,特别是心化与生化之间,关系就更为密切。人之有心,也可以说是有生命的最重要的特征。我们把它单列出来,无非是为了突出它的重要地位。中国古代的心化论、生化论、实化论,在实际上各自都关系到文学的创作、文本和接受等各个方面,本书为了叙述方便和避免重复,故在具体论述时根据不同的特点而有所侧重:心化篇主要论述了创作论,生化篇主要探讨了作品论,实化篇则主要讨论了功用论。合而观之,大体上可以从认知的角度上看出中国古代文学理论的体系特点。

(《原人论》,复旦大学出版社 2000 年 5 月版)

《20世纪中国古代文学研究史》总前言

约在十年前,我们开始酝酿着编写这样一套《20世纪中国古代文学研究史》,后来就将这一课题申报了"九五"国家社会科学基金重点项目,当获得批准之后,就正式启动。

我们之所以选择这一课题,实为世纪之交中国古代文学研究形势向我们提出的要求,也是时代赋予我们这一代学人的一次难得的机会,同时又是我们复旦中国文学批评史学科进一步拓展的需要。

20世纪的中国古代文学研究承上启下,对传统来说是一种新变,对以后来说是一种过渡。当20世纪之初,文学研究步入现代化的进程之时,古代文学的研究虽然并没有被当作是"经国之大业,不朽之盛事",但与文学领域中其他方向研究相比,显然占有举足轻重的位置;更何况古代文学的确具有极强的艺术魅力和丰富的精神营养,故仍然受到人们的看重。从50年代至70年代,政治的介入,一方面使古代文学研究的有关课题异常红火,如一部《红楼梦》,就从50年代一直非同一般地红到了70年代;但另一方面,为了避免研究现实课题的过于敏感,另一批研究者往往将古代文学的研究当作相对安全的避风港,乐意在这里安身立命。可以说,一直到80年代,中国古代文学的研究还算得上是一种显学。但到了20世纪末,政治似乎已与文学研究脱钩,市场经济却有力地左右着上层建筑,实用主义思想泛滥,重物质,尚功利,人文学科本身就逐渐受到冷落。而在人文科学中,主流社会特别关注的又是当代生成的文化,对古代文学越来越显得冷漠,以致连中文系的大学生也越来越趋今远古,古代文学的研究开始尝到了被挤向边缘的苦涩。古代文学研究的路究竟该怎样走下去?现实需要我们作出回答。而反思历史,从走过的路中总结其成败得失,也可以为以后提供借鉴。

20世纪这一百年,是中国大变革、大动荡、大发展的一百年。在中国的学术发展史上,也是具有转折意义的关键性的一百年。我们处于世纪之交,就有责任及时地予以总结。或许,我们离研究的时代太近,甚至是由于置身其中,对有些问题未必能看得分明,对有些问题很难下结论,但我们希望我们的成果既能传之久远,经得起历史的检验,也同时希望能服务于当世,为眼下的古代文学研究的健康发展或多或少地提供一些有益的意见。只要如刘勰所说的"无私于轻重,不偏于憎爱",努力以"平理若衡"的标准来要求自己的话,还是可以较为接近事实和真理的。更何况我们与时代离得近,也有离得近的好处,在多数情况下,比之后人能看得更细致,有些切身的感受,就非后来者所清楚、能体会,故在一定程度上也有其不可取代性。与此同时,我们复旦的中国文学批评史学科的同仁,也处在承前启后的阶段。前辈学者从郭绍虞、朱东润、刘大杰,到王运熙、顾易生诸先生,从创建中国文学批评史学科,到完成三卷本《中国文学批评史》与七卷本《中国文学批评通史》,在有关资料的整理及史的纵向的梳理方面,已经取得了众所公认的成绩。下一步怎样走? 我们在摸索横向的"古代文学理论体系"的研究的同时,觉得将批评史向学术史方向靠拢,也不失为拓展原来研究路数的一种尝试,于是就顺理成章地选择了《20世纪中国古代文学研究史》这一课题。

所谓"文学研究史"与"文学批评史"有联系而并不相同。所谓"研究",本指花功夫去推求、穷尽事理的意思。因此,文学研究从方法来讲,当包括考订、训诂、批评、欣赏等诸多方面;从目的而言,有探索思想的真谛、艺术的奥秘,乃至字句的原义、故事的来源、作者的面目、版本的真伪等不同的追求。因而所谓"文学研究史"就不仅仅关心研究者的文学性批评与理论上的概括,而且也关注文献学方面的成果和实证性研究。它比文学批评史当有更广泛的内容和更高度的概括,以探讨和总结各种形式和不同目的的"研究"实绩、经验教训和演变轨迹。在这样的认识的基础上,我们将对20世纪研究中国古代文学的学术成果加以通盘的梳理,并联系其整个社会文化背景、学术思潮、文学思想的起伏变迁来评价其成败得失,描述其演变大势,有时还提出若干个问题,以有利于读者的思考。

定了总的目标,接下来的问题是如何编写。一百年的时间,说长也不长,说短也不短。其间文学研究的成果也如汗牛充栋,时间涉及到上古至清末,文体则关系到诗词文曲稗等各类,可以按时代为序一一写来,也可以按文体为别分而论列。我们则以文体为纲,分成七卷:诗歌卷、散文卷、词学卷、小说卷、戏曲卷、文论卷，再加一本总论卷，共成七册。每一卷，以时为序，虚实并观，不作划一的分期。但就20世纪中国古代文学研究的总体而言，约略分成三个阶段。第一个阶段，从20世纪初到1949年新中国成立，是兼收并蓄，中西融合，研究路数多元化的时期。第二个阶段，从1949年到"文革"结束。这时期，学术研究明确以马克思主义为主导，并逐步庸俗化、教条化、专制化，直到将学术完全沦为政治斗争的工具。第三个阶段是"文革"之后，拨乱反正，在马克思主义主导下，全方位地参照和吸取古今中外学术思想的合理内核，使中国古代文学研究呈现出一种百花齐放的态势。在这里，必须充分地看到不同文体研究的发展是极不平衡的，进展有快有慢，成果有多有少，涉及的范围有广有狭，探索的问题有深有浅；而我们研究的主体也并不出于一人，执笔诸君，才性不一，各扬其长而力避其短，以充分展示其学术个性，故全书不想用一种统一不变的模式来加以框定。总的原则是：从实际出发，博观在先，征实为基，有发展的观点，有问题的意识；既重史料，也重史论；既有选择地解剖作家作品的研究，更致力于梳理研究大势的轨迹；不作资料长编，以期成为一部名副其实的研究史。

与纂史的体例相比，重要的还是要有正确的史观和良好的心态。历史唯物主义与辩证法还是我们运用的基本的观点与方法，也不排斥借鉴其他科学的理论武器。当我们立足于百年学术兴替流变的基本事实之上，进行具体细致的条分缕贯、梳理爬抉时，将尽力避免任何情绪化的浮躁和局限于一隅的偏狭，这样才能认清这一段自己也居于其间的历史，对它作出深刻的认识和恰当的定位，总结出百年学术史的经验教训，为新世纪的学术研究填石铺路。为此，结合20世纪中国古代文学研究的实际情况，我们觉得有以下几个问题值得思考。

一、研究的价值取向：个人的自适与社会的需要。

古代文学的研究本来多为个人行为，但这种个人行为之所以产生并能进行，一般都与一定的社会现实、时代精神、文化风尚等密切相关，故在实际上是很难将研究的个人性与社会性截然分开的。但就学者明确追求的价值目标来看，在某种意义上的确可以分成两种：一种是完全出于学者个人的兴趣爱好，借文学研究以自娱自适，或追求某种纯学术上的价值，达到学术上的某种自足；另一种学术研究是与社会之需要、时代之精神、文化之变革自觉地联系在一起，直接或间接地包含着某种社会群体的功利性。同样是学术研究，前者追求的是"传世"，后者注重的是"觉世"；前者的研究是以我为中心，后者的目的是有益于现世。所以尽管两者有时难分难解,但就其主要倾向而言,前者即可称之为个人性研究,后者则可称为社会性研究。

长期以来,社会性的研究基本上占有主导地位。这是由于儒家思想在中国根深蒂固。儒家积极入世的精神往往使文人学士肩负着一定的历史使命感和政治责任感,使学术研究与社会需要联系起来,并往往与政治直接相关。远的不说,从明末清初黄宗羲、顾炎武、王夫之以来,学术研究的经世致用已成为一种思潮。如提倡"天下兴亡,匹夫有责"的顾炎武,就力主治学要"通经致用"、"明道救世",强调"凡文之不关于六经之指、当世之务者,一切不为"①。历史进入到20世纪,整个世界风云变幻。对于中华民族来说,这一百年总的来说是一个多灾多难、救亡图强的时代。特别是在民族存亡生死攸关的历史时刻,学者能从故纸堆中抬起头来,以国家的、民族的群体利益为先,用先进的社会思想装备自己,追求社会的安定与进步,发挥学术研究的积极的社会价值,这是难能可贵的。世纪之初,梁启超面对风雨飘摇的时代与动荡不安的文坛,大力倡导"文学界革命",引进新学术,改良旧文学,应该说功莫大焉。后如闻一多"要为我们颓丧的民族开一个起死回生的文化良方"的学术精神,使我们这些生活在和平时代的学者不能不肃然起敬。他的有关《诗经》、屈原等研究都渗透着时代精神。在《人民的诗人——屈原》中,他说:"如果对于当时那在暴风雨前窒息得奄奄待毙的楚国人民,屈原的《离骚》唤醒了他们的反抗情绪,那么,屈原的死,更把那反抗的情绪提高到爆炸的边沿。……历史决定了暴风雨的时代必然要来到,屈原一再地给这时代执行了'催生'的任务,屈原的言、行,无一不是与人民相配合的,虽则也许是不自觉的。"②他的这些结论,就既不失学术之真,又闪现着这位热爱祖国、关心人民的学者的奕奕神采,对当时"暴风雨前窒息得奄奄待毙"的人民起了一定的鼓舞作用。另外,如郑振铎先生的那篇著名的《谈金瓶梅词话》,研究了《金瓶梅》所表现的社会之后得出了这样的结论:"表现真实的中国社会的形形色色者,舍《金瓶梅》恐怕找不到更重要的一部小说了。"进而他联系现实说:"《金瓶梅》的社会是并不曾僵死的;《金瓶梅》的人物们是至今还活跃于人间的,《金瓶梅》的时代,是至今还顽

---

① 顾炎武《与人书二》,四部丛刊本《亭林文集》卷四。
② 闻一多《人民的诗人——屈原》,《闻一多全集》第五册(楚辞编、乐府诗编),湖北人民出版社1993年版第29页。

强的在生存着。"从而他再进一步说:"像这样的堕落的古老的社会,实在不值得再生存下去了。难道便不会有一个时候的到来,用青年们的红血把那些最龌龊的陈年的积垢,洗涤得干干净净?"应该说,郑振铎对明代社会和《金瓶梅》,对三十年代中国的社会所下的结论都是正确的,他的学术研究是科学的,但同是洋溢着一种强烈的经世致用的精神。因此,不难理解像《谈金瓶梅词话》这样的论文在20世纪中国文学研究史上是具有经典性意义的。

解放后,大陆的古代文学研究者服务于社会的政治热情有增无减,大多数自觉地进行思想改造,调整了思想观点,将学术研究纳入了社会主义思想文化建设中去。这对于一个新生的时代来说,需要统一思想来巩固政权,是完全可以理解的。但是后来,作为指导思想的马克思主义越来越被教条化、庸俗化。有些研究者在做法上本身就背弃了历史唯物主义和辩证法,背弃了"百花齐放,百家争鸣"方针,走向了专制化、僵死化,终于将古代文学的研究同其他人文社会科学的研究一起简单地沦为不良政治斗争的工具,给中国古代文学的研究带来了灾难性的后果,这是学术的不幸,更是时代的不幸。

现在,我们在反思和总结20世纪中国古代文学研究时,正是在"文革"之后的这个历史背景上进行的,于是在当前的20世纪学术史研究中,很容易从过去的一个极端走向了另一个极端,涌动起一种彻底否定社会性研究而无限张扬个人性研究的思潮。50—60年代被批判、否定和埋没的学者纷纷被看好起来,甚至被抬作"大家"、"宗师"而视作文学研究的正宗或主流。应该说,在过去被否定或批判的一些学者中,的确有一些好的学者,有一些好的成果,过去对他们作简单、粗暴的否定是不恰当的。但反过来,现在将一些经世致用、关爱人生的社会性研究的成果一笔勾销,恐怕也是不妥当的。要经世致用与关爱人生,有时候难免要与政治相关。事实上,即使文学研究与政治结缘,也不能简单地一笔勾销。关键是要看与什么样的政治结缘,怎么样结缘。陈寅恪在《读吴其昌撰梁启超传书后》中论及梁氏学术研究的政治性时说:"先生不能与近世政治绝缘者,实有不获已之故。此则中国之不幸,非独先生之不幸也。又何病焉?"[①]至于像"文革"中的错误主要在于将"为政治服务"唯一化、

---

① 陈寅恪《读吴其昌撰梁启超传书后》,《寒柳堂集》,上海古籍出版社1980年版第148页。

绝对化,而这个政治在总体上又是逆时代进步的潮流,反人民大众的意旨的。今天,我们不能反过来也绝对化地排斥文学与政治的结缘,一切都要作具体的分析。说到底,对于那种与社会、与人生、与进步息息相通的古代文学研究不该作简单的否定的。

　　再看以个人自适自足的个人性研究。明代广东布衣翟从先曾很有感慨地说,"今人之讲学者","恁是天崩地陷,他也不管,只管讲学"①。清代一些学者在"避席畏闻文字狱"之后,较多的倾心于个人性的研究。20世纪初,与梁启超走着不同道路的王国维,就强调"欲学术之发达,必视学术为目的,而不视为手段而后可"②,追求学术的独立品格。就是对政治比较热心的章太炎,也主张"学者将以实事求是,有用与否,固不暇计","学者在辨名实,知情伪,虽致用不足尚,虽无用不足卑"③。他们潜心学术,不计势利,辛勤耕耘,成绩斐然。对于这类纯学术的研究,我们不能简单地以有用与否作为价值标准来加以衡量。哪怕他的研究与现实社会相去太远,哪怕他研究的内容过于琐碎,只要他能真正解决问题的,也应该予以肯定,不应该用一句"毫无价值"而彻底否定。因为有的研究的价值不是直接显示而是间接产生的,不是立时见效而是慢慢显现的。但是,世界上真正不计功利,与世无关而作纯粹个人性研究毕竟是很少。现在不少人用以举证王国维用叔本华哲学来研究中国古代文学,在文学研究中寻求精神上的解脱,难道就没有一点现世实用的目的? 现在大家谈得比较多的还有陈寅恪在学术研究上保持"自由之思想与独立之精神",但陈寅恪说这句话是否就是从纯学术出发? 诸如《柳如是别传》之类的著作,是否就是一种纯个人性的学术著作? 是否没有寄寓一点对于现实、对于政治的"深意"? 这是值得大家研究的一个问题。

　　应该说,个人性研究与社会性研究是各有所长,也各有所短,不能绝对地作肯定或否定。不过,当我们在考察20世纪的文学研究史上的这个问题时,不能不放在具体的历史条件下来衡量。人生活在社会中,学术研究毕竟不能

---

① 高攀龙《顾季时行状》,四库全书本《高子遗书》卷十一。
② 王国维《论近年之学术界》,《王国维文集》第三卷,中国文史出版社1997年版,第38页。
③ 章太炎《与王鹤鸣书》,《章太炎全集》第四册,上海人民出版社1985年版,第151页。

完全脱离社会历史。20世纪对于中华民族来说，总体上是一个多灾多难的世纪。因此，我们在总结这一个世纪的学术研究时，究竟从什么样的角度，用什么样的心态去看待个人性的研究与社会性的研究时，不能不采取慎重的态度、再不要像过去那样简单地去肯定一种或否定一种。我们不要简单地否定个人性的研究，但也不能得出相反的极端的结论：学者离时代、社会、政治越远越好。当今我们在回顾20世纪文学研究史时，冷静地联系一个世纪以来的实际情况，将社会性研究的成败得失，放在社会进步和学术进步纵横构成的坐标上考察，才会对其价值和意义有个比较客观的评定，而不会因时代环境的差异，对其产生隔膜。21世纪的社会趋向稳定有序，学术环境也将更加宽松平和，但这并不意味着学术研究可以放弃它的社会价值和人文关怀。相反，前几代学者面向社会、服务社会的伟大精神，应该在新世纪学者身上得到新的继承和发扬。

二、研究的基本理路：承续传统与面向开放。

我国古代的文学研究，早已形成一套独特的理路与方法，姑且称之为传统型研究。大致说来，这可分为两大类：一类是实证性的研究，诸如注释、校勘、考据等等；另一类则是赏析性的论评，包括各种诗文品评及批点、杂论等等。对于实证性的研究将放在下面再说，因为与它相对应的主要是阐释性研究。这组矛盾在传统型研究与开放型研究中都存在。作为传统型文学研究的理论、观点与方法，则在走向开放的20世纪中经受了严重的冲击、解构与新变。所以，这里所说的传统型研究主要是指后一类。而20世纪是一个开放的世纪，古代文学研究也随着西学东渐而开始运用西方的观念、理论、方法和话语。20世纪文学研究的转型，当然主要体现在这种开放型研究的形成和发展。它的生根与发展，在吸取中国民族文化的血液而有所本土化的过程中，促使了中国文学传统的研究从封闭走向开放，从古典走向现代。这两种不同方法、不同形态的研究，分别在本土化与现代化的过程中，相互融合、彼此消长，构成了本世纪文学研究的一个基本特点。

本来，中国传统的古代文学研究所用的基本理论、范畴、方法、形态与其研究对象是在相同的社会背景与文化语境中产生的，两者可谓是同质同根，所以这种研究与研究对象理所当然地容易契合。20世纪之初，像章太炎、刘师培、黄侃等研究，明显地还带着传统的神韵。即使是一些仿效欧美模式新编的《中国文学史》、《中国文学批评史》之类的著作，同样与传统有着血肉的联系。它们的一些观点、材料,乃至编写体例,往往可以在《四库全书总目提要》一类目录书与史书中的《文苑传》之类的著作中,找到这样或那样的联系。比如,现存早期的林传甲的《中国文学史》,尽管他参考了日人笹川种郎的《支那历朝文学史》后编成的,但"有人说,他都是钞《四库提要》上的话"①。再如最早的中国文学批评史著作——陈中凡的《中国文学批评史》虽然开列了不少的西文参考书,但基本上也是掇拾陈说,顺文敷衍而成,《四库提要》的引文触处皆是。即使如曾毅、谢无量、胡怀琛、钱基博等《中国文学史》著作与郭绍虞、朱东润、罗根泽、方孝岳等《中国文学批评史》著作,我们还是可以感受到其用传统的一套理论和观点来评述中国古代文学与文学批评的脉搏。

但是,不可否认的是,20世纪的古代文学研究中,传统的理论和话语很快地在反封建、反传统的大背景中受到挤压,开放型的研究则越来越得势,且势不可挡。进化论、人性论、审美艺术论,一开始就给文学研究带来了前所未有的新气象。正如郭绍虞先生所说的:"当时人的治学态度,大都受西学影响,懂得一些科学方法,能把旧学讲得系统化,这对我治学就有很多帮助。"②接着,马克思主义为中国古代文学提供了新的理论与方法,并逐步确立了学术研究中的主导地位。同时,西方近现代各种各样的研究方法,如精神分析、神话人类学、语言分析学等等纷纷引入中国,至80年代后,更是掀起了引进西方方法论的热潮。这种突破中国传统文学观念与方法的开放型研究,打开了人们的眼界,丰富了研究的思维,开创了一系列新的范式,推进了文学研究的现代化,且的确在许多方面能更好地解释文学现象。但这些研究的观念与方法,与其研究对象毕竟并不是同质同源,这就往往难以达到一种盐溶于水的境界,而常常会产生削足适履、牵强附会,甚至是格格不入的情况。对于这种"异质释义"所产生的消极因素,研究界一开始就对它保持着警觉。后来如罗根泽、朱光潜、钱钟书等都指出过中西文学观念、文学类型之间存在着较大的差异,不能简单地加以类比和照搬。20世纪来势汹汹的开放型研究还带来了另一个严重的问题,即是在用西方的话语来阐释中国古代的文学时,忽视了传统理论的

---

① 郑振铎《我的一个要求》,《郑振铎全集》第六卷,花山文艺出版社1998年版第56—57页。

② 郭绍虞《我怎样研究中国文学批评史的》,郭绍虞文集之三《照隅室杂著》,上海古籍出版社1986年版,第435页。

重新构建与中外理论的融通汇合,像20世纪初期王国维《人间词话》、朱光潜《诗论》这样注意汇通中外理论的著作越来越少,致使传统的理论在实际上处于被排斥和消解的地位。直到走完了近一个世纪的路程后,人们猛然觉得在文学研究中已经失却了传统的话语,患上了"失语症"。当然,对这"失语症"的严重程度,各人的理解不完全相同。我们反过来也可以找到传统还在这里或那里顽强地存在着、延续着,甚至生长着的理由,但无论如何,我们应该承认到20世纪末,评析中国古代文学的基本范式、理论体系、表述方式与阐述话语已经不是传统的了。这不能不说是20世纪中国古代文学的最大变化。因此,应该说,反思和总结20世纪中国古代文学的研究时,这方面的工作是重头。在某种意义上可以说,把握了本世纪的开放性研究,也就是把握了本世纪古代文学研究的特点之所在。

三、研究的课题选择:"热点"与"冷门"。

古代文学作为研究对象,可以作为一个整体加以宏观的研究,但在更多的情况下是就某一类问题、某一个时段、某一种文体、某一个流派、某一个作家或某一部作品来加以研究的。这就存在着一个选择的问题。在整个20世纪中,人们的眼光往往集中在一些问题上,形成一个个热点。一些大作家、大名著、某一朝代的代表性文体及一些普遍关注的问题等等,往往吸引着众多的研究者在这里反复耕耘,搞得又深又细,乃至又烦又滥。另一方面,一些小作家、小著作、某一朝代的小文体及一些细小的问题,往往不为人们所关注,或有个别学者提及了,也得不到一定的响应。这种研究格局,深为一些研究者所忧虑。

这种貌似失衡的现象,其实也有一定的合理性。因为一般说来,那些"大"的问题之所以能形成热点,除了个别的是由人为、乃至政治的因素所形成,如"文革"中的评《红楼》与批《水浒》等外,绝大多数还是由热点本身内在的吸引力与号召力所决定的。所谓"李杜文章在,光焰万丈长",它们或精神含量深厚,或审美价值极高,或已成为传统文化的组成部分,或是当代文明建设的重要借鉴,人们多花点力气在这里钻研,也自有其必要性。经过历史的过滤,一些作家作品等之所以不为世重,一般确实也无太大的价值,我们大可不必故意去钻冷门,甚至去"粪里淘渣"。一切当以研究对象的价值为转移。这个"价值",有它本来自身的价值,也有它在当代意义上的价值。研究者的责任,就在于发现它的价值,阐扬它的价值。当然,随着社会思潮的转移,人们的价值观也会转移。比如宫体诗,素来不为批评界所重,近来在重视文学形式的研究中则吸引了不少论者的兴趣。清诗大家王士禛,曾被目为一代"正宗",然在五六十年代被当作形式主义的诗人受到冷落,到了八十年代后,又被研究者们所关注。再如八、九十年代形成研究热点的《金瓶梅》、金圣叹、王国维等,都曾经被搁置了相当长的阶段,备受冷漠与歧视。所以,"大"与"小"、"冷"与"热"往往是会转化的。我们对于一时的研究热门,在防止发烧的同时,也不必紧急刹车,悬置不论;对于一时不为世重或者冷门的问题,在重视挖掘的同时,也要防止矫枉过正,说过头话。选择研究对象,当从我们研究的目的出发,视其本身的价值来决定,既不盲目追逐其"热",也不刻意挖掘其"冷"。研究"热门"的文章再多,有新认识、新材料、新方法,该写时还得写;有些"冷门"实无价值,也大可不必去死钻,去猎奇,乃至硬把糟粕吹成精华。

这样,是否会形成研究的失衡,使一部文学史成为"跷脚",既不能正确评价名著在文学史上的地位,又遮蔽了许多活生生的文学现象? 这就关系到我们研究古代文学的根本目的和价值取向的问题。研究古代文学的目的,主要还是:一搞清本来面貌;二为现世所用。而前者归根到底也是为后者服务。热点之所以成为热点,就因为它的某一方面在现实中引起人们的兴趣或共鸣。研究"冷门",无非是随着世风的转换,眼光的变化或者研究者的特别识力,能从中发现出重要的意义,如陈寅恪论《再生缘》与柳如是等;或者它本身并无特大的审美价值与现代意义,但它作为在文学史发展的链条上的一个环节,也有把它弄清的必要。但一般说来,它们将永远难以取代经过历史冲洗过的名篇。在一部文学史上和文学的研究史上,将永远有热点与冷门,将永远不会有"平等"。

四、研究的理论指导:"阶级论"与"人性论"。

20世纪的中国古代文学研究,本有各种各样的理论与方法,但值得注意的是阶级论与人性论。

从二三十年代起,特别是1949年以后,我们研究古代文学的主要理论就是马克思主义的阶级论。"文革"结束,特别是八十年代以后,"阶级与阶级斗争"的理论似乎被一些人视作极左的理论而彻底抛弃,代之而起的是人性论的高扬。某些时段、某些文体的文学研究,在某些人那里几乎就成了人性论的图解。"人性论"之所以高扬,这是由于长期在极左路线的统治下,人的欲望、人的个性受到压抑的反弹,也是中国传统的、特别是五四时期强调人本思想的继续。当然,马克思尚未摆脱唯心史观时写的诸如《1844年经济学——哲学手稿》等著作中也肯定人类的本性与人道主义。马克思和恩格斯在发表《共产党宣言》后,强调无产阶级斗争、无产阶级革命和专政,揭露资产阶级所宣扬的自由、平等、人权和人道主义的虚伪性和局限性时,也没有抛弃处理社会生活和人际关系的人道主义原则和对人类本性的满足。马克思主义与人道主义、阶级论与人性论之间有着密切的历史渊源与复杂的理论交叉。彻底否定人性论显然失之过左,"文革"后排除干扰,注意从文学与人性的联系中去考察文学的发展过程,这对冲垮以往"以阶级斗争为纲"的研究框框,迎来古代文学研究的一次大解放、大转型,其积极意义是不可低估的。

但是,人与人类的本性从来不是抽象的。从"满足生活和人的一切需要"来看,诸如吃、喝、爱、学习、运动、文娱活动、艺术创造、思考、研究理论,以及享乐、显露生命力、情欲与人对自我的重视等等,其内涵都是无限丰富的。不过,人的生活和需要中最基本的是:一生存;二平等(包括物质和精神上的)。然后才谈得上享受和个性的自由等等。可惜的是,自古至今,人类在多数地方、多数时间内常常是处于一种有等级的、不平等的社会里,总是少数人可以自由地享受,而多数人处于不富裕、贫困,甚至在生存的边缘挣扎。这就有了"民本"思想,有了"均贫富"的口号,有了"阶级论",有了无数的反映社会不平等和希望能平等地享受人生的文学作品。因此,在人类尚未普遍平等的社会里,人的阶级性,或者说阶层性、等级性、差异性,正是人类最基本的本性之一。所以,我们的祖先早就把本来表示台阶的不同等级的"阶级"两字,形象地用来指代人类的"上下大小"、"高下有差"①,表现社会的不平等。我们讲人性,就无法否认人的等级性、阶级性,无法回避人在生存与精神方面的最基本的不平性。也正因此,早在五四新文化运动时,陈独秀、胡适、周作人等人在强调人本思想的同时,就提出将文学分成"平民文学"、"贵族文学"两种,且号召打倒"贵族文学"。到1931年贺凯所著的《中国文学史纲要》就以剥削阶级与被剥削阶级、贵族文学与平民文学的二元对立的思维来构建一部中国文学史。所以20世纪的前几十年之所以在古代文学研究中,"阶级论"能风行天下,也是有其历史渊源与社会基础的,并不只是马克思主义灌输的直接结果,也不是后来政治上的强迫所致,研究者接受阶级与阶级斗争的理论,并以此来研究文学也并非都

---

① 汉王符《潜夫论·班禄》,《三国志·吴·顾雍传》。

是白痴、愚民,或说违心话。

当然,我们也应该看到,人的社会关系并不都是阶级关系,人性并不都是阶级性,人与人之间更不是时时刻刻处于残酷的阶级斗争之中,不同阶级的人在生活、思想、感情上都有可能相互交流与融合,作为审美意识形态的文学也自有其相对的独立性,因而在考量社会中的人及与人相关的文学等等时,也不能一股脑儿地都用阶级论来硬套。"文革"及"文革"前十七年研究古代文学的一个重大失误,主要不在于运用了阶级论,而是在于将阶级与阶级斗争的理论绝对化、僵死化;不是从作家作品的实际出发来分析其思想与感情,而往往是用一套教条的阶级论来硬套一切作家作品,于是产生了万喙一词的可悲局面,在根本上消解了真正的文学研究。因此,我们必须将运用阶级论与运用阶级论的失误区分开来,重新正视与正确对待阶级论。

我们再面对现实。人们在抛弃"阶级论"而高扬"人性论"的道路上走了这一阵子后,一些人越来越将"人性"狭隘化,往往只是谈享乐,谈个性,甚至只谈男女情欲,而把社会的秩序、人类的关怀统统置于脑后。古典文学的研究并不是空中楼阁,它的研究思想往往来自现实,又反过来对现实产生影响。比如像晚明那样一个张扬人性而放荡的时代,本来就有许多令人深思之处,值得不值得心向往之?而当今的青年中,有相当一些人,理想缺失、前途迷茫,或者见钱眼开,逐色疯狂。这样的现象该不该像反思晚明时代一样值得我们深思?现实的另一面是,人们毕竟还并不生活在一个水平线上。相当一部分的人恐怕还谈不上享乐,谈不上个性满足,他们体会最深的恐怕不是共同的人性,而是人性中的不平等与等级感。作为意识形态之一的古代文学研究,就有责任与义务以人为本,面对现实,去促进当前社会的安定,鼓励人类去追求正义、憧憬理想、建设文明,以及相互间的爱!将对古代文学的解读与阐释同现实的精神相沟通。

因此,当"阶级论"被抛弃了一阵子之后,面对现实,静言思之,我希望研究界能正视"阶级论",不要再将它与"人性论"对立起来,视作洪水猛兽,而是将它们统一起来,要从阶级论中看人性,又以人性论来看阶级。我们有必要将阶级性、阶层性、等级性等作为"人性"中的一种表现,去研究、解读古代文学中所表现出来的那种人遭到了另一类人的压迫、践踏后的感情、呼喊和追求。这样,"阶级论"经过了一番"否定"之后,重新放在一个恰当的位置上,或许能使我们对于"人性论"的理解更为全面,古代文学研究的道路更为坚实。当然,研究古代文学的理论武器不仅仅是阶级论或人性论,哲学、美学、史学、伦理学、文化人类学等等,都可以从不同的角度来加以运用,古代文学研究的道路是无限宽广的,这里只是就20世纪古代文学研究中比较突出的一个问题谈一点看法而已。

最后,不妨再由人性中的等级性而带及人性中的个体性与群体性的问题。"人性"本来就不仅仅是追求个体的满足,还有一种"群"的本性。人作为一种社会的动物,个体的生存与满足,是与群体的存在与发展密切相关的。"人的一切需要",也就必然包含着诸如祈求民族的兴旺、国家的富强等感情。因而,诸如爱民、爱国,追求社会的安定、世界的和平等,与追求食与色、个性与享受一样,都是人类的本性。可惜的是,20世纪以来,在西方的完全的个人主义的强烈影响下,相当一部分人把个人理想自由的完全实现作为人类的未来目标,将中国古代人学理想中"成己"的同时"成人","小我"与"大我"的利益相统一的精神背弃殆尽,以先验而狭隘的人性精神来编织古代文学,其结论是令人堪忧的。当然,人的"群"的本性与个性有时会发生矛盾与冲突,但有时也能相互调和或统一。我们在用"人性论"来观照古代文学时,就不能偏于一方,既要看到古代文学中张扬个性和人欲的一面,也要看到为维护社会群体利益而对那种追求极端的个体欲望所进行的反拨与批判;既要看到人性中私人性,又要看到人性中的群体性,胸中要有全局,尺度必须把握,这样才能实事求是地去解释历史。

五、研究的基本方法:实证性与阐释性。

这是两种不同的研究路数,实际上与不同的研究目的与追求大有关系。实证性的研究是努力求证文本的原貌、本义、本事,以及与文本相关的时代、作者与接受者等具体的本来面貌,注重客观性,追求其成果的学术性、科学性;而阐释性的研究一般只是就文本而力求多方面地阐发、引申其意义与精神,带有主观性,追求其阐释的当世性、有用性。早在我国古代,就存在着这两种不同的研究路数,一种往往与古文经学有关,可称之为"我注六经";另一种一般与今文经学有关,被说成是"六经注我"。

20世纪的实证性研究,还是取得了不可小觑的成绩。其主要的成绩是使实证性研究走进了古代文学研究的领域。20世纪以前,从注经证史,到对一些子部、集部著作的研究,基本上与现代意义上的文学性研究是脱钩的。对于不登大雅之堂的戏曲,特别是小说,很少有真正自觉、认真的实证性研究。20

世纪初,有些学者沿着乾嘉学术的路子,吸取了一些西学的理路与方法,并真正把研究对象当作"文学"来加以研究,从而发展了传统的实证性研究。胡适当年倡导实证主义并对一系列通俗小说进行了"考证",具有相当的示范意义。后来如闻一多、郑振铎等的成绩都有目共睹。八九十年代的古籍整理与所谓"国学热",都对实证性研究以有力的推动,也取得了不少成果。

但是,这个世纪在大力引进西方观念的冲击下,实证性的研究常常不自觉地处在一种被大势所掩的境遇之中,特别是在不适当地强调"古为今用",乃至将学术研究与政治斗争紧紧地捆绑在一起的时候,实证性的研究往往被简单地视为"烦琐的考证"或无关大旨而遭到排斥。"文革"以后的改革开放,进一步形成了引进西方新理论、新方法的滚滚潮流,更多的年轻的学者把兴趣集中在阐释性的研究方面。有关部门的导向,似乎更关心的仍然是所谓理论性的著作而非实证性的研究,请看历届所谓国家或省部级的评奖,在人文社会科学中,究竟有多少实证性的成果?因此,在20世纪中,不论是把文学研究当作政治斗争的工具也好,还是用它来诠释西方某种理论也好,在本质上有一个共同的特点,这就是重大道而轻实证,重宏观而轻微观。这就使尽管有一些人在不断地强调实证性的研究并孜孜矻矻以身体力行,但实际上50—60年代以后成长起来的学者普遍缺乏实证性研究方面的训练,现在对实证性研究真正在思想上予以重视、在主观上也有兴趣、在行动上较能操作的学者并不太多了。再加上经商热潮的涌动,商业行为对于文学研究的侵蚀,在急功近利的驱动之下,常常使一些所谓实证性的工作也打上了"商"字号的印记而缺少真正意义上的、有分量的成果,乃至有些"考证"被讥之为"最混乱"、"最无聊"的工作。这就使实证性的研究更加雪上加霜,举步维艰。

在20世纪中,为了各种各样的目的,运用各种各样的理论和观点来阐释古代文学,始终是占着主导地位。特别是为了迎合一时的某种主流社会的意见或政治需要,常常可以看到一股股不小的风潮。一部文学史,一会儿可以用"现实主义与反现实主义"来阐释,一会儿又可以用"儒法斗争"来贯串;一会儿可以用"阶级论"来论述,一会儿又可以用"人性论"来编写。历史上的文学真的有如可以任意打扮的小姑娘,能被研究者装扮成千姿百态。虽然这在注重实证的学者的眼中只不过是无根之游谈,取巧之儿戏,并不是什么真正的学问,但自80年代以来,在重文本、重接受、重世用的潮流中,加上"一切历史都是当代史"之类观点的盛行,强调古代文学研究的现代阐释的意见始终是有增无减。一时间,如下的一些意见十分流行:认为一切实证、还原性的研究无法真正恢复过去的本来面貌;强调文学的研究主要是立足文本,阐释作品,而不在于搞"外学";如果所有的研究都是实证性研究的话,古代文学完全成为一门技术性的专学,它将被20世纪所遗忘;古代文学本身已经脱离了20世纪的现代语境,因此古代文学若要进入20世纪的现代话语,成为参与20世纪的文化构成,必须要经过"阐释"这一途径;古代的作品不经现代的阐释,用现代的理论、观念去与之沟通,为现代人所接受和利用,就只是故纸一堆;只有经过现代阐释,古代文学的生命才能被激活,才能成为现代人们的思想和文化资源。总之,不阐释,古代文学研究就失却了当代意义。诸如此类,从另一个角度来看,的确也甚有道理。

因此,时至今日,我们应该承认两种研究都有价值,谁也不能否定谁的重要性。但遗憾的是,我们却还会不时看到一些片面或偏激的言论,常常是以己之长来攻人之短,甚至抓住不同类型研究中的个别败笔来说三道四,乃至加以全盘否定,这是不可取的。

六、研究对象的界定:杂文学与纯文学。

在中国人的辞典里,作为古代文学研究对象的"文学"一词的内涵,在20世纪本身就发生了极大的变化。孔子时代的"文学",乃泛指文献典籍的学问,事关整个学术文化。所谓"文",也如刘师培《广阮氏文言说》所云:"三代之时,凡可观可象,秩然有章者,咸谓之文。"到昭明太子编《文选》,在理论上所定"文"的标准是"综缉辞采"、"错比文华","事出于沈思,义归乎翰藻",与"学"分别对待;但实际上,《昭明文选》所选三十几类作品和《文心雕龙》所论三十几类文体,范围仍相当广泛,直到1902年清政府颁布《钦定京师大学堂章程》时,还在"文学"科下分经学、史学、理学、诸子学、掌故学、词章学、外国语言文字学七目,稍后章太炎在《国故论衡·文学总略》中还说:"文学者,以有文字著于竹帛,故谓之'文';论其法式,谓之'文学'。"当时国人开始编写的《中国文学史》如窦警凡、林传甲、黄人等虽然或多或少地接受了西方或日本学者的影响,但所论的"文学"仍十分庞杂。如比较起来三人中观点最为时尚的是黄人,尽管他的《中国文学史》明确标榜西方的"真善美"与进化论,也高度评价了有关戏曲小说,但实际所论的"文学"范围还是十分庞杂。而与此同时,新派一点的人,就开始输入日本翻译英文 Literature 时所用的"文学"一词,将古代的"文学"赋予新的涵义①。1905年,金天翮作专文,论述"文学上的美术观"②,至1912年王国维在《宋元戏曲史》中提出"一代有一代之文学"时,其"文学"就仅指"楚之骚,汉之赋,六代之骈语,唐之诗,宋之词,元之曲"了。然至1918年,谢无量撰《中国大文学史》时,尽管指出文学有广义与狭义之分,但他的"大文学"史,还是包括了文字学、音韵学、经学、史学诸子学和理学等,说明当时人们对于"文学"的认识正在逐步分化。大致到20年代,经过了五四新文化运动的冲击,"纯文学"的观念越来越明确。1920年,胡适对"文学"的解释是:"第一要明白清楚,第二要有力能动人,第三要美。"③1921年,周作人作《美文》一文,其"美文"的概念一时被学界较为广泛的接受。1923年凌独见在撰《新著国语文学史》时,就公开批评章太炎对文学所下的定义,认为"文学就是人们情感、想象、思想、人格的表现"④。1929年,曾毅在修订其1915年初版的《中国文学史》时,就很明确地说明了"纯文学"观念替代"杂文学"观念的在大势所趋:"但至今日,欧美文学之稗贩甚盛,颇掇拾其说,以为我文学之准的,谓诗歌曲剧小说为纯文学,此又今古形势之迥异也。"⑤自此之后,学术界大致接受了西方的文学观念,把"纯文学"当作真正的"文学",所谓古代文学研究,主要是研究诗歌、戏曲、小说及抒情散文,而文字、音韵、训诂等当然被斥之于门外,六经、诸子、马班《史》《汉》、魏晋琐记等也只是从"纯文学"的角度来加以观照,而不是从"杂文学"的角度来加以调和。与此相类的,诸如"小说"、"戏剧"、"散文",乃至"诗歌"等概念,20世纪所赋予的新的内涵与古代都存在着或大或小的差异。这就必然给古代文学的研究带来了这样那样的问题。不要说从中国古代实际存在的作品出发,而不是从概念出发去追究我们研究的对象"文学"究竟是什么,有哪一些文体,一时也说不清楚,就是回答什么是中国古代的"小说",也众说纷纭。一些大赋,是诗歌,是散文,还是根本就不属于文学?就古文而

---

① 如鲁迅所说的:"我们先前也叫'文',现在新派一点的叫'文学',这不是从'文学子游子夏'上割下来的,是从日本输入,他们的对于英文 Literature 的译名。"(《鲁迅全集》,人民文学出版社1973年版,第六卷,第99页)
② 金天翮《文学上之美术观》,《国粹学报》第二十八期。
③ 胡适《什么是文学——答钱玄同》,姜义华主编《胡适学术文集·新文学运动》,中华书局1993年版,第87页。
④ 凌独见《新著国语文学》,上海商务印书馆1923年版,第1页。
⑤ 曾毅《订正中国文学史》,泰东图书馆1929年版,第20页。

言,从唐宋八大家,到桐城派,大量的说理文与应用文,是不是散文?像《文心雕龙》论及诏、策、表、启之类,算不算是正宗的文学理论著作?原道、宗经、征圣等等,属不属于文学理论?诸如此类,问题多多,于是呼吁重新用传统的"文学"观念来研究古代文学的声音渐起,认为只有这样,才能避免用西方的权力话语来消解传统的精神,才能对中国古代文学的发展有更为切实的历史性理解,同时才能更好地作出当代性的诠释,重建民族的、科学的中国古代文学学科的新体系,使中国古代文学的研究在全球化、现代化的潮流中真正具有独立的品格和适当的位置。然而,也有学者认为,改进中国古代文学研究的出路,并不在于或主要不在于恢复传统的杂文学观(或称之为大文学观);中国古代对于文学特性的认识本身也在逐步深化,到后来纯文学观的确立和对杂文学观的扬弃,将文学与哲学、历史、应用文作出区分,是历史发展的必然,西方文学观念的输入,只是一种诱因而已;将部分应用性散文与各类"杂"文从文学中剔除出去,扬弃了包括经史子集在内的所谓大文学观、杂文学观,将无损中国古代文学丰富性、完整性与民族特色①。

20世纪在文学观念纯文学化的道路上走了整整一个世纪,到头来发现纯文学观与中国古代的杂文学观念以及古代的创作实际产生了矛盾,于是就对纯文学观产生了疑问和争论,这当在情理之中。但我们认为,20世纪从杂文学观逐步走向纯文学观,无论如何是一种进步的表现,是对文学特征认识的清晰化、深入化,因为"文字著于竹帛"者,毕竟与作为艺术作品的文学不能等而同之。至于到了世纪之交,人们又觉得完全用西方的纯文学观来观照中国古代的文学也有不少扞格之处,这应该说也是一种进步,说明原来机械地照搬西方的一套,也有一定的弊病。这两个进步是两个不同层次上的进步。它给今天的启示,应该是在前进的道路上进一步考虑如何将认清文学的特征与中国民族的特点相结合,努力使我们的研究对象既是文学的,又是民族的,将文学观更加完善化,而不是遇到了问题掉头转,回到"杂文学"或"大文学"的路上去。当然,也不应该继续僵硬地戴着以往的所谓纯文学、四分法的眼镜去观察中国古代的文学,而必须作适当的调整,将那些真善美结合的文章最大限度地容纳到我们古代文学研究的视野中来,至于那些枯燥无味的理论文、应用文,

---

① 参见《文体研究:继承与创新——专家学者谈中国古代文体与文学》,《人民日报》2002年5月14日。

恐怕还是让它们在其他研究领域中找到各自的价值吧。

七、研究的主要视点:文学性与社会性。

这个问题与上一个问题有关,即我们研究文学,究竟研究文学的什么？是研究文学的文学性,还是研究文学的社会性？中国古代从"杂文学"观出发,一方面是把那些不是文学的作品当作文学;另一方面则往往不从文学的角度来解读文学。所谓文、史、哲不分,不仅从作者创作的角度上来看是如此,而且从读者研究的角度上来看也是如此。正因此,古代对于文学作品的研究,大多数是从经、史、子的角度来着眼的,像《二十四诗品》与《沧浪诗话》等比较集中地从文艺的角度来研究和总结文学现象的著作是不多见的。即使从文学的角度来审视,或许是受了孟子"知人论世"说的深刻影响,也就往往较注重文学与社会的联系,着重分析作品产生的社会历史背景和作品反映的社会内容,也即作品乃至作家的"社会性"。如钟嵘《诗品序》,就用比较多的篇幅论证五言诗的发展变化与社会更迭变迁的关系。《文心雕龙》在重视以经论文的同时,也十分注意以史论文,其《时序》篇所概括的内容牢笼了整个古代论文学与时世关系的主要观点。以后的诗文评,大多论诗与论人、论世相结合起来,以致产生了诸如正史文苑传、文集编年笺注、本事诗、年谱等特殊的论著体裁。自宋代普遍称杜甫为"诗史"之后,"诗""史"互证之法更为流行。至晚明,一些批评家论人时,更为注意其个人的志趣、性情、习惯等个体特征,论世时能超越军国大事而转向民间世俗。"知人论世",越来越细,越来越活。从广义来说,这类研究视点都集中在文学的社会性,故都可称之为"社会—历史研究"。自本世纪二三十年代起,"社会—历史研究"又以马克思主义的历史唯物主义与辩证唯物主义为指导,得到迅猛的发展,反映论成为研究文学、当然也包括研究中国古代文学的主流。今天,我们假如不带任何偏见的话,应该说用这种方法来研究中国古代文学也产生了不少好的文章,解决了不少问题。六十年代出版的刘大杰的《中国文学发展史》及游国恩等主编的《中国文学史》与中国社科院文学研究所编的《中国文学史》,可以说是几十年间主要用"社会—历史研究"所取得的成果的小结,代表了当时科学研究的最高水平。当然,在今天看来,我们感到不能满足,这主要在两个方面:一是觉得这样的分析,有的工作本身就做得较粗糙,不深入、不正确,假如将此与文本的分析联系起来的话,有时就显得较简单、生硬、机械;二是由于后来形成一法独尊而百法皆沉的局面,这就使"社会—历史研究"缺乏了许多应有的中介而丧失了它的活力。至于再将这种研究不适当地置于某种政治的话语之中,这就会显得更加生硬与粗暴,往往沦为某种政治口号的陪嫁女。

拨乱反正以后,人们在厌倦、乃至厌恶这种批评、研究之余,往往动辄将它与"庸俗"、"简单"联系在一起而加以诟病。八十年代起,伴随着整个学界的"新方法热",人们在强调"文本"研究、"主体"研究、"接受"研究的同时,纷纷将系统论研究法、结构主义研究法、符号学研究法、新批评研究法、形式主义研究法等引进到中国古代文学研究的领域中来。于是,"将文学回到文学研究"的呼声日高,视"外学"为非学,唯"内学"为正途,乃至认为文学研究的正宗,只是从文本的形式结构出发,从中寻求表现纯个人的情感、心理、人性及其他价值。它抛弃了反映论,从内容第一而走向形式为先。在进行所谓"文学性"的分析中,虽然有的也能从文本的实际出发,但往往落脚在主体的主观阐释,其结论也多为空灵恍惚,见仁见智;当然,也有的最后还是以"社会"的价值判断为归宿。

这种"文学性"的研究,过去相对比较薄弱。在前半世纪,由于受传统研究路数的影响,像闻一多研究《诗经》、齐如山研究戏曲、李辰冬研究小说一样的人本身就并不太多。五六十年代受到当时理论与政治的影响,研究作品的文学性往往被看成是讲究形式主义,几无立足之地。"文革"后,"文学性"的研究得到重视与张扬,的确是非常必要的,因为它确从一个方面集中地体现了作家的美学个性乃至整个主体性。事实上,在这方面的研究也取得了不小的实绩。但是,我们还是应当把它放在适当的位置上。因为文学研究的视点毕竟是多元的。文本研究是研究,与文本有关的主体研究、接受研究及社会研究、文化研究,都是必要的研究;文本研究中从形式入手是一种途径,从内容着眼未尝不是一条通道,至于内容与形式统一起来加以考察,也只是其中的一途。任何唯我独是的说法,最终是无法被社会所承认的,因为任何一种研究都有其长,也有其短,它永远无法能包罗一切。

过去,曾在相当长的一段时间内,唯研究文学的社会性为尊,而近二十年来,遭到非议最多的也莫过于"社会—历史研究"。那么,文学的社会性研究是否毫无必要呢?显然不能这样简单化。当年之所以有过这样或那样的一些弊病,其原由除了在理论和认识上有所偏狭之外,更主要的还是功夫不到家的问题,而绝对不是"社会—历史研究"本身的不是。恰恰相反,"知人论世",对于作家作品的社会历史背景的考察,将永远是古代文学研究的基础。或者说,到目前为止,"新方法"尽管层出不穷,但"社会—历史研究"恐怕还是一种最基本的研究视点。"文本"研究离不开它,"主体"、"接受"、"传播"的研究同样离不开它;即使是那种纯形式的研究,一旦完全脱离了社会,也将不会有夺目的光彩。因此,放在我们面前的问题是,不是去抛弃"社会—历史研究",而是要发展和更新"社会—历史研究"。要发展和更新"社会—历史研究",其关键性的措施之一,就是要积极引进新的方法,把它们作为某种中介,去促进和加强社会、历史与作家、文本、读者之间的联系,使得各个环节之间紧密相扣,分析得合情合理。这在近几年中也有不少成功的例证。比如,关于《金瓶梅》中李瓶儿这个人物,过去用机械的反映论来看问题,觉得这个人物前后的性格矛盾:前面对花子虚是那样心狠手辣;而后面在西门家里却变得如此温和善良。如今,引进了弗洛依德的性心理学来分析,问题就迎刃而解。现在不少论著喜欢分析作家与文论家的"心态",取得了不少成绩。这就是"社会—历史研究"与心理分析相结合后,在作家与作品之间找到了一个"中介",既使心理学的研究有坚实的基础,又使"社会—历史研究"显出了活力。至于九十年代兴起的文化热,纷纷从文化的角度来考量文学作品,这其实只是"社会—历史研究"在文化方面的偏重和细化而已。当然,在目下形形色色的新方法、新视点中,有的本身与"社会—历史研究"比较接近,如西方马克思主义美学、后现代文艺学、新历史主义等等,能与"社会—历史研究"相结合互补,这也可以促进我们的"社会—历史研究"更上一层楼。当然,也有一些新方法,如形式主义批评、符号学等等是不容易与"社会—历史研究"结合互补的,它们则是"文学性"研究的重要武器,恰当地运用这些武器,无疑也可以提高我们"文学性"研究的水平。

八、研究的视域覆盖:"专攻"与"通识"。

中国古代的"文",本来就很杂,学者对于文学的研究同样是很杂:一个人的研究对象往往并不专一,研究的角度也多文史哲不分。真正从文学的角度上来专门研究一部作品、一个作家或一个朝代文学的"专家"相对是较少的。20世纪开始,将中国古代文学从现代意义上进行研究时,大都是一些通才。如梁启超、王国维、章太炎、黄人、刘师培等,尽管各人的研究或有侧重,但其眼光是从先秦到当代,从诗词文赋到戏曲小说,乃至从文学到经学、史学、哲学,往往是兼顾的。直到20世纪上半叶,当时从事高等教育的古代文学研究者,多数是必须具备通观的眼光的。解放以后,从事古代文学研究的人越来越多,分工也越来越细,一部文学史,往往分几段由几个人分头来讲授,于是只照一隅,不观通衢的情况越演越烈,专与通之间有所脱节和割裂。到20世纪末,"打通"的呼声就应运而生。当然,这种"打通",不仅仅是纵向的古今之间需要打通,各种文体之间的横向研究也迫切需要打通,乃至文史哲、中与西等等都有必要打通。于是,相关的著作正在陆续问世,情况正在有所变化。

不过,作为一个个体的研究者,生毕竟有涯,知也毕竟有限,不可能人人都是万宝全书。随着学科的发展,分工的细化,也是一种必然,因而专攻完全是必要的。没有局部的专攻,也就不可能有正确的通识。在20世纪中,就有一些学者几乎一生专攻一书,也成绩斐然,对中国古代文学的研究作出了可贵的贡献。他们之所以有贡献,就因为其专攻,一般都是建筑在一定的通识的基础之上的。相反,有的学者长于通观,其有成绩者,也往往有专攻的基地。因此,尽管对每一个个体的研究者来说,不论其专攻还是通识,也将永远是相对的、有限的。但作为学术上的一种追求,就应当是专攻以通观为背景,通才有专长作基点,做到专而不狭,通而不疏,这样,不论是作专门性的研究,还是作通观性的研究都是有意义的。不过,从目前情况来看,似乎更需要在通观方面多做一些补弊纠偏的工作。

九、研究的立场追求:"变"与"不变"。

20世纪的古代文学研究是在不断的发展变化之中,但就个人研究而言,有一个变与不变的问题。有的人追求变,有的人则欣赏不变。变之中,有主动的变,也有被动的变。主动的变,有如梁启超自觉地思考时世的变而变,也有如王国维从自我学术的兴趣出发而变。建国后前三十年不少人是被动的变,后二十年则多主动地跟着时代变。在变的人当中,有的得风气之先,领导潮流的变;而多数则是顺应潮流而变。所谓不变,在20世纪主要是指恪守自己的一套治学的理路与方法,在中西交融的道路上不变,在中国共产党领导的学术研究马克思主义化的道路上不变。变与不变,各人的情况都比较复杂,不能笼而统之地认为是与时俱进或趋于保守,是坚持操守或投机取巧。20世纪初,梁启超的"多变",就引来过不同的评价。"多变"的积极意义在于不断作选择,不断有追求,不断地与时俱进,但往往随之而来的是粗率、甚至错误。在这里,刘大杰先生治《中国文学史》是一个极为典型的例子。1941—1949年,他的《中国文学发展史》上下两卷首次出版。这部文学史著作,在充分吸取前人研究成果的基础上,融合了泰纳(或译丹纳)的《艺术哲学》、朗宋的《文学史方法论》、佛里契的《艺术社会学》和《欧洲文学发达史》及勃兰兑斯的《十九世纪文学主潮》的观点,用富有活力的语言,把整个中国古代文学放在广阔的社会文化背景之下,既细致客观地剖析了作家作品的短长得失,又认真的描绘了文学潮流的前后因变,因而马上就得到了学界的普遍欢迎和好评。但刘先生并不就此止步。1957年、1962年,他不断地进行修改补充。这种修改,从他主观上来说,都是从政治上和学术上不断追求进步和完美的努力。特别是1962年版的《中国文学发展史》,修正了不少错误,补充了大量的内容,在学术上有很大的提高。它应该是20世纪中国古代文学研究中最具标志性的学术成果之一。有人认为40年代的《中国文学发展史》比60年代的好,那是一种近乎倒退的、片面的观点。时至"文化大革命"中,他又一次修改《中国文学发展史》。他更强调用阶级观点、甚至用"儒法斗争"的观点来贯串全史。有人说,这是"学术向政治强权一次典型的屈节表现"。但我认为在更大程度上是他不断追求进步的失误,是认识上的偏差。真正的错误在于时代。当他不乏真诚地将错误当作进步来追求的时候,恰恰是走进了死胡同。尽管当刘先生发现此路不通的时候,还是刹了车,但这种教训是应该引起深思的。

与刘先生不同,也有如近来常受一些人赞赏不已的陈寅恪式的"不变"。当然,说陈寅恪前后完全没有变化,这是不符合实际的。一些人所鼓吹的所谓"不变",实际上主要是指解放前后的治学路数基本不变,相对于马克思主义与新中国政治的"独立"、"自由"精神不变,用朴学笺证的基本方法不变。应该说,他所作的如《元白诗笺证稿》、《论再生缘》、《柳如是别传》等或多或少与古代文学研究有关的著作,钩稽了若干新的史料,有自己的独立见解,也有一定的文学研究价值,但有时恐怕也有着与现实政治相关的"深意存焉"。因此,他的"不变"的研究成果,与其说是学术上带来的辉煌,还不如说主要是表现了某种"操守"和"气节"。但在有的人看来,这不过是一个"文化遗老"的表现[①],其在20世纪学术史上、特别是在文学研究史上的真正贡献,并不如鼓噪的那么伟大。学术研究究竟是以"不变"去应万变,还是去顺应时代的变化而不断的变,看来都不能简单地下判断,都应该放在时代与学术进步的长链中去加以考察。

---

① 参见《文体研究:继承与创新——专家学者谈中国古代文体与文学》,《人民日报》2002年5月14日。

以上用"二元对立"的表述提出了若干不同层面的问题。它们在20世纪古代文学研究中不时会碰到。不能正确地对待这些问题显然就不能写好一部文学研究史。我们的基本观点是尊重事实,尊重历史,尊重辩证法。这些看来对立的观点,既然在历史上曾经存在,且或多或少都有一定的贡献,也各有一定的市场,显然就都有它们的合理性,不能简单地肯定一方、否定一方。看来,它们是"对立"的,但同时又是互补的。文学的研究少不了另一方。古代刘勰在研究文学时,就遵循过"擘分肌理,唯务折衷"的原则。所谓"惟务折衷",就是不搞"二元对立"。现在我们讲辩证法,就更应该超越二元对立的思维,坚持相互矛盾又相互统一的观点,要东风,也要西风,要八面受风,一只眼睛看着"变",另一只眼睛又看着"通",将20世纪研究古代文学的形形色色的观点与方法,就以"通变"两字一以贯之,再衡之以是否有补于世,有益于民,有利于学,才能作出实事求是的分析与评价。

当然,由于我们这套书是文成众手,在统一目标的前提下,又充分尊重各人的学术个性,因而有可能各人对某些问题的理解并不完全一致。分体论史,有的研究对象、特别是一些大家,难免又被分而论之,难窥全貌,也有的地方会重复提及,叠床架屋。同时,作为一部全史,涉及的问题实在太多,无法做到网罗无遗,特别是有关境外的一些研究成果,由于受到各方条件的限制,并未能全面地予以顾及,只能待之以后专门加以总结。至于有时选择不精,有的评价不当,都或许难免,谨请读者批评指教。但必须说明的是,这些都不是心存成见,有意所为,正如我在《中国小说研究史》一书的《后记》中说的,我们追求的是"心里摆得正,既不去故意贬低人,也不去存心吹捧谁,知道什么就写什么,认识什么就评什么,所见有疏漏,评论有失当,这只是识见有限,而无关乎主观上的亲疏好恶",这一点也诚望读者能充分理解。

最后借此机会,对本书写作过程中,在不同阶段,对不同部分,分别提出过宝贵意见的章培恒、郭豫适、齐森华、陈伯海、郭延礼、谭家健、萧相恺、孙逊、陈洪、关爱和、曹旭、吴承学、孙克强,及本研究室的王运熙、顾易生、蒋凡、杨明、刘明今、邬国平诸位老师、前辈与朋友表示深深的谢意。与此同时,对帮助我写作此前言的本书执笔诸君与我的学生也表示衷心的感谢。

(《20世纪中国古代文学研究史》,东方出版中心2006年1月版)

《分体中国文学学史》总前言

近十年前,我们本着拓展中国古代文学理论批评史研究领域的目的,大致完成了七卷本《20世纪中国古代文学研究史》的编写工作。之后,就立即溯流而上,投入了这一套《分体中国文学学史》的研究与撰写,试图对20世纪以前中国古代文学的认知与研究的历史作一番比较全面的梳理与审视。今经几位同仁的共同努力,这五卷文稿即将面世。借此机会,我想就"中国文学学史"与我们编写的有关问题谈几点想法。

一

所谓"文学学史",就是有关"文学"的学术史。"文学"大致覆盖文学批评、文学理论、文学史三个方面。"文学"的学术史既不等于文学史与文学批评史、文学理论史,也不等于单纯的文学研究史。文学史或文学批评史、文学理论史是梳理文学创作与文学理论批评演变的历史,文学研究史则当是总结如何研究文学的历史,而文学学史则是总结认知文学、研究文学变迁的历史。

作为"学术史"的研究对象"学术"之名,虽古已有之,但含义多混,出入较大。如今《现代汉语辞典》列有八种解释:"学习治国之术"、"指治国之术"、"犹教化"、"学问、学识"、"指有系统的较专门的学问"、"观点;主张;学说"、"犹学风"、"法术"等。其中"学问、学识"、"指有系统的较专门的学问"、"观点;主张;学说"等解释大致与我们所说的"学术"有点接近,但犹感未能剀切中的。实际上,在清末民初,人们曾对"学术"的含义作过认真的辨说与界定。如1902年严复于所译的《原富》中有按语说:"盖学与术异,学者考自然之理,立必然之例。术者据既知之理,求可成之功。学主知,术主行。"①后又说:"学者,即物而穷理,……术者,设事而知方。"②差不多同时,刘师培也说:"学为术之体,术为学之用。"③五六年后,梁启超对"学"与"术"作了更为详明的辨析,说:"学也者,观察事物而发明其真理者也;术也者,取所发明之真理而致诸用者也。例如以石投水则沉,投以木则浮,观察此事实,以证明水之有浮力,此物理学也,应用此真理以驾驶船舶,则航海术也;研究人体之组织,辨器官之机能,此生理学也,应用此真理以疗治疾病,则医术也。学者术之体,术者学之用。"④看来,当时的贤达,都将"学"与"术"分而论之,大要仍然与《说文》所释相同:将"学"释为"觉悟也"⑤;将"术"释为"邑中道也"。段玉裁注曰:"邑,国也;引伸为技术。"⑥即将学术视为"学识"与"技术"两端。然而,严复、梁启超们所言"学术"与我们现在所论"文学"这门学科的"学术"有很大的差别。他们所论,是综合文理医农各学科从整体上来解释"学"与"术"的不同,实际上将所有学问分成了理论(学)与方法(术)两大块。这与研究某一个学科的学术史时所说的"学"与"术"显然是并不能合榫的。其所以不合榫,主要在于对"术"的理解。我们所理解的"术"并非是取本学科的发明去用于其他,而是用各种"术"来发明本学科的"真理"。换言之,严、梁等所说的"学"与"术"是指向不同学科的,已经逸出了某一学科学术史研究的范围;而就某一个学科的学术史研究而言,"学"与"术"都是在一个学科范围之内,为发明本学科的学问而服务的。假如结合文学学史来说,其"学"就是有关文学的知识、理论、思想及演变规律等认知;其"术"即是文学研究的方法、手段与途径。"术"的指向突出地表现在资料的整

---

① 严复《亚当斯密〈原富〉》,上海南洋公学书院 1902 年版;亦见《严复集》第四集,中华书局 1986 年版,第 885 页。

② 严复《政治讲义》,1905 年 9 月 29 日至 1906 年 5 月《政艺通报》;亦见《严复集》第 5 册,中华书局 1986 年版,第 1248 页。

③ 刘师培《国学发微》,《国粹学报》第 1 年第 6 号;亦见《刘申叔先生遗书》,江苏古籍出版社 1997 年版,第 480 页。

④ 梁启超《学与术》,《国风报》,1911 年 6 月 26 日;亦见《梁启超全集》第四册第八卷《新中国建设问题》,北京出版社 1999 年版,第 2351 页。

⑤ 许慎撰、段玉裁注《说文解字注》,上海古籍出版社 1988 年影印经韵楼臧版,第 127 页上。

⑥ 许慎撰、段玉裁注《说文解字注》,上海古籍出版社 1988 年影印经韵楼臧版,第 78 页上。

理、考证、辨伪等文献实证的层面,同时也指向理论批评与方法总结的层面。"学术史"包容了"术",则就与"文学理论批评史"鲜明地划清了界线;"学术史"包容了"学",则当与"研究史"的侧重于"术"有所区别。目前,不少研究史将论述的对象扩展到了"学",并不专注于"术",这就与学术史混同为一了;反之,有的称之为文学或某文体、某作品研究的"学史",而实只论述了文学的理论、批评与思想,毫不涉及"术"的探讨与总结,故实质上只是一部文学批评史或文学思想史而已。总之,"文学学史"是有别于"文学史"、"文学理论批评史",同时也与"文学研究史"各有侧重的一门相对独立的学科,属于学术史的范畴。

对于中国文学的认知与研究,古代早已有之。先秦时代各家就从多种角度对文学表示了各种看法,并进行了编辑、整理等工作,孔子删《诗》及发表了不少评论,就是一个突出的例子。但是,将这种对于文学的认知与研究作为研究对象来加以评论与总结的,恐怕要在两汉以后。人们先后通过专著、序跋、诗话、文评、批点、笔记、著录、传记、年谱、选注等各种形式,或专论,或描述,或批评,或品第,或列系,或作谱,或考订,或训诂,或辨伪,或辑佚,或欣赏,从而探索了文学思想的真谛、艺术表现的奥秘,乃至时代的思潮、文体的区别、流派的纷争、风格的纷呈、故事的来源、作者的风采、作品的优劣、字句的原义、版本的真伪等众多的问题,构建了丰富多彩而又有鲜明民族特色的文学学史。不过,平心而论,在 20 世纪以前,尽管如"诗学"、"词学"、"曲学"等名目早就出现,例如就元明间的"诗学"而言,就有《诗学禁脔》(范德机)、《诗学梯航》(周叙)《诗学杂言》(冒愈昌)、《诗学正宗》(浦南全)、《诗学权舆》(黄溥)、《圆机活法诗学全书》(李衡)等,其中有的也初具理论形态,如周叙的《诗学梯航》,述源流、辨诗格、论诗体等颇成体统。就"词学"而言,如明代王溯元的《与杨抑所论词学》所说的"词学",据彭玉平先生说:"实已部分包含后来形成一家之学的'词学'了。"①但多数仍是挂着"诗学"、"词学"之名,实为"诗话"、"词话"之作,只是随意点评,乃至是散叙故实而已。直至1897年康有为所说的"小说学"②,

---

① 见本书彭玉平撰《词学卷》第一章《词学的古典与现代》。
② 康有为《日本书目志·识语》上海大同译书局 1897 年,亦见《康有为全集》第三集,中国人民大学出版社 2007 年版,第 522 页。参见本书谭帆等撰《小说卷》第一章《导论》。

1928年朱自清所说的"散文学"①,究其实质,也只是"小说"与"散文"的代名词而已,既与文学的"理论"、"思想"等没有沾上边,又未用"学"与"术"的角度来观照文学,至于与用"史"的眼光来总结文学学术的演变,更是有很大的距离。至20世纪之交,一方面,由于在西方文化与学术的强劲刺激下,一些学者纷纷打出了重振"国学"的旗号,强调要重新发现、阐释、振兴中国固有的文化学术传统,中国学术史的研究无疑就被提到议事日程上来了。如1902年,梁启超就发表了《论中国学术思想变迁之大势》,尽管当初他写得比较粗略,但能鸟瞰全局。后来,他于20年代撰成的《清代学术概论》、《中国近三百年学术史》,就比较成熟,对于推动中国学术史研究功不可没。从20世纪初起,特别是20年代之后,雨后春笋般地出现了许多中国文学某某"学"及一些有关学术史的研究著作,不能不说与此大有关系。另一方面,影响中国文学学史观念自觉的是由于关于文学学科意识的逐步明确。在东瀛西国文学观念的影响下,人们对于学术的分类和"文学"的认识都产生了变化,特别是《钦定京师大学堂章程》明文规定"文学科"作为大学七大分科之一,且下设"词章学"一门之后,逐步确立了中国古代文学的学科意识,《中国文学史》著作的编写也成一时风尚。在这样的情势下,中国文学学术史的研究也逐渐自觉,陆续出现了一些明确标举中国文学之"学"的著作,如邬启祚的《诗学要言》(1911),许之衡的《曲学及曲选》(1912),谢无量的《诗学指南》、《词学指南》(1918),董巽观的《小说学讲义》,徐敬修的《词学常识》(1923),陈景新的《小说学》(1925),徐珂的《清代词学概论》,龚自知《文章学初编》(1926),陈去病的《诗学纲要》,黄节的《诗学》(1927),杨鸿烈的《中国诗学大纲》及江恒源的同名著作(1928),以及金慧莲的《小说学大纲》(1929年《红玫瑰》5卷1、2、5、10、14、29期连载)、徐国桢的《小说学杂论》(1930年《萌芽》1卷4期)等。诸如此类有关"文学学"的著作不断出现,其中不少只是着眼于某一分体文学本身的介绍与分析,并不注重评述研究这一文体的"学问",即对于某一文体的认知与研究缺乏深度的论述,有之,多数只是在"批评史"的视野下,对某一文体的认识与思想有所梳理;而且,这类"学"的著作,大都是横向的梳理,缺少"史"的纵向的描述。因此,长期以

---

① 朱自清《背影·序》。《文学周报》第345期,1928年11月25日,亦见《朱自清全集》第一卷,江苏教育出版社1988年版,第31—32页。参见本书罗书华撰《散文卷》绪论。

来，真正意义上的"中国文学学史"尚未出现。直到上世纪八十年代，夏传才作《〈诗经〉研究史概要》(1982)，继而叶长海作《中国戏剧学史稿》(1986)，才揭开了真正意义上的中国文学学史的序幕。特别是到了与 21 世纪之交，或许是受到"一个世纪"的时段的召唤，总结一个世纪学术史、乃至整个中国学术史的热情空前高涨，各类学术史著作犹似雨后春笋，其中有关文学的学术史著作也纷至沓来。在上世纪 90 年代，郭英德的《中国古典文学研究史》(1995)、赵敏俐的《20 世纪中国古典文学研究史》(1997)，作为顾及各体文学的全史或通史出现，在当时产生了较大的影响。尽管他们还是用了"研究史"的名目，但实际上还是将中国文学学术史推上了一个新的台阶。至 21 世纪，不同类型、不同规模、不同类型的有关中国古代文学的学术史著作更是层出不穷，"中国文学学史"的编写迎来了一个真正的春天，也为我们思考编写中国文学学史奠定了一些理论基础。

二

编写"中国文学学史"的时代真正到来了，摆放在我们面前的第一个问题是：现在究竟为什么要编写中国文学学史？

在 20 世纪之初，人们把编写学术史的意义提得很高。有人说："国有学，则虽亡而复兴；无学，则一亡而永亡。何者，盖国有学则国亡而学不亡，学不亡则国犹可再造；国无学则国亡而学亡，学亡而国之亡遂终古矣。"[①]当时不要说编写中国的学术史与爱国保种联系起来，就是编写"中国文学史"也是与民族的危亡、国家的前途紧密相连，黄人在他编的《中国文学史》的《总论》中说，编中国文学史就是为了"动人爱国保种之感情"。他认为"国有语言文字，此其国必不劣"；假如我们见外国文学就欢迎恐后，授祖国文学则攒肩掉首，久而久之，则"不待人之灭我而我行将自灭也"[②]。而一部《中国文学史》，就可以使后人窥知祖国的文学宝库光辉灿烂，以奋起继述之志，这样，文学史就无异于国史，是爱国主义教育的极好教科书。当然，时间过去了一百年，今天读起这些

---

① 许守微《论国粹无阻于欧化》，1905 年 8 月 20 日《国粹学报》第 1 年第 7 期。亦见《国粹学报》第 3 册，广陵书社 2006 年版，第 98 页。

② 黄人《中国文学史》第一册《总论》，国学扶轮社印行东吴大学堂课本，第 4b—5a 页。

话来,已有恍然隔世之感。乍看起来,我们现在是莺歌燕舞,天下太平,更何况我们还不时听到一些嘲笑"爱国"的论调,似乎在当下"全球化"的浪潮中再讲国家、民族的利益,就有点狭隘和落伍了。实际上,这种论调是十分危险的,实在不亚于当年针对我们的坚船利炮。当然,世界大同,自有来日,但当今之天下,哪一个国家,哪一个民族,不竭力维护自己的利益?有的为了自己国家的利益,还千方百计地去掠夺他国的财富,破坏他人的国家,甚至因此而不惜双手沾满了鲜血。我们面对的世界,有平等友好待我之民族,但也有亡我之心不死者。比起一百年前,我们的祖国是强大了,但还充满着危机。爱国家、爱民族的精神不能丢。编写《中国文学学史》,张扬中国传统文学的精神,正是凝聚中国民族向心力与弘扬爱国精神的一条重要而有效的途径。

  时代呼唤着我们将文学学术史的研究与祖国的命运联系在一起,但我们总结与张扬中国传统文学的学术史并不是意味着排斥学习与接受国外、特别是西方的文学思想与研究方法,而是要更加注意如何处理好中与西的关系问题。我们当然注意到一百多年来,在一波又一波的西方学术浪潮的冲击下,中国传统的学术思想、学术话语、学术规范,乃至表达的方式等,不断地受到了改造与销蚀。这里有积极的一面,同时也有明显的消极的一面。许多传统学术中的菁华就此被曲解或抛弃,致使当代的学术研究在不少方面已与传统脱节,民族的自尊性受到了严重的压抑。所以整理与编写中国传统的学术史,在扬弃一些糟粕的同时,更要弘扬其科学、精彩、有生命力的学术思想与研究方法,从而弘扬传统的优秀的文学精神。当然,这不等于盲目排斥国外先进、科学的文学思想、理论与研究方法。比如长在中国土地上的一棵树,我们应当让它吸取各种有益的养料使之更健康地成长,也可以嫁接不同的树木使之开出新异的花朵,但决不可以将它连根拔去,遍插异种。这在理论上、口头上,大家几乎都能接受的,但在实际操作过程中往往还不尽如人意。究其原由,实在是从甲午战争以来,一种弱国自卑的心理并没有彻底铲除,再加上趋新好奇的心理、卖弄学问的心理,交并作用,常常会看到一些莫名其妙、乱七八糟的东西被吹得天花乱坠,甚至一时会泛滥成灾。当然,要彻底铲除盲目崇洋、弱国自卑的心理,有待于我们祖国国力的真正强大,但我们所做的总结中国的文学学术史的工作,正如黄人当年写《中国文学史》一样,希望"厌家鸡爱野鹜之风或少息乎"[①]!希望促使社会真

---

  ① 黄人《中国文学史》第一册《总论》,国学扶轮社印行东吴大学堂课本,第3b页。

正能重视、明确与坚守中国传统的优秀文学精神,在当前文学现代化的进程中坚持以中化西,而不是去以西化中,更不是去以西去中。

我们总结传统文学的学术史,还必须理直气壮地强调有用于当世。这里就有个求真与求用的问题。任何学术史,当然要以求真为鹄的,不能用这样或那样的政治的、民族的以及其他任何狭隘、片面的目的与方法去歪曲或掩盖事物的真相。我们中华民族研究文学自有在长期实践中形成的一套独特的路数,我们有责任排除各种干扰,将它真实、科学地总结出来。这就是叫求真。但求真与求用并不是绝对对立的。有些人强调学术的求真与独立,往往会将求真与求用对立起来,简单地认为求用就是追求社会功利,就是媚俗,就会亵渎学术,于是就将自己困锁在象牙塔里进行所谓的"求真"。其实,研究自然科学的学术及学术史,最终的目的无非是为了促进自然科学的研究,使人类在改造与利用自然资源时得到利益,即有用,这是不辨而自明的。那么,研究社会科学与人文科学的学术与学术史,难道就不是为了对人类社会发展有用吗?我们研究文学的学术史,难道能与弘扬爱国精神,与当今的文学事业健康发展、繁荣昌盛,与丰富我们的精神世界,美化我们的心灵,纯洁我们的情操无关吗?反过来看,也只有抱着正当、崇高的有用的目的,才能保证求得研究学术史的真谛,才能真正求得其真。有人在这里会担心,你在追求有用时,是否会被强权政治所胁迫?是否会被某种狭隘的利益所驱动?假如真是这样的话,我们的研究的确会无法求其真,只能得其伪。这里的关键是,研究者要坚守自己的良知与公德,而不是在于轻率地抛弃其有用的追求。那种鼓吹学术纯独立而求真的说法,实际上在许多社会科学与人文科学的研究中是不存在的,充其量只是为了某类目的而作的一种宣传罢了。总之,我们今天以今视古,编写中国文学学史,既为了求真,也为了求用,揭橥的是"中国文学学"的民族传统,着意在当代的学术与文学的建设,希望我们总结出来的一些中国古人所认知与研究中国文学的特质、基因、传统与规律性的东西,在当今文学贯通古今、融会中外的进程中,有助于反思过去,清理思路,提供借鉴,有助于建设当代的学术与繁荣当代的文学。而反过来,只有立足当今,经过当代学术与文学的检验,才更能使我们相信中国传统文学精神的光辉灿烂。一部中国文学学史,就应当抱着求真与求用相统一的目标,追求弘扬传统精神与当代的学术建设与文学繁荣相结合。

三

那么,中国古代认知文学的最核心的特质、基因与传统是什么呢?

答曰:文学原人论,即认为文学原于人,以人为本。这个本,既是"本源"的本,也是"根本"的本。这个"人",是指作为人类的人、社会群体的人,不是指个体的人(论述个体创作时除外)。所以中国的"原人"论与以鼓吹以个人为本的什么"人本主义"、"人学"等等完全是两条道上开的车。它的核心内容即是:文自人,文似人,文为人。文自人,即文章的产生,根本在于人,而不是对客观世界被动描摹等等。中国诗学的开山纲领曰"诗言志",就是强调诗歌是抒发人的思想与感情。关于创作的发生,不论是"物感"还是"感物",都是以人的主体作用为主的。从创作过程中的"神与物游",到将意象用文字迹化,就是一个"心化"的过程。道学家有"大心"说,就是将客观的世界认作主体心的扩大化,"视天下无一物非我"①。中国诗学的主流理论,也就是将客观世界心灵化,"情景交融"之所以被认为是创造有"境界"的作品的关键,就是强调了作品中有人在。至于从评价的标准来看,无论是认为作品有"滋味"、"味外之味",还是认为有"兴趣",有"神韵",有"意境",都是以人的体味为中心的。所以认为文学的"本源"在于"人",而不是在于"物"。所谓"文似人",更是清晰地反映了中国古代认知文学的一个基本的特色。《易·系辞》云:"近取诸身……以通神明之德,以类万物之情。"文学的各种问题,几乎都会"近取诸身",以作比喻。文论中神、气、骨、心、眼、窍、筋、脉、髓、味等等概念与范畴,触处皆是。"生生不息"的精神更是贯串始终。西方尽管也有人用"生命"哲学来观照文学,但这是很后的事情,且不是一种带有主流色彩与普遍性的理论,充其量只是"西洋批评家的偶语"而已。早在上个世纪三十年代,钱钟书先生就指出"中国固有的文学批评的一个特点",即是"把文章通盘的人化或生命化","把文章看成我们自己同类的活人"②,这是很有道理的。所谓"文为人",也是中国古代一直强调的文学是为人服务的。文章就是用来

---

① 张载《正蒙·大心篇》,《张载集》,中华书局1978年版,第24页。
② 钱钟书《中国固有的文学批评的一个特点》,《文学杂志》第1卷第4期,1937年8月1日。亦见《中国比较文学研究资料(1919—1949)》,北京大学出版社1989年版,第46页。

"载道"、"劝善惩恶"、"有用于世",起"教化"作用的。在论述人与现实、德与言、文与质等关系,以及提倡"温柔敦厚"、"中和之美"等时,占主导地位的都是以追求伦理性、实用性、功利性为最终鹄的。但同时我们也应该注意到,"为人"不仅仅都是围着功利转的,也不断有人强调文学的怡情悦性的"乐"人、"自适"等作用。这同样是"文为人"。过去我曾经用心化、生化、实化来解释"原人"思想的主要内容,其中"实化"一题与我原来的想法有很大的距离,不太准确,现今改"心化、生化、实化"为"文自人、文似人、文为人"的提法,或许能更好地概括"原人论"的基本思想。

关于"原人论",我在《中国古代文学理论体系·原人论》中已有论述,得到了一些先生的认同,认为这是近年来研究古文论最具原创意义的成果之一,是用中国的思维方式去体悟传统的理论。但草创伊始,难免会留下不少疑问。借这个机会,我再作一些补充与说明。

第一个疑问就是"原人"论只是在中国古代思想史上出现过,而在中国古代文论史上从未见过有什么人讲过,有的只是"原道"论。特别是一部古文论的经典《文心雕龙》一开头三篇《原道》、《征圣》、《宗经》似乎已经讲得很清楚,文学的根本是在于"原道"。此后,讲文学"原道"的声音不绝于耳。所以,只有"原道论"才是真正"体现了古代理论家对文学本体、本原的认识"。强调了"原人论",岂非"弱化了'原道论'的价值意义"? 此言不差,古文论中从未有人提过"原人"论,我今强调"原人"论是中国古代文学家认知文学的一个真正的根本立足点,在某种意义上就是为了"弱化""原道"论,更确切地说,也就是为了对"原道"论作一个重新的认识与估价。不错,对于中国古代的"原道"论不能一概否定。在某种情况下,强调用某种"道",反对某种不良的风气,是有一定的积极意义的,但它在整个中国文论史上所产生的极其严重的负面影响是决不可低估的。只有当这个"道"与"原人"相通,能直面人生,对广大人民有利的时候,这个"原道"论才有它的真正的价值。我们站在今天的立场上,要认知中国古代文论的特质时,不能重复过去,而是要努力把被历史所包裹在"道"外面的层层迷雾彻底拨开,将它真正有价值的东西凸现出来,将那些与"人"相背的东西彻底扬弃。在这样的情况下,我们就会自然地看到,原来"原人"才是中国古代文论中对于文学的本体与本源真正有价值的认识,而决不是"原道"。

再说"道",我们现在常常将它视为一个"哲学范畴"。所以,会认为"原道"

"体现了古代哲学对文论的指导和制约,也使古代文论具有了更高的形而上层次"。其实,这个"道",在中国古代社会里,儒家、道家、法家、墨家,到后来的释家等等,各道其所"道",众说纷纭,莫衷一是。就是刘勰所说的"道"究竟是什么"道",也有不同的说法。在这样的情况下,我们笼统地说"原道",究竟原的是什么"道"? 难道有一个什么统一的"原道"论吗? 这样笼统地标举"原道",究竟有多少实际意义呢? 更何况,我们不难看到历史上许多被打扮得冠冕堂皇的"道",往往包裹着的是反人类进步、反社会文明。因此,我们必须抛弃笼而统之的"道",必须将"道"放在具体的历史背景中,放在"人"面前加以审视,显示其"道"的真正原形。所以,与其高举"原道",还不如提倡"原人"更为切实,不为"道"的幌子所迷惑。

当然,我们今天在审视古代认知文学的最基本、最有特色的观点时,必须抓住一个最主要、最关键的"道"入手来加以分析。毫无疑问,在中国漫长的古代社会中,儒家在总体上处于主导的地位,儒家的一套是主流话语。道家、释家等观点在正常情况下只是一种补充与调剂。这即使到了后来三教合一的呼声比较高涨的时期,不少文人具有尊道重佛的倾向,儒学还是在社会上、在文人中占据着牢不可破的统治地位。所以要找中国社会、学术、文化的基本特质,首先要到儒家的经典、儒家的圣人及他们所说的"道"中去发现。而在儒家之中,最有权威性的当然是孔子。在这里,我们不妨将《论语》中有关论"道"的部分整理一下,就不难发现他所说的"道"大致可分成两类:

一类所说的"道"是抽象而未及具体内涵的,如:"朝闻道,夕死可矣。""邦有道,不废,邦无道,免于刑戮。"(《里仁》第四)子曰:"道不行,乘桴浮于海,从我者其由与!"(《公冶长》第五)子曰:"君子谋道不谋食。""道不同,不相为谋。"(《卫灵公》第十五)这里的"道"究竟是什么? 孔子没有明说。

另一类所说的"道"是关系到具体内容的,可以从中发现孔子所说的"道"的具体内容:

君子务本,本立而道生。孝悌也者,其为仁之本与? (《学而》第一)
道千乘之国,敬事而信,节用而爱人,使民以时。(同上)
礼之用,和为贵。先王之道斯为美。(同上)
曾子曰:"夫子之道,忠恕而已矣。"(《里仁》第四)
子谓子产:"有君子之道四焉。其行己也恭,其事上也敬,其养民也

惠，其使民也义。"(《公冶长》第五)

子曰："志于道，据于德，依于仁，游于艺。"(《述而》第七)

"君子道者三，我无能焉。仁者不忧，知者不惑，勇者不惧。"(《宪问》第十四)

君子学道则爱人，小人学道则易使也。(《阳货》第十七)

从中可见，孔子所论的"道"并不是所谓"玄之又玄"，难以捉摸，而是很实在的，其目标都是针对社会中的人，其核心是"仁"。"仁"即由"人"与"二"构成。有了二个人，就有了人与人之间的关系。处理好人与人之间的关系，就要"依于仁"。"仁者，爱人"，对他人要遵循"忠恕之道"，更具体一点就是："己欲立而立人，己欲达而达人。"反过来说，就是："己所不欲，勿施于人。"在人与人的关系中，父母兄弟当然是最为直接的，所以"孝悌"是"仁之本"。与"仁"相关的"礼"在孔子思想体系中也十分重要。实际上，两者是相辅相成的。"仁"是人的内在的德性，"礼"则是外在行动的表现，两者共同的要求就是要顺应和维护社会秩序的规范与稳定。所以说，"克己复礼为仁"，"人而不仁，如礼何"(《八佾》)。总之，孔子的"道"在本质上是以伦理道德为核心，要求人们能处理好有秩序的社会中人与人之间的各种关系。孔孟的文论观，也是与此相适应，认为："弟子入则孝，出则悌，谨而信，泛爱众，而亲仁，行有余力，则以学文。"(《学而》)"文之以礼乐，亦可以为成人矣。"(《宪问》)将学"文"与"仁"，成"文"与"礼"紧密地联系在一起。他提出的"兴观群怨"说、"有德者必有言"，赞赏"乐而不淫，哀而不伤"、"思无邪"等，都明显地强调了文在社会中对人的作用。假如说孔子在《论语》中的观点比较侧重在"文为人"的方面的话，那么，其他儒家经典所提出的"诗言志"(《尚书·尧典》)、"凡音者，生于人心者也"，"其本在人心之感于物也"(《礼记·乐记》)，以及孟子的"养气"说、《易·系辞》所说："近取诸身……以通神明之德，以类万物之情"等，都为"文自人"、"文似人"的思想奠定了基础。一部中国古代文论史的主流话语，就是沿着"文自人"、"文似人"、"文为人"的路子走下来的。这就是中国古人对于文学的最基本、最有特色的认知。

有人或许会说，这算什么特色？古今中外"任何人文社会科学的发生与发展，都是与人密不可分，都是以人为本源而生发出来的"，故而"原人""显得没有说出中国文论自身的特点，故而其意义也就不那么大"。这里的前一句话是不错，千真万确，但是后一句的推理就有问题了。"任何人文社会科学的发生与发展，都是与人密不可分，都是以人为本源而生发出来的"作为客观存在，的确是"古今如此，中西皆然"。但是，对于这种客观存在的认知，却是古与今、中与西大不相同、千差万别的。我对西方古代的文论没有专门研究，不敢妄说，但据我粗浅的了解，关于"原人"论所包涵的三个核心问题，并不是西方一贯的主流的话语，他们自有自己的认知的兴奋点、出发点与归宿点。假如有的时候，有的人说过类似中国古代"原人"论的话，那也只是在"人同此心，心同此理"的必然下出现的偶然而已，不能因此而否定中国古代文论的独特性。

还有人或许说，你这个"原人论""难以涵盖古代文学理论体系的所有方面"，因为"原人文学论"所包容的理论范围主要是古代文论中与"人"相关的那些方面，而不是古代文论的所有方面。比如，像艺术思维论、文体论、技巧方法论等方面，就与"人"的关系"疏远"了。当然，我想世界上是很难有一种理论能包罗万象，中国古代文学的"原人"论是对文学的最基本特质的认知，也可以说是中国古代文论的纲，它具有统摄性，但决不能涵盖所有的问题。不过，它比起"原道"论来，显然更具有广泛的涵盖性。比如就所谓"艺术思维论"来看，"原道"论与艺术思维的理论基本上是对立的，而"原人"论所论的文学创作的"心化"过程，就是中国式的艺术思维论。而中国古代论"文体"，大致有两种，一种是论文学的体性、体气，如《典论·论文》云："文以气为主。气之清浊有体，不可力强而致。"钟嵘《诗品》论陶潜诗"文体省净，殆无长语"。《文心雕龙·体性》所总结的"典雅"、"远奥"、"精约"等八体。后世所说的建安体、太康体、陶体、谢体、梅村体等等。显然，如此论文体，是与人，以及与人相关的时代精神、民族特点等等紧密相连的。另一种论文体，主要是论文学的体制、体裁，乃至文章的作法、结构、修辞等等，如《典论·论文》云："夫文本同而末异。盖奏议宜雅，书论宜理，铭诔尚实，诗赋欲丽。"《文赋》云："诗缘情而绮靡，赋体物而浏亮。碑披文以相质，诔缠绵而凄怆。铭博约而温润，箴顿挫而清壮。颂优游以彬蔚，论精微而朗畅。奏平彻以闲雅，说炜晔而谲诳。"这里，陆机论不同的文体比曹丕扩大了许多，从四种增加到了十类，但其精神是一致的，即是论及不同体裁的作品当有不同的表现形态与方法。这一类论文体，偏于表现和形式方面，这是否与人，与社会无关呢？显然不是。我们不妨引述《文心雕龙》的一些论述，来看一看它是如何认识不同体裁的形式技巧的表现与人的关系的。其《明诗》云："在心为志，发言为诗，情动于中而形于言。"说明不论以何种方式与技巧表现为外在的各种形态的诗,都是出于"心"与"情"。《诠赋》云:"赋者,铺也;铺采摛文,体物写志也。"这更清楚地说明了"铺采摛文"都是"体物写志"的表现。《史传》云:"开辟草昧,岁纪绵邈,居今识古,其载籍乎!"《论说》云:"圣哲彝训曰经,述经叙理曰论。论者伦也,伦理无爽,则圣意不坠。"这说明了不论是记事还是说理,都是离不开社会与人的。后来文体发展的更细密,都是与人的需要分不开的。如历史演义的产生,就是为了将《后汉书》、《三国志》、《通鉴》中的一些故事通俗化,话本小说中的一些体式,如有入话、回前诗、韵语的插入等等,也都是为了使观众容易接受。梁启超创造"新民体",使散文产生变革,也是为了适应当时政治宣传的需要。总之,文体的发展离不开人的需要,离不开社会的需要,并不是离开了人而抽象地产生与发展的。现在有的人就喜欢将某些形式的东西抽象出来,认为可以脱离人,脱离社会而独立地产生而发展,其实这种理论像拉着自己的头发要离开地球一样,是经不起推敲的。

我强调"原人"是中国古代认知文学最基本的特质,其意义还在于"原人"正是中国文学传统与现代性相连的大动脉,看到中国文学的现代生命中正传递着传统"原人"的基因。本来,"现代"一词,本身就是一个流动的概念。中国何时可以说有了现代性?什么叫现代性?这又是一个众说纷纭的问题。1933年,钱基博出版《现代中国文学史》,始明确用"现代"来观照中国文学,虽写的是"民国纪元以后者",但实际上关系到我们现在一般所称的"近代"的作家。在日本,"近代"与"现代"基本上是一个意思。我们现在所称的"近代文学",实际上已有别于"传统文学",正处在急速地现代化的进程之中。那么,从所谓近代到当代,不同于古代的文学现代性究竟是什么呢?我想,要义主要有三点。第一,为什么人的问题变了。古代的文学尽管也有"为民"的内容及纯抒发自己的感情、自娱自适的作品,但总体上是为了"兴观群怨","文以载道","有补于世","劝善惩恶",归根到底,用周作人在1908年所说的话来说,就是"实利所归,一人而已",或者说是为专制统治者服务的。现代的文学是"万姓所公"[①],是为全体"国民",为"人民大众"服务的。第二,写的内容

---

① 周作人《论文章之意义暨其使命因及中国近时论文之失》,1908年5—6月刊《河南》4—5期;亦见钟叔河编《周作人文类编·本色》,湖南文艺出版社1998年版,第三册,第29—30页。

新了,更强烈地体现了生生不息的精神。随着时代的进步,不断地表现当下社会的新思想、新事物与作者的新体验。第三,创作的独立自由的意识加强了。晚明至近代,尽管不断有人张扬"性灵说",从袁宏道提出"独抒性灵,不拘格套",到龚自珍高喊"尊心"、"尊情",以及他的朋友何绍基力主"真我自立"、"独往独来",都有追求个性独立、创作自由的意义。但他们所提倡的个性解放的理论基础主要是从儒、道、佛三家体系中提炼出来的,基本上还属于旧的思想范畴之中。自从十九世纪六、七十年代开始传入西方的自由、民主思想,特别是经过维新派的大力宣扬用"自由主义"来写作"自由文学"之后,"创作自由"的精神在文艺界逐步深入人心,彻底改造了传统的"性灵说",冲决了文艺专制主义在创作过程中的精神桎梏。以上三点是从接受对象、文学本体、创作主体三个角度的根本方面来考察的。其他如语言的白话化,对于文体的认识与文体结构的变化等等,可以从很多方面来揭示现代性的特征,但最基本的我想还是这三点。从这三点来看,文学的现代性是从未与传统文学之间产生过"断层"的现象,中国传统文学的基因不曾在现代文学中丢失。中国文学的现代性与传统之间血脉相连。其相连的主要血脉是什么呢?是原人精神,是以人为本。文学不为封建统治者少数人服务,而是为最广大的人民大众服务;文学注重描写新时代的新思想、新事物、新体验;文学创作加强个体独立自由的精神;等等,都是人性精神的进一步高扬。五四新文化运动中提倡的"人的文学"、"活的文学",以及"美的文学"等,实际上最根本的一点就是立足在"人"字之上。因此,我自认为"原人论"能超越"以西释中"的定势,横贯文论与创作,纵连传统与现代。文学原人论,就是中国文学传统与现代性相连的大动脉。

四

原人论是中国古代对文学最基本而有价值的认知,那么,什么是中国古代最基本、最有统摄力、贯串力的研究方法、手段与途径呢?

答曰:治经之法以治文。当然,在儒家的元典中本身就提出了一些很重要的治学方法与原则,例如,"见仁见智"、"知人论世"、"以意逆志"等为众所周知,成为中国文学研究史上重要的方法论的源泉,但更广泛的是包含在历代解经的一些思想、原则与方法之中。中国的学术史,真正的起步是从解经开始的。一部学术史,最主要的内容就是经学史,由此而旁及史学、子学、文学及其他学术史。文学的学术研究史显然也是被儒家治经的一套方法所笼罩,打上

了鲜明的经学印记。经学对中国古代的文学研究所起的重要影响,综其大要,有这样几点:

第一,依经立义。自汉武帝提出"罢黜百家,独尊儒术"之后,几部儒家的著作被法定为"经",设立了《诗经》、《书经》、《礼经》、《易经》、《春秋经》的五经博士。自此之后,就形成了一种专门训解与阐释儒家经典的学问,称之为"经学"。显然,这门学问的灵魂就是"尊经",并从尊经到尊敬写作这些经典的圣人与这些经典中阐发的道义。解经的方法千变万化,其要点无非有两:一是尽力阐明经典的原意,二是阐发经典的道义。正因为这种研究成了一时治学的主宰,也就自然地成了研究其他学问的规范。研究文学,当然也遵循这种思维模式,首先用儒家的道义来审视作品,同时从作品中寻求其符合儒家经典的道义来。比如《离骚》,班固曾批评它"多称昆仑、冥婚、宓妃虚无之语,皆非法度之政、经义所载"(《离骚序》),认为其艺术想象逸出了儒家"经义"的规范,所以不能称它"兼《诗》风雅而与日月争光"。但是,王逸作《楚辞章句》用儒家的道义来重新考量屈原后,在《离骚章句序》中明确批驳了班固的观点,指出屈原的为人就符合儒家道义的规范,说:"今若屈原,膺忠贞之质,体清洁之性,直若砥矢,言若丹青,进不隐其谋,退不顾其命,此诚绝世之行,俊彦之英也。"而且,屈原的作品也都是"依经立义"的:

> 夫《离骚》之文,依托《五经》以立义焉:"帝高阳之苗裔",则"厥初生民,时惟姜嫄"也;"纫秋兰以为佩",则"将翱将翔,佩玉琼琚"也;"夕揽洲之宿莽",则《易》"潜龙勿用"也;"驷玉虬而乘鹥",则"时乘六龙以御天"也;"就重华而陈词",则《尚书》咎繇之谋谟也;"登昆仑而涉流沙",则《禹贡》之敷土也。……屈原之词,诚博远矣。

王逸的这段评述,完全是用经学的思维模式来对《离骚》作出价值判断,刘勰在《文心雕龙·辨骚》中就概括王逸的这种文学研究是将"《离骚》之文,依经立义"。这种运用儒家经学的阐释方式,强调作品"依经立义"的精神,对后世的文学研究起了很大的影响,即使在论述"小道"之小说与"艳科"之词曲,也都会竭力从中找出符合"经义"的精神来,如可一居士《醒世恒言序》称"三言""为《六经》国史之补",陈廷焯论词选词的原则为"归于雅正",本于《风》、《骚》。甚至在论其"诲盗"之作《水浒传》时也赞其"水浒之众,皆大力大贤有忠有义之人"①;辨其"诲淫"之作《西厢记》时说是"词曲之《关雎》"②,"《风》之遗也"③;而《金瓶梅》也是"先师不删郑卫之旨"④,亦"关系世道风化,惩戒善恶,涤虑洗心,无不小补"⑤。如此等等,都可窥见"依经立义"就是贯串中国古代文学研究始终的一个传统。

第二,"文"的关注。中国古代的文学研究往往遵循"依经立义"的原则,用解经的方法来阅读与研究文学作品,这是否会造成排斥对文学特性的认知呢?的确,从表面上看,强调"理"与注重"文"是矛盾的,因此人们常常会将两者简单地对立起来。比如,对于《诗经》的研究,人们常常认为是经过了一个从经学到文学的演变过程。或认为从魏晋,或认为从宋代,或认为从明代开始的《诗经》研究从经学向文学转型。这样的看法不能说没有一点道理,但事实上,从汉代,甚至从孔子起,对于《诗》的认识就包含着从文学的角度上来加以认知;而反过来看,一直到清末,实际上所有的《诗经》研究都没有跳出经学的牢笼,所谓"文学性"的研究,仍然都是在经学的范围之内。我们不妨先从汉代的《毛传》来看,其《诗大序》说:"情动于中而形于言。"它虽然要求文学作品的内容能符合经义,所谓"止乎礼义",但它非常强调文学创作要"发乎情"。《诗大序》又总结《诗经》有"赋比兴"的不同表现手法。这三种表现手法,具有极强的概括力。文学的基本特性是什么?现在有各种各样的说法,可以说令人眼花缭乱,但究其根本,实为两点:一是有真的感情,二是有美的形式。《诗大序》接触与抓住了这两个根本,难道能说它不注意文学性吗?再看《离骚》,自从汉武帝令刘安研究《离骚》而称之为"经"之后,汉代的解经家也始终注重其"文采"。王逸的《离骚经序》云:"《离骚》之文,依《诗》取兴,引类譬喻。故善鸟香草,以配忠贞;恶禽臭物,以比谗佞,灵修美人,以媲于君;宓妃佚女,以譬贤臣;虬龙鸾凤,以托君子;飘风云霓,以为小人。其词温而雅,其义皎而朗,凡百君子,莫不慕其清高,嘉其文采。"这里就《离骚》"依《诗》取兴"的表现特点作了充分的肯

---

① 李贽《忠义水浒传序》,明万历容与堂刊《忠义水浒传》卷首。
② 程巨源《崔氏春秋序》,徐士范刊本《重刻元本题评音释西厢记》卷首。
③ 王骥德《评语》,王骥德校注《新校注古本西厢记》附录。
④ 廿公《金瓶梅跋》,古佚小说刊行会影印明万历本《金瓶梅词话》卷首。
⑤ 欣欣子《金瓶梅词话序》,古佚小说刊行会影印明万历本《金瓶梅词话》卷首。

定,在赞扬"其义皎而朗"的同时,对"其词温而雅"也充分注意。今就汉代对于《诗》、《骚》两经的解读来看,都清楚地说明了经学家在强调作品的"义"的同时,都未排斥其"文"。我们再看后世被认为是用文学的观点来解读《诗经》的研究,如明代的陈组绶,作《诗经副墨》,论者曾谓其批点"把握的是诗中最具生命活力的东西",就《君子于役》一篇,"长达近四百字的评析,竟无一语不是与文学相关,也无一语不是对诗境、诗趣的领悟的"①。然陈氏在其书的《序言》开头即说:"诗,难言也,声歌畅于性情,义蕴通于传序。"后在《凡例》中又说其己作是:"取其言约理长,足发明诗旨者,存为经翼。"②显然,他还是将自己的著作看作是一种解经。晚至清末咸丰年间,有陈继揆者在明人戴君恩《读风臆评》的基础上作《读风臆补》,曾用明确的语言表示"以经读《诗》,不若以诗读《诗》之感人尤捷也"。他认为"诗可意会而不可以言传","传之于言,笺疏愈烦,性情愈晦;会之于意,性情既通,笺疏可废",似乎要摆脱经学的眼光来研究《诗经》。然而,其《总评》第一条即说:"孔子以'思无邪'一言蔽全诗,教人读诗之法也。……故'思无邪'为读《风》之第一法。"后面又说:"《风》始以《南》,终以《豳》,可以见周德矣。""杨升庵曰:《春秋》有例,《诗》亦有话。子夏《大序》,卫宏《小序》,诗话祖于此。"可见他实际上还是没有彻底摆脱经学的羁绊。故徐发仁在为《读风臆补》作《叙》时说:"戴君逆诗以臆而诗意明,陈子补《臆评》之评,而戴评之意尤明,而风人作诗之志愈益明,岂第不失之愚,亦觉温柔敦厚之旨盎然于字里行间焉。"③这说明了陈继揆之作归根到底还是发明了"风人作诗之志"与《诗经》的"温柔敦厚之旨",还是没有真正跳出经学的范围。

第三,实证返原。经学是从汉代开始,汉代的经学称之为"汉学",注重在对经典的文字、声音、训诂、名物的实证研究,以求对经典的原貌与原义有一个真实的认识。比如就《诗经》研究而言,毛传与郑笺就是代表,以后由汉至唐,乃至到清代,不断有人对儒家经典作"传"、"笺"、"诂"、"注"、"解故"、"故训"等等,且由解经到注释史、子、集部的著作,包括对小说与戏曲的阐释,形成了一

---

① 刘毓庆《从经学到文学》,商务印书馆,2001年版,第393、第392页。
② 陈组绶《诗经副墨》,明末光启堂刻本,《四库全书存目丛书》经部第71册,齐鲁书社,分别见于第1、第5页。
③ 陈继揆《读风臆补》,光绪宁郡述古堂刊本,《续修四库全书》第58册,上海古籍出版社,第160页。

个注重实证,追求还原历史本来面貌的研究传统。就目前认为的"文学"作品而言,从《诗经》、《楚辞》以下,对其多用奇字僻语与广载山川风物的大赋就较早有人予以注释。据《隋书·经籍志》载《杂赋注本》三卷下注云:"梁有郭璞注《子虚》、《上林》赋一卷,薛综注张衡《二京赋》二卷,晁矫注《二京赋》一卷,武巽注《二京赋》二卷,张载及晋侍中刘逵、晋怀令卫瓘注左思《三都赋》三卷,綦毋邃注《三都赋》三卷,项氏注《幽通赋》,萧广济注木玄虚《海赋》一卷,徐爰注《射雉赋》一卷,亡。"同时还载有李轨《二都赋音》、褚诠之《百赋音》、佚名作《赋音》及郭征之《杂赋图》十七卷等。可见晋以后注赋之风甚盛。有关注诗的情况,《隋书·经籍志》虽然未有著录,但据《文选》李善注所引,也有若干。自此以降,后世不少中国古代文学研究家,有的甚至倾注了毕生的心力,对有关的文学作品进行注释文字,考据故实,检验版本,整理材料,为人们进一步去阐发文学作品的义理与价值打下了坚实的基础。

第四,因时适变。经学的研究本身不是一成不变的,它随着时世的变化而不断地变化。汉代的经学一开始是以章句训诂为主的汉学面世,但不久即与盛行于时的谶纬相合流。至魏晋南北朝时,又有学者融会《周易》、《老子》、《庄子》所谓"三玄"的妙论来注解儒家的经典,形成了"玄学"。宋代又兴起了"理学",注重阐发儒家经典的义理。宋学中又有陆王心学一路,从"我注六经"走向"六经注我",王阳明明确提出:"盖'四书'、'五经'不过说这心体,这心体即所谓道。心体明即是道明,更无二:此是为学头脑处。"①清代学者则又反过来继承汉儒的学风,注重考据训诂之学,于乾嘉年间尤盛,清陈康祺《燕下乡脞录》卷十四云:"乾嘉巨卿魁士,相率为形声训诂之学,几乎人肆篆籀,家耽《苍》、《雅》矣。诹经榷史而外,或考尊彝,或访碑碣,又渐而搜及古专,谓可以印证朴学也。"②经学的变化,势必促进了文学研究的演进。比如,以宋学为指导的朱熹的《诗经》研究,就冒着被指为"异端"的风险,起而批驳了以《序》、《传》为代表的汉学的解诗方法,突破了千百年来的思维定势,使《国风》中的一些民歌,得到了接近本来意义上的解释,将《诗经》学推进到了一个新的阶段。明代心学的兴起,对于文学界呼唤"童心",兴起"不拘格套,独抒性灵"的

---

① 《传习录》上,《王阳明全集》卷一,上海古籍出版社1992版,第14—15页。
② 《郎潜二笔:燕下乡脞录》,光绪七年刊本,近代中国史料丛刊第553册,文海出版社1966年版,第554页。

思潮与通俗文学的发展也都起着明显的推动作用。至清代朴学流行后,经学中的汉宋之争,也影响了文学观念的变化。例如本来强调"义理"的桐城派,受到攻击后,就改用"义理、考据、辞章"来号召。至于在诗歌领域内,就不再强调"诗有别才",只重"唐诗",只讲"性情",而是讲究学问的风气大张,论诗看"肌理",主张"学人之诗"与"诗人之诗"合一,所谓"宋诗派"的声势大盛,一直到清末,几乎掩盖了唐音。诸如此类,都说明了因时适变的经学,对于文学研究视野与方法的改变与创新起着直接的作用。

第五,经世致用。儒家的总体精神是入世的。孔子说:"小子何莫学夫诗?诗可以兴,可以观,可以群,可以怨。迩之事父,远之事君,多识于鸟兽草木之名。"又说:"诵《诗》三百,授之以政,不达;使于四方,不能专对;虽多,亦奚以为?"一开始就将诗歌与政教紧密地联在一起。后来的经学家们,抱着"穷则独善其身,达则兼济天下"人生目标,尽管其解经工作有时也为了从中找到个人安身立命的生活乐趣,但更多的是希望从中发挥自己的政治见解,探求社会稳定与政治清明的治世良方。受到经学影响的文学研究也不例外。《毛诗序》开头即说:"《关雎》,后妃之德也,风之始也,所以风天下而正夫妇也。故用之乡人焉,用之邦国焉。风,风也,教也;风以动之,教以化之。"它指出,诗歌的功用就是在于"经夫妇,成孝敬,厚人伦,美教化,移风俗"。其对"风雅颂"的解释,都是从政治的角度上来考察的。汉代的文论家们,往往用文学是否有用于社会作为一条最重要的价值标准。如王充《论衡·自纪篇》就说:"为世用者,百篇无害;不为世用,一章无补。"扬雄就悔恨早年所作的辞赋是"壮夫不为"之"雕虫篆刻"。所以有人概括说:"汉儒言诗,不过美刺二端。"①这正点明了汉儒判断文学的价值标准即是能经世致用。至魏晋南北朝时代,人们对文学的认识更为自觉,但在经学指导下的文学价值观还是没有丝毫削弱。通常被视为中国古代第一篇文学专论的《典论·论文》就强调文学乃"经国之大业,不朽之盛事"。陆机的《文赋》尽管主要论创作,但同样关注文学的社会作用,认为文学可以"济文武于将坠,宣风声于不泯"。《文心雕龙》则多处论述了文学的致用功能,如其《序志》篇云:"唯文章之用,实经典枝条,五礼资之以成,六典因之致用,君臣所以炳焕,军国所以昭明。"后世的文论,始终坚持这一原则,特别

---

① 程廷祚《诗论》十三《再论刺诗》,《金陵丛书》乙集之十《青溪集》卷二第7b页;亦见于《青溪集》,黄山书社2004年版,第38页。

是在反对过分强调形式美的时候,这种声音就特别强烈,而且,即使在比较突出娱乐功能的戏曲小说中,同样贯串着经世致用的观点。如《琵琶记》即说:"不关风化体,纵好也徒然。"胡应麟《少室山房笔丛·九流绪论》云:"小说者流……有补于世,无害于时。"明末清初,顾炎武、黄宗羲、王夫之等学者有感于明季空疏学风的误国教训,更加明确地提倡经世致用的学术风气,这对有清一代的文学思想产生了深刻的影响。鸦片战争之后,国运衰微,姚莹、曾国藩等桐城派人士,即在要求文章有"义理、考据、辞章"中增加了"经济"一项。姚莹的《与吴岳卿书》说,读书作文"要端有四:曰义理也,经济也,文章也,多闻也。"①到了晚清,面对着西方国家的军事逼迫与政治、文化思想的渗透,康有为等也大力张扬"经世致用",试图在中西文化交融中寻找一条崭新的救国自强之路。尽管这时所提的经世致用,已与传统经学精神并不完全一致,已经包含着一些异国异质的因素,但不可否认还深深地打着传统经学的印记。这样的情况,恐怕一直延续到现在。

  以上主要从积极的方面来看中国经学对传统文学研究方法所起的若干关键性的作用。不可否认,经学对传统的文学研究也带来不少消极负面的影响。比如,解经的核心问题还是集中在阐发儒家经典的"理义",这往往会这样那样地削弱了对文学性的重视,在评判文学时将文学性放在"第二"的位置;在经学的笼罩下,遵循"疏不破注,注不破传"的原则,容易滋长因袭、保守的学术风气,多阐发前人的陈说,少独立原创的观点;经学中今古、汉宋之争不断,往往自视正宗,排斥异己,门户之见,水火不容,有时会严重左右对文学的客观评价。诸如此类,也就是由经学带给我们传统文学研究的一些弊端,不容讳言。

  经学对中国传统文学研究的方式方法影响巨大,具有高度的统摄力,但必须说明的是,社会毕竟是十分复杂的,对于中国传统文学研究的特点的形成,还会来自各个方面。比如,"史官之学"与"小学"的传统,儒家之外释、道等思想与文学观点,文学之外其他各种艺术的见解等等。除此之外,一时的政治空气、理论潮流,以及批评家的个性因素等有时也会起着至关重要的作用。例如,明末的亡国之士喜谈宋末文人,清末的学者喜欢研究明末的遗民。明人好唐诗,就忽略了宋诗的研究,一时间宋集亡佚殆尽;清代宋诗派起,对于宋集的

---

① 姚莹《与吴岳卿书》,《东溟文集·外集》卷二,《续修四库全书》第1512册,第449页。

研究蔚然成风。一些隐逸之士推重陶渊明，积极用世者则多好杜甫。同样评杜甫，则黄庭坚、朱熹、方回、徐渭、钱谦益、金圣叹、沈德潜、严复等都各不相同，每个都渗透着个人的因素。总之，整个中国古代文学研究的方法是丰富多彩、生动活泼的，而决不是僵死的，一成不变的。我标举"宗经"的特点，只是拈出其最基本、最有统摄力的一点而已。

五

编纂中国文学学史，还有个书写方式的问题。综观以往关于中国文学的学术史著作的书写方式，大致有以下几类：以书为中心（以论著为论述对象并以此列目）、以人为中心（以研究者为研究对象并以人名列目）、以事为中心（以有关文学现象、文学事件、文学运动的论述为研究对象并以此列目）、以时为中心（将有关一个个时代的文学现象、文学思潮等论述作为研究对象并以时代列目）、以学为中心（以学术思想、学术流派、学术问题等为对象并以此列目论述）等。在这些不同的书写方式中，前三者的研究对象是一个个具体的、且往往是个体为主的，所以能给人以一种"实"的感觉；而后两种，是建筑在对一系列具体现象作概括、思考、总结之后再加以分门别类地论述的，所以有一种"虚"的色彩。但就这些不同的书写方式本身而言，很难说孰浅孰深，有什么高下之分。立足于论书，可以由书而论人，论事，论时，论学；反之，立足于论学，也可以由论学而论时，论事，论人，论书。有识力，下工夫，都可以写得深；反之，都可以显得浅。更何况一般的文学学术史著作都是融合了多种书写的方式，显得犬牙交叉，并不是划一单调的，所以没有必要强作解人，硬分高下，而应当鼓励百花齐放，百舸竞流。

所谓"不同"，是文学学术史的书写方式可以各不相同，但不论以何种方式来书写，都应该努力有一个相同的学术追求，而不是将学术史写成一本日用账簿。综观以往的文学学史性质的著作，或多或少地做到了以下几点：一，梳理演变脉络；二，品评学术成果；三，总结治学方法；四，提炼学术思想；五，探索演进规律；六，追求当代意义。

梳理学术演变的脉络，这是任何一部学术史所必需要做的一件事。一部学术史，即使是断代的或者是专体的，甚至是就一个人或一部书写的，之所以能成"史"，其材料必然是相当丰富，且往往是纷繁杂乱的，研究者必须在尽力网罗所有材料的基础上，将所有的史料作一全面的梳理。这种梳理包括选择、排序与分期等,使纷乱的历史现象变得有序。假如说著史是使历史成为一条线的话,那么在这条线上必然串上一颗颗珍珠,才能成为一条光彩夺目的项链。品评学术成果即是在一条史的线上串进一颗颗的珍珠。学术史的书写方式不论是以人为中心、以事为中心,还是以时为中心、以学为中心,都必须落实到具体的学术成果上。离开了学术成果,就谈不上学者与学派,看不到治学的方法与思想,就不可能形成学术史,正像没有珍珠的线,就不成为项链。将历史上有关的学术成果的述评有序地排列起来,应该说是一部学术史的最基本的内容。当然,这个对于学术成果的品评并不是孤立的,一般都是与人、与事、与治学的方法、学术的思想,以及与文学的时尚、社会的思潮等等紧密相连的。在这些研究的内容之中,假如说要分层次的话,这当是最基础的一层。有些学术史著作就是停留在这样的一个层面上。在这个层面上再上一层,就是要在不同的学术成果中提炼出不同的治学的方法、思想与精神,也就是说要在具体的学术成果中总结出具有一定普遍意义的东西。这就对治学术史者提出了较高的要求。不过,这一种抽象与提高,还是直接从具体的书、人、事中提炼出来的。假如再进一步从种种学术的方法、思想、精神中再作概括与思考,探索学术形成、发展的社会机制,辨析不同学术门类、不同学术流派之间的相互联系与影响,总结出历史发展中带有规律性的东西,并对现实的学术研究提供某些借鉴的话,显然这就进入了更高的一个层次。这六点内容、三个层次是有实有虚,有易有难。前两点是基本的,一般都予以正面述论;后四点是向理论提升,有的著作能直接表述,但也有的是隐含在史的述论之中,或只是稍加点评而已。

全面地编写以上三个层次的六点内容当然比较完整与理想,但事实上,以往的文学学史与其他学科的学术史著作一样,都是很少能写得面面俱到的。我们编写这套《分体中国文学学史》也不强行规定划一的书写模式,去自套上一个框框,而是根据不同文体的特点与编者的不同才性,让编者各自有所侧重、有所选择地去自由挥洒。我们这样做,可能也是一种较好地处理"集体编写"的方法。有一段时间来,时见有人对"集体编写"进行了各种各样的诋毁,甚至上纲上线到与他们心目中的所谓政治相联系起来。令人啼笑皆非的是,这些人往往本人与"集体编写"并非无关,但翻过脸来就不分青红皂白地对"集体编写"泼尽脏水。事实上,稍有常识的人都知道,自古至今,从中到西,从来就有集体编写的方式。这正像个人编写一样,有其利也有其弊。我们要编写一套《分体中国文学学史》这样规模宏大的著作，要避免拼凑，写出个性，写出真知灼见来，那分工合作、集体编写，无疑是一种较好的方式。问题是我们要利用这种编写方式而充分地趋利远弊。作为这种编写方式的弊端之一，即是用僵硬的框框去捆住各人的手脚，无视不同文体的特点，抹煞各位编者的个性。因此，我们的做法是，大家在大致认同学术史的基本要求的前提下，充分尊重各自的独立见解与学术个性，发挥各人的聪明才智，编写出不同文体的学术史来，于同中求不同，又于不同中见同。当然，这是我们工作的目标。应该说，十年来，我们也尽了力，但究竟做到什么程度还取决于我们的水平。我们真诚地期待着专家与读者的批评与指正。

最后，我们必须对山西教育出版社的领导与编辑表示衷心的感谢。早在我们开笔之初，他们就与我们签订了合同。但由于种种原因，我们未能按时交稿。在反复的修改切磋之中，得到了他们的宽容与支持。对于我们的稿子又进行了认真的编审，其高情厚意，将永志在我们心间。

2010 年 8 月 18 日

（《关于编写中国文学学史的几个问题》，《复旦学报》2011 年第 1 期）